0126

L'AFRIQVE
DE
MARMOL.
TOME II.

L'AFRIQVE DE MARMOL,

DE LA TRADVCTION
de NICOLAS PERROT sieur D'ABLANCOVRT.

DIVISE'E EN TROIS VOLVMES,

Et enrichie des Cartes Geographiques de M. Sanson,
Geographe ordinaire du Roy.

TOME II.

A PARIS,
Chez LOVIS BILLAINE, en la grand' Salle du Palais, à la Palme,
& au Grand Cesar.
M. DC. LXVII.
AVEC PRIVILEGE DV ROY.

TABLE DES CHAPITRES
CONTENVS
DANS L'AFRIQVE DE MARMOL.

LIVRE III.

Contenant les Provinces, Villes & Bourgades du Royaume de Maroc, avec les habitations qui sont dans les montagnes; & les principaux succés de guerres qui y sont arrivez, & autres choses remarquables.

Chap. 1. DE l'étenduë du Royaume de Maroc, pag. 1
Chap. 2. de la province de Hea, 2
Chap. 3. de Tednest, 7
Chap. 4. d'Agobel, 10
Chap. 5. d'Alguel, 11
Chap. 6. de Téculet, 14
Chap. 7. de Hadequis, 15
Chap. 8. de l'Eusugaguen, 16
Chap. 9. de Téchevit, 17
Chap. 10. de Tesegdelt, 17
Chap. 11. de Tegteza, 18
Chap. 12. de Eitdevet, 19
Chap. 13. de Culeyhat Elmuhaydin, 20
Chap. 14. de Egue Leguingil, 21
Chap. 15. de Testana, 21
Chap. 16. d'Amagor, 22
Chap. 17. d'Ayduacal, 24
Chap. 18. de Tenzéra, 26
Ch. 19. de Giubelhadid, 27
Chap. 20. de la Province de Sus, qui est la seconde du Royaume de Maroc, à com-

á ij

TABLE

mencer par le Couchant, 28
Chap. 21. de la ville de Meſſa, 29
Chap. 22. de Teſeut, ou Techeit, 30
Chap. 23. de Gared, 31
Chap. 24. de Tarudant, 32
Chap. 25. de Farayca, 33
Chap. 26. du Cap d'Aguer, 34
Chap. 27. de Tedſit, 40
Chap. 28. de Tagaoſt, 41
Chap. 29. du Mont Henguiſe, 42
Chap. 30. de Laalem Geſula, 42
Chap. 31. de la province de Maroc, 43
Chap. 32. d'Elgiemaha, 45
Chap. 33. d'Vmégiague, 45
Chap. 34. de Taʒarot, 46
Chap. 35. de Ténéʒa, 46
Chap. 36. de Gémaaledid, 47
Chap. 37. de Tennelet, 48
Chap. 38. d'Imiſimis, 49
Chap. 39. de Tandegoſt, qui eſt vne habitation de Bérébéres en la meſme province. 50
Chap. 40. de Maroc, capi- tale du Royaume, 50
Chap. 41. d'Agmet, dans la province de Maroc, 66
Chap. 42. d'Animmey, ou Anime, 67
Chap. 43. de Néfuſa, qu'on nomme maintenant de Decenderen, ou d'Adren, 69
Chap. 44. de Cemméde, 71
Chap. 45. de Chauchava, 71
Chap. 46. de Secſiva, 72
Chap. 47. de Temmelet, 73
Chap. 48. de Guidimiva, 73
Chap. 49. d'Hentete, 74
Chap. 50. d'Animmey, 75
Chap. 51. de la province de Géſula, au Royaume de Maroc, 75
Chap. 52. de la province de Duquéla, 77
Chap. 53. de Safie. 78
Chap. 54. de Conté, 94
Chap. 55. de Tite, 94
Chap. 56. de Mazagan, 95
Chap. 57. d'Azamor, 97
Chap. 58. de Maramer, 109
Chap. 59. des autres villes

DES CHAPITRES.

& chasteaux de cette province qui dépendent de Safie, dont la pluspart sont abandonnées, & furent destruites par les Portugais, lorsqu'ils se rendirent maistres de cette place, 110
Chap. 60. de Miatbir. 110
Chap. 61. d'Almédine, 111
Chap. 62. de Subeit, 112
Chap. 63. de Tamarroch, 113
Chap. 64. de Terga, 113
Chap. 65. de Bulaaguen, 114
Chap. 66. de Bénacafis, 114
Chap. 67. de Bénimager, 115
Chap. 68. de la Montagne verte, 116
Chap. 69. de la province d'Escure, 117
Chap. 70. d'Almédine, 118
Chap. 71. d'Elémedin, 119
Chap. 72. d'Isadagaz, 120
Chap. 73. d'Elgémuha, 122
Chap. 74. de Bizu, 123
Chap. 75. de Tenendez, 123
Chap. 76. de Tensis, 124
Chap. 77. de Guigidime, 126
Chap. 78. de Tescevin, 127
Chap. 79. de la province de Tedla, 127
Chap. 80. de Tebza, capitale de cette province, 128
Chap. 81. de Tefza, ou de Fistéle, 129
Chap. 82. de Cititeb, 131
Chap. 83. d'Aitiat, 132
Chap. 84. de Segéme, 133
Chap. 85. de Magran, 134
Chap. 86. de Dédez, & de l'ancienne ville de Dorac qui y estoit, 135

á iij

TABLE

LIVRE IV.

Contenant la description des Provinces, Villes & Bourgades du Royaume de Fez, & des habitations des montagnes ; avec les guerres, & autres choses remarquables, page 137.

Chap. 1. DE la province de Temécen. 138
Chap. 2. d'*Anfa*, ou *Anafe*, qui estoit autrefois la capitale de cette province, 139
Chap. 3. de *Mansore*, 140.
Chap. 4. d'*Aain el Calu*, 141
Chap. 5. de *Rabat*, 141
Chap. 6. de *Mensala*, 143
Chap. 7. de *Nucheyla*, 144
Chap. 8. d'*Adendum*, 144
Chap. 9. de *Tezégilt*, 145
Chap. 10. de *Madaravan*, 145
Chap. 11. de *Dagie*, 146
Chap. 12. d'*Azarfe*, 146
Chap. 13. de la province de *Fez*, 147
Chap. 14. de *Salé*, ou *Celé*, 148
Chap. 15. de *Tefen Sara*, 149
Chap. 16. de *Mamore*, 149
Chap. 17. de *Tifelfelt*, 152
Chap. 18. de *Méquinez*, 153
Chap. 19. de *Gémaa*, el *Hamem*, 155
Chap. 20. de *Hamiz Métagara*, 155
Chap. 21. de *Beni-Bécil*, 156
Chap. 22. de *Fez*, qui est la capitale du Royaume, & la Cour du Ponent ; car c'est ainsi qu'on la nomme, à la différence de Constantinople, 157
Chap. 23. de *Macarméda*, 195
Chap. 24. de *Habar*, 195
Chap. 25. de *Zavia*, 196
Chap. 26. de *Halva*, 196

DES CHAPITRES.

Chap. 27. de Zalag. 197
Chap. 28. de Zarhon, ou Zarahanun, 198
Chap. 29. de Tiulit. 198
Chap. 30. le Caçar Faraon, ou Chasteau Pharaon, 199
Chap. 31. de Dar el Hamara, 200
Chap. 32. de Maguila, 201
Chap. 33. de Gémaa, 201
Chap. 34. de l'habitation d'Ecéis, 202
Chap. 35. de Béniguariten, 202
Chap. 36. de Tagar, 203
Chap. 37. de Gureygura, 204
Chap. 38. de la province d'Algar, 204
Chap. 39. de Gémaa el Carvaz, 205
Chap. 40. de l'Arache, 206
Chap. 41. d'Alcaçar-Quivir, 208
Chap. 42. de la province de Habat, 210
Chap. 43. d'Ezagen, 210
Chap. 44. de Béni Teudi, dans la mesme province, 211

Chap. 45. d'Amergue, 212
Chap. 46. de Tenzert, 212
Chap. 47. d'Aguila, 213
Chap. 48. de Frixa, 213
Chap. 49. d'Egézire, 214
Chap. 50. De Bezat Bafia, ou Besara, à sept lieuës d'Alcaçarquivir, 215
Chap. 51. d'Homara, 215
Chap. 52. d'Arzile, 216
Chap. 53. de la ville de Tanger, 228
Chap. 54. d'Alcaçar Ceguer, 233
Chap. 55. de Ceuta, 236
Chap. 56. de Tétuan, 242
Chap. 57. d'Arhon, ou d'Arahon, 244
Chap. 58. de Béni Zeguer, que quelques-uns appellent mal à propos, Béni Fensecare, 245
Chap. 59. de Béni Aros, 246
Chap. 60. de Béni Télis, autrement Chébit, 246
Chap. 61. de Béni Hascen, 247
Chap 62. d'Amégara, 248
Ch. 63. de Huat Idris, 248

TABLE

Chap. 64. de Béni Huedfileh, 249
Chap. 65. de la province d'Errif, 249
Chap. 66. de Targa, 250
Chap. 67. de Vélez de Gomére, & de la forteresse qu'on nomme le Pegnon de Vélez, 251
Chap. 68. d'Yetlez, 266
Chap. 69. de Tagaza, 267
Chap. 70. de Gebha, 267
Chap. 71. de Megeyma, ou Mezemmé, 268
Chap. 72. de Béni Oriégan, 269
Chap. 73. de Béni Manfor, 269
Chap. 74. de Botoye, 270
Chap. 75. de Béni-guilib, ou Béni-guelid, 270
Chap. 76. de Béni-Manfor, autre montagne, 271
Chap. 77. de Béni-Iosef, 271
Chap. 78. de Béni Zarval, 272
Chap. 79. de Béni Haſçin, ou Béni Raſin, 272
Chap. 80. de Chéchuan, ou Seſaron, & de la ville de meſme nom, 273
Chap. 81. de Béni Gíbara, 274
Chap. 82. de Béni Yerſo, 274
Chap. 83. de Béni Tiziran, 275
Chap. 84. de Béni Buzeibet, 275
Chap. 85. de Gualid, 276
Chap. 86. de Béni Vſa, ou Bervira, 277
Chap. 87. d'Haguſtan, 277
Chap. 88. de Béni-Yedi, 278
Chap. 89. d'Alcaï, 278
Chap. 90. de Béniguazeval, ou Bénizarval, 279
Chap. 91. de Bénivriéguil, ou Bénigueriagel, 280
Chap. 92. de Bénihamet, ou Benjacmet, 280
Chap. 93. de Bénizanten ou Bénieginefen, 281
Chap. 94. de Béni Megilda, 281
Chap. 95. de Béniguamud, 282
Chap. 96. de la province de Garet, 283
Chap. 97. de Melilla, nommée

DES CHAPITRES.

mée par les Africains Iey-
rat-Milila, 284
Chap. 98. de Caçaça, 289
Chap. 99. de Tézote, 290
Ch. 100. de Megée, 291
Chap. 101. de Méguebhuan, 292
Chap. 102. de Béni-Sayd, 292
Chap. 103. d'Azgangan, 293
Chap. 104. de Teuzin, ou Quizina, 294
Chap. 105. de Guardan, dans la mesme province, 294
Chap. 106. de la province de Cuzt, 295
Chap. 107. de Teurert, 296
Chap. 108. d'Hudagie, 296
Chap. 109. de Garçis, ou Galafa, 297
Chap. 110. de Dubudu, 298
Chap. 111. de Tezar, ou Téza en Africain, 300
Chap. 112. de Sofroy, 301
Chap. 113. de Mezdaga, 302
Chap. 114. de Béni-Buhalul, 302
Chap. 115. d'Ain-nelginum, ou la Fontaine des Idoles, 303

Chap. 116. de Mehedie, 303
Chap. 117. d'Umegiunaybe, 304
Chap. 118. de Guarciluin, 304
Chap. 119. de Ziz, 305
Chap. 120. de Marizan, 307
Chap. 121. de Mézétalça, 307
Chap. 122. de Cunagelgerben, où est la ville de Tigaza, 308
Chap. 123. de Miasbir, c'est à dire Cent puits, 309
Chap. 124. de Hamaran, & d'Azgar, 310
Chap. 125. de Sahab-Marga, ou Mangar, 310
Chap. 126. d'Azgan, 310
Ch. 127. de Béniyazga, 311
Chap. 128. de Cililgo, 312
Chap. 129. de Bénijechféten, 313
Chap. 130. de Giubeleyn, 313
Chap. 131. de Beniguertenax, 314
Chap. 132. de Baraniz, 315
Chap. 133. de Menchéça, 315
Chap. 134. de Béni-gebara, 316
Chap. 135. de Matagara, 317

ē

TABLE

LIVRE V.

Du Royaume de Tremécen ; & des choses remarquables qui y sont arrivées.

Chap. 1. Des bornes de cét Estat, 319
Chap. 2. de la qualité du pays. 320
Chap. 3. d'Angad, 321
Chap. 4. de Tenzegzet, 322
Chap. 5. de Zezil, ou Izli, 323
Chap. 6. de Gaguida, 323
Chap. 7. de Ned Roma, 324
Chap. 8. de Tévécrit. 325
Chap. 9. d'One, 326
Chap. 10. d'Aresgol, 327
Chap. 11. de Tremécen, capitale de la province, 328
Chap. 12. de Hubet, 355
Chap. 13. de Tifezara, 356
Chap. 14. de Béni Arax, 356
Chap. 15. de Tézéla, 358
Chap. 16. d'Agobel, 358
Chap. 17. de Batha, 359
Chap. 18. de Marsa-quivir, 360
Chap. 19. d'Oran, 362
Chap. 20. de Canastel, 384
Chap. 21. d'Arzéen, 384
Chap. 22. de Mazagran, dans la province de Tremécen, 385
Chap. 23. de Mostagan, 386
Chap. 24. de Béni Zénete, 387
Chap. 25. de Matagara, 387
Chap. 26. de Béni Guernid, 388
Chap. 27. de Tarare, 388
Chap. 28. d'Agbal, 389
Chap. 29. de Magarava, 389
Chap. 30. de la province de Ténez, au Royaume de Tremécen, 390
Chap. 31. de Ténez, 390

DES CHAPITRES.

Chap. 32. de Brefcar, 391
Chap. 33. de Sargel, 392
Chap. 34. de Cefarée, 394
Chap. 35. de Mezuna, 395
Chap. 36. de Miliane, 396
Chap. 37. de Zatime, 397
Chap. 38. de Guénézéris, 397
Chap. 39. de la province d'Alger, au Royaume de Tremécen, 398
Chap. 40. de la ville de Col des Mudechares, 399
Chap. 41. d'Alger, capitale de la province, 399
Chap. 42. de Saça, 408
Chap. 43. de Métafus, 409
Chap. 44. de Tédelez, 409
Chap. 45. de Méhedie, 410
Chap. 46. de Medua, 411
Chap. 47. de la ville & de la montagne de Cuco, 411
Chap. 48. de la province de Bugie, dans le Royaume de Tremécen, 413
Chap. 49. de la ville de Bugie, capitale de la province, 415
Chap. 50. de la ville de Gigery, 419
Chap. 51. de Micila, 420
Chap. 52. de Migana, 421
Chap. 53. de Tezteza, 421
Chap. 54. de Zamora, 422
Chap. 55. de Necaus, 422
Chap. 56. de Béni-Iubar, 423
Chap. 57. de la Abés, 424
Chap. 58. d'Auraz, 430

LIVRE VI.

Du Royaume de Tunis.

Chap. 1. Des bornes de cét Eftat, 431
Chap. 2. de Conftantine, 432
Chap. 3. de Col. 432
Chap. 4. d'Eftore, 433
Chap. 5. de Sucaycada, 433

TABLE

Chap. 6. de Bone, 434
Chap. 7. de Biserte, dans la province de Constantine, 437
Chap. 8. de Constantine, 438
Chap. 9. de Mila, 441
Chap. 10. de Tifex, 441
Chap. 11. de Tébessa, 442
Chap. 12. des montagnes de la province de Constantine, 443
Chap. 13. de la province de Tunis, 444
Chap. 14. de Porto Farina, ou Vtique, 445
Chap. 15. de Carthage, 445
Chap. 16. de Tunis, capitale de la province; & de la forteresse de la Goulette, 447
Chap. 17. de Cammart, 492
Chap. 18. de Marça, 492
Chap. 19. d'Arriane, 493
Chap. 20. d'Arradez, 493
Chap. 21. de Nebel, 494
Chap. 22. d'Hamamet, 494
Chap. 23. de Calibie, 495
Chap. 24. d'Heraclie, 495
Chap. 25. de Suse, 496
Chap. 26. de Monester, 499
Chap. 27. de Tobulba, 501
Chap. 28. de la ville d'Afrique, 502
Chap. 29. d'Esfague, 528
Chap. 30. de Lorbus, 529
Chap. 31. de Beggie, 530
Chap. 32. d'Ain Zamir, 531
Chap. 33. de Cazbat, 531
Chap. 34. de Carvan, 532
Chap. 35. de Zagoan, 534
Chap. 36. de Zeb, 534
Chap. 37. de la province de Tripoli, 535
Chap. 38. de Capez, 535
Chap. 39. de Maharaz, 536
Chap. 40. des habitations de l'Isle de Querquenés, qui est attachée à la Terre-ferme sur cette coste, 536
Chap. 41. de l'Isle des Gelves, 538
Chap. 42. de Zaorat dans la province de Tripoli, 561
Chap. 43. de Lepide, 561
Chap. 44. de Tripoli, capitale de la province, 562
Chap. 45. de Caçar Hamet, 569
Chap. 46. de Sudeyca, 569
Chap.

DES CHAPITRES.

Chap. 47. de Caçar Hascen, 569
Chap. 48. de Gar, 570
Chap. 49. de Sarman, 570
Chap. 50. de Zaoit ben Giarbu, 571
Chap. 51. de Gienzor, 571
Chap. 52. de Hamron, 571
Chap. 53. de Tachore, 572
Chap. 54. de Mécellat, 573
Chap. 55. de Mesrate, 573
Chap. 56. de Taurca, 575
Chap. 57. de Bénitefren, & de Nefusa, 575
Chap. 58. de la province de Garian, 576

L'AFRIQUE DE MARMOL.

LIVRE TROISIE'ME.

Contenant les Provinces, Villes, & Bourgades du Royaume de Maroc, avec les habitations qui sont dans les montagnes; Et les principaux succés de guerre qui y sont arrivez, & autres choses remarquables.

CHAPITRE I.

De l'étenduë du Royaume de Maroc.

E Royaume de Maroc comprend la partie la plus Occidentale de la Barbarie, & est borné du costé du Couchant, de l'Océan Occidental ; de la riviére de Sus au Midy ; du mont Atlas à l'Orient ; & du fleuve d'Ommirabi au Nort. Dans ce circuit sont comprises sept provinces, Hea, Sus, Gesula, Maroc, Duquéla, Escura & Tedla. Il s'estend le long de la coste, depuis les habitations de Messa, & l'em-

Partie II. A

bouchure de la riviére de Sus, que les anciens appelloient Suriga, jusqu'à la ville d'Azamor, où la riviére d'Ommirabi* entre dans la mer, & fait l'embouchure, que les modernes appellent l'Embouchure de la riviére d'Azamor. Cette riviére descend d'vne montagne du grand Atlas, qu'on nomme Dedés, & separe ce Royaume de celuy de Fez.

*autrefois Cusa.

CHAPITRE II.

De la Province de Hea.

LA province de Hea est la partie la plus Occidentale du Royaume de Maroc, & par consequent la premiére à décrire, selon nostre ordre, qui va du Couchant au Levant. Elle occupe toute la pointe du grand Atlas, que les Africains appellent Aytuacal, & a au Couchant & au Septentrion l'Océan, au Midy les montagnes du grand Atlas, qui confinent avec la province de Sus, & au Levant le fleuve d'Ecifelmel, qui la sépare de celle de Maroc. Cette riviére naist dans la montagne d'Henteta, & court dans la plaine, jusqu'à ce qu'elle entre dans la riviére de Tansift, qui sépare cette province de celle de Duquéla. Dans toute cette étenduë, il y a de grandes montagnes escarpées, & fort hautes, & des rochers couverts d'arbres, d'où naissent des ruisseaux dont on arrose les terres des valons. Il y a par tous ces lieux force troupeaux de chévres & de bouriques, pour le service des habitans; mais peu d'autres, à cause de l'aspreté des montagnes. Il y vient beaucoup d'orge: mais point du tout de bled. Les mouches à miel font le plus grand trafic, aussi-bien que les chévres, parce-qu'on en tire quantité de cire, qu'on vend avec des maroquins dans Safie, où l'on vient les acheter de l'Europe. Le peuple de cette province est belliqueux; mais brutal, vivant sans aucune police, & sans cultiver ni vignes, ni jardins, quoy-qu'il en pust avoir de fort bons dans les valées, à cause des fontaines & des ruisseaux qui y coulent. Il n'y plante point aussi d'oliviers, & l'huile dont il se sert vient de noyaux d'vn certain fruit, que portent des arbres épineux, nommez Erquen. Ce fruit

Huile d'Erquen.

est gros comme vn gros abricot, & quelquefois davantage, & n'a que le noyau couvert d'vne peau, qui reluit la nuit comme vne étoile, quand il est meur. Les chévres mangent de ce fruit, & les Africains recueillent après, les noyaux dans leurs bergeries, parce-qu'ils sont si durs que les chévres ne les peuvent casser, & les jettent tout entiers ; & de l'amande on en fait l'huile que j'ay dit, qui put & est de mauvais goust. Ce peuple ne se pique point de lettres, & personne n'y sait lire, que quelques Alfaquis. Il n'y a ni Medecins, ni Chirurgiens, ni Apoticaires, ni Epiciers, & les maladies se guérissent par les diétes, ou en appliquant le feu à la partie. Il n'y a donc que quelques Barbiers pour circoncire les enfans, & faire le poil. Quoy-qu'ils soient tous Mahométans, ils ne savent ce que c'est que Mahomet & sa secte ; mais ils font & disent à bouleveuë ce qu'ils entendent dire & faire à leurs Alfaquis. Leur plus commun habit, est vne espece d'habilemens de laine non foulée, dont ils s'envelopent, & qui est vn peu moins grossiére que des couvertures de lit. Mais sur la chair ils ont vn tablier de mesme étoffe, qui les couvre depuis la ceinture jusqu'à mi-cuisse. Ils ne portent point de chapeaux ni de bonnets ; mais seulement des bandes de laine * de quelque demi-pied de large, qui font cinq ou six tours autour de leur teste, comme des turbans, & les plus belles sont de toile de coton rayées de rouge, avec des cordons qui pendent des deux costez en façon de frange ou de houpe. Les Alfaquis, pour se distinguer des autres, ont des bonnets rouges, qu'on leur porte de Toléde & de Cordouë, ou de petits turbans de grosse toile. Ils ne portent point de chemise, parce-qu'ils n'ont point de lin, & si quelqu'vn en peut avoir, cela est fort estimé : car il n'y a que les gens de condition, qui ont esté à la Cour, qui en ayent, ou des femmes galantes, qui les font venir à Maroc ou à Safi. Ils portent aussi vne espece de casaque de bure, faite de grosse laine *. Les jeunes gens se font raser les cheveux & la barbe, jusqu'à ce qu'ils se marient, & alors ils se laissent venir le poil de la barbe, & vn toupet de cheveux au haut de la teste, par où les Arabes disent, que les Mahométans seront connus au jour du Iugement *. Ceux qui vivent

* cursies.

* Hagnyfa.

* ou simplement, doivent estre connus.

dans les villes, s'habillent plus poliment ; car ils portent des pourpoints de drap de couleur à longues basques, & demi-manches, avec force boutons par devant, & quelque casaque par-dessus, vn peu plus fine.

Les femmes ont des vestes ou des mantes, qu'ils appellent des hayques, & qui sont semblables aux vestes que portent les Turcs & les Maures par-dessus leurs habits, quoy-qu'elles ne soient pas si fines, & quelques chemises de toile, fort longues & fort larges. Dans les maisons, si ce sont femmes de condition, elles s'enveloppent d'vn drap de toile rayé de soye, & attaché sur le sein avec vne agrafe d'argent ou de laiton, à la façon des boucles que l'on met au poitral des chevaux ; mais elles portent aux bras de grans bracelets d'argent, & de gros anneaux * de mesme, au dessus de la cheville du pied. Celles qui n'ont pas le moyen d'en avoir d'argent, les portent de fer ou de laiton. Elles portent aussi aux oreilles trois ou quatre grans anneaux d'or, d'argent, ou de fer, chacune selon sa qualité, où sont enfilez des grains de verre de couleur, avec de la semence de perle meslée parmi. Les lits ordinaires des gens de condition, sont de ces tapis à longs poils qu'on voit par deçà, qui viennent d'Afrique. Ils les mettent sous eux en plusieurs doubles, & en laissent pendre vn grand morceau, qui leur sert de couverture. Au-lieu de draps ils se servent des hayques, & pour chevet, d'oreillers longs & étroits faits de laine ou de grosse toile. Le peuple n'a pour lit qu'vne nate de jonc, ou quelques peaux de mouton ou de chévre, & se couvre de vestes ou casaques. Les femmes sont belles, & ont le teint frais & blanc, & les hommes robustes & fort jaloux, & se portent à de grandes extrémitez, quand ils savent qu'elles leur manquent de foy : car elles sont de complexion amoureuse. Leur nourriture la plus ordinaire est de farine d'orge, qu'ils accommodent en deux façons. Les vns en font du pain, qu'on cuit au four, comme en Europe ; les autres de grandes galettes fort deliées, qu'on cuit au feu dans des terrines, ou sur des tests de pots cassez, & on les mange ainsi toutes chaudes avec du beurre & du miel, ou avec cette huile dont nous avons parlé ; quelquefois avec

Halahal.

LIVRE TROISIE'ME.

des estuvées de chair de chévre hachée, ou par morceaux, parce-qu'ils n'ont point de vaches, & que les moutons sont fort rares & difficiles à élever dans ces montagnes. Ils ont d'autres mets plus ordinaires, comme le hacida, qu'on fait d'vn morceau de paste cuite avec de l'eau & du sel ; on met dans vne terrine cette eau & cette paste cuite, puis on y fait vn trou au milieu, qu'on emplit de beurre ou d'huile, & c'est la saulce où l'on trempe les morceaux, puis quand tout est mangé, on avale le bouillon. Il y a encore le hacua *, qui est fait de farine d'orge, cuite dans du lait ou du beurre-frais, qu'ils mangent de mesme. Mais la plus ordinaire viande dont vsent les Africains & les Arabes, est l'Alcuzcuçu, ils mangent plustost de la chair de chévre ou de brebis, que de mouton ou de vache, parce-qu'ils disent qu'elle est plus saine ; mais je croy que c'est à-cause qu'elle est à meilleur marché. Ils ont quantité d'œufs, & la poule n'y vaut que huit ou dix Maravédis *, & la douzaine d'œufs environ moitié. Quand ils veulent prendre leur repas, ils s'asseoient par terre, aussi-bien les femmes que les hommes, & ayant mis au milieu d'eux la terrine, chacun y met la main de son costé ; j'entends la droite, car ils tiennent que c'est vn peché mortel que de manger avec la gauche, à-cause que c'est de celle-là qu'ils se lavent quand ils veulent faire leur oraison. Leur religion ne leur permet pas de manger avec des cuillers. Quand c'est fait, ils leschent leurs doigts, & se frotent les mains l'vne contre l'autre, ou autour des bras, c'est ainsi qu'ils s'essuyent ; car ils ne se servent ni de napes, ni de serviettes, ni mesme de mouchoirs ; & quand ils se lavent les mains, ils ne les essuyent point, mais les tiennent en l'air jusqu'à ce qu'elles soient seiches. Ils sont si grossiers, qu'ayant tant de ruisseaux qui coulent des montagnes dans les valées, où ils pourroient faire des moulins, ils occupent leurs femmes à moudre chaque jour avec leurs bras ce qu'ils ont besoin de farine, dans de petits moulins de pierre qui se tournent avec vne main. Ils n'ont point de savon, & ne savent ce que c'est ; mais blanchissent leurs linges avec vne certaine herbe qu'ils appellent Gazul.

* Certaine paste tortillée, je ne sçay si ce ne seroit point ce qu'on nomme en Champagne des Tourrelets, qui est de la paste fort deliée, cuite dans de l'eau, ou du lait.

* le Maravédi, est environ vn double.

A iij

Toute cette province est fort peuplée, & il y a de grans villages & de gros bourgs, pleins d'vn peuple turbulent, qui s'entrefaisoit continuëllement la guerre avant l'Empire des Chérifs, parce-que vivant à leur fantaisie, ils n'obſervoient entre-eux ni loy ni justice, & ne vouloient souffrir aucune puissance pour les brider. Leurs armes sont de gens sauvages, ils portent à la main trois ou quatre dards, dont la pointe est d'acier & fort aiguë, avec des poignards courbez en faucille, qui coupent en dedans, & sont fort pointus. Ils ont deux ou trois frondes, dont ils se ceignent. Ils n'ont eu connoissance des arquebuzes & des arbalestes que depuis quelques années, qu'estant obligez d'assister le Chérif dans ses guerres, quelques-vns s'y sont dressez, & ont de ces armes, mais en mauvais ordre. Ils ont aussi peu de chevaux, encore sont-ils fort petits; mais si legers, que sans estre ferrez, ils grimpent par les montagnes, comme des chévres. Leurs cavaliers portent des lances avec de petites rondaches de cuir, & des coutelats faits comme leurs poignards, & ont des selles à la génette * : car il n'y en a point d'autres en toute l'Afrique. Ils combatent écartez, & chacun donne où il veut, gagnant toûjours le haut dans les montagnes, & les passages les plus difficiles, d'où ils lancent des pierres & des cailloux, qui incommodent fort ceux qui montent. Ils attaquent avec de grans cris, de-sorte qu'on diroit qu'ils sont en grand nombre, & ceux qui ne les connoissent pas, prennent quelquefois l'épouvante. Comme le païs est aspre & rude, & qu'ils n'ont ni mules ni bœufs, ils labourent leurs terres avec des asnes, qui sont forts, quoy-que petits. Il y a dans toute la province force cerfs, chévreuils, sangliers, & les plus grans liévres qu'il y ait en toute la Barbarie. Voilà ce qui se peut dire en peu de mots des mœurs & des façons de vivre de ceux de Hea, & généralement de tous les autres peuples de la Barbarie, qui vivent dans les montagnes, parce-qu'il y a peu de difference; quoy-qu'il y en ait de plus sauvages les vns que les autres, comme on verra dans la deſcription particuliére que nous en ferons.

* espece de selle à piquer.

LIVRE TROISIE'ME.
CHAPITRE III.
De Tedneſt.

C'EST la principale ville de la province de Hea, qui a eſté fondée par les anciens Africains de la tribu de Muçammoda, & eſt baſtie à l'entrée d'vne belle plaine. Elle a plus de trois mille habitations ; ſes murailles ſont de bois & de carreaux de terre liez avec du plaſtre, qui rendent la cloiſon plus forte. Les maiſons ſont baſties de meſme. Elle eſt bordée d'vne riviére, dont la ſource n'eſt pas loin, & les bords remplis d'arbres fruitiers, & de toute ſorte d'herbes potagéres. La pluſpart des habitans ſont bergers & laboureurs, qui vont travailler & mener leurs troupeaux aux champs. Il y a auſſi quelques gens de meſtier, comme cordonniers, tailleurs, ſerruriers, charpentiers, quantité d'orfévres Iuifs, & des marchands, qui ne vendent que des étoffes fort groſſiéres de la façon du païs, ou qui trafiquent en toile, que l'on apporte de Safi, où les marchands Chreſtiens la vont échanger contre de la cire & des cuirs. Il y a moins de police dans cette ville que dans toutes les autres de la Barbarie : car il n'y a ni bains, ni hoſtellerie, ni hoſpital, ni collége. Quand il arrive quelque eſtranger, s'il n'a quelque amy pour le recevoir, il s'adreſſe au Maire & aux Eſchevins, qui luy donnent au ſort vn billet chez vn des principaux bourgeois, lequel eſt obligé de le loger & de le nourrir pour rien. Auſſi le fait-il de bon cœur, parce-qu'ils ſont fort charitables, particuliérement envers les eſtrangers, & tiendroient à affront qu'on leur donnaſt de l'argent. Il y a vn hoſpital pour les pauvres qui paſſent, où ils ſont nourris vn jour des aumoſnes des particuliers, & au milieu de la ville vne grande Moſquée, baſtie par Iacob Ben Ioſeph, Roy de Maroc, de la race des Almoravides. Mais il y en a encore d'autres moindres, qui ont toutes leurs revenus tant pour l'entretien de la fabrique, que des Alfaquis. Il y a plus de deux cens maiſons de Iuifs en vn quartier ſéparé, où ils vivent ſelon leur loy, & payent au Gouverneur vn ducat par teſte,

* Les murs ſont de moilon, avec chaux & ciment.

sans les levées extraordinaires dont on fait payer à chacun plus que dix des plus riches de la ville, & avec cela on ne leur permet d'avoir en propre, ni maisons, ni heritages, ni autre immeuble quel-qu'il soit. Cette ville a esté ruinée plusieurs fois ; mais particuliérement lors-que les Almohades se rendirent maistres du Royaume de Maroc, & qu'Abdulmumen l'alla assiéger. Car ne s'estant pas voulu rendre, il la réduisit en tel estat aprés l'avoir forcée, qu'elle ne pouvoit plus servir que de retraite aux bestes farouches. Mais comme le païs est fertile & agréable, elle fut incontinent rebastie & repeuplée. Depuis quarante ans elle s'est renduë fort illustre par la faveur des Chérifs, à cause qu'elle a esté l'vne des premiéres qui a pris leur parti. Nous dirons à cette heure comme le Roy de Portugal la prit, & la garda quelque tems, & comme les Chérifs la recouvrérent.

Comme Nugno Fernandez de Atayde, Général de l'armée du Roy de Portugal, prit la ville de Tednest sur les Maures.

* Yahaya Aben Tafuf.

L'an 1514. le Chérif Mahomet & ses deux enfans, qui furent comme nous avons dit, Rois de la Tingitane, s'estant rendus maistres de la province de Hea, le pere establit sa demeure dans la ville de Tednest, & y bastit vn Palais somptueux, accompagné de quantité de jardins & de reservoirs d'eau pour l'arroser. C'estoit comme sa place-d'armes contre les Chrestiens de Safi & d'Azamor, qui couroient toutes ces provinces sous la conduite d'vn Capitaine Africain*, vassal du Roy de Portugal, qui avoit la plus grande partie des Arabes de Garbie, & des Africains du païs à sa devotion, & pouvoit faire quinze mille chevaux, & cent mille hommes de pied. Il estoit ennemi mortel des Chérifs, & grand amy d'vn Chevalier Portugais, qui commandoit dans Safi, appellé Nugno Fernandez d'Atayde, l'vn des plus braves Capitaines de son tems en Afrique. Ces deux Chefs ayant eu avis que le Chérif estoit dans la ville de Tednest, avec ses deux fils, & la fleur de ses troupes, résolurent de l'assiéger, ou de luy donner bataille s'il sortoit, pour luy faire perdre son crédit & sa reputation. Prenant donc avec eux quatre cens cavaliers Chrestiens, trois mille chevaux Maures, & huit cens fantassins Arabes de Duquéla, ils marchérent contre Tednest : mais cela ne se pût faire si secrétement, que le Chérif n'en fust averti. Il sort aussi-tost

au

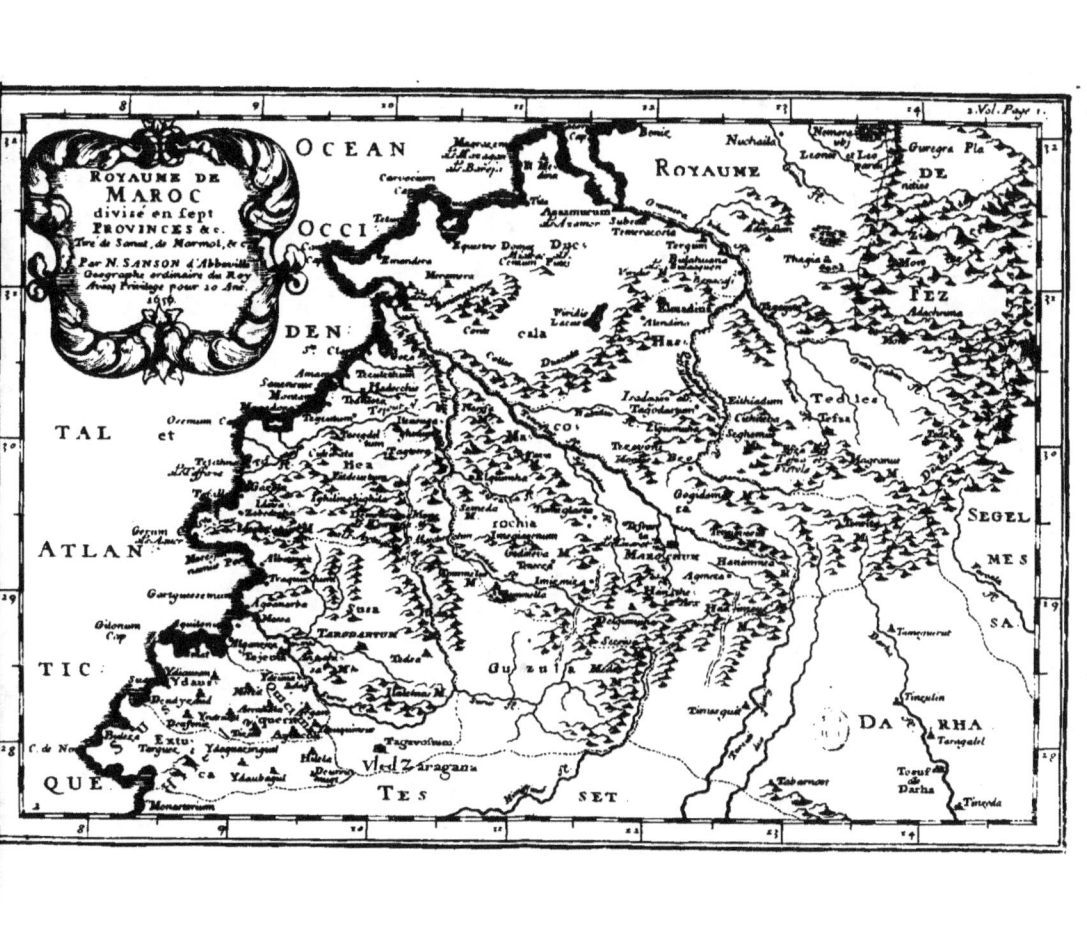

LIVRE TROISIE'ME.

au devant d'eux avec quatre mille chevaux, & comme il fut dans vne rafe campagne, à quatre lieuës de Tedneſt, & à dix-huit de Safi, il rencontre l'avantgarde que conduiſoit le Capitaine Africain, dont nous avons parlé, & quoy-qu'il fuſt déja tard, il luy donne bataille ; mais il fut vaincu, avant meſme que Nugno Fernandez arrivaſt avec l'arriéregarde, & pourſuivi juſqu'à la nuit avec grand carnage. Les Chreſtiens s'eſtant mis de la partie, & ayant fait plus de deux cens priſonniers, il y mourut huit cens hommes des ennemis, ſans que l'Africain en eut perdu que cent douze, & les Chreſtiens pas vn ſeul. Le butin fut grand, de plus de trois cens mille pieces de gros & de menu beſtail, avec quantité de chevaux, de chameaux & mulets, & le Chérif ſe ſauva avec ſes enfans à toute bride. Aprés cét exploit, les victorieux s'eſtant approchez de la ville de Tedneſt, s'en emparérent ſans aucune réſiſtence, parce-que le Chérif n'étoit pas d'humeur à ſouſtenir vn ſiége, & que la pluſpart des habitans, à ſon exemple, s'eſtoient retirez dans les montagnes. Nugno Fernandez y demeura quelque tems à traiter avec ceux de la contrée, qui ſe venoient ſoûmettre à luy. Sur ces entrefaites, arriva Dom Iean de Méneſes, Gouverneur d'Azamor, avec ſix cens chevaux, & mille hommes de pied, pour eſtre de la partie. Ils ravagérent donc enſemble les terres des Maures, qui ne vouloient pas compoſer, & ſe retirérent auſſi-bien que leurs alliez, aprés en avoir pris & tué vn grand nombre. Ainſi Tedneſt, & pluſieurs lieux de la contrée demeurérent au Roy de Portugal, juſqu'à ce que le Chérif eut remis vne armée ſur pieds, & fait ſoûlever la ville, qui a toûjours eſté depuis à luy, ou à ſes enfans, comme elle eſt encore aujourd'huy.

Partie II.

CHAPITRE IV.

D'Agobel.

C'EST vne petite ville, mais forte, fondée & habitée par les Africains de la tribu de Muçamoda. Elle est sur vne haute montagne, dans vne situation tres-avantageuse; mais elle n'a que trois cens cinquante maisons, encore assez mal basties. Au pied est vne grande valée où sont les terres labourables, avec quelques vergers & potagers, qu'on arrose de l'eau d'vne petite riviére, que forment des fontaines qui descendent de la montagne. Cette ville a toûjours suivi la fortune de celle de Tednest, & estoit possédée par le vieux Chérif, qui n'a jamais pris le nom que de Prince de Hea. Le Gouverneur de Safi, aprés avoir pris la ville de Tednest, comme nous venons de dire, l'envoya attaquer par Lope Barriga avec six-vingts gend'armes Chrestiens, & huit cens Maures de ses alliez. Il la prit par escalade en plein midy, aprés estre grimpé le premier sur le mur le long de sa lance, puis embrassant son escu, & mettant l'épée à la main, il ouvrit le chemin aux autres, tuant ou blessant vne partie de ceux qui se presentoient devant luy. Enfin par sa valeur, qui donna de l'admiration aux siens, & de la terreur aux ennemis, les Maures furent défaits, & les Chrestiens maistres de la place. On fit quelque six-vingts prisonniers, le reste s'estant sauvé pendant l'attaque; puis mettant le feu dans les maisons, il la brûla toute, & s'en retourna victorieux & avec vn grand butin à Safi. Elle demeura long-tems inhabitée, de peur des Chrestiens, tant que les Chérifs la repeuplérent, & y mirent garnison.

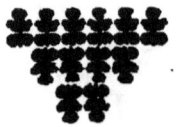

LIVRE TROISIE'ME.

CHAPITRE V.

D'Alguel.

CETTE ville est fermée de murailles, & bastie comme la précédente, sur vne montagne de difficile accés, environnée d'autres qui le sont encore plus, aussi a-t-elle esté fondée par les mesmes peuples. Au pied passent deux petits ruisseaux, qui descendent des montagnes voisines, & aux terres d'alentour il y a des jardinages, où se trouvent des figuiers, des noyers & des treilles. Elle est habitée de laboureurs, & autres gens de campagne, qui nourrissent vne infinité de chévres, dont ils font leurs plus grandes richesses. Lors-que Nugno Fernandez estoit dans Safi, elle appartenoit à vn Maure * de la tribu de Muçamoda, qui estoit vassal du Roy de Portugal, & ennemi des Chérifs. Mais ceux-cy firent si-bien avec les habitans, en leur disant, qu'ils ne devoient point reconnoistre pour Seigneur vn vassal du Roy de Portugal, qui protégeoit & assistoit les Chrestiens contre les Mahométans, qu'ils leur livrérent la ville. Ils y establirent donc pour quelque tems leur demeure, n'estant pas en asseurance dans la ville de Tednest, & tenoient leurs gens sur la frontiére, pour résister aux Chrestiens, qui en la compagnie de leurs alliez faisoient des courses sur les terres voisines. Aussi ruinoient-ils quelquefois les bourgs & les villages des Sujets du Roy de Portugal. Comme donc Nugno Fernandez recevoit tous les jours des plaintes, tant des Chrestiens que des alliez, & qu'il seût que les Chérifs estoient dans la place, il résolut de l'assiéger, & partit de Safi accompagné des Seigneurs & des Arabes que nous avons dit *. Mais son dessein ne réüssit pas: car aprés avoir fait plus de la moitié du chemin, il rebroussa vers Safi, sur la nouvelle que le Chérif Hamet ayant eu avis de sa venuë, estoit sorti de la ville avec tous ses gens de guerre, & y avoit laissé Mahamet son frére avec vingt cavaliers seulement, & ordre de se retirer à Sus à l'approche des Chrestiens. Cependant, comme il s'en retournoit à regret sans rien faire, il envoya

* Cidi Bugima.

1516.
* Yahaia Aben Tasuf, & Cidi Bugima.

B ij

Lopé Barriga attaquer Miatbir, petite ville, qui est à costé du chemin, où s'estoient retirez quantité de naturels du païs, & d'Arabes, qui appartenoient aux Chérifs. Cette ville est bastie en vn lieu avantageux & escarpé, où il y a plusieurs habitations creusées dans le roc; & comme les Maures se défendoient bien, Lopé Barriga n'eut pas le mesme succés qu'en la précédente, & fut contraint de se retirer avec grande perte. Il revint donc joindre Nugno Fernandez en desordre, & ils eurent assez de peine à retourner à Safi, à cause de la perte qu'ils venoient de faire. Huit jours aprés, Nugno Fernandez ayant appris que le Chérif estoit retourné à Alguel avec ses troupes, il commanda à Lopé Barriga de l'y aller assiéger, avec quelques alliez qui estoient dans Safi, & cent trente gend'armes Chrestiens; & luy donna ordre de prendre en passant la ville où il venoit d'estre batu. Outre ces gens, il luy donna encore cent tireurs à pied Portugais, huit cens chevaux Arabes de Garbie, quatre cens soldats, & quelques naturels du païs, qui estoient à Cidi Bugima. Toutes ces troupes estant arrivées prés de Miatbir, il s'y campa à dessein de l'attaquer dés le soir; mais comme il consultoit avec les siens des moyens de l'attaque, les sentinelles entendirent vn grand bruit de gens qui fuyoient du haut en bas de la montagne. Aussi-tost il fit sonner à cheval; & alla reconnoistre ce que c'estoit avec les gend'armes Chrestiens, laissant le reste de l'armée à Cidi Bugima. Comme il fut arrivé au pied de la montagne, il trouva que c'étoient des Sujets du Chérif, qui venoient composer avec ceux d'Yahaia, & qu'ils avoient esté contraints de prendre la fuite, à cause de cent chevaux du Chérif qui couroient aprés eux pour les piller. Là-dessus Lopé Barriga donna sur cette cavalerie, qu'il défit aprés vn long combat, & les poursuivit plus de trois lieuës, jusqu'à Alguel, toûjours tuant & blessant. Mais ceux de la ville les voyant venir ainsi en desordre, sortirent en gros pour secourir leurs gens, qui tournant teste avec eux, environnérent les plus proches, & en tuërent quinze sur la place. Lopé Barriga fut pris prisonnier, aprés avoir esté blessé, & son cheval tué sous luy; & sans quelques Maures alliez des Chrestiens, qui les secoururent, ils euſſent eſté tous taillez en pieces. Lope fit des choſes prodigieuſes ce jour-là : car tout bleſſé & pris qu'il eſtoit, il arracha la lance à vn des Maures qui le conduiſoient, & l'en ayant tué écarta les autres, puis montant ſur le cheval du Maure ſe ſauva, à la faveur de quelques-vns des ſiens qui accoururent, & ralliant le reſte, revint ioindre Bugima. Le lendemain il marcha à Alguel avec tous ſes gens, ſans s'amuſer à attaquer Miatbir, & pilla en paſſant quelques hameaux, puis fit dreſſer ſes tentes vn peu loin de la ville. Il attendit là trois jours, pour voir ſi les Chérifs ſortiroient, afin de reconnoiſtre le monde qu'ils pouvoient avoir. A la fin il en ſortit deux cens chevaux, contre leſquels il combatit, tant qu'ils furent contraints de ſe retirer dans la ville, & de fermer les portes, aprés avoir perdu huit des principaux, & vingt-cinq chevaux, ſans qu'il mouruſt aucun Chreſtien. Le jour d'aprés il vint camper ſi prés de la place, qu'il n'y avoit entre-deux qu'vne petite montagne & vn ruiſſeau : Comme il eſtoit réſolu à l'attaque, les ſentinelles découvrirent vn eſtendart, avec quelque cavalerie, qui deſcendoit de la montagne ; ce qui fit laſcher le pied aux alliez, qui crûrent que c'eſtoit le Chérif. Mais les Portugais bien loin de les imiter, montérent tous à cheval, & ſe batirent contre cette cavalerie juſqu'à ce que la nuit les ſépara. Mais voyant que leurs alliez les avoient abandonnez, ils enlevérent leurs tentes, qu'ils avoient laiſſées dans la frayeur, & ſe retirérent du mieux qu'ils pûrent à Safi. Leurs alliez furent bien honteux, quand ils ſeûrent que cét eſtendart n'eſtoit qu'vne compagnie de cent chevaux qui acompagnoient Muley Idris l'Henteti, Seigneur d'Annimey, & que ce n'eſtoit pas le Chérif, comme ils s'étoient imaginé. Quoy-que ces hiſtoires ſoient peu conſidérables, je ne laiſſe pas de les rapporter, pour divertir le Lecteur, & faire voir le pouvoir que les Portugais avoient alors en Barbarie, & ce qu'ils euſſent pû faire s'ils euſſent continué la conqueſte de l'Afrique.

DV ROYAVME DE MAROC,

CHAPITRE VI.

De Téculet.

CETTE ville a encore esté fondée par la lignée de Muçamoda, & contient plus de quinze cens habitans. Elle est sur la pente d'vne montagne, & a vn petit port assez proche, avec vn vieux chasteau nommé Aguz, où est l'embouchure de la Diure, que Ptolomée met à sept degrez vingt minutes de longitude, & à trente-vn & quarante minutes de latitude. La place n'est pas forte, & les murailles ne sont que de terre, avec force bréches, que le tems y a faites. Les maisons sont basties de mesme, & fort mal agencées. Il y a quelques anciens édifices faits de pierre & de chaux, & vne grande Mosquée, fort belle par dehors & par dedans, où s'assemble la plus grande partie du peuple. Cette ville fut détruite par Abdulmumen, de la race des Almohades, & demeura long-tems sans habitans. L'an mille cinq cens quatorze, Nugno Fernandez, accompagné d'Yahaia Ben Tafuf la saccagea, & envoya en Portugal quantité d'esclaves de l'vn & de l'autre sexe. Les Chérifs la repeuplérent depuis, & y firent retourner les habitans, qui s'estoient sauvez dans les montagnes, & d'autres gens de divers endroits. Il passe auprés vne riviére de mesme nom, qui entre dans la mer prés du chasteau d'Aguz, & dont les bords sont pleins de jardins & de vergers, où il y a force noix, figues, pesches, & gros raisins de treille, qui ont la peau fort deliée, & qui sont de tres-bon goust. Il y a dans la place des puits d'eau vive, si fraische & si excellente, qu'on la préfére à celle de la riviére. Le peuple est fort civil envers les estrangers, & plus riche que ceux de Tednest, parce que le païs est meilleur, & qu'il y a des plaines tres-fertiles au dessous de la place. Il y a force ruches d'abeilles le long de la pente de la montagne, d'où ils tirent quantité de cire, qu'ils vendent aux marchands de l'Europe. A l'vn des costez de la ville est vne Synagogue, où il y a plus de deux cens maisons, tant de marchands que d'artisans, qui sont plus riches &

ou, se retire.

Il faut dire qu'en ce païs-là on fait plus de cas de l'eau de riviére qu'icy.

LIVRE TROISIE'ME. 15

mieux traitez que ceux de Tedneſt. La forterefſe de la ville eſt vne tour fort antique attachée contre la muraille, au lieu le plus éminent, & qui commande à toute la place. C'eſt là auſſi bien que dans la Moſquée que les habitans ſe retiroient dans les alarmes comme en vn lieu de ſeureté, contre des combats de main.

CHAPITRE VII.

De Hadequis.

C'EST vne petite ville fermée de hautes murailles & de tours baſties de chaux & de moilon. On tient qu'elle a eſté fondée par les naturels du pays. Elle eſt dans vne plaine, à trois lieuës de Teculet du coſté du Midy, & contient plus de mille maiſons tres-bien baſties. Il paſſe au milieu vne riviere mediocre qui décend de ces montagnes, & qui eſt bordée de quelques arbres fruitiers & de quantité de treilles. A l'vn des coſtez de la ville eſt le quartier des Iuifs, où il y a plus de cent cinquante maiſons, tant de marchands que d'artiſans qui ont liberté de conſcience. Il s'y fait vne foire tous les ans qui dure quinze iours, où tous les montagnars des environs amenent quantité de beſtail, avec de la laine, du beurre, de l'huile, de la cire, des draps non foulez & autres choſes ſemblables. Il n'y a point de lieu dans la Province, où les femmes ſoient plus belles ni plus bianches & de meilleure grace, & où elles ſe piquent plus de gentilleſſe & de galanterie. Mais elles aiment fort les eſtrangers, & leurs maris ſont bien jaloux. Quoy-qu'ils ſoient aſſez propres à leur mode, & que quelques-vns aillent à cheval, ils ſont neantmoins fort brutaux, & s'entretuënt pour la moindre occaſion. Nugno Fernandez d'Atayde accompagné d'Yahaia prit cette ville d'aſſaut l'an 1514. & en emmena les plus belles eſclaves qu'il y ait eu depuis long-tems en Portugal. Les Chérifs la repeuplérent depuis, & les habitans ſont fort riches à cette heure, parce qu'ils ne ſont plus incommodez des courſes des Chreſtiens, depuis que le Roy de Portugal a quité la ville de Safi, & labourent & moiſſonnent en toute

Huile d'Erquen.

asseurance. Du reste il n'y a ni forteresse ni aucun bastiment considérable en toute la ville.

CHAPITRE VIII.

De l'Eusugaguen.

C'Est vne place forte à trois lieuës de la ville de Hadequis du costé du midy. Elle a esté bastie par ceux du pays, & est fort ancienne, & d'vne situation tres-avantageuse. Car elle est sur vne haute montagne, au pied de laquelle passe vn ruisseau qui pourroit beaucoup servir pour le jardinage, mais les habitans sont si sauvages qu'ils ne s'amusent pas à dresser des jardins. Ils vivent de farine d'orge, de l'huile d'Erquen, & de chévres. Les hommes & les femmes brossent sans souliers à travers ces montagnes, & ont des crevasses aux pieds qui vont jusqu'à l'os. Ils ont guerre continuëlle avec leurs voisins, & s'entretuënt pour peu de chose, sans ordre ni justice, comme ceux qui n'ont ni crainte de Dieu, ni amour du prochain, quoy qu'ils se disent Mahométans. Mais il n'y a ni Iuges ni Alfaquis en toute cette montagne où il y a quelques hameaux peuplez de mesme. Leur commerce est de miel & de cire qu'ils vendent aux marchands Chrestiens, encore ne savoient-ils que c'estoit que de cire avant la venuë des Portugais, & la jettoient. Ils n'ont ni honneur ni connoissance du bien, & ne songent qu'à se venger de leurs ennemis, & à les tuer s'ils peuvent en trahison, qui est ce qu'ils estiment le plus. Enfin ce sont les plus cruels & les plus brutaux de toute la Barbarie, & celuy qui n'a pas tué douze ou quinze hommes n'est pas tenu pour brave. Comme leur montagne est si roide qu'on n'y sauroit aller qu'à pied, ils n'appréhendoient pas les courses des Portugais, aussi n'ont-ils ni chevaux ni bœufs ni autre bestail que des chévres, & font plus de trois mille combatans, quoy qu'il n'y ait pas plus de cinq cens maisons dans la ville.

C'est qu'il y en a d'éparses par la montagne.

CHAP.

CHAPITRE IX.

De Téchevit.

C'Est vne ville ancienne qui a des murailles de brique, & est peuplée de naturels du pays. Elle est bastie dans vne plaine environnée de montagnes à quatre lieuës de l'Eusugaguen du costé du Couchant. Les habitans sont riches & ont beaucoup de terres où ils sement de l'orge, & nourrissent des troupeaux. Il y a force vergers autour de la place, qui rapportent quantité de pesches, de noix, & de figues, que l'on seche. Les habitans sont fort courtois aux Estrangers, & il y a parmy eux trente familles d'artisans Iuifs qui vivent en toute liberté. Les Portugais prirent cette place l'an 1514. Aprés la prise de Tednest, & la venuë de Dom Iean de Meneses Gouverneur d'Azamor, pour n'estre pas apperceus, ils gagnérent avec beaucoup de peine le haut d'vne montagne fort roide, d'où ils vinrent fondre sur la ville, mais leur marche ne pût estre si secrette que les habitans n'en eussent le vent, de sorte qu'ils se sauvérent avec leurs femmes & leurs enfans. On en prit pourtant plus de cinquante dans la fuite, & aprés avoir pillé la ville on y mit le feu, & l'on retourna aux Aduares ou habitations d'Yahaïa fils de Tafuf. La ville fut repeuplée incontinent aprés, & l'on y vit plus en repos depuis que les Portugais ont abandonné Safie.

CHAPITRE X.

De Tesegdelt.

CEtte ville est fort ancienne & a esté bastie par ceux du pays, sur vne haute montagne à quatre lieuës de Téchevit. Elle est ceinte d'vne roche escarpée qui la rend comme imprénable. Il y a plus de mille feux, & au pied de la ville passe la riviere de Téchevit, qui est bordée de quantité d'arbres, & dont la source n'est pas loin. Les habitans sont riches & ont de petits chevaux qu'on ne ferre point, qui grimpent comme des cerfs parmy ces rochres. Ils se défendirent bravement des Arabes & des Chrestiens, durant les guerres des Portugais, par l'avantage de leur situation. Mais le pretexte de la religion les soûmit au Chérif, qui en fit grand cas à cause de la force de la place & de leur valeur. Ils sont fort civils, & reçoivent bien les Estrangers, les entretenant & traittant agréablement. Il y a vne belle Mosquée au milieu de la ville, où il y a force Alfaquis dont le principal est juge tant au spirituel qu'au temporel. Mais il y a vn Gouverneur de la part du Chérif qui garde cette place comme la clef du pays, & a soin de recevoir le revenu de la province, & d'administrer la justice dans les causes qui sont de son ressort. Il se recueille auprés beaucoup d'orge, de fruits & d'huyle, & il y a quantité de chévres, mais peu d'autre bestail, à cause que ce sont des roches escarpées où l'on auroit de la peine à les mener.

L'huile d'Erquen.

CHAPITRE XI.

De Tegteza.

C'EST encore vne ancienne ville qui a esté bastie par les Africains de la tribu de Muçamoda, sur la cime d'vne montagne si roide qu'on n'y peut monter qu'en se noyant, & par vn petit sentier qui est si étroit & si droit qu'en quelques endroits on monte par degrez creusez dans le roc. Cette place est à cinq lieuës de la précédente du costé du Midy, & n'a point d'autre eau que celle d'vne riviére qui passe au pied de la montagne, & qui paroist proche de la ville, quoy qu'elle en soit éloignée de plus de deux lieuës. Les femmes y descendent comme par vne échelle pour laver & pour puiser de l'eau, car ce sont de petits degrez qu'on a taillez à coups de marteau. Ces habitans sont les plus fiers & les plus grans voleurs du pays, qui ne se soucient point de l'alliance de leurs voisins, parce qu'on ne sauroit grimper jusqu'à eux, & que tant leurs troupeaux que leurs semailles sont au haut de la montagne. Enfin c'est vn peuple belliqueux & méchant dans vne place imprenable. Ils n'ont point de chevaux parce qu'ils n'en ont point de besoin, & le Chérif Mahomet disoit qu'ils luy avoient donné plus de peine que tout le reste du pays ; car ils estoient libres alors, & exigeoient tribut des Arabes qui passoient par là, ou les voloient.

CHAPITRE XII.
De Eitdevet.

CETTE ville est aussi ancienne que les précédentes, fondée par ceux du païs, à cinq lieuës de la derniére, du costé du Midy. Elle est dans vne belle plaine au haut d'vne montagne fort roide, & environnée de deux riviéres & de deux roches escarpées. Il y a dedans plusieurs sources d'vne eau tres-froide, qui descend par des rochers couverts d'vne forest de noyers, & d'autres arbres à fruit. Quelques Auteurs Africains disent, que ce sont des Iuifs de la Tribu de Iuda qui ont fondé cette ville, lors que la Loy de Moïse estoit establie en Afrique, & qu'elle y demeura jusqu'à la venuë des Arabes, qui l'obligérent à prendre par force celle de Mahomet. Il y a des écoles & des collèges remplis de personnes savantes dans leur loy, & l'on y accourt de tous costez pour vuider les differents, & pour passer des contracts & des transactions, parce-qu'il y a des Iuges, des Advocats, des Procureurs & des Notaires. La terre y est fort maigre, & ne produit point de bled ; de-sorte qu'on y vit de farine d'orge & de chévre. Et c'est les régaler que de leur donner du mouton & de la farine de froment. Les femmes y sont belles, & ont le teint blanc & vermeil, aussi les maris sont-ils fort jaloux. Les hommes sont dispots & robustes, & se piquent de franchise & de liberalité. Les gens de lettres vont sur des cavales, qu'ils font venir d'ailleurs, car il n'y en a point au païs. Il y a des marchands & des artisans Iuifs, qui demeurent en vn quartier séparé, & quelques teinturiers de draps du païs. Cette ville est fort bien traitée par les Chérifs, parce-qu'elle prit leur parti d'abord, & favorisa leur establissement.

CHAPITRE XIII.

De *Culeyhat Elmuhaydin* *.

* C'est-à-dire, la ville des Prédicateurs.

A six lieuës de la ville que nous venons de dire, du costé du Nort, est vne place forte sur vne haute montagne, qui en a plusieurs autres aux environs. On y monte par vn chemin étroit & fort roide, qui va en tournant, & il n'y a point d'autre abord du costé du Septentrion. Mais vers le Midy on y entre par la montagne de Tésegdelt, qui vient jusqu'à demie-lieuë. Cette ville a esté bastie depuis cent ans par vn Maure de Tesegdelt, nommé Omar, qui devint en si grande reputation de sainteté, qu'à la faveur de ses Sectateurs, il se rendit presque maistre de la province, & bastit cette ville pour leur servir de retraite, & aller prescher de là leur nouvelle doctrine. Mais sa femme le tua la douziéme année, pour l'avoir trouvé qui caressoit vne fille qu'elle avoit euë de son premier mary. Sur ces nouvelles, le peuple prit les armes, & massacra tous ses disciples, comme autant d'imposteurs. Il ne resta qu'vn de ses petits-fils, qui se fortifia dans cette place, & la défendit contre tous les habitans de la province, qui l'assiégérent l'espace d'vn an. Il en demeura donc le maistre, & vn de ses fils aprés luy, tant que les Chérifs ayant conquis cette province, il s'accommoda avec eux, & son petit-fils leur en fit hommage. Car comme la ville est forte, & les rochers d'alentour escarpez, il estoit impossible de le forcer. Les habitans sont des Béréberes du païs, qui ont quantité de troupeaux de chévres, mais peu d'autres; de-sorte que leur principal exercice est de voler les passans, c'est-pourquoy le Seigneur du lieu entretenoit quelques arquebusiers, & quelques gens de cheval. Cela les rendoit si odieux aux autres Africains & aux Arabes, qu'ils les tuoient & brûloient où ils les pouvoient attraper, & faisoient le degast aux environs de la place; de-sorte qu'ils n'osoient semer, ni paistre leurs troupeaux dans la plaine. Le sepulcre de cét Imposteur est dans la ville, où son petit-fils a establi vn pelerinage, qui dure encore; tant la brutalité de ces peuples est grande, d'aller faire leurs devotions au sepulcre d'vn homme qui a esté tué pour ses vices, & d'adorer ses reliques.

CHAPITRE XIV.

De Egue Leguingil.

CETTE ville est dans vne situation avantageuse, à deux lieuës d'Eitdever, du costé du Midy, & doit sa fondation à ceux du païs. Elle est bastie sur la cime d'vne montagne si roide, qu'on n'y peut aller à cheval qu'avec beaucoup de peine, & a plusieurs artisans; de-sorte que tous les Africains de ces montagnes y viennent acheter des chaussures, des ferrures, & leurs autres necessitez. Ce peuple est vaillant, & se pique de bravoure, aussi vivoit-il en liberté avant que les Chérifs se rendissent maistres de la province, & avoit guerre continuëlle avec les Arabes, qui étoient vassaux du Roy de Portugal, & qui n'y faisoient pas leurs affaires, sur-tout lors qu'ils le venoient attaquer sur sa montagne, qui est si droite, qu'vn homme s'y défendroit contre mille en de certains passages. On y fait force beaux vaisseaux de bois, qu'on porte vendre en divers lieux, tant pour boire que pour les autres services du ménage. Car les Seigneurs Mahométans les estiment fort, & ne boivent point dans des tasses d'or, d'argent, ni de verre, parce-que cela leur est défendu. Il y a par toute la montagne quantité de ruches, dont on tire beaucoup de miel & de cire, qu'on vend aux marchands Chrestiens.

CHAPITRE XV.

De Testana.

C'EST vne petite ville sur la coste de l'Océan, à la pointe du Cap que fait le mont Atlas. Elle est à quatorze lieuës de la précédente, du costé du Couchant, & a vn assez bon port pour les petits vaisseaux, où abordent les marchands de l'Europe. On le nommoit autrefois le Port d'Hercule, & Ptolomée le met à sept degrez trente minutes de longitude, & à trente degrez de latitude. Cette ville a esté bastie par les habitans du païs; les murailles & les tours sont de brique & de pierre de taille : tout auprés il y a vne riviére qui entre en la mer, & c'est là que les vaisseaux se mettent à couvert pendant la tempeste. Elle est ceinte de grandes montagnes, où l'on fait paistre les troupeaux, & où l'on seme de l'orge. C'estoit autrefois vne republique, & il y avoit vne douane, où l'on prenoit dix pour cent de toutes les marchandises qui entroient & sortoient, & l'on y chargeoit quantité de cire, de cuirs non conroyez, & d'indigo, pour la teinture des laines, ce qui servoit à l'entretien de la garnison. Elle est maintenant au Chérif, qui y met vn Gouverneur, avec quelques mousquetaires. Le peuple y est fort blanc, & grand amy des estrangers, à qui il fait plus d'honneur qu'à ceux du païs, & les loge & traite chez soy liberalement. Il n'y a pas plus de sept cens feux dans la ville. On y nourrit quantité de chévres, & l'on a de grans lieux à mettre des ruches.

CHAPITRE XVI.

D'Amagor.

C'EST vne ville de huit cens feux, bastie par les anciens Africains de la tribu de Muçamoda, sur vne haute montagne fort roide, qui est ceinte de deux roches escarpées, & de deux grandes riviéres. Il y a vn chasteau fort de nature, & plusieurs villages autour, peuplez de la mesme tribu, parce-que la montagne est de grande estenduë. Les habitans recueillent beaucoup d'orge & ont quantité de chévres, & quelques chevaux; mais ce sont gens barbares & sans esprit. Ils furent des premiers que les Chérifs gagnérent par leurs remonstrances; de-sorte qu'ils y establirent quelque temps leur demeure; mais ils y furent saccagez par les Chrestiens, comme nous allons dire. Car l'an mille cinq cens seize, Nugno Fernande Gouverneur de Safi, ayant appris

Comme Lopé Barriga

que le Chérif Muley Hamet s'estoit posté là, & qu'il y estoit *sacagea la* depuis quelque tems avec des troupes, il commanda à Lo- *ville d'A-* pé Barriga, son Lieutenant, qui venoit avec celuy d'Azamor, *magor.* de traiter avec quelques Arabes & Bérébéres, qui se rendoient vassaux du Roy de Portugal; il luy commanda, dis-je, d'aller attaquer cette place, & d'essayer de prendre ce Maure, qui troubloit le païs. Et parce-que Lopé Barriga avoit peu de troupes, il envoya Mendez Cervera son neveu se rendre à luy, avec quelque cavalerie & infanterie. Il partit donc avec cette troupe, & avec les Arabes de la campagne de Moradiz, n'ayant en tout que deux cens chevaux Portugais, & cinquante tireurs à pied, avec mille chevaux Arabes, sous le commandement de Cidi Bugima, leur Chec, & sortant des Aduares, ou habitations d'Vled Chiedma, fut à Tazamor, & delà au village de Fecéfiz, à vne lieuë de Teftane, & à huit du chasteau de Sainte-Croix du Cap d'Aguer. Mais trouvant ces lieux desemparez par les habitans, il s'alla camper devant Amagor deux heures avant la nuit. Il en sortit quelques cavaliers, qui escarmouchérent contre les Arabes de Cidi Bugima; & se batirent si bien, que Lopé Barriga fut contraint d'y accourir, & fit retirer les Maures qui avoient alors tant d'appréhension des Chrestiens, qu'ils vouloient abandonner la ville, & se sauver dans les montagnes, si le Chérif ne l'eust défendu sur peine de la vie, ce qui fut cause de leur perte: car il ne fut pas plustost sorti la nuit avec ses troupes, que se voyant sans défense, la plupart le suivirent, dequoy Lopé Barriga averti, y accourut, & trouvant quelques chevaux, & deux cens hommes de pied, que le Chérif avoit laissez pour favoriser sa retraite, il les défit, & se mit à la queuë des fuyards. Cependant, le reste des habitans voyant les Chrestiens victorieux, se jettérent en bas des murailles pour se sauver, & descendirent par quelques précipices qui sont du costé du Midy; mais avec tant de trouble & de précipitation, qu'il y en eut plus de huit cens qui se tuërent. Les Chrestiens grimpérent avec leurs lances sur le rempart, & ayant défait quelques deux cens hommes qui se mirent en défense, pillérent la ville, & firent vn grand butin: car tout le bien des habitans y estoit. Le lendemain on trouva dans ces précipices, par où le peuple s'en estoit fuy, plusieurs femmes & enfans pendans aux arbres & entre les roches, & plusieurs chevaux morts tout sellez & bridez, que les ennemis avoient précipitez exprés, pour empescher les Chrestiens de s'en servir. Le Chérif échapa ce jour-là par la legéreté d'vn barbe sur lequel il estoit monté, & disoit depuis, estant Roy de Maroc, Qu'il ne s'estoit jamais trouvé en plus grand danger, & que si les Chrestiens au-lieu d'entrer dans la ville, se fussent mis à ses trousses, il estoit perdu, car il s'alla égarer entre des rochers dans vn valon, où il fut plus de quatre heures, & fut contraint à la fin de sortir par où il estoit entré. Sur ces entrefaites, quelques Maures alliez des Portugais passérent, qui le suivirent plus d'vne grande lieuë; mais son cheval estoit si bon, qu'à moins que de s'enfoncer entre des rochers, on ne le pouvoit atteindre. On fit quatre cens prisonniers, parmi lesquels estoit l'oncle du Chérif, qui avoit la Lieutenance de la ville, & on luy prit ses tymbales avec cent quatre-vingts chevaux sellez & bridez, & plusieurs meubles. Les Chrestiens emmenérent tout cela à Safi, & leurs alliez Maures eurent pour leur part plusieurs troupeaux, avec force denrées. On fut trois jours à saccager la ville, au bout desquels les Maures retournérent dans leurs habitations, & les Chrestiens à Safi & à Azamor, où ils furent receus avec grande réjouissance. Cependant, comme il n'y a point d'autre ville dans cette province, que celles dont nous avons fait mention, nous parlerons maintenant des habitations qui sont dans les montagnes.

Froment, orge, beurre, miel, &c.

Montagnes, & leurs habitations.

CHAPITRE XVII.

D'Ayduacal.

LA plus grande partie des Bérébéres de cette province, vivent dans les montagnes, & y font leur demeure. La premiére & la plus Occidentale, est celle que Ptolomée nomme le grand Atlas, & les Africains Ayduacal*, du nom des peuples qui l'habitent. Cette montagne fait vne pointe dans

*ou Aytuacal.

LIVRE TROISIE'ME.

dans l'Océan, & s'estend du costé du Levant jusqu'à la montagne d'Egueleguingil, & ses costez Meridionaux divisent cette province de celle de Sus. A la pointe de cette montagne est la ville de Testana, & le port d'Hercule du costé du Nort. Toute la montagne est fort peuplée, & les maisons sont faites de bois & de carreaux, & couvertes d'ardoise ou de branches d'arbre. Il y a plusieurs villages, & quelques-vns fort grans, quoy-que les habitans errent la plus-part de l'année avec leurs troupeaux, pour chercher de l'herbe, & traisnent alors avec eux des maisons faites de bois & de jonc, à la façon de celles des anciens Africains, & lors qu'ils veulent passer quelque tems en vn mesme lieu, ils les garnissent & couvrent de paille ou de feuïllage. Leur principal revenu est en troupeaux de chévres, dont ils ont quantité. On y recueille force orge, miel & cire, qu'on vend aux marchands Chrestiens qui trafiquent à Safi, à Testane, & au Cap d'Aguer. Ces peuples ne portent aucun habillement qui soit cousu, & il n'y a parmi eux ni homme, ni femme qui sache coudre. Ils n'ont ni Iuges, ni Alfaquis, ni Mosquées, & ne se soucient pas fort des choses spirituelles. Ils sont généralement sauvages, avares, cruels, & grans ennemis des estrangers. Ils sont bien vingt mille combatans, qui font des merveilles dans ces montagnes, dont ils connoissent tous les détroits & toutes les avenuës; mais hors-de-là ce sont les plus pauvres soldats de toute l'Afrique. Quand le Chérif veut faire quelque entreprise, il en mene quantité distribuez par compagnies, pour tirer le canon, & porter les vivres & les munitions, à quoy ils sont fort propres, parce-qu'ils sont de grand travail. La ville d'Agobel, qui fut sacagée, comme nous avons dit, par les Portugais, aboutit à cette montagne, qui n'a point d'autre place fermée que celle-là.

Mapalia.

Partie II.   D

CHAPITRE XVIII.

De Tenzéra.

CETTE montagne confine avec la précédente, & s'étend vingt-deux lieuës du costé du Levant, jusqu'à celle de Nefife, qui est frontière de la province de Maroc, & son costé meridional divise cette province de celle de Sus, comme l'autre, dont nous venons de parler. Le grand chemin de Maroc à Tarudant, passe entre ces deux montagnes, & a vn détroit en vn lieu nommé Mascarotan, tres-fort d'assiette, & fameux par la bataille des deux Chérifs, lors que Muley Mahamet prit son aisné & son neveu, comme nous avons dit au second livre de cette Histoire. Les Bérébéres de cette montagne ont leurs habitations en des lieux hauts & escarpez; mais quoy-qu'elles soient grandes, elles ne sont pas fermées de murailles. Ils nourrissent quelques chevaux, parce que le païs abonde en orge & en millet, qui est comme de l'alcandie. Il sort de ces montagnes plusieurs sources qui arrosent les terres des valons, & qui se vont rendre vers la Tramontane dans la riviére de Siffaye, qu'on nomme Chenchava, du nom d'vne ville par où elle passe, lors qu'elle arrive dans la plaine d'où elle se décharge dans le fleuve de Tanzift. Ces Bérébéres sont plus riches que ceux des autres montagnes, parce-qu'outre l'orge, le miel, la cire, & les troupeaux, ils ont de fort bonnes mines de fer, dont ils ne font pas des barres comme par deçà; mais des boules, qu'ils debitent par toute la contrée. Ils sont aussi plus habiles que les autres, se traitent mieux, & vont mieux vestus, à-cause qu'ils ont plus de commerce avec les estrangers. Il y a parmy eux plusieurs marchans & artisans Iuifs, qui sont naturels du païs, & non pas de ceux que les Rois Catholiques ont chassez d'Espagne, qui se sont retirez dans les principales villes de la Barbarie. Il y a par toute cette montagne de grandes forests de bouys & de lentisques qui sont fort hauts, avec vne espece de cedre de tres-bonne odeur & de grand profit; & de grans noyers, dont l'on recueille tant de noix, qu'outre ce qui s'en mange & s'en debite, on en fait de l'huile avec ces noyaux d'Erquen. Il s'y trouve plus de vingt mille combatans, tant à pied qu'à cheval, qui valent mieux que ceux de la montagne précédente. L'an mille cinq cens trente-neuf, on y découvrit vne mine de cuivre, qu'on transporta à Maroc par morceaux, pour faire de l'artillerie. La premiére qui en fut fonduë, fut par vn Morisque renegat né dans Madrid, qui fit vne Maistre coulevrine d'environ seize pieds de long, & quantité d'au- Muça. tres petites pieces, & forgeoit outre cela des arbalestes, des épées, des fers de lance, & autres armes de fort bonne trempe. En mesme tems vn Maure de Sus de la province de Géfula, trouva le secret de fondre le fer, dont il faisoit des boulets de canon, ce qui estoit inconnu avant luy en Afrique.

CHAPITRE XIX.

De Giubelhadid*.

* ou montagne de fer.

CETTE montagne commence à l'Océan du costé du Nort, & s'estend vers le Midy le long du Tansift, divisant cette province de celle de Duquéla, & puis de celle de Maroc. Quoy-qu'elle soit de la province de Hea, elle ne fait pas pourtant partie du mont Atlas, & est peuplée d'vne ancienne race d'Africains de la tribu de Muçamoda, nommé Recrec. Il y a par-tout beaucoup de bocages épais d'arbres fruitiers, & force fontaines. Le trafic est de miel, & de cire, avec de l'huile d'Erquen, & quelques chévres. On y recueille peu de bled, mais on n'en manque pas, à cause du voisinage du Duquéla, qui en abonde. Ce sont gens pauvres & fort religieux, il y a parmi eux quantité d'hermites, qui se retirent dans les roches les plus affreuses, où ils vivent en sauvages, d'herbes & de fruits champestres. Le peuple y est fort civil & facile à croire ce qu'on luy dit, pourveu qu'on le paye de raison. Comme j'y estois l'an mille cinq cens quarante-deux, voyant qu'ils estoient bien-aise d'entendre parler de religion, je les entretins de nos Religieux, & comme je fus tombé sur la vie, l'abstinence & l'humilité du Bienheureux Saint François, ils demeurérent fort estonnez, & les Alfaquis s'écriérent, Que c'estoit vn grand Saint, & qu'on ne pouvoit sans crime parler mal d'vn si grand Serviteur de Dieu. Et veritablement tout le tems que j'ay esté en Afrique, je n'ay point trouvé de nation moins entestée de sa religion que celle-là, ni plus docile. Ils sont plus de douze mille combatans, ce qui n'empesche pas qu'ils n'ayent payé en mesme tems tribut aux Rois de Fez, de Maroc, & quelquefois mesme au Roy de Portugal, pour se garentir des Arabes sujets de la Couronne de Portugal. Ils sont maintenant plus en repos, depuis que Safi est aux Maures, & sont vassaux du Chérif. Il n'y a point d'autres montagnes dans cette province dont nous puissions parler.

CHAPITRE XX.

De la Province de Sus, qui est la seconde du Royaume de Maroc, à commencer par le Couchant.

ou Gétulie.

CETTE province a l'Océan au Couchant, & les montagnes d'Atlas au Septentrion, où elle se joint à la province de Hea; au Midy les Sablons de Numidie, & au Levant le grand fleuve de Sus, qui la sépare de la Province de Gésula, & contient la plus grande partie du Royaume de Maroc, si l'on y comprend le Dara & le Sus éloigné. Le principal de cette province, qui est au Couchant vers le Magarib, est vn païs plein, qui s'arrose avec les eaux de ce fleuve, qu'on tire par des canaux & des rigoles, & ses rives sont bordées des meilleures habitations du païs. Il y a quantité de bled, de troupeaux, & mesme de moulins à sucre, depuis le régne des Chérifs, qui est le meilleur trafic de tout le Royaume de Maroc. Outre cela il y a de grands vergers & jardinages, & plusieurs palmiers, quoy-que les dates n'en soient pas si bonnes que celles de Numidie. Tous les habitans sont Bérébéres de la tribu de Muçamoda, & plus illu-

On les nomme Recrrea, Hascura, & Ianfara.

stres que ceux de Hea, par ce qu'ils sont plus riches & se traitent mieux, particulierement ceux des villes, qui s'employent aux sucres & au labourage. Quand les Chérifs eurent conquis la Mauritanie Tingitane, l'aisné donna en partage cette province à son cadet, qui se fit appeller Roy de Sus. Mais il en faisoit hommage à son frere, ce qui dura quelque tems pendant lequel il rebastit Tarudant, & y establit sa Cour, prit le Cap d'Aguer sur le Roy de Portugal, & fit plusieurs autres choses qui luy acquirent l'amour de ces peuples. A la fin tournant ses armes contre son propre frere, il conquit le Royaume de Maroc, & ensuite celuy de Fez, & se fit Seigneur de toute la Mauritanie Tingitane & de plusieurs autres provinces de Numidie & de Libye, comme nous avons dit au second livre. On tire de Sus le bon indigo qui sert aux teintures, l'alun, & le meilleur laiton que l'on nomme Susi, sans parler des esclaves du Genéova, & de l'or de Tibar que les Negres nomment Nacnaqui, que les caravanes vont enlever tous les ans en ces quartiers.

CHAPITRE XXI.

De la ville de Messa *.

*Ou lieu d'Oraison.

C'EST vne ville fort ancienne, bastie par les Africains au pied du mont Atlas sur le bord de l'Océan. On la nommoit autrefois Temest, qui estoit alors fort illustre; mais elle fut détruite par les Arabes Mahométans à la conqueste de Sus. Elle est composée de trois villes qui font vn triangle, à vn quart de lieuë l'vne de l'autre, chacune fermée de bonnes murailles, & le fleuve de Sus passe entre deux & se va rendre dans la mer prés des habitations de Guer-Tesen. Les habitans font leur labourage à la fin de Septembre, & moissonnent à la fin d'Avril & en May; Mais si la riviére manque à se déborder en ces deux mois pour arroser les terres, on ne fait point de moisson. Cette ville est ceinte de grans bois de palmiers qui appartiennent aux habitans, & quand le bled manque il y a beaucoup de dates, mais elles ne sont pas si bonnes que celles de Numidie, & se corrompent quand on les garde toute l'année. On n'y nourrit pas beaucoup de troupeaux, parce que ce sont tous sablons, où il y a peu d'herbe. Le peuple est belliqueux, & quoy-qu'il soit sur la coste il n'a pas grand commerce avec les étrangers parce-qu'il n'y a point de port, & que toute la coste est vne plage découuerte. On y trouue plusieurs baleines mortes, qui y viennent échouër pendant la tempeste, dans des basses ou écueils fort pointus qui sont à vne lieuë de la terre ou environ. On y rencontre aussi beaucoup d'ambre, que ceux du pays donnent à bon marché aux Europeens qui y trafiquent. Il y a vn temple sur cette coste dont la charpente est toute de grandes costes de baleine, & le peuple ignorant les a en grande veneration acause que ce fut en cét endroit, à ce qu'il dit, que la baleine rejetta Ionas, & il croit que ce temple fait creuer toutes les baleines qui passent par là, & qu'il en sortit vn homme qui propheriza de Mahomet, c'est pourquoy l'on y vient de tous costez en pelerinage. Quelques Africains disent que ce n'est pas la baleine qui jette l'ambre, mais vn autre poisson nommé Ambracan, qui est d'vne grandeur enorme, & qu'on ne le voit point que quand la mer le jette sur le rivage aprés sa mort, mais qu'il a la teste dure comme vn caillou, & a plus de douze aulnes de long. Les autres disent que l'ambre n'est autre chose que la semence du masle de la baleine, quoy qu'il soit plus vray-semblable que c'en est l'excrément.

Rabita de Messa.

CHAPITRE XXII.

De Teseut ou Techeit.

CETTE ville a esté fondée par les anciens Africains dans vne belle plaine, & est divisée en trois comme la précédente. La grande riviére de Sus passe auprés & traverse ses campagnes. Il y a plus de quatre mille feux, & le peuple y est riche, acause de l'abondance de froment, d'orge, & de légumes, que porte la contrée. Il y a de grans plants de cannes de sucre, & plusieurs moulins, & les marchans y accourent de toutes parts, de Fez, de Maroc, & du pays des Negres, parce-que le sucre est fort fin, depuis qu'vn Iuif qui s'e-

LIVRE TROISIEME.

ſtoit fait Maure dreſſa les moulins avec l'aide des Captifs, que le Chérif fit au Cap d'Aguer. Le pays porte auſſi beaucoup de dates comme celles de Meſſa, mais il n'y a guere d'autres fruits que des figues, des raiſins, & des peſches. Il n'y a point auſſi d'oliviers ni de ces fruits à noyau dont on fait l'huile, & l'on ſe ſert de celle qu'on apporte de la province de Hea. C'eſt là que l'on appreſte les bons maroquins, qui ſe tranſportent à Fez, à Maroc, & aux autres lieux. Le pays eſt fort grand, & vers le mont Atlas il y a pluſieurs villages de Bérébéres, comme du coſté du Midy de grandes plaines, où errent pluſieurs Arabes & communautez d'Africains de la tribu de Muçamoda, qui ont quantité de chameaux & de beſtail. Au milieu de la ville eſt vne grande moſquée bien baſtie, à travers laquelle paſſe vn bras de la riviére. Les habitans ſont Africains Bérébéres, qui eſtoient touſjours en querelle & en diviſion lors qu'ils vivoient en liberté; car ils ſont fort orgueilleux. Mais depuis cent ans quelques-vns d'entre eux avoient vſurpé la domination, & quand les Chérifs commencérent à s'eſtablir, celuy qui y regnoit s'appelloit Chohan, & n'avoit qu'vne belle fille qu'il maria à vn Genois qui trafiquoit au pays, & qui ſe fit Mahométan. Ce marchand fut ſi aimé du peuple qu'aprés la mort de ſon beaupere il ſuccéda à la Couronne, & comme il eſtoit amy des Chérifs il leur donna paſſage par ſon Eſtat, pour entrer en la province de Hea. Il laiſſa pour ſucceſſeur ſon fils aiſné, le plus brave de tous les Maures qui vinrent au ſervice des Chérifs, & celuy auquel ils avoient plus de confiance. Son petit-fils eſt maintenant Seigneur de Chechuan. Ce ſont ces Princes qui ont fort embelli cette ville, dont les habitans ſont maintenant riches, & vivent à leur aiſe ſans rien faire. Mais il y a parmy eux plus de deux cens marchans ou artiſans Iuifs.

Gazi Muça.

Iahaya ou Mahamet Elelche.

Mumen Belelche.

CHAPITRE XXIII.

De Gared.

C'EST vne ville baſtie par le Chérif Abdala qui regne aujourd'huy. Elle eſt dans vne plaine à vne lieuë de Teceut,

& à la source d'vn ruisseau qui arrose les cannes de sucre prés des moulins que le Chérif a bastis pour ce sujet. Ce mesme ruisseau fait moudre six moulins à bleds & se va rendre dans la riviere de Sus qu'on nomme de Teceut en cét endroit. Cette ville a esté bastie pour servir de défense à ces moulins, & est environnée de plusieurs terres labourables qu'on arrose par le moyen de ce ruisseau. Les habitans sont laboureurs & gens des champs, qui travaillent aux moulins à sucre avec quelques esclaves Chrestiens. Il y a d'ordinaire dans la ville vn Gouverneur avec trois cens chevaux, logez dans les villages d'alentour.

CHAPITRE XXIV.

De Tarudant.

TARVDANT, que les Maures nomment Teurant, a esté bastie par les anciens Africains à douze lieuës de Teceut du costé de l'Orient, & à deux du grand Atlas, vers le Midy. Quoy qu'elle soit moindre que les autres en habitans, elle ne l'est pas en commerce & en magnificence, elle a esté autrefois libre; mais elle fut assujettie par les Benimérinis, lors qu'ils se rendirent maistres de la Mauritanie Tingitane, & ils en firent la capitale de la Province & des contrées voisines, & l'embellirent fort. Car le Gouverneur ou Vice-Roy y faisoit sa residence acause du commerce des Negres, & l'on y bastit vne forteresse où il y a de beaux appartemens. La ville recouvra sa liberté par la cheute des Benimérinis, & se gouvernoit par quatre des principaux habitans qui se changeoient tous les six mois. Elle estoit de la sorte lors que les Chérifs s'en emparérent, sous pretexte de faire la guerre aux Chrestiens du cap d'Aguer. Les habitans sont de bonnes gens qui s'habillent de drap & de toile, comme ceux de Maroc, & il y a plusieurs marchands & artisans parmy eux. Le territoire de la ville est grand, & du costé du mont Atlas il y a de grans villages de Bérébéres Mucamudins, & vers le Midy plusieurs Aduares ou habitations d'Arabes avec vne communauté de Bérébéres qui vivent sous des tentes, & qui sont riches & belliqueux

liqueux & font plus de cinq mille chevaux. Leur principal quartier est à quatre lieuës de Tarudant, sur les confins d'Eufaran qui est du Sus esloigné. Leurs Chefs furent les prémiers qui favoriserent les Chérifs & qui les suivirent dans toutes leurs guerres, aussi eurent-ils les principales charges. Ali fils de Bucar en estoit, qui égorgea Muley Hamet & ses petits fils dans Maroc, lors qu'il sceut la mort du Chérif. Tout le costé de cette Province qui regarde la Libye appartient à ces peuples, & lors que les habitans les veulent semer, il faut qu'ils leur en payent tribut. L'an 1511. les Chérifs ayant obtenu de ceux de Tarudant, qu'ils leur entretiendroient cinq cens chevaux pour arrester les courses des Chrestiens du Cap d'Aguer & de leurs alliez, à la faveur de ces troupes & des Zaraganes & autres communautez de leur party, ils se rendirent maistres de la ville, aprés avoir gagné les principaux habitans, & ensuite de toutes les provinces voisines. Le Chérif Mahamet estant depuis Roy de Sus, repara les murs de la ville & du chasteau, & y fit de nouvelles fortifications, la peuplant de tant de marchans & d'artisans, que c'est aujourd'huy vne des principales villes d'Afrique, où le Chérif a son magazin d'armes, son arsenal, & la plus grande partie de ses tresors, comme à l'endroit le plus seur de son Estat. Le Turc qui assassina le Chérif Mahamet, comme nous avons dit, s'empara aprés de cette ville, dont quelques-vns attribuent la fondation aux Chérifs. Mais l'antiquité de ses murs & de ses bastimens, & le rapport des Historiens témoignent le contraire.

Vled Zaragana.

Cidi Maleyc, Cidi Buagar & le Mezuar de Dara.

Hascen. Livre 2. 1557.

CHAPITRE XXV.

De Faraycha.

C'EST vne petite ville à vne lieuë & demie de Tarudant, qui fut rebastie par le Chérif Mahamet avant que d'estre Roy de Maroc. Son fils Muley Abdala qui regne aujourd'huy, y tient ordinairement vn Gouverneur, avec trois cens chevaux aux lieux d'alentour pour la seureté de ces campagnes, dont vne partie luy appartient en propre. On voit prés de là les ruines d'vne ancienne ville * qui estoit fort peuplée

*Atfartal.

pendant la fortune des Muçamudins, mais les Arabes la ruinérent.

CHAPITRE XXVI.
Du Cap d'Aguer.

CETTE ville a esté bastie depuis peu, au bas d'vn petit Cap que fait le mont Atlas, entre les villes de Messa & de Teftane, & qui se nommoit autrefois le Cap d'Vsagre, que Ptolomée met à sept degrez trente minutes de longitude, & vingt-neuf degrez quinze minutes de latitude, & il y a vn port assez bon pour les vaisseaux de haut-bord. Cette place doit ses commencemens à vn Gentilhomme Portugais qui y bastit à ses dépens vn chasteau de bois pour la seureté de la pesche des moruës, & d'autre poisson qui se prend en quantité sur cette coste. Il le nomma le chasteau de Sainte-Croix, & les Maures, Dar Rumia, c'est à dire maison du Chrestien. Mais le Roy Dom Manuel voyant l'importance de ce poste pour la navigation de ces mers, & pour la conqueste de l'Afrique, l'acheta, & le fit eslargir & enfermer de murs & de boulevarts de pierre comme vne bonne ville, & y mit vn chevalier Portugais en garnison avec quantité de troupes & d'artillerie. De là les Portugais faisant des courses par tout, en la compagnie de certains Arabes & Africains qui s'estoient faits leurs vassaux, se fussent rendus maistres du pays, sans la découverte des Indes, qui leur estoit à leur advis plus fructueuse. Cela contribua beaucoup à l'agrandissement des Chérifs qui eussent eu bien plus de peine à establir leur Empire, si les Portugais eussent continué leurs conquestes.

Diego Lopes de Seguera.

De quelques démeslez qu'eurent les Portugais voisins du Cap d'Aguer avec les Chérifs.
1517. au mois de May.

Dom Francisco de Castro Gentilhomme Portugais estant Gouverneur du Cap d'Aguer, les Chrestiens de ces quartiers eurent quelques combats avec les Chérifs en la compagnie de deux Chefs Maures, Cidi bu Agaz, & Cidi Meleyc, & du Mezuar de Dara, jaloux de la prosperité des Chérifs. Muley Hamet courut donc les terres des vassaux du Roy de Portugal & brusla leurs moissons. Mais Cidi bu Agaz sortant contre luy avec ses troupes, luy tua trente chevaux & le mit en fuite ; de-sorte qu'il envoya demander secours à son frere qui estoit demeuré derriere avec le gros des troupes, & ils poursuivirent ensemble l'ennemy, & luy donnant bataille le défirent. Ils arrivérent dans la poursuite à vne place forte qui appartenoit à Cidi bu, & l'attaquant l'emportérent d'assaut. Elle estoit autrefois fort riche & fort peuplée, parce qu'il y avoit vne mine dont on portoit beaucoup de cuivre & de laiton en Europe, ce qui a esté cause plusieurs fois de sa ruine. Pour retourner à nostre Histoire, Dom Ferdinand de Castro n'estoit pas alors en Afrique, mais en Portugal, d'où il amena deux cens gendarmes & quelque infanterie ; Et ayant sceu à son retour ce qui estoit arrivé à son amy, pour ne laisser pas long-tems les Chérifs jouyr du plaisir de leur victoire, il assembla tous ses alliez tant Arabes qu'Africains, & joignant ses troupes aux leurs marcha contre vne ville des Chérifs, où il y avoit tousjours garnison qui faisoit des courses sur les Sujets du Portugal, & particuliérement aux Aduares de Cidi Maleye. Il l'attaqua donc au point du jour à l'improviste, & l'ayant emportée d'emblée, la sacagea, après avoir tué ou pris tous ceux qui y estoient. Plusieurs marchans Genois & autres s'y trouvérent, avec sauf-conduit des Chérifs pour le trafic de la cire & des cuirs non conroyez ; de-sorte qu'ils furent faits prisonniers avec les Maures, & les soldats vouloient qu'on les rendist pour esclaves, à cause qu'ils avoient esté pris parmy les ennemis trafiquant de choses défendues. Mais à la fin le Roy de Portugal les fit mettre en liberté après les avoir tenu long-tems en prison. Ce jour-là les alliez se recompensérent bien du tort que leur avoit fait le Chérif, & retournérent à leurs Aduares chargez de butin. Ces peuples eurent plusieurs autres rencontres contre les Chérifs avec divers succez, jusques à ce que le Chérif Mahamet prit le Cap d'Aguer, comme nous allons dire.

Tul.

Les Chérifs ayant vaincu Muley Hamet au combat de Buacuba, & gagné les provinces de Dara & de Tafilet sur les Mesuares à qui elles estoient, s'emparérent de plusieurs autres provinces, comme nous avons dit au second livre. Muley Hamet donc qui estoit le plus jeune & le plus vaillant, & prenoit le titre de Roy de Sus, ne pouvant souffrir que les Chrestiens

La prise du Cap d'Aguer par le Chérif.

36 DV ROYAVME DE MAROC,

*Il tenoit fa Cour à Tarudant.

Mahamet el Hatran.
1536.

poſſedaſſent cette place à ſa veuë*, & fiſſent de-là des courſes tous les jours ſur les Maures, il réſolut de l'aller attaquer pour aſſurer la frontiére, & augmenter ſa reputation. Au bruit de cette entrepriſe, il aſſembla vne armée de cinquante mille hommes, ſous le commandement de ſon fils aiſné, & fut aſſiéger le Cap d'Aguer d'vne mer à l'autre. Sur cét avis, Dom Gutierre de Monrroy, qui y commandoit alors, aſſigna à chacun ſon quartier pour la défenſe, & commença à ſe remparer. Mais il apprehendoit ſi peu l'ennemi, qu'il écrivit au Roy de Portugal, que le bruit couroit que le Chérif le venoit aſſiéger; mais qu'outre que ſes troupes eſtoient nouvelles, & n'avoient nulle connoiſſance de la guerre, elles eſtoient dépourveuës des choſes neceſſaires pour l'attaque. Il luy envoya meſme par raillerie pluſieurs Bérébéres, peints ſur vne toile tout nuds, avec deux ou trois dards à la main, pour montrer qu'on n'avoit rien à craindre de gens faits de la ſorte, & demandoit ſeulement des vivres & des munitions, donnant aſſeurance du reſte. Le Chérif eſtant arrivé devant la place, fit pointer l'artillerie par les renégats, & commença l'attaque avec tant de furie, qu'avant qu'il y eut bréche raiſonnable, il fit donner pluſieurs aſſauts, ſur l'eſperance de l'emporter, & de prevenir le ſecours de Portugal; mais les aſſiégez ſe défendirent ſi bien qu'ils tuërent plus de ſept mille Maures. Le Chérif voyant ſes gens rebutez de telle ſorte qu'on ne pouvoit les faire marcher à coups de baſton, & qu'il ne ſerviroit de rien de batre la ville ſi l'on ne prenoit vn petit tertre qui y commandoit, d'où l'on découvroit toute la muraille en dedans, & ceux qui eſtoient en défenſe: Conſiderant d'ailleurs qu'on ne s'en pouvoit emparer que par ſurpriſe, parce-qu'il faloit baſtir auparavant vne tour au haut du tertre, pour mettre à couvert les troupes qui y ſeroient, il demanda tréve au Gouverneur pour deux mois. Le Gouverneur qui avoit beſoin de quelque ſuſpenſion pour reparer les bréches, & faire quelques nouvelles fortifications qu'il jugeoit à propos pour la défenſe de la place, l'accorda, à condition que chacun pourroit travailler de ſon coſté, & faire ce qu'il luy plairoit. Auſſi-toſt le Chérif fit retirer ſon

LIVRE TROISIEME.

armée, & commença à baſtir vne tour ſur le haut de la colline, où il fit fondre vne piece de canon. L'ouvrage eſtant achevé, & la tréve finie, il mit trois cens arquebuſiers dans la tour, & quelques petites pieces de bronze, & recommença l'attaque avec plus de furie, parce-qu'il donnoit quelquefois trois ou quatre aſſauts par jour. Les Chreſtiens ſe défendoient fort bien ; mais le dommage qu'ils recevoient de l'artillerie & de l'arquebuzerie de la tour eſtoit ſi grand, qu'ils n'eſtoient à couvert que ſous le mur, où ils eſtoient jour & nuit aux mains avec les ennemis : car les arquebuziers eſtoient ſi bien ajuſtez, qu'auſſi-toſt qu'il paroiſſoit vn homme dans la ruë, aux feneſtres, ou ſur le mur, il eſtoit jetté par terre. Le ſiége dura environ ſept mois de la ſorte, le camp du Chérif eſtant rafraichy tous les jours de troupes, de vivres & de munitions, qui venoient de Tarudant & d'ailleurs. Cette conſtance obligea le Gouverneur, qui commençoit à manquer de tout, à demander ſecours au Roy de Portugal, qui équippa auſſi-toſt ſept caravelles, & les envoya en haſte chargées d'hommes & de munitions. On mit le ſecours du coſté de la mer, en vn quartier qui n'eſtoit pas tant batu des ennemis, parce-que le cri des Barbares eſtoit ſi grand quand ils venoient à l'aſſaut, que cela eſtoit capable d'eſtonner les plus réſolus. Sur ces entrefaites, le Chérif fit donner vn aſſaut général ; mais aprés avoir perdu plus de ſix mille hommes, le reſte demeura ſi eſtonné, qu'on ne le pouvoit plus faire avancer. Alors en colére de leur laſcheté, il ſe mit à leur teſte, & jettant ſon turban par terre, le fit rouler juſqu'au mur, & le ſuivant, il euſt eſté tué d'vn coup d'arquebuſe ſans vn de ſes Officiers qui ſe mit devant, & receut le coup. Mais là-deſſus vn canonnier de la ville voulant aller prendre vn baril de poudre ſous le boulevart, mit le feu ſans y penſer aux munitions, avec vne méche allumée qu'il tenoit à la main ; de-ſorte qu'il fit ſauter le boulevart avec plus de ſoixante hommes qui eſtoient à la défenſe. Enfin le coup fut ſi violent, qu'il abatit vne partie de la courtine, & fit vne bréche beaucoup plus grande que celle qu'avoit faite l'artillerie de l'ennemi. Cét accident entraiſna la perte de la place, car il rendit le courage aux Mau-

21. d'Aouſt, jour de Sainte Claire.

Couſtume de ces peuples, en vne extremité, comme les Romains jettoient leurs drapeaux au milieu des ennemis.

E iij

res, qui se ralliant sous le commandement du fils du Chérif, donnérent avant qu'on pût reparer la bréche. Mais comme c'estoit l'endroit le plus important, aussi-tost tout ce qu'il y avoit de braves soldats dans la place y accourut en si grand nombre, que ne pouvant pas estre tous à couvert, vne partie estoit en bute à ceux de la tour. Comme ils se retiroient donc sur le point que les Maures retournoient à l'assaut, les nouveaux venus qui estoient du costé de la mer, voyant fuir leurs gens, & entendant le cri des ennemis, crurent que la ville estoit prise, & commencérent à se jetter en bas du mur pour regagner leurs caravelles. Les plus timides ayant commencé, furent suivis aprés des autres ; de-sorte que la ville fut abandonnée de ce costé-là, tandis qu'on se défendoit vaillamment ailleurs. Mais à la fin les vns estant blessez, & les autres morts, la lassitude les contraignit de se retirer dans quelques tours & autres lieux avantageux. Alors les ennemis entrérent dans la ville avec tant de furie, qu'ils ne pardonnérent ni à âge, ni à sexe, & suivant les nouveaux venus, qui se sauvoient vers les galéres, en tuërent jusques dans la mer. Le Gouverneur se retira dans le donjon, où il se rendit à composition, avec ses enfans, & quelques-vns des principaux. Son gendre, Dom Ian de Carval, fit des merveilles ce jour-là : car avec vne épée à deux mains, il tua trente Maures à la défense d'vne tour, & à la fin blessé aux deux jambes, combatit à genoux, & fut tué de loin à coups de dards, pas vn n'osant s'en approcher. Le premier des Officiers du Chérif qui entra dans la place, fut le fils de ce marchand Genois, dont nous avons parlé, qui prit le Gouverneur & ses enfans, & sauva la vie à plusieurs, en les arrachant des mains de ces bourreaux, qui tuoient jusqu'aux femmes, & leur laissoient le corps nud au milieu des ruës, jettant des chiens morts par dessus. Le Chérif entra aprés, & fit assembler les captifs, l'artillerie & les armes, & porter tout à Tarudant, où il se rendit luy-mesme, & fut receu avec grande allégresse, aprés avoir laissé vn Gouverneur, & bonne garnison dans la place. Son fils Muley Abdala y entretient toûjours garnison, acause de son importance, outre qu'elle est de grand préjudice aux Portugais, qui vont à

Mumen Belelche.

LIVRE TROISIE'ME.

la Guinée & aux Indes. Car ils sont attaquez en passant par plusieurs vaisseaux François & Anglois, qui se cachent dans ce port, & qui fournissent à ces Infidelles des armes, de l'artillerie & des munitions, au grand dommage de la Chrestienté. Pour dire maintenant quelque chose de la fille du Gouverneur, qui estoit mariée à Dom Ian de Carval, ce brave Portugais dont nous avons parlé, ayant esté presentée au victorieux avec son pere & son fils, par celuy qui l'avoit prise, le Chérif en devint si amoureux, acause de sa beauté & de sa bonne mine, qu'il voulut aussi-tost contenter sa passion, & comme elle s'en défendoit, il menaça de la faire forcer par deux vilains Négres, soit pour l'intimider, ou pour la punir, & commanda qu'on l'enfermast dans le bain avec eux. En cette extrémité elle se rendit, à condition qu'il l'épouseroit, & qu'elle demeureroit Chrestienne, ce qu'il luy accorda. I'ay veû comme il la laissoit manger & vivre à la façon des Chrestiens, dequoy les Maures murmuroient, parce-qu'on disoit qu'elle l'avoit à demi-converti; c'est-pourquoy lors qu'il fut à Tarudant, menant son frére aisné prisonnier, au retour de sa défaite, il la pria de faire semblant d'estre convertie. Comme elle estoit enceinte, elle ne le voulut pas dédire. Estant depuis accouchée d'vn fils, les autres femmes du Chérif l'empoisonnérent, à ce qu'on tient, avec son enfant, par jalousie; Mais avant sa mort elle fit appeller quelques captifs Chrestiens, & protesta devant eux qu'elle mouroit Chrestienne, comme elle l'avoit toûjours esté; mais qu'elle n'avoit pû refuser le Chérif de faire semblant du contraire, pour des considerations tres-avantageuses aux Chrestiens, & particuliérement à son pere, qui estoit prisonnier, & les pria de le publier ainsi par tout. Le Chérif mit depuis son beau-pere en liberté, lors qu'il se rendit maistre de Maroc, où il l'avoit envoyé à son frére, après la prise du Cap d'Aguer, & le renvoya en Portugal avec quelques captifs Chrestiens, & chevaux, argent & équipage, quoy-que sa fille fust déja morte.

Dogna Meucia.

DU ROYAUME DE MAROC,
CHAPITRE XXVII.
De Tedsi.

C'EST vne ville de plus de cinq mille habitans, qui a esté bastie dans vne plaine par les anciens Africains, & est fermée de vieux murs, accompagnez de tours. Elle est à douze lieuës de Tarudant du costé du Levant, & de l'autre costé à prés de vingt de la mer, & à sept lieuës du grand Atlas vers le Midy. Son terroir est grand, & abondant en bleds & en troupeaux. La riviére de Sus, qui passe à vne lieuë de la ville, a ses bords garnis de quantité de cannes de sucre, avec des moulins pour le préparer; c'est-pourquoy l'on trouve ordinairement dans la ville plusieurs marchans de Barbarie & du païs des Négres. Les habitans ont beaucoup de douceur & de franchise, & vivent de mesme que ceux de Tarudant. Il y a vn grand quartier de marchans & d'artisans Iuifs, fort riches : car il s'y fait vn marché tous les Lundis, où se rendent les Arabes & les Bérébéres de ces contrées, avec du bestail, de la laine, des cuirs & du beurre, en échange dequoy ils achètent du drap, de la toile, des chaussures, des ferremens, des harnois de chevaux, & le reste dont ils ont besoin. Il y a au milieu de la ville vne grande Mosquée, où demeurent d'ordinaire plusieurs Alfaquis, dont le Superieur, comme le plus habile, decide des choses que les autres n'ont pû resoudre, & est arbitre des differens qui naissent touchant leur religion. La ville estoit libre avant que les Benimérinis s'en emparassent, & recouvra sa liberté dans le declin de leur Empire. Elle payoit seulement aux Arabes de la campagne, la disme de ses bleds & de ses légumes, & se gouvernoit par six des principaux habitans, que l'on changeoit tous les seize mois. Elle

1511. passa volontairement au pouvoir des Chérifs, qui l'ont renduë fort illustre, & y ont establi vn Tribunal, où il y a Iuges, Advocats, Notaires, & Procureurs, pour vuider les differens du païs, & d'ordinaire vn Gouverneur, qui a quatre cens chevaux. Enfin c'est vne des principales villes, & des

plus

plus riches qui soient de ce costé-là du mont Atlas, en tirant vers le Midy.

CHAPITRE XXVIII.

De Tagaost.

C'EST icy la plus grande ville de la province de Sus, & l'on dit qu'elle a esté bastie par les naturels du païs. Elle est fermée de vieux murs de chaux & de moislon, & située dans vne plaine à vingt lieuës de la mer du costé du Couchant, & à dix-huit du mont Atlas vers le Midy. Elle a plus de huit mille maisons, dont il y en a plus de trois cens de Iuifs, tant artisans que marchans, qui demeurent en vn quartier séparé. La riviere de Sus passe à trois lieuës de la ville, & tout le païs est fertile en bled & en troupeaux. Elle a eu la mesme fortune que la précédente, & se gouvernoit comme elle, lors qu'elle estoit en liberté. Mais le peuple y est si orgueilleux, qu'il n'estoit jamais en repos, & s'entrebatoit perpetuellement. Il estoit partagé en trois factions, dont chacune appelloit les Arabes à son aide; de-sorte qu'ils estoient obligez à estre toûjours sur leurs gardes, jusqu'à ce que les Chérifs s'en emparérent, comme nous avons dit en leur Histoire. Il y a deux marchez dans la ville toutes les semaines, où se rendent les Arabes & les Bérébéres de la contrée, comme à Tedsi, & il y vient des marchans du quartier des Négres, pour acheter de gros draps du païs, qui sont fort étroits. Les habitans sont fort bazanez; car comme ils sont voisins des Négres, ils s'allient souvent avec eux. Ils se traitent comme ceux de Tarudant; les femmes y sont fort agréables, quoy-qu'vn peu brunes; mais d'vne façon fort aimable, & qui aiment bien les estrangers. Les campagnes du costé de la Numidie estoient autrefois habitées d'Arabes fort puissans, qui tenoient le parti des Chérifs; mais Mahamet estant Roy de Maroc, les transporta avec leurs troupeaux & leurs familles, dans la province de Teméçen, soit pour recompense de leur service, ou pour ne les avoir pas si proches de soy, & leur donna vn fort bon païs à habiter.

l'Océan.

Vled Arrabamena.

Partie II.   F

Mais lors que Buhaçon défit le fils du Chérif, ils furent tous taillez en pieces par ceux de Fez, sans qu'il soit rien resté d'vne nation si belliqueuse.

CHAPITRE XXIX.

Du mont Henquise.

Montagnes & leurs habitations.

IL n'y a dans cette province que deux branches du grand Atlas, qui sont peuplées toutes deux de communautez de Bérébéres, de la tribu de Muçamoda. Celle-cy est la premiére du costé de l'Occident, & a au pied la ville de Messa sur la coste, & du Levant au Couchant, douze lieuës. Ses habitans sont plus les braves que ceux de Hea, parce-qu'ils sont plus libres & plus courageux, & ils ont quelques arquebuziers; mais ils sont fort superbes, quoy-qu'ils soient fort pauvres, & qu'ils n'ayent point de bled, & fort peu d'orge; il est vray qu'ils ont quantité de miel & de cire, & quelques troupeaux de chévres. Il neige la plufpart de l'année sur cette montagne, à quoy ils sont si fort accoustumez, qu'ils ne s'habillent pas autrement l'hyver que l'esté, & les femmes y vont presque nuës & sans chaussure, aussi-bien que les hommes. Ils vivoient autrefois en liberté, conformément aux autres peuples de la province, parce-que la montagne est fort roide, & les Chérifs eurent bien de la peine à les assujétir, encore fut-ce plus par amour que par force. De quelque cinq mille d'entre-eux qui estoient allez au Cap d'Aguer, il en mourut plus de la moitié, à ce que nous apprismes dans Maroc.

CHAPITRE XXX.

De Laalem Géfula.

Géfula.

C'EST vne montagne de Gétulie, qui est fort douce, & qui garde l'ancien nom du païs, quoy-qu'vn peu corrompu. Elle a au Couchant le mont Henquise, & au Levant la province, qui porte son nom. Vers le Midy, les plaines de Sus, & le grand Atlas au Nort. Elle est habitée des Béréberes de la tribu de Muçamoda, qui se piquent d'vne ancienne noblesse, pour s'estre mieux garantis de l'alliance des autres peuples, que le reste de leur nation. Outre cela, ils sont les plus riches en terres & en bestail, & ont plusieurs chevaux. Ils ne different point pourtant des autres en habits ni en coustumes, quoy-qu'ils se traitent mieux qu'eux. Ils ont vne mine d'argent, qui a entretenu long-tems entre-eux la division. Car avant le regne des Chérifs, ils vivoient en liberté comme les autres peuples de la province, & chaque branche avoit son Chec qui la gouvernoit ; mais ils prétendoient tous à la mine. Il y en a encore d'autres de cuivre & de laiton sur cette montagne, d'où l'on tire quantité de métal, & l'on en tireroit encore plus, si l'on s'employoit davantage au travail, & à la recherche. Mais ils se plaisent plus à labourer qu'à creuser la terre, parce-que le païs est bon, & rapporte beaucoup de bled & d'orge. Ils ont outre cela quantité de miel & de cire, & plusieurs troupeaux de gros & menu bestail, qui est leur principal revenu. Ils sont six mille hommes de combat, parmi lesquels il y a plusieurs cavaliers & plusieurs arquebuziers. Les Gasules qui gardent les portes de Fez, de Maroc & de Tarudant, & ceux que le Chérif tient pour la garde de sa personne, sont de cette montagne, parce-qu'à l'exemple de son pere, il se fie plus en eux qu'à pas vn autre. C'est-là que finissent les habitations de Sus. Quand nous parlerons de la Numidie & de la Gétulie en la seconde partie de cette Histoire, nous parlerons de Sugulmesse, de Téfust, & des autres places qui sont du Sus éloigné, aussi-bien que des communautez, d'où se tire l'indigo fin.

CHAPITRE XXXI.

De la Province de Maroc.

LA troisiéme province de Maroc, porte le nom du Royaume, & se nommoit autrefois Bocano Emero, dont la

F ij

44 DU ROYAUME DE MAROC,

capitale estoit l'ancienne ville d'Agmet, d'où les Lumptunes ou Almoravides, vinrent fondre dans le païs, & bastirent ensuite la ville de Maroc, pour estre le siége de leur Empire, & la capitale non seulement de la province, mais de tout le Couchant de la Mauritanie Tingitane. Cette province s'estend d'Occident en Orient, depuis le mont Nefise jusqu'à celuy d'Annimey, descend vers le Nort à la riviére de Tansift, jusqu'à l'endroit où elle se joint à celle d'Ecifelmel, & fait ainsi une figure triangulaire au milieu de cinq autres provinces. Tout ce qui est hors des montagnes du grand Atlas est un païs plain, abondant en froment, en orge, en millet, & en toutes sortes de fruits, de légumes & d'herbes potagéres, arrosé d'un grand nombre de ruisseaux & de fontaines, qui descendent de ces rochers, & qui baignent les campagnes, & sont bordées de jardins, de vergers, & de quantité de palmes, dont les dates se doivent manger fraiches, & ne sont pas bonnes seches, comme celles de Numidie. Les montagnes sont extraordinairement roides, & il n'y vient qu'un peu d'orge, qui croist sous la neige. Mais en récompense il y a quantité d'herbes pour les troupeaux qui s'y rendent l'esté, a cause des pasturages. Toutefois il est necessaire de les retirer à tems, ou de les renfermer dans des bergeries, a cause des neiges qui surviennent, & quelquefois ils sont quinze jours sans pouvoir sortir, & on les nourrit cependant de branchages, ou de foin, dont on a fait provision. Les habitans des villes & des bourgs y sont habiles, & font bien leur petit trafic, allant assez bien vestus à leur mode, & ayant grand nombre de chevaux, d'arquebuziers & d'arbalestriers à pied. Mais ceux des montagnes sont comme ceux de Hea, & de la mesme tribu. Parlons maintenant des plus considerables villes du pays.

C'est là que commence la province de Hea.
Hea, Sus, Gézula, Escura, & Duquéla.

de Muçamoda.

LIVRE TROISIE'ME. 45
CHAPITRE XXXII.
D'Elgiemaha.

C'EST vne ancienne ville, qui a esté bastie, à ce qu'on dit, par les Africains ; elle est dans vne plaine, sur le bord d'vne riviére*, à deux lieuës du mont Atlas du costé du Nort. Elle estoit dans sa splendeur sous le régne des Almohades, & avoit plus de six mille maisons ; mais elle fut détruite par les Bénimérinis, & par son Gouverneur Elmuchot, & les Arabes de ces quartiers ne la laissérent point restablir depuis, pour pouvoir jouïr en paix de ses terres. On voit encore les ruines des murs & des édifices, où il ne demeure que quelques pauvres gens, que les Arabes employent à la garde de leurs moissons. Le païs d'alentour est fort bon ; mais les Arabes n'en cultivent qu'autant qu'il leur en faut par an, le reste sert à paistre leurs troupeaux : car la terre est si fertile, que la disme valoit autrefois plus de cent mille ducats de revenu.

*La Cheuchava.

CHAPITRE XXXIII.
D'Umégiague.

C'EST vne place forte sur le haut d'vne montagne du grand Atlas, à huit lieuës de la précédente du costé du Midy, & dans vne situation si avantageuse, qu'elle n'a pas besoin de murailles pour sa seureté. Aussi servoit-elle autrefois de forteresse & de retraite à la Noblesse de la tribu de Muçamoda. Les Historiens du païs en parlent fort, & disent, qu'elle a esté bastie par les Africains, & qu'elle estoit autrefois fort peuplée. Quand Omar, dont nous avons parlé au douziéme chapitre de ce livre, se soûleva dans ces montagnes, & y bastit la ville que nous avons dite, il attaqua celle-cy, qui le contrequarroit, & l'ayant prise aprés vn long siége, y exerça de grandes cruautez. Elle demeura donc dépeuplée jusqu'en mille cinq cens quinze, que quelques

1495.

F iij

vns du pays s'y habituérent aprés la mort de ce Tyran. Comme les Arabes sont maistres de la campagne, les habitans ne cultivent que la pente du mont, d'où ils recueillent quantité de froment & d'orge, & nourrissent force troupeaux. S'ils veulent décendre dans la plaine, il faut qu'ils payent quelque chose aux Arabes pour les terres qu'ils y labourent.

CHAPITRE XXXIV.

De Tazarot.

C'EST vne petite ville à cinq lieuës de Maroc du costé du Couchant, & à sept du mont Atlas vers le Nort. Elle n'est forte ni par nature ni par art, & s'étend comme vn vilage dans vn valon sur les bords d'vne riviére. Le pays d'alentour est fort fertile en bled & en troupeaux, & les bords du fleuve garnis d'arbres fruitiers. C'est pourquoy tous les habitans s'occupent aux jardins & au labourage. Mais tout leur travail est emporté quelquefois par le débordement du fleuve qui entraine jusqu'aux arbres. Cette ville a esté long-tems tributaire du Roy de Portugal, & c'est là que les Chérifs s'établirent d'abord, & que leur pere mourut. Les Arabes d'Vled Ambran s'estant faits vassaux depuis du Roy de Portugal, elle paya des contributions au Gouverneur de Safi, jusques à ce que les Chérifs estant devenus puissans s'en rendirent maistres & l'affranchirent de ce tribut.

Ecifelmel.

Muley Mahamet.

CHAPITRE XXXV.

De Teneza.

C'EST vne petite ville d'vne situation avantageuse, bastie par les anciens Africains sur la pente d'vne montagne du grand Atlas, à trois lieuës de la riviére d'Ecifelmel vers le Levant. Tout le pays, qui est entre elle & la riviére est vne plaine, où l'on recueille quantité de froment & d'orge, aussi-bien qu'aux costes de la montagne, & l'on nourrit quantité de gros & de menu bestail, aussi la ville est-elle fort peu-

Guidymiva.

plée de laboureurs & de gens des champs. Ils sont braves & grans ennemis des Arabes, acause des guerres passées, où ils venoient courre sur eux en la compagnie des Portugais, & les tuoient ou faisoient prisonniers.

CHAPITRE XXXVI.

De Gemaa Iedid.

C'EST vne forte place bastie sur vne haute montagne qui en a encore d'autres aux environs. Elle doit sa fondation aux Hentétes de la tribu de Muçamoda qui s'y habituérent il y a quelque deux cens ans. La riviére d'Ecifelmel prend sa source au bas de la ville, & s'appelle ainsi d'vn mot Africain, qui signifie bruit, parce-qu'elle se précipite avec grand bruit du haut de la montagne, & fait vn estang large & profond, d'où elle coule paisiblement dans la plaine. Les Hentétes possédent encore la ville, & quand les Chérifs commencérent à regner, Muley Idris en estoit maistre aussi-bien que de Temmelet, & se faisoit appeler Roy de la montagne parce qu'vne grande partie relevoit de luy ; aussi prétendoit-il à la Couronne d'Afrique pour estre descendu des Almohades. Il s'allia avec les Chérifs dont il redoutoit la puissance ; mais voyant qu'ils s'estoient emparez de la ville de Maroc, & qu'ils avoient vsurpé l'Empire aprés la mort du Roy Nacer Buchentuf qui estoit Hentéte aussi bien que luy, il fit alliance avec le Roy de Portugal, par l'entremise de Nugno Mascaregnas Gouverneur de Safi. Mais il arriva que Muley Hamet regnant dans Maroc, ce Gouverneur envoya vne lettre du Roy son maistre à Muley Idris, par vn Iuif qui trafiquoit là. Ce marchand avant que de l'aller trouver, s'arresta quelque tems à Maroc pour donner ordre à ses affaires, aprés quoy il tira vers la montagne, & venant trouver ce Prince luy donna la lettre qu'il avoit cousuë entre deux semelles de son soulier. Muley Idris luy demanda, quand il estoit party de Safi, & où il avoit esté depuis, & ayant sceu qu'il avoit esté quelque tems dans Maroc, & qu'il s'estoit entretenu avec le Chérif il renvoya porter la lettre à ce Prince sans la lire, &

luy écrivit qu'il prist garde à foy, & que les Chrestiens luy tramoient quelque trahison, tant il craignoit qu'il ne luy eust découvert cette intrigue. Le Chérif l'en remercia fort, & fit donner la question au Iuif pour en tirer quelque instruction; Mais voyant qu'il ne confessoit rien il le fit attacher à la queuë de quatre chevaux qui le démembrérent. Ces Seigneurs de la maison d'Idris sont à demy Maures, & ont la couleur de coin cuit. Mais ils se tiennent pour les plus nobles de l'Afrique, & sont versez en la secte de Mohaydin qui y est en grande vénération. Il y a plus de douze cens habitans dans la ville, tous braves gens & fort affectionnez à leur Prince, comme sont tous les Béréberes de la montagne. Ils sont bien vestus à leur mode, & ont leurs places & leurs boutiques fort bien rangées, avec vn quartier pour les Iuifs où il y a plusieurs marchans & artisans. Dans les valons d'alentour il y a de beaux vergers, où l'on recueille toute sorte de fruits comme en Europe, & plusieurs terres qui portent de l'orge, du lin, du chanvre & du millet, par le moyen des rigoles dont on les abreuve. Il y a aussi force troupeaux de chévres en la montagne, & c'est vne des plus riches habitations du mont Atlas, qui paye tous les ans avec ses villages trente cinq mille pistoles de tribut à son Prince. Il y a vne belle & grande mosquée au milieu de la ville avec le palais où demeure le Prince. Les habitans sont marchans ou artisans pour la pluspart, & assez civils acause du voisinage de Maroc, aussi ont-ils vn Iuge, vn Alfaqui, & des Notaires. Les femmes y sont belles & les hommes fort jaloux. Ce Prince met sus pied trois mille chevaux & quarante mille fantassins, dont il y a plusieurs tireurs.

CHAPITRE XXXVII.

De Temmelet.

C'Est vne petite ville bastie sur vne haute montagne du mesme nom par les Africains de la tribu de Muçamoda. Elle est forte & bien peuplée, & a vne grande mosquée, à travers laquelle passe vne petite riviére qui descend de la montagne. Cette Mosquée est en grande veneration parmy ces peuples, parce qu'ils tiennent que le Mehédi y est enterré avec son disciple Abdulmumen, qui sont les premiers Rois des Almohades, & les auteurs de la secte de Mohaydiu. Cette ville estoit du domaine de Muley Idris, & est bastie à la façon d'vn grand village, quoy qu'elle soit forte, a cause que la montagne est escarpée. Il demeure ordinairement dans la Mosquée vn Alfaqui qui est fort riche & fort respecté. Les habitans sont pauvres & mal vestus, & vivent sans police comme les bestes, par ce qu'il n'y frequente point d'estrangers. Leur nourriture ordinaire est de farine d'orge, d'huile & de chair de Chévre. Ils ont de grans clos de pins & force noyers avec quantité de troupeaux. C'est vne méchante nation, qui fait la savante acause qu'elle est instruite en la secte de ces heretiques, & aime à disputer de religion avec les estrangers. Quelques-vns nomment cette ville Mehédie pour avoir esté fondée par cét heretique. Elle est maintenant sujette au Chérif.

CHAPITRE XXXVIII.

D'Imisimis.

C'EST vne ancienne ville, bastie par les Africains, sur la pente de la montagne de Guidimiva du costé qui regarde le Levant, & prés du grand chemin qui traverse le mont Atlas pour aller de Maroc en la province de Gésula. Ce chemin est perpetuellement couvert de neige, & s'appelle acause de cela Barrix. Du costé du Septentrion, il y a plus d'onze lieuës de plaine jusqu'à la ville de Maroc, où croist le meilleur bled qui soit dans la Barbarie, aussi-bien que l'orge & le millet; le tout en si grande abondance, que si le pays estoit bien cultivé il y en auroit pour toute la province. Devant que les Chérifs prissent Maroc, cette ville estoit à demy dépeuplée par les courses des Arabes, quoy qu'elle appartinst à Muley Idris; maintenant elle est fort peuplée, & les habitans ont esté bien traitez acause d'vn Morabite appellé Cidi Canon,

à cinq lieuës de Gemaa gidid.

Partie II. G

qui en estoit, que les Portugais prirent à Azamor depuis qu'ils eurent abandonné cette place aux Maures.

CHAPITRE XXXIX.

De Tamdegost, qui est vne habitation de Bérébéres en la mesme province.

CE sont trois villes fermées dans vne plaine, à cinq lieuës du grand Atlas du costé du Nord, & environnées de vignobles, & de lieux plantez de palmiers, & d'autres fruits, avec vne belle campagne, qui fournit quantité de bled. Quand les Portugais regnoient en ces quartiers, ces habitans leur payoient tribut, & quelques-vns mesme au Roy de Fez & aux Arabes, & furent contraints à la fin d'abandonner le païs, acause qu'on les traitoit trop mal; mais ils sont revenus depuis que les Chérifs ont esté les maistres. Le païs abonde en bled & en troupeaux, & est à neuf lieuës de Maroc du costé du Couchant.

CHAPITRE XL.

De Maroc, capitale du Royaume.

C'EST vne grande ville, la mieux située de toute l'Afrique, dans vne belle plaine, à cinq ou six lieuës du mont Atlas, environnée des meilleures provinces de toute la Mauritanie Tingitane. Elle a esté bastie par Abu Téchifien, premier Roy des Almoravides, ou Lumptunes, environ l'an mille cinquante-deux, au rapport d'Abdulmalic, Historiographe de Maroc. Quelques-vns font son origine plus ancienne & l'attribuënt à Abe Dramon, fils de Moavia, qui vouloit contrecarrer par-là Buchafar, Calife d'Arabie, lequel bastissoit alors la ville de babylone. Mais Abdulmalic attribuë sa fondation au Prince que j'ay dit, & sa perfection à son fils Ioseph, qui remporta de grandes victoires contre les Chrestiens d'Espagne. Il y employoit trente mille esclaves,

454. de l'E-gyre.

afin d'avoir pluftoft fait, & d'y pofer fon fiége, & l'on voit encore écrit en lettres Arabefques fur des tables d'albaftre dans quelques anciens édifices, qu'ils ont efté baftis par la lignée des Lumptunes, fous le régne de Iofeph Abu Téchifien. La ville d'Agmet, qui eft l'ancienne Cour des Muça-Muduis, & le paffage pour aller par le grand Atlas de Barbarie en Numidie, n'en eft pas fort éloignée ; & c'eft par-là qu'entrérent les Lumptunes, quand ils s'emparérent de l'Eftat. La ville de Maroc eft fermée de bonnes murailles, faites à chaux & à fable, meflez avec de la terre graffe, qui rend le ciment fi dur, que quand on y donne vn coup de pic, il en fort du feu comme d'vn caillou. Quoy qu'elle ait efté plufieurs fois facagée, il n'y a pas vne feule bréche, qui eft vne chofe admirable, veû leur extrême hauteur. On voit bien que cette ville eft l'ouvrage de grans maiftres, parce-que le deffein en eft admirable, auffi-bien que l'exécution. Elle a vingt-quatre portes, & peut contenir cent mille habitans, auffi y en avoit-il autant fous Ali Ben Iofef, à ce que dit Abdulmalic. Et tous les Auteurs Africains qui ont écrit alors & depuis, difent que fous le régne des Lumptunes & des Almohades, ç'a efté la plus grande & la plus riche ville de toute l'Afrique. I'ay veû vne piece d'albaftre haute comme vn homme, plantée fur vn fepulcre ancien hors de la porte de Bibeltobul, qui porte ces mots en Arabe. *Cy gift Ali, fils d'Atia, qui commanday cent mille hommes, eûs dix mille chevaux, & fis creufer cent & vn puits en vn jour pour les abrewuer. I'époufay trois cens filles ; fus fidelle, victorieux, & l'vn des vingt-quatre Généraux de Iacob Almanfor. Ie finis mes jours à quarante ans. Qui lira cét Epitaphe, prie Dieu qu'il me pardonne.* Cela juftifie en quelque forte ce que les Hiftoriens écrivent de la puiffance de ces Princes, qui font paffez tant de fois à la conquefte de l'Efpagne, avec de fi grandes armées ; puifqu'vn feul Général dit qu'il avoit tant d'hommes & de chevaux fous fa conduite. Du cofté du Midy il y a vne belle & grande fortereffe, capable de plus de quatre mille maifons, & fermée de bonnes murailles & de tours, avec vn foffé & vn ravelin. Il n'y a que deux portes, l'vne du cofté du Midy, qui regarde la campagne, & l'autre au

G ij

Nort vers la ville, où il y a ordinairement en garde vne compagnie de Gazules, pour voir ceux qui entrent & qui fortent, & empefcher les efclaves Chreſtiens de fortir qu'avec leurs gardes. En entrant par la premiére porte du ravelin, il y a vne petite place, où il y a plufieurs magafins ou gréniers, dans lefquels les anciens Rois refferroient leur grain. La feconde porte eſt fur vne ruë droite, qui aboutit à vne grande place, où eſt la Mofquée d'Abdulmumen, Roy des Almohades, piece grande & belle, tant par dedans que par dehors. Les Hiſtoriens difent, que Iacob Almanfor, petit-fils de ce Prince, l'a rehauffée de cinquante coudées, a caufe qu'elle eſtoit trop baffe, & qu'il en a baſti la tour, qui eſt toute femblable à celles de la grande Eglife de Seville, & de la ville de Rabat; auffi dit-on qu'elles font toutes d'vne mefme main. Outre cela il l'embellit de plufieurs jafpes & albaſtres, qu'il fit emporter d'Efpagne, & y ajouſta comme pour trophée les portes de la grande Eglife de Seville, qui s'y voyent encore aujourd'huy couvertes de petites pieces de bronze, avec de grans verroux de mefme metal. Elles font pofées à la porte du Septentrion, qui répond au vieux portail, prés le Collége de Madaraça, & fe reconnoiffent aux infcriptions Latines. Il mit auffi dans cette Mofquée deux cloches qu'il enleva d'Efpagne, qui font penduës à la nef à rebours, avec de groffes chaînes, & tous ceux qui entrent & fortent, les peuvent voir. Au haut de la tour fur le dernier chapiteau, il y a quatre pommes de fin or attachées l'vne fur l'autre à vne groffe barre de fer; la plus baffe, qui eſt la plus grande, tient huit mefures de bled, la feconde quatre, & le reſte à proportion. Le corps de la pomme eſt de cuivre, couvert d'vne groffe lame d'or de Tibar, & les Hiſtoriens Africains difent, qu'vne femme de Iacob Almanfor vendit fes pierreries pour les faire. Mais le peuple croit qu'elles font là par enchantement, fous la garde de certains efprits, qui ont empefché plufieurs Rois de s'en accommoder dans la neceffité de leurs affaires. Comme j'eſtois en cette ville, les Alfaquis de la Mofquée me dirent, que le Roy Nacer Buchentuf les voulut enlever pour payer fes troupes, lors qu'il eſtoit tourmenté d'vn coſté par

ou des loquets.

C'eſt que les Maures ne fe fervent point de cloches.

D'vn boiffeau, ou boiffeau & demy chacune, & peut-eſtre plus.

LIVRE TROISIE'ME. 53

Muley Idris & par les Arabes, & de l'autre par les Portu- *Le Roy de la*
gais, en la compagnie d'Yahaïa, & par le Roy de Fez, qui *Montagne.*
luy vouloit enlever cette place. Mais que les habitans s'y
oppoférent, & dirent, qu'il les vendift pluftoft eux & leurs
enfans, que d'ofter l'honneur de leur ville. Comme j'eftois
captif dans Maroc, le Chérif Muley Hamet plus avare
que religieux, fit ofter la plus haute avec la barre, qui eftoit
entre-elle & la penultiéme, & l'ayant fait défaire par vn Or-
févre Iuif, on vit qu'elle n'eftoit pas toute d'or, & que le
dedans eftoit de cuivre. Mais il ne laiffoit pas d'y avoir pour
vingt-cinq mille piftoles de pur or; & comme le peuple en
murmuroit, il fit dorer le cuivre, & la fit remettre en fa place. Quelque tems aprés on vit le Iuif pendu vn matin au
haut de la tour, & les Alfaquis dirent, que c'eftoient les efprits qui avoient la pomme en garde, qui l'avoient enlevé
la nuit, & qui l'avoient mis là. Mais le Chérif l'avoit fait
pour les fatisfaire, ou pour empefcher vn autre d'en faire
autant. Ce Prince ayant perdu depuis la vie & la Couronne, comme nous avons dit au fecond livre, le peuple attri-
bua fon malheur à cette action; de-forte qu'on n'y a plus
ofé toucher. Prés de cette Mofquée eft vn vieux Collége
nommé Madaraça, ou l. Marteau des Sciences, qui a efté
bafti auffi par Abdulmumen. Il y avoit autrefois grand nombre d'écoliers, avec plufieurs maiftres, qui faifoient leçon
en Aftrologie, en Négromancie, & en plufieurs autres arts
& fciences naturelles. On y enfeignoit auffi l'Arabe & la loy
de Mahomet, tant pour ce qui concerne le temporel que le
fpirituel. Ils eftoient entretenus aux dépens du Collége, qui
eft fort riche: car les meilleures poffeffions de la ville luy
appartiennent; mais ce n'eft prefque plus rien, particuliérement depuis que le Chérif qui régne aujourd'huy en a fondé vn plus beau au bas de la ville, comme nous dirons enfuite. Dans ce vieux Collége de la fortereffe, il y a vne grande fale ornée par-tout d'vn ouvrage à la Mofaïque, & vne
grande cour au devant pavée de grans carreaux d'albaftre,
avec vn baffin fort bas au milieu, à la façon du païs, fait
d'vne feule pierre, qui n'a pas fa pareille pour la grandeur
dans toute la Barbarie. Tout l'efpace qui eft entre la prin-

G iij

cipale Mosquée & le mur, du costé du Levant, jusqu'au vieux Palais, où demeuroient les anciens Rois, est aujourd'huy le jardin Royal, où il y a beaucoup d'arbres fruitiers, & de couvert. De l'autre costé, vers le Couchant, sont douze magazins, que le Chérif d'aujourd'huy a fait bastir pour y resserrer ses grains. Ils sont tous voûtez, & les portes regardent le Midy. Entre ces greniers & la place de devant la Mosquée, il y avoit autrefois deux grans palais, où demeuroient les Chrestiens Musarabes, dont se servoient les Rois de Maroc à la guerre, & leurs femmes & leurs enfans estoient là avec eux. Iacob Almansor les emmena d'Espagne pour la garde de sa personne, & ils estoient ordinairement cinq cens chevaux, fort bien payez. On les laissoit vivre en leur religion, de-sorte qu'ils avoient vne Eglise au mesme quartier, où ils alloient entendre la Messe. Ils ont esté entretenus long-tems de la sorte, jusqu'à ce que Dom Iean premier, Roy de Castille, les fit revenir en Espagne, & leur donna de grans biens & de grans priviléges, comme on voit par ceux des Farfanes des Gots dans l'Andalousie, & de plusieurs autres qui en viennent. Les Latins les nomment Mustarabes, & les Arabes Mustarabins, non pour venir de ceux qui se mirent au service de Muça, après la défaite du Roy Rodrigue; mais plustost parce-qu'ils savoient l'Arabe, & que Arab signifie en cette langue vn homme Arabe. Il est vray qu'il y avoit quelques Gentilshommes parmy eux de la suite des enfans du Roy Vitisa, & du Comte Iulien, qui peuvent avoir esté cause qu'on les nomma ainsi. Ce nom dure encore en sept Eglises Parochiales de la ville de Toléde, où l'Office Mustarab a lieu, avec les cérémonies Gotiques, comme il se pratiquoit dans toutes les autres de la mesme ville, avant que l'Office Romain s'y establist. Pour revenir à nostre Histoire, en l'vn de ces deux palais des Mustarabes de la forteresse de Maroc, mourut le Comte Dom Fernand, qui s'estoit mis du parti des Maures, à cause que le Roy Ferdinand, qui gagna Seville, luy avoit osté son Estat: car le Roy de Maroc le receut fort bien, & luy donna de grans appointemens. L'an mille deux cens dix-neuf, Saint Belard, & cinq de ses Compagnons, furent prescher à Ma-

Au quartier de Bora.

S. Luc, S. Sebastien, Sainte Iuste, S. Antolin, S. Marc, Sainte Olaille, & la Chapelle de la grande Eglise, qu'on nomme du Cardinal Ximenés, qui a esté Archevesque de Toléde.

roc en cét endroit, & martyrisez par les Maures, parcequ'ils declamoient contre la secte de Mahomet. Mais D. Pedre, fils du Roy de Portugal, qui estoit alors dans Maroc, emporta leurs reliques dans Coimbre. Depuis cela les Musarabes firent si bien envers le Roy, qu'il leur permit d'établir là vn Convent de Cordeliers; ce qui estant rapporté en Espagne, plusieurs de cét Ordre y furent prescher la Foy Chrestienne, & y souffrirent le martyre, par la jalousie des Alfaquis ennemis de Dieu & de sa parole, & entre-autres Daniel & six de ses compagnons, qui y moururent l'an mille deux cens vingt-sept. Le Chérif qui régne aujourd'huy a basti maintenant là ses magasins, où l'on fait quarante-six quintaux de poudre par mois, avec plusieurs armes. Mais quand les Morisques de Grenade se revoltérent, ils furent consumez d'vn coup de tonnerre, qui mit le feu aux poudres, & entrainérent dans leur ruine plusieurs palais & maisons voisines. Mais les Hérétiques d'Andalousie firent croire au Roy que ç'avoient esté les Chrestiens; de-sorte qu'il commanda qu'on les fist mourir: mais il s'en repentit incontinent, aprés avoir appris la verité, & fit arrester l'éxécution, comme il y en avoit déja trois cens de morts. Aprés la place qui est devant la Mosquée du costé du Midy, est vn autre pan de mur qui va du Couchant au Levant, où est la porte de Bib el Tobul, & vn autre marché où se vendent les vivres; & la ruë va droit au Céréque, qui est vne grande place où se font les réjouïssances de Pasques & des autres Festes, & le Palais du Roy est devant. En entrant par la porte de Bib el Tobul, sont à main gauche de vieux édifices bastis à chaux & à sable, & qui sont attachez au mur de la forteresse; c'estoient autrefois des greniers à deux estages*, où l'on resserroit le bled, & dessous, de grandes voûtes, où l'on mettoit la paille, avec vn escalier en dehors fort large, & sans marches, par où montoient les bestes chargées de bled, que l'on mesuroit au haut, qui estoit carrelé en terrasse, puis on le jettoit dedans par des trous; & pour l'oster il y avoit au bas de petites portes faites en tremie de moulin, qui n'estoient pas plustost ouvertes, que le bled couloit dehors de soy-mesme. C'estoit-là les meilleurs magasins de

1569.

*Ils tenoient 12000. mesures de bled, de 4. boisseaux chacune.

toute la Barbarie, où le bled fe confervoit douze ou quinze ans fans fe gafter, & fans eftre mangé des calendes, au-lieu que dans les autres qu'a fait baftir le Roy d'aprefent, il fe pourrit acaufe de la fraifcheur. C'eft dans ces vieux gréniers qui font voûtez qu'on renferme aujourd'huy les efclaves Chreftiens, acaufe qu'au derriere les écuries du Palais, où autrefois on les renfermoit, ils perçoient le mur, & defcendoient par là dans le foffé avec des cordes, pour fe fauver. Devant la prifon où font maintenant les Chreftiens, il y a au de-là de la ruë vn grand palais *, qu'on nomme de la Victoire, où l'on fond l'artillerie, & l'on fait les armes & les munitions de guerre. Au-dedans font les forges du Roy, où plufieurs efclaves Chreftiens travaillent continuëllement; & quoy-que les principaux maiftres foient tous Turcs ou renégats, il ne laiffe pas d'y avoir des ouvriers Chreftiens qui travaillent fous eux. Devant ce palais il y en avoit vn autre beaucoup plus grand, où demeuroient les Archers de la garde, qui eftoient ordinairement Africains; mais aujourd'huy il y a plufieurs maifons & boutiques dans fon enceinte. Quand on eft dans la place du Céréque, on voit de part- &-d'autre plufieurs palais à l'antique, dont le principal, qui eft du cofté du Midy, & qui tient au Palais du Roy, eft la demeure du Conneftable, ou Généraliffime des armées, & auprés deux grandes écuries à noftre façon; mais on ne s'en fert pas maintenant, parce-que les Maures croyent que les chevaux font plus fains & plus vigoureux à l'air, & pour cela font des écuries découvertes, & leur donnent à manger à terre, ou dans des fachets. A main gauche du Céréque, de l'autre cofté du Palais Royal, eft vn autre grand baftiment à l'antique, qui fervoit de Collége aux fils du Roy, & des grans Seigneurs, & il y a vne belle grande falle quarrée, garnie tout autour de tablettes ou d'armoires, pour mettre des livres. Toutes les portes font de cedre, marqueté d'yvoire, entrelaffé d'or, & de couleurs fi vives, que l'on diroit qu'on vient de les faire. Il y a encore plufieurs belles & grandes falles de ce cofté-là, & vne cour environnée de larges portiques, fouftenus par de gros piliers de jafpe, avec des ouvrages à la Mofaïque fur les murailles, qui font outre

cela

marginalia: † el D'arçana.

marginalia: Ils gardoient vne porte par où l'on va au Céréque.

cela taillées à petits carreaux, & le plafonds doré & ouvragé de plusieurs couleurs. Le fils aisné du Chérif Mahamet logeoit en ce Palais, acause de sa beauté & de sa grandeur, outre que c'est la plus belle salle de toute la Barbarie. Entre ce Palais & celuy du Roy, estoit l'Acequife, où demeuroient les gardes du corps, qui faisoient garde la nuit au Palais. Tous ces bastimens, avec la maison du Roy, ont esté enclos & incorporez par le Prince qui régne aujourd'huy, dans son nouveau Palais, qui commence le long du mur de la forteresse, depuis le vieux Palais, qui est derriére la Mosquée que nous avons dite, jusqu'au Palais Royal, qui donne sur la place du Céréque. Cette enceinte comprend plusieurs grandes cours & corps de logis fort magnifiques, pour ses femmes & ses concubines, où elles ont des appartemens séparez les vnes des autres, & outre cela ceux qui sont destinez pour sa personne, & où l'on renferme les trésors & les armes. En vn des coins de ce Palais, il y a trois salles basses avec leurs alcauves dorées, & en celle du milieu trois fontaines & deux portes, qui répondent à deux beaux vergers, plantez de jasmin, de lauriers & de myrtes, & diversifiez de plusieurs fleurs odorantes, avec des berceaux de vignes & d'arbres fruitiers le long des allées, fermez de treilles de bois, qui ont des pointes * de fer au haut. L'vn de ces vergers a * ou verges. vn bain de cent pieds de long, & de vingt-cinq de large, pavé de petits carreaux, où le Roy se va baigner l'esté. Ce ou marqueté. bain estoit si profond, que le Prince qui régne aujourd'huy faillit à s'y noyer estant yvre ; c'est-pourquoy il l'a fait rabaisser, en sorte que l'on s'y peut trainer sans avoir le dos couvert. Il y a encore dans ce Palais deux riches alcauves, qu'on nomme Mechuares, où le Roy se met quand il veut C'est-à-dire donner audience : en l'vne tout le monde le peut voir ; mais Salles de Conen l'autre il n'y a que les principaux de sa Cour, qui s'assem- seil. blent pour deliberer des choses les plus importantes. Mais l'vne & l'autre est faite de sorte, qu'en haussant quelques grilles ou coulisses qui sont autour, il ne reste qu'vne balustrade dorée, où le peuple s'appuye pour entendre la résolution de ses affaires ; mais on n'y peut entrer que par deux petites portes, où sont les Huissiers & les Gardes. Il y a au-

Partie II.

tour de belles fontaines, avec plusieurs orangers, myrtes & citronniers, dans de grandes cours, où le peuple se promene le jour de l'audience. A l'vn des costez du Palais Royal, sont les lieux de la Monnoye & de la Doüane, où se portent les marchandises qui vont en Europe, dont le Roy prend dix pour cent. Les marchans qui les recevoient, sont Espagnols, Anglois, François & Flamans, qui portent en echange des épées, des arbalestes, & autres choses de contrebande, pour faire plaisir au Chérif. Dans le Palais il y a vn bain somptueux pour le Roy, & d'autres où se baignent ses femmes, & du costé qui répond à la place du Céréque, il y a vne Mosquée avec sa tour, où il y a trois pommes de cuivre doré, de la mesme façon que celles d'or dont nous avons parlé, mais qui ne sont pas si grandes. Enfin il y a de tous costez dans cette forteresse de beaux édifices, & des corps de logis faits à la mode: & Abdala qui régne aujourd'huy, a tant embelli la ville de Maroc, qu'elle est maintenant l'vne des plus belles d'Afrique. Car comme il aime à bastir, chacun en fait autant à son exemple, à l'envi les vns des autres. Mais pour retourner à la ville, il y a plusieurs belles Mosquées, tant anciennes que modernes, dont l'vne qu'on nomme la Mosquée de Quétibin, est des plus illustres de Barbarie. On l'appelle proprement la Mosquée d'Ali Ben Iosef, parce que ce fut luy qui la bastit, & l'on dit qu'Abdulmumen, second Roy des Almohades, pour oster la memoire de son fondateur, la fit mettre par terre, sans y laisser que la tour, & puis la fit rebastir; mais pour cela il ne luy a pû oster son nom. La structure en est admirable, & la tour est estimée la plus haute de toute l'Afrique. Les murailles ont douze pieds d'épaisseur, & trois hommes de cheval peuvent monter de front jusqu'au haut, tant les degrez sont plats & larges, avec plusieurs fenestres d'espace en espace, pour donner plus de clarté. Au haut du chapiteau il y a trois pommes d'argent dans vne grosse barre d'acier, de la mesme façon que celles d'or dont nous avons parlé, & l'on dit que la plus grosse contient douze mesures de froment, la seconde huit, & la troisiéme quatre. Abdulmalic dit, qu'Ali Ben Iosef les fit mettre là en memoire d'vne grande victoire qu'il avoit remportée sur les Chrestiens en Espagne, & que cét argent est la disme de la cinquiéme partie du butin qui luy appartenoit. Quand l'air est serein, on découvre du haut de la tour la montagne de Safi, qui en est à quarante lieuës. Il est vray qu'elle est fort haute, & qu'il n'y a qu'vne plaine entre-deux. En allant de la province de Duquela à Maroc, nous vismes les pommes de cette tour dés la montagne verte, qui en est à dix-huit lieuës. Enfin c'est vne piece fort haute, & d'vne structure admirable, que le peuple attribuë aux géans. Ajoutant qu'elle fut nommée de Quétibin, c'est-à-dire la Mosquée des Ecrivains, parce-que tandis qu'on la bastissoit il y avoit tout autour de petites loges où se tiroient ceux qui tenoient registre des ouvrages qui se faisoient. Il y a vne autre Mosquée dans la ville, qu'on nomme la Mosquée de Quivir, qui est plus ancienne que toutes les autres. C'est la grande Mosquée bastie par Iosef, fils de Téchifien, où l'on plante le premier estendart à l'élection d'vn nouveau Roy, & les autres marques de réjouïssance aux jours de l'allégresse publique. Celuy qui régne aujourd'huy l'a rebastie, & embellie de nouveaux & somptueux édifices. Auprés est vn grand Collége, où il y a quatre cens chambres pour des écoliers, avec leurs cours & leurs corridors, séparez les vns des autres, le tout à petits carreaux, comme de marqueterie, avec de grandes salles pour faire leçon, & de grans cloistres pour se promener. Les écoliers aussi-bien que les maistres, sont entretenus des revenus du Collége, qui se prennent sur les meilleurs heritages de la ville. Tout auprés est bastie vne Mosquée, où l'on garde le revenu de toutes celles du Royaume. Le quartier des Iuifs estoit autrefois au milieu de la ville, en vn lieu où il y a plus de trois mille maisons; mais le Prince qui régne aujourd'huy l'a fait transporter en vn des bouts, prés de la porte de Beb Agmet, afin que les Iuifs fussent séparez des Maures. Il est fermé de tous costez de murailles, sans avoir qu'vne porte qui va à la ville, & vne autre petite qui répond à leur cimetiére, & dans cette enceinte sont basties plusieurs maisons & Synagogues. La pluspart de ces Iuifs sont Orfévres, qui font de belles testiéres d'argent, & au-

H ij

tres ornemens de chevaux, avec des éperons & des étriers fort riches. Il y a parmy eux des marchans, & d'autres gens de trafic ; mais les plus opulens sont ceux qui administrent les revenus des enfans du Roy & des Gouverneurs. Car ce peuple aime à donner la conduite de son bien aux Iuifs, & y trouve son compte. Tous les Iuifs payent vn ducat par teste, outre les imposts ordinaires. Prés de l'ancien can- ton est la grande place, au milieu de laquelle il y a vne bute de terre plus haute que les boutiques & les maisons d'alen- tour, où l'on execute les malfaiteurs, & l'on y voit toûjours plusieurs gibets, où les vns sont pendus par les pieds, puis égorgez, d'autres attachez de la sorte, sans qu'on les égor- ge, pour mourir en cét estat. Quelques-vns pendus par vn bras avec le ventre ouvert, qui meurent en cette sorte. Mais ils n'en attachent point à vn gibet avec les bras éten- dus. Voilà comme on traite les criminels quand il n'y a point de partie ; mais quand il y en a, c'est à elle qu'appar- tient la justice, & elle les suffoque, les égorge, les tuë à coups de lances ou de poignards, ou les vend pour esclaves, ou leur permet de se racheter pour de l'argent. Il y a plu- sieurs boutiques en cette place, de serruriers, de cordon- niers, de charpentiers, & de toutes sortes de gens qui ven- dent des choses bonnes à manger. A l'vn des costez, est le lieu où l'on vend la soye & les estoffes de lin, de coton, & de laine fine ou grosse, foulée ou non foulée. C'est là qu'est le lieu de la Doüane, où se tiennent les marchans Chrestiens de l'Europe, avec leurs marchandises, & où se fait le plus grand trafic de la ville. Tous les Ieudis il y a dans la place vn marché, où l'on aborde de tous costez, pour vendre & acheter toute sorte de bestail & de vivres ; quoy-que le plus grand soit au faux-bourg, prés de la porte de Duquéla, où se trouvent tous les Mardis plusieurs Arabes & Bérébéres, & où l'on se pourvoit de bled, d'orge, de beurre, d'huile, de dates, & d'autres provisions. L'vne des choses des plus re- marquables de la ville, est vn superbe édifice pour l'as- semblage des eaux, qui montre bien quelle estoit autrefois la puissance de ces infidelles. Car il entre dans la ville quatre cens canaux ou aqueducs qui viennent tous du Midy, &

Coçoquivir.

qui font fort profonds dans terre. Quelques-vns difent que cette eau venoit de fix lieuës loin, d'vne riviére qui fort du mont Atlas, dont le canal eftant couvert jufqu'à la ville empefchoit qu'on ne puft découvrir d'où venoit l'eau & par où elle couroit. Pour s'en éclaircir, quelques Rois firent entrer des hommes par ces canaux avec des lanternes, & dequoy manger deux ou trois jours, avec ordre d'aller jufqu'à la fource, mais ils ne rapportoient rien d'affuré, & alléguoient tous des obftacles différens ; les vns, qu'au bout de deux lieuës ils avoient trouvé vn air fi froid & fi perçant qu'il efteignoit la lumiere ; d'autres, qu'ils trouvoient le canal bouché de pierre ou de terre, de-forte qu'ils ne pouvoient paffer outre ; quelques-vns, que les canaux eftoient percez & faifoient des mares en quelques endroits qu'on ne pouvoit traverfer ; ceux-cy, qu'il y avoit quelque enchantement qui les empefchoit de paffer outre. Mais le Chérif qui régne aujourd'huy a fait faire depuis peu de grands puits de ce cofté-là, à deux ou trois lieuës de la ville, où la terre commence à fe hauffer, & recueillant toute l'eau dans vn refervoir la conduit par vn aqueduc dans la ville, puis a fait boucher tous les puits & les regards ; fi bien qu'on ne fait plus d'où vient l'eau, ni où eft l'aqueduc ; ce qui fait croire que tous les autres ont efté faits de la mefme forte, afin que dans vn fiege on ne puft ofter l'eau entierement aux affiegez. La plufpart de ces aqueducs ont leur regard dans la ville & non pas aux champs. Les Hiftoriens Arabes difent qu'ils furent creufez par vingt mille captifs Chreftiens. A deux lieuës de la ville, du cofté du Levant, eft la riviére de Tanfift qui arrofe toute la contrée : mais le Chérif qui régne aujourd'huy a tiré depuis peu vn grand canal de ce cofté là, depuis la montagne d'Agmet iufqu'à Maroc, qui fait moudre plus de cinquante moulins dans la plaine l'vn aprés l'autre, & arrofe plufieurs jardins que les Maures d'Andaloufie ont dreffez fur les rives. Car le Chérif leur a diftribué des terres en ces quartiers, & affigné vne paye comme à des foldats, & de là ils viennent à Salé, & avec les fuftes qui font d'ordinaire fur ce fleuve courent les coftes d'Efpagne. Ils ont pour conducteur vn Maure d'Andaloufie nommé le Dogali, c'eft-à-dire le trompeur, & demeurent dans Maroc en vn quartier qu'on nomme aujourd'huy la nouvelle Orgive, parce que les premiers d'entre eux qui s'y sont venus habituer venoient de cette ville-là.

Les habitans de Maroc sont superbes, & se piquent de bravoure & d'estre ennemis mortels des Chrestiens. Ils parlent la langue des Bérébéres, & portent des soutanes de draps de couleur bordées jusqu'aux pieds, de petites pieces coupées en pointe comme des demy lozanges avec des vestes pardessus de fin camelot, ou de fil de soye & de laine ; & ont des chemises & des calçons de toile blanche, & des bonnets d'écarlate avec de petits turbans. Les principaux portent des casaques d'écarlate, ou de soye de couleur, ou de fine toile de Cambray. Le peuple s'habille de mesme : mais à moins de frais. Plusieurs d'entre eux ont des hongrelines de couleur à quatre basques, & à demy-manches fort estroites, le tout orné de boutons & pardessus comme des casaques ou manteaux de bure. Les femmes sont civiles & galantes, & vont parées de quantité de bracelets ronds & plats d'or & d'argent, avec plusieurs perles & pierreries, au cou, à la teste, & aux oreilles. Leurs habits sont de soye ou de fin linge, & leur viennent jusqu'aux pieds. Elles ne portent point de calçons comme celles de Fez. Les Dames ne sortent point du logis que pour aller en visite, ou à la mosquée ; & quand elles vont au bain elles ont le visage bien caché pour empescher qu'on ne les voye : mais elles sont fort coquettes, & leurs maris fort jaloux. Les habitans se traitent mieux & font plus de dépense de bouche que ceux de Sus ; Car outre l'abondance de bled, de chair, de beurre, & de dates, ils ont quantité de gibier & de venaison, & toutes sortes de friandises comme en Europe. La ville est aujourd'huy fort peuplée, & s'embellit tous les jours par la faveur du Roy. Nous avons parlé au second livre des guerres qui y sont arrivées, & dirons seulement icy comme les Capitaines Portugais sont venus jusqu'aux portes avec leurs troupes ; pour faire voir la belle occasion qu'on a perduë de se venger des outrages de ces Infidelles, & de faire cette conqueste, si les Princes Chrestiens eussent voulu concourir à vn si noble dessein.

Comme Dom Manuel, Roy de Portugal, triomphoit

LIVRE TROISIE'ME.

en Afrique, il se presenta vne belle occasion de se rendre maistre d'vne grande partie de la Mauritanie Tingitane, qui estoit en guerres civiles, & gouvernée par plusieurs petits Princes qui n'estoient pas tous fort puissans. Muley Idris régnoit dans les montagnes du grand Atlas; Aben Haddu & Muley Ferez son frere dans la montagne verte, & dans vne partie de la province de Duquéla, & celuy-cy tenoit quelques places sur la riviére d'Ommirabi. Les Chérifs s'estant emparez de la province de Sus & de quelques contrées de celle de Hea ne songeoient qu'à s'agrandir sous pretexte de sainteté. Mahamet Oataz penultiéme Roy de Fez de cette Maison tenoit les provinces d'Escura & de Tedla, avec partie de celle de Duquéla. Muley Naçer Buchentuf ne commandoit que dans Maroc, & avoit bien de la peine de subsister, parce que les Arabes estoient maistres de la campagne & couroient tout le pays. Nugno Fernandez de Ataydé estoit alors Gouverneur de Safi, & entretenoit au service du Roy de Portugal plus de quinze mille chevaux Arabes, & les communautez de la province de Duquéla & de Hea, sous le commandement de Cidi Yahaya Aben Tafuf; de-sorte qu'il couroit toutes les terres de Maroc & leur faisoit payer contribution ou par amour ou par force. Il avoit outre les alliez, huit cens chevaux Portugais & quantité d'infanterie dans Safi, avec quoy il remporta quelques victoires sur le Roy de Maroc, & défit plusieurs fois les Chérifs & les Gouverneurs du Roy de Fez, avec l'aide de cét Africain Yahaya, qui servit fidellement le Roy de Portugal jusqu'à la mort. Nous dirons en la description de la ville de Safi comme il vint au service de ce Prince. Les choses donc estoient en cét estat en Afrique, que les Portugais pouvoient conquerir le Royaume de Maroc, s'ils ne se fussent occupez à la découverte des Indes, & n'eussent contribué par là à l'agrandissement du Chérif. Cependant, Nugno Fernandez ayant dans l'esprit la conqueste de Maroc, qu'il n'avoit pû executer jusques-là pour diverses considerations, il avertit Yahaya & Cidi Maymon, autre Général Africain qui estoit aussi au service du Roy de Portugal, de se tenir prests avec les alliez pour quelque illustre entreprise. Il avertit aussi Dom Pedre de Sosa alors Gouverneur

Comme les Capitaines Portugais ont couru jusqu'aux portes de Maroc.

64　DV ROYAVME DE MAROC,

d'Azamor, de le venir joindre à point nommé aux salines de Duquéla. Ils obeirent tous de grand cœur, & Nugno Fernandez aprés leur jonction leur découvrit son dessein, dequoy ils témoignérent grande allegresse. Ils partirent donc tous du lieu que nous avons dit, l'an mille cinq cens quinze le vingt-trois d'Avril, avec trois cens chevaux Chrestiens de Safi, deux cens d'Azamer, cent arquebuziers à pied, & deux mille quatre cens chevaux Maures ; & furent repaistre ce jour-là au village de Bosdan, où ils se mirent en bataille. Ceux de Charquie & d'Abdala avoient la droite, ceux de Garbie la gauche, les Chrestiens estoient au milieu. Ils traversérent ainsi vne grande plaine jusqu'à Mascarotan, où ils se rafraichirent avec quelque eau de mare qu'ils y trouvérent, & tinrent conseil pour savoir de quel costé ils attaqueroient Maroc, & les avis furent differens. Car les vns vouloient qu'on l'attaquast par la porte de Cidi Velavez, dans l'opinion que la retraite seroit plus facile ; d'autres y contredisoient sur ce que le chemin estoit coupé de quantité de fossez & de canaux, qui retarderoient la marche, & soustenoient qu'il faloit donner par la porte de Fez qui estoit le chemin le plus droit & le plus facile. A la fin il fut resolu que les guides iroient devant avec quelques alliez, pour reconnoistre le chemin, & dans cette resolution ils partirent le lendemain de Mascarotan, & passant la riviére de Chauchava découvrirent du haut d'vn tertre à la clarté du jour, les pommes d'or de la Mosquée de la forteresse, & se rangérent en bataille. Le Gouverneur d'Azamor fit deux gros de ses gens, & se mit à la droite de Nugno Fernandez. Les Maures d'Abda & de Garbie prirent les devans, & ceux de Charquie se mirent à la gauche des Chrestiens. Ils marchérent ainsi par vne plaine remplie de haliers, ayant devant eux les guides, avec quelques Officiers d'infanterie pour reconnoistre le pays. Comme ceux-cy furent arrivez à la vieille Mosquée que l'on appelle Cidi Velavez Cepti, qui est prés des murs, ils donnérent avis à Nugno Fernandez que ce chemin ne valoit rien, acause de la multitude des canaux & des fondrieres qu'il faloit passer. On resolut donc de donner par la porte de Fez, & les trompettes ayant sonné,

les

les Maures coururent à bride abbatuë en bas d'vne montagne qui est prés des murs, & se répandirent par-tout pour faire croire qu'ils estoient en plus grand nombre. Nugno Fernandez commanda aux coureurs de Garbie de donner jusqu'aux portes, pour voir s'il y sortiroit quelqu'vn, & il y en eut vn qui donna dans la porte vn coup de lance, aprés quoy le reste arriva, les Chrestiens marchant par le chemin & par des bleds qu'on arrose avec l'eau des aqueducs qui sont découverts en cét endroit, acause que la terre est basse. Et comme ils estoient rompus en divers lieux, on ne pouvoit aller que deux ou trois chevaux de front. Lors qu'ils furent hors de ces passages, ils se mirent tous à la distance d'environ deux carrieres de cheval de la porte de Fez. Le Gouverneur d'Azamor se trouva le plus proche parce qu'il estoit dans le grand chemin où il luy estoit plus facile d'approcher. Ceux de Charquie qui estoient à la gauche de Fernand, furent à la porte des conroyeurs. Ceux de Garbie à celle de Cidi Velavés, & ceux d'Abda à celle de Bibrob, où ils firent quelque déplaisir aux habitans qui sortoient. Les Chérifs estoient ce jour-là dans Maroc, avec vn Lieutenant du Roy de Fez & plusieurs troupes, qui sortirent au bruit par la porte de Fez, & donnérent sur les coureurs qui estoient en desordre, avec tant de furie qu'on eut bien de la peine à les soustenir, & Cidi Mémon Chef du party d'Abda fut blessé à vne jambe. Lopé Barriga Officier de Safi tomba, & eust couru fortune s'il n'eust esté secouru par Pedro Barriga son neveu, & par ceux de Garbie. Le combat dura plus de quatre heures, & il y en eut plusieurs de tuez & de blessez de part & d'autre. A la fin il sortit tant de gens par toutes les portes, tant à pied qu'à cheval, qu'on resolut de se retirer à vn passage de la riviére de Tansift, ce qu'on ne pût faire si seurement qu'il n'y eut plusieurs hommes & chevaux de tuez & de blessez dans la retraite. Lors qu'on fut au gué, où il ne pouvoit passer que deux ou trois chevaux à la fois, ceux de la ville serrérent de si prés les ennemis, que Dom Fernand fut contraint de se mettre à la queuë avec ses troupes, tandis que les autres passoient, encore eut-il assez de peine à soustenir la furie des Maures, & quand ceux de son parti furent

Partie II. I

passez, il passa luy mesme avec les Chrestiens sans en perdre vn seul, mais des autres il y en eut beaucoup de tuez & de blessez. Le gué estant passé on ralia pour marcher en gros; Mais ceux de la ville indignez de voir qu'estant en si grand nombre les Chrestiens eussent eu l'insolence de les venir attaquer, passérent le gué aprés eux, en resolution de fondre sur eux avec toutes leurs forces. Toutefois comme on fut à demy-lieuë de la riviére, les Maures du party de Dom Fernand tournérent teste avec quelques Chrestiens qui se détachérent du gros, & les repoussérent jusqu'à la riviére, avec perte de quelques-vns des ennemis, & le Lieutenant du Roy de Fez eut son cheval tué sous luy. En suite ils revinrent joindre leur gros qui faisoit alte pour les attendre, & furent coucher cette nuit-là à Aynjuben aprés avoir ravagé le pays, le lendemain à Hagosden, & de là à Tazarot, où ils furent fort bien receus des Arabes d'Vled Ambran qui leur envoyérent quantité de rafraichissemens. Delà ils vinrent à Medine, où ils se séparérent. Les Chrestiens furent à Safi & à Azamor, & les Maures à leurs Aduares. Cependant la hardiesse de cette entreprise mit en grande reputation les Portugais pour estre venus attaquer vne ville si fameuse, dont les Historiens tant anciens que modernes content tant de merveilles.

CHAPITRE XLI.

D'*Agmet* dans la province de *Maroc*.

CETTE ville qui est à huit lieuës de Maroc, sur la pente d'vne des montagnes du grand Atlas, estoit autrefois fort peuplée, & ceinte de hauts murs avec vne bonne forteresse. Aussi estoit-ce le siege de l'Empire avant que l'autre fust bastie. On en attribuë la fondation aux anciens Africains, & l'on dit que quand les Almoravides passérent de Numidie en Barbarie avec Abu Techifien il y avoit plus de sept mille maisons comme dans la capitale de la province. Mais elle diminua peu à peu, depuis la fondation de Maroc, tant qu'elle fust presque deserte. Depuis le regne des Almoravides, les

Almohades la peuplérent & la rétablirent. De-sorte qu'on la nommoit le second Maroc ; mais les Benimérinis la démolirent, ouvrirent les murs en plusieurs endroits, ruinérent les maisons, & la laissérent pour retraite aux bestes farouches. Elle est fort bien située & environnée de jardins & de vignobles, avec vne riviére au bas qui sort d'vn grand lac, & court par des plaines fertiles & spacieuses, iusqu'à ce qu'elle entre dans le Tansift. La campagne qui est entre ces deux riviéres est de si grand rapport, qu'vn boisseau en rend cinquante ou soixante, & l'on crie famine quand il n'y en a que moitié. L'aqueduc de Maroc est tiré de cette riviére, & au bas de la ville passe le grand chemin pour aller de Barbarie en la province de Gésula par le mont Atlas, où il y a vn passage fort difficile par où entrérent les Almoravides. Le chasteau est habité par des Morabites de la tribu de Muçamoda, qui vivent comme des Anacoretes, & font subsister par là quelques habitans qui demeurent dans la ville, acauſe du respect qu'on leur porte ; si bien que ceux de Maroc, ni les Arabes ne les incommodent point. La pluspart sont jardiniers, potiers, ou gens des champs qui se sont habituez-là depuis le regne des Chérifs. Ptolomée la nomme Emere dans la carte de la Libye, & la met à neuf degrez vingt minutes de longitude, & à vingt degrez & trente minutes de latitude. Les habitans parlent Bérébére & sont de la tribu de Muçamoda. Vne des choses des plus remarquables du lieu, c'est le lac où se rassemblent toutes les eaux de la montagne, qui est également creux par tout, & effroyable pour sa grandeur & sa profondeur qui le rendent fort sujet aux tempestes.

HuedAgmet.

Au lieu de vingt il faut vingt neuf.

CHAPITRE XLII.

D'Animmey ou Anime.

C'Est vne petite ville peuplée de Bérébéres de la tribu de Muçamoda, & bastie par les anciens Africains sur la pente d'vne des montagnes du grand Atlas qu'on nomme Animmey, au costé du Septentrion, à treize lieuës de Maroc vers le Levant, sur le chemin de Fez qui borde le costau. La riviére

I ij

d'Agmet en passe à cinq lieuës, & entre elle & la ville il y a vne grande plaine qui rapporte quantité de bled, & donne beaucoup d'herbe pour les troupeaux. L'an mille cinq cens treize, vn jeune Africain fort brave de la mesme tribu, s'en empara, aprés avoir tué son oncle, & remit dans l'obéissance plusieurs lieux qui s'estoient soûlevez. Il batit mesme les Portugais, qui vinrent courre le païs en la compagnie des Arabes, & sans considerer la nature du lieu, s'allérent embarquer en vn endroit, où de trois cens chevaux Portugais, il n'en resta pas vn seul. Cette victoire luy enfla tellement le cœur, qu'il refusa le tribut au Roy de Fez, lequel envoya contre luy quantité de cavalerie, avec des arquebuziers & des arbalestriers à pied, qui le tuërent dans vn combat, aprés-quoy la ville se rendit, & se fit tributaire de ce Prince comme auparavant. Elle demeura depuis sous le pouvoir du Roy de Fez jusqu'au régne des Chérifs. Elle n'est forte ni par art, ni par nature, estant commandée de la montagne, & n'ayant que de méchantes murailles. Le Tansift prend sa source prés de là, & court vers le Septentrion, d'où il tourne vers le Couchant, toûjours à travers des plaines, jusqu'à ce qu'il entre dans l'Océan en la contrée de Safi. Il n'y a point d'autres villes dans la province de Maroc, & les lieux qui sont autour de la ville au quartier de Hauz, où le païs est de grand rapport, & fournit la ville de tout, sont les suivans, Hauz, Astar, Izquinéden, Sor el Giohora, Cort Tuben, Terguin, Hara, & Sor el Focora. Il y a vne bourgade, ou petite ville, prés de Maroc, qu'on nomme Mérémer, qui est environnée de grandes plaines, où sont ces arbres dont on fait l'huile d'Erquen. Il y en a vne autre à cinq lieuës de la ville du costé du Nort, qui se nomme Chauchava, du nom d'vne riviére qui passe auprés. Le Chérif la fit fortifier lors qu'il avoit à se défendre contre Maroc & Safi, & la ferma de hauts murs de terre batuë, qui sont maintenant en ruine. Il ne reste plus que de parler de huit montagnes de cette province, qui sont fort peuplées.

LIVRE TROISIE'ME.

CHAPITRE XLIII.

De Néfusa, qu'on nomme maintenant de Derenderen, ou d'Adren.

Montagnes & leurs habitations.

C'EST vne branche du grand Atlas, qui borde du costé du Couchant celle de Tenzére, dans la province de Hea. Il y neige ordinairement, parce-qu'elle est fort haute; mais on ne laisse pas d'y recueillir quantité d'orge. Elle est peuplée des communautez de Recrec, de Hascure, de Iansace, & autres Bérébéres de la tribu de Muçamoda, nations vaillantes, nombreuses & superbes; mais d'autre-costé si simples & si rustiques, qu'ils croyent tout ce qu'on leur dit en matiére de religion; & s'ils rencontrent vn bourgeois de ville, ils sont toûjours à admirer sa façon & son habit. Ils ont quantité de troupeaux de chévres, & beaucoup de miel, de cire, & de ces fruits dont on fait de l'huile. Leur façon de vivre & de traiter avec les estrangers, est des plus méchantes gens du monde. Ils n'ont point de ville fermée, & leurs maisons sont faites de pierres seiches, ou de méchants quarreaux de terre, & couvertes d'vne espece d'ardoise, ou de branches d'arbres, & éparses deçà & delà par la montagne. La principale habitation n'est pas de plus de cinquante maisons, & la pluspart n'en ont que huit ou dix, qui sont placées dans des fonds qui se trouvent sur les plus hautes montagnes. L'an mille cinq cens quarante-trois, le Chérif Mahamet estant Roy de Maroc, Cidi Abdala. Alfaqui ou Prédicateur Morabite de la secte de Mohaydin, se soûleva dans cette montagne, & assembla plusieurs Barbares; mais le Chérif envoya aussi-tost contre luy sept cens arquebuziers Turcs, & quatre mille Maures à cheval, sous le commandement d'vn Persan *. Les Turcs grimpérent sur la montagne, aprés avoir laissé en bas leurs chevaux; & parce-qu'elle est fort droite, & qu'il y a des endroits fort difficiles, ils grimpérent peu à peu jusqu'au haut avec beaucoup de peine & de danger, parce-que ces Bar-

sans estre liées.

* *Marchand.*

I iij

bares sans se soucier des coups d'arquebuzes, passoient d'vne montagne à l'autre à la veuë des ennemis, & dans les détroits & les destours, rouloient sur eux de grandes pieces de rocher, & les prenant en flanc, les mettoient en desordre avec leurs hurlemens & leurs cris, si-bien qu'ils en tuërent plusieurs tant de jour que de nuit. Avec tout cela les Turcs tinrent vn si bon ordre, que faisant toûjours soustenir vn peloton par vn autre, aux endroits les plus escarpez, ils gagnérent peu à peu le dessus, jusqu'à ce qu'ils arrivérent au plus haut de la montagne, qui estoit leur dernier asyle, & l'emportérent d'assaut. Abdala se retira au lieu le plus élevé ; mais comme les montagnes voisines estoient à la devotion du Chérif, & qu'il n'esperoit secours d'aucun endroit, il se rendit, à la charge de se pouvoir retirer au Royaume de Fez avec ses enfans & sa suite. Mais le Chérif suivant la maxime de Iacob Almansor, qu'on n'estoit point obligé de garder la foy à vn traître, luy fit couper la teste en sa présence, si-tost qu'il fut arrivé dans Maroc. Il estoit grand Magicien, ou le contrefaisoit : car quand il se voulut soûlever, il assembla d'autres Bérébéres de la montagne de Chauchava, & leur dit, qu'il viendroit aisément about de ses ennemis par son savoir ; de sorte que les troupes du Chérif arrivant dans la montagne, trouvoient au milieu du chemin des moutons égorgez, dont la laine estoit grillée, les pieds coupez & mis dans leurs yeux, avec d'autres sortiléges aux passages difficiles ; ce qui les épouvantoit, & leur faisoit appréhender quelque chose de sinistre ; mais le Persan qui les commandoit, fit avancer quelques Chrestiens qu'il avoit avec luy, & brûler tous ces sortiléges ; ce qui fit dire à Abdala, que c'estoient les Chrestiens qui l'avoient vaincu, & non pas les Maures, contre qui il avoit dressé ses enchantemens, & non pas contre les autres. La plus belle fille, & la plus recherchée de la province estoit là, & voyant fuir ces Montagnars, délia ses beaux cheveux, qui estoient tressez & fort longs, & prenant deux dards à la main, commença à crier à la jeunesse ; Courage, qui m'aime me suive : Ne souffrez pas que d'autres jouïssent de ce que vous aimez, ni que je sois en proye à des brigands. Et ayant rassemblé autour de foy vne bonne troupe, elle fit jour à travers les ennemis, & si elle n'eust esté tuée d'vn coup d'arquebuze, elle leur eust fait de la peine, en ayant déja tué vn de sa main. Quelques-vns de ses amans se firent tuër avec elle, aprés-quoy le lieu fut emporté d'assaut, & sacagé, sans pardonner à personne. Cela obligea, comme nous avons dit, le Morabite à se rendre avec ceux qui l'avoient suivi, & le Chérif demeura maistre de la montagne, qui ne laissa pas de se revolter plusieurs fois depuis, & qui est encore aujourd'huy dans la revolte. C'est là que prend sa source la riviére de Néfusa, qui se joint aprés au Tansift.

CHAPITRE XLIV.

De Cemmede.

C'EST encore vne branche du grand Atlas, qui a sept licuës de longueur du Levant au Couchant, commençant à la précédente, dont elle n'est séparée que par la riviére de Chauchava, & finissant à celle de Guidimiva. Elle est habitée de pauvres gens de la tribu de Muçamoda, & son sommet est toûjours couvert de neige; mais on ne laisse pas d'y recueillir beaucoup d'orge, & de ces fruits dont on fait de l'huile. Il y a force troupeaux de chévres, & plusieurs fontaines, mais les habitans sont si brutaux, qu'ils ne voudroient pour rien du monde quiter leur païs, croyant qu'il n'y en a point de meilleur. Abdala avoit aussi assemblé ces peuples, & l'on en fit vn si grand carnage, que la montagne fut inhabitée cette année-là.

CHAPITRE XLV.

De Chauchava.

CETTE montagne est au Midy de la précédente, & des dépendances aussi du grand Atlas. Il en sort vne riviére du mesme nom, & elle est habitée de Bérébéres de la mesme tribu, qui sont belliqueux, & ont guerre perpetuelle

La riviére de Chauchava.

avec leurs voisins. La plufpart sont armez de frondes, dont ils tirent de grosses pierres si juste, qu'ils en tuënt les oyseaux, & c'est leur principal exercice. Cette montagne est fort froide, & toûjours couverte de neige vers le sommet; mais elle ne laisse pas d'estre abondante en orge, en miel, en cire & en menu bestail : car du reste il n'y a pas beaucoup de vaches, & les chevaux ne sont pas fort bons. Il y a quelques massons & serruriers Iuifs; mais ils ne travaillent pas beaucoup du premier mestier, parce-que les murs sont de pierre seiche, ou qui n'est qu'enduite par dehors, & les toits couverts de chaume, ou d'ardoise, car ils ne se servent ni de tuile, ni de brique, ni de chaux. Il n'y a point d'autres bastimens parmi ces montagnes, si ce n'est quelque vieille tour, ou quelque Mosquée.

ou bien de pierre & de terre grasse.

CHAPITRE XLVI.

De Secsiva.

C'EST vne montagne fort haute & fort froide, au Septentrion de celle de Chauchava. Il sort plusieurs fontaines des valons, & la riviére d'Ecifelmel en tire sa source. La cime est toûjours couverte de neige, & il y a par-tout de grans rochers escarpez, & des cavernes où l'on renferme les troupeaux l'hyver de peur du froid, & on les y nourrit de foin & de branches d'arbres. Les habitans ne recueillent ni froment, ni orge, ni autre grain, acause que la terre est trop froide, & en font venir d'ailleurs; mais ils ont quantité de lait, de beurre & de fromage, tout le printems & l'esté, & ne manquent point de viande toute l'année. Ils vivent comme des sauvages, & dans vne grande santé; desorte qu'à cent & six-vingts ans, ils ne paroissent pas encore vieux. Ils ne font autre chose toute leur vie que d'aller aprés leurs troupeaux. C'est vne merveille de voir comme ils sont peu vestus contre vn si grand froid : car ils n'ont qu'vne mante qui les envelope, avec des botines de cuir crû, & des torchons autour de leurs pieds, & sont si glorieux, qu'ils ont toûjours guerre avec leurs voisins, & s'entretuënt

C'est qu'il y neige fort.

pour

LIVRE TROISIE'ME. 73

pour des occasions fort légéres. Il ne fréquente parmi eux ni Iuge, ni Alfaqui, ni bourgeois de ville, parce-qu'ils ne sont pas sur le grand chemin, aussi n'ont-ils ni loy, ni regle, & vivent comme des bestes parmi ces rochers.

CHAPITRE XLVII.

De Temmelet.

CETTE montagne est aussi fort haute & fort froide, & peuplée de Bérébéres de la tribu de Muçamoda. Au plus haut est la ville de Temmelet, où sont enterrez, comme nous avons dit, les premiers Rois des Almohades. C'est vne meschante nation, qui se pique de doctrine, pour avoir estudié dans la secte du Méhédi, qui estoit de leur païs. Ils sont mal vestus, acause qu'il n'y passe point de marchans par là; mais ils ont toute sorte de bestail, & beaucoup d'orge, quantité de noix & de pignons, & font de l'huile d'olive. Quand le Chérif se rendit maistre de Maroc, Muley Idris, dont nous avons parlé plus haut, qui se disoit de la lignée des Almohades, estoit maistre de cette montagne, & des autres qui sont proches: & pour avoir tenu son parti, fut confirmé dans ses Estats, tant luy que ses descendans, moyennant quelque redevance.

Le Méhédi & Abdulmumen.

CHAPITRE XLVIII.

De Guidimiva.

ELLE commence à celle de Cemmede du costé du Couchant, & finit vers le Levant à la ville d'Amizimizi, ayant au Midy la montagne de Temmelet. Elle est peuplée de Bérébéres de la tribu de Muçamoda, & de la lignée des Hentétes, qui sont fort pauvres, & avoient accoustumé d'estre vassaux des Arabes, parce-qu'ils demeurent prés de la plaine, & sur la pente de la montagne qui regarde le Midy, où sont les villes d'Amizimizi & de Ténéza. Toute la coste est remplie d'oliviers, & de terres labourables, où l'on

Partie II. K

seme de l'orge. Il y a des forests de pins & de noyers, & du faiste descendent plusieurs petits ruisseaux, qui arrosent quelques petits coins de terre dans la plaine. Le peuple est plus civil que dans les autres montagnes, acause de la communication qu'il a avec les estrangers: car c'est le passage de Barbarie en Numidie, comme nous avons dit en la description de la ville d'Amizimizi.

livre 3. ch. 37.

CHAPITRE XLIX.

D'Hentete.

C'Est icy la plus haute montagne du grand Atlas, qui commence à celle de Guidimiva du costé du Couchant, & s'estend vers le Levant jusqu'à celle d'Animmey, par l'espace de seize lieuës. Elle est peuplée de Bérébéres de la lignée des Hentetes de la tribu de Muçamoda, peuple riche & belliqueux, qui se pique d'estre des plus nobles de l'Afrique, & a quantité de cavalerie, & vne place forte bastie depuis peu par les principaux, d'où ils faisoient la guerre aux Chérifs avant qu'ils fussent maistres de Maroc. Mais Muley Idris s'accorda depuis avec ceux-cy, qui luy confirmérent son Estat, comme nous avons dit. Il y a plusieurs artisans Iuifs sur cette montagne, qui sont tenus hérétiques par les autres, parce-qu'ils sont de la secte des Carrayns, & le faiste de ce mont est couvert de neige la plus grande partie de l'année; de-sorte qu'il n'y a ni arbre ni herbe acause du grand froid. On voit par-tout de grans piliers & des bassins de marbre blanc fort fin, pour des fontaines, qui semblent avoir esté faits pendant la splendeur de la ville de Maroc; car il y en a plusieurs carriéres alentour; mais les guerres ayant interrompu les desseins des Rois, elles sont demeurées là sans vsage, acause de la barbarie des habitans.

CHAPITRE L.

D'Animmey.

C'EST encore icy vne haute montagne du grand Atlas, bornée au Couchant de la précédente, & au Levant de celle de Tecevin. Elle est habitée des mesmes peuples que celle-là, & a la ville d'Animmey sur la pente, comme nous avons dit. Elle a par-tout des noyers, des oliviers, des coingnassiers & des pommiers, & autres arbres portant fruit, & est fort peuplée. Les habitans s'y piquent de bravoure, & ont quantité de chevaux, & force troupeaux, de gros & menu bestail, acause qu'il y a quantité d'herbe, & que l'air y est assez temperé. On recueille du froment, de l'orge & du millet sur la pente & dans les valées, où on les arrose des fontaines qui naissent entre ces rochers, & qui font aprés les deux riviéres dont nous avons parlé, qu'on nomme Tecevin. Il n'y a point d'autres habitations considérables dans cette province. Passons à celle de Gésula, qui est au Midy du grand Atlas.

ch. 40. l. 3.

CHAPITRE LI.

De la province de Gésula, au Royaume de Maroc.

C'EST vn païs fort peuplé de Bérébéres de la tribu de Muçamoda, qui est borné de la province de Dara vers le Levant, & du costé du Couchant de la montagne de Laalem dans la province de Sus, & s'estend presque vers le Nord jusqu'au pied du mont Atlas. Les habitans s'estiment les plus anciens peuples de toute l'Afrique, pour avoir conservé le nom des Gétules. Ils n'ont pas beaucoup d'argent, ni de bled; mais quantité d'orge & de troupeaux. Il y a dans leurs montagnes plusieurs mines de fer & de cuivre, & la pluspart des habitans sont chauderonniers, qui vont sur

K ij

Draps, épices, chevaux. la frontiére échanger leurs marchandises contre d'autres, outre qu'on transporte le cuivre delà à Maroc & à Tarudant, pour faire de l'artillerie. Il n'y a ni ville, ni bourg fermé dans toute la province, ce ne sont que de grans villages de mille habitans & plus. Ils se gouvernoient autrefois en République, sans aucun Seigneur ni Chec ; c'est pourquoy ils estoient toûjours en guerre les vns avec les autres ; mais ils faisoient tréve pour le trafic trois jours de la semaine, aprés quoy ils s'entretuoient. Cét ordre avoit esté establi entre-eux par vn Morabite, qui leur estoit en grande vénération, aussi l'ont-ils gardé depuis inviolablement. Il y a tous les ans vne foire dans la province, qui dure deux mois, & pendant tout ce tems-là ils donnent à manger gratuitement aux estrangers qui y arrivent, & le lieu où l'on s'assemble est gardé jour & nuit par des soldats, sous le commandement de deux Capitaines, pour empescher les vols & les autres crimes. La peine des criminels, & particuliérement des voleurs, qui sont pris sur le fait, est d'estre tuez à coups de lance, & leurs corps jettez aux chiens. Chaque parti nomme vn de ces Capitaines lors qu'approche cette foire, qui se fait dans vne plaine entre des montagnes, & il y a tréve tandis qu'elle dure. Les marchans sont partagez en divers quartiers, selon les diverses marchandises. D'vn costé ceux qui vendent des draps ou de la toile, d'autre les merciers. En vn coin les troupeaux, en d'autres les vivres, & les boutiques sont rangées d'ordre & par ruës. C'est vne chose admirable, qu'encore qu'il y ait dix mille marchans estrangers en cette foire, tant du païs des Négres que d'ailleurs, ils sont nourris aux dépens du public, avec leur attirail, tout **bestes de voiture.** le tems qu'ils y sont, & mangent sous des feüillages proches de grandes tentes, où les vivres sont apprestez par des gens qu'on depute pour ce sujet. Mais quoy que cela leur couste beaucoup, ils le regagnent au double sur leurs marchandises. C'est vne chose considérable, de voir le bel ordre qui est observé dans cette foire, & comme tout s'y passe sans bruit, veu que ce sont les peuples les plus brutaux & les plus turbulens de toute l'Afrique. Elle commence le jour qu'on célebre la naissance de Mahomet, qui échet au troisiéme mois des Arabes, qu'on nomme Maulud, ou Iafar, & en dure deux comme j'ay dit. Les Géſules ſont fort bien traitez, depuis que les Chérifs régnent dans Maroc, parce-qu'ils s'en ſervent de gardes à pied, qui portent des arquebuſes, & qu'ils les ont toûjours trouvez fidelles, outre qu'ils rendoient de bons ſervices au Chérif Mahamet, lors qu'il étoit Roy de Tarudant. Il y a entre-eux de bons forgerons, & ce ſont les premiers qui ont ſeû fondre le fer, & le mettre en boule, lors que le Chérif Hamet régnoit dans Maroc, ce ſecret eſtoit alors inconnu aux Africains. L'habit ordinaire de ces peuples, ſont des ſayes ou chemiſes de laine fort étroites, colées ſur la chair, qui ne viennent que juſqu'aux genoux, & n'ont ni manches ni collet. Ils mettent pardeſſus vne caſaque de groſſe eſtoffe, comme de la bure, & portent de longs poignards faits en faucille, qui coupent des deux coſtez, & ſont fort pointus. En tout le reſte, ils reſſemblent à peu prés à ceux de Hea.

CHAPITRE LII.

De la province de Duquéla.

CETTE province commence du coſté du Couchant, à la riviére de Tanſift ſur la frontiére de Hea, & s'eſtend vers le Nort juſqu'à l'Océan. Elle a celle de Maroc au Midy, & la riviére d'Ommirabi au Levant, qui la ſépare de la province de Temécen, & entre dans l'Océan prés de la ville d'Azamor. Le païs contient du Levant au Couchant plus de trente lieuës, & du Midy au Nort plus de vingt-quatre. Il abonde en bled & en troupeaux, & conſiſte la pluſpart en plaines, où errent pluſieurs Arabes, & demeurent pluſieurs Bérébéres, dont les vns errent auſſi par la campagne, & les autres habitent dans des maiſons & des lieux fermez.

De ceux de Charquie, Abde & Garbie.

K iij

CHAPITRE LIII.

De Safie.

Villes.

QVELQVES-VNS croyent que cette ville, que les Africains nomment Asfi, & les Portugais Asafie, est vne de celles qu'Hannon, Capitaine des Carthaginois, bastit en Libye par ordre du Senat, & qu'on nomma pour cela Liby-Pheniciennes. Aussi est-elle d'ancienne fondation, & bastie, à ce qu'on tient, par ceux du païs. Elle est sur la coste de l'Ocean, à l'extremité de la province de Duquéla, & a de bonnes murailles, à quatre-vingts sept tours, & mille trois cens vingt-sept verges de tour. Du costé du Couchant il y a vn chasteau vn peu relevé, qui donne sur vne petite baye, où il y a force rochers, & qui n'est asseurée que contre les vents du Nort. Elle contient quatre mille maisons, & n'est pas forte, acause de plusieurs eminences qui y commandent. Le païs d'alentour est fertile en bleds & en troupeaux, quoy-que les habitans n'ayent aucun soin que de leurs jardins, qui sont autour de la ville. Le trafic y est assez bon depuis que le Roy de Portugal l'a abandonnée, parce-qu'il s'y retire beaucoup de Iuifs. Mais elle estoit bien plus marchande avant qu'elle fust aux Portugais ; car les marchans d'Espagne y apportoient à toute heure des draps, de la toile, & d'autres marchandises, qu'ils échangeoient contre des cuirs, de la cire, de l'indigo, de la gomme, & autres choses du païs. Elle s'affranchit du joug des Rois de Maroc sur le declin du régne des Ménimérinis ; mais incontinant après, l'vn des principaux de la ville s'en rendit maistre, ce qui donna lieu aux guerres civiles, & les exposa en proye aux Portugais, qu'ils appellérent à leur secours.

C'est que Carthage estoit habitée des Pheniciens.

Instrument à mesurer les terres.

Comme le Roy Dom Manuel de Portugal s'empara de la ville de Safie.

Cette ville & toute la province de Duquéla, est du Royaume de Maroc, & a toûjours esté sujette à ses Princes ; mais sur le declin du régne des Bénimérinis, Muley Nacer Buchentuf, de la tribu de Muçamoda, estant demeuré maistre de cét Estat, plusieurs se soûlevérent acause de sa foiblesse, & entre-autres Safie, par le moyen des Benifarhons, cityoens

LIVRE TROISIE'ME. 79

illustres qui l'érigérent en République sous leur autorité. Mais l'vn d'entre eux nommé Amédux la gouvernant fut tué par Abderrame l'vn de ses neveux, qui gagna le peuple par son crédit & son adresse, & se fit Souverain. Aprés avoir regné long-tems il fut assassiné à son tour, lors qu'il y pensoit le moins. Car ayant vne belle fille aimée d'vn jeune homme des principaux de la ville, nommé Ali Ben Guccimen, qui coucha avec elle par l'entremise de la mére mesme, & d'vne esclave. Comme cela fut venu à sa connoissance, il résolut de s'en venger, mais la femme & la fille qui s'en doutoient, en donnérent avis au galant, qui résolut de le prévenir; & ayant communiqué son dessein à l'vn de ses amis, qui estoit aussi vn des principaux, ils firent dessein ensemble d'exécuter au premier jour leur résolution. Sur ces entrefaites Abderrame qui méditoit sa vengeance, envoya dire vn jour de feste à Ali, qu'il vinst à la Mosquée, & qu'ils iroient de là à la promenade, parce qu'il avoit envie de luy communiquer quelque grand dessein. Ali qui se douta de ce que c'estoit, prit son amy nommé Yahaya, & dix autres jeunes gens de leur faction, & se rendit à la Mosquée où il y avoit grande foule a cause de la feste. On leur fit place comme à des gens de condition, & estant arrivez où estoit Abderrame, qui faisoit son oraison prés de l'Alfaqui, Yahaya s'avança devant tandis qu'Ali le frapoit par derriére d'vn coup de poignard, aprés quoy l'autre tournant la teste acheva avec luy de le tuër. Comme les gardes vouloient s'émouvoir, le reste des conjurez mettant l'épée à la main les arrestérent, de sorte que croyant que c'estoit vne conspiration générale, ils sortirent de la Mosquée, & tout le peuple avec eux. Les conjurez se voyant hors de danger se rendirent au milieu de la place avec quantité de parens & d'amis, & criant qu'ils avoient tué le tyran qui vouloit attenter sur eux, pour vser plus librement de sa tyrannie. Le peuple approuva leur action, & élut Ali & Yahaya pour Gouverneurs comme les Auteurs de sa liberté. Il y avoit alors dans Safie treize Chrestiens captifs, qui trouvérent moyen dans ce trouble de se sauver sur vne barque, à vn château que le Roy de Portugal avoit fait bâtir l'année d'auparavant sur la coste. Aprés avoir conté ce qui s'estoit

Yahaya Ben Tafut.

passé au Gouverneur, Ali le vint trouver deux jours après, & le pria de la part d'Yahaya & de la sienne, de les venir secourir avec quelques-vns des siens contre les parens du mort, sous promesse de se faire vassaux du Roy. Le Gouverneur touché de ses raisons part avec douze Portugais, & se rend à Safie, où il y avoit plusieurs Chrestiens acause du commerce. Mais après avoir esté là huit jours, voyant qu'on ne se gouvernoit pas à sa fantaisie, & craignant la perfidie des Maures, il s'en retourna avec Ali & trois des principaux, laissant Yahaya pour Gouverneur dans la place. Mais Ali & les trois autres le suivirent en Portugal, & s'offrirent pour vassaux au Roy afin qu'il les secourust. Il fut accordé entre autres choses, qu'ils donneroient aux Portugais vne maison qui auroit vne porte sur la mer pour servir de retraite aux marchans Chrestiens, & vne des principales tours pour leur seureté. Le Roy de Portugal voyant qu'il se pouvoit rendre maistre de cette place, renvoya la Gouverneur du Chasteau, Diégo Asambuc, avec des instructions, & commanda à Garcia de Mélo, qui commandoit les caravelles de l'armée navale du détroit, de le favoriser en tout ce qu'il auroit besoin. Il se rendit aussi-tost à Safie avant la venuë d'Asambuc, & trouva les habitans en armes, bien éloignez de ce qu'avoit dit Ali avec ses compagnons. Quelque tems après arriva Asambuc avec Ali, qui venoit pour exécuter sa promesse, mais il en fut bien-tost diverti par les Alfaquis, qui luy firent voir qu'il estoit plus avantageux aux Maures de s'entrefaire la guerre, que d'obeïr aux Chrestiens. Les Portugais voyant qu'il commençoit à se repentir, resolurent de semer de la défiance entre luy & Yahaya. Et Garcia de Mélo par l'entremise d'vn Medecin Iuif, qui le visitoit, parce-qu'il estoit indisposé, fit rendre des billets tant de luy que d'Asambuc aux deux Chefs des Maures pour entretenir leur défiance, & faire croire à l'vn que l'autre le vouloit tuër. Le Medecin Iuif prenoit ces billets de la main de Garcia de Mélo, en luy tastant le poux dans le lit, & luy rendoit la réponse tout de mesme. Cependant les Maures faisoient de grandes offres aux Portugais pour en estre aidez chacun contre son rival, & leur permirent d'entrer dans la ville avec cinquante soldats. Pour ce

LIVRE TROISIE'ME.

ce sujet ils leur donnérent vn grand logis de ce costé-là, qui avoit esté à Abderrame, & qui répondoit sur la mer. Mais ils ne furent pas long-tems à s'en repentir, & quelque défiance qu'ils eussent, les Portugais ne laissérent pas de faire porter des armes & des munitions en leur logis, dans des tonneaux & des cofres. D'autre-costé, le Roy de Portugal sur cét avis envoya au commencement de l'année Gonçale Mendez avec quatre caravelles, pour se rendre maistre de la ville, sur l'esperance de s'emparer aprés de tout le Royaume de Maroc. Gonçale estant arrivé à Safie avec 200. arquebuziers ou arbalestriers, & plusieurs volontaires, trouva les Portugais fort mécontens des intrigues des Maures, & résolut avec eux qu'ils declareroient à Yahaya & à Ali, que pour éviter la division, il faloit s'accorder, & que l'vn d'entre eux prist le gouvernement de la ville sous l'autorité du Roy de Portugal. Chacun le cedoit à son compagnon par honneur ; Mais le Gouvernement à la fin demeura à Yahaya, qui fit défense aussi-tost de porter ni pierre, ni chaux, ni sable, au logis des Portugais pour le fortifier. Aussi-tost Diégo d'Asambuc conseilla à Ali d'aller la nuit avec ses parens & ses amis tuër Yahaya dans sa maison, sous promesse de demeurer Gouverneur. Ali exécute ce dessein, & contraint Yahaya pour se garantir de se sauver en plein minuit au logis des Chrestiens qu'il ne savoit pas estre complices de cette resolution. L'vn d'entre eux mesme, à qui Asambuc ne l'avoit pas communiqué, le receut fort bien, & le retira huit jours dans son apartement ; pendant lesquels il donna de si bonnes raisons de ce qu'il avoit fait, qu'Asambuc l'envoya en Portugal pour se décharger auprés du Roy, lequel le renvoya à Safie avec entretenement pour luy, & pour vingt cavaliers Maures, & titre de Général de la campagne, pour la connoissance qu'il avoit du païs. Il rendit depuis de grans services au Roy de Portugal en la compagnie des Arabes & des Bérébéres de son party ; & non seulement il batit les Chérifs qui régnoient dans Sus & dans Hea, mais les troupes mesmes de Maroc & de Fez, rendant tributaires du Portugal tous les habitans de Duquéla, & vne partie de ceux de Hea & de Maroc. Cependant, en son absence, Diégo d'Asambuc donna le Gouvernement de Safie à son rival,

Partie II. L

1508 Gonçale Mendez de Sacote.

Diégo de Miranda.

croyant qu'il favoriseroit la fortification des Portugais; mais il s'y opposa de tout son pouvoir par des chastimens & des défenses. Elle ne laissa pas de s'élever peu à peu, & pour empescher qu'on ne s'en defiast, ils faisoient boucher en dehors & enduire en dedans les trous & les canonniéres, afin qu'on crust que ce n'estoit qu'vn simple logis pour se retirer. Comme l'ouvrage fut en défense, ils firent percer la nuit la muraille qui répondoit sur le rivage, pour y faire vne porte, & dresserent deux estacades, pour y aller de leur logis à couvert comme à travers vne galerie. Cela estant fait, Asambuc résolut de rompre ouvertement avec Ali, & luy reprocha qu'il ne tenoit pas la parole qu'il luy avoit donnée de luy laisser achever sa fortification; à quoy il repartit qu'il s'estonnoit de l'orgueil des Portugais, qui faisoient déja les maistres, veu qu'ils estoient encore en sa puissance, & qu'ils ne pouvoient vivre sans luy, puisqu'il leur faisoit venir tous les jours des vivres. Asambuc repliqua qu'ils se nourriroient du sang des Maures & de leur chair. A ces paroles Ali se mordit le doigt sans rien dire; ce qui tient lieu de grande menace parmi les Maures. Mais Diégo d'Asambuc résolut de l'attaquer avant qu'il pust rassembler des troupes, & se fortifier. Et pour faire croire qu'il n'estoit pas cause de la rupture, il prit l'occasion d'vn soufflet qu'on avoit donné à vn de ses gens, sur quelque contestation qu'il eut pour de la viande, avec vn boucher, & luy commanda d'aller tuër le Maure qui l'avoit soufleté; & pour le pouvoir faire plus commodément, le fit assister d'vn de ses compagnons. Ils vinrent donc par derriére luy donner vn coup d'épée comme il estoit sur la place, sans pouvoir redoubler, parce qu'on y accourut, & qu'il se jetta dans la boutique d'vn marchand qui estoit proche. Ils eurent donc assez de peine à se retirer jusqu'à leur logis, qui fut aussi-tost environné d'vne foule innombrable de Maures avec leurs dards & leurs boucliers, & quelques-vns avec des arquebuses & des arbalestes : Mais comme ils virent qu'ils ne le pouvoient forcer en cét estat, ils allérent querir de vieux canons qui estoient au chasteau, dont ils tirérent quelques coups avec de grands cris & hurlemens. Le lendemain matin les Portugais aprés avoir oüy la Messe pri-

LIVRE TROISIE'ME.

rent les armes, & sortirent sur eux avec tant de furie, que les surprenant en desordre, ils les menérent battant jusqu'à la Mosquée, où le combat recommença avec grand meurtre des Maures. A la fin ceux-cy ne pouvant resister à la violence des Portugais, ni soûtenir la décharge de leurs arquebuziers, quitérent la Mosquée, & les principaux se retirérent au chasteau qui répond sur la mer, d'où ils tuérent quelques Chrestiens à coups de canon. Mais la piece dont ils tiroient fut aussi-tost démontée d'vn coup tiré des caravelles ; de-sorte qu'ils ne s'en pûrent plus servir. Voyant donc toutes leurs défenses inutiles, ils demandérent la paix à Asambuc, qui voulut avoir les clefs du chasteau & des portes, ce qu'ils furent contraints de luy accorder, & de se rendre vassaux du Roy de Portugal. Mais plusieurs sortirent avec leurs femmes & leurs enfans, pour ne point obeïr aux Chrestiens, & se retirérent à la montagne de Benimaguer & ailleurs. Ali fut à la ville de Targa avec ses parens & *à dix lieües* ses amis, & toute sa famille, & y demeura jusqu'à ce que *d'Azamor.* le frére du Roy de Fez entra dans la province de Duquela, *Muley Naer* sous prétexte de l'afranchir de la domination des Portugais, *frere de Ma-* & l'emmena au Royaume de Fez avec luy. Voilà comment le Roy de Portugal se rendit maistre de Safie, où il entretint depuis vne bonne garnison, jusqu'à ce qu'il la quitta volontairement, pour des raisons que nous avons tou- *1541.* chées ailleurs, & ramena en Portugal les troupes qui y estoient, aprés avoir fait abatre vne partie des tours & des murailles. Mais le Chérif la repeupla aussi-tost de Maures, *Muley Ha-* & pour plus grande seureté y mit vn Gouverneur avec deux *met.* cens arquebuziers : De-sorte qu'à présent il y a Doüane, & les marchans y abordent de toutes parts. Parlons maintenant de ce qui s'y fit de plus considérable sous le Gouvernement du Roy de Portugal.

Les Portugais s'estant rendus maistres de Safie de la façon *Comme les* que nous avons dite, Nugno Fernandez de Ataydé y fut *Maures as-* envoyé pour Gouverneur avec des troupes tant de cavalerie *siégérent la* que d'infanterie, & quantité d'armes, d'artillerie, & de mu- *ville de Sa-* nitions. Aussi-tost il commença à faire des courses de tous *fie.* costez, & fit tant de captifs & de butin, que les habitans à

L ij

cinq ou six lieuës à la ronde, se firent vassaux du Roy de Portugal, jusques à ce que par l'entremise des Alfaquis qui ne vouloient pas qu'on payast tribut aux Chrestiens, ils vinrent assiéger la ville en la compagnie d'autres Maures. Les principaux de cette ligue estoient les Arabes d'Azamor, & ceux de Garbie, avec quelques autres, & toutes les Communautez de Bérébéres, qui sont entre Azamor & Medine jusqu'à la riviére de Guz, qui est au Couchant de Safie, au nombre de cinq mille chevaux, & de cent mille hommes de pied. Les Bérébéres se campérent avec vne partie des Arabes d'Vled Zubeyt, depuis la porte des Gafes jusqu'au chasteau ; & ceux d'Vled Ambran avec le reste d'Vled Zubeyt, & quelques Bérébéres d'Vled Chedma, depuis le chasteau jusqu'à la mer. Ils enfermérent la ville par ce moyen d'vne mer à l'autre, avec plusieurs bastions & retranchemens, & commencérent à batre le mur avec quelques piéces d'artillerie de fer & de bronze. Le Gouverneur qui avoit esté averti de leur venuë en avoit donné avis au Roy de Portugal par le moyen de quelques marchans Chrestiens : de sorte qu'il luy estoit arrivé du secours de Castille & de Portugal, & de l'isle mesme de Madére, où il avoit envoyé pour ce sujet. Il distribua donc à chacun ses quartiers dés le commencement du siége, fit prendre les armes aux Iuifs sous le commandement de deux de leurs chefs, & aprés avoir fait quelques préparatifs & quelques travaux pour la défense, se résolut d'attendre l'assaut. Aprés dix-sept jours de siége, & le meurtre de six mille Maures en deux attaques, les assiègeans voyant qu'ils ne pouvoient rien sur la brave résistance des assiégez, se retirérent avec grande perte. Le Gouverneur donna sur la queuë avec quatre cens chevaux, & cent arquebuziers, & aprés en avoir pris & tué plusieurs, se retira, ayant honte de son petit nombre, sans quoy la défaite eust esté plus grande. Cependant, plusieurs Arabes & Bérébéres qui n'avoient point encore traité, se rendirent vassaux du Roy de Portugal, & ceux qui ne voulurent pas obeïr furent ravagez : car le Gouverneur qui avoit ramené de Portugal Yahaya, prenant le temps & l'occasion saccagea plusieurs villages de Bérébéres, & plusieurs Aduares d'Arabes, & envoya vendre quantité de captifs en Portugal, de la province de Duquela, & des lieux voisins. Enfin ces deux Chefs remportérent tant d'avantages sur les Maures, que tous les habitans de la province de Duquela, & des lieux qui sont le long de la riviére d'Ommirabi, ou le long de la coste, & ceux de dedans le païs jusqu'au mont Atlas, & à plus de quinze lieuës du costé de Maroc, payoient contribution. *bled, orge & troupeaux.*

Le Gouverneur de Safie ayant eu avis que vingt-cinq Aduares s'estoient postez à deux lieuës ou environ de la ville d'Almedine, il les envoya reconnoistre par quatre de ses cavaliers fort experimentez. Lorsqu'ils furent arrivez à vne coline d'où ils les pouvoient découvrir, & voir l'estat du païs, ils retournérent à Safie sans passer outre pour n'estre point reconnus au trac de leurs chevaux, parce-que ceux des Chrestiens ont huit cloux, & ceux des Maures n'en ont que six. Ils rapportérent donc la nuit au Gouverneur l'estat du lieu où les Arabes campoient, & par où l'on y pouvoit aller à couvert. Le lendemain dés le grand matin le Gouverneur défendit de laisser sortir ni Maure ni Iuif, & faisant sonner à cheval, partit avec quatre cens cinquante chevaux & cinq cens arquebuziers ou arbalestriers, laissant la garde de la place à Nugno Gato, & les quartiers bien fournis, parce-qu'il y avoit alors dans la ville sept cens chevaux, & mille hommes de pied. Les Arabes s'estoient campez dans vne plaine prés de la mer, & occupoient plus d'vne demy lieuë le long d'vn valon. Le Gouverneur ne les eut pas plûtost découverts au point du jour, qu'il commanda à Alvare Atayde, & à Lopé Barriga Lieutenant de la place de donner d'vn costé avec deux cens cinquante chevaux, tandis qu'il faisoit alte sur le haut avec le reste. L'ennemi fut attaqué si prestement, & avec tant de vigueur qu'il ne fit pas grande resistance, & s'écarta deçà & delà, laissant plus de trois cens morts sur la place. On prit cinq cens soixante-sept personnes, tant petites que grandes, cinq mille piéces de menu bestail, mille bœufs ou vaches, trois cens chameaux, plusieurs chevaux & bestes de charge, avec quoy on retourna glorieux à Safie. Le butin estoit si grand qu'il tenoit plus de demy lieuë de païs; Et le Gouverneur craignant que l'ennemi

D'vne gran de course que les Chrestiens de Safie firent dans le païs des Maures l'an 1511.

L iij

revenant à la charge ne rompist ses troupes, parce qu'il faloit qu'elles marchassent écartées pour rassembler les troupeaux ; il fit laisser les chameaux & tout le menu bestail, parce-qu'il avoit huit lieuës à faire de méchant chemin, & marchant en bon ordre avec le reste, arriva à Safie de nuit, sans que trois cens chevaux Maures de la ville d'Almedine qui le suivoient l'osassent attaquer. Il ne perdit qu'vn neveu de celuy qu'il avoit laissé pour la garde de sa place, qui se mesla si bien au milieu des ennemis qu'on ne le put secourir. Le lendemain matin le Chef des Arabes de Garbie, & autres Capitaines Maures qui estoient dans Safie quand Fernandez en sortit, luy furent baiser les mains, & offrir hommage au nom de leurs peuples ; & de-là en avant payérent tribut. Plusieurs autres Arabes & Bérébéres de la province firent la mesme chose : de-sorte que les Portugais commencérent à se rendre illustres en ces quartiers. Le Roy de Portugal tiroit vn grand revenu des contributions, & de l'entrée des marchandises qui arrivoient à Safie ; Et les Chrestiens aussi-bien que les Iuifs & les Maures gagnoient beaucoup. Voicy les tributs que payoient en ce temps-là les Maures au Gouverneur de Safie au nom du Roy de Portugal. Ceux d'Abda qui sont les principaux Arabes de la province, payoient mille charges de chameau par an, moitié froment, & moitié orge, deux charges d'orge passant pour vne de froment. La charge d'vn chameau sont vingt mesures d'orge ou douze de bled. Ils donnoient outre cela en présent six beaux chevaux & quatre faucons*. Ceux de Garbie qui sont aussi des principaux de la province estoient taxez de mesme avec ceux d'Vled Ambran Litali, qui sont aussi fort puissans & fort riches : Ceux d'Vled Ambran d'Iscani, qui sont de la mesme tribu : Ceux d'Vled Chedma, qui sont des communautez de Bérébéres qui vivent par Aduares comme les Arabes, & sont fort puissans : Et ceux d'Vled Motaa avec les habitans de la ville d'Almedine qui sont Bérébéres. Outre cela l'impost du bled que les Arabes menoient à la ville valoit plus de cinquante mille mines de froment, & cent mille d'orge. Ceux des villes d'Aguz, d'Aguer, & de Namer, qui estoient au mesme taux que ces communautez, payoient aussi leur taxe conformément aux autres, avec

*[marginalia: Nugno Gato. Iça abu Bacr. Hanega, la mine de Paris ou environ. * ou gerfaux. Garbia Icesha.]*

quatre femelles de gerfaux. Voilà le revenu de Safie avant qu'on prist la ville d'Azamor, sans compter la Doüane, & les autres droits des marchandises qui y abordoient. Outre cela, les Portugais couroient au dedans du païs en la compagnie de leurs alliez, & tiroient tribut des provinces voisines, ou les sacageoient & faisoient les habitans prisonniers. Ce qu'ils firent à diverses fois, comme on verra dans cette Histoire.

Le Chérif qui commandoit dans Hea, voyant comme l'année précédente le Gouverneur de Safie, & Cidi Yahaya, avec les Chrestiens de la ville & les Arabes, vassaux du Roy de Portugal, estoient entrez plus de vingt-cinq licuës au dedans du païs ; Qu'ils estoient venus autour de la ville de Borge, qui est sur la pente du grand Atlas, où ils avoient pillé cinquante Aduares, tué ou pris plusieurs gens, & emmené à Safie plus de vingt mille pieces de bestail, & quatre cens chameaux, sans trouver personne qui leur osast faire teste ; Qu'outre cela ils avoient pris la ville de Tednest, qui estoit le lieu de sa demeure : Il assembla le plus de gens qu'il pût, comme celuy qui faisoit profession de sainteté, & de faire la guerre aux Chrestiens & aux Maures de leur parti, & entrant dans le quartier d'Vled Chedma fit de grans dommages aux vassaux du Roy de Portugal. Aussi-tost ils eurent recours au Gouverneur de Safie, & sachant que le Chérif retournoit contre-eux, ils s'assemblérent, & avec cinquante chevaux que ce Gouverneur leur envoya, sous le commandement de Lopé Barriga, son Lieutenant, ils le furent attendre à Mesquerez, au Levant de la montagne de l'Algarrobe. Sa cavalerie estoit alors arrivée à l'vn des Aduares de Chedma, où elle avoit tué quelques gens : & comme elle estoit occupée à piller les tentes, ils donnérent dessus à l'improviste, & la dissipant, la poursuivirent toute la nuit, puis retournérent victorieux aux Aduares de Chedma, aprés en avoir tué plusieurs, & fait quelques prisonniers. Mais Lopé Barriga, qui estoit brave & généreux, croyant n'avoir pas assez fait, envoya demander vn renfort au Gouverneur pour passer outre ; & ayant receu encore cinquante chevaux, sous le commandement de George Mendez de Atayde, résolut de marcher contre le Chérif, qui

Comme Lopé Barriga, Capitaine d'Azamor, défit le Chérif.
1515.

Nugno Fernandez.

venoit avec seize cens lances, & luy donner bataille avec sa troupe & ses alliez. Lors qu'il fut en présence des ennemis, il fit deux escadrons de ses cent lances, & en donnant l'vn à George Mendez, & à Pedro Barriga son neveu, prit l'autre pour soy. Il fit aussi deux escadrons des Maures qui étoient avec luy, & les rangea à ses costez, avec ordre de ce qu'ils devoient faire. Le Chérif marchoit en trois escadrons. Le premier de sept cens chevaux, commandé par son fils aisné Abdelquivir ; le second de trois cens, qu'il commandoit luy-mesme ; & le dernier de six cens, sous le commandement de son fils Hamet ; ces deux-cy estoient sur les ailes, & l'autre au milieu. Le premier ayant investi l'escadron de George Mendez, le pressa fort ; mais Lopé Barriga y estant accouru avec le sien, & donnant à dos aux ennemis, se fit jour à travers leur bataille, & se rejoignit à George Mendez, qui se défendoit vaillamment. Là-dessus, les alliez attaquérent les deux autres escadrons, où le combat dura plus de deux heures, sans aucun avantage de part & d'autre. A la fin Pedro Barriga ayant desarçonné Abdelquivir d'vn coup de lance, ses gens le remontérent du mieux qu'ils pûrent : car il estoit fort blessé, & son escadron se dissipa ; & Lopé Barriga voyant que celuy du Chérif subsistoit encore, rallia le plus de gens qu'il pût, & donnant dessus avec quelques alliez, le mit en fuite. Aussi-tost le reste plia, & les Chrestiens se mettant à leurs trousses avec leurs alliez, tuërent quelque cent hommes, dont il y avoit plusieurs Checs & Gouverneurs, & entre-autres vn nommé Ben Tagogin, avec son fils, dont on faisoit fort grand estat, que Lopé Barriga tua tous deux, pour secourir vn Ecuyer* que le premier avoit jetté par terre d'vn coup de lance. Le Chérif se sauva à la course, aprés avoir perdu deux estendarts, & vne tymbale, & les Chrestiens retournérent à Safie, sans trouver à dire vn seul d'entre-eux, & n'ayant que quatre blessez.

*Payo Ruiz.

D'vne entrée que fit Nugno Fernandez au
L'année suivante, les Communautez d'Vled Motaa, qui relevoient de la Couronne de Portugal, se furent plaindre au Gouverneur de Safie des Arabes d'Vled Ambran, qui couroient leur païs, & enlevoient leurs troupeaux, & luy deman-

demandérent secours. Yahaya estoit alors en Portugal, & ces Arabes qui estoient belliqueux, & qui avoient entre-eux quantité de brave Noblesse, ne pouvoient souffrir les reproches des autres Maures, qui les appelloient esclaves des Chrestiens. Ils se soûlevérent donc, & entrant dans le païs avec leurs troupeaux, broutérent toute l'herbe des frontiéres d'Escura, à plus de quatorze lieuës de la ville de Maroc, vers le Levant, & firent cruëlle guerre aux Arabes & Bérébéres, qui estoient vassaux du Roy de Portugal. Le Gouverneur de Safie cherchant occasion de s'en ressentir, apprit qu'ils estoient proches du grand Atlas, & leur voulant donner vne touche, il partit de Safie avec quatre cens cinquante chevaux Portugais, & soixante arquebuziers ou arbalestriers à pied. Lors qu'il fut arrivé aux Aduares d'Abda, qui sont à huit lieuës de Safie, au Levant de la montagne de Bénimaguer, il prit trois mille cinq cens chevaux, tant des leurs que de ceux de Garbie ; & leur faisant accroire qu'il alloit faire le degast à Maroc, marcha toute la nuit, & fut fondre de grand matin sur vne Aduare d'Vled Ambran. Arraho Aben Chahamot, qui y commandoit, monta aussi-tost à cheval avec quelques Arabes, qui avoient leurs chevaux sellez & bridez, comme ils ont de coustume, quand ils sont en lieu dangereux, particuliérement depuis minuit jusqu'au matin. Cependant, les Portugais sacagérent l'Aduare, & reprirent la route de Safie avec quantité de femmes, d'enfans & de vieillars, qu'ils emmenoient prisonniers. Comme ils furent arrivez l'apresdinée à Chéris, qui est au Couchant de Maroc, pour se reposer pendant la chaleur du jour, Aben Chahamot arriva avec cent chevaux sur le point qu'ils estoient prests à marcher, & cria de loin aux Maures du contraire parti, qu'il estoit tems de se venger des Chrestiens, qui leur faisoient tant de maux, tandis que comme vn homme desesperé, il ne cessoit d'escarmoucher à l'entour d'eux. A la fin ayant reconnu parmi les captives celle qu'il aimoit le plus de toutes ses femmes, qui estoit fort belle & sa cousine germaine, il luy cria à haute-voix, qu'elle ne perdist point courage, parce-qu'il esperoit, avec la grace de Dieu, de la délivrer ce jour-là. Elle luy repartit fortement, après

pays des Maures, où il fut tué, & ses gens défaits.

Au mois de May.

Partie II. M

DV ROYAVME DE MAROC,

en avoir demandé permission aux soldats : Délivre-moy de captivité, ou meure à la peine, si tu ne m'as oubliée, Chevalier, qui fais tant du brave, & qui m'as fait tant de protestation d'amitié. Ie t'accompagneray, soit dans la vie ou dans la mort ; mais je crains que les paroles que tu m'as données ne soient que du vent. Alors Aben Chahamot branlant sa lance, Yote, dit-il, car c'est ainsi qu'elle se nommoit, je n'ay rien dit que je ne tienne, & t'aimeray constamment toute ma vie. Le jour est long, mon courage est grand, la force est en mon bras, & la victoire entre les mains de Dieu. Alors elle prit vne poignée de terre, & la jettant en l'air ; Voilà, dit-elle, comme sont tes paroles, retourne en paix, & te va réjouïr avec celle qui te reste, Yote n'est plus à toy. Mais le Maure de dépit déchaussant son escarpin, luy jetta comme pour gage de sa promesse, & tournant vers ses gens, commença à les encourager au combat, & à les faire souvenir des injures qu'ils avoient receuës des Chrestiens. Il leur dit, Qu'ils ne souffrissent point qu'ils emmenassent leurs femmes & leurs enfans devant leurs yeux, pour leur faire souffrir des affrons pires que la mort : & se jettant sur l'arrieregarde que commandoit le gendre de Fernandez, l'arresta quelque tems par des escarmouches. Cela obligea Fernandez de défendre qu'aucun n'eust à escarmoucher avec les ennemis, & de prendre la place de son gendre, qu'il renvoya à l'avantgarde, aprés-quoy il fit marcher l'escadron serré, & se mit à la queuë. Cependant, Aben Chahamot voltigeoit de toutes parts, jusqu'à mettre la lance dans l'escadron des Chrestiens, & les serra de si prés, que quelques-vns furent obligez de tourner teste, & l'on se batit de bonne sorte. Il faisoit vn si grand chaud, que Fernandez fut contraint de décrocher le gorgerin de maille qu'il portoit sur sa cuirasse, aprés-quoy se meslant parmy les ennemis, il s'approcha si prés d'Aben Chahamot, que l'autre luy perça le gosier d'vn coup de lance, & le jetta mort à terre. Aprés avoir ramassé le corps du Général on en voulut élire vn autre en sa place, avant que de passer outre ; sur-quoy il y eut tant de contestation, qu'on en vint aux mains. Alors les Maures de leur parti voyant l'occa-

Alonso de Faro.

LIVRE TROISIE'ME.

sion favorable, se jetterent sur eux sans attendre l'ordre de leurs Chefs, & en ayant tué vne grande partie, écartérent le reste. Mais ceux qui échapérent ne furent pas plus heureux que les autres, car en pensant se sauver chez d'autres Arabes de leur parti, ils en furent tous tuez ou pris, sans qu'il se sauvast que cinquante chevaux, & quelques fantassins. Aben Chahamot retourna victorieux en son quartier avec sa femme & tout le butin. Nugno Fernandez y mourut aussi-bien que son gendre & son oncle, qui disputoient entre-eux le commandement, & son beau-frere avec quantité d'autre Noblesse. Lopé Barriga fut fait prisonnier, avec Dom Henrrique de Sa, George de Brite, Dom Antonio Carneyro, & plusieurs autres gens de condition, jusqu'au nombre de trente-cinq. Tous ces prisonniers vinrent depuis au pouvoir du Chérif; & comme Lopé Barriga estoit dans Maroc, on accouroit de tous costez pour le voir, tant sa reputation estoit grande. Il y vint entre-autres vn vaillant Maure de Treméçen, qui entrant dans l'écurie du Chérif, où il estoit prisonnier avec les fers aux pieds, luy dit comme par bravade, Es-tu ce Chrestien dont on parle tant, je voudrois que tu fusses libre, pour te pouvoir arracher la barbe, & en disant cela y mit la main; ce que Lopé ne pouvant souffrir, luy donna vn si grand coup de baston sur la teste, qu'il le jetta mort à ses pieds, & en eust fait autant de deux autres qui le suivoient, s'ils n'eussent gagné le haut. Le Chérif l'ayant appris, le fit venir devant luy, & luy fit donner tant de coups sur les épaules, qu'on luy mit sa chemise en pieces sur la chair, sans qu'il dist jamais vn seul mot. Lopé quelques jours aprés envoya les restes de sa chemise tout rompus & ensanglantez au Roy de Portugal, pour l'émouvoir à compassion, & l'obliger à le racheter, ce qu'il fit; mais peu de tems aprés en vne sortie qu'il fit sur les Maures qui couroient les environs de Safie, comme il traversoit vn chemin creux, qui alloit de la porte de la ville aux retranchemens, vn petit garçon luy perça le gosier d'vn coup de javelot, au mesme endroit où Nugno Fernandez fut blessé, & le jetta mort par terre, comme luy. Ce qui est de plus merveilleux, c'est qu'Aben Chahamot mourut quelque tems

Alonso de Faro, Alvaro de Atayde, Alvaro de Faro.

M ij

après de la mesme façon, en combatant contre les Maures de Fez, & son corps ayant esté porté à sa femme, elle ne voulut plus ni boire ni manger, & mourant, fut enterrée avec luy. Voilà la fin de trois grans Capitaines, qui avoient rempli toute l'Afrique du bruit de leur valeur.

Comme les Maures tuërent Yahaya, & les Chrestiens qui estoient avec luy, & comme ils furent défaits en suite par le Gouverneur de Safie.

Aprés la mort de Fernandez, on envoya pour Gouverneur de Safie Dom Nugno Mascaregnas, qui trouvant les Maures du parti soulevez, fit tout ce qu'il pût pour les faire rentrer dans leur devoir, sous promesse d'oublier le passé, & ramena par-là ceux d'Abda, & la pluspart de ceux de Garbie. Mais il ne pût jamais regagner ceux d'Ambran, ce qui l'obligea à faire des courses sur eux jusqu'à quinze ou vingt lieuës au dedans du pays, par où il les ramena à l'obeïssance du Roy de Portugal. Yahaya estoit alors de retour en qualité de Général de tous les vassaux du Roy, & persistant dans son devoir, couroit toutes les provinces voisines, & faisoit payer des contributions aux Communautez des Bérébéres, menant quelquefois avec luy jusqu'à quinze mille chevaux Maures, & cinq cens Chrestiens.

1519.

Enfin ayant assemblé ses troupes pour aller combatre le Chérif, il envoya demander à Safie quatre cens lances, & deux pieces d'artillerie, parce-qu'il avoit dessein de donner jusqu'à Maroc, & de l'attaquer. Mais le Gouverneur qui n'estoit pas bien avec luy, en fut déconseillé par quelques-vns, de crainte d'vne trahison; de-sorte que tout ce qu'il pût faire, fut d'obtenir cinquante chevaux, par l'entremise de ceux qui connoissoient sa fidelité. Avec ces cinquante lances, & les Maures d'Abda & de Garbie, il se rendit aux Salines, d'où il manda ceux d'Ambran, qui estoient retournez, ainsi que nous avons dit, dans l'obeïssance. Comme il demeuroit là quelques jours en attendant leur résolution, il receut nouvelle que Muley Idris, qui commandoit dans la montagne, avoit donné dans les Aduares d'Vled Motaa, avec quelque cavalerie qui estoit descenduë des provinces d'Escure & de Tedla, en faveur du Roy de Maroc, & avoit tué cinquante chevaux, avec le Commandant, nommé Brahem, frére d'vn des principaux Checs d'Abda, qui estoit fort estimé & son grand amy. Comme les Maures donc ont coustume de se visiter l'vn l'autre dans cette occafion, il crût eftre obligé d'en aller témoigner fon déplaifir au Chec, qui eftoit fon amy, d'autant plus qu'il n'eftoit qu'à la portée du trait de fes Aduares, & partit avec quatre Checs de Garbie, qu'il mena feuls avec luy. Pendant qu'ils mangeoient enfemble, il furvint deux Checs d'Ambran, qui le poignardérent en trahifon, fans pouvoir eftre fecouru de ceux qu'il avoit menez, qui mirent tous quatre l'épée à la main, & fe firent tuër avec luy. Enfuite les traîtres allérent facager fes Aduares, où eftoient demeurez les cinquante cavaliers Chreftiens, qui montant auffi-toft à cheval, fe fauvérent vers Safie avec les Arabes de Garbie. Lors qu'ils eurent fait environ vne lieuë, fans que perfonne les fuivift, les Arabes qui les accompagnoient, réfolurent de les affaffiner, pour avoir leurs armes & leurs chevaux, & ayant efté arreftez quelque tems par les remonftrances de leurs Chefs, à la fin ils donnérent deffus, & les tuërent ou prirent tous. La nouvelle en eftant venuë à Safie, le Gouverneur fortit auffi-toft avec cent cinquante chevaux, pour venger cette trahifon, & fe mettant fur la route des traîtres, les atteignit à deux lieuës & demie de la ville, & en ayant tué cent cinquante, fit fix cens cinquante prifonniers, & s'en retourna victorieux. Plufieurs luy imputérent la mort de Yahaya, acaufe que le Maure s'eftoit plaint au Roy de Portugal, que le Gouverneur attentoit fur fa vie. Sa perte fut bien-toft regretée par les Chreftiens, & les Maures du parti, qui alla toûjours depuis en declinant, les Chérifs ayant accrû leur puiffance du débris de la fienne. Car encore que la garnifon de Safie fift tous les jours des prifes, l'eftenduë du Gouvernement eftoit refferré de jour à autre, tant que le Roy de Portugal, aprés la perte du Cap d'Aguer, & l'accroiffement des Chérifs, abandonna cette place, qui eftoit commandée par des montagnes voifines, & ne fe pouvoit pas bien fecourir par mer, acaufe de fon mauvais port, outre qu'elle couftoit plus qu'elle ne valoit.

Petits & grans.

CHAPITRE LIV.

De Conté.

CETTE place, à ce que disent les Historiens, a esté bâtie par les Gots, lors qu'ils estoient maistres de la coste de la Mauritanie Tingitane. Elle est sur le bord de la mer, à sept lieuës de Safie du costé de l'Orient, & estoit autrefois fort peuplée, car il s'y faisoit grand trafic. Mais les Arabes la ruinérent sous le Gouvernement de Taric, qui passa à la conqueste de l'Espagne, & les Portugais acheverent depuis de la démolir. On voit encore quelque reste de ces vieux murs, & les Arabes de Garbie, qui errent par la province de Duquéla, sont Seigneurs de cette contrée. La terre fait prés de là vne pointe, que Ptolomée appelle le Cap de Conté, & le met à six degrez de longitude, & à trente-cinq degrez & cinquante-six minutes de latitude. Quelques-vns mettent cette ville entre celles qu'Hannon fit bastir par ordre du Senat de Carthage.

maintenant Cap d'Esparte

CHAPITRE LV.

De Tite.

C'EST vne ancienne ville, dont on voit maintenant les ruines sur le bord de la mer, à quatre lieuës de Mazagan du costé du Couchant. Elle doit sa fondation, à ce qu'on dit, aux prémiers habitans de l'Afrique, & estoit autrefois fort peuplée, parce-que les campagnes d'alentour sont tres-fertiles. Quand les Portugais prirent la ville d'Azamor, elle se rendit par composition, & fut quelque tems tributaire du Roy de Portugal; mais Muley Nacer, frére de Mahamet Oataz Roy de Fez, estant allé dans cette province pour affranchir les Mahométans de la servitude des Chrestiens, & n'ayant rien fait que pendre vn Trésorier du Roy de Portugal, avec vn Iuif, qui l'aidoit à recevoir les contributions, en enleva tous les habitans, & on les plaça en vn

l'Océan.

petit bourg qui estoit desert, à trois lieuës de Fez, sans que cette ville ait esté jamais repeuplée depuis. Les maisons & les tours de la ville sont encore debout; mais les Arabes cultivent le pays avec beaucoup de traverses de la garnison de Mazagan. Cette ville s'appelloit autrefois Tut, selon Iosephe, de Tut petit-fils de Noé, qui mena les Tutéiens dans la Mauritanie Tingitane. Elle est, selon Ptolomée, à sept degrez trente minutes de longitude, & à trente degrez & autant de minutes de latitude. On la place encore entre les villes Liby-Phéniciennes.

CHAPITRE LVI.

De Mazagan.

C'EST vne place forte que le Roy de Portugal a bastie sur cette frontiére, & qu'il a fortifiée encore depuis qu'il a abandonné les villes de Safie & d'Azamor. Elle est à trois lieuës de celle-cy, dans vne plaine sur le bord de l'Océan, où estoit autrefois vne vieille tour * de l'ancien port d'Almédine, & vn bourg maintenant ruiné, qu'on nomme la Maison du Chevalier. Ses murs sont bastis à la moderne, de pierres liées avec de la chaux, & il y a beaucoup d'artillerie & de munitions, avec bonne garnison. Car le Roy de Portugal ayant résolu d'abandonner les autres places, voulut fortifier celle-cy, & la rendre, s'il se pouvoit, imprenable. Elle est fermée de l'Océan d'vn costé, & de l'autre d'vn fossé large & profond, dont l'eau monte avec celle de la mer. Il y a dedans vn puits d'eau douce, qui a vn bord de pierre fort haut & relevé, où les barques viennent faire aigade. Depuis la puissance des Chérifs, cette place eut beaucoup de démeslez avec les Maures, & Louïs de Loréro qui en estoit Gouverneur, remporta sur eux divers avantages, hormis les deux dernieres fois, qu'il les attaqua. Car estant allé en parti avec cent chevaux & quatre cens fantassins, il en rencontra vn autre de trois mille chevaux du Chérif; & comme il se retiroit de devant eux en vn bataillon fort serré, flanqué d'vn costé de sa cavalerie, il arriva

* Borcycha.

qu'vn de ses soldats sortant de son rang, blessa à la cuisse d'vn coup d'arquebuze le Commandant des ennemis qui voltigeoient tout autour. Ce coup le mit en telle rage, qu'il donna de furie avec ses troupes sur la cavalerie des Chrestiens, qui s'estant bien défenduë, voulut rejoindre son infanterie, & passer le long du flanc pour luy laisser faire sa décharge, puis revenir aux mains; mais elle n'en eut pas le tems, & s'embarassa tellement, que les Maures entrant pesle-mesle avec elle, firent main-basse sur tout. Le Gouverneur se voyant environné de toutes parts, se couvrit de son écu, & baissant sa lance, donna au milieu des ennemis, où il receut force coups de lances & d'épées, dont il eut le pouce coupé; mais il se sauva avec sept autres, le reste fut tué ou pris. Aprés la victoire, les Maures coupérent la teste à tous les morts, & les chargeant sur des chameaux les portérent à Maroc, où ils emmenérent aussi les captifs, pour en faire trophée. Cette défaite fut cause que le Roy de Portugal osta le Gouvernement à Loréro, & le donna à Alvare de Carval. Le Chérif fut depuis assiéger cette place avec plus de deux cens mille hommes, & la batit fortement, puis comblant le fossé avec vne montagne de sable, abatit vne grande partie du mur à coups de canon. Mais les assiégez se défendirent si vaillamment, qu'avec des mines & des feux d'artifices, ils tuërent quantité de Maures, & les rechassérent hors de la ville. Le Chérif voyant le peu de progrés qu'il faisoit, & qu'il ne pouvoit empescher le secours du costé de la mer, se retira avec grande perte, & les Chrestiens demeurérent victorieux, aprés avoir perdu pourtant beaucoup de braves soldats & Officiers. Il y a sur la frontiére vn petit port nommé par les anciens Rosibid, que Ptolomée met à six degrez quarante minutes de longitude, & à trente-deux degrez & trente minutes de latitude, d'où jusqu'à Azamor la plage est toute découverte.

1562.

CHAP.

LIVRE TROISIE'ME.

CHAPITRE LVII.

D'Azamor.

C'EST vne ancienne ville, baſtie par les Africains ſur la coſte de l'Océan, à l'embouchure de la riviére d'Ommirabi, qu'on nommoit autrefois Cuſa, que Ptolomée met à ſix degrez quarante minutes de longitude, & à trente-deux degrez quarante-cinq minutes de latitude. Elle eſt ſituée dans vne plaine de ſable, à trois lieuës de Mazagan du coſté du Levant, & eſtoit fort peuplée quand les Portugais la prirent, parce-que la peſche des Alozes, des Bonites & d'autres poiſſons, y attiroit quantité de marchans de l'Europe. Il y avoit plus de cinq mille feux, dont les Iuifs en faiſoient quatre cens. Les habitans eſtoient fort adroits, & baſtiſſoient leurs maiſons à la moderne, acauſe du commerce de l'Europe. Ils eſtoient tres-bien accommodez, & ſe gouvernoient avec plus d'ordre que les autres Africains. Ils s'affranchirent ſur le declin de l'Empire des Benimérinis, & le droit de la peſche leur valoit plus de huit mille ducats de revenu, & duroit depuis le commencement d'Octobre juſqu'à la fin d'Avril. On y prenoit tant de poiſſons, qu'on en fourniſſoit toutes les provinces voiſines, & la ville de Maroc, outre ce qui ſe tranſportoit en Europe. Le pays d'alentour eſt fort fertile en bleds & en paſturages, parce-que la province de Teméçen eſt au Levant du fleuve, & celle de Duquéla au Couchant, toutes deux tres-abondantes en herbes & en moiſſons. Encore que les habitans fuſſent diviſez en deux partis, il n'y avoit point de diviſion pour ce qui concernoit la liberté. Mais voicy comme elle vint au pouvoir du Roy de Portugal, & comme il l'abandonna depuis.

Les marchans Portugais qui demeuroient dans Azamor, luy ayant donné avis que la priſe en eſtoit facile, & la peſche de grand revenu : il commanda à D. Iean de Menezés, Gouverneur d'Arzile, qu'avec trois charavelles & vne barque, il allaſt ſonder le fond de l'embouchure du fleuve, & celle des

Du coſté du Couchant.

Quelques-vns la mettent dans les villes Liby-Phœniciennes.

Comme D. Iean de Menezés attaqua la ville d'Aza-

Partie II.　　　　　　　　　N

mor, & fut défait.
1506.
1508.

rivières de Mamore, de Salé, & de Larache, qui sont sur cette coste, & qu'il menast avec luy vn peintre pour en dresser le plan, aussi-bien que de ces villes ; & sur son rapport, il eut ordre de l'aller assiéger. Il y avoit alors en Portugal vn Chevalier Maure, nommé Muley Sidan, qu'on nommoit le Portugais, parce-qu'il avoit esté pris encore enfant, & nourry en Portugal : il estoit cousin germain du Roy de Fez, & Muley Mahamet avoit épousé sa sœur, qui estoit fille de Muley Chec, premier Roy de Fez, de la race des Benioatazes. Celuy-cy indigné contre le Roy de Fez, qui luy avoit osté l'Estat de Méquinez, pour le donner à son frère, se jetta dans Maroc, croyant y estre receu pour Souverain, acause de l'estime où il estoit, & se voyant décheu de son esperance, se retira en Portugal, & s'offrit au Roy de le rendre maistre de cette place avec peu de troupes. Sur cét avis, le Roy & son Conseil, l'y envoyent avec vne petite armée navale, qui n'estoit pas suffisante pour vne si grande entreprise, sous le commandement de Dom Iean de Menezés, qui menoit quatre cens chevaux, dont quelques-vns estoient bardez, & deux mille hommes d'ordonnance, tant arquebuziers qu'arbalestriers, avec plusieurs volontaires. Il

L'embouchure du fleuve.

partit de Lisbonne le vingtiéme Iuillet, & fut mouïller à la barre d'Azamor, où ayant esté quelques jours à rassembler sa flote, il contremonta le fleuve sur le soir le douziéme d'Aoust, comme les eaux estoient creuës, & se vint camper devant la ville. Le lendemain matin il commença à la batre, aprés avoir débarqué Muley Sidan, pour aller y assembler ses amis, & l'assiéger par terre. Les habitans se mirent en défense, & tirérent leur canon avec de grans cris contre la flote des Chrestiens, pour montrer le mépris qu'ils en faisoient. Ils laissérent aussi aller le long du fleuve de grandes fascines ardentes entremeslées de paille & envelopées d'étoupes & de bourre frotée de goudron, pour mettre le feu aux navires, qui eurent assez de peine à s'en défendre. Cependant, Dom Iean qui attendoit que Muley Sidan fist quelque effort, voyant qu'il l'entretenoit de paroles, & qu'ayant assemblé quinze mille Arabes, il s'estoit allié de ceux de la ville, & leur avoit promis de les défendre, pourveu qu'ils le receuſſent pour Souverain, mit pied à terre en dépit des ennemis, qui s'oppoſoient à la deſcente, & les mena batant juſqu'aux murailles avec grand meurtre ; deſorte que les habitans craignant qu'il n'entraſt peſle-meſle, fermérent les portes, & laiſſérent vne grande partie de leurs gens dehors. Mais là-deſſus arrivérent les Arabes & les Africains de Muley Sidan, qui donnérent ſur les Portugais de telle furie, qu'ils les rechaſſérent avec grande perte juſqu'à leurs navires. Auſſi-toſt Dom Iean commanda de lever les ancres, & de ſe mettre au large, avec tant de deſordre par la faute des pilotes, outre que la marée eſtoit baſſe, qu'il ſe perdit quelques vaiſſeaux, & les Maures brûlérent vne fuſte qui eſtoit aſſablée, & tuërent tous ceux qui eſtoient deſſus. Il ſe retira ainſi avec ce qu'il pût de navires, & voguant vers le détroit de Gibraltar, aborda à Arzile aſſez à propos, comme nous dirons en la deſcription de cette place.

Aprés la retraite de Dom Iean de Menezés, Muley Sidan entra dans la place, & fut receu pour Souverain; mais les habitans craignant vne nouvelle attaque, ſe mirent en la protection du Roy de Portugal, par l'entremiſe d'vn Iuif, à la charge qu'il les défendroit comme ſes vaſſaux, & luy permirent d'avoir vne maiſon forte dans la ville, où les marchans Chreſtiens ſe puſſent retirer avec leurs marchandiſes. Ils s'obligérent enſuite par contract de luy donner tous les ans dix mille alozes par forme de tribut, & d'affranchir les vaiſſeaux Chreſtiens de tout droit d'ancrage, & leurs marchandiſes de toutes ſortes d'entrées. Muley Sidan conſentit à tout cela, pour s'aſſurer des habitans, dont il eſtoit déja haï, acauſe de ſes tyrannies, & pour ſe remettre bien dans l'eſprit du Roy de Portugal, aprés la fourbe qu'il luy avoit faite. Il luy envoya meſme vne ambaſſade, pour s'excuſer du paſſé, & luy propoſer les articles ſuivans; Que la ville ſeroit toûjours à ſa devotion, & tiendroit ce qu'elle luy avoit promis : Que le Roy de ſon coſté ne feroit aucune entrepriſe deſſus, & la défendroit de tout ſon pouvoir : En vn mot, qu'ils juroient vne ligue offenſive & défenſive. La tréve fut faite pour vingt ans à ces conditions; mais Muley Sidan la rompit depuis, contre la volonté de la plus grande

Comme le Duc de Bragance prit la ville d'Azamor.

1510.

DV ROYAVME DE MAROC,

partie du peuple & des principaux ; ce qui obligea les Chreſtiens qui y demeuroient à ſe retirer en Portugal, où ils informérent le Roy des moyens qu'il faloit tenir pour prendre la place. Il y envoya donc ſon neveu le Duc de Bragance, avec quatre cens voiles, tant petites que grandes, chargées de huit mille hommes de pied, & de deux mille cinq cens chevaux, dont les cinq cens eſtoient des Sujets du Duc, & le reſte de ceux de la Couronne, parmy leſquels il y en avoit deux cens cinquante couverts de lames de fer. Il y avoit outre cela quantité de bonne Nobleſſe, avec grand nombre d'artillerie & de munitions, & le reſte de l'appareil. Cette flote partit de Noſtre-Dame de Belen le dix-ſeptiéme d'Aouſt, & eſtant arrivée à la Baye de Faraon, au Royaume de Fez, y demeura quelque tems à ſe raſſembler, puis en partit le vingt-troiſiéme, & vint mouïller le vingt-huit à la barre d'Azamor ; mais comme le tems eſtoit contraire, elle relaſcha au port de Mazagan, où l'on débarqua ſans aucun obſtacle. On fut là trois jours à donner ordre à l'attaque de la place, pendant leſquels pluſieurs volontaires d'Amazor vinrent eſcarmoucher contre les Chreſtiens, & en tuérent & bleſſérent quelques-vns qui s'eſtoient trop écartez. Ils enlevérent auſſi pluſieurs chevaux en ſe mettant en embuſcade la nuit, & courant le matin de toutes parts ſur ceux qui eſtoient en deſordre. Cependant, les habitans appréhendant vne ſi grande puiſſance, mirent dehors toutes les bouches inutiles, & dés qu'ils ſeûrent qu'on dreſſoit vne armée navale en Portugal, ſe pourveurent de tout ce qui eſtoit neceſſaire pour la défenſe ; de-ſorte qu'à la venuë de l'armée il y avoit pluſieurs gens de guerre dans la place, & pluſieurs Arabes faiſoient des courſes avec Muley Sidan & ſes deux fils. Car il ne s'eſtoit pas voulu enfermer dans la place, & y avoit laiſſé pour Gouverneur Cidi Manſor, qui eſtoit en grande eſtime, accompagné de quelque Nobleſſe, & du Seigneur de Terga, qui eſtoit des plus braves & des plus experimentez au fait des armes. Ces Chefs rangérent leurs gens, & aſſignérent à chacun ſon quartier, donnant ordre à tout. Le Duc partit de Mazagan le premier Septembre avec ſes troupes preſtes à combatre, & fit entrer la flote dans le fleuve avec quelques petits vaisseaux chargez d'artillerie pour brûler des faisseaux de cannes, de paille & de bois sec frotez de goudron, que les ennemis avoient preparez pour jetter au fil de l'eau à l'approche des navires. Elle exécuta heureusement ce qui luy estoit commandé, quoy-qu'en passant prés de la ville, elle fust bien saluée de l'artillerie & de quelques lances à feu. Il fit mettre outre cela sur des caravelles des canons de baterie, avec les munitions necessaires, & quelques soldats qui eurent ordre d'entrer dans le fleuve, & de se poster devant la ville, comme ils firent. Il avoit envoyé devant à la découverte quelques cavaliers bien montez, qui furent attaquez si rudement par les Maures, que l'avant-garde fut contrainte d'y acourir, & en suite toute la cavalerie, jusqu'à la personne du Duc mesme qui soûtint bravement les ennemis avec vn gros d'infanterie, quoy qu'assailly de tous costez jusqu'à la nuit, avec perte de part & d'autre. Les ennemis perdirent vn brave Gentilhomme qui les commandoit, & qui avoit esté autrefois au service du Roy de Portugal. L'armée estant arrivée à Azamor parmi des combats & des escarmouches continuelles, campa sur le bord du fleuve tout proche de ses navires. Le lendemain matin on débarqua la grosse artillerie, & les munitions qui estoient sur les caravelles, pour batre la place. Sur ces entrefaites, les Maures qui avoient escarmouché depuis Mazagan, & plusieurs autres qui les avoient joints, se furent ranger en trois gros à la portée du canon, comme pour présenter la bataille ; mais le Duc défendit de sortir du camp, & faisant pointer contre eux quelques piéces d'artillerie, donna l'ordre necessaire pour batre la ville ; de sorte que les Maures incommodez de l'artillerie, se retirérent voyant qu'on ne vouloit pas combatre, & l'on s'approcha alors du mur à la faveur des mantelets, pour le saper. Les habitans se défendirent vaillamment, & blessérent les Chrestiens avec des grenades, & toutes sortes de feux d'artifice qu'ils jettoient en bas du mur sur ceux qui travailloient, dont plusieurs furent tuez ou blessez. Aprés que le combat eust duré quatre heures, sans que les habitans témoignassent aucune foiblesse, le Gouverneur ayant esté tué d'vn coup

Avec vn nommé Francisco de Pédrosa, Capitaine des gardes ou autre Officier.

Cidi Aco.

Cidi Meudes

de canon, il s'éleva vn grand cri de la ville, que les habitans abandonnérent aussi-tost par desespoir, & avec tant de presse aux portes, que quatre-vingts personnes furent étouffées dans la foule. Cependant vn Iuif de ceux qui avoient esté chassez d'Espagne, fit signe de la muraille aux Chrestiens, & demanda vn sauf-conduit pour aller trouver le Général, ce qui luy ayant esté accordé, il le pria de donner à ceux de sa nation assurance des biens & de la vie, pour la nouvelle qu'il luy apportoit que les Maures avoient abandonné la place. Le Duc aprés avoir rendu graces à Dieu luy accorda sa demande, & dés qu'il fut jour fit entrer quelques compagnies dans la ville pour défendre les maisons des Iuifs du pillage. En-suite les étendarts de Portugal ayant esté arborez sur les tours en signe de la victoire, le Duc entra dans la ville avec le reste des troupes, & fit consacrer d'abord la Mosquée sous le nom de l'invocation du S. Esprit. On y trouva deux cloches qui y estoient demeurées depuis le regne des Gots, ou qui y avoient esté transportées d'Espagne par les Maures. Comme les habitans ne purent tout emporter dans vne retraite si précipitée, on fit vn grand butin, & la prise de cette place fut suivie de celle de Tite & d'Almédine que les Maures abandonnérent sur cette nouvelle; de-sorte que le Duc en envoya prendre possession au nom du Roy de Portugal. Il commanda donc à Nugno Fernandez d'Ataydé, qui s'estoit rendu là de Safie avec ses troupes, qu'il s'emparast d'Almédine, s'étonnant de l'épouvante des Maures qui n'y avoient osé demeurer, quoy qu'ils fussent alliez. Il en donna le Gouvernement à Cidi Yahaya, & ayant pris le serment de luy, donna permission à tous les Maures de pouvoir retourner chez eux, & pour plus grande assurance fit abatre deux pans de mur, l'vn du costé d'Azamor, & l'autre de Safie, pour les empescher de se fortifier dans vne revolte; aprés quoy la ville se repeupla, & devint plus riche qu'auparavant. Ceux de Tite suivirent son exemple, & devinrent comme elle sujets du Roy de Portugal. Le Duc aprés avoir donné ordre à tout ce qui estoit necessaire pour la défense de sa nouvelle conqueste, & receu tous ceux qui venoient rendre obeïssance, tant les rebelles que les autres, laissa bonne

Iacob Adive.

garnison dans la place avec quantité d'artillerie & de munitions, & retourna avec toute la flote en Portugal, où il fut receu du Roy & des Grands comme il méritoit.

Aprés le départ du Duc de Bragance, D. Iean de Menezez, & Ruy Barrette, qui estoient demeurez dans Azamor, resolurent de faire quelque entreprise sur les Maures, & d'attaquer quelques petites places qui estoient à quinze lieuës de là sur la riviére d'Ommirabi. Ils partirent donc sur le soir avec douze cens chevaux, & mille arquebuziers ou arbalestriers, & aprés avoir fait sept lieuës se reposérent le matin, puis recommencérent à marcher depuis midy jusqu'au coucher du Soleil, qu'ils arrivérent à la montagne verte, où ils passérent toute la nuit. Le lendemain au poinct du jour ils furent fondre sur Benacafiz, qui est à deux lieuës de-là sur vn tertre rond, ceinte de hautes murailles. Les Maures se défendirent du mieux qu'ils pûrent; mais ils furent emportez d'assaut avec perte de quelques-vns, sans qu'il mourust pas vn Chrestien. On ne fit que cent quatre-vingts & dix prisonniers, parce-que la plusparc du peuple se sauva pendant le combat, & descendit par des rochers qui répondent sur la riviére, où plusieurs se noyérent en la voulant passer à nage, tandis qu'on pilloit la ville, & qu'on y mettoit le feu. D'autrecosté Dom Bernard Emanuel, qui s'estoit détaché auparavant avec vne partie des troupes pour donner en mesme tems sur Tafuf, ne put arriver qu'il ne fust grand jour, parce-que le chemin estoit fort rude, & qu'il falut se reposer. Il trouva donc la ville abandonnée, & ses troupes coulérent le long de la montagne jusqu'au fleuve, où elles rencontrérent plusieurs Maures avec leurs femmes & leurs enfans, qui se vouloient sauver à nage de l'autre costé du fleuve. Là dessus vn gros des habitans vint l'attaquer, & se batit assez bien, mais à la fin il lascha le pied avec perte de quelques-vns, aprés quoy l'on retourna à la ville que l'on sacagea & brûla; & rejoignant l'autre troupe on reprit le chemin d'Azamor avec deux cens prisonniers, quantité de gros & menu bestail, & quelques chevaux & chameaux, sans trouver aucun obstacle au retour, non plus qu'on avoit fait en allant.

Quelques exploits de la garnison d'Azamor.
Tafuf & Benacasis.
Au mois de Février 1514.

Nous avons dit en la description de la ville de Tednest,

comme le Gouverneur de Safie en la compagnie des alliez, avoit défait le Chérif, & pris cette place, & que le Gouverneur d'Azamor l'estant venu joindre, ils avoient sacagé ensemble quelques lieux de la montagne, & estoient retournez chacun à leur Gouvernement avec grand nombre de prisonniers. Mais celuy-cy ayant appris avant que d'arriver à Azamor, que le Roy de Fez & son frere venoient avec vne puissante armée attaquer sa place, hasta son retour, quoyqu'il fust trois jours avant que pouvoir passer la riviere d'Aguz, qui estoit enflee extraordinairement. Il receut là des nouvelles du siége, & pressant sa marche passa la montagne de Bénimager, où il fut averti de se haster, pour n'estre pas rencontré par deux mille chevaux que le Roy de Fez envoyoit au devant. Sur ces nouvelles il écrivit aussi-tost à Safie, que quelques cavaliers qu'il avoit laissez au Gouverneur se rendissent en diligence à vne petite ville qui est entre Safie & Azamor, & qu'on luy envoyast par mesme moyen quelque biscuit, avec de la poudre & des bales pour se pouvoir défendre en vn besoin. Cela ayant esté exécuté, il se rendit de-là à Azamor sans trouver aucun empeschement, & si-tost qu'il fut arrivé, apprit que deux Généraux du Roy de Fez estoient en vne place forte sur la riviere d'Ommirabi, pour secourir les habitans de cette province, & qu'ils attendoient là le frere du Roy qui rassembloit grand nombre de cavalerie & d'infanterie dans la province de Temécen pour le venir assiéger. Sur ces nouvelles il crut à propos de combatre ces deux Généraux avant qu'ils eussent joint le frere du Roy, & avertit Nugno Fernandez, & Cidi Yahaya de se trouver en cette occasion. Ils se rencontrérent tous à vne petite ville qui estoit à six lieuës des Maures. Et sçachant qu'ils ne refuseroient pas le combat, s'alliérent camper dans vne plaine qui n'estoit qu'à quatre lieuës de cette place, où toutes les troupes se rendirent. Il fut resolu là qu'on partiroit sur la quatriéme veille de la nuit, pour arriver de grand matin où estoient les ennemis; & comme on fut proche on se rangea en bataille. Dom Iean qui avoit amené huit cens chevaux, en fit trois escadrons, dont il donna l'vn à Ruy Barrete, vn autre à Iean Gonçale, & prit le troisiéme

Comme Dom Iean de Menezés & Nugno Fernandez batirent deux Généraux du Roy de Fez.
Le grand Atlas.
à la fin de Mars 1514.

Cercu.

Laatar & Luter.

Céa.

troisiéme pour soy; Nugno Fernandez n'en fit qu'vn de cinq cens chevaux de Safie qu'il avoit, & Cidi Yahaya se posta d'vn autre costé avec quinze cens chevaux Arabes. Ces cinq escadrons estoient suivis de deux bataillons d'infanterie, avec le bagage au milieu. Il y avoit à la teste quelques piéces de campagne, & tout auprés l'escadron de Dom Iean avec son étendart. Ils marchérent de la sorte jusqu'à ce qu'ils rencontrérent les ennemis, que le Soleil estoit levé, & ne furent pas plûtost découverts, que les Maures commencérent à plier bagage pour se retirer de la plaine sur la montagne, ce qui obligea Dom Iean à faire sonner la charge pour les attaquer auparavant, aprés avoir donné ordre à l'infanterie de se rendre le plûtost qu'elle pourroit au lieu du combat. Les Maures avoient plus de quatre mille chevaux, & quantité d'infanterie; & voyant qu'ils ne se pourroient retirer sans péril à la veuë des ennemis, parce-qu'il faloit passer vn défilé, resolurent de combatre, & se rangérent en quatre corps, trois de cavalerie, & vn d'infanterie qu'ils avoient mis à la teste. En cét estat ils marchérent contre Dom Iean, qui les vint rencontrer avec ses trois escadrons ramassez ensemble, & donna avec tant de furie, aprés s'estre vn peu détourné pour esquiver la décharge des arquebuziers & des arbalestriers, que les Maures ne le pouvant soûtenir prirent la fuite, & furent suivis jusqu'au défilé, avec défense de passer outre, de-peur que les ennemis ne se rangeassent en bataille derriére. Nugno Fernandez qui avoit ordre d'attaquer vn gros des ennemis, ne le pouvant faire parce-qu'ils s'estoient écartez, tourna sur leurs gens de pied, qui estoient quelque huit cens arquebuziers ou arbalestriers, & leur passa sur le ventre, sans qu'il s'en sauvast qu'environ vne douzaine. Mais les Chefs des Portugais ne purent arrester la furie de leurs gens, qui passérent le défilé, & le neveu de Dom Iean qui alloit pour les faire revenir, ayant rencontré Arias Tellés qui suivoit les Maures par la montagne, & luy ayant dit l'ordre de son oncle, il répondit que ce n'estoit pas le tems de faire retraite, mais de poursuivre les ennemis. Bien loin donc de s'arrester, ceux qui suivoient le neveu de Dom Iean se mirent à la queuë des autres sous la conduite

espece de gensd'armes.

douze cens de Garbie & trois cens d'Abda.

C'estoit vne riviére.

D. Garcia de Menezés.

Partie II.　　　　　　　　O

de Tellés qui estoit fort brave ; de-sorte qu'il fut contraint de faire le mesme, & celuy qui portoit l'estendart de Dom Iean se mit aussi de la partie. Comme ils furent bien avancez dans la montagne, les Maures voyant qu'ils estoient en petit nombre, & en desordre, donnérent dessus & les mirent en fuite ; ce que Dom Iean ayant aperçu, & que son estendart estoit en danger, il passa en haste le défilé, & fit alte au-delà avec son escadron pour favoriser leur retraite, aprés avoir donné ordre à l'infanterie de le suivre, ce qui fut cause que le mal ne fut pas si grand. Nugno Fernandez voyant les troupes courir en desordre fit alte aussi avec son escadron, mais sur le bord du défilé, & Cidi Yahaya ne put rassembler les siens, écartez deçà & delà dans le pillage. Les fuyars arrivant au défilé se rallioient à l'escadron de Dom Iean, ou passoient outre à celuy de Fernandez ; mais les Maures les suivirent de telle furie, que donnant sur l'escadron de Dom Iean, ils le contraignirent de repasser le défilé, & il y en eut plusieurs de tuez & de blessez de part & d'autre, car le combat dura plus de trois heures. Dom Iean s'estant rejoint avec Nugno Fernand, ils se retirérent pas à pas en bon ordre, laissant cinquante cavaliers Chrestiens morts sur la place, & la pluspart gens de condition. Car il y mourut Dom Garcia de Menezés, fils du Comte de Cantagnéde, Dom Fernand de Menezés fils de Dom Rodrigue de Menezés, Arias Tellés de Menezés fils de Ruy Tellés, Dom Francisco Déça fils de Dom Iean Déça, & plusieurs autres Chevaliers. Il y en eut peu de tuez de l'infanterie ; mais on en blessa plus de cent, & entre autres Dom Rodrigue de Castro, avec perte de deux estendarts, le tout pour s'estre emporté à la poursuite des ennemis contre l'ordre des Chefs. Les Maures y perdirent plus de seize cens hommes de cavalerie & d'infanterie, & l'vn de leurs Généraux, l'autre s'estant sauvé à pied avec vne blessure, aprés avoir abandonné son cheval, sa lance & son bouclier. Il y mourut aussi sept Checs des Arabes de Charquie : Et les Chrestiens pillérent le camp, où l'on fit cinq cens quatre-vingts prisonniers, & toutes les femmes & les enfans des Checs qui s'estoient trouvez au combat. Les captifs demeurérent aux

les guidons d'Alvaro de Carvallo, & de Iuan de Sylva.

LIVRE TROISIE'ME.

Chreſtiens, & le butin aux alliez. Aprés cette victoire quoy-que ſanglante, les Portugais allérent paſſer la nuit à trois lieuës de-là, & ſe ſéparant le lendemain, les vns retournérent à Safie, & les autres à Azamor, où ils furent receus avec grande allegreſſe. Cependant, le frére du Roy de Fez qui eſtoit parti de la province de Temécen pour joindre ces troupes afin d'aſſiéger Azamor, eſtant arrivé à vn gué de la riviére d'Ommirabi, fut ſept jours à le paſſer, acauſe qu'il avoit cent mille combatans, & ayant appris là le combat des Maures & des Chreſtiens, ſe haſta de partir pour en tirer vengeance. Mais ayant ſeû que Dom Iean de Menezés avoit envoyé demander ſecours en Portugal, & pourveû à tout ce qui eſtoit neceſſaire pour ſa défenſe, il changea de deſſein, & n'eſtant pas capable d'vne ſi haute entrepriſe, reſolut d'attaquer les autres places de la province qui reconnoiſſoient le Roy de Portugal, & de perdre Cidi Yahaya ſon ennemi. Il avoit tant de gens qu'il déſoloit tout par où il paſſoit, ſans que perſonne s'oſaſt préſenter devant luy, & comme il fut arrivé à la ville d'Almédine, il la prit avec peu de reſiſtance, & fit égorger trois Maures des principaux, qui eſtoient demeurez à la défenſe avec quelques troupes. Car Ali Maymon qui en eſtoit Gouverneur, s'eſtoit retiré dans Safie avec ſon train & ſa famille, n'oſant pas attendre l'ennemi. D'autre-coſté Cidi Yahaya n'ayant pû tirer de Safie que vingt chevaux, parce-qu'on craignoit vn ſiége, s'alla renfermer dans Cernu avec toutes ſes troupes & ſon train; mais comme il vouloit boucher ou empoiſonner les puits qui eſtoient à trois lieuës aux environs, l'ennemi arriva & luy tua quelques cavaliers, & l'vn des principaux Checs des Arabes de Garbie nommé Benamire ; avec perte pourtant de cinquante chevaux, & d'vn Chec qui eſtoit Général de toute ſa cavalerie. Cidi Yahaya fit de ſi hauts faits d'armes ce jour-là, qu'il cauſa de l'admiration à ſes gens, & de l'étonnement aux ennemis ; & aprés avoir ſoûtenu leur effort, ſe vint mettre à couvert ſous les murs de Safie. L'ennemi tourna vers Cernu qui eſtoit à trois lieuës de là, le prit, & le ruïna. Il demeura là quelques jours avec grande diſette d'eau, parce que tous les puits eſtoient bouchez ou empoi-

prés d'Alguimet.

O ij

sonnez, & qu'il en faloit faire de nouveau ; ce qui fit résoudre Cidi Yahaya à luy donner vne atteinte la nuit en la compagnie de quelques Chrestiens qui desiroient de se signaler ; mais il decampa sur cét avis, & prit la route de Tedla pour s'en retourner à Fez. Cependant, les Arabes de Charquie qui venoient avec luy, voyant qu'il n'avoit osé attaquer aucune place des ennemis, comme il leur avoit promis pour les obliger à rompre avec le Roy de Portugal, prirent les armes contre luy, à la persuasion des Chérifs qui estoient alors dans Maroc, & le défirent prés de Tazarot, où ils luy tuërent ou prirent plus de dix mille hommes avec huit cens chevaux, & la plus grande partie des troupeaux & du butin qu'il emmenoit. Il se retira à grand' peine sur la montagne avec quelques troupes de Fez, & retourna à Méquinez avec perte de ses gens & de sa réputation, emmenant avec luy des habitans de Duquéla, & des villes qui sont le long de la riviére d'Ommirabi; mais sous prétexte de les delivrer de servitude, il les distribua en divers lieux de la province de Fez qui estoient inhabitez. Cependant, les Chérifs eurent la plus grande partie de ses dépoüilles, parce-que les Arabes se voyant mal avec les Portugais, & avec le Roy de Fez & Cidi Yahaya, furent contraints de se mettre en leur protection. Mais la puissance des Chrestiens s'accrut toûjours de plus en plus, & ils remportérent de grandes victoires, comme nous avons dit en la description des lieux où elles arrivérent, jusques à ce que les Maures tuërent Nugno Fernandez & Cidi Yahaya, d'où nasquit l'agrandissement des Chérifs.

en la description de Safie.

La ville d'Azamor fut entre les mains du Roy de Portugal trente-deux ans, aprés quoy il l'abandonna, parce qu'elle luy estoit plus à charge qu'autrement, outre qu'on ne la pouvoit défendre qu'à grand' peine des Chérifs qui estoient déja Roys de Maroc, & qu'elle est commandée par vne coline, joint que l'entrée du fleuve est fort dangereuse pour les vaisseaux ; mais il fortifia la ville de Mazagan des troupes, de l'artillerie, & des munitions qu'il en tira. Il ne l'eut pas plûtost quitée que le Chérif s'en empara, & pour la repeupler plûtost, deux Alfaquis qui estoient en grande réputation

Comme le Roy de Portugal laissa la ville d'Azamor, que les Maures repeuplérent, & que ceux de Mazagan saccagérent en suite.

de sainteté s'y allérent habituër. Sur ces nouvelles le Gou- Cidi Abdala
verneur de Mazagan l'alla escalader la nuit, & prit ou tua Ben Cisi.
tous les Maures qui y estoient. Les deux Alfaquis & le Cid Canon.
Gouverneur furent emmenez en Portugal, où ils furent
long-tems dans l'escurie du Roy avec les fers aux pieds,
jusqu'à ce qu'on les échangea contre d'autres captifs. De-
sorte que les Maures n'osant plus repeupler la ville, elle
demeura pour retraite aux bestes farouches. Le Chérif qui
régne à présent louë bien chérement aux marchans Chrestiens la pesche des alozes, & les vaisseaux Chrestiens y a-
bordent avec passe-port, mais ils ne sont point en seureté
hors de leurs vaisseaux, & n'entrent point dans la ville où
personne ne demeure.

CHAPITRE LVIII.

De Maramer.

CETTE place qui est à cinq lieuës de Safie du costé
du Levant, a esté fondée, à ce qu'on dit, par les
Gots, & est enceinte de vieux murs, quoy qu'elle ne soit
forte ni par art ni par nature; mais la contrée abonde en bled,
en huile & en troupeaux. Il y a plus de quatre cens habitans,
qui sont vassaux de Safie, & qui s'enfuïrent lors que les Portugais s'emparérent de cette place, & furent plus d'vn an à
revenir, jusqu'à ce que Nugno Fernandez les rappela, & leur
promit toute seureté, en payant tribut au Roy de Portugal,
comme ils firent, jusqu'à ce qu'il abandonna Safie. Alors on
y accourut de tous costez, & elle est maintenant sujete au
Chérif, qui y met vn Gouverneur.

CHAPITRE LIX.

Des autres villes & chasteaux de cette province qui dépendent de Safie, dont la pluspart sont abandonnez, & furent détruits par les Portugais, lorsqu'ils se rendirent maistres de cette place.

chap. 56.

CErnv est vne petite ville fermée de murs, qui appartenoit à Cidi Yahaya, & qui fut détruite par le frere du Roy de Fez, comme nous venons de dire, lors qu'il vint à Duquéla. Elle est à trois lieuës de Safie, dans vne situation avantageuse, & s'est repeuplée depuis que Safie a esté abandonnée par les Chrestiens, parce-que le païs est bon & fertile en bleds & en pasturages. *Aguz* est vne autre ville ruïnée, sur le bord de la riviére du mesme nom, qui entre dans la mer à deux lieuës de Safie, où se voyent encore les ruïnes d'vn chasteau qui se nommoit aussi Aguz. Le territoire en est fort grand & plantureux, peuplé des Bérébéres d'Vled Chedma. A cinq lieuës de Safie, sur la pente de la montagne de Bénimaguer qui est habitée des mesmes peuples,

Telmez & Vmez.

il y a deux petites villes qui ne sont pas fermées, & plusieurs autres encore en ces quartiers, dont les vnes sont peuplées, les autres non, pour avoir esté détruites durant les guerres des Portugais. Mais elles sont fort abondantes en bleds, huiles & pasturages, & la pluspart sont repeuplées depuis que les Chrestiens ont abandonné Safie. Car auparavant personne n'osoit y demeurer qu'avec vn passe-port du Gouverneur, & en payant tribut.

CHAPITRE LX.

De *Miathir.*

C'Est vne ville de grande étenduë, dont les maisons sont dispersées à la façon d'vn village, & située sur vne montagne, dont la pente est assez douce. Elle semble avoir esté bastie par les naturels du pays, & estoit sujette au Gouverneur de Safie, lors qu'elle estoit aux Portugais. Les habitans sont Bérébéres, de ceux qui ne sont pas errans comme les Arabes, mais il y a parmi eux quelques Iuifs de Barbarie, qui sont pauvres & misérables. Cette ville est remarquable, pour avoir autour plusieurs puits taillez dans le roc, où les habitans & les Arabes de Duquéla resserrent leur bled. Elle en a pris le nom de Miatbir, c'est-à-dire cent puits; & l'on dit qu'il s'y conserve plusieurs années sans se gaster, & qu'on en a trouvé de quatre-vingts ans, qui estoit aussi sec & aussi bon que si l'on n'eust fait que de l'y mettre. Quand le frére du Roy de Fez fut à la province de Duquéla, dont il transporta quelques habitans; ceux-cy ne voulurent pas quiter & se sauvérent à Safie, c'est-pourquoy il sacagea leur ville. Leur pays est abondant en bleds & en pasturages, & les Arabes de Garbie y errent avec leurs troupeaux; mais tant eux que les Bérébéres, qui vivent par Aduares comme eux, sont sujets du Chérif, & dépendent du Gouverneur qu'il a mis dans Safie.

A la distinction des autres, qui sont sédentaires.

CHAPITRE LXI.

D'Almédine.

C'EST vne ville fondée par les anciens Africains, dans vne belle plaine, entre Safie & Azamor, & ceinte de vieux murs accompagnez de tours. Elle estoit autrefois riche & peuplée, & la capitale de la province, parce-qu'il n'y a point de pays dans tout le Royaume de Maroc qui soit plus fertile en bleds & en pasturages. Comme elle a esté fort long-tems sujette au Roy de Portugal, le frére du Roy de Fez la ruina, au voyage qu'il fit dans la province; mais elle elle se repeupla depuis. Toutefois dans l'agrandissement des Chérifs, & l'extréme famine de l'année mille cinq cens vingt-vn, les habitans n'en pouvant plus, se vendirent la pluspart eux & leurs enfans, pour avoir du pain; de sorte qu'elle est maintenant deserte. Les Arabes d'Abda, & quelques-vns de ceux de Garbie errent aujourd'huy par ses campagnes,

Il y joint l'article Arabe, car on ne devroit dire que Médine.
à dix lieuës de Safie.

dont ils se trouvent si-bien, qu'ils ne souffrent pas qu'on la repeuple, & n'y veulent pas demeurer, parce-qu'ils n'aiment pas à estre renfermez. Depuis qu'on a abandonné Safie & Azamor, ils ont toûjours eu guerre avec ceux de Mazagan, couru souvent jusqu'aux portes, & pris ou tué plusieurs Portugais, parce-que ces Arabes sont vaillans, & ont beaucoup de cavalerie. C'est vne pitié de voir vne si belle ville, si bien située & accompagnée de tant de jardinages, estre maintenant ruinée, & les murs tout ouverts : car les Arabes mesme n'y sont pas en seureté dans leurs tentes, a-cause des Chrestiens de Mazagan.

CHAPITRE LXII.

De Subeyt.

C'EST vne petite ville bastie par les anciens Africains, sur le bord de l'Ommirabi. La situation en est assez avantageuse, & le pays fort abondant en bleds & en pasturages. Elle est ceinte de murs & de vieilles tours, & estoit autrefois bien peuplée, les habitans estant bien-aise de payer tribut aux Chrestiens, lors qu'ils eurent conquis Azamor, *Muley Nacer.* de qui elle dépend ; mais le frére du Roy de Fez, dont nous avons parlé, les emmena en son pays, sous prétexte de les affranchir. Les Arabes de Charquie, qu'on nomme Vled Subeyt, errent maintenant par ces campagnes, & par toute la contrée. Il y a beaucoup de mouches à miel dans le creux des arbres & les fentes des rochers, & pour les découvrir on se couche à terre, & lors qu'on voit passer vne abeille chargée, on la suit jusqu'à ce qu'on la voye entrer dans son trou. Alors on y creuse, & l'on découvre la ruche, dont on prend le miel aprés l'avoir enfumée ; de-sorte que ceux du pays font grand trafic de miel & de cire, tant à Maroc qu'ailleurs. Les marchans de l'Europe achetent la cire, & quelquefois on enleve plus de cent cinquante livres de miel d'vn creux, où il ne paroissoit pas qu'il y en eut.

CHAP.

LIVRE TROISIE'ME.

CHAPITRE LXIII.

De Tamarroch.

C'Est vne ancienne ville baftie par les Africains fur la riviére d'Ommirabi, & ceinte de murs & de tours à l'antique. Quelques Hiftoriens difent, que c'eft Abu Téchifien qui la fonda depuis qu'il eut fondé Maroc; ce qui luy a donné le nom qu'elle porte. Elle dépend d'Azamor, & quand le Duc de Bragance la prit, les habitans l'abandonnérent, pour fe retirer à Almédine, où ils ne furent pas moins incommodez; mais elle ne s'eft point repeuplée depuis, & les Arabes de Charquie errent maintenant par fes campagnes, qui font fertiles en bleds & en pafturages. Elle paroift avoir efté fort peuplée, & les baftimens femblent eftre des Bérébéres: auffi le nom eft-il Africain, comme celuy de tous les autres lieux, qui commencent par Tedneft, Tazarot, Tinzulin, & autres femblables. Il femble à fa fituation, qui eft entre les provinces de Duquéla & de Teméçen, & celles d'Efcure & de Tedla, pays tres-fertile, & abondant en bleds & en pafturages, que c'eft l'ancien Maroc, dont l'Hiftoire Romaine fait mention : car celuy d'aprefent a efté bafti par Téchifien, & par les Lumptunes, long-tems aprés les Romains, & depuis la venuë des Arabes.

CHAPITRE LXIV.

De Terga.

CEtte ville eft à dix lieuës d'Azamor, fur la riviére d'Ommirabi, & a efté baftie par les anciens Africains, qui l'ont ceinte de murs & de tours. Elle eft dans vne fituation affez avantageufe, & dépendoit autrefois des Arabes de Charquie; mais quand les Portugais conquirent Safie, Ali, qui tua Abderrame en la compagnie d'Yahaya, comme nous avons dit, s'y habitua quelque tems avec plu-

Partie II.   P

sieurs gens de guerre qui le suivirent. Le frére du Roy de Fez l'emmena avec luy quand il transporta vne partie de ces peuples, & la ville demeura deserte, sans qu'elle se soit repeuplée depuis, acause de divers fleaux de guerre, peste & famine, dont le pays a esté tourmenté. Les campagnes d'alentour sont fort bonnes, & les Arabes de Charquie y errent avec leurs troupeaux.

CHAPITRE LXV.

De Bulaaguen.

C'EST vne bonne place sur le fleuve d'Ommirabi, qui est fermée de murs & de vieilles tours, & dans vne situation avantageuse. Elle a esté bastie par Abdulmumen, Roy de Maroc, de la race des Almohades, & a plus de cinq cens maisons. Les habitans sont riches, parce-qu'ils sont sur le chemin de Fez & de Maroc par la plaine, & sont tous laboureurs & gens des champs, qui ont grand labourage & force troupeaux, à quoy le païs est fort propre. Prés delà se donna la bataille du Gouverneur d'Azamor contre les Généraux du Roy de Fez, dont les habitans prirent telle épouvante, que pour se sauver du pillage & s'affranchir de la domination des Portugais, ils se retirérent dans les montagnes de Tedla. Ils y sont revenus depuis leur declin, & l'agrandissement des Chérifs, & sont aujourd'huy fort riches, tant en bleds qu'en troupeaux, aussi-bien que les Arabes de ces quartiers, qui reconnoissent tous le Chérif.

D. Iean de Menesés.

CHAPITRE LXVI.

De Bénacafiz.

CETTE ville est à quinze lieuës d'Azamor, & à deux lieuës de la montagne Verte du costé du Levant. Elle est au bord de l'Ommirabi, sur vn tertre assez haut & tout rond, & est ceinte de murs & de vieilles tours, comme étant de fondation fort ancienne. Les Arabes de Charquie

LIVRE TROISIE'ME.

errent dans les plaines qui l'environnent, qui sont fort belles. Elle estoit autrefois bien peuplée de Bérébéres ; mais aprés la conqueste d'Azamor, les Portugais l'allérent sacager avec vne bicoque voisine, & les brûlérent toutes deux, sans qu'on ait songé depuis à les restablir, a cause de la peste & de la famine ; de-sorte qu'elles sont demeurées desertes avec plusieurs autres, & les Arabes de Charquie possédent maintenant ces contrées. Il y a encore quelques autres habitations en ces quartiers, dont nous ne faisons point de mention, parce-que c'est trop peu de chose. Guilez, Terrer & Céa, qui estoient de quelque considération, sont maintenant deshabitées, & leurs terres possédées par les Arabes. Parlons maintenant des montagnes de cette province, & premiérement de celle qui est prés de Safie.

CHAPITRE LXVII.

De Bénimager.

Montagnes, & leurs habitations.

CETTE montagne, que les anciens appeloient la Montagne du Soleil, est à quatre lieuës de Safie du costé du Levant, & Ptoloméé la met à six degrez quarante-cinq minutes de longitude, & à trente-vn & quinze minutes de latitude. Quoy-qu'elle soit haute, elle n'est pas fort roide, & a quelques villages de Bérébéres, & vn chasteau qui porte son nom ; mais qui n'est fort ni par art, ni par nature. Quand Safie estoit aux Portugais, il y demeuroit vn Gouverneur *Budubera.* Maure avec trois cens chevaux, qu'il tenoit aux environs, & qu'il rassembloit lors-qu'il vouloit faire des courses sur les Chrestiens. La montagne est abondante en bleds, en oliviers & en troupeaux, & des dépendences de Safie. Aussi quand les Chrestiens se rendirent maistres de cette place, les habitans s'y retirérent pour s'y défendre ; mais ils furent contraints de subir le joug, & de se faire vassaux du Roy de Portugal, comme ils l'estoient encore lors-que le frére du Roy de Fez vint au pays, d'où il en emmena quelques-vns, & le reste se retira avec les Portugais, pour ne point abandonner son bien ; mais comme ils faisoient des courses sur

* Hamet.

les autres Maures, le Chérif * estant Roy de Maroc, envoya là vn Gouverneur pour la conservation de la contrée. Depuis que Safie est retournée en la puissance des Maures, la montagne & tous ceux qui l'habitent, dépendent comme autrefois, de celuy qui est Gouverneur de cette place, & les villages sont fort peuplez de Bérébéres de la lignée d'Vled Chedma. Mais les Arabes de Garbie & d'Abda rodent aux plaines d'alentour, où il y a force pasturages.

CHAPITRE LXVIII.

De la Montagne Verte.

CETTE montagne, que les Maures nomment Iubel Hadra, a le fleuve d'Ommirabi au Levant, & au Couchant le mont d'Escure, qui divise ces deux provinces avec vne partie de celle de Tedla. Il y a par-tout de grandes forests, pins, cedres & jujubiers, où demeurent plusieurs Hermites, qui ne vivent que d'herbes & de fruits sauvages, & s'éloignent d'ordinaire de dix ou douze lieuës des lieux habitez. Cette montagne estoit fort peuplée du tems des Almohades; mais les Benimérinis en ruinérent toutes les habitations. Il y a encore plusieurs vieux bastimens de reste, & plusieurs hermitages avec des lieux relevez en autel, à la façon des Mahométans, où couchoient les Hermites, & les Arabes & Bérébéres de la contrée y vont en pelerinage. La multitude des sources qui sortent de ces rochers, forment au pied vn grand lac, où il y a force anguilles, truites, barbeaux, & de grans poissons blancs, nommez bogues, qui sont de fort bon goust. C'est vne chose admirable de voir la multitude & la diversité des oiseaux qui sont sur cette montagne, & la quantité de gibier & de venaison; de-sorte qu'il n'y a point de plus beau lieu pour la chasse dans toute l'Afrique. Quand les Portugais furent maistres de Safie & d'Azamor, Aben Haddu estoit maistre de cette montagne, & demeuroit dans ces bois comme vn Hermite; de-sorte qu'à la faveur de quelques Arabes de Charquie qui le suivoient, & de son frére Muley Ferez, il prit le titre de Roy, & eut

Sangliers, cerfs, chevreuïls, dains, vaches sauvages, garelles, perdrix, oyes sauvages, hairons, &c.

LIVRE TROISIEME. 117

pluſieurs démeſlez avec Buchentuf, Roy de Maroc, & avec les Chérifs; mais ils furent contraints à la fin, ſon frére & luy, de reconnoiſtre le Chérif Hamet pour Souverain. Il y a autour du lac force bruyéres, où l'on voit de grandes bandes de grives, & les tourterelles y ſont auſſi groſſes que des ramiers. Enfin comme on n'y chaſſe pas beaucoup, tout y eſt plein de gibier. Il n'y a point de lieux conſidérables dans la province de Duquéla, que ceux dont nous venons de parler; mais pluſieurs Arabes & Bérébéres errent par les champs.

CHAPITRE LXIX.

De la province d'Eſcure.

CETTE province, qu'on nommoit autrefois Dominet, eſt la ſixiéme du Royaume de Maroc, ſelon l'ordre que nous tenons. Elle commence vers le Septentrion, à la montagne Verte, ſur la frontiére de Duquéla, où elle aboutit à la riviére de Tancift, & s'eſtend au Couchant prés de la riviére d'Animmey. Au Levant elle arrive au fleuve des Négres, qui la ſépare de la province de Tedla, & ſe rend aprés dans celuy d'Ommirabi. Elle a au Midy quelques montagnes du grand Atlas, qu'elle enferme dans ſon enceinte, qui ſont remplies de vignes & d'oliviers, & de toutes ſortes de fruits, & qui en fourniſſent abondamment la ville de Maroc, laquelle eſt à vingt lieuës de là du coſté du Couchant. Elle eſt habitée d'Africains ſédentaires, d'vne des branches de la tribu de Muçamoda, d'où elle a pris ſon nom d'Eſcure. Ils ſont plus riches que ceux de Duquéla, parce-qu'ils ſont moins inquiétez des Arabes; & cultivent vn bon pays, où il y a force bled, & quantité de gros & menu beſtail. C'eſt-là qu'on accommode les beaux maroquins, dont ils font des botines & des couvertures de ſelle à piquer, & toutes ſortes de belles chauſſures. On fait auſſi en cette province pluſieurs fins draps, mais qui ne ſont pas ſi beaux que ceux de l'Europe, & l'on y aborde de tous coſtez pour le trafic. Les habitans des villes ſont à peu prés ſemblables à ceux de Ma-

du Couchant
au Levant.

Hued la Abid.

à la différence de ceux qui étoient comme les Arabes.

roc en habits, coûtumes & façons de vivre ; mais ceux de la montagne sont brutaux, & vivent comme des païsans. Il y a entre eux plusieurs artisans & autres marchans Iuifs, & ils portent les mesmes armes que les Béréberes des autres montagnes de Hea. Mais depuis peu ils ont quelques arbalestes & arquebuzes, à l'exemple des autres Maures depuis le régne des Chérifs, & l'on ne fait pas cas d'vn Chec qui n'a pas avec luy quelques arquebuziers pour écarter les Arabes.

CHAPITRE LXX.

D'Alm*é*dine.

V. Mes.

C'EST vne ancienne ville bastie par ceux du païs, aussi-bien que celle de la province de Duquéla, sur la pente d'vne des montagnes du grand Atlas, à trente lieuës de Maroc vers le Levant. Elle est ceinte de vieux murs garnis de tours, & remplie d'artisans & de marchans, dont il y a quantité de Iuifs. Tous les environs sont pleins de vignes & d'oliviers, & d'vn si grand nombre de noyers & d'autres arbres portant fruit, qu'on diroit vne forest. Les habitans estoient autrefois grans ennemis de ceux d'Elémedin, & ils s'entre-

la distance est marquée plus bas.

tuoient avec tant de furie, qu'ils n'osoient sortir pour cultiver le païs, jusques-là que les marchans estoient contraints de se faire accompagner de lieu à autre par des arbalestriers & des arquebuziers, à qui ils donnoient douze ou quinze ducats par mois. Toutefois leur inimitié ne s'estendoit pas jusqu'aux femmes, aux enfans, & aux esclaves, qui alloient travailler aux champs en toute liberté ; mais les Chérifs estant les maistres firent cesser tous ces différens. Ils cultivent de fort bonnes terres dans les plaines qui sont vers l'Orient & le Midy, en payant quelque chose aux Arabes, à qui elles appartiennent. Ce sont gens belliqueux, qui se piquent de noblesse & de valeur. Et leurs femmes sont blanches & belles, & fort amoureuses des estrangers. Ils ont quelques gens savans dans leur loy, & leur gouvernement est assez raisonnable. La ville n'est forte ni par art ni par nature ; mais comme le païs est bien peuplé, elle a dequoi attaquer & se défendre.

CHAPITRE LXXI.

D'Elémedin.

C'Est vne ville de douze cens feux, à vne lieuë & demie de la précédente du cofté du Couchant, & fituée dans vn valon enclos de quatre hautes montagnes, ce qui eft caufe qu'il y fait grand froid. Elle a efté baftie par les anciens Africains, & a de bonnes murailles bien garnies de tours fort hautes. Les habitans font Bérébéres d'vne des branches de la tribu de Muçamoda, qui font braves, & fe piquent de nobleffe. Il y a plufieurs marchans & artifans parmi eux, & la contrée eft de grande étenduë, & abondante en bled, en huiles, & en troupeaux. La place n'eft pas forte en foy, quoy qu'elle le foit à caufe des rochers qui l'environnent. L'an mil cinq cens feize elle fe rendit tributaire du Roy de Fez auffi bien que la précédente, aprés avoir efté toutes deux en Republiques depuis le déclin de l'Empire des Bénimérinis. Voicy comme elles perdirent leur liberté. Il y avoit dans cette ville vn riche marchand de Fez, qui devint amoureux d'vne fille de condition, & l'obtint pour femme ; mais le jour des nopces vn autre des principaux bourgeois, qui eftoit chef de party, l'enleva & l'époufa. Le marchand diffimula pour lors cét affront ; mais quelque tems aprés il demanda permiffion au Magiftrat d'aller à Fez, & l'ayant obtenuë porta au Roy de Fez quelques préfens du païs, & luy conta fon déplaifir. Il le pria enfuite de luy donner trois cens chevaux & cinq cens hommes de pied, fous promeffe de les entretenir, & de fe rendre maiftre avec eux de la ville d'Elémedin, dont il luy feroit hommage, & luy payeroit fept mille ducats tous les ans. Le Roy voyant de quelle importance eftoit cette place pour l'entreprife de Maroc qu'il méditoit, luy accorda fa demande ; mais il ne luy donna à entretenir à fes dépens que cent arquebuziers, & fit lever le refte par le Gouverneur de Tedla qui demeuroit dans Fiftele. Les habitans fe voyant affiégez, & que ceux d'Almédine favorifoient leurs ennemis, dirent

de la branche d'Hafcura.

au ravisseur qu'il n'estoit pas juste qu'il fust cause de la ruïne de la ville, & qu'il s'en allast, parce-qu'ils se vouloient rendre au Roy de Fez, au nom duquel on les assiegeoit. Il sortit donc vestu en pauvre; mais ayant esté reconnu de quelques Maures, il fut pris & mené au marchand, à qui les habitans portérent les clefs, & se firent vassaux du Roy de Fez, & les parens de la fille le vinrent trouver pour s'excuser de ce qui s'estoit passé, comme d'vne violence à quoy ils n'avoient pas consenti. Il épousa donc solennellement cette Dame, & celuy qui l'avoit enlevée fut condamné comme ravisseur & adultére à estre lapidé, ce qui fut exécuté le mesme jour. Depuis cela le marchand demeura pour Gouverneur, & fit si bien qu'il racommoda les habitans avec ceux d'Almédine, & réduisit ces deux villes à l'obéïssance du Roy de Fez, à qui il payat tous les ans ce qu'il avoit promis, jusqu'à ce que les Chérifs s'emparérent de toute la province.

CHAPITRE LXXII.

D'Isadagaz.

C'EST vne ancienne ville bastie par les Africains sur la cime d'vne haute montagne, qui est environnée de quatre autres, entre lesquelles & les riviéres qui passent prés de la ville, il y a beaucoup d'arbres fruitiers & de couvert, & l'on y recueille toute sorte de bons fruits comme en Europe. Sur les arbres rampent de grans seps qui portent des raisins noirs, dont les grains se nomment des œufs de poule, à cause de leur grosseur. Il y a aussi quantité d'oliviers par tout le païs, qui fournissent de l'huile en abondance, & grand nombre de ruches dont on tire beaucoup de miel & de cire que l'on porte vendre aux villes voisines. Le miel en est fort estimé, car outre sa blancheur, quand on le garde plus d'vn an, il s'en fait comme des pains de sucre. La pluspart des habitans sont riches de leur labourage & de leur ménage, & ont vn grand commerce avec ceux de Numidie & de Gétulie, qui sont de l'autre costé du mont Atlas. Ils trafiquent

où il devient dur comme vn pain de sucre.

LIVRE TROISIE'ME.

quent aussi aux villes de Fez, de Méquinez & de Maroc, où ils portent vendre leur miel, leur cire, & leur huile, & en rapportent des étoffes de laine, de lin & de soye, avec des ouvrages d'argent, & autres choses qu'ils vendent à leurs voisins, & aux Bérébéres de la contrée. Les femmes y sont ordinairement belles & bien parées selon la coustume du païs, & ont force joyaux d'or & d'argent aux bras, aux oreilles, au cou, & au sein ; les hommes n'y sont pas jaloux à comparaison des autres de ces montagnes ; & il y a quelque police dans la ville, parce-qu'il y a des gens de lettres. Il en sourd plusieurs fontaines qui font moudre en bas des moulins, & arrosent les jardins & les terres qui font vne plaine de trois lieuës qui est devant la ville, où l'on recueille beaucoup de froment, d'orge & de légumes. Il y a aussi de grans troupeaux de menu bestail qui errent par ces montagnes, où il y a tant d'herbe & de pasturages, qu'il y a des habitans qui ont plus de trente ou quarente mille pièces de menu bestail, & d'autres recueillent vingt ou trente mille mesures de bled par an. *hanega.* Enfin le lait & le beurre y sont à si grand marché qu'on n'y fait profit que de la laine & du cuir, & vn gros mouton n'y vaut que deux réales. Ceux qui labourent la plaine payent *quinze sols de* quelque chose aux Arabes qui s'en prétendent Seigneurs. Il *nostre mon-* y a beaucoup de Noblesse qui vivoit en liberté dans le déclin *noye d'apresent.* de l'Empire des Bénimérinis, mais elle obeït maintenant au Chérif. Il y a des Iuges & des Alfaquis qui ont l'intendance du temporel & du spirituel ; & quand le Chérif s'en rendit *Aben Amer.* maistre, elle estoit gouvernée par vn Africain d'vne des branches* de la tribu de Muçamoda ; mais il ne pouvoit rien **Hafcura.* faire sans le conseil des principaux, qui estoient comme le Sénat. Il y avoit de grandes factions, mais il fit si bien qu'il se défit des chefs du parti contraire, & se raccommoda avec les autres ; de sorte qu'on luy obéïssoit volontairement. Ces habitans sont francs & courtois, se plaisent à loger les estrangers, & leur font toute sorte de bon traitement, sans rien demander. Ils disent qu'ils le font pour l'amour de Dieu, & pour suivre les coûtumes de leurs ancestres, semblables du reste à ceux de Maroc & de Fez en habits & en façon de vivre. La ville n'est forte ni par art ni par nature, & a en-

Partie II. Q

viron mille habitans, la plufpart marchans & artifans, parmi lefquels il y a quelques Iuifs qui ont liberté de confcience.

CHAPITRE LXXIII.

D'Elgemuha.

C'EST vne petite ville de quelque cinq cens feux, qui a efté baftie depuis peu par ceux du païs fur vne montagne du grand Atlas, qui eft environnée d'autres montagnes fort rudes: mais il y a plufieurs villages dans leurs intervales d'où naiffent divers ruiffeaux qui defcendent en bas dans la plaine, & font bordez de jardins & de vergers, où l'on recueille force bons fruits, & particulièrement des noix fur des noyers d'vne hauteur & d'vne groffeur extraordinaire. Tous les coftaux de ces montagnes, & les tertres, font pleins d'oliviers, de vignes, & la plufpart des habitans font conroyeurs & felliers, qui font de fort bonnes felles à piquer. Il y a dans vne de ces montagnes vne mine de fer & plufieurs forges, d'où on le porte vendre en petites barres par toute la contrée. On fait auffi dans cette ville des rondaches de cuir de bufle, & il y a quantité de ces animaux en Numidie & en Libye. Cette ville doit fa fondation au peuple de la précédente, qui voyant les partialitez qui eftoient entre les Grans, & ne pouvant fouffrir leur tyrannie, demanda permiffion au Roy de Fez de baftir en vn village, où il y avoit vne vieille Mofquée fort celebre, ce qu'il leur accorda. Ils quiterent donc leur Nobleffe, qui vécut quelques années en liberté fous l'autorité d'vn Chec, qui ne faifoit rien fans le confeil des principaux, tant que les Chérifs s'en rendirent maiftres. La ville eft fur vn roc affez efcarpé, à deux petites lieuës de la précédente du cofté du Levant, mais elle n'eft nullement forte; le peuple eft franc & courtois; mais il n'eft pas fi riche que fes voifins.

Ante, efpece de bufle.

Ifadagaz.

CHAPITRE LXXIV.

De Bizu.

C'Est vne ancienne ville de plus de quinze cens habitans, en vne situation fort avantageuse, sur vne haute montagne du grand Atlas, avec des murs & des tours de pierre liée avec de la chaux ; elle est à sept lieuës de la précédente du costé du Levant. Le terroir est fertile en bled & en huile, & l'on y nourrit force troupeaux. Elle est environnée de vergers & de jardinages que l'on arrose des ruisseaux qui descendent de la montagne, & la riviére des Negres passe à vne lieuë de-là du costé du Levant, laissant entre-deux vne grande plaine, où sont la pluspart des jardins. Il y a tant de raisins & de figues qu'on les séche & les vend aux contrées voisines, d'où l'on retire beaucoup de profit, aussi-bien que des noix qui sont en grand nombre. Les habitans sont riches & courtois, & aiment fort les estrangers. Ils sont bien vestus pour le païs, de draps & de toile fine, comme les habitans de Maroc, & sont Bérébéres de la tribu de Muçamoda. Les femmes y sont blanches, belles & bien parées. Il y a vne belle Mosquée dans la ville, où passe vn ruisseau qui se rend de-là dans la place, puis descend dans la plaine, & arrose en passant les jardins qui sont sur la pente. Il n'y a point d'autres villes dans la province ; mais il y a trois bourgs fermez, peuplez de la mesme nation, avec plusieurs villages dans les vallées. Pour les habitations des montagnes nous en parlerons au chapitre suivant.

Daraa de Itendiguen. Ben Zimat, Bu halir.

CHAPITRE LXXV.

De Tenendez.

Montagnes & leurs habitations.

C'Est vne grande montagne de l'Atlas, qui regarde le Midy ; c'est pourquoy quelques-vns ne la comprennent pas dans cette province ; mais d'autres l'y mettent, parce-qu'elle est de la Barbarie. Elle est bien peuplée de Bérébéres, qui font farouches mais braves, & qui se piquent fort de noblesse. Ils ont quantité de petits barbes tres-legers & vigoureux. Le païs ne porte point de froment, mais quantité d'orge, & les habitans ont grand nombre de gros & menu bestail. Le faiste des plus hauts monts est couvert de neige toute l'année. Il y a quantité de Noblesse qui a vn Chec pour la gouverner, lequel est vassal du Chérif; & employoit auparavant les revenus de la province aux guerres qu'ils avoient d'ordinaire contre les habitans de la montagne de Tensit, qui les borne du costé du Levant. Ils sont au de-là de cinq mille chevaux, & plus de cinquante mille hommes de pied, sans compter les arquebuziers & les arbalestriers. Leurs armes sont comme celles des autres Bérébéres de Hea. Il n'y a dans toute la montagne ni ville ni bourgade fermée; mais plusieurs villages fort peuplez. Car encore que le païs soit froid, il est abondant en pasturages, & l'aspreté de la montagne qui est fort roide, sert assez de défense. Il y a trente-cinq lieuës de-là jusqu'à la province de Dara, qui est dans la Numidie. Les Seigneurs de cette montagne, & de celle de Tensit, aussi-bien que ceux de la province de Dara, estoient tous parens, & on les nommoit les Mézuares; mais leurs divisions donnérent entrée au Chérif, à qui ils estoient capables de resister s'ils eussent esté bien d'accord. Ils luy donnent encore assez de peine par leurs fréquentes revoltes.

CHAPITRE LXXVI.

De Tensit.

C'EST vne autre partie du grand Atlas, qui est bordée du costé du Couchant de la montagne précédente, & atteint vers l'Orient celle de Dédez dans la province de Tedla. Elle est bornée du costé du Midy du desert de Dara, & aboutit vers le Septentrion aux autres montagnes du grand Atlas. Quelques Historiens la mettent à la teste de la province de Dara, du costé du Sus éloigné, parce-qu'elle a toûjours esté aux Mézuares, sans dépendre de la province d'Escure; mais les anciens l'y comprennent, parce-qu'elle est de la Barbarie, & ne mettent dans la Numidie que la partie du mont Atlas, qui regarde le Midy. C'est vn pays fort peuplé, arrosé de la riviére de Dara, le long de laquelle il y a cinquante bourgades toutes fermées de murs de terre, & éloignées d'vne lieuë ou davantage du fleuve. Ce pays estoit commandé par vn des Mézuares, dont nous avons parlé, nommé Aben Amar, qui avoit deux mille chevaux, lors que le Chérif s'empara de Maroc. Mais aprés vne longue résistance, la discorde qui estoit entre luy & le Seigneur de Tedez & de Dara, fut cause de sa ruine. Car encore qu'ils fussent parens fort proches, & de mesme nation, ils se faisoient cruëllement la guerre, & appeloient à leur secours les Portugais du Cap d'Aguer. Leur inimitié donc rendit le Chérif victorieux, & Aben Amar se fit son vassal. Il pleut fort peu dans ces montagnes, parce-qu'elles regardent le Midy, & s'estendent à travers les sablons de la Libye; de-sorte que le pays est fort chaud. On n'y recueille point de froment, mais beaucoup d'orge. Il y a fort peu de troupeaux; mais le fleuve est bordé de part-&-d'autre de grans champs de palmiers, qui portent les meilleures dates de toute l'Afrique, & si delicates, que la moindre humidité les fait fondre comme du sucre. On en transporte donc peu en Europe, & celles qu'on y porte sont bien sechées auparavant, & enfermées dans de petits cabats couverts de peaux de mouton, contre l'humidité. Il y a tant de palmiers le long de ce fleuve, qu'on va plusieurs lieuës à couvert dessous, sans estre incommodé de l'ardeur du Soleil. Les habitans sont bazanez & fort charnus, & les femmes se fardent pour estre plus belles, & vont toûjours le visage découvert, aussi aiment-elles fort les estrangers. Le commerce de ces peuples est en Dara, & aux autres provinces de la Numidie & de la Libye, jusqu'au pays des Négres, où plusieurs font grand trafic, ce qui les fait vivre richement, & avoir beaucoup d'or de Tibar *.

Qui prend sa source en la province d'Escure.

Bençuquéris.

On les nomme en Espagne Tamaras, & les autres Buceir.

* lieu d'où vient le bon or des Négres, qui est en poudre.

CHAPITRE LXXVII.

De Guigidime.

CEtte montagne touche à celle de Tenfit, & n'eſt habitée que du coſté du Nort, car tout ce qui regarde le Midy eſt deſert. Les Hiſtoriens diſent, que cette montagne fut deſolée par les guerres, lors-que les Almohades dépoſſédérent les Almoravides, parce-que les habitans donnérent retraite à Brahem Ben Ali, qui fuyoit devant Abdulmumen. Le vainqueur donc irrité, fit mettre tout à feu & à ſang, ſans pardonner ni à âge ni à ſexe; de-ſorte que ceux qui y vinrent habiter depuis, eſtant pauvres & foibles, ne peuplérent que du coſté du Nort, qui eſt le meilleur, & regarde la Barbarie. On nourrit dans cette montagne beaucoup de chévres, de mules & de chevaux, qui pour eſtre petits, ne laiſſent pas d'eſtre vigoureux & fort viſtes. Tout ce coſté de la montagne eſt rempli d'oliviers, dont on porte quantité d'huile dans la Numidie. On y recueille auſſi quantité d'orge, qui eſt la nourriture de ces peuples, parce-qu'il y a peu de froment. Ils ont eſté long-tems libres, acauſe de l'aſpreté de la montagne, qui eſt fort roide & eſcarpée; mais depuis que les Chérifs eurent pris Fiſtele, ils ſe rendirent à eux. Ils demeurent dans des villages & des hameaux, qui ſont épars dans les valées. Les maiſons ſont de terre, couvertes de paille ou de branchages. Il ſort deux grandes fontaines à vne lieuë l'vne de l'autre, d'où naiſſent les deux riviéres de Tecevin, qui traverſent la province, & ſe vont rendre dans l'Ommirabi. Chacune ſéparément s'appelle Téceut, & lors-qu'elles ſont jointes Técevin, qui veut dire liſiéres.

LIVRE TROISIE'ME.

CHAPITRE LXXVIII.

De Tefcevin.

CE sont deux montagnes qui se touchent, & qui commencent au Couchant de la précédente, & finissent à celle de Tagodast. Elles sont toutes deux peuplées de Bérébéres de la tribu de Muçamoda ; mais qui sont pauvres, & ne vivent que d'orge & de quelque millet. Plusieurs fontaines sortent des valées qui sont fort sombres & tenebreuses, & toutes ensemble font vne riviére, qui traverse les plaines d'Escure, & se va rendre dans l'Ommirabi. Les habitans cultivent quelques terres dans la plaine, dont ils payent rente à des Arabes vassaux du Chérif, qui a toutes ces montagnes partagées entre ses Chefs, pour la subsistence des troupes qu'ils sont obligez d'entretenir, dont les peuples sont si tourmentez, qu'ils n'aspirent qu'au changement.

Bénigeber.

CHAPITRE LXXIX.

De la province de Tedla.

C'EST la derniére & la plus Orientale province de cét Estat ; & quoy qu'elle soit petite, elle abonde en bled, en huile & en troupeaux, & a de riches habitans. Ceux des montagnes sont Bérébéres de la tribu de Muçamoda ; mais les plaines sont remplies de deux lignées d'Arabes, qui font chacune plus de neuf mille chevaux, & errent dans les provinces voisines. Celle-cy commence vers le Couchant à la riviére des Négres, & finit du costé du Levant à celle d'Ommirabi. Vers le Midy elle occupe les montagnes du grand Atlas, & du costé du Septentrion elle fait vne pointe où ces deux fleuves se joignent. Sa figure est triangulaire, & comprend toutes les campagnes qui sont entre-deux, avant leur jonction : car ils séparent aprés la province de Duquéla de celle de Temécen, jusqu'à ce qu'ils se rendent dans la mer sous le nom de la riviére d'Azamor. Cette province est du

Vled Zueyr, & Benigeber.

Royaume de Maroc, quoy-qu'elle ait esté quelque tems aux Rois de Fez. Les Bénimérinis la possédoient lors-qu'ils estoient maistres de toute la Mauritanie Tingitane ; mais dans le déclin de leur Empire, lors-que les Royaumes de Fez & de Maroc furent séparez, plusieurs petits tyrans s'en emparèrent, qui donnèrent sujet aux Rois de Fez, par leurs divisions, de se rendre maistres des principales villes, & Tedla estoit à eux lors que les Chérifs triomphoient en ces quartiers. Zarangi, Laatar, son fils Bendorao, & Aben Onzar, en ont esté Gouverneurs l'vn aprés l'autre, & celuy-cy la rendit aprés la défaite de l'aisné des Chérifs par le cadet: Car toutes les places fortes de la province se rendirent alors, & elle demeura depuis paisible au vainqueur. Voicy ses villes principales.

Les Beniouataz:s.

1544. *La Iournée de Derne.*

Villes.

CHAPITRE LXXX.

De Tebza, capitale de cette province.

LEs anciens Historiens disent, qu'elle a esté bastie par les naturels du pays. Elle est à deux lieuës de la plaine sur la pente du grand Atlas, qui regarde le Septentrion, & outre l'avantage de son assiete, est fermée de bons murs bien garnis de tours, & a au dessous de grandes plaines, qu'on nomme les campagnes de Fistelle. Les habitans sont riches en bled & en troupeaux, & font trafic de fines laines, dont on fait des tapis comme ceux de Turquie, & de bons manteaux de campagne. Ce trafic y attire des marchans de tous costez, & les habitans se traitent bien à leur mode, & sont fort belliqueux. Il y a quelque deux cens maisons de Iuifs, qui sont ceux particuliérement à qui les marchans ont affaire. Ces villes & toutes les autres de la province, estoient sujétes aux Rois de Fez, particulièrement sous le régne des Bénimérinis, lors-que leur domination s'estendoit jusqu'au Sus éloigné. Depuis, dans le déclin de leur Empire, les principaux Chefs se soulevèrent pendant leurs divisions, avec les villes, & autres lieux considérables, dont ils pûrent s'emparer. Quelques-vnes, dont celle-cy estoit, se mirent

en

LIVRE TROISIE'ME.

en liberté ; mais la ville estant partagée en deux factions sur le sujet du gouvernement, la plus forte chassa la plus foible, qui eut recours au Roy de Fez, & s'offrit de luy faire hommage, pourveu qu'il les restablist. Il leur envoya donc deux mille chevaux, avec cinq cens arquebuziers, deux cens arbalestriers, & ordre à quatre mille chevaux Arabes de les joindre. Ces troupes estant arrivées à Tebza, sous le commandement de Zarangi, avec les machines de guerre d'alors, les assiégez aprés s'estre défendus quelque tems, implorérent le secours de quelques Arabes* de leurs alliez, qui y accoururent avec cinq mille chevaux, & donnérent bataille aux assiégeans dans les plaines qui sont sous la ville, où il en mourut grand nombre de part-&-d'autre. Mais à la fin les arquebuziers & les arbalestriers de Fez firent tant de décharges, qu'ils les mirent en fuite. Aprés cette défaite, les habitans ouvrirent les portes au vainqueur, & se rendirent vassaux & tributaires du Roy de Fez. Mais Zarangi y estant entré, & s'estant saisi du chasteau qui estoit fort, les chastia par la bourse, & les obligea encore à payer tous les ans vingt-cinq mille ducats. Mais il fut tué en vne entreprise contre des Arabes, soit par les siens ou par les ennemis, & la ville recouvra sa liberté, qu'elle conserva jusqu'au régne des Chérifs, ou aprés avoir bien souffert dans les guerres qu'ils eurent contre le Roy de Fez, elle se rendit à l'vn de leurs Généraux *.

Muley Mahamet, le penultiéme des Benioatazes.

* Beni Chéber.

Beni Chéber.

* Mumen Belelche.

CHAPITRE LXXXI.

De Tefza, ou de Fistele.

C'EST vne ville de sept cens feux, fondée par les anciens Africains, sur vn haut tertre, au costé Septentrional du grand Atlas, à vne lieuë de Tebza du costé du Levant. Vers le Midy elle a vn fort chasteau fermé de deux bons murs bastis de pierre & chaux, & éloignez de cinquante pieds l'vn de l'autre, avec plusieurs tours & traverses tout autour, & vn ravelin bas en dehors. La ville n'est pas fermée de murailles ; mais est forte par sa situation, parce-

Elle est nommée Fistele, des Bérét tres qui l'habitent.

Partie II.

qu'on n'y peut mener d'artillerie, acause des fondriéres, outre la roideur de la coste. Le chasteau est commandé par vne haute montagne, qui a au dessus vne forte tour, qu'on a bastie apparemment pour le défendre. Les habitans disent, que c'est vn Gouverneur du Roy de Fez qui la fit bastir, & peut-estre qu'il la raccommoda ; mais les fondemens & vne partie des murailles qui sont encore debout, témoignent que l'ouvrage est plus ancien. Cette tour est située de-sorte qu'on ne peut assiéger le chasteau qu'avec beaucoup de peine & de danger qu'on ne l'ait prise. Il y en a vne autre bien forte du costé du Couchant, qui tient au donjon du chasteau par vn pan de mur, avec double parapet, afin qu'on puisse venir puiser à couvert dans vne fontaine qui est proche de là dans vn valon, où cette tour est si enfoncée, qu'on ne la peut batre de quelque costé que ce soit, & l'on en découvre à peine les créneaux. Mais il y a toûjours garde, parce-que de sa conservation dépend celle du chasteau & de la ville, qui n'ont point d'autre eau que celle-là. Les habitans sont riches, & cultivent la plaine ; mais ils ont de beaux vergers, & des vignes sur la coste, qui est au dessus de la place. Il y en a qui trafiquent de fines laines, dont on fait de riches casaques, & des tapis, parce-que les femmes la savent fort bien filer. C'est vne nation belliqueuse, quoy-que d'vne conversation fort douce, & les femmes y sont belles & bien parées, dequoy elles se piquent fort. Entre cette ville & la précédente passe la Derne, qui descend du grand Atlas, & coule entre des montagnes & des colines, où ses bords sont embellis de jardins, & de vergers, d'où elle passe dans la plaine, & se va rendre dans l'Ommirabi vers le Nort. Cette ville avoit coustume de vivre en liberté, & d'estre plus vnie que les autres de la province. Mais quand les troupes du Roy de Fez se saisirent de Tebza, elles firent tant de mal aux habitans, qu'ils furent contraints de subir le joug, & estoient encore aux Rois de Fez quand les Chérifs se soûlevérent. Mais depuis qu'ils se firent emparez de Maroc, ayant dessein sur le Royaume de Fez, ils essayérent par tout moyen de se rendre maistres de cette ville, qui est sur le passage. Mahamet envoya donc contre-elle vn de ses fils, avec Mumen Belelche, & toutes les troupes de sa garde, sans compter dix mille chevaux Arabes. Il l'assiégea, & batit avec deux grosses piéces d'artillerie la tour qui défend l'eau, comme i'ay dit. Aprés avoir renversé les parapets, & fait vn petit trou, il commanda de donner l'assaut; mais le Gouverneur se defendit si bien, qu'il le fit retirer bien viste, avec perte de grand nombre de Turcs & de Maures de la garde du Chérif. Sur ces entrefaites, la nouvelle estant arrivée de la venuë du Roy de Fez, le fils du Chérif leva le siége, & se retira à Maroc, aprés avoir laissé vne partie de ses troupes avec Mumen dans Tebza. Quelque tems aprés le Roy de Fez ayant pris la route de Tedla avec son armée, le Chérif sortit de Maroc avec la sienne, & joignant les troupes de Tebza, luy fut donner bataille sur la riviére de Derne, où le Roy de Fez fut pris, & son armée défaite. Le chasteau de Fistele se rendit le mesme jour, & toute la province demeura sujette au Chérif, comme elle l'est encore aujourd'huy. Les habitans de cette ville sont riches, & l'on y fait de belles casaques & d'autres vestemens, que l'on nomme de Fistele, que l'on porte à Fez & à Maroc. Il y a plus de cent maisons de Iuifs dans la ville.

CHAPITRE LXXXII.

De Cititeb.

C'EST vne petite ville, mais forte, à trois lieuës de la précédente du costé de l'Orient. Les Historiens disent, qu'elle a esté bastie par ceux du pays de la tribu de Muçamoda. Elle est assise sur le faiste d'vne montagne, & peuplée de gens doux, qui sont riches, & se traitent bien, parce-qu'ils ont de grandes campagnes, qui rapportent beaucoup de bled, & des montagnes commodes pour les troupeaux. Toutes les valées & les costes d'alentour sont couvertes de vignes & d'arbres fruitiers, qui rapportent quantité de fort bon fruit. Les habitans font grand trafic de laine, & font des tapis & de riches casaques, ainsi qu'à Fistele.

Mahamet Oataz.

Mahamet el Fistela.

1510.

Comme ils sont fort belliqueux, ils se défendirent vaillamment contre le Roy de Fez, sans se vouloir rendre, comme les autres, & luy firent courre risque de se perdre, par la valeur d'vn de leurs habitans, qui défendoit le pays avec deux mille chevaux. Mais le Roy voyant qu'il n'en pouvoit venir about par la force, le fit empoisonner par vn Medecin Iuif, qui estoit dans la ville, aprés quoy elle se rendit, & demeura dans l'obéïssance des Rois de Fez, jusqu'à la Iournée de Derne, qu'elle subit le joug du vainqueur, avec les autres de la province.

CHAPITRE LXXXIII.

D'Aitiat.

C'EST vne place forte, située sur vne petite coline, de celles qui descendent du grand Atlas, & bastie comme les autres de ces quartiers, par ceux de la tribu de Muçamoda. Elle a quelque trois cens cinquante habitans, & est fermée de hauts murs du costé de la montagne, n'en ayant point besoin ailleurs, parce-qu'elle est environnée de rochers escarpez, & de précipices. Entre-elle & la précédente, il y a quatre lieuës de montagnes, & elle est arrosée par vne petite riviére qui descend de ces rochers, & qui passe à travers. Les habitans, dont il y a quelques marchans & artisans Iuifs, font trafic de laine, & ont quantité de troupeaux. Il y a plusieurs fontaines dans la ville, qui se vont rendre toutes dans la Derne, & font d'abord de grans ruisseaux, qui baignent ces costaux & ces valées, & sont bordez de vergers & de jardins, avec vn grand nombre d'oliviers. On recueille beaucoup d'orge sur la montagne, & quantité de bon froment dans la plaine, parce-que le pays est fort fertile. Elle a esté tourmentée de plusieurs guerres en divers tems, & à l'avenement des Chérifs. Elle estoit entre les mains d'vn tyran, qui fut tué par les habitans, aprés avoir régné plusieurs années, aprés quoy ils se rendirent au Roy de Fez, & depuis sa défaite, au Chérif.

Beni Hasçer.

LIVRE TROISIE'ME.

CHAPITRE LXXXIV.

De Segéme.

Montagnes & leurs habitations.

CETTE montagne commence du costé du Couchant à celle de Tesçevin, & va finir vers l'Orient à celle de Magran. Elle a au Midy celle de Dédez, & au Septentrion les campagnes de Fistele, & est peuplée des Béréberes de la tribu de Zénéga qui sont dispos & robustes, & se piquent de valeur. Ils vont toûjours armez de massuës ou de lances & de poignards, ou d'épées, comme dans la province de Hea, & depuis peu ont quelques arquebuzes, sans parler des frondes en quoy ils excellent. Ils vivoient autrefois en liberté, & avoient guerre perpétuelle avec leurs voisins. Leurs petits logis sont éloignez les vns des autres, de sorte qu'il y en a à peine quatre qui se touchent, & leur trafic est de chévres & de mulets qu'ils nourrissent, & qu'ils vendent aux estrangers. Il y a beaucoup de fontaines au païs, & quantité d'orge, qui est la principale nourriture des habitans. La montagne est si roide, & les avenuës si difficiles, qu'on y appréhende peu l'ennemi. Quand le Général du Roy de Fez eut *Zarang.* conquis la ville de Tebza, il marcha contre eux avec deux mille chevaux, & quantité de fantassins; mais s'estant rassemblez, ils luy dressérent vne embuscade prés d'vn détroit, & lors-qu'il fut passé vinrent fondre dessus de toutes parts, à coups de massuës & de pierres. De-sorte que ceux de Fez ne pouvant avancer ni reculer, se culbutoient les vns les autres, & plusieurs tant à pied qu'à cheval se précipitérent en bas des rochers, où la pluspart moururent ou furent pris, le Général s'estant sauvé à pied à toute peine. Les prisonniers furent de pire condition que les morts, par la cruauté de ces Barbares qui les mirent entre les mains de leurs femmes, lesquelles leur faisoient mille maux jusqu'à les faire eunuques. Ils traitérent en-suite avec le Gouverneur du Roy de *Laatae.* Fez, qui succéda à celuy-cy, & au bruit de l'avenement des Chérifs retournérent à leur ancienne liberté, jusqu'à ce qu'ils les assujettirent aprés avoir conquis les provinces de Dara

R iij

& Tafilet. Mais ils ne font fujets que tant qu'il leur plaift, parce-qu'ils ne craignent rien dans leur montagne, & qu'eſtant maiſtres des avenuës perſonne ne les peut attaquer.

CHAPITRE LXXXV.

De Magran.

CEtte montagne eſt bordée au Couchant de la précédente, & s'eſtend de ce coſté-là depuis celle du grand Atlas qui regarde la province de Farcala vers le Midy, juſqu'à celle de Dédez. Le païs eſt ſi froid que le haut des montagnes eſt couvert de neige toute l'année. Les habitans n'ont point de demeure permanente, & logent ſous des hutes d'écorces d'arbres, qu'ils changent de tems en tems, pour ſuivre les paſturages, acauſe qu'ils ont grand nombre de gros & menu beſtail. Ils rodent ainſi tout l'eſté par ces montagnes, avec leurs femmes & leurs enfans, & ſe placent en vn endroit tout l'hyver faiſant leurs cabanes fort baſſes acauſe du froid. Car elles ne font couvertes que de rameaux, mais de-peur que le beſtail n'ait froid la nuit, ils font de grans feux tout autour, & y laiſſent deux ou trois portes pour ſe ſauver en vn accident. Cette montagne eſt pleine de lions, qui n'attaquent pas ſeulement les troupeaux, mais les hommes. Ces peuples ne font pas ſi braves que les Zenégues, quoy qu'ils ſoient en grand nombre, & qu'ils ayent vécu autrefois en liberté. On les nomme ordinairement Magaroas, & ils eſtoient gouvernez autrefois par vn Chec qui les faiſoit obeïr; de-ſorte qu'ils ont repouſſé pluſieurs fois leurs ennemis à la faveur des Numides. Le Chérif Hamet s'en rendit maiſtre dans la première journée de Tafilet: ils furent depuis ſujets à ſon frère, & le ſont encore à ſon neveu qui régne aujourd'huy.

Sur la frontière des deſerts de Libye.

LIVRE TROISIE'ME.

CHAPITRE DERNIER.

De Dédez, & de l'ancienne ville de Dorac qui y estoit.

C'EST vne haute montagne fort froide, & couverte de hautes & d'épaisses forests, d'où naissent plusieurs fontaines. D'vn costé est la montagne de Magran, & de l'autre celle d'Adézan, qui aboutit au Royaume de Fez, & vers le Midy elle a pour frontiére les plaines de Todga, qui sont de la Numidie ou de la Gétulie. Elle a plus de trente lieuës du Levant au Couchant, & l'on voit sur le haut les ruïnes d'vne ancienne ville. Les murs qui en restent sont fort épais & de pierre de taille. Et il y a quelques tables de marbre où l'on voit des lettres Gotiques à demy effacées. Quelques-vns disent que c'est vn ouvrage des Romains, & la Dorac dont parle Ptolomée en la premiére carte de la Libye. Elle fut détruite par les Almohades, & n'a point esté repeuplée depuis. Le Chérif Escali, Historien d'Afrique, parle de la ville de Tedsi qui estoit entre les provinces de Sugulmesse & de Dara, ce qui fait croire à quelques vns que c'est celle-cy, parce-qu'elle est dans la mesme élevation, & qu'il n'y en a point d'autre en ces quartiers; de-sorte que les modernes la nomment ainsi, mais ils se trompent, parce-qu'il ne met point la ville de Tedsi dans la montagne de Dédez, & c'est celle que nous avons dite dans la province de Sus; mais cel-le-cy est la Dorac de Ptolomée qu'il met à neuf degrez de longitude, & à trente-vn degrez & quinze minutes de latitude. Les habitans de cette montagne sont fort pauvres & misérables, & n'ont point d'autre revenu que leurs troupeaux, avec lesquels ils errent comme ceux de Magran, & demeurent dans des cavernes, & non pas sous des cabanes, comme les autres. Leur nourriture est d'orge & de lait; ils ont quelque peu d'huile, & beaucoup de beurre, mais n'ont point de bled, parce-qu'il n'en croist point au païs. Ils renferment leurs troupeaux de nuit dans leurs cavernes, où il y a quantité de salpestre, mais ils ne savent ce que c'est. Ils vont fort mal vestus, & portent vne espéce de botines de

du Couchant
au Levant.

ou Durac.

peau d'afne; fentent fort le bouc, parce-qu'ils font jour & nuit occupez aprés leurs troupeaux. Quelques-vns des principaux & des plus riches ont de petites maifons faites de pierres feiches, & couvertes d'ardoifes que l'on trouve dans ces montagnes. Ils font grans larrons, ne connoiffent ni raifon ni juftice, & ne converfent point avec les eftrangers ; auffi n'y en a-t-il point au païs, & quand il en paffe ils les volent. Les femmes y font laides, fales & puantes, & tant elles que leurs maris font les plus barbares de toute l'Afrique. Ils ont efte toûjours fujets à ceux qui ont commandé dans Tedla, comme ils le font encore au Chérif. Icy finiffent les provinces & habitations du Royaume de Maroc, qui font de quelque confidération dans la Barbarie. Nous parlerons ailleurs de celle de Dara & des autres de la Numidie, qui font fujettes aux Chérifs.

Fin du troifiéme Livre.

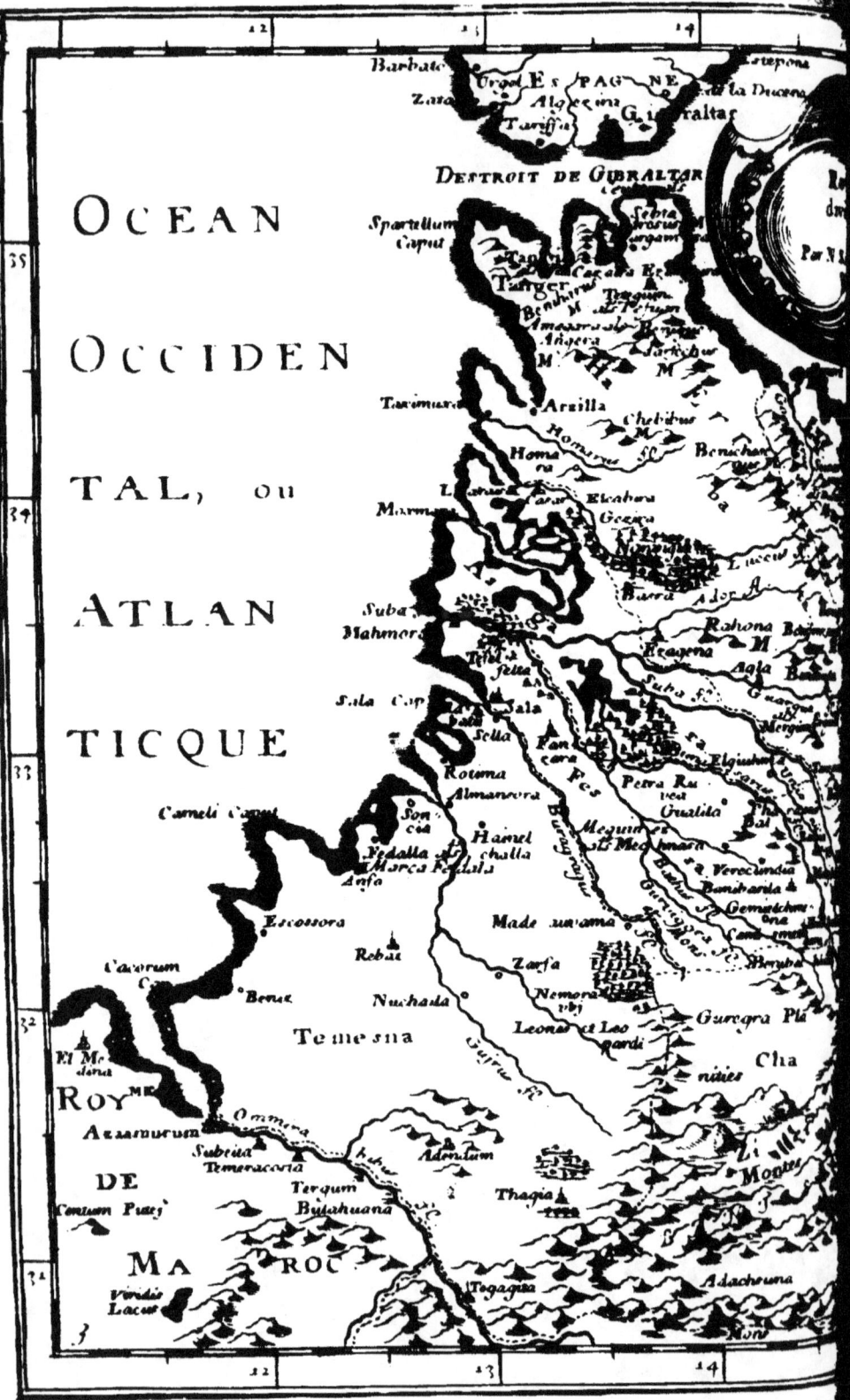

L'AFRIQVE DE MARMOL.

LIVRE QVATRIE'ME.

Contenant la description des Provinces, Villes & Bourgades du Royaume de Fez, & des habitations des Montagnes, avec les guerres, & autres choses remarquables.

E Royaume de Fez est la seconde partie de la Mauritanie Tingitane qui regarde l'Orient, & est séparé de la précédente par la riviére d'Ommirabi du costé des provinces de Duquela & de Tedla. Au Levant il a la riviére de Melvia, qui le distingue de celuy de Trémécen, ou de la Mauritanie Césarienne; & au Septentrion le détroit de Gibraltar & la mer d'Espagne; le costé du Midy est borné de la cime des montagnes du grand Atlas, qu'il comprend mesme en quelques endroits, & s'estend jusqu'en Numidie ou Gétulie. Ses montagnes qui sont sur la coste ont esté nommées par les anciens Empeluse, acause des vignobles, & particuliérement de ceux d'Abila* qui est vne des colomnes d'Hercules. Ce Royaume a sept provinces, dont la premiere du costé du Couchant

Ses limites.

Depuis Azamor jusqu'à Melvia & Caçaça.

* ou Alcudia.

Partie II. S

est celle de Teméçen, dont nous parlerons aux Chapitres suivans.

CHAPITRE PREMIER.
De la province de Teméçen.

CETTE province qui est la plus Occidentale du Royaume de Fez, commence du costé du Couchant à la riviere d'Ommirabi, & s'estend vers le Levant jusqu'à celle de Burregreg, qui entre dans la mer entre Salé & Rabat. Elle a au midy les costaux du grand Atlas, & au septentrion la mer de Gilbratar du costé de l'Océan. La coste a trente lieuës de long depuis l'Ommirabi jusqu'au Burregreg, sur vingt lieuës de large, & quelquefois plus. Toute cette estenduë n'est qu'vne campagne fertile qui estoit autrefois la fleur de toute la Barbarie, & comprenoit plus de quarante villes ou bourgades peuplées d'vne nation tres-belliqueuse; de-sorte qu'elle est fort célébre dans les écrits des historiens de Maroc. Le second Roy* des Almoravides la détruisit comme elle estoit possedée par les successeurs d'vn tyran*, dont nous avons parlé au trentiéme chapitre du second Livre, & elle demeura cent quatre-vingts ans deserte, jusqu'à-ce que Iacob Almansor la repeupla de quelques Arabes du Royaume de Tunis, qui l'ont possedée durant tout le régne des Almohades. Ils furent chassez par les Bénimérinis qui mirent en leur place les Zénétes & les Haoares, pour récompense des services qu'ils leur avoient rendus à leur establissement. Ces peuples l'ont toûjours possedée depuis, & sont nommez ordinairement Chaviens, errant sous des tentes comme les Arabes, & parlant vn Arabe corrompu, quoy-que ce soit vne nation Africaine. Ils ont esté autrefois fort puissans, & ont fait la guerre aux Oatazes qu'ils faillirent à déposséder; car ils mettoient sus pied cinquante mille chevaux & trois fois autant d'infanterie. On dit qu'en vne bataille à jour nommé qui est fort célébrée dans Fez, ils furent si orgueilleux qu'ils promirent à vn Roy de Fez à qui ils avoient affaire, de ne point combatre sur des chevaux qui eussent

marginalia:
* Ioseph Abu Téchifien.
* Quenim ben Menal.
Liv.2.ch. 35.
cinquante ans & plus.
Les Portugais nomment la province Chavia de leur nom.
Muley Chec el Oatac.

plus de trois ans; & le Roy de Fez promit la mesme chose; mais il fit couper le crin & la queuë à ses chevaux pour ne paroistre que des poulains, & par ce moyen les défit, acause que les autres dans le combat ne purent estre maistres de leurs chevaux. Ces peuples ont déchû tellement depuis par les guerres continuelles qu'ils ont euës avec les Rois de Fez & de Maroc, & avec les Portugais, outre trois ans de peste & de famine, qu'ils ne sauroient faire maintenant plus de huit mille chevaux & de cinquante mille hommes de pied, & sont vassaux du Chérif. Leur cavalerie est fort bonne, mais l'infanterie est peu de chose, quoy-qu'ils soient si superbes qu'ils souffrent mal-aisément le joug, & se revoltent à toutes les occasions, passant d'vn Royaume à l'autre avec leurs tentes & leurs troupeaux. Quand ils ne pouvoient autre chose, ils se servoient des Chrestiens d'Azamor contre les Africains & les Arabes qui estoient leurs ennemis. Leurs femmes sont blanches, & se piquent d'estre belles & bien parées, portant force joyaux d'or, d'argent, de perles & de cornalines, aux bras, à la gorge & aux oreilles. Le païs est fort bon pour le bled & pour les troupeaux, & l'on y recueilleroit quantité de froment & d'orge, si l'on cultivoit toutes les terres; mais ces peuples ne labourent que ce qui est à l'entour de leurs habitations. Il y a vne herbe Beluma parmi les champs qui engraisse les chevaux & le bestail en moins de douze ou quinze jours, mais quand elle jette vn petit épy barbu, on les empesche d'en manger, parce-qu'elle les estrangle, & les tuë. Il ne reste plus que les murailles des anciennes villes sans aucuns bastimens, & ces peuples s'y campent l'hyver; nous ne laisserons pas de dire ce qu'elles estoient autrefois, & les ruïnes que nous en avons veuës.

CHAPITRE II.

D'Anfa ou Anafe, qui estoit autrefois la capitale de cette province.

Villes.
ou Abça.

C'EST vne ville qui estoit fort peuplée, entre Rabat & Azamor, sur la coste de l'Océan, à vingt-deux lieuës du grand Atlas, à vingt d'Azamor, & treize de Rabat. D'autres la font vne de ces villes Libyphéniciennes que baſtit Hannon par ordre du Sénat de Carthage. Elle eſt au plus bel endroit de l'Afrique, ayant la mer d'vn coſté, & de l'autre de grandes plaines où l'on nourrit force troupeaux. Il y a apparence qu'elle eſtoit autrefois bien baſtie & bien policée, a cauſe du commerce de la Chreſtienté ; & il y avoit vn petit port où abordoient les marchans de l'Europe. Auſſi eſt-ce la ſeule place qu'on rebaſtit dans cette province aprés ſa générale deſtruction. Mais la richeſſe & la commodité du port attira vne ſeconde fois ſa ruïne, parce-que les habitans équipérent des fuſtes pour courre les coſtes des Chreſtiens, & y firent tant de ravages qu'Alfonſe Roy de Portugal y envoya ſon frére Dom Fernand avec dix mille ſoldats, qui la brûlérent, & la démolirent ſans aucun obſtacle ; car les habitans n'eurent pas plûtoſt découvert l'armée navale qu'ils abandonnérent la ville ſans plus revenir. On voit encore les ruines des murs qui eſtoient fort bons, & quelques reſtes des Temples. L'an mille cinq cens quinze le Roy de Portugal y voulut faire vne fortereſſe, & vne autre en la riviére de Mamore ; mais comme on baſtiſſoit celle-cy, le Roy de Fez y accourut, & en chaſſa les Chreſtiens, comme nous dirons en ſon lieu. Ptolomée ne fait point mention de cette ville, peut-eſtre pour ne l'avoir pas connuë.

Quelques-vns attribuënt ſa fondation aux Romains.

1468.

Il a deſia dit ſa ſituation.

CHAPITRE III.

De Manſore.

C'Eſtoit vne petite ville baſtie par Iacob Almanſor entre Anafe & Rabat, & l'on en voit encore quelques ruïnes. Elle eſt dans vne belle plaine à demy lieuë de la coſte de l'Océan, ſur les bords du Guir, que les anciens appeloient Duo, & que Ptolomée met à ſix degrez dix minutes de longitude, & à trente-trois degrez & vingt minutes de latitude. Il y a autour comme vne foreſt d'arbres fruitiers, qui pour avoir eſté trop long-tems ſans culture ſont devenus ſauvages. Il y avoit grand trafic, parce-qu'on y recueilloit

c'eſt qu'ils repouſſent par le pied.

force bled, & l'on y nourrissoit quantité de troupeaux, à quoy la terre est fort propre. Le peuple s'enfuit à Rabat avec tous ses meubles, quand le Roy de Portugal fit l'entreprise d'Anafe, & n'est point revenu depuis. Les murs sont encore debout, quoy-que toutes les maisons soient fondües, & les habitans du pays y ont fait des bréches, parcequ'ils n'aiment pas à se renfermer dans des villes.

CHAPITRE IV.

D'Ain el Calu.

DANS les plaines de Mansore paroissent les ruines d'vne ville qui avoit esté bastie par les Romains, à ce que disent les Historiens du pays. Il y a autour de grans bois d'Erquen, arbre aussi haut que le jujubier, & plus épineux, dont le fruit beau, mais amer, ne sert que de nourriture aux chévres, quoy-qu'on fasse de l'huile du noyau. Il y a autour de la ville plusieurs estangs remplis de grandes tortuës, & environnez de bois fort épais, où il y a des lions, & toute sorte de bestes de chasse. La ville ne s'est jamais repeuplée depuis la desolation générale de la province par le Roy Ioseph, de la race des Lumprunes. *Cerfs, chévreü'ils, vaches sauvages, gazelles, sangliers, &c.*

CHAPITRE V.

De Rabat.

SVR la coste de l'Océan, à l'embouchure de la riviére de Burregreg* du costé du Couchant, est la grande ville de Rabat, bastie par Iacob Almansor, à ce que dit Abdulmalic, quoy-que d'autres attribuënt sa fondation à Abdulmumen, qui la nomma Méhédie. Cette ville a vn fort château bordé d'vn costé de la mer, & de l'autre de la riviére, & ressemble à Maroc pour les bastimens, quoy-que beaucoup plus petite. Ce Prince la bastit pour y demeurer l'esté, afin d'estre plus proche des armées qu'il envoyoit en Espagne, dont la ville de Maroc estoit trop reculée: car il *ou Sala, ou Sumir.*

n'eſtoit pas ſi commodément à Ceute, qui eſt dans le détroit, parce-que le pays n'eſt pas ſi fertile, au-lieu que celuy-cy fournit abondamment de vivres, & que c'eſtoit la demeure des plus puiſſans Arabes dont il ſe ſervoit dans les guerres d'Eſpagne, comme mortels ennemis des Chreſtiens. Elle fut nommée Rabat, comme qui diroit Fauxbourg, & construite en fort peu de tems, quoy-qu'il y eut de grans Palais & de grandes Moſquées, avec pluſieurs autres baſtimens, pour l'ornement ou le gouvernement de la ville. Et il ſe plût tant à l'embellir, qu'elle ne cédoit point à celle de Maroc. Auſſi la tour de la principale Moſquée eſt-elle toute ſemblable à celles de la forterreſſe de Maroc, & de la grande Egliſe de Seville, comme faites par vn meſme maiſtre, quoy-que l'eſcalier de celle-cy ſoit plus large que celuy des deux autres, & qu'il y puiſſe monter quatre chevaux de front juſqu'au haut. Elle eſt eſtimée la plus haute de toute l'Afrique, parce-qu'on y découvre vn vaiſſeau de vingt lieuës loin. Lors que la ville fut achevée, Iacob Almanſor y fit venir toute ſorte d'artiſans, de marchans & de Docteurs, & les entretint à ſes dépens; ce qui y amena tant de gens de toutes parts, qu'elle devint vne des meilleures villes d'Afrique, & il y demeuroit depuis le commencement d'Avril juſqu'à la fin de Septembre. Mais parce-que l'eau des puits, & celle de la riviére ſont corrompuës par le flux de l'Océan, il fit venir ſur des arcades vne fontaine de quatre lieuës, dont l'eau eſt repartie dans les places, les Moſquées & les Palais. Tandis que ce Prince veſcut, la ville augmenta toûjours ; mais aprés ſa mort, la guerre des Almohades & des Bénimérinis, qui en deſola tant d'autres, n'y laiſſa pas la dixiéme partie des habitans. Ce grand aqueduc dont j'ay parlé fut tout rompu, & pluſieurs temples & palais ruinez. Il n'y a pas maintenant plus de ſix cens feux, en trois quartiers prés du château, tout le reſte eſt réduit en clos & en jardinages. Les Chaviens poſſédent le pays d'alentour, & s'eſtendent juſqu'aux campagnes qui ſont au Levant du fleuve, où il y a de beaux paſturages. Le Roy de Fez tient garniſon dans le chaſteau, dont le Commandant eſt Gouverneur de la ville. Il eſt bon pour ſe défendre à coups de main ; mais il ne vaut

C'eſt qu'elle eſt outre cela ſur vne éminence.

rien contre l'artillerie, parce-qu'il n'y a point de rempart. Le port de la ville est à demi-lieuë plus haut le long du fleuve, & du costé du Levant il y a vne autre ville nommée Salé, dont nous parlerons en la description de la province de Fez, qui n'en est séparée que par ce fleuve.

CHAPITRE VI.

De Mensala.

IL y a vne autre petite ville sur le bord de la riviére de Burregreg, à demy-lieuë de Rabat, qui semble, à la façon des murailles, estre vn ouvrage des Romains. Elle fut détruite par le Roy Ioseph, dans la desolation générale de la province, mais Iacob Almansor la repeupla quand il fonda la ville que nous venons de dire, & y bastit vn palais & vn grand hospital pour les blessez & les malades. Il fit aussi dans la principale Mosquée vne grande chapelle toute d'albastre, à la Mosaïque, pour luy servir de sepulcre, avec quantité de vitres tout autour. Ceux du pays disent, qu'il y est enterré, & qu'à la teste & aux pieds il a deux grandes tables d'albâtre, où sont décrites ses victoires, & le deuil qu'on fit à sa mort. Tous les successeurs de sa race, & quelques-vns de celle des Bénimérinis y sont enterrez aussi ; de-sorte qu'il s'y trouve plus de trente tombeaux de Rois, avec leurs tables d'albastre, comme j'ay dit, où l'on voit écrit leur nom, avec le tems qu'ils ont régné, & l'abrégé de leurs actions. Mais plusieurs asseurent que Iacob Almansor mourut dans Aléxandrie, & qu'il y est enterré, & ajoûtent que celuy qui est icy est vn autre de son nom, de la race des Bénimérinis, qui fut aussi Roy de Fez & de Maroc, quoy-que ce ne soit pas l'avis d'Abdulmalic.

Le Conquéreur de Maroc.

CHAPITRE VII.

De Nucheyla.

ON voit encore au milieu de cette province les ruines des murs d'vne ville qui a esté bastie par ceux du pays. Elle estoit peuplée de braves gens, sur tout lors-que Quimem & ses descendans en estoient maistres, & il s'y tenoit vn grand marché toutes les semaines, où accouroient les habitans de la province, avec diverses marchandises; mais elle ne s'est point repeuplée depuis la desolation générale du pays. La tour de la grande Mosquée est encore debout, & ceinte d'vne forest épaisse d'arbres fruitiers, qui sont devenus sauvages faute de culture. Les Chaviens viennent fort souvent en ces quartiers, à cause de l'eau & des pasturages, outre que le labourage en est fort bon, & ils sont cause en partie, aussi-bien que les Arabes, que la ville ne se repeuple point, parce-que cela leur osteroit la liberté d'errer aux environs avec leurs troupeaux. C'est la cause que la pluspart des autres villes de cette province sont desertes, quoy-que ce soit le plus riche & le meilleur pays de toute la Barbarie, & où l'on pourroit vivre plus à son aise.

C'est que les sauvageons repoussent, & font mourir l'ente.

CHAPITRE VIII.

D'Adendum.

A SEPT lieuës de la ville précédente du costé du Midy, & à cinq du grand Atlas, sont d'autres ruines d'vne petite place, qu'on dit avoir esté bastie par les Romains. Tout le pays d'alentour est excellent pour le bled, & pour la nourriture du bestail; & il y a vne grosse source prés de cette ville, dont le goust, aussi-bien que la couleur de la terre, fait croire qu'il y a plusieurs mines de fer en ces quartiers. Elle n'a point esté repeuplée non plus que les autres, depuis la desolation générale de la province, & n'a aucun edifice debout.

LIVRE QVATRIE'ME. 145

debout. Les Chaviens errent alentour avec leurs troupeaux, acause de la commodité de l'eau.

CHAPITRE IX.

De Tegégilt.

SVr le bord de l'Ommirabi, assez prés du mont Atlas, est vne habitation en forme de village, au lieu où estoit autrefois basti Tegégilt, à mi-chemin de la province de Tedla & de la ville de Fez. Les Historiens disent, qu'elle estoit fort riche & bien peuplée, & qu'on y venoit deux fois l'an de la Gétulie & de la Libye, acause de la proximité d'vn passage du mont Atlas, échanger des dates contre du froment & des marchandises. Elle a esté long-tems deserte depuis sa destruction ; mais de pauvres gens s'y sont habituez depuis, qui gardent le bled des Chaviens en de grans creux, moyennant quelque recompense, & quelques quartiers de terre, qu'on leur laisse labourer aux environs.

CHAPITRE X.

De Madaravan.

CEtte ville est à trois lieuës du grand Atlas, sur le bord du Burregreg, du costé du Septentrion, & a esté bastie par le second Roy de Maroc, de la lignée des Almohades, acause de quelques mines de fer qui sont aux environs, aussi-bien que de grans bois remplis de lions, entre la ville & la montagne. Elle estoit fort peuplée du tems de ce Prince, & il y avoit des Palais & des Mosquées ; mais les Benimérinis l'ayant détruite en la guerre contre les Almohades, les habitans furent demeurer à Salé. Les murailles sont encore debout ; mais on y a fait quantité de bresches, & il reste quelques tours de Mosquées, tout le reste estant fondu. Les Chaviens fréquentent fort l'esté en ces quartiers, acause de l'eau & des pasturages.

Abdulmumen.

Partie II. T

CHAPITRE XI.

De Dagie.

ENTRE les montagnes qui tiennent au grand Atlas, est vne petite ville bastie par les Africains, en vn terroir aspre & sterile, & plein de grandes forests épaisses, qui sont remplies de lions. Comme le païs est froid il y vient fort peu de bled; mais on y nourrit grand nombre de chévres, & il y a quantité de miel & de cire, qui enrichit les habitans. Ils demeurent en de meschantes maisons de terre ou de pierres seiches, couvertes de pailles ou de branchages. Il y a vn tombeau d'vn Morabite, qui apprivoisoit, à ce qu'on dit, les lions; de-sorte que son sepulcre est en grande vénération, & les habitans de Fez & de Maroc y viennent en pelerinage depuis leurs grandes Pasques. Le nombre en est quelquefois si grand, que la ville ne les pouvant contenir, toutes les montagnes d'alentour en sont couvertes, ce qui fait croire de loin que c'est vne armée, acause de la multitude des tentes. La ville de Fez en est à quarante lieuës.

Déda Buaza.

CHAPITRE XII.

D'Azarfe.

A L'ENDROIT où cette province joint à celle de Fez, on voit les ruines d'vne ancienne ville bastie par ceux du pays, en vne belle & spacieuse campagne, arrosée de plusieurs petites riviéres, dont les sources descendent du mont Atlas. Elle a esté détruite comme les autres dans la desolation générale de la province, & ne s'est plus repeuplée depuis. On voit à l'entour de ces ruines quantité d'arbres fruitiers qu'on ne cultive point: mais le pays est fréquenté par les Chaviens & par des Arabes fort puissans, qui ne se souciant ni de jardins, ni de maisons, ont laissé tout perdre, & se contentent du labourage & du revenu de leurs troupeaux. Mais du reste, le pays est si fertile, qu'vn

Ibni Melic Sophian.

LIVRE QVATRIEME. 147

boisseau de bled en rapporte cinquante ou soixante. Il y a encore plusieurs autres villes ou bourgades de cette province, dont les Historiens ne parlent que fort peu, ou point du tout; mais il reste encore quelque souvenir de l'endroit où elles ont esté, sans qu'on en puisse dire le nom.

Recueille 50. ou 60. boisseaux pour vn que l'on a semé.

CHAPITRE XIII.

De la province de Fez.

LA seconde province de Fez porte le nom du Royaume, & a au Couchant le fleuve de Burregreg, qui la sépare de celle de Teméçen, & au Levant vne autre riviére, nommée Innavan de Halvan : Du costé du Nort celle de Cébu *, & la partie de l'Océan, qui est entre Salé & Mamore, & au Midy la coste du grand Atlas. Tout ce pays-là est fertile en bleds & en pasturages, acause de son humidité, si-bien qu'il y a quantité de gros & menu bestail, & il est rempli de vergers, qui portent toute sorte de fruits comme en Europe. Les montagnes & toutes les plaines qui sont entre Fez & Méquinez, sont peuplées de Bérébéres & d'Holotes, qui est vn meslange d'Africains & d'Arabes, sans parler d'autres Arabes fort puissans *, qui possédent toutes les campagnes d'entre Fez & la mer, & errent avec leurs troupeaux le long des bons pasturages. Le pays qui est entre la ville de Fez & le grand Atlas, n'est pas si peuplé, & est habité de pauvres Arabes, qui habitent sous des cabanes entre les Bérébéres, & payent quelque chose au Roy & aux habitans de Fez, pour les terres qu'ils tiennent. Nous dirons aux chapitres suivans les habitations qui sont dans cette province, allant toûjours du Couchant au Levant, selon nostre ordre.

autrefois Bulibile.

* ou Subro.

* Goméres, Cinhagiens, Cumetes, Levetes, &c.

Beni Melic Sophian.

CHAPITRE XIV.

De Salé, ou Célé.

Villes.

C'EST vne ancienne ville bastie sur la coste de l'Orient par les Romains, ou par Hannon le Carthaginois, prés de l'embouchure du Burregreg, du costé du Levant, à vn peu plus de demi lieuë de la ville de Rabat. Lors que les Gots régnoient en Afrique, elle estoit la capitale de cette province ; mais la ville de Fez l'emporta sur toutes les autres depuis sa fondation. La structure des murs, des maisons & des temples en est tres-belle, & la ville forte, avec vn chasteau sur la riviére. Les maisons ont des courts & des portiques, à la façon du pays, enrichis de plusieurs colonnes, & de tables de jaspe & d'albastre. Les places & les ruës bien alignées, font assez voir le bel ordre qui y estoit. Il y a vn assez bon port à l'embouchure du fleuve, quoy-que petit, où abordent les marchandises de l'Europe. On equipe-là des fustes pour courre les costes de la Chrestienté,

Doqueili, natif d'Orgive.

depuis qu'vn Morisque de Grenade s'y retira. Mais ces fustes retournent passer l'hyver dans le port, dont l'entrée est assez difficile. Cette ville a esté fort riche & fort peuplée, & vn Historien d'Afrique dit, qu'on faisoit de si grans ravages delà sur la Chrestienté, qu'Alfonse le Sage, Roy de

1263. le 670. de l'Egyre. Iacob.

Castille, la fut attaquer & la prit. Mais il ne la posséda pas long-tems : car le premier Roy de Fez de la race des Bénimérinis, qui faisoit la guerre alors au Royaume de Treméçen, fit tréve avec son ennemi pour la venir secourir, &

Gamarazan Ben Zeyen.

surprenant les Espagnols au dépourveu, la prit & tua, ou fit prisonniers la pluspart de ceux qui y estoient, le reste se sauva dans les vaisseaux, & retourna en Castille. Cette prise & reprise si soudaine, mit la ville en tel estat, qu'elle n'a jamais pû depuis se restablir, ni rentrer dans son ancienne splendeur. On laboure quelque terre aux environs, le reste sont des sables où l'on seme & recueille force coton ; desorte que la pluspart des habitans en font des toiles & des fustaines. Autrefois les marchandises qui y abordoient, y payoient la doüane qu'elles vont maintenant payer à Fez. Il y a seulement vn Gouverneur avec trois cens chevaux, & quelques arquebuziers pour la seureté de la place.

CHAPITRE XV.

De Téfen Sara.

ON voit encore les ruïnes de cette ville en vne belle & grande plaine qui est à trois lieuës de Salé au dedans du païs. On la nommoit autrefois Banaza ou Valence, selon Pline, qui la met à six degrez trente minutes de longitude, & à trente-quatre degrez, & vingt minutes de latitude. Mais Abdulmalic dit qu'elle doit sa fondation à vn Roy Abdulmumea des Almohades, & son agrandissement à vn autre de la race Abulhascen. des Bénimérinis, comme sa ruïne à Sayd en la guerre qu'il eut contre son oncle*, sans qu'elle se soit jamais repeuplée *Abusaad. depuis. Elle a de belles campagnes pour le labourage & les troupeaux, où errent les Arabes d'Ibni Mélic Sofian, & quelques Chaviens à qui Sayd les donna pour récompense des services qu'ils luy avoient rendus en cette guerre.

CHAPITRE XVI.

De Mamore.

IL y a vne autre ville ruïnée à quatre lieuës de Salé, du costé du Levant, & à demy lieuë de la coste de l'Océan prés de l'embouchure de la riviére de Subu. On dit que ou Subure. Iacob Almansor la bastit pour défendre l'entrée de cette riviére, mais Sayd la détruisit comme il fit plusieurs autres places de cette province, & il n'en reste que les ruïnes. Les campagnes d'alentour sont des sables infertiles, horsmis prés de la riviére, où il y a d'assez bons fonds de terre que possédent les Arabes que nous avons dit. Le Roy de Portugal vou- Ibni Mélic lut bastir vne forteresse à l'embouchure de Subu, comme nous Sofian. allons dire, mais la chose ne luy reüssit pas.

L'an mille cinq cens quinze, comme les Portugais triom-

Défaite de Dom Antoine de Noragna, Général du Roy Dom Manuel.

phoient en Afrique, Dom Manuel envoya vne armée navale pour conſtruire vne forteresse à l'embouchure de la riviére de Subu, où sont les ruïnes de la ville dont nous venons de parler. Antonio de Noragna Gentilhomme Portugais, qui fut depuis Comte de Linare eſtoit Général de l'armée, & eut ordre aprés avoir conſtruit ſa forteresse, de donner trois mille hommes avec les navires à Nugno Maſcaregnas pour en aller faire vne autre en la ville d'Anafe, ce qui eſtoit avantageux pour la conqueſte du Royaume de Fez. Il y avoit dans l'armée navale douze cens vaisseaux

gros vaisseaux de Caſtille.

tant grans que petits, & quelques caraques, avec huit mille hommes de combat, ſans les matelots & les artiſans, &

24. Iuin.
la riviére de Mamore.

quelques gens pour peupler. La flote arriva la veille de la ſaint Iean à l'embouchure du fleuve, ſans y entrer, acauſe qu'il eſtoit tard. Auſſi-toſt le Général envoya vne caravelle mouiller l'ancre à l'endroit où l'on vouloit baſtir la forteresse; aprés quoy toutes les autres entrérent avec les vaisseaux qui portoient l'artillerie & les gens de guerre, ſans qu'il reſtaſt que les caraques que nous avons dit, qui ne purent entrer acauſe de leur grosseur. Mais aprés avoir reconnu le lieu qu'on avoit déſigné, on trouva à propos d'y baſtir la forteresse plus prés de l'embouchure, où la deſcente eſtoit plus facile, & où il y avoit quelques fontaines. Auſſi-toſt l'infanterie mit pied à terre, & l'on dreſſa vn chaſteau de bois qu'on portoit; aprés quoy l'on travailla avec tant de diligence à la ſtructure du fort, qu'on le mit preſque en défenſe en peu de

quatorze palmes.

jours, avec vn foſſé autour de neuf pieds de haut ſur vingt de large. Cependant le Roy de Fez raſſembla ſes troupes, &

Mahemet Oaraz.
Muley Nacer.

manda à ſon frére, qui eſtoit Seigneur de Méquinez à vingt lieuës de Mamore, qu'il allaſt traverſer cette entrepriſe avec le plus de gens qu'il pourroit, & ſix piéces d'artillerie, ſous promeſſe de le ſuivre avec le reſte des troupes. Le frére prit donc la route de Mamore avec trois mille chevaux, & trente-mille hommes de pied, & fut bien-toſt ſuivi du Roy avec vn nombre infini de cavalerie & d'infanterie, qui le vint joindre à quatre lieuës du fort. Ils envoyérent de-là leur cavalerie pour traverſer l'ouvrage, qu'on ne laiſſa pas de continuër, & de mettre à fin, & on l'euſt défendu con-

LIVRE QVATRIE'ME.

sept degrez de longitude, & à trente-quatre degrez quinze minutes de latitude. On tient qu'elle a esté bastie par les Africains de la tribu de Cinhagie. Elle est environnée de sablons, mais il passe vne riviére assez proche, dont les rives sont bordées d'épaisses forests remplies de lions fort courageux, qui attaquent les passans, particuliérement la nuit. Mais on a dressé au milieu du chemin vne maison couverte en terrasse pour servir de retraite aux voyageurs contre leur furie. Cette ville fut ruinée par Sayd en la guerre que nous avons dite, sans avoir esté repeuplée depuis, parceque les Arabes qui errent par ces plaines ne le veulent pas permettre, pour en pouvoir jouïr en toute liberté.

Hued Seli

Ibni Mélic Sofian.

CHAPITRE XVIII.

De Méquinez.

A DIX-SEPT lieuës de Salé, vingt de Mamore, & non loin du mont Atlas est vne grande ville de plus de huit mille habitans, que Ptolomée met à sept degrez cinquante minutes de longitude, & à trente-quatre degrez quinze minutes de latitude, sous le nom de Silda qu'on a changé depuis en celuy de Méquinez, à cause d'vne branche des Zénétes qui portoit ce nom, & qui chassa du Royaume de Fez les successeurs d'Idris, à la faveur du Calife Schismatique de Carvan. Ibni Alraquiq dit que ces Méquinéciens vivoient autrefois sous des tentes comme les Arabes ; mais qu'estant devenus riches, la discorde se mit entre eux, & que les plus foibles chassez par les plus puissans s'habituérent en ce lieu, où il y avoit déja quelque habitation, & devinrent peu à peu si considérables, que c'est aujourd'huy vne des principales villes de la Mauritanie Tingitane. Aussi est-elle fort bien bastie, & dans vne belle plaine, sur le bord d'vne agréable riviére qui n'est qu'à demi-lieuë de sa source. Les campagnes d'alentour sont fertiles en bled, en lin & en huile, & l'on y nourrit toute sorte de gros & menu bestail. Elle est environnée de jardins qui portent plusieurs fruits tres-excellens, & bien ceinte d'vn bon mur

à cinq lieuës des montagnes.

Bénéméqui néça.

en l'arbre de la genéalogie des Africains.

Bucelet.

V

bien garni de fortes tours à l'antique. Tous les bains, les palais & les mosquées sont à la façon du païs, & l'on tient le Lundi vn marché hors de la ville où tous les Arabes & les Bérébéres de la contrée viennent vendre leurs laines, leurs peaux, leur beurre, leur cire, & leurs autres marchandises, & acheter ce qui est necessaire pour leur petit équipage & celuy de leurs chevaux. Les Rois de Fez ont coûtume de donner cette ville en appanage à leur successeur, soit fils, frere, ou proche parent, comme la premiére aprés la capitale, ce qui ne leur a pas toûjours reüssi. Car Mahamet Oataz l'ayant donnée à son cousin, qui se fit depuis Seigneur d'Azamor; ce Prince faillit à s'emparer de la ville de Fez tandis que le Roy faisoit la guerre à celuy de Treméçen. Mais Mahamet y accourut aussi-tost, & se campant devant Méquinez, desola tout le païs en l'espace de deux mois, tant que les habitans luy ouvrirent vne porte à l'insceu du Prince, qui fut arresté ensuite, & envoyé prisonnier dans Fez, où il demeura long-tems enfermé dans vne tour. Mais à la fin le Roy le mit en liberté, & donna la ville à son frére Muley Nacer, qui défit l'armée de Portugal sur la riviére de Mamore, comme nous venons de dire. Pour retourner à Méquinez, c'est vne place qui a de bonnes murailles, & de grandes ruës larges & fort gayes, avec vne belle fontaine au milieu de la place, qui vient par des aqueducs d'vne montagne voisine*. Il y a aussi vn fort chasteau, & bien basti où est le Palais du Prince, & à demi lieuë de là plusieurs moulins le long du fleuve. Les Méquinéciens sont braves & orgueilleux, mais anciens ennemis de ceux de Fez. Ils se vantent de venir de la Méque, & s'occupent la pluspart au trafic. Les femmes filent la laine fort deliée, & font de belles étofes de soye & de coton, & d'autres de coton & de laine qui portent le nom du païs, & sont fort estimées en Afrique, parce-qu'elles sont tres-fines & de bon vsé. Les hommes y sont fort jaloux, & ne souffrent pas qu'elles fassent des visites, ni qu'elles sortent du logis, si ce n'est pour aller au bain; encore sont-elles si bien cachées avec des voiles de laine blanche fort fine, qu'on ne leur voit point le visage. Les plus riches Arabes de ce Royau-

Muley Sidan.

il a déja parlé de la beauté de sa situation.

* Bénibecil.

tre toute la puiſſance des Maures, ſi l'on n'euſt ſongé qu'à cela. Mais ſur l'avis que les ſix piéces d'artillerie eſtoient à demy lieuë de la forterefſe avec peu de gens pour les garder, le Général crut que la priſe en ſeroit facile autant qu'elle eſtoit importante, & envoya douze cens ſoldats pour s'en ſaiſir. Ce deſſein euſt ſuccédé heureuſement, ſi l'on ne ſe fuſt refroidy ; car les Portugais arrivérent avant jour au lieu où eſtoit l'artillerie, & trouvant les ſentinelles qui dormoient, l'emmenérent plus de deux traits d'arbaleſte avant que l'on s'en aperceuſt. Mais à la fin eſtant découverts, on ſonna l'alarme par tout, & le frére du Roy vint fondre ſur eux avec toute la cavalerie. Ils marchoient en ſi bon ordre, qu'encore que l'ennemy voltigeaſt de tous coſtez pour retarder leur marche en attendant la venuë de ſon infanterie, ils s'ouvroient par-tout vn paſſage l'épée à la main, ayant les ſix piéces d'artillerie encloſes dans leur bataillon. Mais comme ils furent proches de la forterefſe, & qu'ils virent toute la campagne couverte de Maures l'eſpace de deux lieuës, l'épouvante les prit, & les plus craintifs pour ſe trop haſter rompirent leurs rangs à la venuë de l'ennemi, qui voyant cela cria, Donnons. Auſſi-toſt pluſieurs renégats & Grenadins leur criérent en leur langue, Rendez-vous, & l'on vous donnera la vie ; ce qui en gagna quelques-vns, qui jettérent leurs armes, & par-là firent jour au bataillon où les Maures eſtant entrez firent main-baſſe, ſans qu'il s'en ſauvaſt qu'environ quinze, que quelques Officiers du Roy de Fez firent priſonniers. En-ſuite les victorieux s'approchérent de la forterefſe, & ſe voyant incommodez de l'artillerie qui eſtoit ſur les navires ſe retranchérent à l'embouchure du fleuve, & y pointérent leur canon, tant pour leur ſeureté que pour en défendre l'entrée aux vaiſſeaux chargez de vivres. Là-deſſus le Général des Portugais fit remparer vn gros navire avec des poutres & des ſacs de coton & de laine, & le mit de travers à l'embouchure du fleuve avec trois caravelles pour le défendre, afin de pouvoir aller & venir ſans eſtre incommodé de l'artillerie des ennemis. Mais les Maures coulérent auſſi-toſt à fond ce vaiſſeau, & le Général des Portugais voyant que les vivres & les munitions commençoient à manquer, & qu'on entreprendroit en vain de défendre la forteresse parmy tant de morts & de blessez : Outre le grand nombre des malades, il résolut par l'avis des Officiers de se retirer, & l'on dit qu'il en eut ordre du Roy.

le 10 d'Aoust. Il partit donc avec tant de précipitation que la pluspart périrent dans l'embarquement, soit dans l'eau ou par le fer, & l'on y perdit plus de cent navires avec toute l'artillerie. Car comme celle des ennemis estoit pointée à l'embouchure du fleuve du costé du Levant, les vaisseaux Portugais pour s'en éloigner rasoient la coste de l'autre costé, où ils échoüoient sur des bancs de sable, & estoient tuez par les Maures. Ceux qui pensoient se sauver à nage vers les vaisseaux qui estoient hors de la barre, ne purent surmonter le choc des vagues, & en furent engloutis, ou massacrez à la descente, comme ils pensoient se sauver à terre. On y perdit plus de quatre mille hommes sans les prisonniers, avec plusieurs vivres, & munitions. Les Maures repeschérent depuis l'artillerie qui estoit dans les caravelles, lesquelles avoient coulé à fond, & les emmenérent à Fez. Voilà le desordre que causa la peur de quelques soldats. On a re-

Nota. marqué dans les guerres d'Afrique, que lors qu'vn bataillon Chrestien demeure serré sans floter ni se desunir, il resiste fort bien aux Maures qui laschent le pied si tost qu'ils trouvent de la résistance; mais si-tost qu'il y a la moindre ouverture, il est rompu. Comme je demandois à Fez à quelques-vns des Chrestiens qui avoient esté pris en cette rencontre, pourquoy ils n'avoient pas encloüé l'artillerie des Maures en se voyant sur le point de la perdre, ils dirent qu'ils n'avoient pas dequoy le faire, & qu'on n'avoit pas songé à cela estant si proche du camp lors qu'on fut défait.

CHAPITRE XVII.

De Tifelfelt.

A CINQ lieuës de la ville précédente, & à quatre de l'Océan, sont les ruïnes de l'ancienne ville de Tamiside qu'on nomme aujourd'huy Tifelfelt que Ptolomée met à sept

me errent aux campagnes d'alentour; & le Chérif qui régne aujourd'huy, a donné cette ville en appannage à son second fils. *Béni Mélic Sofian.*

CHAPITRE XIX.

De Gemaa El Hamem.

ON voit à cinq lieuës de Méquinez, dans vne grande plaine où il y a vn bain naturel, les ruïnes d'vne ancienne ville qui est sur le grand chemin de Tedla à Fez. Elle fut détruite dans les guerres de Sayd, & ne s'est jamais repeuplée depuis. Tous les bastimens en sont fondus; il ne reste sur pied que les murailles & les tours. On tient vn marché tous les Dimanches à demi-lieuë de la ville, où tous les Arabes & les Bérébéres de la contrée portent vendre leur grain & leur bestail avec leur beurre, leur laine & leur cire, & les autres choses du païs. Car toutes les campagnes d'alentour sont possédées par des Arabes fort puissans, qui ne souffrent pas qu'on la rebastisse, & le Roy de Fez le dissimule pour ne les point offenser, quoy-qu'il luy fust plus avantageux qu'on la restablist. Ptolomée nomme cette ville Gontiane selon les tables modernes, & la met à sept degrez cinquante minutes de longitude, & à trente-quatre, & quinze minutes de latitude; mais les Historiens du païs attribuënt sa fondation à vn Roy des Almohades. *Le marché de Hat de Tazna.* *Ibni Mélic Sofian.* *Abdulmumen.*

CHAPITRE XX.

De Hamiz Metagara.

ENTRE la ville que nous venons de décrire, & celle de Fez, à cinq lieuës de l'vne & de l'autre, sont les ruïnes d'vne place qui fut détruite pendant les guerres de Sayd. Mais les Roys de Fez pour la repeupler la donnérent depuis à quelques Morisques de Grenade, qui ont fait plus de deux lieuës de jardins tout autour, où ils nourrissent des vers à soye, & plantent quantité de cannes de sucre, mais ils ont *ou le marché du Icudy.*

esté fort mal. traitez pendant la guerre des Chérifs. Car Mahamet s'eftant campé prés de cette ville, en gafta les jardinages, & fit égorger la plufpart des habitans en fa préfence, pour intimider ceux de Fez. Cette ville fut encore travaillée du paffage des armées dans les guerres de Buaçon Roy de Velez, parce qu'elle est fur le grand chemin de Fez à Maroc. Il s'y tient vn marché tous les Ieudis, dont elle a pris fon nom. Ibni Alraquiq dit qu'elle a efté baftie par les anciens Africains. Il y a de grandes brèches aux murailles, quoy-qu'elle ait efté reparée en quelques endroits par les Grenadins ; mais la place n'eft pas bonne, & vn petit chafteau qui y eftoit eft tout ruiné.

quand le cadet prit l'aifné à la bataille de Derna.

1544.

CHAPITRE XXI.

De Beni-Bécil.

C'EST vne petite ville baftie par les Cinhagiens entre Fez & Méquinez, prefque en égale diftance de l'vne & de l'autre, fur vn grand ruiffeau dont la fource n'eft qu'à demi lieuë. Elle fut détruite dans les guerres de Sayd, & demeura long-tems deferte, jufques à ce que Muley Nacer Seigneur de Méquinez, de retour de la province de Duquéla, la repeupla de quelques habitans qu'il avoit amenez de ces quartiers, pour les affranchir de la tyrannie des Portugais. Elle eftoit autrefois des dépendances du Royaume de Fez, & eft maintenant fujette à Méquinez depuis qu'on l'a repeuplée, mais les habitans fe font repentis plus d'vne fois d'avoir quité leur pays pour fe venir habituer en vn lieu où ils ne poffédent rien, & où ils font obligez de payer aux Arabes la rente de toutes les terres qu'ils cultivent. La place n'eft pas fort bonne, & les habitans font prefque tous tifferans, parce-qu'on féme quantité de lin & de chanvre dans vne plaine vn peu humide qui eft devant la ville. On y recueille auffi de l'orge & toutes fortes de légumes ; mais on n'y recueille aucun bled, a caufe de la trop grande humidité. Prés de-là eft la montagne de Bénibécil qui s'eftend jufques vers Méquinez, & l'on en fait venir de l'eau dans la ville par des aqueducs.

Huetnija.

Ain Zorc.
1514.
des environs d'Azamor.

Ibni Mélic Sofian,

LIVRE QVATRIEME.

CHAPITRE XXII.

De Fez, qui est la capitale du Royaume, & la Cour du Ponent; car c'est ainsi qu'on la nomme, à la difference de Constantinople.

FEz est la plus grande & la plus belle ville de toute l'Afrique, où sont les écoles de la secte de Mahomet. Elle est divisée en trois, ou plustost ce sont trois villes assemblées en vne, & qui portent le mesme nom, & ont esté basties en divers tems. La plus ancienne est celle de Beleyde, qui est au Levant du fleuve, où sont les jardins & les fontaines de Zingifor. Elle est d'environ quatre mille feux, & fut bastie par Idris, cét illustre predicateur, dont nous avons parlé au chapitre vingtiéme du second livre. L'autre, qu'on nomme la vieille Fez, autrement Ain Alu, est au Couchant du fleuve, & contient quatre-vingts mille habitans. Elle doit sa fondation au petit-fils de ce predicateur, & c'est-là qu'est la grande Mosquée du Caruvin. Abdulmalic dit, que ces deux villes ont esté autrefois à deux differens Princes de cette Maison, qui estoient en guerre continuëlle, quoy-qu'il n'y eust point d'autre separation entre-eux que la riviére & la ruë; mais que le second Roy des Almoravides, aprés avoir ravagé la province de Teméçen, les fut attaquer comme heretiques, parce-qu'ils n'estoient pas de l'opinion des autres Mahometans, & les ayant pris & tuez, ne fit qu'vne ville des deux, en dressant vn pont sur la riviére, & démolissant le mur qui les separoit. Il la nomma Fez, du nom du fleuve, qui se nommoit autrefois Huet Giohora, ou la riviére des Perles, & se nomme maintenant Huet-Fez, c'est-à-dire riviére d'or, parce-qu'elle est bordée de vergers, & que c'est vne tres-riche contrée. La troisiéme ville, est le nouveau Fez, qui contient plus de huit mille habitans, & est vn peu à l'écart. Iacob, Roy des Bénimérinis la bastit comme vne forteresse, pour s'y loger avec sa Cour, & la nomma Elbeyda, ou la Blanche; mais on l'appelle mainte-

Le reste sera exprimé dans a description

798.
le 185. de l'Egyte.

Hassçen.

Ioseph Lumptune.

Il faloit que ce fut ailleurs que du costé de la riviére.

V iij

nant le nouveau Fez, pour avoir esté construit depuis les autres, quoy-que toutes ensemble ne portent qu'vn mesme nom. La plus ancienne est au mesme lieu qu'on nommoit autrefois Bulibile, dont Ptolomée met la situation à huit degrez quinze minutes de longitude, & à trente-trois, & quarante minutes de latitude. Cela me fait croire, parce-que j'en ay veû prendre la hauteur dans la mesme ville, du haut du mont Tavertin, où sont les cavernes que nous avons dites, qu'il y avoit déja quelque habitation où Idris fonda sa ville. Mais les Arabes, qui ont coustume de s'attribuer les choses les plus remarquables, l'en font le premier fondateur, & disent, que celle qui est au Couchant du fleuve se bastit depuis; c'est d'elle que nous parlerons plus particulierement, parce-que c'est la principale de toute l'Afrique.

Du vieux Fez, qui estoit au Couchant du fleuve. Le reste est déja exprimé.

Le vieux Fez, qui est si fameux, est situé sur des colines & dans des valées, & ceint de vieux murs, bien garnis de tours & de bonne fabrique. Il y a sept portes, dont la premiére se nomme la porte de la trahison, la seconde celle des brûlez, la troisiéme la porte de la guerre, la quatriéme celle de fer, la cinquiéme la porte du résiné, la sixiéme celle des victoires, & la septiéme des pelerins. Elle est divisée en douze quartiers, dont chacun a vn Commandant d'entre les principaux habitans, qui comme Colonel, a soin de voir si on est bien pourveû d'armes, & à ceux qui n'en ont point, il leur en fait donner du magazin du Roy, mais à leurs dépens. Il a soin aussi de ce qui concerne la police, comme les Regidors d'Espagne. Ils mettent sus pied dans l'occasion, quelque trente mille combatans, dont les plus braves sont les Morisques d'Espagne, qui se sont retirez-là de Grenade & d'Andalousie: car les autres sont gens de plaisir, qui sont à leur aise, & ne vont à la guerre qu'à regret. Ils ont ce privilége illustre que nous avons dit, qui leur a esté accordé par les premiers Rois, de n'estre point obligez de se défendre si le Roy ne peut tenir la campagne; de-sorte que sans estre suspects de lascheté ni trahison, ils se rendent au vainqueur, s'il approche à demi-lieuë de la ville; ce qu'on a fait pour empescher la ruine d'vne capitale, qui se

Bib el Gadar, Bib el Maharroc. Bib el Guza. Bib el Hadid. Bib Rob. Bib el Fétoh. Bib el Maréforin.

Armez d'arbalestes, ou d'arquebuzes.

LIVRE QVATRIE'ME.

piqueroit d'vne vaine & dangereuse fidelité envers vn Prince qui ne la pourroit défendre. Ces Rois sont donc toûjours puissans en cavalerie, pour estre maistres de la campagne, quoy-que quelques-vns ayent esté si aimez de leurs sujets, qu'ils ont souffert pour eux de longs sieges, comme ils firent en la guerre de Sayd. Les maisons sont de brique, ou de moilon lié avec de la chaux, ou du ciment, & sont plus belles par dedans que par dehors: car il y a de fort beaux appartemens, blanchis & carrelez de petits carreaux, qui sont plombez & fort nets. Dans les chambres des belles maisons, il y a ordinairement des armoires pratiquées dans le mur, & des arcades de plastre fort blanc, avec des chiffres & des feüillages peints de diverses couleurs. Les maisons sont couvertes en terrasse d'vne terre grasse détrempée avec de la chaux, du sable & du ciment, & ont toutes des courts environnées de portiques, & de galeries, où il y a des armoires entaillées d'vn bois odoriferant*. Il y a aussi dans les maisons de grans reservoirs de brique, avec vn pavé de marqueterie, & des bains ou bassins d'albastre. Il y a dans la ville cinquante principales Mosquées, qui ont toutes leurs fontaines d'eau courante, avec de grans bassins d'albastre ou de jaspe, & plusieurs colomnes de mesme pour soûtenir la nef, sans parler de six cens autres moindres, qui ne sont pas si bien basties. Tout le lambris est de cedre, avec plusieurs graveures & entaillures. Elles ont toutes de hautes tours, comme des clochers, où monte le Muéden, qui est comme le Sacristain, pour appeler le peuple à l'oraison quatre fois le jour, depuis le matin jusqu'au soir. Il n'y a qu'vn Alfaqui dans chaque Mosquée, lequel dit l'oraison aux heures ordinaires. La principale de toutes est celle de Caruvin, qui est la plus riche & la plus grande de toute l'Afrique. Elle est au milieu de la ville, en vn endroit plat & vni, & a quelque demi-lieuë de tour. Il y a six portes principales, qui répondent à autant de ruës, & sont toutes couvertes de petites piéces de bronze, qui font divers chiffres & entrelassures d'vne façon fort agreable, avec de gros verroux ouvragez de mesme, comme on en voit en la grande Eglise de Seville. Elle a dix-sept arcades ou grandes voûtes

*Alarzé, espece de cedre.

de large sur six-vingts de long, soustenuës sur dix mille cinq cens gros pilliers de marbre blanc. En la principale nef où est la chaire de l'Alfaqui, dans laquelle il monte pour dire l'oraison, il y a vne grande lampe de bronze, environnée de cent cinquante autres moindres, sans parler de celles qui sont dans les autres arcades, où il y a dans chacune vne lampe de mesme métal, où l'on peut faire brûler en mesme tems quinze cens méches. Les habitans disent, qu'elles ont esté toutes faites des cloches que ces Infidelles ont enlevées des Eglises d'Espagne, & mises là comme par trophée. Il y a dans l'enceinte de cette Mosquée vn Collége, où l'on enseigne leur Theologie, avec les autres arts & sciences, & le plus docte de tout le pays en est le Principal. C'est comme l'Evesque, dont tous les autres Alfaquis vont prendre l'ordre, & qui résout toutes leurs difficultez, ils le nomment le Meufti. C'est luy qui reçoit & qui fait valoir les revenus de la Mosquée, qui sont de plus de quatre-vingts mille ducats. Mais le Chérif qui régne aujourd'huy, prend tout & ne luy fournit que ce qu'il faut pour luy, & pour les autres Officiers ou Ministres du temple. Il y a encore d'autres Colléges dans Fez, où l'on enseigne la Grammaire, la Rhétorique, la Théologie*, la Philosophie, l'Ortographe, les Mathématiques & les autres sciences. On y enseignoit autrefois la Négromancie ; mais on ne l'ose plus faire publiquement depuis plusieurs années. Le principal Collége se nomme Madaraça, qui est vne des plus belles piéces de toute l'Afrique, acause de ses grandes courts & galeries, & de plusieurs appartemens bien lambrissez, dont le plancher est de marqueterie, aussi-bien que la chaire où l'on fait les leçons, qui est marquetée d'ebéne & d'yvoire. Il y avoit autrefois des Boursiers dans ce Collége, & dans les autres, qui estoient entretenus comme en Europe ; mais les Rois ont pris à cette heure ces revenus, qui sont fort grans, & n'ont laissé que ce qu'il faloit pour les Professeurs, & les Ecoliers n'ont rien que la chambre & les leçons. Il y a plus de deux cens écoles dans la ville, pour apprendre à lire, quoy que l'Ortographe & la Grammaire Arabesque se lisent ordinairement dans les Vniversitez. Parleray-je des Hospitaux, qui ne sont pas moins

ou les difficultez des autres Iuges.

La Grammaire Arabique.
* Mahométane.

ou de lambris.
dans vne sale basse.

LIVRE QVATRIE'ME.

moins beaux & grans que les Colléges; c'est-là qu'on renfermoit les foux & les malades, & qu'on donnoit à manger aux pauvres trois jours durant; mais comme les Rois se sont emparez du revenu, ils sont maintenant vuides. Il y a seulement vn Hospital au fauxbourg pour les estrangers qui sont malades; mais il faut qu'ils se fassent penser à leurs despens, parce-qu'on se contente de les servir & de les nourrir, & que l'hospital est trop pauvre pour fournir le reste. Il y a aussi plusieurs bains, qui est la principale recréation de la ville: car les femmes & les hommes s'y vont baigner, ceux-cy le matin, les autres le soir, & ils sont fort frequentez; ce qu'ils font, à ce qu'ils disent, par propreté, mais qui cause beaucoup de desordres; & ils y sont si accoustumez, qu'ils ont plustost de l'argent pour payer le bain que leur dépense. Il y a plus de deux cens hostelleries pour les estrangers, comme en l'Europe, qui sont grandes & bien basties, & ont plusieurs appartemens par haut & par bas, avec tout ce qui est necessaire. Les principales sont prés de la grande Mosquée, où logent les marchans Chrestiens, & les plus honnestes gens qui passent-là. Tous les autres sont des repaires de Démons, où se commettent mille pechez, avec tant de licence & d'impunité, qu'il est permis aux hosteliers de sortir en habit de femme, avec la barbe raze & vne quenouille à leur ceinture, & quand ils parlent ils se radoucissent la voix & contrefont les femmes, pour inciter les hommes à vne infame luxure, & il leur est permis d'avoir des rufiens publics, & de vendre du vin, & loger des femmes & de petits garçons, comme en des lieux consacrez à la débauche. Ce qui est de plus estrange, c'est que la Iustice n'y oseroit aller, ni les Sergens y mettre la main sur personne; de sorte que c'est la retraite des voleurs, des maquereaux, des assassins & de tous les débauchez de la ville. Ces hosteliers, qu'on nomme Badis, payent pour cela vne grande somme tous les ans au Gouverneur, & sont obligez toutes les fois que l'armée marche sous le commandement du Roy ou du Prince, d'envoyer quelques-vns d'entre-eux, pour servir & apprester à manger aux Officiers de sa suite. Mais on ne les laisse entrer ni aux bains, ni aux Mosquées, ni

Au fauxbourg de Mecineſ.

ou de son bataillon.

Partie II.

converser avec les marchans, ni loüer les hostelleries qui sont proches de la grande Mosquée. Quand le pere du Chérif, qui régne aujourd'huy, fit la guerre au Roy de Fez, les Alfaquis s'estant plaints de ce qu'il persécutoit vn Roy de sa religion, il répondit, que c'estoit pour punir les pechez abominables qu'il laissoit commettre publiquement contre Dieu & Mahomet; de sorte qu'il persécuta ceux-cy dés qu'il fut le maistre, & vn Cadi qu'il avoit, en égorgeoit autant qu'il en pouvoit attraper, avec défense de les ensevelir, afin qu'ils fussent mangez des chiens. Mais cela dura peu, car si-tost qu'il fut parti, ils reprirent leurs detestables coustumes, quoy qu'avec vn peu moins de licence. La riviére qui passe dans Fez y fait moudre quatre cens moulins, dont chacun a quatre & cinq roües, & quelquefois six; les vns servent pour moudre le bled des maisons, d'autres sont tenus par des muniers ou boulangers, qui vendent la farine en détail aux artisans & aux autres, qui n'ont pas le moyen d'acheter du bled; le reste moud pour les habitans, & prend sa mouture en argent ou en farine. Mais le Roy prend demy réale ou environ de chaque mine de bled, quoyque les moulins ne luy appartiennent pas: Aussi n'y moud-il point, ni sa suite; mais dans le nouveau Fez, où il a quinze moulins: les autres appartiennent aux particuliers, aux Colléges & aux Mosquées; mais il dit que le domaine de l'eau est à luy. Au milieu de la ville il y a vne place fermée de murailles, qu'on nomme l'Alcaycérie, où sont les boutiques des marchans, & toutes les richesses de Fez. Elle a douze grandes portes, avec de grosses chaines de fer, qui leur servent de barriére, pour empescher qu'on n'y entre à cheval; & contient quinze ruës de boutiques. Les deux principales sont des cordonniers, qui font des souliers enrichis d'or & de soye. Les deux qui suivent, sont des passementiers, qui font des cordons & des houpes, pour pendre aux estriers & au poitral des chevaux, avec des enharnachemens de mesme matiére. Il y a aussi là plus de cent boutiques de marchans, qui vendent toute sorte d'étoffes de soye, & d'autres auprés, où se vendent des ceintures de soye & de laine pour les femmes, tissuës sur de grosses écharpes de fil avec de lon-

LIVRE QVATRIE'ME. 163

gues franges au bout. Ces ceintures font deux tours, puis reviennent pendre devant en façon de houpes ; ce qui eſt vn grand ornement en ce pays-là, & toutes les Arabes en ont. Il y a auſſi au meſme endroit quantité de boutiques, où l'on vend de fins draps de laine, & des écheveaux de ſoye cruë. La pluſpart de ces marchans ſont des Maures d'Andalouſie & de Valence. En d'autres boutiques on vend des matelas & des oreillers de toile de ſoye ou de lin, & des tapis de cuir doré, enrichis d'or & de ſoye, dont on ſe ſert là comme de napes, & on les eſtend ſur terre pour manger, & pour s'aſſeoir en eſté. Prés delà ſont les fermiers, qui reçoivent le droit de tout ce qui s'y vend. Il y a auſſi vne autre ruë pour les crieurs, qu'ils appellent Caguaçadors, qui debitent tout ce qu'on apporte vendre-là. Ils le portent de boutique en boutique, & ne le delivrent qu'au marchand qui en donne le plus ; mais il eſt permis au bourgeois, ou à vn eſtranger de le racheter ſur l'heure au meſme prix. Il y a ſoixante & dix de ces crieurs, qui prennent environ vn ſol pour ducat de tout ce qu'ils vendent, & tout paſſe par leurs mains, comme j'ay dit. Il y a encore au meſme endroit quantité d'autres boutiques de tailleurs & de lingers, dont les plus riches ſont celles où ſe vendent les chemiſes, les mantes, les chauſſes & les coiffures des femmes, qui ſont de ſoye & de toile ouvragée, parce-qu'il ſe fait plus de trafic de cela que de tout le reſte. Les fripiers ſont dans vne autre ruë, où l'on vend des habits d'hommes & de femmes, tant de drap que de ſoye, vieux ou nouveaux, & ſur le ſoir il s'y vend à l'encan quantité de hardes. Tout contre cette ruë il y en a vne autre, où ſe vend le vieux linge, des couvertes, & des tapis fort riches de toute ſorte. Il y a auſſi pluſieurs boutiques où l'on vend des gances & des boutons. Tout cela eſt enclos dans le lieu que j'ay dit, qui eſt fermé toutes les nuits par vn homme qui a cette charge. Au-reſte, cette place a pris ſon nom de Caïçar, qui veut dire Ceſar en langue Africaine, parce-que les Hiſtoriens diſent, que quand les Romains eſtoient maiſtres de l'Afrique, ils avoient en chaque ville vne maiſon de la Doüane, où l'on reſſerroit les marchandiſes, & autres choſes qui leur appar-

ou de tout ce qui s'y porte vendre.

prés de huit maravedis.

ou, parce-qu'il y a plus de façon à cela qu'à, &c.

Alcaycérie.

X ij

164　DV ROYAVME DE FEZ,

tenoient. Et parce-qu'il arrivoit souvent que dans les émutes on sacageoit cette maison, l'vn des Cesars ordonna que dans chaque ville il y auroit vn lieu fermé de murailles, où l'on resserreroit les marchandises qui apparticndroient à l'Empereur, avec celles des marchans, afin que les habitans y ayant interest, eussent plus de soin d'en empescher le pillage. Delà vient qu'on la nomma Césarie, ou Césarerie, & par corruption d'Alcaycérie, en y joignant l'article Arabe. On en voit encore plusieurs dans les principales villes d'Espagne, qui gardent encore ce nom. Au sortir de celle-cy du costé de la porte qui regarde le Septentrion, il y a vne

La Attarin. belle ruë, qu'on nomme de l'Epicerie, qui contient cent soixante & dix boutiques, tant de part que d'autre, & a deux entrées qui se ferment toutes les nuits, outre qu'on y fait garde, quoy-que la Doüane des marchans Chrestiens ait esté encore transportée delà au nouveau Fez, pour plus grande seureté. Parmi ces boutiques il y en a plusieurs d'arboristes, qui font des onguens & des remedes pour ces peuples, lesquels n'ont pas accoustumé de se purger, ni de prendre medecine, & ne se guerissent qu'avec le feu, la diette, ou quelques drogues. C'est la plus belle ruë qu'il y ait dans Fez, parce-que les boutiques y sont fort grandes & bien éclairées, & les caisses ou boites rangées avec tant d'ordre, que la veuë en est fort agréable. Tous les artisans &

en Tabellions. les merciers ont chacun leur quartier separé. Il y a quatrevingts estudes de Notaires autour de la grande Mosquée, & à chacune deux bureaux & deux Clercs, pour passer toutes sortes d'actes, tant de la ville que des champs, qui sont aprés signez du Iuge, sans quoy l'on n'y a point d'égard. Il y a auprés trente boutiques de libraires, & plus de deux cens cordonniers qui vendent des souliers tant pour hommes que pour femmes. Devant l'autre porte de la Mosquée, qui regarde le Couchant, il y a vne grande place où

La ruë de se vendent les fruits, & tout auprés vne ruë où il y a qua-
Gemain, ou rente boutiques de merciers & de ciriers, & plusieurs autres
des Ciriers, de bouquets, que chacun a coustume de porter dans la main.
ou d'aigret. On y vend aussi des oranges & des citrons, & toute sorte de bruvages rafraichissans. Vis-à-vis sont d'autres boutiques

LIVRE QVATRIEME. 165

remplies de grandes cruches plombées, où l'on vend le lait, le caillé & le beurre frais; & plus de trente autres, où se vend le coton tant filé que non filé. A main droite est vne autre ruë où l'on vend le chanvre, & où il y a plusieurs boutiques de selliers, & des natiers. Devant celles-là il y en a plusieurs autres où se vendent des bourses & des ceintures de cuir garnies de soye de couleur, & vne espéce de licous dorez pour mener les chevaux en main sans les brider. Prés de là sont ceux qui font des brides, poitrals, étriviéres, & autres ornemens de chevaux. Vn peu plus loin il y a des boutiques où l'on vend le sel & le plastre en détail, & plus de cent autres de verriers. Tout proche sont les éperonniers en plus de quatre-vingts & dix boutiques, & auprés la place de l'Hamelin où abordent tous les jours plus de trois cens porte-faix & charretiers pour transporter les marchandises, charge qu'on ne peut exercer sans la permission du Gouverneur, & en donnant caution, & qui exemte de la justice & de tout subside; mais ils ont vn Consul qui juge de leurs différens. Et il y a entre eux vne société ou confrairie, & vne bourse commune, où ils mettent tous les jours quelque partie de ce qu'ils ont gagné, pour subvenir à leurs nécessitez, & faire quelque dépense en leurs mariages & enterremens. Vn peu plus loin est vne autre place où demeure le Prevost des marchans qui met le prix aux vivres, & contrôle les poids & les mesures. Il a son petit tribunal à part où il rend la justice, & l'on prend pour exercer cette charge le plus considérable de la ville; aussi a-t-il plus d'occupation que le Gouverneur. Il y a vn grand enclos au milieu de cette place, où se vendent toutes sortes d'herbes & de légumes, & autour plus de cent boutiques où l'on vend des gauffres, des buignets, & des saucisses frites à l'huile, & plus de soixante autres de rostisseurs. Tout proche sont plusieurs boutiques de charcutiers, où l'on vend de la chair & du poisson cuit, & des gasteaux ou galettes au beurre, qu'on cuit dans des terrines & qu'on mange avec ces viandes. Devant sont plus de cinquante boutiques où l'on vend l'huile, le beurre, le miel, le fromage, les olives, & les capres & autres choses semblables. Prés de là sont quarente étaux de bouchers, où l'on vend au poids la

Faiseurs de brides, sangles, testieres, selles à piquer.

ou cassette.

Ain Alu. Ben Mavas.

viande au sortir de la tuërie qui est sur le fleuve. Mais auparavant on la porte au Prevost des marchans qui y met le prix, & donne vn billet de sa main, que le boucher est obligé d'attacher au haut de sa porte tandis qu'il la vend, afin qu'on n'y soit point trompé. Passé la boucherie il y a vne autre ruë que l'on nomme la Iussie, où l'on vend des tapis, des casaques, & des étoffes de laine du païs dans plus de quatre-vingts boutiques. Plus loin est le quartier des fourbisseurs

ou de pique qui vendent des épées, des poignards, & des fers de lance; aprés quoy sont les boutiques où l'on vend le poisson frais qui se prend dans la riviére de Fez & dans le grand fleuve de Cébu, où il y a si grande quantité d'alozes qu'elles ne valent pas quelquefois vn sou la piéce. Le Roy afferme plus de vingt-mille ducats la pesche, qui se fait depuis le commencement d'Octobre jusques à la mi-Avril. Prés de

Cobeyb el Nacas. là est vne place où il y a vne fort bonne cisterne, & autour plus de quarente boutiques où l'on fait de grandes cages d'ozier ou de roseaux pour engraisser la volaille: incontinent aprés est la savonnerie, qui consiste en plus de cinquante boutiques, où l'on vend du savon noir, parce-qu'il n'y en a point d'autre en Afrique. Il y a plusieurs autres boutiques répanduës par toute la ville, où l'on vend en détail de l'huile, du miel, du beurre, des épices & du savon.

La place de l'Orge. Devant la place que nous venons de dire, il y en a vne autre où l'on vend le bled, l'orge, la paille & la chandelle, soit en gros ou en détail. Tout auprés est la lingerie en forme d'vne grande hale à quatre portes, où l'on vend de la filasse, du fil & de la toile. Il s'y fait tous les jours vn marché qui dure depuis midy jusqu'à deux heures, où il y a vne si grande foule de femmes qui viennent pour vendre ou pour acheter de la toile, qu'on ne s'y sçauroit tourner, & elles s'entre-battent souvent, & s'arrachent les cheveux. Il y a vne autre ruë qui commence à la porte du Couchant de la grande Mosquée, & se va rendre à celle de la ville par

Celle de Mahorroc. où l'on va au nouveau Fez. Cette ruë est remplie de pla-

50. boutiques. ces & de boutiques où l'on accommode des peaux de bouc pour mettre de l'eau. Il y a aussi plus de cinquante paneriers & serruriers qui polissent des étriers, & autres ouvrages de

LIVRE QVATRIE'ME. 167

fer. Vis-à-vis sont des faiseurs de boucliers, qui font de belles rondaches de peau d'élan, & quelque vingt-cinq boutiques de blanchisseurs qui ont de grandes cuves où ils font la lescive, & rendent le linge blanc comme neige; mais il y en a encore plus de deux cens de répanduës par toute la ville. Aprés sont ceux qui font des arçons de selles, & tout auprés le Collége de Madaraça, autour duquel il y a plusieurs boutiques de doreurs qui dorent & émaillent étriers, éperons, poitrals, testiéres, & autres choses de fer fort poliment, quoy-qu'il s'en fasse de plus riches dans Treméçen. Devant cette ruë il y en a vne autre où il y a plus de quatre-vingts boutiques de faiseurs de couvertures de selles à piquer de ces beaux maroquins cousuës fort proprement. Tout proche est la forteresse, qui a des deux costez deux belles galeries, dont l'vne va jusqu'à vne des portes de la ville, & l'autre jusqu'à vn grand palais où demeure ordinairement le frére, ou le plus proche parent du Roy. Il y a vne autre ruë vers l'Orient tout proche de l'épicerie, où il y a plus de quarente boutiques de faiseurs d'éguilles, & quinze autres à costé où l'on fait des peignes, aprés quoy sont les tourneurs, quoy qu'il y en ait plusieurs autres de répandus par toute la ville. Vn peu plus loin est vne petite place où il y a plusieurs boutiques qui se touchent, dans lesquelles on vend de la farine, du savon, des balays, & autres choses qui servent au ménage. Cette place va rejoindre la hale du lin, dont nous avons parlé; & prés des boutiques où l'on vend le coton, il y a vne petite ruë qui traverse, où l'on fait des tentes & des pavillons pour la campagne. Tout proche sont seize boutiques, où l'on vend des oiseaux vifs pour mettre en cage, & des oiseaux tuez pour manger. En ce lieu est vn grand logis, où l'on vend tous les soirs des Négres de l'vn & de l'autre sexe. Tout auprés sont les faiseurs de galoches & de sandales de marqueterie, couvertes de cuir ou de soye, que les habitans ont coustume de porter quand il pleut ou qu'il fait sale. Et il y en a de si chéres, qu'elles valent dix ou douze escus. Devant ces boutiques sont douze autres, de Morisques, de Grenade & de Valence, qui font des arbalestes; aprés quoy il y en a cinquante, où l'on ne fait que des balays de pal-

Basti par le Roy Abu Henun.

ruë d'Ychein.

Bib el gadar. Bit lot.

el Libaria.

Arra Heiba.

el Berça. ou les apres-dinées.

miers, que l'on porte vendre par toute la ville, & qu'on échange contre de la cendre, du son & de vieux souliers. A costé sont vingt autres de cloutiers. Et plus outre celles où l'on fait des cuves & des mesures de bois pour le bled, & les autres choses qui se vendent de mesme, parce que dans Fez la pluspart des choses se vendent au poids & à la mesure. Au de-là il y a vne ruë qui traverse, où l'on vend la laine des peaux de mouton, que l'on conroye, & dont on fait des bazannes. A costé sont les conroyeurs de peaux de vache & de maroquin. Aprés-quoy sont les boutiques où l'on fait des chapeaux de paille, ou de palme, & de petits paniers de mesme fort bien travaillez, & autres choses semblables. Cette ruë aboutit à la chauderonnerie ; mais retournant au lieu où l'on fait les cuves, il y a vne ruë qui traverse où sont plusieurs boutiques où l'on fait des cerans & des peignes de fer fort aigus, pour accommoder le lin & carder la laine. Plus outre il y a vne grande place pleine de boutiques, où l'on polit des éperons, des estriers, des poitrals, & autres ouvrages de fer delicats. Aprés-quoy sont les charrons, qui font des charuës & des rouës pour les chariots, avec d'autres grandes pour les moulins, ou pour tirer de l'eau. Tout auprés sont les teinturiers, qui ont vne belle fontaine, où ils lavent la soye qu'on veut mettre à la teinture. Derriére sont les faiseurs de halebardes, en vne grande place qui est fort fraiche l'esté, a cause de quantité de meuriers qui y donnent du couvert. Ensuite sont les maréchaux, & tout devant ceux qui font des cordes d'arbalestes, & les traits ou matras. Plus outre sont grand nombre de boutiques, où l'on ne fait que des fers de chevaux & de mules, & tout auprés ceux qui blanchissent la toile, & qui luy donnent le lustre. Voilà les principales ruës & les principales places du vieux Fez. Nous parlerons maintenant de la partie de la ville qui est au-delà du fleuve du costé du Levant.

C'est la premiére qui a esté bastie, quoy-qu'elle ne soit pas si peuplée ; aussi a-t-elle de beaux & anciens edifices, soit palais, bains, temples, ou colléges ; mais il n'y a pas de commerce de soye & de fins draps, comme en l'autre, ni des artisans si considérables ; on y voit seulement vne belle ruë

ruë où il y a trente boutiques d'épiciers. La plus grande   Tailleurs, cor-
partie est déserte, particuliérement vers les murailles, où   donniers, &c.
l'on fait de la brique & des verres; mais il y a vne grande
Mosquée, qu'on nomme d'Andalousie, qui a devant soy vne
place pavée de briques, avec plusieurs artisans & merciers.
Il y a plusieurs autres places par toute la ville où l'on vend
des vivres. Ce qui est de plus considérable, c'est la ma-
nufacture des toiles & des soyes, en quoy travaillent d'ordinaire vingt mille ouvriers en plus de cinq cens cinquante
maisons, qui ont deux & trois estages tout remplis de toiles, & d'estoffes de soye sur le mestier, sans parler de cent
cinquante autres logis, la pluspart sur la riviére, où l'on ne
fait que coudre ou blanchir du fil, & teindre de la soye. Il
y a aussi de grandes places où les esclaves Chrestiens vont
sier le bois toute la semaine, hormis le Vendredy, depuis
midy jusqu'au soir, & sept ou huit jours de festes que l'on
solemnise le long de l'année. On voit au Septentrion vne   Le mont Ta-
montagne où le bled se conserve fort long-tems dans des   vertin.
creux soûterrains, dont les habitans du quartier ont la
garde, pour quelque chose que leur donnent ceux à qui il   Au quartier de
appartient. C'est-là que sont les jardins & les fontaines de   Hart Maga-
Zingifor, dont nous parlerons au chapitre où nous traite-   rava.
rons de ces choses.

  Le nouveau Fez est dans vne plaine sur le bord de la ri-   Du nou-
viére, à plus de mille pas du vieux, entre le Couchant & le   veau Fez.
Midy, & a vn double mur fort bien travaillé, & garni de
tours, à la façon d'vne forteresse. Il contient plus de huit
mille habitans, & a esté basti par le second Roy de Fez de
la race des Bénimérinis, qui conquit le Royaume de Maroc
sur le dernier Roy de la race des Almohades, & transporta
le siége de l'Empire de Maroc à Fez, pour estre plus proche
du Roy de Treméçen, avec qui il avoit guerre continuëlle.
Il la nomma la Ville-Blanche; mais on luy a donné le nom
de Nouveau-Fez, qui est divisé en trois quartiers. Au premier est le Palais du Roy, & celuy de ses fils & de ses fréres, où il y a de beaux appartemens, avec des jardins, des
bains & des fontaines, pour son divertissement, & tout proche vne grande Mosquée fort belle. Au second quartier

Partie II.   Y

sont les écuries du Roy, & plusieurs hostels de grans Seigneurs, avec vne ruë, qui s'estend du Levant au Couchant plus d'vn quart-de-lieuë, où sont les boutiques des marchans & des artisans, les places & les boucheries. Il y a dans cét espace plusieurs bains & plusieurs Mosquées d'vne fort belle structure, qui ont cousté beaucoup à bastir. Au troisiéme quartier, où logeoient autrefois les gardes du Prince, qui estoient des estrangers fort bien appointez, est aujourd'huy la Synagogue qui estoit auparavant au vieux Fez: Car comme elle estoit sujette à estre pillée à la mort des Rois, on la transporta là pour sa seureté, moyennant double tribut. En ce quartier est vne grande place environnée de boutiques, de Synagogues & de maisons bien basties, où les Iuifs sont comme dans vne ville à part, au nombre de plus de dix mille : car il y a dans chaque logis quatre ou cinq ménages. La pluspart sont de ceux qui furent chassez d'Espagne par les Rois Catholiques, & il y en a quelques-vns de riches. Ils sont regis par vn Chec ou Gouverneur, qui leur administre la Iustice, & fait le département de ce qu'ils payent au Prince; & afin qu'ils ne soient pas si tourmentez, il prend la ferme des amandes & des imposts, qui sont sur leurs manufactures & leurs marchandises : car ils payent vn droit de tout ce qu'ils font & qu'ils vendent, cette nation estant fort maltraitée en Afrique. On leur crache au nez dans les ruës, on les frappe, on ne leur permet pas de porter des souliers, si ce n'est à quelques-vns qui ont habitude prés du Roy & des Grans; le reste n'a que des chaussures de jonc, qu'ils sont obligez de quiter en entrant chez le Prince, aussi-bien que de porter des turbens noirs, & sur le turben ou le bonnet, vne piece de couleur, & mesme sur leurs habits, pour estre distinguez des autres. S'il y en a quelqu'vn de riche, le Roy luy enleve son argent, & luy oste quelquefois mesme la vie; mais ils savent si-bien s'entremettre, & sont si intelligens dans les affaires, que le Roy & les Grans leur donnent l'administration de leur revenu, parce-que les gens de condition parmi les Maures, ne se piquent point d'amasser, & ne s'entendent pas en ces petites finesses; de-sorte que chacun d'eux a vn Iuif pour son In-

LIVRE QVATRIE'ME. 171

tendant, ce qui sert à les maintenir, & leur vaut beaucoup. Prés du Palais est la maison de la Monnoye, où demeure celuy qui en a l'intendance, & tout auprés l'orfévrerie & le changeur qui a le coin, & qui pese l'argent & y met le taux: car on ne peut travailler en or ni en argent dans Fez, qu'il ne soit marqué auparavant, aprés-quoy il passe pour monnoye au poids. La pluspart des Iuifs sont orfévres, qui travaillent dans le nouveau Fez, où ils ont leurs boutiques, & vont vendre leurs ouvrages au vieux, dans vne place qui est proche de l'épicerie, parce-qu'on ne peut travailler en or ni en argent dans le vieux Fez. Les Maures ne se plaisent pas à cét art, & s'il y a quelques orfévres parmi eux, ils ne font que des bagues, des pendans-d'oreilles, & des grains de chapelet pour les femmes des Arabes & des villageois. Enfin le Prince qui a basti cette ville neuve, y a mis tout ce qui estoit necessaire à vne bonne place, afin d'y pouvoir vivre seurement & commodément, luy & tous ses successeurs, & régir delà le vieux Fez, où il a fait vn chemin sous terre, qui conduit à la forteresse, lequel est si large, que trois chevaux y peuvent aller de front, ce qui luy fut facile alors que l'Empire des Bénimérinis estoit en sa vigueur. Mais qui remarquera bien ces bastimens d'Afrique, trouvera que les plus illustres villes de la Mauritanie Tingitane ont esté basties & embellies des richesses que ces Infidelles y ont transportées d'Espagne. Il y a dans le nouveau Fez vn grand hostel * où les esclaves Chrestiens avoient accoustumé de travailler en ouvrages de fer, & autres choses, sous le commandement de renégats de Grenade, d'Andalousie & d'ailleurs, qui faisoient des armes & des munitions. Mais le Chérif qui régne aujourd'huy a donné cette maison aux Iuifs, qui y tiennent leurs boutiques d'orfévrerie, & les Chrestiens travaillent ailleurs en divers endroits. Il y avoit aussi là autrefois vn quartier où vivoient plusieurs Chrestiens libres, & quelques esclaves mesme, qui estoient bons ouvriers, que le Roy traitoit bien, & les laissoit demeurer là avec leurs femmes & leurs enfans. Il y en a encore plusieurs de cette sorte dans Fez & dans Maroc. Tout le reste de ceux qui vivent dans la nouvelle ville, sont gens de peu de con-

La Céca.

Fez, Maroc, Rabat, Mançor, Alcaçarquivir, &c.

* Daraçana.

épées, arbalestes, arquebuses, poudres, canons, &c.

Y ij

sidération, parce-que toutes les personnes riches & de qualité, sont bien-aises de n'estre pas connuës de la Cour, pour estre plus en asseurance, & ne se plaisent pas mesme à loger des courtisans, ni à marier leurs filles à la Cour. La nouvelle ville a deux portes principales, l'vne qui va à la vieille ville, & l'autre où est l'Acéquife, & la garde du Roy. Il y en a vne troisiéme plus en dedans, qui va entre les clostures des deux murailles ; mais il y a garde par-tout. Le Roy a continuëllement dans le nouueau Fez quinze cens cheuaux bien équipez, & deux mille arquebuziers à pied, auec beaucoup d'artillerie & de munitions, dont on entretient celles des autres places. Enfin toute la force de l'Estat consiste en cette ville, qui se défendroit pourtant fort mal, si on l'assiégeoit aujourd'huy, tant parce-qu'on la peut batre & attaquer en diuers lieux & de fort prés, & qu'elle manque de bouleuarts commodes & de plateformes pour mettre l'artillerie, aussi-bien que de gens qui la sachent gouuerner, que parce-qu'il y a quantité de bouches inutiles qui y mettroient bien-tost la famine, particuliérement si l'on se rendoit maistre du vieux Fez, comme on pourroit faire, s'il plaisoit à Dieu de réünir les Princes Chrestiens, & de les porter à cette entreprise.

Bib Céba.
Bib Ayun,
Cinhagia.

Bib el Gief.

Des riuiéres
& des fontaines de la
ville de Fez.
Huet el Cantara.

Au milieu du vieux Fez passe vne riuiére, qui prend sa source à trois lieuës delà, prés d'vn petit lieu nommé Ain el Hamiz, & trauersant vne grande plaine, passe entre quelques colines, d'où elle se va rendre aux jardins qui sont deuant la porte de Bib el Hadid. Elle se sépare-là en deux bras, qui entrent par deux endroits dans la ville, l'vn prés de cette porte, lequel va à la baterie proche du pont, qu'on nomme Racif, & l'autre par la porte de Bib el Fétoh, d'où il va rejoindre le premier au pont des teinturiers, puis ils trauersent ensemble la ville, & vont sortir à la porte de Bib el Gadar, où ils sont bordez de beaux jardins plus d'vne grande lieuë ; aprés-quoy ils se vont rendre dans le grand fleuue Cébu, à vne lieuë & demie de la ville, & ils font tourner dans la place quatre cens vingt moulins. Il y a vne autre riuiére qu'on nomme de Fez, qui vient de trois lieuës delà, d'vne grande fontaine prés d'vn chasteau, où les Rois

Lieu où l'on
fait des chauderons.

Cantara Cébagin.

Arrazelma.

LIVRE QVATRIE'ME.

de Fez tiennent cinquante hommes en garnison, d'où descendant par vne belle plaine, elle se vient rendre au nouveau Fez par la porte qui va au vieux, & passant entre les deux murailles, court par les deux jardins qui sont devant la porte de Bib el Hadid, & se jette delà hors de la ville à travers de beaux vergers, jusqu'à ce qu'elle se décharge dans le fleuve de Cébu. Elle fait moudre quinze moulins entre les deux murailles du nouveau Fez, par où elle passe. Outre cela il y a dans le nouveau Fez plusieurs fontaines, qui naissent toutes d'vne seule source, qui n'est pas loin delà, d'où l'eau est conduite par des canaux souterrains jusqu'au Palais du Roy, & se distribuë delà aux autres palais, & par toute la ville. Il y a aussi plusieurs fontaines dans le vieux Fez, dont l'eau est tres-fraiche, qui naissent toutes entre les murailles, & divers canaux & aqueducs, qui conduisent l'eau de la riviére aux Mosquées, aux Colléges, aux bains & aux principaux logis, avec plusieurs puits par toute la ville, dont l'eau est si proche des bords, qu'on la puise en beaucoup d'endroits avec le seau à la main. Car à quatre lieuës & demie delà, il y a vne grande source, qui aprés avoir coulé vne lieuë & demie à découvert, se perd en partie dans vn grand lac, & ceux de Fez disent, que ce qui se perd rentre dans la ville, qui pour estre toute creuse & portée sur les eaux, tremble fort souvent. Dans le Beleyda, qui est au devant du fleuve, il y a six cens fontaines, qui sont toutes murées & fermées à clef, parce-que l'eau se rend delà par des conduits dans le vieux Fez, & est fort fraiche en esté. La pluspart de ces fontaines viennent du costé du Couchant & du Midy d'vne grande esplanade, où il y a force beaux jardins & arbres à fruits, orangers, citronniers, myrthes, lauriers & jasmins, accompagnez de roses & d'autres fleurs odorantes, qui parfument tellement l'air l'esté, qu'on diroit vn paradis terrestre, & tout cela est arrosé de plusieurs rigoles tirées de ces fontaines. Tous ces lieux ont des logis fort frais, où les gens de condition & de plaisir se retirent l'esté, depuis le commencement d'Avril jusqu'à la fin de Septembre, & tous ces lieux s'appellent les Jardinages de Zingifor, parce-que la terre y est de couleur

Bib Céba.

prés de Dar du Bag.

Ain Agobel.

Timéduia.

Lieu desert.

Y iij

dorée, qui est la signification du mot Arabe. Hors des murs du nouveau Fez, on eleve l'eau de la riviére avec des rouës qui portent l'eau au dessus des murs, qui se répand de-là dans les palais, les bains & les jardinages de toute la ville. Il y en a de mesme dans la plaine de Toléde, par où l'on fait monter l'eau du Tage, pour arroser les jardins, & l'on tient que ce fut vn captif de Tolede qui en porta l'invention en Barbarie, parce-qu'autrefois ceux de Fez faisoient venir par des aqueducs qui sont ruinez, l'eau de la fontaine qui coule maintenant sous terre. Ces rouës qui élevent l'eau, sont posées sur le bord du fleuve, en vn canal fort étroit, afin que l'eau entrant de furie dans les auges dont elles sont environnées, les fasse tourner plus viste, & quand elles sont en haut, elles versent l'eau en descendant ; mais elles sont vne heure entiere à faire vn tour.

on les nomme Nouras.

on les nomme Açudas.

Hors de la vieille ville, du costé du Couchant, est le faux-bourg de Merz, de plus de trois cens maisons, où il y a vne place qui répond à la porte de Bib el Gadar, & contient plusieurs caves taillées dans le roc, où les Rois de Fez renfermoient autrefois le bled. Il y a marché tous les jours dans cette place depuis le matin jusqu'à midy. Ce fauxbourg n'a que de méchantes maisons, où se retirent tous les voleurs, rufiens & vagabonds de la ville, qui en font des lieux de prostitution & de débauche, qui y joüent aux cartes & aux dez, & y tiennent cabaret, sans que la Iustice les puisse prendre, parce-que les maisons estant basties sur le bord de la riviére, dés que le Magistrat paroist ils passent de l'autre costé, & se sauvent dans vne forest épaisse d'arbres fruitiers, où il est impossible de les trouver. On enferme maintenant le bled dans le nouveau Fez, où il est plus en seureté. Il y a encore du mesme costé vn fauxbourg de quelque soixante maisons, où il y a vn hospital pour les ladres, dont l'administrateur reçoit le revenu, & les nourrit & entretient, tant de cela que des aumosnes, sans leur permettre de courir parmi la ville ; ce qui n'est pas permis dans Fez à ceux qui ont des maladies incurables. Quand ce seroit vn homme de condition, qui se voudroit faire traiter chez soy, on ne le souffriroit pas, & on le transporteroit à

Des fauxbourgs du vieux Fez.

on nomme cette maladie le Morstan.

LIVRE QVATRIE'ME. 175

l'hospital, qui herite de la moitié de son bien quand il vient à mourir, & laisse le reste à ses heritiers ; de-sorte qu'il est fort riche. Il y a vn autre fauxbourg * devant celuy-là, de cent cinquante habitans, qui vivent dans des creux sous terre, & sont tous muletiers, potiers de terre, massons, bucherons, ou manouvriers. Plus loin, en tirant toûjours vers le Couchant, il y en a encore vn qui a plus de cinq cens maisons, où demeurent de pauvres manouvriers, & tout joignant est vne plaine de plus de demi-lieuë de large, entre les maisons & le fleuve, & de plus d'vne lieuë de long, où les païsans arrivent tous les Ieudis au marché, avec du bestail, de la laine, de la cire, du beurre & autres choses qu'on apporte des champs, & les marchans & artisans de Fez y viennent dresser leurs boutiques en bel ordre autour d'vn hermitage qui y est. Au dessus de ce fauxbourg est vne grande carriére, d'où l'on tire toute la pierre, dont on fait la chaux ; & tout proche il y a plusieurs fourneaux pour la cuire, si grans, qu'on cuit vingt-cinq mille boisseaux d'vne seule fournée. Il y a vn autre fauxbourg * du mesme costé sur la riviére, où il y a plus de cent vingt logis de blanchisseurs, qui blanchissent la toile dans vn beau pré exposé au Soleil, & l'arrosent de tems en tems de l'eau du fleuve. Ce pré est couvert d'herbes toute l'année, & particuliérement en esté, quand les toiles sont tenduës, & l'on y voit briller toutes sortes de fleurs, [dont la veuë, en est fort agréable, d'autant plus que l'eau de la riviére est alors comme du cristal, & qu'on pourroit compter tous les petits cailloux qui sont au fond. Hors de la ville du costé du Septentrion, il y a vn palais basti sur vne haute montagne, où sont enterrez les Rois de Fez de la race des Bénimérinis, avec de grandes tables d'albastre à leurs pieds & à leurs testes, où sont gravez en lettres d'or, entremeslées de rouges, leur nom, avec le tems de leur mort, & quelques vers à leur loüange. Il y a plusieurs autres tombeaux par toute la campagne, parce-que chacun des Mahométans doit avoir son tombeau séparé.

* el Quisan.

Coc el Hami sur le grand chemin de Fez à Méquinez & à Alcaçar-quivir.

La Zavia.

L'Astigan

* Le Caçarin.

Tout le vieux Fez, tant du costé du Midy que du Levant & du Septentrion, est environnée de jardins pleins de grans

Des jardins du vieux Fez.

arbres, qui portent quantité de bon fruit, & font bordez de plusieurs rigoles qu'on tire de la riviére. Ces arbres font vne forest si épaisse de tous costez, qu'il faut estre bien expert pour s'en tirer. On n'arrose le pied de ces arbres que le mois de May, qui est le tems où on les déchausse & les laboure; mais les jardins sont arrosez tous les jours. Il y a dans Fez vne hale où abordent tous les fruits qui viennent dans la ville, & on les y vend en l'encan dans des paniers par l'entremise de ces crieurs, dont j'ay parlé. Aprés que les particuliers en sont fournis, les revendeurs achetent le reste, & ne peuvent rien acheter que dix heures ne soient passées. Quiconque achete pour revendre devant ce tems-là, ou qui porte le fruit ailleurs qu'à la hale pour payer les droits, est condamné à vne grosse amande, parce-que les fermiers sont présens. Du costé du Couchant est vne grande campagne de dix lieuës de long sur cinq de large, où

Melons, & concombres de toute sorte, navets, panets, carotes, chervis, choux, laituës, oignons, aulx, &c.

l'on recueille quantité de lin & de chanvre, & si grand nombre de légumes & d'herbes potagéres, acause de la multitude des rigoles & des fontaines qui y sont, qu'il y en a suffisamment pour toute la ville. Ma. l'air n'en vaut rien,

Azvaga.

& ceux qui y demeurent sont toûjours pasles & défaits, jusques-là que plusieurs meurent hydropiques. Il y a vne Mosquée dans Fez, en vn quartier qui est en jardinages, dans laquelle est enterré vn Maure, dont on fait ce conte, Qu'estant aveugle, & s'estant mis à dormir sous vne guérite du mur, où est enterré le corps de Dom Fernand, Infant de Portugal, qui mourut prisonnier dans Fez, il en degouta quelque chose sur ses yeux qui luy fit recouvrer la veuë; de-sorte qu'il courut par-tout, criant que la Religion de cét homme-là estoit la meilleure, & qu'il y croyoit, & fut lapidé par les Maures, qui le nomment le Saint Mécréant,

Cid Quéfet.

& visitent encore son sepulcre en grande devotion.

De l'ordre du Gouvernement, & de la Iustice.

Il y a dans le vieux Fez vn Gouverneur, qu'on nomme l'Alcayde del Acéquife, qui fait sa residence ordinaire dans le chasteau, & a l'administration de la Iustice aussi-bien que de la garde de la ville: car il est Iuge absolu, tant au civil qu'au criminel, & les amandes luy appartiennent; mais on ne condamne guere les coupables qu'à la mort, ou au foüet.

LIVRE QVATRIE'ME.

fouët. Son Lieutenant, qui est comme le Prevost, fait la ronde de nuit & de jour pour prendre les malfaiteurs, & les executer. Le principal Alfaqui de la grande Mosquée, qui est comme l'Evesque, est souverain dans les choses spirituelles, & en quelques cas où il ne s'agit pas de mort. Tous les autres Iuges mettent la raison de leur sentence dans le dictum, afin que le Mufti, à qui l'on appelle : car c'est ainsi qu'on le nomme, voye s'ils ont eu raison ; luy seul en est dispensé. Le Gouverneur a vn autre Iuge sous luy, nommé le Cadi, qui est versé dans leurs coustumes, pour juger le different des particuliers, mesme touchant le mariage ; en vn mot tout ce qui est de son ressort, tant au civil qu'au criminel. Lors qu'on veut executer vn homme, s'il n'est pas de condition, on le mene par les ruës les mains liées, jusqu'au lieu du supplice, qui est toûjours l'endroit le plus fréquenté de la ville. Il crie luy-mesme tout haut le sujet pourquoy on le fait mourir, & dit, Voilà ce qu'a merité celuy qui a fait vn tel crime. Alors on le pend par les pieds à vn gibet, & on luy coupe la gorge, puis on le laisse-là vn jour ou deux. Mais si c'est vn homme de qualité, on l'égorge dés la prison, & on le mene par les ruës chargé de travers sur quelque beste de voiture, en criant la mesme chose. Quand c'est pour trahison, on l'égorge par derriére, c'est à-dire par le chignon du cou, & quelquefois on luy ouvre le ventre de travers, & on le laisse ainsi jusqu'à la mort. Il y en a qu'on estrangle dans la prison, ou qu'on pend publiquement, qui est vne coustume, à ce qu'ils disent, que les Gots ont introduite en Afrique, afin qu'on ne souffre pas tant à la mort. Si quelqu'vn a tué, & qu'il ait vne partie, on le mene au lieu que j'ay dit, aprés qu'il est convaincu, & on le met entre les mains du plus proche parent du mort, pour en faire ce qu'il luy plaira. Il le tuë à coups de poignard ou de lance, & quelquefois luy fait racheter sa vie pour de l'argent : car quand la partie est contente, la Iustice ne passe pas outre ; mais quand il n'y en a point, elle fait sa charge. Lors-qu'il dénie le crime, on le mene devant le Iuge, qui luy fait donner vne certaine quantité de coups de fouët en sa présence, selon la qualité des

ou Memsti, comme il dit Vzir pour Vizir.

Partie II.

178 DV ROYAVME DE FEZ,

preuves, & prend garde que ce ne soit point aux flancs ou au creux de l'estomac, ce qui le pourroit faire mourir : car on les foüette cruëllement avec des cordelettes de cuir de chameau cordonné, & quelquefois vn homme perd la parole au second coup. Aprés qu'il s'est purgé du crime on le met en liberté ; mais le Iuge luy fait donner des coups de foüet pour son droit, & pour celuy du Greffier, s'il ne se rachete pour de l'argent. Si l'on foüette quelqu'vn pour vol, ou pour quelque autre crime dont il est convaincu, c'est d'abord devant le Iuge, puis on le mene tout rud par les ruës avec vne chaine au cou, & quelque petit tablier devant soy, criant luy-mesme le sujet de la peine qu'il endure. La confiscation des criminels appartient au Roy, quand il n'y a point de partie ; mais quand il y en a, & que le criminel est pris, on ne confisque point son bien. Le Iuge prend pour son droit, de ceux où il y a confiscation vn peu moins de quinze réales. Mais si le criminel n'a pas dequoy payer le droit du Iuge, comme j'ay dit, le Iuge a droit de le foüetter pour son payement, s'il ne l'en exempte par faveur, ou par compassion. Le Gouverneur de Fez est obligé d'entretenir trois cens chevaux bien équipez, pour la garde de la ville, & pour cela il prend le revenu d'vne terre, qui vaut sept ou huit mille ducats de rente. Le Mufti, & les autres Iuges du spirituel, ne prennent ni droit, ni salaire pour leur jugement, parce-qu'il leur est défendu par la loy de Mahomet; mais le Cadi a quelque leger appointement du Gouverneur. Pour les autres, qui sont des Alfaquis des Mosquées, ils ont des chaires dans la grande Mosquée, ou dans les Colléges, qui leur fournissent dequoy s'entretenir. Il y a deux prisons dans Fez, l'vne pour le civil, l'autre pour le criminel ; & quatre Alguasils, qui vont ordinairement par la ville de jour & de nuit, avec plusieurs Archers, sans aucun autre appointement que ce qu'ils ont pour chaque personne qu'ils prennent, & quelque partie des amandes. Mais ces Archers font taverne, & prostituent toute sorte de femmes & de filles; ce que l'on souffre avec plusieurs autres choses, parce-que le mestier en est infame aussi-bien en Afrique qu'en Europe. Quand il vient quelque cause de

Deux réales font 15. sols de nostre monnoye d'apresent.

Le ducat est maintenant 4. li. 10. sols de nostre monnoye.

Espece de Commissaires.

LIVRE QVATRIE'ME. 179

vant le Gouverneur, qui n'est pas importante ni capitale, il la decide sur le champ, sans participation de Iuge ni de Greffier, & sans appel, parce-qu'il a l'autorité absoluë. Son Gouvernement dure tant que le Roy veut, parce-qu'il s'exerce par commission. Il y a vn autre Iuge dans Fez, qui *el Lueli.* a soin de faire payer tous les revenus du Roy, & luy fournit quelque chose tous les jours. Il met garde aux portes, *C'est vne es-* & par toute la ville, pour la seureté des impôsts, & a juri- *pece d'inten-* diction sur les marchandises qu'on détourne, & sur celles *dant.* de contrebande. Mais il ne punit pas à toute rigueur, & se contente de faire payer le double à ceux qui ont fraudé les droits, ou fouëtter, & condamner à la moitié de la valeur de la chose dont est question, celuy qui l'a achetée ou venduë. Le Roy leve ordinairement pour droit d'entrée ou de sortie, deux pour cent des habitans, & dix pour cent des estrangers; mais on ne prend rien du bled, de l'orge, des bœufs, des poules, & autres choses bonnes à manger. Le Roy a huit maravedis pour chaque mouton qu'on tuë, & le grand Prevost moitié. Il a toûjours douze ou quinze Ar- *ou Prevost des* chers à sa suite, & visite toutes les places & les boutiques, *Marchans,* faisant peser le pain en sa presence, & examinant par-tout *Civil.* les poids & les mesures, où s'il trouve quelque defaut, il fait aussi-tost donner au coupable quantité de coups de bâton, ou de coups de fouët, sans autre forme de procés, puis confisque la marchandise & l'envoye à l'hospital; aussi est-ce la charge la plus considérable de la ville. Le mesme ordre se pratique par toutes les villes presque de la Barbarie ; c'est-pourquoy nous en avons voulu mettre icy le détail, pour n'estre point obligé de le repeter ailleurs.

Les Rois de Fez ont esté toûjours fort puissans, & Abda- *De la milice* la, qui régne aujourd'huy, l'est plus qu'aucun autre de l'A- *de Fez. &* frique: car il possede toute la Mauritanie Tingitane, avec *des gens de* vne partie de la Numidie ou Gétulie. Sa résidence depuis la *guerre que* mort de son pere, est ordinairement dans Fez, à cause de la *tretient.* frontiére des Turcs de Tremeçen ; mais il demeure maintenant dans Maroc, & laisse dans Fez son fils aisné. Il avoit ordinairement dans le nouveau Fez, quand il y demeuroit, quinze cens chevaux, & deux mille arquebuziers pour sa

Z ij

garde, tous vieux foldats, renégats ou Gézules, parmi lefquels il y avoit quelques Négres. Dans le vieux Fez il entretenoit douze cens chevaux, outre les trois cens du Gouverneur; mais il en a emmené maintenant la plufpart avec luy dans Maroc. Tout le refte des gens de guerre font répandus dans les provinces & les places frontiéres, fous l'autorité des Gouverneurs: Car il donne à tous fes fils ou fes fréres, & à tous les Checs ou autres, qui ont autorité fur les peuples, des Gouvernemens de places, avec vn reffort pour la fubfiftence des troupes, affignant certain nombre d'habitans pour l'entretien de chaque cavalier, fans que le Prince fe mefle plus d'autre chofe que de leur envoyer fes mandemens, & les obliger à le venir fervir quand il en a affaire. Ce font eux qui font valoir leur revenu, & qui reçoivent leurs rentes en froment, orge, huile, beurre, mouton, volailles, argent, & autres chofes, qu'ils font refferrer dans leurs magazins, & les donnent aprés à leurs Officiers, felon la qualité de chacun, & la dépenfe qu'il eft obligé de faire, ce qui fe paye tous les mois. Ils leur fourniffent auffi des habits foit de drap, ou de foye, & le plus fouvent tout faits, & du linge tout accommodé, & les entretiennent d'armes & de chevaux, chacun eftant bien-aife d'avoir fes gens bien équipez, parce-que c'eft vne marque d'honneur. Ils font grand cas des épées de la Chreftienté, & des lances ou piques de frefne; & celuy qui peut avoir vn cafque & vne cote-de-maille, s'eftime beaucoup, quoy-qu'il y en ait à cette heure autant en Afrique qu'en Europe, parce-qu'on ne manque pas de leur en fournir, & que les marchans les cachent dans les vaiffeaux, & les envelopent dans des balots de marchandifes: Pour les cavaliers, les vns ont leurs chevaux en leur logis, & vont querir tous les foirs de l'orge chez leurs Capitaines: D'autres les ont chez leurs Capitaines mefmes, où ils font panfez par des efclaves Chreftiens, & ceux-là font cenfez comme de leur hute, & mangent chez eux. Ils ont tous vingt-cinq ou trente efcus par an, qu'on leur paye de quatre mois en quatre mois. C'eft la cavalerie dont le Roy fait le plus d'eftat, aprés celle de fon efcadron, qui eft comme fa Nobleffe, montée fur de beaux

Lances, boucliers, épées, cimeterres, cotes-de-maille, cafques, arbaleftes & arquebuzes.

LIVRE QVATRIE'ME.

chevaux richement enharnachez, dont les mords, les étriers & les éperons sont dorez, & la testiére de fin or. Quelques-vns mesmes ont des plaques d'or ou d'argent à leurs étriers, & tous de beaux cordons brodez d'or & de soye, & de perles qui pendent à de riches selles, couvertes de ces beaux maroquins incarnats & orangez, & ont des houpes au bout de diverses couleurs, qui tombent sur les étriers & les couvrent tout. Les plus soigneux ostent la couverture des selles de leurs chevaux lors du combat, parcequ'ils disent que le vent s'engouffre dedans, & les empesche de courir. Leurs habits sont de velours, damas, satin, ou taffetas de diverse couleur, & la pluspart ont la garde de leurs épées & de leurs cimeterres, dorée ou argentée, & quelques-vns le pommeau, la poignée & le foureau d'argent ou d'or, avec des baudriers couverts de plaques d'or ou d'argent, ou tissus de soye & d'or, avec deux grandes houpes qui pendent de l'épée ou du cimeterre. Ils portent de l'autre costé, comme pour relique, vne boite d'or ou d'argent, où sont enfermez certains papiers ou parchemins, qui contiennent des oraisons & des sortiléges, & qui est penduë à vn autre baudrier aussi riche, qui croise celuy de l'épée, & ils sont tous deux liez d'vne large ceinture, qui a de grandes plaques d'or ou d'argent. Le jour de la montre ou de la bataille, ils portent de riches cotes-de-maille, & des casques fort luisans, garnis autour, aussi-bien qu'à la creste ou au cimier, de plaques d'or & d'argent cizelé. Ils portent avec cela des piques de fresne de seize pieds de long, & des rondaches de peau d'élan fort blanche, garnies de riches houpes d'or & de soye, qui font vn fort bel effet. On voit ordinairement trois mille cavaliers équipez de la sorte, quoyque l'escadron Royal soit de six mille tous montez sur de beaux barbes. Ces riches équipages se gardent ordinairement dans le magazin du Roy, pour vn jour de parade: car ils en ont d'autres de moindre prix, dont ils se servent tous les jours. La subsistence que le Roy leur donne en froment, orge, beurre, huile & mouton, tant pour eux que pour leurs femmes, leurs enfans & leurs valets, est plus haute que celle que donnent les Gouverneurs; & leur paye est de deux ou

Arme de la teste.

L'Auteur ajouste l'acicaté, qui est vn éperon à la génete.

Z iij

trois cens livres, & quelquefois plus. Mais quand il vient quelques estrangers à son service, il leur fournit abondamment tout ce qu'il leur faut, jusqu'à des concubines & des servantes de son Palais ; de-sorte qu'il les renvoye tres-contens. Le Chérif d'aujourd'huy a quelque cinq mille arquebuziers à cheval, à qui il fournit armes, chevaux, habits & argent, la pluspart Gazules ou Négres des Royaumes de Maroc & de Sus. Il a outre cela six cens renégats, qu'il mene toujours avec luy ; mais il n'a point de Turcs, acause de la trahison qu'ils firent à son pere. Il se sert aussi d'Arabes, mais seulement dans l'occasion : car ils demeurent dans leurs Aduares, & savent où ils se doivent rendre en cas de besoin. Ceux là ont aussi des chevaux, & sont exemts de tout subside, sans rien payer pour leur labourage, ni pour la nourriture de leurs troupeaux ; mais ils sont fort mal équipez pour la pluspart, tant de chevaux que d'armes & d'habits, à la reserve de quelques particuliers, qui se piquent plus d'honneur. Ce sont de grans voleurs, qui ravagent tout par où ils passent ; mais comme ils n'ont point d'appointemens, si la guerre tire en longueur ; ou qu'ils souffrent tant soit peu, ils se retirent chez eux & abandonnent l'armée. Ils sont plûtost équipez pour voler & pour fuir, que pour combatre, & n'attaquent que ceux qui sont par terre, comme font des chiens. Les plus riches & les plus puissans de cét Estat, sont les Holotes & Ibni Mélic Sofian, qui sont obligez de fournir au Roy onze mille chevaux dans l'occasion ; mais ils n'en fournissent jamais plus de huit ou neuf mille, encore faut il pour faire ce nombre, qu'ils envoyent acheter des chevaux à Fez, à Méquinez ou ailleurs, parce-qu'ils n'en ont d'ordinaire que quatre ou cinq mille. Tous les Gouverneurs & Généraux du Royaume de Fez ont vn Chef, qui est comme le Généralissime, qu'on nomme le Gouverneur des Gouverneurs, & c'est de luy & du Vizir, qui est comme le Lieutenant général de la Couronne, que dépend tout le gouvernement du Royaume. Aussi la charge de Vizir est-elle occupée ordinairement par le successeur de l'Empire ; & s'il est trop jeune pour vn si grand employ, le Roy le donne à son favorit, parce-que le Vizir est capable de mettre qui il veut

LIVRE QVATRIE'ME.

dans le thrône, comme celuy qui a les forces de l'Eſtat & le Gouvernement entre les mains. Auſſi luy doit-on obéïr comme au Roy, quand il n'y a point de légitime ſucceſſeur. Le Roy eſt héritier de tous les Gouverneurs, & de tous les gens-de-guerre à qui il donne des appointemens, & entre en poſſeſſion de leur bien lors-qu'ils meurent, prenant armes, chevaux, équipage, & tous les meubles. Mais il les rend à leurs fils, s'ils ſont en eſtat de ſervir ; & s'ils ſont petits, il les nourrit juſqu'à ce qu'ils ſoient en âge, & les filles juſqu'à ce qu'on les marie. Ce droit eſt cauſe que quand il y a vn marchand ou autre perſonne fort riche, il luy donne vn Gouvernement, ou quelque charge de ſa maiſon, avec des appointemens, pour en heriter quand il meurt. Pluſieurs évitent pour cela d'eſtre au ſervice du Roy, & s'ils ont quelque argent le cachent, quoy-qu'il les tourmente quelquefois pour l'avoir. Comme ces Princes ſont donc des Tyrans, ils vivent toûjours en crainte ; mais ils ſe font obéïr par force, & entretiennent des eſpions, qui leur rapportent tout ce qu'on fait.

Au premier rapport de trahiſon ou de révolte, ils font tuër vn homme, ſans s'en enquerir davantage, & en feront autant de cent comme d'vn. Mais les accuſateurs ne ſont pas en plus grande ſeureté que les accuſez ; Car ſur le moindre ſoupçon on les fait mourir, ſi bien qu'on eſt toûjours en défiance, quelque familiarité qu'on ait avec eux. Ces Princes ſe ſervent encore d'autres troupes dans l'occaſion, comme d'vn arriere-ban, qui ſont les habitans des villes & des villages, & les Bérébéres des montagnes, qui ſont innombrables; quoy qu'on faſſe peu d'eſtat d'eux, ſi ce n'eſt dans les guerres contre les Chreſtiens. On redoute meſme de les aſſembler ; de peur que venant à connoiſtre leurs forces, & ſe voyant les armes à la main, ils ne ſe vengent de la tyrannie de ces Princes & de leurs Miniſtres. Quand il eſt donc queſtion de le faire, c'eſt aux lieux les moins dangereux, & l'on ſe ſert des autres pour mener le bagage & les vivres ; car chaque reſſort eſt obligé d'envoyer des gens pour cela à ſes dépens, au premier mandement. Mais la campagne ne dure jamais que trois ou quatre mois, quelque importante que ſoit la guerre.

Quand le Cherif veut tirer de l'argent des bourgeois de Fez, il assemble les Colonels de chaque quartier, & leur commande de mettre leurs troupes en bon estat ; sur ce rapport les bourgeois & les marchans, qui ne peuvent quiter leur ménage, s'offrent d'entretenir vn soldat en leur place, ou de fournir ce qu'il faut pour cela ; & par ce moyen fait vne somme considerable : De sorte qu'on reçoit plus d'argent qu'il n'en coûte quelquefois à faire la guerre. Celuy qui regne aujourd'huy s'est servy plusieurs fois de cét artifice, aussi est-il fort odieux ; mais si redouté, qu'on n'ose luy desobeir. Quand ces Princes font quelque entreprise contre les Chrestiens, tout le monde y court, tant bourgeois de villes qu'autres ; parce qu'ils croyent aller droit en Paradis, soit qu'ils meurent en cette guerre, ou qu'ils y tuënt vn Chrestien ; Et il y va des hommes & des femmes de quatre-vingts ou cent ans, avec seulement vn bâton à la main, pour se faire tuër, & gagner ces maudites indulgences, tant ces chimeres ont fait d'impression sur les esprits de ces peuples, qu'on entretient à dessein dans vne aversion extréme contre les Chrestiens, pour les empescher de se desabuser, & d'ajoûter foy à leur créance. Du reste le Chérif a dans Fez, dans Maroc & dans Tarudant des arsenaux bien garnis d'artillerie, & en fait fondre quand il luy plaist, par des renégats Anglois & François qui y sont savans, & qui font des poudres & des boulets, & la gouvernent par l'entremise d'autres esclaves Chrestiens, & de quelques Turcs, parce-que les Maures n'y entendent rien. Toute la force de ces Princes est dans la cavalerie, qui s'éloigne le plus qu'elle peut du canon, quand elle veut combatre, & l'abandonne ordinairement dans les batailles. Le Chérif a quelque artillerie dans les forteresses & les places de la coste, mais c'est fort peu, & en fort mauvais estat.

De la succession de ces Princes, & de leurs Officiers.
Les descendans de Mahomet.

Les Rois de Mauritanie & de toute l'Afrique sont des Tyrans, comme nous avons dit, où la succession de pere en fils n'a point de lieu, par la raison du sang ; parce que la loy de Mahomet ne reconnoist de légitimes successeurs que les Califes. Quand ces Princes donc veulent mettre quelqu'vn de leurs fils en leur place aprés leur mort, ils le font de leur vivant Vizir ou Munafit, qui sont les deux principales charges de

LIVRE QVATRIEME.

de l'Estat, & s'il n'est pas en âge de les posséder, ils engagent par de grans sermens les principaux de la Cour, & particulierement le Gouverneur des Gouverneurs, & le Secretaire d'Estat, qui ont part à l'élection, de l'élire aprés leur mort; mais tout cela inutilement, s'ils ne sont engagéz d'ailleurs: Car ils élisent souvent aprés sa mort qui il leur plaist, pourveu qu'il soit du sang Royal. Si-tost que le Prince est élû, ils luy baisent la main, & luy prestent serment, & il leur fait de grans presens, & essaye à gagner les gens de guerre, jusqu'à ce qu'il soit bien établi. Ceux qui ont la principale part au gouvernement du Royaume de Fez, sont premiérement le Vizir, qui a en son pouvoir la troisiéme partie de la cavalerie, & reçoit l'argent qu'il faut pour cela. Le Secretaire d'Estat, qui fait la charge de Secretaire de Sur-Intendant & de Grand Maître. Le Mezuar qui est comme le Lieutenant du Vizir, & sert souvent d'Amiral. En suite les principaux Gouverneurs, du nombre desquels sont les fils, les freres, & les parens du Roy, qui ont le commandement des troupes établies pour la conservation de l'Estat. Il y a outre cela vn certain nombre de Iuges ou Commissaires, qui sont comme des Intendans des Provinces, & vont rendre Iustice aux Arabes & aux Bérébéres, conformément à leurs loix & à leurs coustumes. Il y a aussi des Receveurs commis sur les revenus du Prince, tant ordinaires qu'extraordinaires, qui ne laissent pas d'avoir juridiction pour ce qui concerne leur charge. Plus, certain nombre de Chevaliers ou Gentilshommes ordinaires, qui ont des Commanderies pour l'entretien de leur personne, sans estre obligez d'entretenir aucunes troupes; mais seulement d'accompagner le Roy à l'armée. Ceux-là sont plus considérables que ceux de l'escadron du Roy; parce-qu'ils viennent de là à estre Colonels de cavalerie & Baillis. Le Roy a vn Capitaine des Gardes, qui a ordre de commander aux Iuges d'arrester, exécuter, ou confisquer les personnes ou les biens des criminels qu'on ne veut point qui viennent à la connoissance du public: Et s'il faut arrester quelque Gouverneur ou quelque personne de condition, c'est luy que le Roy y envoye, & qui exécute ses ordres secrets. Il y a encore vne espece de Chancelier qui a le Seau, & écrit & seelle

ou de Général.

C'est comme la Cornette blanche.

Il nomme ces Baillis Conseillers, parce qu'il appelle Conseil vn Bailliage ou ressort.

Partie II.   Aa

les dépesches. Plus, vn grand Maître des cérémonies, qui est devant le Roy quand il donne audience, & quand les Gouverneurs viennent au Conseil, pour donner à chacun son rang selon son antiquité ou sa dignité, parce-que chacun parle selon l'ordre de sa séance. Vn autre a charge des valets de pied & estafiers, qui portent les viandes sur la table du Roy, & vont querir ceux que le Roy mande. Quand il fait faire mesme quelque exécution en sa présence, ce sont ces gens-là qu'il employe. Ils marchent devant luy lors-qu'il va à cheval, l'vn d'eux luy porte vne lance haut, & se tient prés de l'étrier ; & l'autre vne longe dorée, ou en broderie, avec laquelle on mene son cheval en main, quand il a mis pied à terre. Vn troisiéme porte ses mules ou escarpins. Il y a aussi vn Officier qui a soin des chameaux du Roy, qui sont en grand nombre, & qui fait fournir tout ce qui est necessaire à ceux qui en ont la charge, ordonnant les lieux où on les doit mener en pâture, & les mandant quand le Roy veut marcher. Il y a vn Pourvoyeur ou Commissaire général, qui a soin de fournir, garder & distribuër tous les vivres de la maison du Roy & de toute l'armée, quand le Prince est en campagne. Il a quantité de commis sous luy, & douze ou quinze grandes tentes dans le camp, où il resserre les munitions, & où abordent perpetuellement les chameaux pour les décharger. C'est là que sont toutes les provisions du camp, & les maistres d'hostel & les cuisiniers de la maison du Roy sont sous sa charge. Il y a aussi vn grand Escuyer, qui a beaucoup d'accés auprés du Prince, & vn Commissaire général de la cavalerie, qui luy fait fournir l'orge, la paille, le foin, ou l'herbe, & à tous les chariots de l'armée ; & qui a sous luy des Escrivains qui en dressent vn estat pour en rendre compte au grand Maistre. Le Roy a aussi cinquante Aides de camp sous l'autorité d'vn Commandant, qui portent l'ordre du Roy aux Gouverneurs & Officiers de l'armée tant dans le camp que dans la ville, & vont autour des escadrons avec de gros bâtons à la main, pour faire ranger les troupes & les animer au combat ; & si quelqu'vn fuit, ou se détache de l'escadron, ils ont pouvoir de le tuër. Il y a encore vn Capitaine du charoy, qui a ordre de faire porter les tentes du

Sergens Majors.

LIVRE QVATRIE'ME.

Roy & de l'escadron Royal ou Cornette blanche, & de les faire tendre & détendre. Celles du Roy sont portées par des mulets, & toutes les autres sur des chameaux. Il y a beaucoup de gens qui portent les estendarts ou drapeaux pliez quand l'armée marche, sans en laisser qu'vn tendu à l'avantgarde. Tous les estendarts sont de gros taffetas double avec vne bande de lettres Arabesques qui traverse d'vn bout à l'autre. La plusparc de ces estendarts sont quarrez, & ceux qui les portent servent de guides, & savent fort bien les chemins, comme ayant grande connoissance du païs & de tous les détroits & passages des riviéres. Il y a aussi plusieurs timbaliers avec de grandes timbales de cuivre, larges par le haut & étroites par bas, & couvertes de peau de veau, avec de grosses couroyes enlacées autour qui servent à les bander. Ces timbaliers vont sur des chevaux de bas, mais fort vistes, sans porter chacun plus d'vne timbale, avec vn contre-poids de plomb de l'autre costé; mais le son en est si horrible, que les valées en retentissent, & les hommes & les chevaux en tremblent. Ceux-là, & ceux qui portent les estendarts sont les mieux montez, acause de la honte qu'il y a parmy eux à perdre la timbale ou l'estendart. Il y a aussi à la Cour plusieurs trompettes & clairons, & autres instrumens qui servent en paix & en guerre, aux dépens des villes qui sont obligées de les fournir. Le Roy n'est servy dans la chambre que par des femmes qui sont esclaves Négres, ou bazanées, parmy lesquelles il y a quelques Chrestiennes; mais pour le service du dehors il a des pages, qui sont des enfans de Gentilshommes ou de Chrestiens. Il n'épouse que des femmes blanches, filles de grans Seigneurs, qui sont servies par celles dont nous venons de parler, & par d'autres ; le tout sous la garde d'Eunuques noirs ou bazanez, pour la pluspart. Nul Mahométan ne peut entrer en l'appartement des femmes, s'il n'est Eunuque ; mais les esclaves Chrestiens y entrent aussi-bien que les Iuifs pour le service de la maison. Comme les Dames du païs sont fort amoureuses, le Chérif a découvert de son tems quelques avantures, qui l'ont obligé de défendre à tous les Chrestiens d'y entrer: & s'il y a quelque service où ils soient necessaires, vn Eunuque marche devant, qui leur crie, qu'el-

demy Maures.

les se retirent ; ce qui ne se pratiquoit point du tems de son pere ni de son oncle, ni sous le régne des autres Rois. Car ils ne croyoient pas que les Chrestiens dussent rien faire de deshonneste, ni que les femmes du pays le voulussent souffrir, quand ils en auroient envie.

Des pompes & magnificences des Rois de Fez, & de l'ordre qu'ils tiennent dans leurs campemens, & pour faire subsister l'armée: avec un estat de leur revenu.

Les Rois de Fez, non plus que les autres Rois d'Afrique, ne sortent pas souvent en pompe, si ce n'est aux festes solemnelles, & le Vendredy qu'ils vont à la Mosquée, ou quand ils se mettent en campagne : Car alors le grand Maistre des cérémonies fait avertir les Gouverneurs & la Noblesse de sortir pour l'y accompagner. Ils s'assemblent donc en magnifique appareil devant le Palais Royal, & aux avenuës, & les Officiers destinez pour cela rangent toutes les troupes en ordre à l'entour, & donnent à chacun sa place, conformément à sa qualité & à sa dignité. Quand il veut sortir de la ville, ceux qui portent les estendarts marchent les premiers, & en suite les timbales & les trompettes, suivis du grand Escuyer avec ses Officiers, puis du grand Pourvoyeur avec les siens. En suite dequoy marchent les Gentilshommes ordinaires, & aprés eux le Maistre des cérémonies, puis les Secretaires & les Juges ; & en suite de tous, le Gouverneur des Gouverneurs. Aprés vient le Roy, accompagné du Vizir, & precédé de ses parens & de ses fils, à quelque distance. Immediatement devant luy marchent quelques Gentilshommes qui portent son espée, sa rondache & son arbaleste, & autour de luy ses estafiers, dont l'vn, qui porte sa lance haute, n'abandonne point l'étrier droit ; vn autre porte les resnes & la couverture de la selle de son cheval ; vn troisiéme de riches galoches, que les Rois font porter plûtost par magnificence qu'autrement, parce-qu'ils ne s'en servent jamais. Et quand il passe quelque riviére, tous les valets de pied ou estafiers se rangent autour de luy, & luy couvrent les pieds de leurs manteaux & de leurs casaques, pour empescher qu'il ne se moüille. Il est suivy du grand Maistre de sa maison, aprés lequel viennent les Eunuques & les Valets de chambre, & en suite les Gardes du corps ; les Arquebuziers, les Arbalestriers, & le reste de la cavalerie font l'arriére-garde. Il est habillé fort modestement, & l'on ne penseroit pas que ce fuſt le Roy, parce que ceux qui l'accompagnent ſont veſtus plus magnifiquement que luy. Nul Roy Mahométan ne porte couronne, parce-qu'il ne leur eſt pas permis, & ſi l'on en veut croire leurs Docteurs, ce ſont tous des vſurpateurs & des tyrans; parce-qu'il n'y a que la lignée de Mahomet, d'où ſont les Califes, qui ait droit de régner. Mais il fait beau voir ſes tentes dreſſées, & par conſéquent tout ſon camp: Car la ſienne ſeule paroiſt vne ville, fermée ſi proprement de murs avec leurs creneaux, quoy-qu'ils ne ſoient que de toile, qu'on diroit que c'eſt vne forterreſſe quarrée, qui a aux quatre coins ſes quatre tours, avec de hauts chapiteaux, des pommes dorées, & des banderoles de pluſieurs couleurs, qui s'apperçoivent de tout le camp. Il y a quatre portes gardées par des Eunuques, qui n'y laiſſent entrer ni Maure, ni Arabe; mais ſeulement des Eunuques comme eux, & des Chreſtiens. Au milieu ſont divers appartemens pour luy, pour ſes femmes & pour ſes eſclaves, & cette tente a deux murailles à douze pieds l'vne de l'autre, où la garde fait la ronde toute la nuit, faiſant main-baſſe ſur tout ce qu'elle rencontre, qui n'a pas ordre d'y eſtre. Autour de ſon Palais ſont les tentes & les pavillons de ſes officiers & de ſes principaux favoris; plus loin celles de ſes Gentilshommes, grandes comme des tentes d'Arabes, & faites, comme elles, de groſſe laine comme du feutre. Au milieu de tout cela eſt la deſpenſe, la cuiſine & la ſalle du commun, & aſſez proche celles des gardes-ducorps, auſquelles touche l'écurie du Roy. Devant la tente du Prince ſont toûjours deux ou trois bons chevaux, ſellez avec la bride à l'arçon, pour s'en ſervir au beſoin. Toutes ces tentes reſſemblent à vne belle ville bien ordonnée, parce-que celles des Gentilshommes ſont ſi bien jointes, qu'elles ſervent de rempart à celle du Roy, où l'on ne peut aborder que par quelques avenuës. Dehors ſont les logemens des muletiers, des bouchers, & des vivandiers, & les boutiques des marchans; & de part & d'autre, vn peu plus loin, les quartiers des Gouverneurs & des Généraux, avec leurs troupes tout autour. On fait garde toute la nuit autour de la tente du Roy; mais ſans armes: Il n'y a que le Capitaine des Gardes qui ait droit d'en porter, & quelques Gentilshommes des plus favoris qui font la ronde avec luy. On fait aussi garde autour des escuries, & toute la nuit hors du camp il y a des compagnies de cavalerie qui font la ronde, mais avec si peu d'ordre, qu'elles vont heurter quelquefois contre les chevaux du Roy, & il se fourre des assassins jusques dans sa tente. Ces Rois ont coustume d'estre en campagne la plus grande partie de l'année, tant pour la conservation de leur Estat, que pour tenir en crainte les Arabes leurs vassaux. Ils passent leur tems à la chasse & aux échecs. Il est vray que celuy qui régne aujourd'huy sort fort peu souvent, & est enfermé deux ou trois mois dans son palais, soit dans Fez, ou dans Maroc, sans paroistre que le Vendredy qu'il va à la Mosquée, encore n'est-ce pas toûjours. Aussi fait-il toutes ses entreprises par l'entremise de ses enfans ou de ses Généraux, donnant ordre à tout de son Palais, tant il est respecté. Car comme tout le bien de ses sujets est à luy, quelque impost qu'il mette, on le paye sans murmure, & sans faire les remonstrances comme on faisoit autrefois. L'impost le plus ordinaire est la disme, & la disme de la disme, avec les prémices du labourage, & les premiers nez du troupeau: le tout entierement, excepté les prémices où l'on ne prend que de vingt vn: Et quand il y en auroit plus de cent, on n'en prend que deux. Outre cela il prend de chaque arpent qu'on laboure cinq quarts de ducat, & autant de chaque feu & de chaque personne de l'vn & de l'autre sexe, qui a passé quinze ans, sans les levées extraordinaires, où il demande toujours la moitié plus qu'il ne veut avoir, afin de faire grace du reste. Mais il y a des montagnes inaccessibles, peuplées de Béréberes, qui ne payent au plus que la disme, encore n'est-ce que des terres qu'ils labourent dans la plaine. Ajoûtez à cela les entrées, la doüane, & les autres droits, qu'on fait payer aux habitans des villes, avec l'impost des moulins, & plusieurs autres revenus qui seroient trop longs à raconter.

Les habitans de Fez, & particulièrement la Noblesse, sont fort francs & fort civils, & les marchans de bonne foy. Ils s'habillent de noir, de bleu, ou d'autre couleur, & portent

De vingt agneaux l'vn

Quelque cent quinze sols de la monnoye d'aprésent.

De l'habit qu'on porte dans Fez.

LIVRE QVATRIEME.

de longs fayes, qui leur viennent jufqu'à mi-jambe, avec des demi-manches fort étroites. Quelques-vns portent des cafaques de laine ou de foye, & au lieu de manteau ils fe feruent de capes de laine, ou de foye & de laine meflées enfemble. Les artifans & le commun peuple, & particuliérement les fantaffins, & les arquebuziers & arbaleftriers à cheval, portent des jufte-au-corps à quatre bafques, qui leur vont jufqu'aux genoux, & par-deffus des cafaques de drap bleu, ou d'autres couleurs. Ils portent tous des caleçons de toile fort eftroits par bas, qui leur viennent jufqu'à la cheville du pied, & de grandes chemifes par-deffus, qui n'entrent point dans le caleçon. La Nobleffe & les Grans s'habillent plus poliment, & portent des camifoles de toile de Cambray, de foye, ou de fin drap, foit d'écarlatte ou d'autre couleur, avec des gances & des boutons d'or, & les manches fort larges, ouvertes par deffous, & doublées de velours cramoifi, de damas, ou de fatin de couleur. Quand ils n'ont point de marlotes ils ont des fayes, ou jufte-au-corps de mefme, avec les chemifes & les caleçons de fine toile de Cambray. Ils ont des bonnets d'écarlate que leur portent les marchans d'Efpagne; & quelques-vns portent des turbens blancs fort fins & fort eftimez parmi eux, qui font fix ou fept tours autour de la tefte. L'hyver ils portent des fouliers ou des brodequins de maroquin incarnat ou orangé, & quand ils vont à pied, des galoches de marqueterie fort bien travaillées, parce-qu'il y a toûjours des bouës dans la ruë, & l'efté ils portent des efcarpins de mefme cuir fort minces, & des mules à double liége, incarnates ou orangées. Le peuple s'habille de mefme; mais non pas de foye, ni de drap fi fin, & pour manteau, porte des cafaques de fine laine, qui tire vn peu fur l'azure. Ceux qui n'ont pas dequoy acheter des fayes, s'envelopent d'vne mante, ou portent des cafaques comme de bure, avec des demi-botines noires à boutons ou à lacet, & des caleçons de toile ou de drap de la mefme façon: car on ne porte point de chauffes en toute la Barbarie, fi ce ne font quelques laquais, qui portent des bas de drap, avec des jarretieres, pour marcher plus à leur aife. Les femmes s'habillent fort proprement, & font tres-belles; mais peu cha-

Ils n'ont point de haut-dechauffes, non plus que les Turcs.

ou fatin rouge.

ou à petits carreaux.

haut dechauffes.

ſtes, parce qu'elles ſont trop voluptueuſes. Quand elles ſortent, elles ſont veſtuës de robes blanches fort riches, tiſſuës d'or & de ſoye, avec vn voile ou mante par-deſſus de fine toile, brodé ſur les coins de ſoye cramoiſie, & auſſi long qu'vn drap, mais non ſi large, avec vne bande de ſoye blanche ou d'autre couleur, tout autour, tiſſuë dans le voile meſme : Elles les retrouſſent vers le ſein, où ils ſont attachez avec de gros anneaux d'or ou d'argent. C'eſt là le plus commun habit des Dames de condition l'eſté ; mais l'hyver elles portent des camiſoles de ſoye ou de drap de couleur, dont le tour du cou, le bout des manches ſont brodez d'or, de ſoye & de perles, & ſemez fort dru de petits boutons & de boutonnieres de meſme. Elles portent ſur leurs teſtes de riches coiffures d'or & de perles, enrichies de pierreries, qui tombent ſur les cheveux, qu'elles affectent, par galanterie, d'avoir fort noirs, comme vne choſe tres-belle & qui ſied bien. Elles portent pour pendans d'oreilles des demi-cercles d'or ou d'argent fort delicats, avec des fils de perles, & de pierreries auſſi gros que des œufs ; & de-peur qu'ils ne leur déchirent les oreilles par leur peſanteur, ils les attachent au haut de la teſte avec vn cordon de ſoye. Elles n'enveloppent leurs cheveux que d'vne fine toile bordée de ſoye, ſans autre bonnet ; mais elles aiment à avoir de longues treſſes, qui faſſent trois ou quatre tours autour de leur teſte. Quand elles ne ſortent point, elles n'ont qu'vne chemiſe longue & large, avec des mules ou des eſcarpins fort bas, le reſte de la jambe eſtant nud ; mais quand elles ſortent, & particuliérement celles d'Andalouſie, elles portent des caleçons fort longs & bien pliſſez, pour faire la jambe belle : car leurs veſtemens ne leur viennent que juſqu'à mi-jambe. Elles ſe chauſſent fort juſte, avec des eſcarpins de petit maroquin fort doux, bordé de ſoye de couleur, & portent pour bracelets de grandes manicles d'or ou d'argent ſi peſantes, que celles d'or valent cent ducats, & celles d'argent dix ou douze, auſſi n'en ont elles qu'vne à chaque bras. Elles portent d'autres ſortes de manicles au deſſus de la cheville du pied, qui ſont rondes, & beaucoup plus groſſes qu'au poignet. Les femmes des Arabes, & quelques-

vnes

---

ou rouge.

boutonnieres, ou œillets.

vnes de Fez, aussi-bien que toutes les Bérébéres, portent de ces ceintures du Palais, que nous avons dites, non pas quand elles ont des robes, mais des alquicels, pour les ceindre. Elles se teignent ordinairement les ongles des pieds & des mains d'vne certaine drogue qu'on nomme Alhegna, & trouvent cela fort galand. Elles s'en frotent aussi la teste deux ou trois fois la semaine, parce-qu'elles tiennent que cela est fort sain, & rend les cheveux noirs, fort luisans. Voilà tout ce que nous pouvons dire des habits des Dames de Fez, qui sont presque les mesmes que portoient les Morisques de Grenade. *Alhegna.*

Les Rois de Fez ont de coustume de faire porter leur viande publiquement dans la salle de l'audience, quoy-qu'ils mangent en particulier dans l'appartement des femmes, & viennent-là tous les matins pour recevoir les complimens des Princes du Sang & des Grans de leur Cour. Aussi-tost on leur apporte leur manger ordinaire dans de grandes terrines hautes & vernies, pleines d'vn manger fort delicat, fait de fleur de farine accommodée au beurre, & qui est par petits grains, comme du millet. On le fait cuire dans de certains pots percez, qui se mettent sur la marmite où cuit la viande, & la vapeur du pot aide à le cuire. Lors qu'il est tiede & cuit, on le détrempe avec le beurre, & après qu'il est bien détrempé, on l'étend dans la terrine, & l'on verse dessus le bouïllon du pot avec la viande & les herbes, après quoy on le laisse vn peu mitonner, jusqu'à ce qu'il ait bû toute l'eau. C'est-là le manger ordinaire de ce Prince deux fois le jour. Outre cela on leur sert du mouton & de la volaille fricassée par petits morceaux, avec du beurre & des épices, & ils mangent cette fricassée toute chaude, avec du pain tendre ou des gasteaux, dans de grans poiſlons où on les fait cuire. On leur sert aussi quantité de miel & de beurre-frais, & pour le dessert de grandes corbeilles de dates ou de fruits. Mais on ne leur donne à boire que de l'eau ou du lait aigre, parce-qu'ils ne boivent point de vin en public, & quand ils en boivent, c'est plustost par débauche, pour s'enyvrer que pour se fortifier. En vn mot ils se traitent pitoyablement à comparaison de ceux de l'Europe. Ils n'ont

De la façon de vivre des Rois de Fez, & des viandes dont vsent les habitans.

Alcuzcuçu.

gasteaux cuits au feu sur des quarreaux de terre.

Partie II.   Bb

point de buffet ni de tables bien dreſſées, couvertes de vaiſ-
ſelle d'or & d'argent, parce-que c'eſt vn peché en leur religion de boire ou de manger autre-part que dans des vaiſſeaux de bois ou de terre, & ils ne ſe ſervent que d'aiguiéres
de cuivre pour laver leurs mains aprés le repas. Les Maures
mangent toûjours à terre acroupis ſur leurs eſtrades, avec
vn tapis de cuir imprimé, comme nous avons dit qu'il s'en
fait au Palais, qui leur ſert de table, & pour s'eſſuyer la
main droite avec laquelle ils mangent, on leur donne vn
linge ou tablier de laine rouge, & rien autre choſe. Ils ne
ſe ſervent en mangeant que de la main droite, avec laquelle ils dépecent les viandes, reſervent la gauche pour ſe laver quand ils font l'oraiſon. Aprés que le Roy a mangé
deux ou trois bouchées, car il ne mange jamais davantage
en public, on détourne de devant luy la terrine, ou les autres
vaiſſeaux dans leſquels on luy a ſervi les viandes, & ſes enfans ou ſes fréres, s'ils ſont préſens, s'approchent, & prennent chacun vne bouchée, puis s'en retournent en leur place. Enſuite les Grans & les Gentilshommes qui ſont là en
font autant, & viennent par ordre de degré en degré, juſqu'aux portiers & aux gardes : car tous ceux qui ſont dans la
ſalle, petits ou grans, en doivent gouſter peu ou beaucoup,
parce-qu'ils croyent que c'eſt peché de manger tout ſeul
ſans en faire part à ceux qui vous regardent ; & les Princes,
les Seigneurs & les Gouverneurs des provinces en font autant chez eux. Le reſte du peuple ne mange de la viande
que deux fois la ſemaine ; mais ils mangent ordinairement
trois fois le jour : car ils déjeunent le matin du pain avec
des fruits crus ou ſecs, ſelon la ſaiſon, ou de la bouïllie, &
particuliérement en eſté, où ils ont couſtume de manger le
matin de la farine d'orge cuite, avec des morceaux de chair
ſalée, qu'ils font frire avec du beurre. A midy ils mangent
du pain, de la chair, du fromage, des olives, & de ce manger que j'ay dit qu'on ſert au Roy. Ils ſoupent fort lége-
rement de quelque melon, ou de raiſins frais ou ſecs, qu'ils
mangent avec du pain. Mais tous ceux qui font cuiſine,
mangent vne fois le jour de l'Alcuzcuçu, parce-qu'il couſte
peu & nourrit beaucoup. Voilà le manger ordinaire des ar-

(marginalia: Aſſis ſur leurs talons avec les jambes croi-ſés comme les tailleurs.)

(marginalia: Alcuzcuçu.)

LIVRE QVATRIE'ME.

tisans & du peuple, & généralement de toutes les villes de la Barbarie ; ce qui mettra fin à la description de celle de Fez.

CHAPITRE XXIII.

De Macarméda.

A SEPT lieües de Fez du costé du Levant, on voit les ruines d'vne ancienne ville bastie par les Africains de la tribu de Cinhagie, dans vne fort belle plaine, sur le bord d'vne petite riviére, & les murs sont encore debout. Elle fut destruite dans les guerres de Sayd, & ne s'est jamais repeuplée depuis, quoy-que le pays soit fort bon & abondant en bleds & en pasturages ; mais il est possédé par des Arabes, qui n'aiment pas à se renfermer dans des villes. Quelques Historiens disent, que cette ville a esté bastie par le mesme Prince qui bastit Maroc ; mais on voit bien à la structure des murs, que c'est vn ouvrage plus ancien, & fait par les Africains : car presque tous les Conquerans de l'Afrique ont eu vne differente façon de bastir. Mon avis est donc que c'est l'Eripide de Ptolomée, qu'il met à dix degrez vingt minutes de longitude, & à trente-trois degrez quarante-cinq minutes de latitude.

Mahamides.
Ioseph.

CHAPITRE XXIV.

De Habar.

A DEVX lieües de Fez, du costé du Levant, est vne ville bastie sur la pente d'vne haute montagne, d'où l'on découvre non seulement celle de Fez, mais tout le païs d'alentour. Elle doit sa fondation à vn Morabite de ces quartiers, qui estoit premier Alfaqui de la grande Mosquée ; mais elle a esté destruite en la guerre de Sayd ; de-sorte qu'il n'en reste que les murailles & les temples. Sa contrée est petite, & les terres en sont données à ferme tous les ans par l'Alfaqui de la grande Mosquée, à qui elles appartiennent.

CHAPITRE XXV.

De Zavia.

<small>Aben Ioseph.</small>

ON voit encore les ruines d'vne autre ville à quatre lieuës & demie de Fez, du costé du Levant, qui a esté bastie par le second Roy des Bénimérinis. Elle estoit fort petite, mais il y a vn grand Palais, qui servoit autrefois d'hospital, où ce Prince avoit fait dresser son sepulcre, quoy-qu'il ne semble pas qu'il y ait esté enterré : car il fut assassiné par vn de ses gens au siege de Treméçen. Il ne reste de la ville que les murailles & le Palais que nous avons dit, le reste ayant esté destruit dans les guerres de Sayd. Les terres d'alentour appartiennent à la grande Mosquée de Fez, quoy-qu'elles soient frequentées de quelques Arabes. Le nouveau Ptolomée dans les cartes de la Libye, dit, que c'est Bobrise, qu'il met à neuf degrez vingt minutes de longitude, & à trente-quatre degrez quinze minutes de latitude. Mais le Chérif, Historien Arabe, attribuë sa fondation au Prince que nous avons dit, & Bobrise, à mon avis, estoit à l'endroit où est maintenant Lampta, qui est dans la mesme province, & en la mesme hauteur.

CHAPITRE XXVI.

De Halua.

<small>Abul Hasçen, IV. Roy.</small>

A TROIS lieuës de Fez, du costé du Midy, est vne ville sur les bords du Cébu, qui a esté bastie, à ce que disent ceux du pays, par vn Roy des Zénétes ; mais vn autre de la race des Bénimérinis, a construit tout proche vn beau palais sur vn bain naturel, qui met la ville en grande reputation, parce-que les habitans de Fez s'y vont baigner au mois d'Avril, & demeurent là à se réjouïr sept ou huit jours. Les habitans sont gens rustiques & barbares, qui vivent fort pauvrement de quelques terres qu'ils tiennent à rente de l'Alfaqui de la grande Mosquée de Fez. Il n'y a point d'autre

LIVRE QVATRIE'ME.

ville ni de bourgade fermée dans cette province, si ce n'eſt dans les montagnes, qui ſont peuplées de Bérébéres; mais il y a de pauvres Arabes qui errent dans les plaines.

CHAPITRE XXVII.

De Zalag.

Montagnes, & leurs habitations.

CETTE montagne commence à la riviére de Cébu, & s'eſtend du Couchant au Levant par l'eſpace de cinq lieuës. Son plus haut faiſte regarde le Septentrion, & aboutit à vne lieuë de Fez. Tous les coſtaux du coſté du Midy, ſont deſerts; mais ce qui regarde le Nort, eſt fort peuplé & plein de vignes, qui portent le meilleur raiſin de toute l'Afrique. Les arbres fruitiers, qui ſont répandus par-tout en grand nombre, acauſe de la bonté de la terre, portent de fort bon fruit, & entre-autres des olives, parce-que le pays eſt vn peu ſec. Les bourgeois de Fez ont la plus grande partie de leurs héritages ſur cette montagne, dont les habitans ſont fort riches, parce-que la campagne, qui eſt au bas, eſt remplie de jardins & de terres labourables, qui s'arroſent avec l'eau de la riviére, par le moyen des rouës que nous avons dites. La principale habitation eſt la ville de Lampta, qui eſt ſur la pente du mont, au bas des ruines d'vne ancienne ville, qui paroiſt avoir eſté baſtie par les Romains, & qui eſt, à mon avis, la Bobriſe de Ptolomée, qu'il met à neuf degrez vingt minutes de longitude, & à trente-quatre degrez & quinze minutes de latitude: car ce n'eſt pas Zavia, comme nous avons dit au chapitre vingt-cinquiéme. Tous les habitans de cette montagne ſont laboureurs & jardiniers, & ont quelques troupeaux. Leur principal trafic eſt dans Fez, auſſi en dépendent-ils & courent la meſme fortune.

C'eſt qu'on mange le raiſin en ce pays-là ſans en faire du vin.

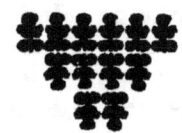

CHAPITRE XXVIII.

De Zarhon ou Zarahanun.

Carthagiens, Cumétes & Léveres.

C'EST vne grande montagne qui est fort belle, & peuplée d'Azuagues, qui sont riches, belliqueux, & en grand nombre, quoy-que les plus anciens habitans soient Béréberes ; mais ils ne sont pas maintenant si illustres. Cette montagne commence à la plaine d'Ezéis, à trois lieuës & demie de la ville de Fez, & s'estend dix lieuës vers le Couchant, ayant en quelques endroits trois lieuës & demie de large. Elle paroist de loin comme vne épaisse forest de chesnes & de hestres fort hauts, quoy-que ce ne soient que des oliviers ; Elle est des dépendances du Méquinez, & contient plus de quarente bourgs & villages, ou hameaux épars parmy ces arbres. Il y avoit autrefois quelques villes, dont nous parlerons ensuite. Les naturels du païs sont fort robustes & courageux, qui s'employent fort au labourage ; de sorte qu'il n'y a pas vn pouce de terre qui ne soit cultivé. Ils sont fort blancs, & les femmes se piquent d'estre belles & bien parées, & ont force brasselets & pendans d'oreille d'or & d'argent. Ils font des estoffes de laine qui ne sont pas bien fines : mais leur principal trafic est d'huile, qu'ils portent vendre à Fez, à Méquinez, & ailleurs. Ils s'exercent fort à la chasse des lions, qu'ils prennent vifs, & les menent à Fez, où l'on les court, comme on fait les taureaux en Espagne.

Villes.

CHAPITRE XXIX.

De Tiulit.

C'EST vne ancienne ville bâtie par les Romains sur le faiste de la montagne, dont nous venons de parler. Elle est fermée de bons murs de pierre de taille, qui ont plus de deux lieuës de tour. Elle fut détruite d'abord par les Méquinéciens, & rétablie en suite par Idris pere du

LIVRE QVATRIE'ME. 199

premier fondateur de Fez, qui en fit la capitale de toute la province, qu'on nommoit alors Bulibile. Mais depuis que Fez fut baftie, & que la puiffance de ces Princes vint fur le déclin, elle décheut beaucoup de fa premiere fplendeur, & fut détruite à la fin par le Roy Iofef de la race des Almoravides, fans fe repeupler depuis. Car les habitans fe font répandus par toute la montagne, où ils fe font eftablis en divers lieux. Il ne refte donc que quinze ou vingt maifons autour de la Mofquée, où demeurent quelques Alfaquis, pour honorer vne fépulture qui eft en grande vénération parmi ces Barbares, & où l'on vient en pelerinage de tous les coftez de la Mauritanie. On croit que c'eft le tombeau du premier Idris. Il y a au milieu de la ville deux belles fontaines, qui defcendent dans les valées, où les Azuagues ont leurs habitations & leurs héritages. *l. 2. ch. 21.* *Azuagues.*

CHAPITRE XXX.

De Caçar Faraon, ou Chafteau Pharaon.

SVr l'vne des cimes de cette montagne, à trois lieuës de Tiulit, eft vne autre petite place, qui a efté baftie, à ce qu'on dit par les Gots, quoy-que les habitans en attribuënt la fondation à Pharaon Roy d'Egypte, d'où ils difent qu'elle a pris fon nom, fondez fur l'autorité d'vn Hiftorien Arabe, qui fait quatre grans Conquerans, dont celuy-cy en eft vn. Mais on ne lit point dans l'Hiftoire, que Pharaon, ni les Egyptiens ayent jamais efté maiftres de l'Afrique, & les Hiftoriens les plus célébres la nomment le Palais de Zarahanun, & non pas de Pharaon. On voit encore en divers endroits des murailles des infcriptions en lettres Gotiques, qui font voir qu'elle a efté baftie par les Gots. Prés de la ville paffent deux petites riviéres, qui fortent du haut de la montagne, & toutes les colines & les valées d'alentour font couvertes d'oliviers & de plufieurs hameaux d'Azuagues & de Bérébéres. Elle a efté ruinée en mefme tems que Tiulit, & comme ces peuples aiment mieux demeurer épars par les montagnes que dans les villes, elle ne s'eft point repeu- *Calbi.* *Le Pharaon de Moïfe.* *En Arabe Gotiin.*

L'Arbaa del Haibar. plée. On tient vn marché tous les Mecredis ſur vn tertre qui eſt tout proche, où l'on accourt de Fez & de Méquinez, & de tout le pays d'alentour. Mais ceux qui y veulent paſſer la nuit, doivent prendre bien garde à eux, acauſe de la multitude des lions qui attaquent les hommes & les troupeaux.

CHAPITRE XXXI.

De Dar el Hamara.

C'EST l'Epticienne de Ptolomée, qu'il met à neuf degrez de longitude, & à trente-quatre degrez & vingt minutes de latitude. Elle a eſté baſtie par les Romains, & deſtruite avec la pluſpart des autres du pays. Elle eſt ſur la pente de la coline, où ſe fait le marché dont nous venons de parler, & eſt ceinte de hauts murs de pierre de taille, qui ſont fondus en pluſieurs endroits, & les maiſons ne ſont pas en meilleur ordre. Le trafic des habitans eſt en huile, & comme ils ſont prés des plaines de la province d'Aſgar, qui rapportent beaucoup de bled, ils ſont fort riches. Il y a tant de lions dans le pays, qu'on ne s'en effraye point, acauſe qu'on les voit perpetuëllement roder autour des enclos pour chercher à vivre. Comme j'eſtois là, vne nuit vn lion prit vne petite fille en vn logis; mais comme il l'emportoit, la ſœur qui n'avoit pas plus de douze ans courut aprés, & le prenant par le pied luy donna en criant tant de coups de baſton, qu'il quita l'enfant, que nous viſmes enſuite avec quelques meurtriſſures aux endroits par où il l'avoit pris, quoy-qu'il ne l'euſt point morduë. Comme nous nous eſtonnions de cét accident, les habitans nous dirent que cela eſtoit ordinaire au pays, & qu'il eſtoit arrivé vne fois que le mary & la femme eſtant couchez dans vn lict avec leurs enfans, il eſtoit venu vn lion en emporter vn du milieu d'eux mais que courant aprés ils luy avoient arraché à coups de baſton, tant la couſtume a rendu ces habitans hardis contre des animaux ſi farouches.

LIVRE QVATRIEME.

CHAPITRE XXXII.

De *Magnila*.

A LA pointe de ce mont, qui regarde l'Orient du costé de Fez, est vne petite ville fondée par les Romains, qui a vne grande contrée d'oliviers sur la montagne, & au bas vne belle plaine, qu'on arrose de plusieurs fontaines qui naissent aux environs ; de-sorte qu'elle rapporte beaucoup de bled, de chanvre, de camomil, de carvi, d'alhegna & de moutarde, qui se portent vendre à Fez ; ce qui rend les habitans fort riches ; mais ils n'ont que de meschantes maisons, & les murailles de la ville sont fonduës en divers endroits.

CHAPITRE XXXIII.

De *Gémaa*.

AV pied de cette montagne sur le grand chemin de Fez à Méquinez, est vne petite ville que Ptolomée met à sept degrez quarente minutes de longitude, & à trente-quatre degrez trente minutes de latitude, sous le nom de Gontiane. Elle a esté bastie par les anciens Africains sur vn tertre assez relevé, si-bien qu'elle est forte, & par art & par nature. Comme les habitans estoient des voleurs de grans chemins, ennemis de tout tems de toute vertu, elle fut détruite par le penultiéme Roy des Bénimérinis, sans que Abusaid. depuis on l'ait repeuplée. Le pays d'alentour est habité de pauvres Arabes, qui vivent aussi de brigandages. Parlons des autres qui vivent d'autre sorte, & à la façon des Bérébéres.

Partie II.

DV ROYAVME DE FEZ,

CHAPITRE XXXIV.

De l'habitation d'Ecéis.

Montagnes, & leurs habitations.

A SEPT lieuës de Fez du costé du Couchant, sont des habitations qui s'estendent jusqu'aux costaux de la montagne de Gurey-gura, qui regardent le Nort. C'est vn pays plain, où il y avoit autrefois plusieurs villes & chasteaux de Béréberes, dont on ne voit plus aucune trace. Ce pays a six lieuës de long, du Levant au Couchant, sur sept de large, & l'on y recueille force bled, mais qui est petit & noir. Il y a vne sorte d'Arabes* qui errent par ces montagnes dans des Aduares; mais qui ne laissent pas de vivre à la façon des Béréberes, & ont grande disette d'eau, a cause qu'il y en a peu dans ces plaines. Le Roy donne ordinairement le revenu de ce pays au Gouverneur de la ville de Fez.

* Beni Mesil.

CHAPITRE XXXV.

De Béniguariten.

Vled Motaa, & Vled Ahacha.

IL y a vne autre habitation d'Arabes à sept lieuës de Fez du costé du Levant, qui logent dans des maisons, commes les Béréberes, & non pas sous des tentes comme les autres. Ils ont plus de deux cens villages, & recueillent quantité de bled: car encore qu'il y ait beaucoup de montagnes & de valées, le pays est fort bon pour le labourage & pour la nourriture des troupeaux, & l'on y pourroit planter quantité de vignes, d'oliviers & de fruits. Mais leur trafic est de bled & de bestail, avec quantité de ris qu'ils portent vendre à Fez & ailleurs. Ce sont gens rustiques, continuëllement occupez à leur ménage, sans se piquer de police ni de puissance, c'est-pourquoy ils n'entretiennent point de cavalerie. Il y a quelques autres peuples du mesme nom, meslez d'Arabes & de Béréberes, qui errent en ces quartiers sans domicile certain, & qui ne laissent pas d'estre fort riches en bled & en bestail, & d'avoir de gran

Béniguariten.

haras de chevaux & de chameaux. Les Rois de Fez donnent ordinairement ce pays en apennage à leurs freres, & à leurs neveux, tandis qu'ils sont en bas âge, acause qu'il est prés de la ville.

CHAPITRE XXXVI.

De Tagat.

C'EST vne montagne fort longue & étroite, à deux lieuës de Fez du costé du Couchant, & qui s'estend vers le Levant jusqu'à la riviére de Bu Nacer, par l'espace de deux petites lieuës. Toute la face de la montagne, qui regarde la ville de Fez, est couverte de vignes ; mais l'autre costé aussi-bien que le faiste, sont terres labourables. La plus grande partie de ces vignes sont aux habitans de Fez ; mais les raisins & les autres fruits qui y naissent n'ont pas grand goust, aussi sont-ils plus hastifs que les autres. Les habitans demeurent dans des hameaux, & sont tous gens de travail, qui vont perpetuëllement aux champs ; de-sorte qu'il n'y a ni bourg ni chasteau. Tous les hyvers il y a de pauvres habitans de Fez qui viennent dans ces montagnes chercher des trésors, qu'ils pretendent que les Romains y ont laissez à leur départ. Ils disent qu'ils ont des memoires, qui contiennent les endroits où ils sont, sans qu'on les puisse guérir de cette opinion qu'ils ont succée de pere en fils ; de-sorte qu'ils perdent leur tems & leur bien à creuser toute la montagne. Ils disent que ces trésors sont enchantez, & qu'on ne les trouvera point que l'enchantement ne soit fini. Cependant, il y a plus de cinq cens ans qu'ils travaillent à cette vaine recherche, & plusieurs d'entre-eux disent qu'ils en ont découverts ; mais qu'ils ne les peuvent avoir, pour la raison que nous avons dite, tant cette chimére est enracinée dans l'esprit de ces brutaux, qui font grand estat des livres qui en traitent.

Ce costé là répond à la riviére de Méquinez.

Les Méquinaciinis.

Cc ij

CHAPITRE XXXVII.

De Gureygura.

C'Est vne montagne fort peuplée, d'où sort le fleuve d'Agubel, qui se va rendre dans le Behet vers le Couchant. Elle est prés du grand Atlas à treize lieuës de Fez, dont elle est séparée par les plaines d'Ecéys. Mais il y en a encore de plus grandes au-delà entre-elle & le grand Atlas, qui sont peuplées d'Arabes sédentaires, comme les Bérébé-res. Il vient encore tous les ans de la Numidie des Arabes avec leur bestail, qui ont guerre perpetuëlle avec ceux-cy, & les Rois de Fez envoyent tous les ans des troupes, tant de cavalerie que d'infanterie pour les combatre, parce-qu'ils ne sont pas ses vassaux comme les autres. Il est vray qu'ils reconnoissent maintenant le Chérif qui régne aujourd'huy. Aussi les laisse-t-il paistre là avec leurs troupeaux, parce-qu'il pretend que le pays luy appartient, & non aux Arabes, qui le possèdent, & ils s'en retournent l'hyver en leurs deserts. Il naist plusieurs sources dans ces plaines, & il y passe quelques rivières qui descendent du mont Atlas. Aussi y a-t-il de grandes & épaisses forests remplies de lions & de léopards, si privez ou si lasches, que les femmes les font fuir à coups de baston, comme des chiens. Les habitans portent le nom de leur montagne, & sont fort riches & belliqueux, recueil-lent beaucoup de bled & d'orge, & ont quantité de gros & menu bestail. Ils ont beaucoup de villages fort peuplez ; mais il n'y a ni ville, ni chasteau, ni bourg fermé, parce-que la difficulté des avenuës leur sert de défense.

Marginalia: les campagnes d'Adhazen. Vled Zéid. Vled Hasçen, & Vled Aza-mor. Vled Zéid. Gureigures.

CHAPITRE XXXVIII.

De la province d'Asgar.

CEtte province commence à la riviére de Burregreg du costé du Couchant, s'estend de l'autre costé à vne des montagnes d'Errif, & aboutit en quelques endroits à celles de Zarhon & de Zalag. Elle a l'Océan au Septentrion, & au Midy la riviére de Bu-nacer, on la nomme Asgar, ou Mer-Fuyante, parce-qu'on dit qu'elle estoit autrefois couverte de la mer, qui venoit jusqu'à la ville de Tezar, quarante lieuës au dedans du pays, & qui s'est depuis retirée, & a laissé toutes ces grandes plaines découvertes, qui sont fertiles en moissons. Elle estoit habitée autrefois d'vn peuple riche & puissant, & avoit plusieurs villes & bourgades, qui ont esté destruites & rasées; mais quelques-vnes depuis long-tems sont peuplées de Bérébéres. Sa longueur est de vingt-sept lieuës du Levant au Couchant, & sa largeur de vingt du Septentrion au Midy. Le grand fleuve de Cébu passe tout à travers. Elle est possédée des deux plus puissantes races des Arabes de la Mauritanie Tingitane, qui sont vassaux du Roy de Fez, & le viennent servir avec quantité de cavalerie: car ils sont fort braves; mais pour peu que la guerre tire en longueur, ils retournent chez eux à la premiére occasion, particuliérement s'ils ne trouvent dequoy piller. C'est la plus riche province d'Afrique en bled, troupeaux, laine, beurre & cuirs, dont ils fournissent la ville de Fez, & toutes les montagnes de la province d'Errif, qui sont du ressort de Vélez & de Gomére.

Ibni Mélic Sofian, & les Holotes.

CHAPITRE XXXIX.

De Gemaa el Carvax.

Villes.

C'EST vne petite ville bastie par Iacob Roy des Bénimérinis, au bord d'vne riviére *, & dans vne plaine sur le grand chemin de Fez à l'Arache. Elle estoit riche & fort peuplée du vivant de ce Prince & de ses successeurs; mais elle fut destruite dans les guerres de Sayd, & ne s'est point repeuplée depuis. Les Arabes possédent le pays d'alentour, resserrent leurs bleds dans des caves de la ville, dont les murs sont maintenant par terre, & les font moudre en deux moulins qui sont sur la riviére. Cette riviére entre dans vne autre *, qui se décharge dans l'Ommirabi, & tous ensemble dans l'Océan prés de la ville d'Azamor.

* Huet Erguila.

Ibni Mélic Sofian.

* Gorgo.

CHAPITRE XL.

De l'Arache*.

* El Arays de Béni Aicz, en langage du pays.
* ou Luque.

C'EST vne ancienne ville bastie par ceux du pays sur la coste, où la riviére de Lisse* entre dans l'Océan. Elle est bordée de la mer d'vn costé, & de l'autre du fleuve, & estoit fort peuplée avant qu'Arzile fust aux Chrestiens; mais les habitans l'abandonnérent alors d'appréhension, jusqu'à

20 ans aprés.

ce que Muley Nacer la fortifia & repeupla pour servir de rempart contre les Chrestiens de Tanger & d'Arzile, quoy-qu'il craignist à tous coups qu'ils ne la vinssent enlever; c'est pourquoy elle estoit toûjours pourveuë d'artillerie, de munitions & de vivres. L'entrée du fleuve est assez dangereuse pour les navires, & Muley Nacer a fait bastir vn chasteau tout proche. La ville est fermée de murailles, & environnée de grandes prairies & d'estangs, où il y a force anguilles, & quantité d'oiseaux de riviéres. Sur les bords du fleuve, il y a des bocages fort épais remplis de lions & d'autres bestes farouches. La plufpart des habitans sont charbonniers, & leur principal trafic est de charbon, qu'ils portoient vendre sur des petites barques aux villes de Tanger & d'Arzile, lors qu'elles appartenoient aux Maures, & depuis aux Chrestiens pendant la paix. On recueille force coton aux champs d'alentour, & l'on prend plusieurs alozes dans le fleuve. Il y a vn assez bon port pour les petits vaisseaux, où abordent les marchans Chrestiens avec les marchandises de l'Europe, qu'ils portent à Fez ou ailleurs. Ils sont maintenant en plus grande seureté qu'ils n'estoient avant que le Roy de Portugal abandonnast Arzile. Le Chérif qui régne aujourd'huy, n'a qu'vn Gouverneur pour les trois villes d'Arzile, d'Alcaçar-quivir, & de l'Arache, qui a cinq cens chevaux, & plus de mille arquebuziers, pour courre vers Tanger; mais il fait sa résidence ordinaire à Alcaçar, quoy-qu'il aille de tems en tems visiter la frontiére d'vn bout à l'autre.

Comme D.

A cinq lieuës de l'Arache est Arzile, qui tenoit les Mau-

LIVRE QVATRIEME.

res en perpetuelle inquietude, parce que les Chrestiens faisoient delà des courses dans le pays. Comme les fustes de Tétuan & d'autres lieux se retiroient au port de l'Arache, les Maures s'en servoient pour ravager les costes de la Chrestienté. L'an mille cinq cens quatre donc estant sortis de ce port avec vne galére Royale du Gouverneur de Tétuan, & cinq galiotes de conserve, ils prirent quatre caravelles Portugaises, qui portoient des vivres sur la frontiére, & retournant avec cette prise, tirérent tous leurs vaisseaux à terre. Sur ces nouvelles, Dom Iean de Menésez, qui estoit alors Gouverneur d'Arzile, embarqua aussi-tost de bons soldats dans quatre caravelles qui estoient à bord, & prit la route de l'Arache, aprés avoir envoyé cinq cavaliers par terre, & vne barque le long de la coste, pour reconnoistre l'endroit où l'on avoit tiré à sec les vaisseaux. Lors-qu'il fut bien informé de tout, il se rendit au point du jour avec ses quatre caravelles à l'embouchure du fleuve. La galére du Gouverneur estoit à sec prés d'vn boulevart, & les Maures qui estoient de garde ayant reconnu que c'estoient des vaisseaux Chrestiens, sonnérent aussi-tost l'alarme, & commencérent à tirer l'artillerie. Mais Dom Iean de Menésez fit garnir le bord d'vne de ses caravelles de matelats & de sacs de laine, & envoya le pilote se poster devant le boulevart, pour faire entrer les trois autres. Cét ordre ayant esté exécuté, elle passa facilement, acause que la marée estoit haute, & les autres à sa faveur, sans recevoir aucun dommage, quoy-qu'on tirast fort dessus, tant du boulevart que de la galére qui estoit à sec. Alors les Chrestiens mettant pied-à-terre combatirent vaillamment contre les Maures qui accouroient de la ville à la défense, & les ayant fait retirer, mirent le feu à la galére, & trainant en mer les cinq galiotes avec vn brigantin & vne des caravelles que les Maures avoient prise, les emmenérent à Arzile, aprés avoir brûlé la galére & les autres caravelles, parce-qu'ils ne les pouvoient retirer du lieu où elles estoient sans danger; mais on eut pillé l'Arache, si l'on en eust fait le dessein, tant l'entreprise fut exécutée hardiment & heureusement.

Ieandt Menesez, Gouverneur d'Arzile, brûla des vaisseaux Maures dans la riviére de l'Arache.

Au mois de Iuillet.

CHAPITRE XLI.

D'Alcaçar-quivir.

ou Alcaçar d'Abaulquezim.

Iacob Almanfor.

Rapporté par Iean de Leon, ou Abderrame.

CETTE ville, qui signifie en Arabe vn grand Palais, a esté bastie par le quatriéme Roy des Almohades. Car comme il alloit à la chasse en ces quartiers, il se perdit le soir parmi plusieurs lacs & marécages ; & vne tempeste estant suruenuë, il mit pied à terre prés d'vn arbre, ne sachant où se retirer, & tenant son cheual par la bride, demeura-là vne grande partie de la nuit, tant qu'à la clarté d'vne petite lumiére il vit paroistre vn pescheur d'anguilles, qui s'estonna fort de le voir, & luy demanda ce qu'il faisoit là, & qui il estoit. Il répondit qu'il estoit vn des Ecuyers du Prince, & le pria de le reconduire au gros d'où il s'estoit égaré. Le pescheur s'en excusa, sur le mauuais tems, & la longueur du chemin, qui estoit de trois lieuës, & dit, qu'il craindroit de se perdre dans ces marests ; & comme l'autre le pressoit, & luy faisoit de grandes promesses, il repliqua, que quand ce seroit le Roy luy-mesme, qu'il aimoit de tout son cœur, il ne le feroit pas alors, de-peur de le faire périr. Et que te soucies-tu de luy, répondit le Prince: C'est, dit-il, qu'il nous fait joüir de nos biens en paix, & garde la justice au peuple, & là-dessus il le prit, & le conduisant vers sa cabane, luy donna à souper d'vn cheureau, qu'il tua. Le lendemain il le mena retrouuer ses gens qui le cherchoient de tous costez à trauers ces marests, & le Roy luy dit en chemin qui il estoit, & luy demanda quelle recompense il vouloit du seruice qu'il luy auoit rendu. Le pescheur le pria de luy faire bastir vne maison en ce lieu où il pust passer le reste de ses jours auec sa famille ; de-sorte qu'il fit construire vn riche Palais, où il s'alloit quelquefois diuertir, & l'en fit concierge. Ensuite il le fit fortifier, & donna tant d'exemptions à ceux qui furent demeurer aux maisons qu'il fit bastir à l'entour, qu'en moins de rien il y eut plus de six cens habitans, parce-que le pays est fort agréable, & les Rois s'y vont diuertir à la chasse tout l'esté.

LIVRE QVATRIE'ME.

Le Palais prit le nom de ce pescheur, quoy-qu'on l'ait de- *Abdulquerim.*
puis appellé Alcaçar-quivir, ou le grand Palais, pour le distinguer d'Alcaçar-Saguer, qui signifie le petit. La Lisse passe si prés de la ville, qu'elle entre dedans quand elle se
déborde, & entraine souvent les maisons. La ville est peuplée de marchans & d'artisans, & a plusieurs Mosquées &
vn Hospital, que Iacob Almansor fit bastir. Il n'y a ni puits
ni fontaine d'eau douce ; mais des cisternes par tout, qui
reçoivent les eaux de la pluye, dont les habitans se servent,
celle de la riviére n'est pas bonne, & est chaude l'esté comme vn bain. Ce sont bonnes gens, peu malicieux, qui s'a-
justent assez bien, & ont des jardins hors de la ville, où ils
recueillent toute sorte de fruits, sans parler de leurs vignes,
dont le raisin n'a point de goust, acause qu'elles sont dans
vn pré. Il se fait vn marché prés de la ville tous les Lundis, où abordent les Arabes & les Bérébéres de la contrée
avec du bled, du bestail, des dates, du beurre, de la laine,
des cuirs, & autres marchandises. Et depuis que le Roy de
Portugal a abandonné Arzile, ils sont riches & plus en repos qu'ils n'estoient. Parlons maintenant d'vne entrée de
Portugais en ces quartiers.

L'an mille cinq cens trois, le vieux Dom Iean de Me- *D'vne cour-*
nésez, qui estoit Prieur d'Ocrate, résolut, avec son neveu *se que firent*
qui s'appelloit comme luy, d'aller courre jusqu'aux portes *les Portugais*
d'Alcaçar-quivir, sur la nouvelle que la garnison en estoit *jusqu'aux*
sortie avec le Gouverneur, & que les habitans ne se te- *portes d'Al-*
noient pas sur leurs gardes. Ils s'y rendirent donc sur le *caçar-qui-*
minuit avec quatre cens chevaux ; mais le Gouverneur qui *vir.*
estoit revenu le soir, sortit sur eux avec les Arabes de ces
quartiers qui l'accompagnoient, & descendant d'vne coline *Holotes. &*
escarmouchoient bravement. lors-que les deux Chefs des *Ibni Mélic*
Chrestiens baissant la lance, & se couvrant de leurs bou- *Sofian.*
cliers, donnérent sur eux de telle furie, qu'ils les mirent
en fuite, & les poursuivirent jusqu'auprés des portes, où ils
en tuérent plus de deux cens, sans que les habitans voulussent ouvrir ; au contraire, ils crioient à leurs gens du haut
des tours, qu'ils tournassent teste pour charger les Chrestiens
qui estoient en desordre. Cela les obligea à tourner teste,

Partie II.   D d

& trouvant les Chrestiens écartez, ils en tuérent & blessérent plusieurs; les Chefs ralliérent le reste du mieux qu'ils pûrent, & retournérent à Arzile vn peu matez de leur perte.

CHAPITRE XLII.

De la province de Habat.

CETTE province, qui est la quatriéme de l'Estat, selon l'ordre que nous tenons, commence vers le Couchant aux marais de celle d'Asgar, & s'estend vers le Levant jusqu'aux montagnes d'Errif, comprenant les autres, qui sont sur le détroit de Gibraltar. La riviére d'Erguile la borne au Midy, & l'Océan au Septentrion. Elle a vingt-sept lieuës du Couchant au Levant, & plus de trente-cinq du Midy au Nort. Cette province est vne plaine qui foisonne en bleds & en troupeaux, & est arrosée de plusieurs grandes riviéres qui descendent des montagnes, & se rendent dans cette mer. Les Historiens d'Afrique parlent fort de cette province, parce que ç'a esté la plus illustre de tout le pays, & celle qu'on nommoit la Tingitane, & où il y avoit plus de villes basties par les Romains & par les Gots. Mais depuis la fondation de Fez, les meilleurs habitans de la province s'y sont allez habituer, pour éviter les desordres de la guerre, particuliérement depuis que les Portugais conquirent les principales villes de la coste, dont ils en possédent encore quelques-vnes aujourd'huy.

CHAPITRE XLIII.

D'Ezagen.

Villes.

A TROIS lieuës de la riviére d'Erguile sur la pente d'vne montagne, est vne ville ancienne bastie par ceux du pays, qui a vne belle plaine entre elle & le fleuve, où il y a force jardinages, & où l'on recueille beaucoup de bled, aussi-bien que sur la montagne, dont les terres sont fort bonnes. Elle est à vingt-trois lieuës de Fez, & a quelque sept cens habitans, avec plusieurs hameaux à l'entour, qui sont de sa juridiction, sans parler des autres qui sont du mesme gouvernement. Mais le Gouverneur est obligé d'entretenir cinq cens chevaux pour la garde de la province, a-cause des Portugais de la frontière, qui couroient autrefois quinze ou vingt lieuës au dedans du pays. Cette place a de bonnes murailles, & belles à voir, & les habitans sont riches & s'accommodent la pluspart comme les habitans de Fez, quoy-que quelques-vns s'habillent à la façon des Bérébéres. Le Roy leur permet de faire du vin & d'en boire, aussi le font-ils excellent, & ont de grans vignobles. Il y a plusieurs fontaines dans la ville, qui sortant delà arrosent les campagnes, où l'on recueille acause de cela quantité de lin & de chanvre. Il s'y tient vn marché tous les Mardis, où accourent les Arabes & les Bérébéres de la contrée, avec des marchandises du pays, & des vivres.

CHAPITRE XLIV.

De Béni-Teudi, dans la mesme province.

CEtte ville est sur les bords de la rivière que nous venons de nommer, & donne son nom aux Bérébéres qui demeurent dans les campagnes d'alentour. Elle a esté bâtie par les anciens Africains, & se nommoit Baba ou Iulia-campestré, selon le nouveau Ptolomée, qui la met à huit degrez dix minutes de longitude, & à trente-quatre degrez vingt minutes de latitude. Elle est dans vne belle plaine à dix-huit lieuës de Fez, du costé du Septentrion; & selon les apparences devoit avoir autrefois six mille maisons. Mais le Calife schismatique Caim la ruina en la guerre qu'il eut contre ceux d'Idris, quand il conquit cette province; de-sorte qu'il n'y a plus que les murailles, & des restes de quelques vieux & superbes edifices. Il y a trois fontaines avec de grans bassins de marbre & d'albastre, & quelques anciens tombeaux de mesme, qui témoignent que ce sont des sepulcres de personnes de condition. Il y a cinq lieuës de

Erguile.

Dd ij

puis ses ruines jusqu'aux premières montagnes de la Gomére, & ce pays est fertile & possédé par les Bérébéres que nous avons dit; mais ils relevent de quelques Arabes, qui sont plus puissans qu'eux, & riches en bleds & en troupeaux.

CHAPITRE XLV.

D'Amergue.

A TROIS lieuës de la ville précédente, sur la cime d'vne haute montagne, il y en a vne autre qu'on nommoit autrefois Tocolosie, selon Ptolomée, qui la met à sept degrez dix minutes de longitude, & à trente-trois degrez trente minutes de latitude. Elle a esté ruinée par le mesme Calife, qui ruina toutes celles des environs: mais les murs sont encore debout, où l'on voit quelques inscriptions Latines, qui montrent qu'elle a esté bastie par les Romains il y a long-tems. Depuis sa destruction on a fait vne grande habitation sur la pente de cette montagne, qui porte le nom de la ville, & est peuplée de tisserans, & la plaine qui est au dessous est vn fort bon pays. Cette montagne découvre de part-&-d'autre deux grandes riviéres, à quatre lieuës l'vne de l'autre, qui sont le Cébu & l'Erguile, l'vne au Midy, & l'autre au Septentrion. Elle est peuplée deçà & delà de Bérébéres, qui se piquent d'estre les plus nobles de toute l'Afrique, & font fort les braves; aussi sont-ils superbes, & meschans.

Goméres & Cinhagiens.

CHAPITRE XLVI.

De Tenzert.

CETTE ville, que les Historiens Arabes nomment Tehart, & que Ptolomée met à neuf degrez de longitude, & à trente-trois degrez dix minutes de latitude, sous le nom de Trizide, a esté bastie par les Romains sur vne coline, & a quelque sept cens habitans, qui n'ont soin que du labourage & de leurs troupeaux, à quoy le pays est fort propre. Aben Gézar dit en sa Géographie, qu'elle doit sa fondation à des géans, & que de son tems on y a trouvé des sepulcres où il y avoit des testes dont le crane avoit deux pieds en tout sens. Cette ville fut ruinée par le Calife que nous avons dit, mais des Béréberes en ont depuis repeuplé quelques quartiers ; tout le reste est desolé.

CHAPITRE XLVII.

D'Aguila.

SVr les bords de l'Erguile, paroissent les ruines d'vne ville ancienne bastie par ceux du pays, & ruinée par le Calife schismatique de Carvan. Il n'y a plus que les murs debout, & l'on tient prés de là tous les Samedis vn marché, où accourent les Arabes & les Béréberes de la contrée, & plusieurs marchans de Fez & d'ailleurs, pour vendre & acheter des marchandises du pays. Le terroir d'alentour est fort beau, & habité d'Arabes & de Béréberes, qui vivent sous des tentes. Il y a force lions, mais si lasches qu'vn enfant les fait fuir ; & l'on dit à Fez, quand on veut reprocher à quelqu'vn qu'il n'est pas vaillant, Qu'il est comme les lions d'Aguila, à qui les veaux rongent la queuë. Il reste quelques puits au dedans des bastimens, dont ceux qui vont au marché boivent de l'eau, car il n'y en a point en tous ces quartiers.

Sibt d'Aguila.

CHAPITRE XLVIII.

De Frixa.

A trois lieuës d'Ezagen, sur vne petite montagne que borde la Lisse, on voit les ruines d'vne petite place bastie par les anciens Africains, dont les champs d'alentour sont fort bons, quoy-que ce soit vn pays haut & bas, & plein de ravines. Mais il y a d'épaisses forests le long du fleuve, remplies de bestes farouches. Les Portugais de Tanger & d'Arzile la sacagérent l'an mille quatre cens quatre-

ou Luque.

895. de l'Egyre.

vingts-vn, & y mirent le feu; de-sorte qu'elle ne s'est point repeuplée depuis.

CHAPITRE XLIX.

D'Egézire.

Gézira.

AV milieu de la Lisse, à trois lieuës de l'Océan, en tirant vers le détroit de Gibraltar, & à trente de Fez, est vne Isle que les Portugais nomment l'Agréable, où l'on voit les ruines d'vne ancienne ville bastie par les Africains. Quand les Portugais commencérent à s'establir en Afrique, il n'y avoit que des pescheurs & de pauvres gens; mais le Roy de Portugal trouvant à propos de la fortifier, acause qu'elle pouvoit estre secouruë aisément par mer, y envoya vne grande armée navale, qui remonta jusques-là par le fleuve, & commença à y bastir vne forteresse. Sur ces en-

1477.
l'an 894. de l'Egyre.

trefaites, le Roy de Fez assembla le plus de gens qu'il pût pour empescher leur dessein; mais il s'arresta à demi-lieuë de l'Isle, & n'osa passer outre, acause de leur artillerie qui batoit toute la plaine d'alentour. Comme ce Prince estoit en suspens pour empescher l'ouvrage, qui seroit la ruine de la province, vn renégat luy proposa vne invention pour ruiner toute l'armée navale des Chrestiens sans perdre vn seul homme. Il fit donc couper quantité de bois aux forests qui sont sur les bords du fleuve, & boucha le passage de la rivière d'vne digue ou estacade, qu'il fit tirer tout à travers, demi-lieuë plus bas que l'endroit où estoient les Portugais. Mais pour n'en point venir à vn combat dangereux, le Roy de Fez leur laissa le passage libre, moyennant quel-

Le Roy Alphonse.

ques prisonniers de condition qu'ils rendirent, & l'on dit que ce fut pour recompense du bon traitement que le Roy de Portugal avoir fait à ses enfans, lors-qu'ils estoient prisonniers. La forteresse fut donc abandonnée, sans estre habitée depuis, non plus que la ville.

CHAPITRE L.

De Bézat Basia, ou Bésara, à sept lieuës d'Alcaçar-quivir.

CETTE ville a esté bastie sur la Lisse, dans vne plaine qui est entre deux montagnes, par le fils du fondateur de Fez, dont elle est éloignée de vingt-quatre lieuës. Il la nomma Bézat, en mémoire d'vne autre de mesme nom, qui est en l'Arabie heureuse, où Ali, l'vn de ses prédécesseurs, est en grande estime, & où quelques-vns disent qu'il est mort. Il y a eu plus de deux mille maisons, & les habitans estoient fort riches en bled & en bestail, à quoy le pays est tres-propre. Les Rois de Fez avoient coustume d'y aller passer l'esté, acause de la fraicheur des eaux & des bois, & que c'est vn fort beau lieu pour la chasse. Mais elle fut détruite avec le reste de la province par le Calife que nous avons dit ; & les Arabes pour jouïr en paix de la contrée, n'ont pas souffert qu'on la repeuplast depuis. On voit encore les murs, où il y a quelques bresches, & les ruines des Palais & des Mosquées ; & les jardins d'alentour sont devenus vne forest faute de culture.

<small>Mahamet.</small>

<small>Le gendre de Mahomet.</small>

<small>Caïm.</small>

CHAPITRE LI.

D'Homara.

ENTRE Arzile & Alcaçar-quivir, à cinq lieuës de l'vne & de l'autre, est vne petite ville bastie, à ce qu'on dit, par le fils de celuy qui a basti la précédente. Son assiére est assez forte, car elle est sur vn tertre, au bord d'vne petite riviére, & il fait beau voir ses murs de loin. Lors-que les Portugais prirent les villes de Tanger & d'Arzile, les habitans se retirérent sans estre revenus depuis ; mais quand Arzile fut abandonnée, elle commença à se repeupler de Bérébéres, parce-que le pays est beau & vni, abondant en bled & en pasturages. Il y a plusieurs arbres fruitiers alentour, & quelques vignes ; & l'on recueille beaucoup de lin dans

<small>Ali, fils de Mahamet.</small>

<small>Vel Rayhan.</small>

<small>1471.</small>

la campagne, acauſe de la riviére dont on l'arroſe. Mais les habitans y ſont ſi tourmentez des Arabes, qu'ils ſont fort pauvres, & la pluſpart tiſſérans.

CHAPITRE LII.

D'Arzile.

C'EST vne ville fort ancienne, à quarante-ſept lieuës de Fez, & à ſept du détroit de Gibraltar, du coſté du Couchant. Ptolomée la met à ſix degrez trente minutes de longitude, & à trente-cinq degrez dix minutes de latitude, ſous le nom de Zilie. Dans les nouvelles cartes elle eſt au nombre de celles qui ſont au dedans du pays, acauſe que l'Océan fait vn grand banc de ſable en cét endroit, & entre fort avant dans les terres. Les Auteurs Africains la nomment Azeylla, & diſent qu'elle a eſté baſtie par les Romains, & qu'elle eſtoit des dépendances de Ceute. Les Gots l'ont tenuë depuis, & y ont eu garniſon juſqu'en l'an quatre-vingts quatorze de l'Egyre, que les Arabes s'en rendirent maiſtres, deux ans aprés la conqueſte de l'Eſpagne, ſelon l'opinion de ceux qui la mettent en quatre-vingts douze & non pas dix ans aprés. Elle fut donc encore au pouvoir des Gots deux ans aprés la priſe de Ceute, enſuite dequoy deſtituée de tout ſecours, elle fut contrainte de ſe rendre. Les Arabes l'embellirent fort, & elle devint fort illuſtre, tant par la marchandiſe que par les lettres & les armes; mais au bout de deux cens vingt ans, les Anglois pour ſe venger des Arabes qui rodoient les coſtes d'Eſcoſſe & d'Angleterre, la vinrent attaquer avec vne puiſſante armée, & l'emportérent d'aſſaut. Ils y perdirent toutefois beaucoup de gens, de-ſorte que faſchez de leur perte, ils mirent tout à feu & à ſang. Elle demeura abandonnée juſqu'à ce qu'vn Roy de Cordouë, vingt ans aprés, y mit des marchans & des gens de guerre, & la fortifia. On équipoit de-là des fuſtes, dont on ravageoit les coſtes de la Chreſtienté; ce qui fut cauſe vne ſeconde fois de ſa ruine, comme nous dirons enſuite. Elle eſt bien ſituée & a de bonnes murailles

L'an de grace 703.

936.

Abderrame, fils d'Ali.

LIVRE QVATRIE'ME. 217

garnies de tours, avec vn fort chasteau; mais sa principale force vient de la difficulté de l'entrée du port, acause d'vn banc de sable qui y est, ce qui la fit abandonner par les Portugais, pour la difficulté qu'il y avoit à la secourir par mer. Le pays d'alentour est fort bon pour les bleds & pour les troupeaux, & pour toute sorte de fruits, & seroit de grand rapport, sans les courses des Chrestiens de Tanger, qui le ravagent à toute heure. *ou chaussée.*

Alfonse cinquiéme Roy de Portugal, sachant l'importance de cette place, tant pour la conqueste de l'Afrique que pour la seureté des vivres & des munitions qu'on menoit à Ceute, il en resolut l'ataque, tandis que la guerre estoit alumée au Royaume de Fez. Car Muley Oataz, autrement Sayd, qui demeuroit à Arzile, s'estoit soulevé avec la province. Vn habitant de Fez, nommé le Chérif, estant fort aimé du peuple tua le dernier Roy de la race des Benimérinis, & se fit appeler Roy de Fez; ce qui fut cause que quelques Chefs de cette Maison prirent les armes contre luy. Sayd particuliérement marcha aussi-tost contre Fez, sur l'esperance de s'en rendre maistre; mais il fut défait & contraint de se sauver. Toutefois sachant depuis que celuy qui commandoit les armées du Chérif, & à qui il se fioit le plus pour sa valeur, estoit allé appaiser les troubles de la province de Temecén: il revint fondre sur Fez avec huit mille Arabes, & assiégea la ville neuve vn an durant, tant que les habitans la rendirent, & le Chérif s'enfuit avec sa famille au Royaume de Tunis. Ce fut donc pendant ce siége que le Roy Alfonse assembla vne armée de deux cens vaisseaux, tant grans que petits, & avec vingt mille combatans partit de Lisbone, en la compagnie de son fils, & vint aborder à Arzile la nuit le long du banc. Le lendemain matin il fit mettre pied à terre à Dom Alvare de Castro, & Dom Iean Coutigno *, avec leurs troupes, pour reconnoistre vn lieu où l'on pût mettre l'artillerie, les vivres & les munitions, & toute l'armée, à dessein d'attaquer la ville. Ces Seigneurs donc s'embarquerent ce jour-là avec tous leurs gens dans des barques & autres petits navires pour aller prendre terre; mais parce que la mer estoit fort emeuë, & le débarquement difficile

Comme le Roy de Portugal prit Arzile sur les Maures.

Ce n'est pas le Chérif si celebre.

* *Comtes de Monsante, & de Marialva.*

15. d'Aoust.

Partie II.   E e

acause des bancs de sable qui se forment à l'entrée de la digue, ils eurent bien de la peine de surmonter l'effort des vagues à force de rames. Comme ils tardoient à prendre terre, le Roy s'embarquant avec son fils dans des chaloupes qui estoient prestes, arriva à l'endroit où ils estoient. Tous ceux qu'ils avoient laissez dans leurs vaisseaux se hastant à l'envi de suivre leur Prince, on prit terre à la fin malgré les vents & les vagues; mais ce ne fut pas sans la perte de quelques vaisseaux, & de plus de deux cens personnes. Si-tost que le Roy fut à bord avec ses troupes, sans attendre qu'on tirast de la flote vne palissade *qu'on avoit portée pour se remparer contre la cavalerie. Il posa son camp, & le fit fortifier à la haste, *selon la qualité & la disposition du lieu. Cependant, ceux de la ville ne firent aucune sortie, quoy-qu'il y eut dedans quantité de bonnes troupes. La mer fut si long-tems émuë qu'on ne pût tirer que deux canons des navires, avec lesquelles on commença à batre la place, & en trois jours on abatit deux grans pans de mur. Le quatriéme donc au point du jour, ceux du quartier de Dom Alvare, qui estoient du costé du chasteau, virent paroistre vn étendart blanc sur le haut d'vne tour, & aussi-tost l'on fit signe aux assiégez qu'ils pouvoient sortir en toute asseurance. Là-dessus sortit vn Maure, qui dit au Comte que le Gouverneur vouloit capituler, & le Comte l'envoya dire au Roy, qui commanda qu'on luy donnast toutes les seuretez necessaires. Mais sur ces entrefaites, quelques soldats & officiers, faschez de perdre le fruit de leur conqueste, montérent en foule à la brêche, qui estoit dégarnie acause du traité. Les Maures acoururent aussitost à la défense; mais les assaillans les repousserent de telle sorte, qu'encore que plusieurs y mourussent, ils frayérent le passage à ceux qui les voulurent suivre. Ainsi l'on entra dedans sans que le Roy en sceut rien. Alors il prit son casque, car il estoit toujours armé, & s'en alla à la brêche avec son fils; mais comme elle estoit trop petite pour tant de gens, il fit planter les échelles, par où plusieurs monterent, & luy vinrent ouvrir les portes. Il vint tout-à-propos pour secourir les siens, qui combatoient dans les ruës avec les ennemis, & les repoussa jusqu'au chasteau, & à la grande Mos-

* ou barriére.

* S. Barthe-
lemy.

LIVRE QVATRIE'ME.

quée, où il y avoit moyen de se défendre. Aussi-tost il commanda à Dom Alvare de prendre garde que les Maures ne se sauvassent par la fausse porte du chasteau, & fut rompre celle de la Mosquée à coups de leviers; quoy-que les Maures en tuassent quelques-vns, & en blessassent plusieurs, ils furent contraints à la fin de lascher le pied & de se retirer au dedans de la Mosquée, où ils combatirent avec plus de résolution que n'en ont d'ordinaire les vaincus, & se firent presque tous tuer. Le Comte de Marialve mourut en cette occasion, & fut fort regretté du Roy & de son fils, comme vn des plus braves Seigneurs de la Cour. La Mosquée estant prise, avec les femmes & les enfans, il ne restoit que le chasteau, où les principaux de la ville s'estoient retirez, & qui estoit fort & bien pourveu de vivres & de munitions. Le Roy ayant appris ces choses de quelques esclaves Chrestiens qu'on avoit délivrez, il y fit planter les échelles, où l'on monta de tous costez de telle furie, que les Maures abandonnérent le rempart pour se sauver dans les tours, croyant y estre plus en seureté; mais on les poursuivit de si prés, qu'ils n'en eurent pas le loisir, & descendant avec eux par les escaliers du chasteau, on vint à la court où ils s'étoient raliez pour faire vn dernier effort. Le combat fut si sanglant de part & d'autre, qu'on ne faisoit pas vn pas que dans du sang ou sur des corps morts; mais là-dessus quelques-vns ayant ouvert les portes, le Roy entra à la bonne heure pour ses gens, dont plusieurs perdirent la vie en sa présence, qui est le plus grand honneur des armes. Dom Alvare mourut en cét endroit, par la fourbe d'vn Maure, qui luy cria du haut d'vne tour, que s'il luy vouloit sauver la vie il luy payeroit vne grosse rançon; mais comme il fut monté le Maure haussant le bras luy coupa la teste d'vn seul coup. La perte fut si sensible qu'on ne pardonna depuis à personne. Quelques-vns disent qu'il fut tué d'vn coup de flesche comme il estoit au haut de la tour, & qu'il avoit osté son casque pour se rafraichir. Quoy-qu'il en soit, il mourut ce jour-là pour le service de son Roy & de sa Religion. Aprés ce combat, où l'Infant se porta plus en soldat qu'en heritier de l'Empire, ceux du donjon se rendirent. On fit

ou l'enfoncer avec de longues pieces de bois qu'on ébranloit à force de bras.

D. Iean Contigno.

E e ij

ce jour-là cinq mille prisonniers, & entre-autres deux femmes, vn fils & vne fille de Muleycher Ootaz, dont la fille estant âgée de sept à huit ans, le Roy la rendit depuis avec sa mere, pour le corps de l'Infant Dom Fernand, qui mourut esclave; mais il receut vne grosse rançon pour le fils, à ce que disent les Africains; toutefois les Portugais asseurent qu'il le renvoya sans rançon, & que cela fut cause de la civilité dont il vsa envers son armée navale lors qu'il fut Roy de Fez, comme nous avons dit plus haut. Il mourut plus de deux mille Maures dans le chasteau & la Mosquée, ce qui ne fut pas sans grande perte pour les Portugais, quoy-que leurs Historiens pour augmenter leur victoire, n'en fassent point de mention. Mais vn combat ne dure pas si long-tems qu'il n'en couste bien du sang au vainqueur. Cinquante esclaves Chrestiens qui estoient dans la ville recouvrérent leur liberté, & le butin monta à plus de huit cens mille ducats, que le Roy abandonna liberalement aux soldats.

1470.

Comme le Roy de Portugal fit son fils D. Iean Chevalier.

Aprés la prise d'Arzile, le Roy fut à la grande Mosquée, où l'attendoient ses Chapellains avec les Prestres & les Religieux de l'armée, pour rendre graces à Dieu de cette victoire. Il ne fut pas plustost entré qu'il fut faire sa priere devant vne Croix, qui estoit posée sur le corps du Comte de Marialve, & croyant l'occasion favorable de faire son fils Chevalier, il le fit mettre là à genoux, avec les Cérémonies accoustumées, & luy tirant l'épée du foureau, luy dit; Mon fils, nous avons receu aujourd'huy vne grande grace de Dieu, qui nous a rendu maistres d'vne place si importante, & nous donne vne occasion si favorable de vous faire Chevalier, & de vous armer de ma main. Mais pour vous apprendre auparavant en quoy consiste l'Ordre de Chevalerie: Sachez, mon fils, que c'est vn composé de Puissance & de Vertu, pour mettre la paix parmi les hommes, lors que l'ambition, l'avarice ou la tyrannie troublent les Estats, ou tourmentent les particuliers. Car les Chevaliers sont obligez à mettre l'épée à la main en cette occasion, pour détroner les Tyrans, & mettre des gens de bien en leur place. Mais ils sont engagez aussi à garder fidelité à leur Sou-

LIVRE QVATRIEME.

verain, auſſi-bien que l'obeïſſance à leurs Chefs, & à leur donner des conſeils ſalutaires; car le Chevalier qui ne s'a-quite pas de ſon devoir eſt ſemblable à celuy qui a l'vſage de la raiſon, & qui ne s'en veut pas ſervir. Il faut qu'il ſoit franc & liberal, & que ce qu'il a ſoit à tout le monde, à la reſerve de ſon cheval & de ſes armes, qu'il doit conſerver pour aquerir de l'honneur: car il eſt obligé d'employer ſa vie pour la défenſe de ſa religion & de ſon pays, & de défendre ceux qui ne ſe peuvent défendre eux-meſmes. Car comme le Sacerdoce a eſté eſtabli pour le ſervice divin, la Chevalerie l'a eſté pour maintenir la Religion & la Iuſtice. Il faut qu'il ſoit le mari des veuves, le pere des orfelins, le protecteur des pauvres, & l'appui de ceux qui n'ont point de ſupport; & ceux qui ne font pas ces choſes ne ſont pas dignes de ce nom. Voilà, mon fils, à quoy oblige l'Ordre de Chevalerie, regardez ſi vous le voulez à ce prix. Le Prince ayant reſpondu qu'il n'avoit point d'autre deſſein, le Roy pourſuivit: Vous promettez donc de garder & d'accomplir tout ce que je viens de dire, & de le faire accomplir & garder, avec les autres droits & couſtumes de l'Ordre de Chevalerie, à quoy le Prince ayant conſenti: Puiſque cela eſt, dit le Roy, je vous fais & arme Chevalier au nom de Dieu, Pere, Fils, & Saint Eſprit, trois Perſonnes en vn ſeul & vray Dieu; & luy frappant de l'épée ſur le caſque à chacun de ces ſacrez Noms, il luy dit, Dieu vous faſſe auſſi bon Chevalier que celuy que vous voyez devant vous, percé en divers endroits pour le ſervice de Dieu & de ſon Prince, & le baiſant au viſage le leva de terre avec la main. Mais le Prince ſe remettant à genoux, la luy baiſa avec grand reſpect, & fit avec luy pluſieurs Chevaliers, des braves de cette journée. Aprés il fit enterrer les morts dans la Moſquée, que l'on conſacra auparavant à l'interceſſion de Noſtre-Dame de la Conception, & Dom Enriquez de Meneſez fut fait Gouverneur de la place.

Cependant, Muley Chec qui eſtoit occupé, comme nous avons dit ailleurs, à la guerre de Fez, partit auſſi-toſt ſur la nouvelle du ſiége, & apprit à Alcaçar-qui-vir que la place eſtoit priſe, & que ſes femmes & ſes enfans eſtoient priſon-

Comme le Roy de Fez accourut au ſecours d'Arzile.

E e iij

DV ROYAVME DE FEZ.

niers; mais craignant que le Roy de Portugal, qui estoit là en personne avec son armée, ne luy fist encore d'autres maux, quand ce ne seroit que de l'empescher de se faire Roy de Fez, il depescha vers luy pour vne entreueuë, & receut vn sauf-conduit pour le venir trouver en toute asseurance. Comme il fut arrivé prés d'Arzile avec trois cens chevaux, il n'y voulut pas entrer, & fit tréve pour vingt ans par l'entremise de quelques personnes, à condition que le Roy de Portugal demeureroit paisible possesseur de Ceuta, d'Alcaçar-Caguer & d'Arzile, avec leur contrée & leur juridiction, & recevroit les contributions de tous les villages, qui furent reglez ensuite. Cette tréve fut confirmée & jurée avec cette particularité, Qu'elle ne s'entendoit pas des lieux fermez, dont chacun se reservoit le pouvoir de se saisir quand il luy plairoit, & de se les approprier sans la rompre. Cela conclu & juré de part-&-d'autre, le Maure retourna à la guerre de Fez, & s'empara à la fin de la ville & de l'Estat: & le Roy Dom Alfonse se retira en Portugal, aprés avoir pris Tanger, comme nous dirons en son lieu. Nous rapporterons maintenant ce qui est arrivé de plus memorable aux Gouverneurs de cette frontiére, qui estoient perpetuellement auec les Maures.

De la victoire du Gouverneur d'Arzile sur deux Capitaines Maures.

La garnison d'Arzile, qui estoit fort brave, faisoit continuellement de grandes courses sur les Maures, & eut diverses prises avec ceux de Fez, dont elle remporta souvent la victoire. l'en diray icy quelques-vnes, reservant les autres pour les lieux où elles sont arrivées, afin que le recit en soit plus clair & plus divertissant. Aprés la mort d'Alfonse Roy de Portugal, son fils Dom Iean ayant succedé à la Couronne, deux puissans Maures * qui estoient Seigneurs de Chéchuan & de Tétuan, & qui n'estoient pas compris dans le traité, assemblérent le plus de gens qu'ils pûrent, & vinrent ravager la contrée d'Arzile, dont estoit Lieutenant Dom Rodrigue Coutigno, neveu du Gouverneur du mesme nom *, qui estoit allé en Portugal. Si-tost qu'il entendit sonner l'alarme, il sortit & fut tué, & ses troupes défaites. Sur ces nouvelles, le Roy Dom Iean envoya sur cette frontiére Dom Iean de Menesez, surnommé le Picassin, qui apprit

Ali Barraz, & Almandari.

Vasco Coutigne.

LIVRE QVATRIE'ME.

en arrivant la revolte d'vne petite place * qui payoit tribut au Roy de Portugal. Comme il cherchoit l'occasion de se signaler, il avertit aussi-tost le Gouverneur de Tanger * de luy envoyer à point-nommé quelque cavalerie pour chastier cette revolte, & ayant joint son Lieutenant * avec cinquante chevaux, il fut fondre au point du jour sur les rebelles. Sur ces entrefaites, il apprit que les Maures dont nous avons parlé estoient entrez dans son Gouvernement avec deux mille chevaux & huit cens hommes de pied pour le ravager, & envoya aussi-tost quelques Maures de son parti, pour prendre langue des ennemis, qui luy amenérent trois prisonniers, de qui il sceut leur nombre & l'endroit où ils étoient, & resolut de les aller ataquer avec ses deux cens chevaux, contre l'avis de quelques-vns. Il fit donc trois escadres, dont il donna l'vn au Lieutenant de Tanger, composé des cinquante chevaux qu'il avoit amenez; l'autre de trente à vn de ses neveux *, qui portoit son nom; & prit pour soy le troisiéme, qui estoit de six-vingts hommes. En cét estat il fut rencontrer les ennemis, qui orgueilleux de leur nombre & de leur victoire, marchoient en trois batailles sans beaucoup d'ordre. Mais comme ils furent proches ils se ralliérent, & vinrent fondre tous ensemble sur la cavalerie de Tanger, qui eut bien de la peine à les soustenir. Toutefois le petit escadron estant accouru à son secours, prit en flanc les ennemis, & la rejoignit avant qu'on eut achevé de la rompre. Comme ils estoient tous ensemble aux mains, Dom Iean de Ménesez arriva avec ses gens, & se faisant jour à travers les Maures, fit de si grans exploits aussi-bien que les autres, que l'ennemi prit la fuite : & les Chrestiens les suivant en bon ordre tuérent plus de quatre cens chevaux, & quatre cens fantassins, & emmenérent quatre-vingts cinq chevaux de prix, avec tous les étendarts & les timbales. Aprés cette victoire Dom Iean tourna tout court sur les Maures revoltez, qui ne manquérent pas de payer ce qu'ils devoient des contributions, s'excusant sur la violence des Seigneurs Maures qu'on venoit de défaire ; aprés quoy Dom Iean retourna victorieux à Arzile chargé de butin. Cela arriva depuis la conqueste de Grenade par Ferdi-

*Béni Maras.

*Lopé Vaez de Azévédo, Amiral de Portugal.

* Pedro Leyton.

* D. Iean de Ménésez surnommé le Larron, fils du Comte de Cantagnede.

Béni Maraz.

1495. 15. Sept.

nand & Isabelle, & c'est pour cette victoire qu'on chan-
ce romance, *Les Maures vont courant à Arzile*, &c.

Comme le Roy de Fez fut assiéger Arzile.

Muley Mahamet, fils de Muley Chec.
19. Octob.
1508.

Comme les Maures n'avoient point de plus grande passion que de recouvrer cette place, & particuliérement le Roy de Fez *, qui y estoit né, & y avoit esté nourri. Il n'eut pas plustost pris la Couronne, qu'il assembla vne armée de vingt mille chevaux, & de six-vingts mille hommes de pied, & y vint mettre le siége avec quantité d'artillerie. On vit dés le lendemain la ville environnée de toutes parts d'vne multitude infinie de peuple, & le long de la plage des gabions dressez avec des tonneaux pleins de terre pour mettre à couvert l'artillerie, afin d'empescher l'entrée du port. Il fit arracher aussi la nuit mesme des pieux qu'on avoit plantez pour marquer l'entrée de la digue, & commença dés ce jour-là à batre cette place. Les arquebuziers & les arbalestriers qui estoient au nombre de douze mille, se rangérent tout autour pour écarter les assiégez du rempart tandis qu'on sapoit le mur; aprés quoy l'on roula quatre mantelets de bois, & l'on commença à travailler. Il n'y avoit alors dans la ville que quatre cens hommes de combat; ce qui empescha le Gouverneur de sortir, si-bien que l'ennemi eut le loisir d'approcher ses mantelets; ce qu'il fit avec tant de diligence, & en tant de lieux, qu'il tomba le mesme jour vn pan du mur, par où quelques-vns entrérent & combatirent si vaillamment qu'ils firent retirer les Chrestiens

* Vasco Coutigno, Comte de Borba.

au chasteau aprés avoir blessé le Gouverneur *. Cependant, la foule des femmes & des enfans qui se pressoient d'entrer estoit si grande que le Gouverneur fit fermer les portes, de peur que l'ennemi n'entrast pesle-mesle; de-sorte qu'il y en eut grand nombre de tuez, sans qu'on pardonnast ni à âge ni à sexe, & si les Maures eussent ataqué le chasteau ce jour-là ils couroient fortune de l'emporter, tant on estoit éperdu. Mais Dieu voulut qu'ils s'amusassent au pillage, sans prendre garde à ce qui estoit de plus important. Cependant, quelques Portugais qui s'estoient sauvez sur vne caravelle en allérent donner avis à Dom Iean de Ménésez, qui accouroit au secours de la place avec l'armée navale. Car sur

Beau-frere du Gouverneur.

le bruit de la venuë du Roy de Fez, il avoit envoyé avertir

l'Amiral,

LIVRE QVATRIE'ME.

l'Amiral, qui eſtoit à Alcaçar-çaguer, de venir à Tanger avec la flote, & il y eſtoit arrivé en meſme tems qu'on y receut la nouvelle du ſiége. Lors que Dom Iean arriva, il y avoit trois jours que les Maures eſtoient maiſtres de la ville; de-ſorte que la flote fut contrainte de moüiller hors de la digue, de-peur de leur artillerie, & y demeura trois jours, tant acauſe de cela, que parce-que la mer eſtoit fort émuë. Enſuite voulant s'aſſurer ſi le chaſteau tenoit encore, avant que d'entrer dans le port, il envoya vne barque bien armée avec deux ſoldats fidelles, pour voir ſi par ſigne ou en criant on n'en pourroit rien découvrir. Ils eurent aſſez de peine à paſſer, parce-qu'on tiroit ſur eux de la baterie, qui eſtoit à l'vne des portes ; mais à la fin ils s'approchérent tant qu'ils virent vne feneſtre ouverte en l'appartement du Comte, avec vn étendart où eſtoient les armes de Portugal, & vne femme toute échevelée, qui mit la teſte dehors avec vn enfant entre ſes bras, & cria Portugal, Portugal. Ils s'en retournérent là-deſſus, & Dom Iean fit auſſi-toſt paſſer toutes les troupes des grans vaiſſeaux dans les petits pour aborder avec moins de peril. Sur ces entrefaites, arrivérent deux hommes à nâge avec des lettres du Comte envelopées dans des boules de cire, & miſes dans des tuyaux, aprés-quoy il en vint vn troiſiéme, qui portoit l'ordre qu'on devoit garder pour entrer plus ſeurement. Là-deſſus Dom Iean commanda aux navires de faire voile, & tirant toute l'artillerie contre la baterie des Maures qui eſtoit ſur le rivage, entra malgré eux dans le port, & moüilla le long de la digue. Auſſi-toſt le Gouverneur fit ouvrir la porte du chaſteau, qui reſpondoit à celle du port*, & ſortir trente cavaliers, & deux cens fantaſſins. Alors Dom Iean voyant qu'il eſtoit tems de débarquer, conformément à l'ordre qu'il avoit receû, & au ſigne qu'on luy faiſoit du chaſteau, fit pointer toute l'artillerie contre le rivage, & tous les bateaux eſtant preſts, aborda en meſme tems à couvert de la fumée, & mit la prouë en terre. Auſſi-toſt les Maures accourent pour empeſcher le débarquement, & il y eut vn ſanglant combat, où pluſieurs furent tuez ou bleſſez de part-&-d'autre ; mais à la fin les Portugais arrivérent au

Il a déja dit qu'elle eſtoit rangée ſur le bord du rivage.

*la porte d'Albacat.

Partie I.I. Ff

boulevart qu'avoient fait les ennemis, & à la faveur de ceux du chasteau, qui donnérent d'vn autre costé, prirent six piéces d'artillerie, & jettérent deux cens arquebuziers ou arbalestriers dans la place, avec quelques vivres & munitions, sans que l'ennemi le pût empescher. Ce secours conserva la place, qui estoit deja minée en tant d'endroits que l'on y combatoit sous terre l'vn contre l'autre, & les assiégez estoient si las, que sans ce secours ils se fussent rendus deux jours aprés. L'ennemi ne voulant pas pour cela lever le siége demeura-là encore huit jours, donnant deux assauts chaque jour, l'vn au soir & l'autre au matin, jusqu'à l'arrivée de l'armée navale de Castille. Car Dom Iean partant de Tanger avoit envoyé deux caravelles, l'vne au Roy de Portugal, & l'autre aux places de l'Andalousie, & à l'Amiral de Castille, qui estoit à Gibraltar. Le Corregidor qui estoit alors à Chérez de la frontiére, fut le premier qui arriva avec vne caravelle de l'armée navale chargée de vivres, & trois cens arquebuziers & arbalestriers. Il incommoda fort les ennemis, parce-que sortant de la baye, & rasant la coste de la vieille ville, il prenoit les ennemis en flanc, qui estoient à couvert de l'artillerie du chasteau, & en tuoit grand nombre, de-sorte que le Roy qui estoit là fut contraint de faire transporter ses tentes ailleurs. Sur ces entrefaites, arriva l'Amiral * avec trois mille cinq cens Castillans, & voulut donner aussi-tost conjointement avec la flote de Portugal ; mais Dom Iean le pria d'attendre jusqu'au lendemain. Alors le Roy de Fez voyant le grand secours qui estoit arrivé, & la furie du canon, il fit mettre le feu dans la ville, & levant le siége prit la route de Fez. Le lendemain les Chrestiens entrérent dans la ville, & furent fort bien receus des assiégez, qui rendirent graces à Dieu de leur délivrance. La mesme année les Rois de Castille & de Portugal partagérent la conqueste de l'Afrique, en sorte, que celuy-cy devoit avoir ce qui est depuis Ceute vers le Couchant ; & l'autre depuis Tetuan vers le Levant. Deux ans aprés le Roy de Fez retourna assiéger Arzile ; mais il leva aussi-tost le siége sans avoir rien fait de considérable. Depuis cela, le fils du Gouverneur * batit avec cent

* D. Pedre de Navarre.

*D. Iean Coutigno.
1514.

LIVRE QUATRIÉME.

cinquante chevaux, huit cens des ennemis, & en ayant tué deux cens fit quarante & vn prisonniers, du nombre desquels il y avoit quelques Seigneurs Maures, & prit quatre-vingts seize chevaux bardez.

Le Roy de Fez ne pouvant souffrir que les Chrestiens demeurassent maistres de la ville de sa naissance, d'où ils faisoient continuellement des courses sur ses sujets, il la vint assiéger avec cent mille combatans, dont il y avoit trente mille chevaux, & l'environna d'vne mer à l'autre d'vn grand fossé en maniére de contrevalation, derriére lequel il planta son artillerie. Elle incommodoit fort les assiégez, aussi-bien que les arquebuziers & les arbalestriers, qui tiroient à couvert du rempart de la contrevalation, qui n'estoit qu'à la portée du trait. Dés que le Roy de Fez marcha à cette entreprise, le Gouverneur * en donna avis au Roy de Portugal, & écrivit au Facteur qu'il avoit dans Malaga, qu'il luy envoyast quelque chose dont il avoit besoin. Et voyant que les Maures se préparoient à l'assaut, il distribua les quartiers aux officiers & aux soldats, fit faire de grans feux sur les murailles, & sonner toutes les trompettes & les tambours en signe de réjouïssance, pour faire voir le peu d'estat qu'il faisoit de l'ennemi. Comme l'on commençoit à batre la ville, Nugno Mascarégnas arriva de l'armée navale sur deux caravelles avec six-vingts chevaux, & quelques gens de pied; & si-tost qu'il fut entré dans la place, le Gouverneur envoya l'vne des caravelles à son Facteur, & l'autre au Roy de Portugal, pour faire haster le secours. Le Facteur envoya trois jours aprés quelques vivres, & quatre compagnies d'infanterie Castillane, levées à la haste dans l'Andalousie, qui furent fort bien receuës *. Les assiégez estoient fort incommodez de l'artillerie & du feu des ennemis, parce qu'en quinze jours que dura le siége la baterie ne cessa pas vn moment. Mais on ne pût pas saper le mur, parce-qu'il estoit garni d'vn double fossé & de traverses, & que le Gouverneur avoit pourveû à loisir à la défense. Ensuite arrivérent douze caravelles, où quantité de Noblesse s'étoient embarquées, avec de bonnes troupes, dont les assiégez témoignérent de grandes réjouïssances, & resolurent

Vn cousin du Gouverneur de Laroz, deux Checs Arabes, & les Lieutenans du frére du Roy de Fez & d'Alcaçarquivir.

D'vn autre siége d'Arzile.

Sur la fin d'Avril 1516.

*D. Iean Coutigno.

* Commandées par deux fils de Pierre de Charles, Gouverneur du chasteau du Port de Sainte Marie, & par Barthelemy Ruys, & Acugna, Portugais.

Ff ij

de faire vne sortie. Le Roy de Fez en ayant eu avis par vn Maure qui se jetta en bas des murailles, vouloit lever le siége, si son frere ne l'en eust empesché ; mais depuis à la venuë de trente navires de Portugal, il reprit la route de Fez. Le Gouverneur donna sur l'arriére-garde où il fit quelque butin, & tua plusieurs ennemis, puis retourna victorieux dans Arzile. La garnison remporta plusieurs autres avantages sur cette frontiére, jusqu'à ce que le Roy de Portugal la rapela, & abandonna la place, pour des raisons que nous avons déja touchées.

le 3. de Iuillet

CHAPITRE LIII.

De la ville de Tanger. *

* Apelée par les Africains Tanja, & par les Romains Tingide.

C'EST vne place bastie par les Romains lors qu'ils étoient maistres de l'Andalousie & du Royaume de Grenade, quoy-que les fables du pays attribuent sa fondation à vn puissant Prince*, qui estoit maistre, à ce qu'ils disent, de toute l'Europe, de toute l'Afrique, & de quelques provinces d'Asie, & qui bastit vne ville dont les murs estoient d'airain, & les maisons couvertes d'or & d'argent. Mais cette fable est contredite par l'Histoire. Aben Gézar en son livre des Raretez des Villes, en fait vne seconde La Méque en beauté & en puissance, & dit qu'elle est tres-ancienne. Elle est dans vne belle situation sur la coste de l'Océan, à l'entrée du détroit, & à cinquante lieuës de Fez du costé du Nort ; elle est fermée de bonnes murailles, garnie de fossez & de bastions, que les Rois de Portugal y ont faits ; ils entretiennent dans cette place vne grosse garnison, tant de cavalerie que d'infanterie, avec quantité d'artillerie & de munitions. Les Gots ayant gagné cette place sur les Romains la joignirent au Gouvernement de Ceute, qui leur appartenoit, & qu'ils ne perdirent qu'avec la perte d'Arzile. Dans tout ce tems-là elle fut fort splendide, & il y avoit Vniversité & beaucoup de Noblesse fort experimentée dans les armes. Les maisons estoient bien basties, & plusieurs Seigneurs de la Mauritanie Tingitane y

* Cedded, fils de Had.

LIVRE QVATRIE'ME.

demeuroient, quoy que 'e pays d'alentour ne foit pas fort bon, hors quelques plaines & quelques valées où il y a de bons pâturages, & qui eſtoient autrefois embellies de quantité de jardins, de vignes, & de maiſons de plaiſance acauſe des eaux qui y ſont. Comme le peuple meſme eſt belliqueux, il couroit les coſtes de la Chreſtienté avec des fuſtes; mais l'an 1437. le Roy de Portugal *envoya ſon fils*attaquer cette place qui fut ſecouruë auſſi-toſt,par le Roy de Fez avec quantité de cavalerie & d'infanterie, tant qu'aprés pluſieurs combats, où mourut beaucoup de Nobleſſe de Portugal,l'Infant & le Roy Maure traitterent enſemble, celuy-cy promit de mettre en liberté tous les priſonniers Chreſtiens, l'autre promit de rendre Ceute, & ne pouvant faire autre choſe, il demeura en oſtage de cét accord juſqu'à ce que le Roy de Portugal l'eut ratifié & exécuté. Mais on dit qu'il le déconſeilla luy-meſme, aimant mieux mourir en captivité que de voir la Chreſtienté perdre la clef du détroit. Cela le fit maltraiter par le Roy de Fez, qui le renferma dans vn cachot & luy fit panſer ſes chevaux, tant qu'il en devint malade & mourut. Les Maures le mirent dans vn cercueil qu'ils enchâſſerent dans la muraille de Fez, prés du quartier des Iuifs, où il fut juſqu'à ce qu'vn autre Roy de Fez *envoya ſes os à Arzile, d'où ils furent tranſportez à Liſbone au Monaſtere *où les Rois de Portugal ſont enterrez. On voit encore le cercueil & l'inſcription dans la muraille de Fez ſous le nom de la ſepulture de l'Infant Chreſtien. Le Roy Alfonſe fut depuis en perſonne aſſiéger cette place, où il perdit beaucoup de troupes tant ſur mer qu'à l'aſſaut, & en vne entrepriſe qu'il fit au dedans du pays, où le Comte de Viane fut tué, aprés quoy il s'en retourna ſans rien faire.

Le Roy Alfonſe eſtant dans Arzile, comme nous avons dit en la deſcription de cette place, & les habitans de Tanger ayant appris que dans le traité qu'il avoit fait avec le Roy de Fez on n'avoit pas compris les lieux fermez, ils apprehendérent qu'il n'euſt envie de venger ſur eux, comme c'eſtoit ſa reſolution, tant de pertes, de morts, & de captivitez que les Portugais avoient ſouffertes par leur moyen, outre celle de l'Infant qui eſtoit ſon oncle. Ils voyoient

*Edouart.
* D Jean

*Muley Chec.

*de la bataille de noſtre Dame de Belen.

1463. en Decemb.
1464. le 20. Ianvier

La priſe de Tanger par le Roy de Portugal.

que Muley Chec où consistoit toute leur esperance, estoit retourné à la guerre de Fez; de sorte que dépourveus de tout secours ils résolurent d'abandonner la ville, & emportant tout ce qu'ils pûrent, briférent le reste pour en oster l'vsage à l'ennemi, & se retirérent sans oser mettre le feu à la place de peur d'estre découverts. Mais le Roy Alfonse assuré de leur resolution qu'il ne vouloit point croire d'abord, envoya le fils du Duc de Bragance auec des troupes pour s'en saisir, & s'y transporta ensuite pour voir sa nouvelle conqueste, qu'il eust esté plus aisé d'auoir faite l'épée à la main pour venger toutes les injures que nous auons dites; mais Dieu voulut que ce qu'on n'auoit pû faire en tant d'années & auec tant de trauail & de peine s'obtinst en vn instant par la bonne fortune de ce Prince, & le gouuernement en fut aussi-tost donné à Ruy de Mélo qui fut depuis Comte d'Oliuença. Les Rois de Portugal prirent depuis en leurs titres, Rois de deçà & delà la mer. Alfonse écriuit mesme au Pape & aux Rois Chrestiens, aussi-bien qu'à toutes les villes de son Royaume, la victoire que Dieu luy auoit donnée, & retournant à Arzile s'embarqua pour le Portugal, où il arriua trente-cinq jours aprés qu'il en estoit parti. On fit des processions pour cette conqueste par toute l'Andalousie & le Royaume de Grenade, & ensuite par toute la Castille aussi-bien qu'en Portugal.

le 28. Aoust 1471. 4. jours aprés la prise d'Arzile.

Du siége de Tanger par le Roy de Fez auec quelques particularitez d'Arzile.

1502. 917. de l'Egyre.

*D. Rodrigue de Castro.

Tout le tems que Dom Iean de Ménesez fut en Afrique, s'employa à faire des courses sur les Maures où il gagna quantité de prisonniers & de butin. Il eut mesme quelques rencontres auec Ali Barrax & Almandari qu'il vainquit auec grand meurtre; mais comme il reuenoit de piller quelques villages prés d'Alcaçar-quiuir, dont il batit le Gouuerneur qui l'estoit venu rencontrer auec douze cens lances pour luy enleuer son butin, il sceut que le Roy de Fez estoit en campagne auec douze mille cheuaux & quantité de gens de pied pour aller reconnoistre Tanger & venir fondre de là sur Arzile. Comme l'armée estoit déja si proche de Tanger qu'il n'en pouuoit donner auis au Gouuerneur *, il fit tirer pour signal quelque grosse piece d'artillerie, & prenant la chienne d'vn des habitans qui estoit demeurée à Arzile depuis quelques jours, luy attacha au cou vn billet, & la menant sur la coſte la fit chaſſer à grands coups de foüet au commencement de la nuit; de ſorte qu'elle s'en recourut ſi viſte à Tanger, que le Gouverneur fut averti au point du jour de la marche du Roy de Fez, & ſortant auſſi-toſt eſcarmoucha long-tems avec les coureurs de l'armée. Ceux de la frontiére d'Afrique ont des foſſez ou barricades autour de leurs villes, où il y a des avenuës fermées par de groſſes poutres, afin qu'on ne puiſſe venir en foule juſqu'à leurs portes. C'eſt là que ſe place la garniſon quand l'alarme ſonne, & d'où elle tient la cavalerie ennemie éloignée à coups d'arquebuſes & d'arbaleſtres. Mais le Gouverneur en eſtant ſorti avec ſa cavalerie y fut recoigné par les Maures aprés vne reſiſtance de deux heures, où il eut vn fils de tué avec huit cavaliers, & luy-meſme fut bleſſé d'vn coup de lance au viſage avec pluſieurs autres. Les Maures eſtant entrez peſle-meſle le pourſuivirent juſqu'aux portes avec tant de furie, qu'il fut contraint de tourner teſte contre eux pour les empeſcher d'entrer dans la ville. Il les arreſta donc quelque tems par ſa valeur, ſecondé de quelques autres, mais la précipitation fut ſi grande, que ne pouvant fermer la porte, on ſe contenta de la fermer à demy; De-ſorte que l'ennemi arrivant vn de leurs Chefs donna vn grand coup de cimeterre au milieu en intention de paſſer; mais voyant la reſolution de ceux de dedans il ſe retira avec tous les autres. Enſuite le Roy de Fez prit la route d'Arzile, où il arriva quatre jours aprés, & le Gouverneur* qui eſtoit ſur ſes gardes ſortit à la découverte juſqu'à l'eau douce avec vingt chevaux, laiſſant ordre à ceux qui reſtoient dans la place de demeurer à la vieille ville* pour ſortir à ſon ſecours quand il en ſeroit beſoin. Comme il fut arrivé à la riviére, il vit toute la campagne couverte de drapeaux & d'étendars, & ſe retira pas à pas juſqu'à la vieille ville, ſe défendant le mieux qu'il pût des coureurs qui vinrent fondre ſur luy. Ils le preſſérent de ſi prés qu'il fut contraint de faire teſte avec quatre cavaliers, ſurquoy il ſortit quelque cinquante chevaux qui rechaſſérent les Maures juſqu'à vn retranchement qui eſtoit ſous l'eſtacade, & en tuérent & bleſſérent pluſieurs. Mais comme la cavalerie du Roy de Fez chargeoit de tous coſtez, ceux

* D. Iean de Méneſez.

* à la porte de Fez.

tout proche de la ville.

la barricade é dont il a parl plus haut.

qui reſtoient dans la place voyant qu'il s'éloignoit trop, ſortirent pour le ſecourir, & ne le pouvant faire parce-que les Maures forcérent la barricade & leur coupérent chemin, le Gouverneur qui penſoit eſtre bien ſuivi, & qui vouloit paſſer outre, fut contraint à la fin de regagner la ville, pluſieurs des ſiens eſtant morts ou bleſſez. Il n'arriva donc qu'à peine aux portes, où ayant rejoint ſes gens il tourna teſte aux ennemis & les rechaſſa hors de la paliſſade avec grand meurtre, puis rentra dans la ville avec quelques priſonniers. Il arriva là vne plaiſante avanture d'vn Maure qui ayant oüy dire que le Roy de Fez eſtoit allé prendre Arzile, & arrivant aprés l'eſcarmouche comme tout eſtoit en repos, il crût que la place eſtoit priſe & s'alla jetter dedans. Mais il ne fut pas long-tems à s'en repentir; car on luy oſta auſſi-toſt ſon cheval, ſes armes & ſes habits, & on luy fit la courtoiſie qu'on fait aux autres priſonniers.

Comme les Maures tuérent deux Gouverneurs de Tanger.

Depuis ces choſes les Maures ayant tué malheureuſement en vne eſcarmouche Dom Pedro de Méneſez Gouverneur de Tanger, comme il ralioit ſes troupes & retournoit à la ville, on mit en ſa place Loüis de Lorero qui avoit eſté Gouverneur de Mazagan; mais comme il avoit envoyé vn party de cent chevaux contre les Maures il ſortit avec cinquante autres pour les ſoûtenir ſur le tems de leur retour, & ayant failly

* Arraho ben Tuda & Haſceen.

leur route, alla rencontrer par malheur les Gouverneurs* de Larache & de Tetuan qui venoient faire des courſes à Tanger avec ſix cens chevaux. Se voyant donc tout à coup inveſti, il dit à ſes cavaliers qu'il aimoit mieux mourir l'épée à la main que pourir dans vne priſon, & qu'il leur conſeilloit d'en faire autant. De ſorte qu'ils ſe firent tous tuer avec luy, & les Mau-

* Abdala.

res leur coupérent la main droite qu'ils portérent au Chérif qui eſtoit alors dans Maroc. Voilà comme mourut ce brave Chef aprés avoir eſté la terreur de l'Afrique. Loüis de Sylva

Chec mumen el Doreydi.

ayant pris ſa place, vn des principaux* de la Cour du Chérif le vint trouver avec trois cens chevaux qui eſtoient tous ſes fils, ſes petits fils, ou ſes arriere-fils, & paſſa de là en Portugal pour demander ſecours au Roy contre le Chérif. Mais ſa troupe eſtant demeurée à Tanger perſuada au Gouverneur de faire vn party contre les Maures; ſi bien qu'il entra dans le païs

avec

LIVRE QVATRIE'ME.

avec cent chevaux, trois cens arquebusiers, & vingt-quatre d'entre-eux. Comme il estoit en vn endroit sans aucun soupçon, qui faisoit repaître, les mesmes Gouverneurs qui avoient défait son prédécesseur vinrent fondre sur luy & le tuérent. La pluspart des Chrestiens qui estoient avec luy furent tuez ou faits prisonniers, & de ceux-cy estoit son neveu. Des vingt-quatre Maures qui l'avoient suivy quatre moururent en combattant, & les vingt autres se sauvérent avec autant de Chrestiens. Le vainqueur sans avoir perdu vn seul homme vint courre jusqu'aux portes de Ceute.

CHAPITRE LIV.

D'Alcaçar Céguer*.

* ou Caçar Mazmoda.

C'Est vne petite ville bâtie par Iacob Almansor sur la coste de l'Ocean, presque à my-chemin de Ceute & de Tanger, à l'endroit le plus serré du détroit, qui n'est que de cinq milles de trajet vis-à-vis de Terif. Ce Prince estoit si belliqueux qu'il venoit presque tous les ans faire la guerre en Espagne, & parce que le chemin jusqu'à Ceute où il s'embarquoit ordinairement estoit incommode pour le passage d'vne armée, il bâtit cette ville en vn lieu plus commode qui n'est qu'à trois lieuës de la coste d'Espagne, à l'endroit le plus avantageux du détroit, où il y a vn assez bon port pour les navires. Il envoyoit de là son armée & ses vaisseaux avec moins de peine & de danger, que de Ceute, & la nomma Alcaçar Céguer ou le petit Palais, parce qu'il n'y bâtit d'abord qu'vn petit logis à comparaison de celuy d'Alcaçar-qui-vir & des autres. Mais en peu de tems il y fit construire plusieurs maisons & mosquées, & la remplit de quantité de marchans, d'artisans, & de gens de mer. Elle s'augmenta toûjours depuis, mais comme on y équipoit des fustes pour courre les costes de la Chrestienté, acause de la commodité des bois d'alentour, & qu'on incommodoit fort les navires qui passoient par le détroit. Alfonse Roy de Portugal qui prit Arzile depuis, l'alla attaquer ayant 17000. hommes prests pour aller à la conqueste de la terre Sainte, à la soli-

Partie II. Gg

Caliste III.
1458.

citation du Pape, qui avoit publié vne croisade. Mais voyant que l'entreprise se déconcertoit par la division des Princes Chrestiens, il tourna ses armes contre l'Afrique pour ne laisser pas vne si belle armée inutile, avec tant de peine & de dépense. Il s'embarqua donc avec son frère Dom Henry, & le petit-fils de Dom Pedre, & prit la route d'Alcaçar-Ceguer avec cent quatre-vingts voiles. Comme il fut arrivé à la plage de Tanger, il y attendit vn jour quelques navires, & le vent n'estant pas favorable, il voulut changer de dessein & assaillir Tanger; mais l'Infant & les Chefs n'en estant pas d'avis, il tourna contre Alcaçar-Céguer, & le prit, comme nous dirons ensuite. Ptolomée nomme Valone, la riviére qui entre prés de là dans la mer, & met son embouchure à sept degrez de longitude, & à trente-cinq de latitude, & cinquante minutes.

De la prise d'Alcaçar-Céguer.

Si-tost que le Roy fut arrivé devant la place, il fit préparer toutes les barques & les chaloupes, pour faire sa descente, & l'on ne tarda point à se rendre à bord, acause de la multitude des petits vaisseaux, & le desir que chacun avoit de combatre. Mais la descente ne fut pas si facile qu'on pensoit, acause de cinq cens chevaux qui vinrent s'y opposer, avec quantité d'infanterie ; de-sorte qu'il y en eut plusieurs de tuez & de blessez. Mais à la fin les Maures laschérent le pied, & regagnérent les vns la ville, & les autres la montagnes. Sur quoy la nuit estant survenuë, le Roy fit venir de la flote tout ce qui estoit necessaire pour l'ataque de la place. Cependant, les habitans se voyant en danger de leurs biens, de leurs vies & de leur liberté, commencérent à se fortifier le mieux qu'ils pûrent & à reparer leurs bresches. Mais on ne leur donna pas tout le tems qu'il faloit pour cela, car tout estant prest & en bon ordre, le Roy fit sonner la charge, & ataquer les dehors de toutes parts ; ce qui se fit avec tant de furie, qu'encore que les Maures se défendissent fort bien, à la faveur de l'artillerie & des feux d'artifice, ils furent contraints de se retirer dans la ville. Les Chrestiens les poursuivirent jusqu'aux portes, & essayérent en vain de les rompre & de les brûler, parce-qu'elles estoient couvertes de lames de fer & bien défenduës d'enhaut ; de-sorte qu'ils fu-

LIVRE QVATRIE'ME.

rent contraints de se retirer, laissant quelques-vns des leurs morts sur la place. Le déplaisir du Roy fut si grand, de voir la résistance des assiégez, & la perte qu'il avoit faite, qu'il fit aussi-tost approcher les mantelets pour saper le mur, & commanda à l'Infant Dom Henry de planter les échelles pour donner l'assaut. Le combat fut grand, le Roy alant par-tout luy-mesme auec ses gardes, pour encourager les siens, & donner ordre qu'il ne manquast rien de ce qu'il faloit; & les Maures se défendant vaillamment, & faisant sauter en bas des échelles ceux qui y montoient. Cela dura sans discontinuation jusqu'à minuit, auec quantité de morts & de blessez de part-&-d'autre. Alors l'Infant qui estoit entendu & experimenté dans les armes, fit pointer vn gros canon contre le plus foible endroit du mur, & en ayant renuersé vne partie du premier coup, les habitans qui estoient las & hors d'esperance de secours, firent signe auec vn bonnet du haut d'vne tour, qu'ils vouloient parlementer. L'Infant ayant fait cesser le combat pour entendre ce qu'ils vouloient dire, ils s'offrirent de rendre la place le lendemain dés le point du jour, pourueu qu'on les laissast aller vies & bagues-sauues; ce qui leur fut accordé, à la charge de rendre les esclaues Chrestiens, & de donner des ostages. Ils prièrent qu'on fist cesser l'ataque, tandis qu'ils chargeroient leur petit équipage; ce qu'on ne leur accorda qu'à condition de donner des ostages sur l'heure, à quoy il falut obéïr; & l'Infant les fit mener au Roy, qui luy auoit permis de traiter. Le combat cessa donc, aprés vn grand meurtre de part-&-d'autre, & le lendemain les habitans se retirérent vers la montagne auec leurs femmes & leurs enfans, & tout ce qu'ils pûrent emporter, sans qu'on leur fist aucun déplaisir. Le Roy entra dans la ville à pied, & fut en procession jusqu'à la Mosquée, qu'il fit consacrer au nom de Nostre-Dame de la Conception, rendant graces à Dieu en toute humilité d'vn si grand succés. Alors laissant la ville pourueuë de tout ce qui estoit necessaire pour sa défense, il en donna le Gouuernement au fils* du Comte de Villa Réal, & alla à Ceute. Mais le Roy de Fez la vint assiéger au mois de Decembre suiuant auec vne puissante armée, ayant auec

1458.

* D. Edouart de Ménélez.

LIVRE QVATRIE'ME.

rent contraints de se retirer, laissant quelques-vns des leurs morts sur la place. Le déplaisir du Roy fut si grand, de voir la résistance des assiégez, & la perte qu'il avoit faite, qu'il fit aussi-tost approcher les mantelets pour saper le mur, & commanda à l'Infant Dom Henry de planter les échelles pour donner l'assaut. Le combat fut grand, le Roy alant par-tout luy-mesme avec ses gardes, pour encourager les siens, & donner ordre qu'il ne manquast rien de ce qu'il faloit; & les Maures se défendant vaillamment, & faisant sauter en bas des échelles ceux qui y montoient. Cela dura sans discontinuation jusqu'à minuit, avec quantité de morts & de blessez de part-&-d'autre. Alors l'Infant qui estoit entendu & experimenté dans les armes, fit pointer vn gros canon contre le plus foible endroit du mur, & en ayant renversé vne partie du premier coup, les habitans qui estoient las & hors d'esperance de secours, firent signe avec vn bonnet du haut d'vne tour, qu'ils vouloient parlementer. L'Infant ayant fait cesser le combat pour entendre ce qu'ils vouloient dire, ils s'offrirent de rendre la place le lendemain dés le point du jour, pourveu qu'on les laissast aller vies & bagues-sauves; ce qui leur fut accordé, à la charge de rendre les esclaves Chrestiens, & de donner des ostages. Ils prierent qu'on fist cesser l'ataque, tandis qu'ils chargeroient leur petit équipage; ce qu'on ne leur accorda qu'à condition de donner des ostages sur l'heure, à quoy il falut obeïr; & l'Infant les fit mener au Roy, qui luy avoit permis de traiter. Le combat cessa donc, aprés vn grand meurtre de part-&-d'autre, & le lendemain les habitans se retirerent vers la montagne avec leurs femmes & leurs enfans, & tout ce qu'ils pûrent emporter, sans qu'on leur fist aucun déplaisir. Le Roy entra dans la ville à pied, & fut en procession jusqu'à la Mosquée, qu'il fit consacrer au nom de Nostre-Dame de la Conception, rendant graces à Dieu en toute humilité d'vn si grand succés. Alors laissant la ville pourveuë de tout ce qui estoit necessaire pour sa défense, il en donna le Gouvernement au fils* du Comte de Villa Réal, & alla à Ceute. Mais le Roy de Fez la vint assiéger au mois de Decembre suivant avec vne puissante armée, ayant avec

1458.

* D. Edouart de Ménésez.

Gg ij

236　DV ROYAVME DE FEZ,

luy le plus brave Chef * de toute l'Afrique. Quelques jours aprés le Roy Alfonse partit de Ceute avec son armée navale, & ne pouvant débarquer les troupes pour le secours de la place, parce que toute la coste estoit bordée d'Infidelles, il se retira en Portugal. Mais la garnison se défendit si bien, que les assiégeans furent contraints de se retirer quelque tems aprés sans avoir rien fait. Ils y retournérent pourtant au bout de six mois avec vne armée de cent mille combatans, & quantité d'artillerie ; mais aprés cinquante-trois jours de siége n'ayant rien avancé, ils se retirérent comme la première fois avec peu d'honneur & beaucoup de perte. On l'abandonna depuis aussi-bien qu'Arzile, à cause du peu de fruit & de la grandeur de la despense, sans garder d'autres places que Ceute, Tanger, & Mazagan.

* Muley Buaçon.

le 2 Janvier.

CHAPITRE LV.

De Ceute.

C'EST vne ville des plus anciennes & des plus illustres de la Mauritanie, au Levant d'Alcaçar, & à la hauteur d'Algesire ; elle estoit fort frequentée par les Romains, à cause qu'elle est à l'embouchure du détroit, où il n'a pas plus de deux lieuës. Ajoûtez à cela, qu'elle a vn port fort commode où leurs flotes se tenoient, parce qu'il n'y a que cinq lieuës de là en Espagne par le plus long chemin. On dit mesme qu'ils la bastirent, & la nommérent la ville des Romains, quoy qu'vn Historien * d'Afrique de grande estime, die qu'elle a esté fondée par vn fils de Noé, deux cens trente ans aprés le Deluge. D'autres la nomment Essilissa, que Ptolomée met à sept degrez trente minutes de longitude, & à trente-cinq degrez cinquante-six minutes de latitude. Enfin ç'a esté toûjours vne ville considérable, qui estoit en si grande estime du tems des Romains, tant pour sa grandeur que pour ses richesses, & plusieurs autres avantages, qu'elle estoit capitale de toute la Mauritanie Tingitane ; & les Gots l'ayant conquise l'entretinrent dans la mes-

Quand nous parlerons de la coste ensuite, c'est toûjours de celle de la mer Mediterranée.

lieuës d'Espagne de quatre milles.

* Abelabez.

LIVRE QVATRIE'ME. 237

me reputation, jufqu'à ce que le Comte Iulien la livra aux Arabes aprés leur victoire. Ils la rendirent encore plus illuftre, parce-qu'il y demeuroit de leur principale Nobleffe, avec plufieurs marchans & artifans, qui travailloient en or, argent, cuivre, laiton & autres metaux, avec tant d'induftrie, que leurs ouvrages furpaffoient ceux de Damas, tant pour l'art que pour la matiere. Outre cela on y faifoit de fort riches tapis, avec toute forte d'étoffes de laine & de lin, qui eftoient des meilleures de ce tems-là, & dont fe fourniffoient les provinces d'Afrique & d'Europe par le moyen des marchans qui y accouroient de toutes parts. A vne lieuë & demie de là eft le mont ⁎ Abila des anciens, que les Arabes nomment Alcudie. La ville eft fituée en vn lieu bas, où l'air eft fi bon qu'elle eft eftimée la plus faine demeure de toute l'Afrique; ce qui y attiroit de riches habitans de tous coftez, à ce que difent les Hiftoriens. Du cofté d'Alcaçar-Céguer il y a vne belle valée, où l'on dit que dans fa fplendeur il y avoit de grans clos & plufieurs jardins & maifons de plaifance, dont l'afpect eftoit fort agreable, parce que ce n'eftoient qu'arbres fruitiers, treilles & vignes, & pour cette raifon elle s'apeloit la Valée des Vignes. Tous les autres coftez de la place font rudes & fteriles; mais fi proches d'Efpagne, que de la ville de Gibraltar on y voit les chandelles alumées, & du haut de fes murailles la cofte d'Andaloufie, avec vne partie du Royaume de Grenade. Abdulmalic dit, qu'Abdulmumen Roy de Maroc, l'affiégea au commencement de fon régne, parce-qu'il y avoit vne garnifon d'Almoravides, & la fit rafer a caufe qu'elle s'eftoit défendue, & que les habitans furent releguez en divers lieux, fans fouffrir qu'on la repeuplaft. Elle demeura donc deferte jufqu'au regne de Iacob Almanfor, qui la repeupla & la rendit confidérable, parce-que c'eftoit le paffage d'Efpagne. Mais depuis vn Roy de Grenade ⁎ l'envoya affiéger par Farax, Gouverneur de Malaga; Et le Royaume de Fez eftant en divifion ⁎, la gagna & la laiffa deferte, aprés en avoir emmené tous les habitans; de-forte qu'encore qu'elle fe foit repeuplée depuis, elle n'eft jamais revenuë à fa premiere fplendeur. Enfin fous vn autre Roy

⁎ le Mont Chimére.

1303.
⁎ Mahamet Ibni, Aben Ala Hamar.
⁎ Aprés la mort de Sayd troifiéme Roy des Bénimérinis.

mouïlla au port de Barbaſote, qui eſt du coſté du Couchant, où comme on eut aſſemblé les Chefs pour tenir conſeil, il ſurvint vne ſi grande tempeſte, qu'on fut contraint de ſe rembarquer & de prendre la route d'Algeſire, où l'on prit toute ſorte de rafraiſchiſſemens. Quelques-vns conſeillérent au Roy de retourner en Portugal, ou d'attaquer quelque autre place de la Barbarie, acauſe de la difficulté qu'il y auroit à prendre celle-cy, qui eſtoit ſi forte & défenduë par tant de gens qu'on avoit veü paroiſtre, outre ceux qui y viendroient des montagnes & des places maritimes. Mais ce brave Prince ſe confiant en la grace de Dieu, ne voulut point changer d'avis; & comme la tempeſte fut paſſée, ſe remit à la voile la nuit, & au point du jour aborda à Ceute la veille de l'Aſſomption, & mouïlla du coſté de Gibraltar. A meſure que les vaiſſeaux arrivoient, ils jettoient l'ancre & mettoient dehors les chaloupes, où s'embarquant on fit ſemblant de prendre terre du coſté du chaſteau, afin que les Maures y accourant on puſt débarquer plus aiſément dans le port, comme il arriva: car tandis que les Maures couroient au chaſteau, le reſte de la flote entra dans les barques & les chaloupes, & commença à débarquer en grande diligence. Pluſieurs braves ſoldats ſe jettérent meſme dans l'eau, & abordérent où ils pûrent les armes à la main, malgré l'ennemi, & tous ceux qui accouroient à ſon ſecours pour s'oppoſer à la deſcente. Mais Dieu permit qu'ils les menérent batant juſqu'aux portes de la ville, & y entrérent peſlemeſle, ſans qu'on pût fermer les portes. Alors il y eut vn rude combat dans les places & dans les ruës juſques vers le ſoir, que le Gouverneur voyant les Chreſtiens ſe renforcer, & les Maures perdre courage, ſe retira au chaſteau, & les habitans vers vne bicoque qui eſtoit du coſté de la porte de Fez, où ils ſe retranchérent; mais le Roy & ſes enfans les preſſérent de ſi prés, qu'ils s'emparérent de l'vn & de l'autre. La pluſpart des Maures furent tuez ou pris priſonniers, à la reſerve de quelques-vns, qui ſe ſauvérent dans les montagnes avec le Gouverneur. Les maiſons furent ſacagées, où l'on trouva le diſner preſt, & l'on fit vn grand butin, ſans avoir perdu qu'vn ſeul homme, qui fut tué d'vn coup de pierre comme il aloit secourir l'Infant Dom Henry, qui combatoit contre les Maures à la porte d'vn logis. Quelques-vns disent, que le Roy & ses enfans jeusnérent ce jour-là au pain & à l'eau, & qu'ils ne mangerent qu'aprés la prise de la ville. Le Roy aprés y avoir laissé pour Gouverneur Dom Pedro de Ménésez, qui l'avoit bien servi en cette entreprise, s'embarqua pour son retour. La place depuis est toûjours demeurée au Roy de Portugal, à qui elle est encore aujourd'huy. Les Historiens d'Afrique disent, qu'Abu Sayd estoit si lasche & si voluptueux, qu'encore qu'il sçût que l'armée navale des Chrestiens cingloit contre Ceute, il ne se mit pas en peine de la secourir, & ne se soucia pas non plus de la prise. Cela le rendit si odieux, que ses sujets conjurérent contre luy, & son Vizir *, à qui il avoit fait de grandes faveurs, & qui estoit fort puissant, le tua avec six fils qu'il avoit. Cette mort fut suivie de grandes guerres pour la Couronne entre Sayd & Iacob, pendant lesquelles on n'eut pas le loisir de recouvrer cette place ; quoy-qu'vn fils du Roy de Grenade * fist de grandes instances pour cela, car à la fin il l'alla assiéger par mer & par terre, mais sans effet ; parce-qu'vn fils du Roy de Portugal s'y jetta avec des troupes, & le contraignit de retourner en Espagne couvert de honte. Aprés que ceux de Fez eurent demeuré huit ans sans Roy, vn fils * du défunt qu'il avoit eu d'vne Chrestienne, qui l'avoit sauvé à Tunis, fut receu avec applaudissement du peuple, & regna plusieurs années ; mais il devint si tyran & si vicieux, que les principaux conjurérent aussi contre luy, & vn habitant le tua à coups de poignard, comme nous avons dit au quarante-septiéme Chapitre de ce Livre *.

Les guerres civiles de Fez donnérent moyen aux Portugais de s'establir en Afrique, n'estant point occupez ailleurs. D. Pedro de Ménésez fit diverses entreprises sur les Maures, & courant jusqu'aux portes de Tétuan, donna telle épouvante aux habitans, que les plus riches quitérent leurs maisons pour s'aller establir autre-part. Quelques-vns se sauvérent dans Ceute, & entre-autres deux fils d'Ali Barrax, & vn autre de la race des Almohazes. Ils promirent depuis au Roy

Qui fut depuis Comte de Villaréal.

* Abubaba.

* Muley Azeti, fils d'Abulhager 13. Roy de Grenade, de la race des Alhamares.

1419.
* Abdulac.

* à la prise d'Arzile.

Des progrez de la garnison de Ceute, & de la mort du Comte de Linares, & de son neveu.

L'IVRE QVATRIE'ME.

Roy de Portugal, s'il vouloit passer en Afrique, de se faire ses vassaux, & de reduire toutes ces contrées sous son obéïssance. Mais il n'y eut rien de conclu; & le Roy de Fez pour maintenir son crédit, & ne pas témoigner qu'il voulust abandonner ses sujets, envoya de tems en tems faire des courses jusqu'à Ceute. Enfin deux de ses freres vinrent avec dix mille chevaux, & quantité d'infanterie, par mer & par terre, dresser deux embuscades, aprés avoir esloigné leurs barques de la coste, afin que si les Chrestiens sortoient sur ceux qu'ils envoyoient à la descouverte, ils les pussent envelopper & tailler en pieces. Le Gouverneur estant sorti sur les coureurs avec cent trente chevaux, en détacha quinze pour les suivre; mais ayant découvert l'embuscade, ils se retirérent bien viste à leur gros, qui en voulant faire autant, aprés avoir reconnu le nombre des ennemis, fut serré de si prés, que deux cens cinquante chevaux Maures entrérent pesle-mesle dans l'enceinte qui estoit autour de la place. Il y en eut deux cens de tuez, aprés s'estre batus vaillamment, sans qu'il mourust qu'vn Portugais; mais il y en eut trente de blessez. Sur ces entrefaites, arrivérent les deux freres du Roy avec le reste des troupes, & plusieurs pionniers pour applanir le fossé, & arracher la palissade. Comme ils furent proche du Gouverneur, il fut contraint de se retirer en vn gros bien serré vers la ville, tandis que vingt-six barques des ennemis rasoient la coste, & débarquoient des troupes pour luy couper chemin. Mais les Portugais leur passérent sur le ventre, & les contraignirent de remporter leurs morts dans leurs barques, parmi lesquels il y avoit quelques Gentilshommes de Fez. L'entreprise des Maures n'ayant pas réüssi, ils s'allérent jetter de dépit sur les troupeaux d'Arzile, & en emmenérent sept cens pieces de bestail, pour se consoler de leur perte. Mais ils tuérent depuis Louïs de Sylve dans Tanger, comme nous avons dit en la description de cette ville, & furent ensuite courre jusqu'à Ceute, où le fils du * Comte de Linares sortit contre-eux, aprés avoir envoyé devant son Lieutenant avec vingt chevaux, & les fut rencontrer avec deux brigantins, ausquels il faisoit raser la coste. Les Maures chargérent de telle furie son

1514

* D. Pedre de Menesez.

Partie II.   Hh

Lieutenant qu'ils le tuérent, avant qu'il le pût rejoindre. Cependant, les brigantins commencérent à tirer quelques petites pieces d'artillerie; mais si mal pointées, qu'elles firent plus de tort aux Chrestiens qu'aux Maures; de-sorte que le Comte de Linares fut tué, aprés la mort de son Lieutenant, & son neveu* ensuite, qui accouroit à son secours, & leurs testes envoyées au Chérif, avec celles de leurs gens, dont vn seul ne se sauva. Il y a toûjours bonne garnison dans la ville, pour estre vne des plus importantes de la frontiére, d'où l'on pourroit fort incommoder les costes d'Espagne.

* Antonio de Norogra, ou Norogna.

CHAPITRE LVI.

De Tétuan *.

* Tetuain en Africain, c'est-à-dire va œil.

CETTE ville, qui a esté bastie par ceux du pays, est sur le bord de la riviére de Cus, qui descend du grand Atlas, & se va rendre dans l'Ocean à sept lieuës de Ceute, du costé du Levant, à l'endroit qu'on nomme l'embouchure de Tétuan. Elle est à vne lieuë de la coste en montant le fleuve, dans vne belle plaine, environnée de vergers, & a esté possédée par les Gots depuis les Romains, & ensuite par les Arabes, qui y équipoient des fustes de Corsaires, pour courre les costes de la Chrestienté. Elle estoit fort peuplée alors; mais elle fut depuis saccagée par vne flote de Castille, & presque tous les habitans faits esclaves, aprés quoy elle demeura deserte l'espace de quatre-vingts dix ans, jusques à ce qu'Almandari, qui passa en Afrique aprés la conqueste de Grenade, l'obtint du Roy de Fez, pour en incommoder les Chrestiens. Il la repeupla donc, & fit reparer les murs, & bastir vn chasteau bien fossoyé, où il se retiroit, & aloit courre de là les frontiéres de Ceute, d'Alcaçar & de Tanger, avec quatre cens chevaux, qu'il avoit amenez d'Andalousie, & d'autres Maures de ces montagnes, travaillant les Espagnols, tant par terre que par mer: car il avoit quelques petits vaisseaux sur la riviére, dont il ravageoit les costes d'Espagne, avec tant de succés, qu'il fit

1400.

jusqu'à trois mille esclaves, qu'il obligeoit à travailler tout le jour à la structure de ses murailles, & les renfermoit la nuit dans de grans cachots avec des fers aux mains. Il laissa pour successeur vn petit-fils, qui ne fut pas moins brave que luy, & ensuite des descendans, qui furent tous Seigneurs de Tétuan. Mais il y avoit deux factions* dans la ville, dont l'vne chassa* l'autre l'an mille cinq cens soixante-sept; toutefois le Capitaine des bannis rentra dans la ville en l'absence du Gouverneur, & tuant tous ceux de la faction contraire, fit soûlever la place. Sur ces nouvelles, le Chérif y envoya mille chevaux, & deux mille mousquetaires, qui estant entrez paisiblement dans la ville se saisirent du Chef, & l'envoyérent prisonnier à Fez, puis chassérent le reste de sa faction. Ensuite celuy* qui commandoit les mille chevaux demeura dans la ville, & renvoya à Maroc celuy* qui commandoit l'infanterie, pour en porter la nouvelle au Chérif, qui demeura par ce moyen maistre de la place. Elle n'est forte ni par art, ni par nature, n'ayant que des murs de terre fort bas, & la pluspart du fossé étant rempli; de-sorte qu'en deux endroits* on peut venir de plein-pied jusqu'au mur. Elle est bastie sur vne coline, avec vn petit chasteau* sur le haut du costé du Septentrion; mais qui n'est fermé que de méchans murs de terre. Hors de la porte du chasteau par où l'on descend au fauxbourg, il y a vn cavalier sur vne plate-forme, & sur ce cavalier quatre perriers & vne couleurine, avec quelques autres pieces de fer. Autour du chasteau il y a dix arquebuzes à croc entre les créneaux, plustost pour la mine que pour la défense, parce-qu'elles ne sont pas bien montées, & qu'il n'y a que de meschantes munitions, & encore en petite quantité. La force de la ville consiste donc en quatre cens bons chevaux, & quinze cens hommes de pied, qui sont augmentez depuis la revolte des Grenadins. Il y aborde outre cela plusieurs fustes & galiotes des Corsaires d'Alger, pour se fournir d'eau & de biscuit, & pour joindre quinze petits vaisseaux qui appartiennent aux habitans, avec lesquels ils courent les costes de la Chrestienté, & ont fait soûlever depuis peu quelques lieux de Grenade

*Les Buales,&
Behascenes.
*Le jour du S.
Sacrement.

* Ben Helifa.
* El Degueli.

* à la porte
neuve, & acelle
de Mocabar.
* Castel d'A-
dives.

fauconneaux

arquebuziers
ou arbalestriers.

de ce costé-là. Pour remedier à ce danger, Philippe second commanda au Capitaine des Galéres du Consulat de Seville, qui couroit la coste, d'en prendre quatre d'Espagne avec les siennes, & de s'aller placer à l'embouchure de la riviére de Tétuan, pour empescher qu'aucun ravisseur n'y entrast, ni n'en sortist. Il s'y rendit donc au point du jour, & fit tant de diligence, qu'à midy il avoit déja enfoncé dans la barre quelques chaloupes chargées de gros quartiers de pierres, qu'il avoit amenez de Gibraltar ; lesquelles chaloupes étoient à fleur-d'eau quand la marée estoit basse, aprés quoy elles se cachoient entiérement. Il coula encore à fond tout auprés, deux brigantins chargez de pierre, ce qui parut suffisant pour en empescher l'entrée. Tout cela se fit sans que les habitans le pûssent empescher, encore qu'à l'embarquement, on eut affaire à quantité de gens de pied & de cheval, qui estoient accourus de tous costez, & qu'il en mourut quelques vns de part-&-d'autre : car les Maures combatoient en desesperez, & aprés le départ des Espagnols ils retirérent aussi-tost les deux brigantins. Ensuite le courant ouvrit vn autre passage prés des chaloupes du costé du Septentrion, où vne galiote passoit aisément, en transportant les rames d'vn bord à l'autre. Il y a vingt-deux Lieuës de Tétuan à Vélez de Goméres ; & cette province s'avance jusqu'à la ville de Targa ; mais il n'y a point d'autres villes que celles que nous avons dites, parlons maintenant des montagnes.

1564.
Alvare Baçan.

embouchure du fleuve.

Habat.

CHAPITRE LVII.

D'Arhon, ou d'Arahon.

Montagnes, & ses habitations.

IL y a dans cette province plusieurs montagnes peuplées de Bérébéres, dont on compte huit principales habitations ; ils sont de la tribu des Goméres, & vivent à peu prés comme les autres, hormis qu'ils boivent du vin, contre la défense de Mahomet. Ce sont gens robustes & patiens dans le travail ; mais pauvres, parce-qu'ils sont accablez d'imposts ; de-sorte qu'ils se traitent fort mal. Ils sont ennemis mortels des Chrestiens, & c'estoient les meilleures troupes qu'eussent les Rois de Grenade dans les guerres d'Espagne. La première montagne, selon l'ordre que nous tenons, est celle d'Arhon prés d'Esagen, qui a dix lieuës de long du Levant au Couchant, & quatre de large. Les habitans recueillent beaucoup d'huile, de miel & de vin, tant blanc que clairet ; mais ils ne mangent guere que de l'orge, parcequ'ils ont peu de froment. Leur principal trafic est de savon, qui est liquide. Il ne s'en fait point d'autre dans toute l'Afrique ; le reste sert à les entretenir & à payer les imposts au Roy de Fez, hormis qu'ils gardent le vin pour boire toute l'année. Ils sont sujets au Gouverneur d'Esagen, qui entretient ses troupes de ce qu'il tire de ses peuples, & se sert d'eux dans l'occasion : car ils sont dix mille combatans ; mais quoy-qu'ils soient de grand travail, on ne les employe guere qu'au service du camp, parce-qu'ils n'ont point de chevaux & fort peu d'armes ; de-sorte qu'on leur en fournit quand on les veut employer, & on les reprend quand l'entreprise est finie, particuliérement les arquebuses & les arbalestes.

En allant du Couchant au Levant.

CHAPITRE LVIII.

De Béni Zéquer, que quelques-vns appellent mal-à-propos, Béni Fensecare.

CETTE montagne commence à la précédente, & a huit lieuës de long du Couchant au Levant, & trois de large. Les habitans sont plus riches que ceux de l'autre ; & il y a parmi eux plusieurs conroyeurs & tisserans, outre qu'ils recueillent grande abondance de miel, & vendent quantité de cire tous les Samedis, en vn marché qu'ils tiennent, où se rendent les marchans de Fez & d'ailleurs, & particuliérement les Chrestiens qui trafiquent en Barbarie, tant pour acheter de la cire, que des cuirs. Ils ne recueillent que de meschante orge, & peu de froment ; mais ils ont force troupeaux, & vivent plus à leur aise que ceux de l'autre montagne, parce-qu'ils sont moins tourmentez des Rois de

Fez. Ils sont quinze mille hommes de combat, gens orgueilleux, barbares & de mauvaise humeur, qui s'entretuënt souvent par jalousie. On les nomme Bénizéquers, & ils sont d'entre les Goméres.

CHAPITRE LIX.

De Béni Aroz.

C'EST vne montagne prés d'Alcaçar-qui-vir, qui a sept lieuës de long du Levant au Couchant, & trois de large. Elle payoit tribut au Roy de Portugal, lors qu'il estoit maistre d'Arzile, & estoit alors peuplée d'vne nation *vaillante d'entre les Goméres. Elle abondoit en toutes choses, & avoit vn bourg *, qui estoit comme la capitale, où demeuroient plusieurs Gentilshommes, qui devinrent si grans tyrans, que la pluspart du peuple les abandonna pour s'aller establir ailleurs; de-sorte qu'il n'est resté que quelques hameaux sur le haut, qui sont peuplez de Bérébéres, quoyque depuis que les Portugais ont abandonné Arzile, quelques-vns soient retournez demeurer à ce grand bourg que nous avons dit. C'est delà qu'estoient sortis les Laroces*, qui aidérent le Chérif à conquerir le Royaume de Fez, & ce sont les principaux du pays. Cette montagne, qu'on nommoit autrefois Epta-delfe, est mise par Ptolomée à sept degrez quarente minutes de longitude, & à trente-trois degrez cinquante minutes de latitude.

*Béni Aroz.

*Béni Mataz.

*Ils estoient Gouverneurs d'Esagen, d'Alcaçar-qui-vir, & de Larache.

CHAPITRE LX.

De Béni Télit, autrement Chébit.

C'EST vne montagne au dedans du pays, à huit lieuës de Tanger du costé du Midi. Il y avoit autrefois sept bourgs, dont les habitans vivoient comme des bourgeois de ville, avec grande franchise: Car quand les Portugais prirent Tanger, plusieurs de ceux qui y estoient, vinrent demeurer icy; mais tourmentez de la garnison Chrestienne,

LIVRE QVATRIE'ME.

quelquefois ils payoient tribut, & d'autrefois se retiroient, ne pouvant estre secourus des Gouverneurs d'Alcaçar-quivir & de Tétuan, pour estre trop esloignez. Ils sont à cette heure plus en repos, parce-que la garnison de Tanger n'ose pas s'esloigner, acause de la puissance du Chérif. Ils ont force troupeaux, & recueilloient autrefois quantité d'orge, de froment, de cire, de miel & de vin; de-sorte qu'ils vivroient à leur aise sans cette garnison. Du reste, ils sont d'entre les Goméres *, & ils ont donné leur nom à la montagne.

* nommez Béni Télit.

CHAPITRE LXI.

De Béni Hascen.

C'EST vne montagne fort haute & fort droite, dont les avenuës sont si difficiles, que les habitants y sont en asseurance sans autre fortification. Ce sont les plus belliqueux de tous ces montagnars, & les Historiens du pays disent, qu'ils estoient autrefois vassaux de la Noblesse; mais que ne pouvant souffrir sa tyrannie, ils se revoltérent, & s'en estant rendu maistres, luy imposérent tribut. Mais vn jeune Gentilhomme * ne pouvant souffrir cét affront, passa en Espagne avec quelques autres, & aprés avoir rendu de grans services au Roy de Grenade contre les Chrestiens, il retourna en Barbarie tout aguerri, & fut demeurer en la montagne de Chéchuan, où s'estoient retirez quelques-vns de ses camarades. Il fit là vne compagnie de cavalerie, avec laquelle il resista si courageusement aux Portugais de la frontiére, que le Roy de Fez le renforça de quelques troupes de cavalerie & d'infanterie, avec quoy il fit la guerre au peuple qui avoit assujetti la Noblesse, & l'ayant domté, se fit nommer Seigneur de Chéchuan, puis prit tous les revenus du Roy de Fez & se sousleva. Mais ce Prince l'estant venu attaquer avec vne puissante armée, il luy vint demander pardon, & obtint de luy la confirmation de l'Estat qu'il avoit vsurpé, à la charge de quelque reconnoissance; ce qui luy fut accordé en consideration de sa famille, qui estoit descenduë

Ils sont aussi d'entre les Goméres, & portent le nom de leur montagne.
* Alibarraz, ou Alibenres.

*Idris.

du fondateur* de Fez. Les habitans de cette montagne font belliqueux, & font plus de quinze mille combatans, aussi ont-ils passé plusieurs fois en Espagne contre les Chrestiens. Ils ont force troupeaux, & quantité de miel, de cire & de cuirs ; mais ils n'ont pas beaucoup de froment ni d'orge, parce-que le pays est trop raboteux pour estre cultivé.

CHAPITRE LXII.

D'Amégara.

C'EST vne montagne à deux lieuës & demie d'Alcaçar Céguer, du costé du Midi, qui a trois lieuës de long du Couchant au Levant, & vne de large. Il y a par-tout de grans bocages & de fort bon bois pour des navires ; c'est-pourquoy les Rois de Fez faisoient construire autrefois des fustes, & d'autres vaisseaux dans Alcaçar. Mais quand les Portugais prirent cette ville, les habitans de cette montagne se retirérent vers les autres qui sont plus au dedans du pays. Depuis ils y sont revenus lors que les Portugais l'ont abandonnée, parce que le pays est fort bon, & qu'on y recueille beaucoup de bled & de vin, outre qu'on y peut nourrir force troupeaux ; mais on n'y est pas trop en seureté de la garnison de Tanger.

CHAPITRE LXIII.

* Autrement Vatérés, ou Guadrés.

De Huat Idris *.

C'EST vne montagne entre Ceuta & Tanger, qui est fort haute, & peuplée d'vne nation qui s'est signalée dans les guerres d'Espagne, où on les enroloit contre les Chrestiens. C'estoient les meilleurs soldats qu'eussent les Rois de Grenade, & en qui ils se fioient le plus. Ils en avoient ordinairement vne garde de cinq cens, qui logeoient dans la ruë qu'on nomme, acause d'eux, la ruë des Gomé-

par où l'on va de la place à l'Alahambra.

res. Les Historiens d'Afrique disent, que Buha-lul, dont les Maures chantent les exploits en vers & en prose, comme

on

on fait ceux de Renaud & de Roland, estoit de ce pays, & qui aprés s'estre signalé en divers combats, mourut en la bataille des campagnes de Tolosa, commandant l'armée du Roy de Maroc.

1212. ou 1214. selon les Arabes, qui est l'an 609. de l'Egyre.

CHAPITRE LXIV.

De Béni Hued-fileh *.

*ou, Béni-Gued el Fétoh.

C'EST vne petite montagne prés de la ville de Tétuan, mais fort peuplée de gens robustes & belliqueux, qui ont toûjours esté sujets aux Seigneurs de cette ville. La garnison de Ceute les a tourmentez quelque tems, particuliérement à la mort d'Almandari, qu'elle courut jusqu'aux portes de Tétuan. Aussi sont-ils exempts pour cela de tous imposts, quoy-qu'ils payent quelque chose au Gouverneur de Tétuan pour les terres qu'ils labourent, qui ne sont pas fort bonnes, parce-que le pays est vn peu sterile. Il y a quantité de bouys, qu'on vient acheter de Fez & d'ailleurs, pour faire des peignes, & d'autres petits ouvrages. C'est icy que finissent les habitations de cette province: parlons maintenant de celle d'Errif, qui est la cinquiéme du Royaume de Fez, à commencer par le Couchant.

CHAPITRE LXV.

De la province d'Errif.

CETTE province commence du costé du Couchant à la contrée de Tétuan, & se va rendre vers le Levant à la riviére de Nocor le long d'vne plaine de plus de cinquante lieuës. Elle a au Nort la mer Mediterranée, qui regarde l'Occident d'Espagne, & s'estend trente-cinq lieuës vers le Midi, jusqu'aux montagnes que borde la riviére d'Erguil sur la frontiére de la province de Fez. Le pays est plein d'oliviers & de jardinages, où il y a quantité de beaux fruits, & les habitans sont Bérébéres, qui se piquent fort de valeur. Ils ont force chévres, mais peu d'autre bestail,

Partie II.   Ii

250 DV ROYAVME DE FEZ,

parce que le pays n'y eſt pas propre. Ce ſont Barbares mal accommodez, qui vivent la pluſpart dans ces montagnes, en des maiſons de terre, couvertes de feuïllages ou d'eſcorces d'arbres. Il n'y a pas plus de ſix villes dans toute la province, le reſte ne ſont que villages & hameaux épats çà & là parmi des roches & des montagnes ſi froides, que les hommes & les femmes y ont de groſſes gorges, cauſées par la fraicheur de l'eau. Enfin ils reſſemblent en tout à ceux des montagnes précédentes, & ſont tous de la tribu des Goméres, l'vne des cinq principales d'Afrique.

CHAPITRE LXVI.
De Targa.

Villes.

C'EST vne petite ville, dont on attribuë la fondation aux Gots, lors qu'ils eſtoient maiſtres du pays. Elle eſt ſur la coſte de la mer Mediterranée, à ſept lieuës de Tétuan vers le Levant, dans vne plaine qui eſt entre deux montagnes; & eſt ceinte de vieux murs, ayant du coſté de la mer vn chaſteau qui n'eſt pas bien fort, quoy-qu'il ſoit baſti ſur vn roc. Elle eſtoit autrefois fort peuplée, & s'eſt maintenuë quelque tems en liberté à l'occaſion de la guerre.

1409.

Quand le Roy de Portugal gagna Ceute, la pluſpart des habitans, & des plus nobles, ſe ſauvérent aux autres montagnes, & il n'y demeura que quelque ſix cens maiſons de peſcheurs. Ils ſalent leur poiſſon, pour le vendre aux muletiers qui viennent de tous les endroits de la contrée, juſqu'à plus de trente lieuës loin. La peſche y eſt ſi bonne, qu'on tient qu'elle pourroit fournir de poiſſon la moitié du Royaume de Fez. Toute la ville eſt environnée de grandes foreſts épaiſſes remplies de Singes, & les montagnes voiſines ſont tres-froides & fort eſcarpées, quoy-qu'il y ait vn petit quartier où l'on ſeme de l'orge; de-ſorte que tout le bled qu'on y mange vient de dehors, & eſt

Contrée de la province de Fez.

apporté par ceux des montagnes, & de l'Algarbe, qui viennent acheter le poiſſon. Ces peuples ſont brutaux & grans yvrognes, qui ſe piquent de bravoure, & ſur le moindre soupçon de quelques vaisseaux Chrestiens, quittent la ville & se sauvent dans les bois. Cette ville fut sacagée l'an mille cinq cens trente-trois par six galéres du vieux Dom Alvare Baçan : mais de-peur que les Turcs ne s'en emparassent, le Chérif qui regne aujourd'huy l'a fait fortifier ; & au plus haut de la place du costé du Midi, a fait vn chasteau, qui est maintenant en défense, où il a mis des troupes & vn Gouverneur, avec cinquante pieces d'artillerie, quatre perriers, & quarante-six fauconneaux, ou arquebuses à croc. Il n'y a point de port, toute la coste n'estant qu'vne rade découverte. On nommoit autrefois cette ville, Tagat, selon Ptolomée, qui la met à huit degrez & vingt minutes de longitude & à trente-cinq degrez & six minutes de latitude ; Mais les Maures changeant l'a en e, l'ont nommée Tergat.

CHAPITRE LXVII.

De Vélez de Gomére*, & de la forteresse, qu'on nomme le Pegnon de Vélez.

* Deyrat Bédis.

C'EST vne ville de sept cens feux, sur la coste de la mer Mediterranée, à la hauteur de Malaga, dont elle est esloignée de quarante lieuës. Quelques-vns attribuent sa fondation aux Gots, d'autres à ceux du pays. Elle est entre deux hautes montagnes, près d'vn grand valon, qui traverse vn ruisseau qui s'enfle tellement des pluyes, qu'on diroit que c'est vn fleuve. Il n'y a point d'autres eaux aux environs, qu'vn puits hors de la ville, prés de la sépulture d'vn Morabite*, qui est en grande veneration ; mais il est dangereux de boire de cette eau la nuit, acause qu'elle est toute pleine de sangsuës. Il y a dans Vélez vne place, où sont plusieurs boutiques, & vne grande Mosquée ceinte de vieux murs, avec vn chasteau plus beau qu'il n'est fort. C'est là qu'est le palais du Gouverneur, quoy-qu'il en ait encore vn autre dehors, accompagné de beaux jardins. Les habitans s'enrichissoient de deux choses durant leur prosperité ;

* Cidi Buaza.

les vns de sardines, qu'ils vendoient aux Barbares qui y accouroient de toutes les montagnes voisines, parce-qu'il y a beaucoup de poisson sur cette coste; les autres par le moyen du port, qui est capable de trente petits vaisseaux. Car ils armoient des fustes & des galiotes, & couroient les costes de la Chrestienté, où ils faisoient de grans ravages. Les montagnes d'alentour estoient fort commodes pour cela, acause de la multitude des chesnes, des lieges & des cedres, dont elles sont pleines; de-sorte qu'on en transporte en d'autres provinces. Le pays est si sterile, qu'on n'y recueille que peu d'orge, & encore moins de bled, parce-que ce ne sont que des rochers; & la pluspart des habitans ne mangent que de l'orge. Ils sont de la tribu de Goméré, & aiment fort à boire; car il y avoit autrefois dans Vélez plus de cent maisons de Iuifs, où l'on vendoit d'excellent vin, & toute la réjouïssance de la ville, estoit d'entrer dans des barques sur mer, & de s'y mettre à boire & à manger. Il y a sur le bord de la mer vn arsenal pour les navires, où l'on avoit accoustumé de construire ceux que le Gouverneur & les habitans faisoient équiper. La force de la place consiste aux Montagnars de la contrée, qui sont tous braves & combatent en désesperez. Aussi servent-ils d'asyle aux habitans dés qu'ils voyent paroistre vne flote Chrestienne, & ils se trouvent plus asseurez chez eux que dans la ville. C'est le port de la mer Mediterranée le plus proche de Fez: & Dom Pedre de Navarre, Amiral du Roy Catholique, y estant arrivé, lors qu'il rasoit les costes de Barbarie, pour arrester les courses des Corsaires, il résolut, pour leur oster cette retraite, de bastir vne forteresse* sur vn roc qui est vis-à-vis, à sept cens pas de distance, que la mer environne de tous costez en forme d'isle. Car outre sa hauteur, il est escarpé de tous costez, & l'on n'y monte que par vn sentier estroit, où vn homme à peine peut grimper. Au bas est le port; mais il y a tant de fond tout autour du roc, qu'on peut dire que ce n'est qu'vn port pour de semblables vaisseaux. Il bastit donc sur le haut, par permission du Roy, vne forte tour à chaux & à sable, & aprés l'avoir mise en défense, planta dessus cinq gros canons, comme on les fai-

1508.

*le Pégnon de Vélez.

soit alors, & y mit trente soldats sous le commandement de Villalobos avec les vivres & les munitions necessaires. Il fit aussitost creuser vne cisterne à my-coste pour recueillir les eaux de la pluye, & se fortifiant du mieux qu'il pût, tiroit continuellement sur les maisons & dans les ruës de la ville, si l'on ne luy envoioit ce qu'il demandoit. Le Seigneur * de Vélez ayant demandé secours au Roy de Fez, pour se délivrer de cette incommodité; ce Prince luy envoya deux mille arquebuziers ou arbalestriers, avec lesquels il assiégea la place, & la batit de deux montagnes voisines *, avec quelques pieces d'artillerie. Mais les assiégez se défendirent si bien, & tuérent ou blesserent tant de Maures à coups de canon & d'arquebuse, que les assiégeans furent contraints de lever le siége, ainsi le Pegnon demeura au Roy de Castille l'espace de quatorze ans, sous le commandement du mesme Chef; mais le Seigneur de Vélez estant mort, le Roy de Fez donna sa place à Muley Mahamet, son cousin, qui prit cette forteresse par trahison, comme nous allons dire.

* Muley Almansor.

* El Cantil & la Baba.

Les vieillars de Fez & de Vélez disent, que les Espagnols qui estoient dans le Pégnon, commandoient si absolument à la ville, que si l'on ne leur portoit aussi-tost ce qu'ils demandoient, ils faisoient vn fracas effroyable à coups de canon dans les maisons, dans les ruës & dans les temples. Les habitans ne songeoient donc qu'aux moyens de se delivrer de cette incommodité, pour pouvoir équiper des fustes & des galiotes, & retirer celles des Corsaires qui y acouroient de toutes parts. Mais le Seigneur de Vélez voyant qu'il estoit impossible de le prendre par force, eut recours à la trahison, & sachant que celuy qui y commandoit estoit avare, il envoya deux Chymistes, qui s'offrirent de luy faire de la fausse monnoye, qu'on trouveroit à debiter dans la contrée, pourveu qu'il leur donnast retraite. Il s'y accorde, aprés en avoir veu l'épreuve, & les met dans son appartement à l'endroit le plus caché de la tour, où ils furent longtems à travailler. Cependant, ils fréquentoient dans Vélez, sous prétexte de debiter leur fausse-monnoye, & y rapportoient tout ce qui se passoit. Sur ces entrefaites, ayant ap-

La prise du Pégnon de Vélez par les Maures

pris la jalousie d'vn soldat qui sçavoit, ou qui soupçonnoit que Villalobos voyoit sa femme, ils firent amitié avec luy, & conclurent ensemble de l'assassiner ; dequoy ils donnérent avis au Seigneur de Vélez, pour en estre secourus à point-nommé. Comme Villalobos estoit donc penché sur vn des creneaux de la tour, l'vn de ces Maures l'embrassant par derriére, son compagnon le poignarda*, tandis que le soldat en entretenoit d'autres en bas à la porte de la chambre. Aprés-quoy, les Maures estant descendus, ils mirent les autres dehors, & fermant la porte, se rendirent maistres de la tour, & de toute l'artillerie, & de toutes les munitions qui y estoient. Alors faisant signe à ceux de Vélez, ils y accourent aussi-tost & se saisirent de la place, sans que les Chrestiens le pûssent empescher, parce qu'ils estoient maîtres de la tour, qui estoit la principale forteresse ; de-sorte que les Espagnols furent tous tuez, sans pardonner à pas vn. Le Seigneur de Velez se voyant maistre du Pégnon, y mit aussi tost vn Commandant avec des troupes, & quelque tems aprés fit construire vne autre tour vn peu plus bas ; & couvrit la porte d'vn grand fossé taillé dans le roc, sans laisser qu'vn petit sentier pour passer vn homme seul, & de-peur que les Chrestiens ne fissent quelque dessein dessus, il y fit faire vne garde tres-exacte.

1522. le 10. Decemb.

La perte de cette place fut fort sensible aux Espagnols, pour la commodité qu'elle donnoit aux ennemis de recommencer leurs courses dans la Chrestienté. Mais quoy que chacun desirast qu'on la reprist, il ne fut rien conclu jusqu'à ce qu'vn canonnier Chrestien, qui y estoit retenu prisonnier, donna avis au Marquis de Mondechar*, par le moyen d'vn marchand qui trafiquoit à Vélez, de venir de nuit avec quelques vaisseaux attaquer la place, sous promesse de pointer le canon si haut que les assaillans n'en seroient point incommodez ; de-sorte qu'on la pourroit prendre par escalade avant qu'elle pûst estre secouruë de Vélez. Le Marquis en avertit Charles-Quint, & la Reine sa mere, qui regnoit en Espagne, & receut ordre de faire l'entreprise. Il assembla donc le plus de vaisseaux qu'il pût, & avec les gens de la coste, & ceux qu'il ramassa de plusieurs lieux * de l'Andalou-

De l'entreprise du Marquis de Mondechar sur cette place.

* Gouverneur de Grenade.

* Vbéda, Baéça, Grenade, &c.

LIVRE QVATRIÈME.

fie, s'embarqua à Malaga suivi de quantité de Noblesse. Comme il fut arrivé sur le soir à la veuë du Pégnon, il se remit en mer, afin d'attendre la nuit pour aborder la coste, comme il avoit esté conclu avec le canonnier; mais il fut découvert du haut de la tour, où l'on fit des feux pour en donner avis. Ce * qui faillit à luy faire quiter l'entreprise; mais la Noblesse luy ayant representé l'affront que ce luy seroit, & que la chose n'estoit pas bien asseurée, il cingla vers terre, & le lendemain à huit heures du matin fut mouïller prés d'vne tour, d'où il y a deux lieuës par terre jusqu'au Pégnon, quoy-qu'il n'y en ait qu'vne par mer. car sur l'asseurance que le canonnier pointeroit fort haut son artillerie, il débarqua ses troupes; mais parce-qu'il estoit jour le canonnier ne pût executer son dessein en la présence des Maures, qui le regardoient, & donnant dans la poupe de la Capitane, où estoit le Marquis & en d'autres vaisseaux, il fit vn tel fracas, où que le Marquis commanda de relascher en mer, faisant signe à ceux qui estoient débarquez de se rembarquer promptement; ce qui ne pût s'executer si-tost, parce-qu'ils s'étoient trop avancez. Au-contraire, ils commencèrent à crier à ceux de la flote, qu'ils débarquassent en diligence; mais le Marquis ne voulant pas risquer de se perdre, ils commencèrent à se retirer, voyant qu'on ne les secouroit point; mais ils furent ataquez par vn si grand nombre d'ennemis, qu'ils furent contraints de lascher le pied, & les Maures les poursuivant en tuérent & prirent plusieurs. Iean Hurtado de Mendosa, Garçia de Gusman, Gonsale de Médrane, & plusieurs autres Gentilshommes de condition y furent tuez, & Francisco Verdugo, Sancho de Biedma, qui commandoit les troupes de Motril, & Dom Gironimo de la Cueva, fils du Seigneur d'Adrade, furent faits prisonniers avec plusieurs autres, qui payérent vne grosse rançon. Le reste retourna à Malaga avec beaucoup de déplaisir, laissant l'ennemi orgueilleux de sa victoire. Le Pégnon demeura donc au pouvoir des Maures jusqu'à ce que les Turcs s'en rendirent maistres, lors que Salarraës, Gouverneur d'Alger prit Fez, qu'il donna à Muley Buaçon, Seigneur de Vélez, comme nous avons dit en l'Histoire des Chérifs.

*Iean de Portunde, &c.

DV ROYAVME DE FEZ,

Entreprise de Sanche de Leyve sur la mesme place.

Hascen-Bacha, Gouverneur d'Alger, s'estant retiré de devant Oran, & ayant levé le siége de Marsa-qui-vir, comme nous dirons ailleurs, Philippe second qui avoit fait assembler les galéres d'Espagne & d'Italie pour aller secourir ces places, sceut que le Pegnon estoit foible, & que le Gouverneur estoit allé faire des courses dans la Chrestienté, & avoit emmené toutes les troupes avec luy. Pour ne laisser donc pas sa flote inutile, & oster cette épine du pied aux Espagnols, il commanda à Francisco de Mendoza, Général des Galéres d'Espagne de l'aller attaquer le plus promptement & le plus sourdement qu'il pourroit. Et comme le Gouverneur de Mélila * avoit écrit que deux renégats de Vélez l'estoient venu trouver, qui s'offroient d'en faciliter l'entrée : Il commanda au Marquis de communiquer son dessein à ce Gouverneur, & de prendre avec luy ces renégats; & si la trahison ne succédoit point d'avoir recours à la force. Cét ordre ayant esté apporté à ce Marquis, comme il estoit malade de la maladie dont il mourut, il en remit l'execution à Dom Sanche de Leyve, Général des Galéres de Naples, du consentement des principaux Officiers : pour ne point retarder vne si grande entreprise, sans dire pourtant quelle elle estoit. Leyve ayant accepté la charge, & embarqué* toutes les troupes, quita la rade de Malaga, & vint mouïller le lendemain à l'Isle d'Arbolan, à trente lieuës de là, où il declara aux Chefs le dessein, & dépescha vne frégate au Gouverneur de Melile, pour luy amener les deux renégats, & venir rendre compte de ce qu'il avoit écrit à sa Majesté. Lors qu'il fut arrivé, leur rapport parut sans fondement; mais on ne laissa pas d'executer l'entreprise, selon l'ordre du Roy, & d'envoyer le Gouverneur de Mélile avec eux, sur les galéres de Dom Alvare Bassan, pour aborder la nuit à la pointe de Baba, où on leur donneroit des troupes & les choses necessaires pour escalader le Pégnon. Comme ils eurent donc pris terre, Dom Alvare donna à ce Gouverneur trente Gentilshommes, avec lesquels & les soldats qu'il avoit amenez de sa place, il partit sous la conduite des deux renégats; mais après s'estre avancé quelque peu, voyant que le jour approchoit, ou pour quelque autre raison,

Pedro Vanégas.

*le 22. Iuillet.

Ils disoient qu'ils sçavoient vn endroit d'où on le pouvoit escalader sans estre découvert.

son, il revint sans avoir rien fait. Cependant, sa marche ne put estre si secrette, qu'il ne fust découvert du Pégnon, où l'on sonna aussi-tost l'alarme, & l'on tira vne volée de canon pour avertir ceux de Vélez de prendre les armes ; desorte qu'il fut contraint de se rembarquer. Mais Dom Sanche de Leyve voyant que l'artifice n'avoit pas réüssi, eut recours à la force, & passant prés du Pégnon, essuya l'artillerie de la place, & vint descendre à la tour de Calaa. Les premiers qui mirent pied à terre, furent les Chevaliers de Malte, avec les soldats de leurs galéres, & aprés eux l'infanterie Espagnole, & quelques soldats des galéres de Savoye & de Florence, qui faisoient en tout cinq mille hommes. Aprés les avoir mis en bataille, on prit la route de Vélez, pour faciliter l'entreprise du Pégnon par la prise de cette place, & Dom Sanche prit les devants, avec quelques Gentilshommes & Officiers, pour essayer de reconnoistre le Pégnon. Comme l'armée marchoit par des chemins rudes & difficiles, les Maures qui s'estoient assemblez des montagnes, donnérent sur vne troupe de soldats qui escortoient le disné que les valets de Dom Sanche avoient tiré des galéres pour porter à Vélez, & les attaquérent à l'improviste avec tant de furie, quoy-qu'ils ne fussent pas cinquante, que l'escorte qui estoit de plus de trois cens soldats, prit la fuite, & toute la vaisselle d'argent fut pillée, les vivres emportez, & quelques soldats & valets de Dom Sanche tuez ou blessez, avec des forçats de galéres, qui portoient le disné sur leurs épaules ; le tout en si peu de tems, que quand on y accourut l'ennemi s'estoit déja sauvé. On poursuivit donc son chemin, qui estoit de deux lieuës, & l'on entra dans la ville sans trouver personne, parce-que les habitans s'estoient retirez à la veuë de la flote, & avoient gagné les montagnes avec leurs femmes, leurs enfans, & tout ce qu'ils avoient pû emporter. Ce ne fut pas la seule disgrace qu'on receût en cette entreprise. Car Dom Sanche estant logé dans la ville avec ses troupes, & manquant de vivres & de munitions de guerre, qu'on avoit consumées dans les escarmouches, il commanda au * Général des Galéres de Savoye, d'aller avec deux cens de ses soldats, & deux compagnies

* le Comte de Sofialgue

Partie II. Kk

d'Espagnols, renforcer les galéres, qu'il avoit laissé dégarnies, avec ordre de luy envoyer des vivres & des munitions. Cette petite troupe marchant en bon ordre, fut ataquée en chemin par les Maures de ces montagnes, & combatit depuis les trois heures du soir jusqu'à la nuit, sans recevoir aucun échec, parce-qu'elle marchoit serrée, & se défendoit bien; mais la nuit estant survenuë & l'ataque se redoublant, avec les cris des Barbares, & les pierres qu'on jettoit du haut des rochers, les soldats prirent l'épouvante, & il y en eut cent cinquante de tuez, & plus de quatre-vingts blessez. Le bruit estant venu jusqu'au camp, y attira Dom Sanche avec le reste des troupes; de-sorte que les ennemis prirent la fuite, & les restes de la défaite se sauvérent comme ils pûrent, à la faveur des barques & des chaloupes que les galéres leur envoyérent. Dom Sanche de retour à Vélez, après avoir esté trois jours, & avoir reconnu le Pégnon du costé de terre*; parce-qu'on ne le pouvoit pas faire de l'autre costé, jugea l'entreprise impossible; outre qu'on avoit besoin de plus de troupes, acause de la multitude des Maures qui accouroient de toutes parts. Il resolut donc de se retirer, & après avoir donné ordre aux galéres de raser la coste, afin de pouvoir embarquer les troupes, & de faire joüer l'artillerie pour écarter les ennemis, il partit à soleil couché. Le bagage marchoit devant, avec deux compagnies d'arquebuziers, suivis de l'infanterie en bataille. Il faisoit l'arriére-garde avec les Chevaliers de Malte, & les soldats du regiment de Savoye, & marchant le long de la coste tout joignant le Pégnon, il s'embarqua en bon ordre avec toutes les troupes. Il cingla de là vers Mélile, pour reconnoistre ce marais; mais ayant le vent contraire il regagna Malaga, d'où il estoit parti. Cependant, le Gouverneur du Pégnon retourna en son fort, & les habitans de Vélez en leurs maisons, avec vne courte joye, comme nous verrons par la suite.

* vers le Cantil.

1564.
La prise du Pegnon sur les Turcs par D. Gar-

Le mauvais succés de cette entreprise fut fort sensible à la Castille. De-sorte que l'année suivante le Roy d'Espagne avant tenu les Estats à Monçon, à la priére des Deputez d'Aragon, de Valence & de Catalogne, resolut d'assiéger vne

LIVRE QVATRIE´ME.

seconde fois cette place, qui servoit de retraite à tous les Arabes de Barbarie, & incommodoit fort le commerce. D'ailleurs il avoit avis que l'armée navale que les Turcs avoient destinée pour l'entreprise d'Oran, & contre laquelle il avoit fait de grans préparatifs, ne marcheroit pas cette année. Il nomma donc pour Général Dom Garcia de To-lède, Viceroy de Catalogne, avec ordre d'assembler toutes les galéres d'Italie, tant les siennes que celles des autres Souverains, à qui il écrivit pour ce sujet, & d'embarquer quinze compagnies Espagnoles des vieux corps, & trois mille Alemans, que le Comte Annibal avoit amenez de Piedmont, pour se rendre aux mers du Couchant. Il fit préparer d'autre-costé les galéres d'Espagne, leva six mille soldats, en Castille, Estremadure, & Andalousie, & fit de grans préparatifs d'artillerie, de munition, & de tout le reste qui estoit nécessaire pour cette entreprise. Cela ne pût estre si secret, qu'il ne vinst à la connoissance des Turcs, qui ne sachans où devoit fondre cette tempeste, pourveurent toutes les places de la coste, & l'on renforça la garde du Pégnon de cent Turcs outre les cinquante qui y estoient. Ensuite Cara Mustafa, qui en estoit Gouverneur, l'ayant bien pourveû de munitions & de vivres, & y ayant laissé pour Lieutenant vn renegat*, en qui il avoit grande confiance, vint au détroit de Gibraltar avec deux galiotes, pour apprendre quelque chose de nostre dessein. Cependant, toutes les galéres s'estant rejointes à Malaga, Dom Garcia de Tolede envoya celles de Portugal & de Malte mouiller prés du Pégnon, avec le galion, & les caravelles de Portugal, qui estoient à Marvelle, & * prit la route de Barbarie avec le reste de l'armée navale. Il y avoit soixante & dix-sept galéres Royales, savoir douze de Naples, sous la charge de Dom Sanche de Leyve, douze d'André Dorie, douze d'Alvare Bassan, les sept qui gardent le détroit, vne de l'Abbé Lupien, les quatre des Ordres d'Espagne, dix de Sicile, commandées par Dom Fadrique de Caravachal, cinq de Malte, six de Florence, quatre de Savoye, quatre de Marc-Antoine Colonne, trois des Lomelins de Gènes, deux de Bendinelle, & huit de Portugal, que Dom Sebastien avoit envoyées avec son galion, quatre caravelles de sa flote, & quinze cens soldats, parmi lesquels il y avoit trois cens Gentilshommes, qui venoient pour se trouver à cette entreprise, avec ordre de faire tout ce que le Roy Philippe leur commanderoit. Il y avoit outre cela quinze barques & vne hourque, chargées de munitions & de vivres, & l'armée parut le dernier Aoust à la veuë du Pégnon. Les Turcs voyant paroistre vne si grande armée, reconnurent aussi-tost son dessein, & se mirent sur la défensive. Ils commencérent par brûler trois vaisseaux qu'ils avoient pris depuis peu, de-peur que les Chrestiens ne se servissent du bois à leur entreprise. Cependant, Dom Garçia fit avancer Marc Centurion avec ses galéres, & le Seigneur de Lévy avec les siennes, pour reconnoistre la coste avec la tour de Calaa & vn bastion que les Maures avoient fait sur le bord de la mer, afin de voir s'il y avoit garnison, & par où on le pourroit ataquer en cas qu'il se mist en défense. Ceux du Pégnon voyant approcher les galéres, firent joüer leur artillerie, qui les obligea à faire largue, & à prendre la route de la tour. Les Maures qui estoient dans le fort ou bastion de la Marine, voyant venir à eux les galéres, l'abandonnérent avec quatre pieces d'artillerie qui y estoient, & se sauvérent dans la ville, & de là dans les montagnes, avec tous les habitans. Les galéres estant abordées sans aucune resistance, mouillérent au port, où Dom Sanche avoit surgi l'année précédente ; & Dom Garçia faisant signe aux troupes qu'elles s'apprestassent, relascha au mesme endroit, & jettant les esquifs des galéres dans l'eau, fit mettre à chaque proüe deux petites pieces de fer, & descendre l'infanterie avec les armes à la main. Alors parurent sur la coste quelques Maures à pied & à cheval, contre lesquels on fit défenses d'escarmoucher, à peine de la vie, pour empescher les troupes de s'écarter. Les pionniers commencérent d'abord à faire vne redoute sur la coste avec vn bon fossé autour, pour serrer les vivres & les munitions qu'on vouloit débarquer, & l'on y planta quatre pieces d'artillerie, & creusa quelques puits, afin qu'on ne s'esloignast point pour aller chercher de l'eau, au danger d'estre pris ou tué. Le Seigneur de Saint-George, & Francisque de Molina, qui

LIVRE QVATRIEME.

commandoit l'artillerie, travaillérent à la redoute, qui fut achevée en peu d'heures, & aussi-tost on y renferma les vivres, l'artillerie & les munitions. Ensuite on assura toute la coste par des corps-de-garde, tant à la tour de Calaa, que par tout où les ennemis pouvoient faire quelque descente, & l'on se saisit de la croupe des plus hautes montagnes d'alentour, avec quelques compagnies d'arquebuziers, à qui l'on donna pour trois jours de vivres, pour n'estre point en peine d'en venir querir tous les jours, ou de leur en porter. Cependant, Dom Garçia, Chapin Vitelo, & quelques autres Seigneurs qui estoient présens, allérent sur vne frégate reconnoistre le Pégnon, & voir l'endroit d'où on le pourroit batre avec l'artillerie des galéres. Dom Alvare Bassan, & autres Gentilshommes, firent le mesme de leur costé, & ayant remarqué vne petite baye assez propre pour cela, s'en retournérent. Le Samedy deuxiéme de Septembre, on tint conseil, où il fut resolu que toute l'armée iroit à Vélez, parce qu'estant maistre de la ville & du faiste d'vne montagne voisine *, on pourroit avec plus d'assurance commencer l'attaque de la place. On donna le soir aux soldats des besaces & des bouraches, avec des vivres & des munitions pour quelques jours, & laissant bonne garde au fort & à la tour de Calaa, l'on partit le Dimanche matin, & l'on prit la route de la ville avec le reste de l'armée. Il y avoit quatorze mille hommes de toute sorte de nations, qu'on partagea en trois corps; Dom Sanche de Leyve menoit l'avantgarde avec frére Iean d'Echie, & les troupes de Malte; les compagnies du regiment de Naples, & quatre cens soldats des galéres de Dom Alvare Bassan, commandées par son frére Dom Alfonse. Il y avoit parmi eux quantité de Noblesse volontaire, & quatre pieces d'artillerie, tirées par les pionniers, avec assez de peine, acause de la difficulté des chemins, & à leurs costez deux manches de mousquetaires, qui filoient de part-&-d'autre, le long des montagnes & des colines. Aprés venoit le bagage bien ramassé, suivi de Francisque Barrette, qui estoit venu dés le jour auparavant avec le galion & les caravelles de Portugal, & conduisoit la bataille, où estoient les troupes Portugaises, & les regimens de

*Le mont Baba.

De peur que l'ennemi ne se saisit des hauteurs voisines.

Lombardie & de Sicile, avec les nouveaux soldats qu'on a-
voit levez en Espagne, & deux manches de mousquetaires,
qui avoient ordre de s'estendre dans l'occasion, pour couvrir le
bagage : & celle de main-gauche estoit vn peu à l'écart, pour
gagner le faiste des montagnes & des lieux dangereux. Dans
ce corps estoit la Noblesse Portugaise, qui estoit venuë par
ordre de son Prince, pour servir en cette occasion. A l'arriéregarde estoit le Comte Hannibal, avec les troupes Ale-
mandes, & deux manches d'arquebuziers, comme les autres,
l'vne de soldats du regiment de Lombardie, commandée
par le Capitaine Iean d'Espuche ; & l'autre de Portugais,
sous Iean de Siqueyra, Lieutenant des galeres de Portugal,
avec quelques pieces de campagne à la teste. Dom Iean de
Villaroël, avec les gendarmes de Grenade *, batoit l'estrade
& alloit deçà & delà à la découverte. Chapin Vitelo, qui
faisoit la charge de Mareschal de Camp, avoit pris les devants, avec quelques gendarmes & soldats détachez, pour
reconnoistre le lieu où il faudroit camper. Dom Garçia alloit par-tout, comme vn brave Chef, encourageant les soldats, qui estoient vn peu fatiguez, tant pour la difficulté de
la marche que pour l'excessive chaleur, & la disette d'eau.
L'avantgarde estant arrivée au haut de la montagne qui commande à Vélez, le Gouverneur & quelques Capitaines des
Bérébéres, qui s'estoient rassemblez, firent vne attaque assez vive, & en tuérent & blessérent quelques-vns ; mais ils
furent chargez par les arquebuziers des deux manches, & les
soldats détachez qui les firent retirer. L'avantgarde estant
passée avec le bagage & la bataille ; plus de deux mille Maures, parmi lesquels il y avoit quelque cent chevaux, & plusieurs arquebuziers, vinrent fondre sur l'arrieregarde avec
tant de furie, que les Capitaines d'Espuche & Siqueyra,
furent contraints d'y accourir avec leurs arquebuziers, & les
Maures aussi au secours des leurs, & il y eut plusieurs morts
& blessez de part & d'autre, tant qu'on fut contraint de
tourner la bouche du canon contre l'ennemi, ce qui le fit retirer. Enfin, Dom Garçia poursuivant sa route, arriva avec
toute l'armée à Vélez, où Chapin Vitelo avoit déja fait les
logemens, sans trouver de resistance, parce-que les habitans

* Les Genets.

s'eſtoient ſauvez ſur les montagnes avec leurs familles, & ce qu'ils avoient pû emporter. L'armée eſtant dans ſes quartiers, Dom Garçia accompagné de quelque Nobleſſe, fit le tour de la place par dedans & par dehors; & ſur l'avis que quelques Maures s'eſtoient retirez en vne petite tour * qui eſtoit ſur le haut de la montagne, & attachée à la ville par vn pan de mur, il commanda à vne compagnie de les aler dénicher, ce qui fut fait aiſément. On poſa auſſi-toſt des corps-de-gardes autour de la place, & l'on fit vn retranchement au haut de la montagne qui regarde le Pégnon, où l'on mit cinq pieces d'artillerie, avec quelques compagnies pour garder ce poſte. Le Pégnon demeura par-là inveſti, de-ſorte qu'on n'y pouvoit jetter du ſecours du coſté de la terre, & le camp eſtoit en ſeureté contre l'effort des ennemis. Enſuite on donna l'ordre pour batre la place, & en la petite baye, que les Capitaines avoient reconnuë ſur le bord de l'eau du coſté du Couchant, on dreſſa vn baſtion, où l'on fit vne baterie, que l'on couvrit de quelques arbres coupez. Tandis que cela ſe paſſoit, & que Iannetin Doria donnoit ordre de débarquer l'artillerie, Dom Garçia fit batre le Pégnon du coſté de la mer, par le galion de Portugal, & les galéres de Malte, chacun en leur endroit. Elles furent fort canonnées de la place; mais ſans beaucoup de mal, & ſi-toſt que l'artillerie fut débarquée, elles ceſſérent de batre, & s'éloignérent. Le baſtion & la baterie eſtant achevez, on pointa deſſus ſix gros canons pour batre les tours du Pégnon. Comme tout eſtoit preſt, Dom Garçia deſirant prendre la place ſans répandre de ſang, fit ſommer les aſſiégez par le Capitaine Eſpéjo, à la charge de les laiſſer aller où il leur plairoit avec leurs armes. Il monta donc avec vn drapeau blanc en ſa main, pour ſeureté; Mais le Commandant * reſpondit ſuperbement, que la place appartenoit au Grand-Seigneur, & que la garniſon appréhendoit fort peu les Chreſtiens, qu'il retournaſt donc en diligence d'où il eſtoit venu, s'il ne vouloit qu'on tiraſt ſur luy. Aprés cette réponſe Dom Garçia fit jouër la baterie ſi furieuſement, qu'on abatit de trois cens coups toute la partie du donjon, & du mur qu'on pouvoit

* On la nomme la Rabite, ou l'Hermitage, a cauſe d'vn Morabite qui y eſt enterré, lequel eſt en grande vénération parmi ces peuples, qui vont faire là leurs priéres tous les Vendredis.

* Fſted Arracz.

découvrir, & l'on démonta trois pieces d'artillerie qui y estoient. Ce jour-là trois cens Maures, parmi lesquels il y avoit quelque cavalerie, vinrent fondre à l'improviste sur vne compagnie qui estoit à la garde d'vn haut tertre, & l'en dénicherent, toutefois estant secouruë à propos par cent arquebuziers, le combat fut opiniâtré, & il y mourut neuf Chrestiens sans compter ving-cinq blessez; mais les Maures à la fin furent mis en fuite, trente des leurs y moururent, & plus de cent furent blessez, & l'on regagna la hauteur. La nuit venuë, Dom Garçia pour faire plus d'effet de prés, fit transporter l'artillerie du bastion sur vn roc qui tient à la gorge du Pégnon, où les Turcs retiroient leurs fustes. Ce qui ne se fit pas sans grand peril des pionniers, parce que comme cela estoit proche, les ennemis s'en apperceurent, & en tuérent quelques-vns à la clarté de la Lune; Mais voyant que toute leur défense estoit inutile, & que les Chrestiens gagnoient pied à pied, ils perdirent l'esperance de pouvoir défendre la place, & dirent au Lieutenant qu'il les en tirât avant qu'on les vinst tailler en pieces. Il essaya en vain de les rassurer, & les voyant resolus sortit avec eux sans rien dire à ceux qui estoient en garde du costé des bateries, & descendant à la mer prit vn esquif qu'il tenoit caché, & qui estoit l'esquif de l'vn des vaisseaux qui avoient esté brûlez; il entra dedans avec ceux qui y purent tenir, emportant ce qu'il pût de ses armes & de son équipage, le reste qui ne pût entrer dans l'esquif se mit à la nage, de-sorte qu'il ne demeura que trente hommes dans la place. Ceux d'entre eux qui furent pris prisonniers dirent depuis, que ce Commandant leur avoit fait acroire qu'il aloit rassembler les montagnarts pour donner sur le camp des Chrestiens, & qu'il reviendroit aussi-tost. Mais à la fin voyant ses promesses vaines des trente qui estoient restez, ceux qui savoient nager se mirent aussi-tost à la nage, les autres qui n'estoient plus que treize resolurent de faire leur composition la nuit avant qu'on sçeût la retraite de leurs compagnons. Mais vn renégat sortit & en donna avis à André Dorie, qui l'envoya à Dom Garçia, & pour voir si ce qu'il disoit estoit véritable monta avec quelques-vns jusqu'au mur, & estant aperceu par ceux de dedans ils mirent

LIVRE QVATRIE'ME.

mirent vn drapeau au bout d'vn tronçon de lance. Alors sortit vn Maure qui ofrit de rendre la place pourveu qu'on leur tinst ce qu'on leur avoit promis auparavant. André Dorie envoya ce Maure à Dom Garçia, qui luy répondit qu'il avoit sceu du renégat l'estat de la place, & sans luy accorder rien, le fit arrester, & envoya vn Officier avec quelques soldats pour se jetter dans la forteresse. Ils montérent donc en haut, & avant qu'il fust grand jour vinrent à la porte que les Turcs ouvrirent, & ils y entrérent auec André Dorie. Tous les Turcs furent faits esclaves & les soldats pillérent quantité de meubles & de vivres qui estoient dans les tours. Le mesme jour Dom Garçia entra dans la place avec toute la Noblesse & les Officiers, & ayant veû la forteresse rendit graces à Dieu d'vn si heureux succés. Il y laissa trois cens Espagnols en garnison avec quantité d'architectes, de massons & de pionniers, pour travailler aux fortifications, & grand nombre d'artillerie, de munitions, & de vivres. Il en donna le gouvernement à Iean Perez d'Arnalte, & retournant à la ville fit ouvrir les murs en divers endroits & se rembarqua avec toutes les troupes. Cependant, les Maures qui s'estoient sauvez dans les montagnes, vinrent fondre avec de grans cris sur trois cens nouveaux soldats qui se retiroient, & comme ils estoient plus de deux mille les défirent, & en tuérent & blessérent quelques-vns, quoy qu'ils se défendissent bien; Mais Dom Lope de Figueroa y accourut avec deux cens soldats, & quelques volontaires, qui les repoussérent & favorisérent la retraite des autres. Mais le Gouverneur de Vélez estant venu avec le gros soûtenir ses gens, Dom Louis Ozorio Mareschal de camp fit signe à Dom Lope qu'il se retirast: mais quelques jeunes Seigneurs* qui estoient avec luy le priérent de n'en rien faire pour ne point donner cét avantage aux ennemis. Ils soûtinrent donc quelque tems les Maures; mais voyant que leur nombre augmentoit à toute heure, ils se retirérent en leur faisant toûjours teste. Sur ces entrefaites arriva Dom Garçia avec l'arriere-garde, qui envoya Dom Diego de Cordoüe avec deux cens arquebusiers pour favoriser leur retraite. D'autre costé, Dom Louis Ozorio en avoit déja envoyé cent à leur secours avec l'en-

Le 6. Sept.

* D. Iean de Guzman fils du Marquis d'Hardalés, le Comte de Sanctisté- van, D. Hernando Henriquez, Dom Christoval de Benavides &c.

Partie II.　　　　　　　　　　　　　　　　L l

seigne de Dom Lope. Comme ils se retiroient donc tous ensemble en combatant, Dom Diego arriva tout à propos, & les laissant passer demeura avec quelques Gentils-hommes & soldats à l'arriere-garde ; mais le Marquis d'Hardalés & le Comte de Santistévan estoient si acharnez au combat, que Dom Louis Ozorio alant pour les dégager avec quelques mousquetaires fut tué malheureusement d'vn coup d'arquebuze ; le reste se retira toûjours combatant vers la coste, jusques à ce qu'ils arrivérent au bord de l'eau. Il mourut ce jour-là quarante Espagnols, sans compter grand nombre de blessez, & entre autres Pedro de Guevara. Les Maures y perdirent beaucoup plus de gens, & voyant que tous leurs efforts estoient vains, & qu'on tiroit sur eux de la tour, ils regagnérent Vélez, & Dom Garçia revint à Malaga, où il fut receu avec de grandes acclamations & rendit graces à Dieu de cette victoire. Depuis, cette place est toûjours demeurée au Roy d'Espagne qui y tient bonne garnison avec quantité d'artillerie & de munitions.

CHAPITRE LXVIII.

D'Yellez.

Mer mediterranée.

C'EST vne petite place le long de la coste, bastie à ce qu'on tient par les Gots, à deux lieuës de Vélez du costé du Levant. Elle a vn petit port, où les grans vaisseaux qui vont à Vélez viennent relâcher pendant la tempeste, & n'est habitée que de pescheurs qui sont en perpétuelle appréhension des Chrestiens, & n'ont pas plûtost découvert en mer vn navire, qu'ils se sauvent sur la montagne, ou à vne forest de grans pins, qui est proche. Ils relévent de Vélez, & demeurent dans des cabanes de rameaux sur le bord de la mer, ou en quelques meschantes maisons de terre ; de sorte que leur demeure semble toute autre chose qu'vne ville, quoy qu'elle passe pour cela.

LIVRE QVATRIEME.

CHAPITRE LXIX.
De Tagaza.

C'EST vne autre petite ville de quelque six cens habi-tans, baſtie à demy lieuë de la coſte par les anciens Africains ſur le bord du Tagaze, dont Ptolomée met l'embouchure à huit degrez trente minutes de longitude & à trente-cinq degrez de latitude ſous le nom de Talud. Le pays d'alentour eſt montueux & plein de rochers, de ſorte que les habitans font venir par mer tout ce qu'il leur faut. Ils trafiquent de la peſche & de quelques petites vignes & jardins qu'ils ont ſur le bord de la riviére. Leur manger ordinaire eſt du pain d'orge & des ſardines avec quelques herbes potagéres, parce-qu'ils n'ont point de viande. Leurs coûtumes & façons-de-faire ſont brutales, auſſi ſont-ils ennemis mortels des Chreſtiens comme tout le reſte de la province. *Mer Mediterranée.*

CHAPITRE LXX.
De Gebha.

C'EST vne petite ville qui a de bonnes murailles, & a eſté baſtie par les anciens Africains le long de la coſte à huit lieuës de Vélez du coſté du Levant. Elle eſt toute ruinée, quoy-que quelques Bérébéres s'y retirent acauſe de quelques jardins & de quelques vignes qui y ſont, & des eaux qui viennent des bois d'alentour. Tout le reſte du pays eſt ſec & ſterile ſans porter aucun bled. Ils demeurent là, quand ils ont quelques troupes pour les défendre, autrement ils ſe retirent dans les montagnes, où ils ſont plus aſſurez que dans leurs murailles. Il y a vn Cap tout proche, que les Anciens nommoient des Oliviers acauſe de la multitude des oliviers ſauvages qui y ſont : Ptolomée luy donne neuf degrez de longitude & trente-quatre de latitude avec cinquante-ſix minutes. *Mer d'Eſpagne.*

Ll ij

DV ROYAVME DE FEZ,

CHAPITRE LXXI.

De *Megeyma* ou *Mezemmé*.

Mer d'Espagne.

* Le Moahedin.

922.

C'EST vne ancienne ville bastie par les Africains sur vne haute montagne qui répond sur la coste, & sépare la province d'Errif de celle de Garet. Ses ruines montrent qu'elle a esté autrefois forte & bien peuplée, & les Historiens disent que c'estoit le sejour des Seigneurs du pays. Elle fut ruinée par le Calife schismatique de Carvan *, acause que celuy qui y commandoit ne le vouloit pas reconnoistre ; aussi luy fit-il couper la teste après l'avoir prise, & l'envoya au bout d'vne lance à Carvan. Elle demeura ainsi l'espace de quinze ans, jusques à ce qu'il souffrit que quelques-vns de ses vassaux la repeuplassent ; mais cela fut de peu de durée : car le troisiéme Abderrame de ceux qui ont régné dans Cordouë, dépescha vers le Gouverneur après le départ du Calife pour l'obliger à le reconnoistre, parce qu'il luy estoit important de tenir ce port pour faire passer en Espagne des gens de guerre acause que ce peuple est belliqueux. Il promettoit de le laisser pour cela maistre de toute la province ; Mais le Gouverneur luy rendit graces de ce qu'il luy vouloit donner ce qui ne luy appartenoit pas ; & répondit qu'il estoit Seigneur de la ville, parce que le Calife la luy avoit donnée. Abderrame donc qui estoit alors fort puissant, tant en Afrique qu'en Espagne, l'envoya prendre de force, & en emmena le Gouverneur à Cordouë où il mourut prisonnier. Elle ne s'est point repeuplée depuis, parce que les Arabes ne l'ont pas voulu permettre, pour jouïr paisiblement d'vne belle plaine qui est au dessous, de dix lieuës de long & de quatre de large, par où passe la riviére de Nocor qui sert de borne à cette province. Ces Arabes sont vassaux du Seigneur de Vélez, & fort riches en bleds & en troupeaux. Lors que Dom Sanche de Leyve fut attaquer le Pégnon, quelques compagnies estant entrées dans cette campagne pour prendre quelques troupeaux, les Maures donnérent dessus & tuérent cent douze soldats. Ptolomée met cette ville à neuf degrez de longitude, & trente-quatre degrez cinquante-six minutes de latitude, sous le nom d'Acrat. Cette province n'a point d'autres villes ni anciennes ni modernes, toutes les autres habitations sont dans les montagnes des Goméres.

CHAPITRE LXXII.
De Béni-Oriégan *.

Montagnes, & leurs habitations.
* Le peuple porte le nom de la montagne, & est d'entre les Goméres, comme dans toutes les autres suivantes, pour ne le point repeter par-tout.

C'EST vne montagne prés de Targa, qui a trois lieuës de long sur vne & demie de large, & est plantée de vignes & d'oliviers. Mais l'on n'y recueille qu'vn peu d'orge, & il n'y a guere de bestail; ce qui rend les habitans pauvres, quoy-qu'en recompense ils boivent & vendent beaucoup de vin. C'est vne nation orgueilleuse & fort jalouse, acause de la lasciveté des femmes, quoy-qu'elles ne soient guere propres non plus que leurs maris. Il y a quantité de cedres, aussi-bien que dans toutes les autres montagnes de cette province; c'est vn bois odorant, tres-propre à faire des galeres, parce-qu'il est dur & leger, & l'on en fait de beaux ouvrages qui sont en estime dans le pays. Cette montagne est la premiére de la province du costé du Couchant, & des dépendances de Targa; Quelques-vns la nomment Béniguarir.

CHAPITRE LXXIII.
De Béni Mansor.

CETTE montagne est au Levant de la précédente, & s'estend le long de la coste par l'espace de cinq lieuës, n'en ayant que deux de large, & il y a de grans bocages épais remplis de quantité de belles fontaines. Ses habitans sont forts & legers, mais pauvres, qui ne vivent que d'vn peu d'orge avec quelque millet, & de raisins secs; toutefois ils boivent du vin de quelques vignes qui sont sur les costeaux, & ont quelques chévres. On y tient vn marché toutes les

Ll iij

semaines, où l'on ne vend que des vivres. Ils font trois mille combatans, & relevent des Seigneurs de Vélez; mais ils n'ont pour armes que des dards, des poignards, & des frondes. Il eſt vray que depuis peu ils ont quelques arquebuſes ou arbaleſtes; mais ils ne s'en ſavent pas ſervir.

CHAPITRE LXXIV.

De Botoye.

CETTE montagne eſt auſſi au Levant de la précédente, & peuplée d'vn peuple belliqueux d'entre les Gomeres, qu'on nomme Béni-Botoye. Elle a cinq lieuës de long du Levant au Couchant, & trois de large du Midi au Nord. Il y a au bas vn valon où l'on recueille quantité de bled, auſſi-bien que ſur les coſteaux; car la montagne, quoy-que rude, abonde en bled & en beſtail, & a pluſieurs vignes & vergers. Ses habitans donc ſont les plus riches Bérébéres de la province, outre qu'ils ne payent ni taille ni impoſts, en conſidération d'vn Morabite du lieu, qui eſt enterré prés d'vn puits hors de la ville de Vélez, comme nous avons dit en ſa deſcription. Ces peuples vont bien équippez, & ſont belliqueux & adroits aux armes, & ont quelques chevaux, & pluſieurs arquebuſes & arbaleſtes; mais du reſte ſi barbares, qu'ils font main-baſſe ſur tout ce qu'ils rencontrent, & haïſſent fort les Chreſtiens. Ils ſont plus de quinze mille combatans, qui en valent bien trente mille dans leurs montagnes. Mais ils ne ſont pas ſi bons ailleurs.

CHAPITRE LXXV.

De Béni-quilib, ou Béni-quélid.

C'EST vne petite montagne ſur le grand chemin de Vélez à Fez, dont les habitans ſont vaſſaux des Seigneurs de Vélez. Elle eſt fort froide & couverte d'vne é paiſſe foreſt de grans arbres, où il y a force cedres, & plu-

LIVRE QVATRIESME.

sieurs fontaines ; mais la terre est si sterile, qu'on n'y recueille point de bled. Il y a quelques vignes, dont on fait du vin & des raisins secs. On y compte trois mille combatans, qui volent sur les grans chemins, pour payer leurs imposts, tant ils sont pauvres.

CHAPITRE LXXVI.

De Béni-Mansor, autre montagne.

ELLE est au Midi de celle de Botoye, & a trois lieuës de long du Levant au Couchant, & vn peu plus d'vne de large, estant habitée d'vn peuple robuste & courageux; mais faineant, qui ne fait que boire tout le jour, aussi-a-t-il peu de bled & beaucoup de vin. Ils sont cruels & si jaloux, qu'ils s'entretuënt sur le sujet de leurs femmes, qui vont toûjours aprés leurs troupeaux, & ne sont pas moins lascives qu'ils sont yvrognes ; de sorte que ceux de Fez pour dire qu'vne femme n'est pas chaste, disent qu'elle est de l'humeur de celles de Béni-Mansor, qui filent tandis que leurs maris boivent. Les hommes sont redoutez de leurs voisins, acause de leur orgueil & de leur extravagance, & sont bien trois mille cinq cens combatans ; mais ils ne combatent qu'à pied.

CHAPITRE LXXVII.

De Béni-Iosef.

A L'Orient de la précédente montagne, il y en a vne autre qui a quatre lieuës de long du Levant au Couchant sur trois de large, & est peuplée de pauvres misérables, qui sont en plus mauvais estat que tous les autres de la province. Car le pays est si sterile qu'on n'y recueille qu'vn peu de millet, qu'on fait moudre avec des pepins de raisin, ce qui fait du pain comme du charbon ; de-sorte que c'est vn grand regale quand on en peut manger d'autre. Ils ont quelques chévres, & vn peu d'heritages, qu'ils arrosent de l'eau des

DV ROYAVME DE FEZ,

fontaines, & c'est dequoy ils vivent, avec des herbes potagères. Ils ont aussi quelques vignes parmi des rochers, & ne laissent pas, tout miserables qu'ils sont, de payer tribut aux Seigneurs de Vélez. Ils sont plus de trois mille combatans, tous gens de pied.

CHAPITRE LXXVIII.

De Béni Zarual.

CELLE-CY est meilleure que les précédentes, & a quantité de fruits de vignes & d'oliviers; de sorte qu'avec le bled & les troupeaux, le peuple seroit riche s'il n'estoit point accablé d'imposts par les Seigneurs de Chéchuan, dont il releve. Il y a vn marché de vivres toutes les semaines, où les autres Montagnars accourent. Les habitans sont gens simples, & perpetuellement occupez à leur ouvrage. Ils sont deux mille hommes de combat, parmi lesquels il y a quelques arquebuziers, & quelques gens de cheval, depuis que Chéchuan fut à Ali Barrax; car auparavant cela leur estoit inconnu.

CHAPITRE LXXIX.

De Béni Haſçin, ou Béni Raſin.

CETTE montagne est esloignée de la coste, & s'estend vers la ville de Targa. Elle est habitée de gens riches & superbes, & qui ne payent pour tout tribut que la disme de leurs troupeaux & de leurs moissons, & recueillent quantité de bled, d'huile & de vin; ont force troupeaux, & ne sont point troublez de guerres estrangéres, acause de la difficulté des avenuës. Les Seigneurs de Vélez sont bien-aises de les avoir pour amis, parce-qu'ils sont vaillans, & font plus de quatre mille hommes de combat bien équipez, avec quantité d'arquebuses & d'arbalestes. Ils laissent à leurs femmes le soin du ménage, du labourage & des troupeaux, pour s'occuper à la chasse, acause qu'ils ont quantité de sauvagine.

LIVRE QUATRIÉME.

CHAPITRE LXXX.

De Chéchuan, ou Sefavon, & de la ville du mesme nom.

C'Est vne montagne des plus agréables de toute l'Afrique, qui a vne petite ville du mesme nom, peuplée de marchans & d'artisans, fort à leur aise; mais les Montagnars sont Bérébéres de la mesme tribu * que les autres de la province. Elle est devenuë fameuse par Ali Barrax, qui s'en rendit maistre par sa valeur, aussi-bien que des montagnes voisines, & se fit appeler Roy & Seigneur de Chéchuan; car il apportoit dans cette ville toutes ses dépoüilles, ayant toûjours guerre avec les Portugais des places frontiéres, & en ayant remporté diverses victoires, tant sur terre que sur mer, en la compagnie d'Almandari, Seigneur de Tétuan, & d'autres braves Chefs. Ce petit Estat luy demeura avec le nom de Roy, depuis qu'Abu Sayd Roy de Fez l'y eut confirmé, jusques à ce qu'Abdala l'osta à ses descendans, pour le donner depuis peu au petit-fils de Mumen Belelche, qui le posséde encore au nom du Chérif, & la postérité d'Ali Barrax a esté reléguée dans Maroc, où elle vit pauvrement. Ce peuple est belliqueux, tant à pied qu'à cheval, & se pique de bravoure. Aussi Ali Barrax l'avoit-il exemté de tout tribut; mais il en paye aujourd'huy. Il est en bon équipage pour le pays, & il y a autour de la ville plusieurs fontaines dont on arrose les terres, qui rapportent quantité de bled, d'orge, de chanvre & de lin. Il y a aussi force vergers & jardins d'herbes potagéres, avec plusieurs troupeaux. Ils sont plus de cinq mille combatans, dont il y a plusieurs arquebuziers & arbalestriers, & quelques compagnies de cavalerie, outre les trois cens chevaux de la garnison.

* Goméres.

Partie II.   M m

CHAPITRE LXXXI.

De Béni Gébara.

C'Est vne montagne droite & fort haute, sur le chemin de Tétuan à Chéchuan, d'où sortent plusieurs fontaines, aussi-bien que des autres d'alentour, qui composent vn fleuue qu'on nomme Halef-Vgus, qui signifie passe en jurant, parce-qu'il le faut trauerser plus de quarante fois en alant d'vne ville à l'autre. Il y a par toute la montagne beaucoup de vignes, & de figuiers ; mais on n'y recueille ni bled ni orge. On voit de grans troupeaux de chévres parmi ces bruyéres, & de si petites vaches, qu'elles ne paroissent que des genices. Elle est habitée d'vn peuple du mesme nom, qui est pauure & orgueilleux, & paye tribut au Seigneur de Chéchuan. Ils sont plus de deux mille combatans, parmi lesquels il y a quelques arquebuziers, mais point de caualerie.

CHAPITRE LXXXII.

De Beni Yerso.

1504.
ou. de l'Égypte.

CEtte montagne est plus agréable que la précédente, & plusieurs personnes de condition & d'estime y demeuroient auant la grandeur d'Ali Barrax ; parce-qu'on y estoit sauant dans la loy de Mahomet, & qu'il y auoit vne Vniuersité, où l'on enseignoit les Lettres & les Sciences comme dans Fez. Aussi estoit-elle exemte de tributs, & plusieurs y venoient estudier ; mais vn Tyran *s'en estant rendu maistre, à la faueur du Roy de Fez, il abolit l'Vniuersité, & fit vendre les liures, qui montérent à plus de quatre mille ducats. Cette montagne a plusieurs fontaines, dont l'eau est fort fraische, mais on y recueille peu de bled. Il y a aussi des oliuiers & des vignes, & de grandes forests d'arbres fruitiers, auec plusieurs troupeaux de gros & menu bestail. Le peuple est plus doux & moins superbe que celuy des autres montagnes, & fait plus de cinq mille hommes de combat.

CHAPITRE LXXXIII.
De Béni Tiziran.

CETTE montagne, qui est attachée à la précédente, & peuplée de Barbares, a eu autrefois des chasteaux & des villes, qui montrent par leurs ruines qu'elles ont esté basties par les Romains. Ces pauvres gens que nous avons dit qui cherchent des trésors en la montagne de Tagat*, en vien- *en la provin-
nent encore chercher icy, & l'ont creusée presque par-tout; ce de Fez.
quoy-qu'ils n'ayent pas esté plus heureux en cét endroit qu'en vn autre. Il y a quantité de vignes & de grans bois d'arbres fruitiers, d'où naissent plusieurs fontaines, dont l'eau est tres-fraische. On n'y recueille qu'vn peu d'orge, & il y a fort peu de gros bestail; mais quantité de chévres, parce-que le pays y est propre. Les habitans sont pauvres, & payent tribut aux Seigneurs de Chéchuan. Ils sont quelque mille combatans, mais mal équipez, & tous à pied.

CHAPITRE LXXXIV.
De Béni Buzeybet.

CELLE-CY est si froide & si rude, qu'on n'y seme point de bled, & l'on n'y nourrit point de troupeaux; mais il y a de grandes forests de noyers, qui fournissent de noix la ville de Fez, & les autres de la contrée. Les habitans sont d'vne branche des Goméres, qu'on nomme Bénizeybet, & les plus brutaux de tout le pays. Ils portent sur la chair des tissus de laine en forme de saye, avec
des botines * à leurs pieds, & des bandes de laine roulées au- *chaussure de
tour de leur teste, avec quoy ils résistent aux neiges de ces paysan.
montagnes. Leurs armes sont des frondes & des dards; leur manger du pain d'orge & du raisiné, avec des féves, quelques sardines salées, & des oignons ou ciboules. Ils

Mm ij

sont grans buveurs, ont quantité de vignes qui portent de fort bon vin clairet, & sont force raisiné, & les meilleurs raisins secs de toute l'Afrique. Ils se piquent de valeur, & sont fort robustes & de grand travail. Ils payent tribut au Roy de Fez, & sont trois mille hommes de combat, parmi lesquels il n'y a point de cavaliers, & fort peu d'arquebuziers.

CHAPITRE LXXXV.

De Gualid.

<small>*Béni Gualid.</small>

C'Est vne montagne fort haute & si rude, qu'on a de la peine à y voyager. Elle est habitée d'vn peuple *riche & bien vestu, qui n'est point chargé d'impostz, & a plusieurs vignes de raisins noirs fort excellens, qu'on fait secher, & dont l'on fait aussi du vin, sans parler d'vn grand nombre d'arbres fruitiers*.

<small>* oliviers, figuiers, amandiers.</small>

Les habitans ont ce priuilege du Roy de Fez, qu'ils font confirmer à chaque changement de Prince, qu'on ne peut aller prendre vn criminel qui se retire parmi eux, & l'on ne leur veut pas oster ce droit, parce-qu'on a interest de les contenter. Car s'ils venoient à se souslever, on auroit bien de la peine à les reduire, acause de la difficulté des avenuës de leur montagne, où il y a soixante bons villages, qui font plus de six mille hommes de combat, & le pays rapporte tout ce qui est necessaire pour l'entretenir, sans avoir besoin d'en aller chercher ailleurs. Lors-qu'ils trafiquent à Fez, ou quelque-autre part, si on leur fait tort, ils ne s'amusent point à demander justice ; mais vont prendre quelque parent de celuy qui les a offensez, & ne le relaschent point qu'on ne les ait satisfaits. S'ils ne vouloient point aller à Fez, ils ne payeroient aucun tribut, & ne payent pas trois réales par an pour chaque feu.

LIVRE QVATRIE'ME.

CHAPITRE LXXXVI.

De Béni Vsa, ou Bervira.

CElle-cy touche à la précédente, & les habitans* font   *Goméres.
de mesme sorte ; mais ils ne sont jamais d'accord ensemble, parce-que les femmes pour peu qu'on les maltraite, s'enfuyent de l'vne à l'autre, où elles se remarient, ce qui cause de la jalousie entre-eux, & du dépit. Ils s'entrefont la guerre pour les ravoir, & s'ils font quelquefois la paix, c'est à condition que le nouveau mari quitera sa femme, ou remboursera les frais des noces, qui sont grans parmi les Maures. Ils ont quelques Alfaquis qui les réglent là-dessus, mais qui ont plus de soin de s'enrichir que de maintenir la justice. Ce peuple est riche en troupeaux & en vignes, qui portent du raisin noir, dont l'on fait du vin, des raisins secs, & du raisiné. Ils ont aussi plusieurs figuiers & oliviers, qui rapportent quantité de figues & d'huile, que l'on porte vendre à Fez & ailleurs. Ils ne payent pas grand tribut, & sont bien cinq mille combatans, armez à l'vsage du pays, mais ils n'ont point de chevaux, & fort peu d'arquebuziers.

CHAPITRE LXXXVII.

D'Haguftan.

C'Est vne haute & froide montagne, d'où naissent plusieurs fontaines, & dont la pente est couverte de figuiers, qui produisent les meilleures figues de tout le pays, & il y a des vergers au bas dans la plaine, qui portent toute sorte de fruits* fort beaux & fort excellens, & parmi les   *pommes, poires, coins, pesches, &c.
vignes des oliviers, qui rapportent beaucoup d'huile. Et parce-que les habitans ne payent au Roy de Fez que quelque reconnoissance, ils sont riches, & ont vn grand bourg tout ouvert, où il y a plusieurs artisans & marchans, qui trafiquent à Fez, d'où ils rapportent du lin, de la laine, de

la toile & les autres choses qui leur manquent. Ils sont trois mille combatans bien équipez, & entre eux quelques arquebuziers, parce-qu'il y a plusieurs Gentils-hommes & riches marchans.

CHAPITRE LXXXVIII.

De Beniyedi.

* Beniyedi.

C'EST vne grande montagne qui a plus de cinquante vilages & six mille combatans * tous gens de pied, mais les habitans sont pauvres & grans voleurs, qui détroussent les passans & sont toûjours mal avec leurs voisins acause de leurs brigandages. Ils estoient libres autrefois, mais les Seigneurs de Vélez indignez de leur mauvaise vie les assujetirent à la faveur des Rois de Fez, & leur firent payer

1510.   tribut. * Ils ont quantité de vignes qui portent des raisins noirs, dont l'on fait du vin, & des raisins sechez au Soleil; mais ils n'ont ni bled ni orge acause de l'aspreté de la montagne, & fort peu de troupeaux.

CHAPITRE LXXXIX.

D'Alcai.

C'EST vne montagne aspre & fort haute, où il y a quantité de vignobles, dont l'on fait de la rosette & des raisins sechez au Soleil. Il y a aussi de grans clos de figuiers, d'oliviers, & d'autres arbres, qui rapportent quantité d'huile & de tres-bons fruits comme en Europe, avec des citrons, des limons, des oranges & des grenades. Les habitans sont fort riches & se piquent plus de noblesse que tous les autres de la province, estant exemts de tribut, quoy qu'ils ne soient qu'à douze lieuës de Fez, acause de la difficulté des avenuës de leur montagne & de leur nombre. D'ailleurs on ne les peut afamer acause qu'ils ont chez eux tout ce qui leur faut: Ils recueillent beaucoup d'orge & de millet; & ont quantité de gros & menu bestail. Ils donnent retraite chez eux aux criminels de la ville de Fez, quand ce n'est point pour larcin ni pour adultere, parce-qu'ils sont fort jaloux de leurs femmes & de leur bien. Ils sont maintenant vassaux ou plûtost aliez du Chérif qui les traite fort bien acause qu'il y a quantité de Noblesse parmi eux, & qu'ils sont plus de cent mille combatans dont il y a quelques arquebuziers & gens de cheval.

CHAPITRE XC.
De Béniguazéval ou Bénizarval.

CE sont trois montagnes qui n'en font qu'vne & qui sont frontiéres des deux précédentes dont elles sont séparées par de petites riviéres qui en proviennent. Ce peuple * est fort libre & courageux, mais il ne jouït pas de la liberté des autres ; parce-que les Seigneurs de Vélez le tourmentent & luy font payer tribut. Il y a beaucoup de vignes, d'oliviers & de figuiers, dont le fruit est tres-bon & en quantité avec force lin dont l'on fait de la toile, & grand nombre d'orge & de millet. Il y a plus de six-vingts villages de cent & de deux cens feux, & à l'endroit le plus fertile est vne ville fermée & bien peuplée qui a aux environs quantité de couvert & d'arbres qui portent des fruits * excellens que l'on vend à Fez & ailleurs, acause qu'ils sont meilleurs qu'à Fez mesme. Dans cette ville il y a plus de cent maisons de marchans & d'artisans Iuifs, mais le peuple est si superbe, que pour peu de chose il s'entre-tue. Ils sont plus de vingt-cinq mille combatans, & ont quelques arquebuziers & gens de cheval, & guerre perpetuelle avec leurs voisins. Comme leur pays n'est pas fort, & qu'il y a plusieurs avenuës, ils s'offrent volontairement au service des Seigneurs de Vélez & des Rois de Fez lors qu'ils en ont besoin. Au plus haut de la montagne, il y a vne ouverture d'où sortent quantité de flâmes de souffre, comme de celle de Lipare ou de Sicile, & le peuple dit que c'est la gueule d'enfer. Ces trois montagnes ont ensemble dix lieuës de long sur trois de large, & payent plus de vingt-cinq mille ducats par an au Roy de Fez.

* Beniguazéval.

Pesches, coins, pommes, poires, &c.

De Levant au Couchant.

Il se tient vn grand marché dans la ville, où tous les montagnars abordent.

CHAPITRE XCI.

De Béniuriéguil ou Béniguériagel.

C'EST vne grande montagne voisine des précédentes, qui a plus de soixante & dix villages, peuplez de gens courageux, & fort légers : car c'est de-là que viennent les plus grans sauteurs & coureurs de toute la Barbarie. Ils sont bien douze mille combatans, tous gens de pied, dont il y a quelques arquebuziers ou arbalestriers. Au pied de cette montagne sont de grandes plaines qui s'étendent jusqu'à la province de Fez, & sont arrosées de la riviére d'Erguil qui cause leur fertilité; de-sorte qu'on y recueille quantité de bled, d'orge, d'huile & de lin. Les habitans seroient donc fort riches si les Seigneurs de Vélez & les Rois de Fez ne les chargeoient de tant d'imposts, qu'ils sont toûjours en arrérages, parce-que le pays n'estant pas fort, ils sont contraints de subir le joug. Ils ont toûjours querelle avec leurs voisins pour les terres qu'ils cultivent.

CHAPITRE XCII.

De Bénihamet ou Béniacmet.

ELLE est rude & inégale, & a six lieuës de long du Levant au Couchant & deux de large. Du reste elle est chargée de vignes, d'oliviers & de figuiers avec de grans bois d'arbres portant fruit; mais on n'y recueille point de bled. L'eau des fontaines est amere & trouble, & la terre de couleur de chaux, les habitans sont grans buveurs, & font cuire le vin pour le conserver; de-sorte qu'il se garde quinze ou vingt ans. Ils en font tant & de raisiné aussi, qu'ils en ont pour toute l'année, & en vendent à leurs voisins qui se rendent toutes les semaines à vn marché de vivres qui s'y fait, où les marchans de Fez viennent acheter du raisiné, des cabats

de

de raisins & de figues, & de l'huile. Ils sont quatre mille combatans, tous gens de pied, mais pauures, & si brouïllons & superbes qu'ils sont toûjours en querelle auec leurs voisins: Mais les Rois de Fez d'vn costé & les Seigneurs de Vélez de l'autre les tourmentent de-sorte qu'ils sont miserables, sans qu'ils se puissent affranchir acause de leur foiblesse; outre qu'ils sont toûjours en querelle entre eux pour les diuerses factions qui y sont de tout tems.

CHAPITRE XCIII.

De Benizanten ou Benyeginesen.

C'EST vne petite montagne de trois lieuës & demie de long sur vn peu plus d'vne de large, qui est separée de la précédente par vn grand ruisseau, lequel prend sa source des fontaines d'alentour. Il y a quantité de vignes dont l'on fait des raisins secs & du vin; aussi les habitans sont-ils grans yvrognes. Ils ne recueillent point de bled, parce-que la terre n'y est pas propre; mais ils ont de grans troupeaux de chévres, qui est leur principal soûtien, outre que la montagne est couuerte de vergers. Ce sont gens pauures, mais glorieux, qui ont toûjours guerre auec ceux des autres montagnes, & sont trois mille combatans, tous gens de pied. Ils payent tribut aux Seigneurs de Vélez, & aux Rois de Fez.

CHAPITRE XCIV.

De Beni Mesgilda.

CETTE montagne est grande, voisine de la précédente & de la riuiére d'Ergil, & a par-tout de grandes contrées d'oliuiers qui rendent beaucoup d'huile. Les habitans trafiquent de sauon qu'ils portent vendre à Fez & ailleurs; & ont toûjours guerre auec les Arabes qui errent par les campagnes voisines, & sont plus de douze mille combatans, dont il y a quelques arquebuziers ou arbalestriers. On y enseignoit autrefois la Negromancie publiquement, & les Docteurs & les escoliers avoient accoustumé de gâter par leurs sortileges les vignes & les moissons de leurs voisins. Mais le Chérif Mahamet défendit cette science, quoy-qu'on ne laisse pas de l'enseigner encore en particulier, & augmenta les imposts qui estoient fort petits acause que les habitans entretenoient les Docteurs & les Escoliers. Les Arabes de ces campagnes se rendent à Vélez, quand il paroist quelque flote Chrestienne sur la coste, aussi-bien que quelques Bérébéres des montagnes. Ils boivent tous du vin, & leurs Docteurs qui le défendent, ne laissent pas d'en boire aussi en secret jusqu'à s'enyvrer.

CHAPITRE XCV.

De Béniguamud.

ELLE est justement à l'endroit où cette province se joint à celle de Fez, & n'en est séparée que par la riviére. Il y a vingt-cinq vilages bien peuplez, dont les habitans payent tous les ans plus de six mille ducats au Roy. Quoy-qu'il y ait peu de fontaines, il y a sur les costeaux quantité de vignes & d'oliviers, l'on y recueille du bled, & l'on y nourrit quantité de gros & menu bestail. Leur principal trafic est de savon, & la proximité de la ville de Fez qui n'en est qu'à trois lieuës, fait que les habitans sont riches, parce qu'ils y viennent debiter leurs denrées toutes les semaines. Du reste, la terre est si fertile, quoi-qu'elle ne soit pas arrosée, qu'il n'y a pas vn quartier de terre qu'il ne soit cultivé. Le peuple est plus civil que celuy des autres montagnes, & fait quatre mille combatans dont il y a quelques gens de cheval. Enfin tous les peuples de ces montagnes sont de la tribu des Goméres, chacun porte le nom du lieu qu'ils habitent, & ils se ressemblent en habits, coustumes, & religion; mais particuliérement en la haine qu'ils portent aux Chrestiens. Il n'y a point d'autres montagnes dans cette province, qui merite qu'on en fasse mention : parlons maintenant de la province de Garet, qui est la sixiéme du Royaume de Fez à commencer par le Couchant.

LIVRE QVATRIE'ME.

CHAPITRE XCVI.
De la province de Garet.

CETTE province qui est la sixiéme du Royaume de Fez, a au Couchant celle d'Errif & la riviére de Melule, qui descendant du grand Atlas entre Tésar & Dubudu, se va rendre dans celle de Mulucan. Au Levant elle a le Royaume de Tremecen, & cette mesme riviére qui sépare cét Estat de celuy de Fez, & par consequent la Mauritanie Cesarienne de la Tingitane. Elle a la mer Mediterranée au Septentrion; Et au Midi vne partie des montagnes qui sont dans les deserts voisins de la Numidie. Elle aboutit encore en cét endroit à la riviére de Mulucan, & s'étend quelquefois vers le Couchant, jusqu'aux montagnes de Cuz, descendant toûjours sur la riviére de Nocor jusqu'à la mer. De-sorte qu'elle comprend toute la coste qui est entre cette riviére & celle de Mulucan, laquelle entre dans la mer prés de la ville de Caçaça. Tout ce pays est rude & sec, semblable à celuy des deserts de la Libye interieure. Les Auteurs Africains divisent cette province en trois parties; l'vne comprend les villes avec leur territoire; vne autre, les montagnes qui sont habitées de Bérébéres, fort belliqueux*; & la *Vled Botoya. troisiéme les deserts. Les villes sont sur la coste, & en petit nombre, & les montagnes fort peuplées. Les deserts commencent à la coste de la mer, & s'estendent vers le Midi, jusqu'à ceux qui bornent la province de Cuz. Ces deserts ont au Couchant les montagnes que je viens de dire. Au Levant où ils s'estendent plus de seize lieuës, la riviére de Muluye: Il y a dix lieuës du Septentrion au Midi; mais par-tout il y a peu d'eau, particuliérement vers la mer, si ce n'est la riviére de Muluye, & tout est rempli de serpens & de bestes farouches; ce qui n'empesche pas que le pays ne soit fort peuplé. L'esté il y a beaucoup d'Arabes qui errent le long de ce fleuve, & de grandes communautez de Bérébéres Africains*, qui sont fort vaillans, & * de Batalise. qui ont quantité de chevaux & de chameaux, & grand nombre de gros & menu beftail. Ils ont toûjours demeflé avec les Arabes touchant la poffeffion des plaines. Nous commencerons la defcription du pays par celle des villes, qui font au nombre de quatre.

CHAPITRE XCVII.

Villes.

De Mélilla, nommée par les Africains Ieyrat-Milila.

C'EST vne ville fort ancienne, que Ptolomée nomme Ruffadire, qu'il met à dix degrez dix minutes de longitude, & à trente-quatre degrez quarante-cinq minutes de latitude. Elle a efté baftie par les Africains au fond d'vn Golfe, dont la pointe du Cap, que les mariniers nomment le Cap d'Entrefolcos, eft diftante de vingt-cinq lieuës de Tarfel-Cacis, qui eft fur la cofte du Royaume de Grenade, à deux lieuës de Motril. Sa fituation eft dans vne plaine, & elle eft commandée par vne montagne du cofté du Couchant. Elle eftoit autrefois fi riche & fi peuplée, que les Hiftoriens du pays difent, qu'il y avoit plus de dix mille maifons, & que c'eftoit autrefois la capitale de la province, où refidoit le Gouverneur. Son territoire eft fort grand, & enferme des mines de fer fort confidérables, dont l'on faifoit grand trafic. Il y avoit auffi quantité de miel & de cire, qui a donné le nom à la ville; car Milila fignifie mielleux, en langage du pays. On pefche auffi des perles dans le Golfe, & il s'en trouve encore quelques-vnes, & s'en trouveroit davantage fi les Chreftiens qui y font fe vouloient addonner à la pefche des huiftres qui les portent. Les Romains ont rendu cette ville fort illuftre, tandis qu'ils ont efté maiftres de la Tingitane. Les Gots l'ont poffédée depuis, jufqu'à la venuë des Arabes, qui s'en emparérent dans la conquefte de l'Afrique, & la rendirent encore plus illuftre par vn grand nombre de marchans & d'artifans qui s'y eftablirent. Long-tems aprés, le Calife fchifmatique de Carvan l'affiégea, & l'ayant prife par compofition *, y mit des troupes. Les habitans s'adonné-

* 922.

rent depuis à la marine, & coururent les coftes de la Chreftienté, avec des fuftes & des galiotes; de-forte que les Rois Catholiques y envoyérent vne armée *, fous le commandement du Duc de Médina Sidonia. Sur cette nouvelle, les habitans implorérent le fecours du Roy de Fez, qui n'y pouvant venir en perfonne, parce-qu'il eftoit occupé dans vne autre guerre, y envoya cinq cens hommes en garnifon; Mais les habitans croyant ce fecours trop foible, fe retirérent fur les montagnes, & ces troupes voyant la ville abandonnée, percérent les murs en divers endroits, & mirent le feu aux maifons, pour empefcher les Chreftiens de s'y eftablir, puis reprirent la route de Fez. Le Duc de Medine arrivant là-deffus, fit reparer les brefches, & renfermant la ville dans vne plus petite enceinte, y baftit vne citadelle, qu'il laiffa pourveuë de tout ce qui eftoit neceffaire pour la garder. Elle demeura toûjours depuis fous la charge de cette Maifon, jufques à ce que de noftre tems elle la remit entre les mains du Roy. Il y a vn lac du cofté du Levant, qui contient plus de fept lieuës de tour, où il peut tenir mille galéres fans danger. Il vient jufqu'à demi lieuë de la ville, & il y a dix-huit ans qu'il s'y fit vne entrée vers la mer, à cinq lieuës de Mélile, au pied d'vn roc qui fait vne chauffée large en quelque endroit d'vn trait d'arbalefte. Et quand la marée eft baffe, les galéres peuvent entrer dans le lac l'vne aprés l'autre le long du roc; mais il eft befoin que le pilote foit expert pour en éviter la pointe. Quand la mer eft haute, il y a des bancs de fable qui fe couvrent du cofté du Couchant, & donnent entrée à plufieurs galéres enfemble; mais quand le vent fouffle avec violence du cofté du Levant ou du Septentrion, la mer monte dans le lac par deffus la chauffée, & en quelques endroits il y demeure des eaux dans les creux qui font au haut du roc, dont il fe fait des falines, où les Maures de la contrée venoient prendre du fel lors que la ville eftoit à eux. Mais les Chreftiens jouïffent maintenant de ce bénéfice, & les Maures n'en peuvent avoir qu'à main-armée, ou par la permiffion du Gouverneur. Ces falines font à quatre lieuës de la ville, du cofté du Levant; mais à vne grande demi-lieuë du lac il

* 1496.

y a vne place forte *, où le Chérif d'aujourd'huy tient trois ou quatre cens arquebuziers, pour la feureté des Arabes qui paiſſent leurs troupeaux le long du lac, contre les courſes des Chreſtiens, & des Corſaires Turcs, qui s'y viennent nicher. Voilà tout ce qu'on pouvoit dire en peu de mots de cette ville: nous parlerons maintenant de ce qui s'y eſt paſſé de plus conſidérable entre les Chreſtiens & les Maures.

* Zangaran

Alfonſe d'Vrréa eſtant Gouverneur de cette place, vint ſouvent aux mains avec les Maures des places & des montagnes voiſines *, & les batit tant de fois qu'ils n'oſoient plus l'attendre qu'ils ne fuſſent beaucoup plus forts que luy. Vn jour ayant appris qu'ils s'aſſembloient pour venir courre dans ſon Gouvernement, & qu'ils eſtoient ſans Chef & ſans beaucoup de cavalerie, il les alla attendre avec vingt-cinq chevaux, & cent cinquante arquebuziers; & comme il les vit qu'ils couvroient la campagne de leur multitude, il fit prendre à chaque cavalier vn arquebuzier en trouſſe, & les vint attaquer en gros. Ils tirérent de fort loin ſans bleſſer perſonne, parce-qu'ils tiroient de trop haut, joint qu'il ſe détourna vn peu tout-court pour eſſuyer leur décharge, comme s'il euſt fuy, puis mettant à terre ſes vingt-cinq arquebuziers, paſſa outre; & comme ceux-cy eurent fait leur décharge, & que les ennemis venoient en deſordre, croyant qu'il fuyoit, il tourna tout court ſur eux avec ſa cavalerie, & le gros des arquebuziers; de-ſorte qu'ils prirent la fuite. On en tua plus de deux cens, mais on en bleſſa davantage, & l'on fit vingt-cinq priſonniers. Ce jour-là vn cavalier * Eſpagnol perça d'vn coup de lance le bouclier d'vn cavalier Maure à l'endroit de l'anneau & du couſſinet, luy effleurant le bras, perça encore en deux endroits ſa manche de maille, & luy traverſant le corps le jetta mort par terre. Le Gouverneur, d'autre-coſté, fut enclos dans vn détroit par les Maures, qui luy tuérent ſon cheval, & le firent tomber, la jambe demeurant engagée deſſous. En cét eſtat il receut quelques coups de lance en ſon bouclier & en ſes armes; mais il fut ſecouru ſi à propos par les gens de pied, & ſe retira à la ville ſans avoir perdu vn ſeul homme. Auſſi-toſt les Maures en-

De la victoire d'vn Gouverneur de Mélila ſur les Maures.
* Tétota, Mézée, Béni Botoye.

* Barthelemy de Soto.

voyérent demander permiſſion d'enterrer leurs morts, ce qu'on leur accorda.

Pedro Vanégas de Cordouë eſtant depuis Gouverneur de cette place, la garniſon eut divers combats avec les Maures, dont elle tua & fit priſonniers vn grand nombre. Il y avoit alors dans Tézote vn Gouverneur* des plus braves, qui venoit ſouvent faire des courſes dans le Gouvernement de Vanégas, avec quantité de cavalerie & d'infanterie. Vn jour que la garniſon eſtoit ſortie ſur eux, à ſon ordinaire, ils vinrent aux mains tous deux, & s'eſtant embraſſez pour ſe deſarçonner, vn cavalier Eſpagnol *vint rencontrer le Maure en flanc, & luy perçant le coſté d'vn coup de lance, le jetta mort par terre. Auſſi toſt les Maures laſchérent le pied, & les Eſpagnols pourſuivant leur pointe en tuérent pluſieurs, parmi leſquels il y avoit quelques perſonnes de marque qui eſtoient venus avec ce Gouverneur. Depuis cela, vn Morabite de ces montagnes, qui eſtoit en grande vénération parmi ces Barbares, leur fit croire* qu'il enchanteroit de ſorte les Chreſtiens & leur artillerie, qu'on prendroit la place ſans danger; de-ſorte qu'il les aſſembla tous ſous cette eſpérance, & prit la route de Mélile. Le Gouverneur en ayant eſté averti par vn Maure qui luy ſervoit d'eſpion, ſe mit en eſtat de les recevoir du mieux qu'il pût, pour le peu de tems qu'il eut à ſe préparer. Sur ces entrefaites, ils arrivent à l'heure qu'on avoit dit, avec le Morabite à leur teſte, accompagné des principaux, en invoquant tous le nom de Dieu. Ils prenoient la route d'vne porte de la vieille ville, qu'on avoit laiſſée à deſſein ouverte; mais on avoit mis deſſus quinze ſoldats dans vne tour, avec des barils de poudre, & quantité de grenades & de feux d'artifice. Les Maures ne voyant paroiſtre perſonne, crurent la parole du Morabite veritable, & entrérent quelque cent cinquante juſqu'à l'autre porte, où voyant quelques ſoldats en armes, ils donnérent deſſus, croyant qu'ils fuſſent enchantez. Mais ils furent receûs ſi bruſquement, qu'en voulant retourner par où ils eſtoient entrez, les ſoldats de la tour leur fermérent le paſſage, & les attaquant avec leurs feux d'artifice, en tuérent la plus grande partie. Le Morabite ſe ſauva avec

Autre victoire.

* Bahalu.

* Gil Perez.

1563.

288   DV ROYAVME DE FEZ,

Il estoit entré par vne porte plus loin.

trois blessures, criant que si les Maures n'eussent point attaqué les Chrestiens qui estoient enchantez à l'autre porte, la ville eust esté prise sans peril. Il se vantoit d'avoir receu plusieurs coups d'arquebuses à la teste, qui ne luy avoient point fait de mal; Et fit tant qu'il persuada vne autre fois à ces Barbares de retourner. Sur cét avis, le Gouverneur fit courre le bruit, que les Chrestiens avoient esté veritablement enchantez, & qu'ils n'eussent pas songé à tirer leur artillerie s'ils n'eussent esté réveillez par l'ennemi. Pour tesmoigner plus de crainte, il écrivit à vn Gouverneur Maure de ses amis, qu'il essayast de détourner le Morabite de son entreprise par de grandes offres. Plus d'vn mois de tems se passa dans ces alées & venuës, pendant lequel il fit rajuster vn peu l'enceinte de la vieille ville, & mit vne herse à la porte de la tour, pour empescher ceux qui seroient entrez de sortir. Ensuite il cacha tous ses gens dans les tours, la casemate & le ravelin, & aux autres endroits necessaires, à l'heure qu'on luy avoit dit, & fit défense sur peine de la vie de tirer ou paroistre sans son ordre. Sur ces entrefaites, le Morabite arrive avec plus de vingt-cinq mille hommes, qu'il avoit assemblez de tous costez*. Ils marchérent avec la mesme assurance que la premiére fois, en invoquant le nom de Dieu, & trouvant la porte de la vieille ville ouverte, entrérent en foule. Aussi-tost il fit abatre la herse, comme il y en avoit plus de six cens d'entrez, & ayant commandé qu'on tirast, fit sortir cent cinquante soldats par vne fausse porte, pour tourner autour de la muraille, afin qu'il ne s'en sauvast pas vn. L'on en tua plus de cent, & l'on fit plus de quatre cens prisonniers. Cependant, les autres voyant la porte fermée, & entendant le bruit de l'artillerie & des arquebuses, se sauvérent, & le Morabite ne parut plus depuis, de-peur qu'on ne luy fist porter la peine de sa tromperie.

des Béni-Botoye, de Calaa Guizinaque, Béni Zénéten, Béni Vlid, Béni Mansor.

LIVRE QVATRIE'ME.
CHAPITRE XCVIII.
De Caçaça.

CETTE ville est à sept lieuës de la précédente par mer; mais il n'y en a que deux par terre, & a esté bastie par ceux du pays sur vn Cap qui porte son nom, que Ptoloméé met à treize degrez trente minutes de longitude, & trente-quatre degrez cinquante-six minutes de latitude, & se nomme Metagonite. Elle est esloignée d'vn peu moins d'vne lieuë de la mer, à vn jet de pierre de la riviére de Mulucan, que Ptoloméé nomme Molocat. Les galéres de Venise avoient accoustumé de venir au port, qui est assez raisonnable, & leurs marchans y trafiquoient fort ; de-sorte que le Roy de Fez tiroit grand profit de la doüane. Mais comme il estoit occupé en vne guerre *contre vn de ses parens, les Rois Catholiques y envoyérent le Duc de Médine, qui se rendit maistre de la place, aprés la prise de celle de Mélile. Car les habitans desesperant d'estre secourus, n'osérent attendre sa venuë, & se retirérent à Fez, ou ailleurs. Le Duc fortifia le chasteau, & y laissa garnison, qui demeura sous sa charge jusqu'en l'an mille cinq cens trente-quatre, que le Gouverneur* qu'on y avoit mis, avec quarente soldats, ayant fait quelque déplaisir à trois Chrestiens, ils traitérent avec le Gouverneur de Tézota, & ayant assassiné celuy-cy en son lit, de nuit, livrérent aux Maures la forteresse, sans que les autres soldats en seussent rien. Ils furent donc tous tuez ou pris, à la reserve d'vn seul, qui se jetta en bas du mur, & se mettant à la nâge en alla donner avis à ceux de Mélila. Aussi-tost le Gouverneur y dépesche vn brigantin, & deux caravelles, avec des troupes. Les Maures les voyant venir, prirent les habits & les armes de ceux qu'ils avoient tuez, & les vinrent trouver l'arquebuse sur l'espaule ; de-sorte que croyant que c'estoient de nos soldats, & que la place n'estoit pas perduë, ils mirent pied à terre, & furent tous tuez ou pris. Vn de ces traistres m'a conté luy-mesme cette histoire dans Fez, où il estoit en tres-piteux estat, haï de tous, &

*guerre de Trémécen.

*Louys de Chaves.

Partie II.　　　　　　　　　　Oo

mourant de faim : Il s'estoit fait renégat, & nommer Soliman. Cette place est maintenant rasée jusqu'aux fondemens, sans qu'il reste que le chasteau, qui est fort & sur vn roc qu'on ne peut miner. Quand les Maures de la contrée viennent labourer les terres voisines, ils y mettent garde, pour découvrir s'il n'y a point quelque embuscade de Chrestiens, parce-qu'il en vient souvent de Mélile, & de la coste d'Espagne, y faire des prisonniers. Comme je m'enquerois pourquoy les Rois de Fez ne restablissoient pas cette place, on me dit que les habitans ne seroient pas en seureté, acause du voisinage de Mélile, & qu'en y mettant garnison, la dépense seroit plus grande que le revenu.

CHAPITRE XCIX.

De Tézote.

C'EST vne petite ville au dedans du pays, sur la pointe d'vn rocher, à trois lieuës de Mélile, & à cinq de la précédente. Les Auteurs Africains disent, qu'elle a esté bastie depuis peu par les Bénimérinis avant qu'ils fussent Rois de Fez, & qu'ils y renfermoient leurs bleds & leur équipage, lors qu'ils menoient paistre leurs troupeaux par les deserts de Garet, où il n'y avoit point alors d'Arabes. C'étoit donc leur principale forteresse ; mais s'estant agrandis par la ruine des Almohades, ils s'establirent dans Fez, & dans les autres places considérables, & laissérent celle-cy à des Bérébéres * qui estoient leurs aliez, & de la mesme tribu *. On n'y peut monter qu'en tournant, par vn sentier assez difficile, & il n'y a dedans ni puits ni fontaine ; mais vne grande cisterne qui s'emplit des eaux de pluye, lesquelles se rendent à des goutiéres. Elle a esté ruinée par le fils * du second Roy des Bénimérinis, acause de la revolte du Gouverneur, & demeura dépeuplée jusqu'à la prise de Mélile, qu'vn Grenadin, de ceux qui s'estoient sauvez en Afrique, l'ayant demandée au Roy de Fez, la repeupla de quelques Maures de l'Andalousie, & fit delà des courses sur les Chrestiens de Caçaça & de Mélile. Le Chérif * d'aujourd'huy y

* Batalises.
* d'entre les Zénétes.

* Ioseph, fils de Iacob.

* Abdala.

tient vn Gouverneur, avec soixante chevaux & trois cens arquebuziers, qui sont toûjours sur leurs gardes, parce-que si les Turcs la prenoient, ils seroient maistres de la province. Aussi en ont-ils grande envie, pour la commodité du Royaume de Treméçen, & de ce grand lac, qui n'en est pas esloigné de trois lieües ; de-sorte que cette ville est maintenant la capitale de la province de Garet.

CHAPITRE C.

De Mégée.

C'EST vne petite ville à deux lieües de la mer, & à quatre de la précédente, qui doit sa fondation à ceux du pays. Elle est bastie sur vne haute montagne, qui a au pied vne belle plaine de grand rapport, & des colines tout autour remplies de mines de fer, avec plusieurs villages & hameaux, où demeurent les ouvriers qui y travaillent. Le peuple est belliqueux, & se pique fort de noblesse & de valeur. La place est forte, & par art & par nature; elle estoit au pouvoir des Bénimérinis, comme la précédente, lors qu'vn jeune homme du lieu, de la lignée des Almohades, fils d'vn pauvre tisséran, indigné de la bassesse de sa condition, se fit soldat dans Vélez, & devint par sa valeur Colonel de trois cens chevaux, avec lesquels il faisoit des courses sur les terres de Caçaça & de Mélile. Cela le mit en telle reputation, que ne voyant pas ses services récompensez, il fit soulever cette place, & se saisit du chasteau à la faveur de plusieurs Montagnars & des Arabes de Garet. Comme il y estoit avec cinquante cavaliers de ses amis, le Seigneur de Vélez envoya contre luy trois cens chevaux & mille arquebuziers, qu'il défit, & armant ses gens de leurs dépoüilles, se rendit si considérable, que le Roy de Féz, qui avoit affaire ailleurs, traita avec luy, & luy confirmant cét Estat, luy assigna des villages & des revenus, pour entretenir quatre cens chevaux, afin d'empescher les courses des Chrestiens. Il a vescu ainsi jusqu'à sa mort, & ses troupes estoient les meilleures du pays. Vn de ses petits fils gouverne maintenant en sa place; mais il n'est pas absolu comme luy, parce-que le Chérif d'aujourd'huy tient fort, bas tous ses Gouverneurs.

CHAPITRE CI.

De Méquebhuan.

Habitations des montagnes.

C'EST vne grande montagne, qui d'vn costé donne sur la riviére de Mulucan, où elle fait comme vne espece de Cap, & les Chrestiens la nomment en cét endroit la mnotagne des Adargues, ou des Boucliers ; & de l'autre costé, qui respond vers la mer, elle tient à la montagne de Carmun, où estoit l'ancienne ville de Méchucha, dont les bastimens paroissent avoir esté faits par les Romains. Elle fut ruinée par le Calife schismatique de Carvan, & quoy-qu'elle n'ait pas esté restablie depuis, quelques Bérébéres demeurent au plus haut, en vn quartier qu'on nomme la nouvelle Méchucha. Cette montagne s'estend depuis Caçaça vers le Levant, jusqu'à la riviére de Muluye, & depuis la mer jusqu'aux deserts de Garet. Les Historiens disent, qu'elle estoit autrefois habitée d'vn peuple riche & belliqueux, & qu'il y avoit grand commerce. Il y a quantité d'orge & de miel, & de gros & menu bestail ; mais les habitans furent si travaillez des courses des Chrestiens, aprés la prise de Mélile, parceque les villages estant esloignez les vns des autres, ne se pouvoient entre-secourir, qu'ils se retirérent ailleurs. Ils y sont revenus depuis la perte de Caçaça, mais ils ne sont plus si à leur aise qu'ils estoient. On les nomme Béni-Sayd, & ils sont des dépendances de Tézote, & payent contribution au Gouverneur pour l'entretien de la cavalerie, qui sert à la défense de la province.

CHAPITRE CII.

De Béni-Sayd.

C'EST vne montagne fort grande, qui s'estend jusqu'à la ville de Caçaça, & confine avec la province d'Errif,

LIVRE QVATRIEME.

où elle est séparée de celle de Garet par la riviére de Nocor. Elle est partagée en trois peuples, Beni-Sayd, Béni-Mansor, & Béni-Vlid, tous riches & belliqueux, de la tribu des Gomércs. Le pays rapporte beaucoup d'orge, & est fort bon pour les troupeaux, acause des pasturages des valons. Il y a aussi des mines de fer, d'où naissent plusieurs fontaines, & ceux qui y travaillent ont leurs forges & leurs maisons proches, où l'on vient de Fez acheter des fers de charruë*, & autres vstencilles du labourage, avec des boules de fer; car on ne met pas le fer en barre en ce pays-là comme en Europe. Ils n'ont point d'acier, & le font venir d'ailleurs. Il y a en cette montagne vn chasteau nommé Calaa, qui est la forteresse du pays. Les habitans sont vassaux du Roy de Fez, & luy payent tribut, quoy-qu'ils soient plus de huit mille combatans, dont il y a plus de cinq cens arquebuziers ou arbalestriers, avec quelque cavalerie; mais comme le pays n'est pas fort, ils ne sont pas capables de maintenir leur liberté. Ils estoient en perpetuelle apprehension lors-que Caçaça estoit aux Chrestiens; mais ils n'abandonnérent pas pour cela.

* grilles de fer, besches, pics, &c.

CHAPITRE CIII.

D'Azgangan.

CEtte montagne s'estend depuis Caçaça, du costé du Midi, jusqu'aux deserts de Garet, & abonde en miel, en orge & en troupeaux. Tous les Arabes & Bérébéres du desert y trafiquent plus qu'ailleurs, parce-qu'ils le peuvent faire plus commodément. Le peuple est riche; mais quand les Chrestiens tenoient Caçaça, le quartier du Nort & du Couchant estoit depeuplé, & s'est repeuplé depuis. Les habitans sont vassaux du Roy de Fez, & font quatre mille combatans, dont il y a plusieurs cavaliers, & quelques arquebuziers, qui viennent servir le Gouverneur de Tézote, quand il a besoin d'eux. On nomme ces peuples Béni-Mansor.

CHAPITRE CIV.

De Teuzin, ou Quizina.

CETTE montagne touche à la précédente du costé du Midi, & s'estend depuis le desert de Garet jusqu'à la riviére de Nocor, par l'espace de plus de quatre lieuës. Les habitans sont riches & belliqueux, & ont d'vn costé de grandes plaines, où ils recueillent quantité d'orge, & nourrissent leurs troupeaux. Ils ne payent rien des terres qu'ils labourent, parce-qu'ils sont plus puissans, & ont plus de cavalerie que tous les trois Gouverneurs ensemble de Tézote, Vélez & Mégée. Ils aiment fort les habitans de cette derniére ville, parce-qu'ils favorisérent la revolte de ce jeune homme de la race des Almohades, dont nous avons parlé. Lors-que les Bénimérinis regnoient dans Fez, ils les traitoient fort-bien, parce-qu'ils estoient comme eux d'entre les Zénétes; & la mere d'Abu-Sayd, troisiéme Roy de Fez, de cette branche, estoit de cette montagne, & fille d'vn Gentilhomme de marque. Le Chérif d'aujourd'huy en fait grand estat, & les maintient en liberté, parce-qu'il en a besoin dans les guerres de Treméçen.

CHAPITRE CV.

De Guardan, dans la mesme province.

CETTE montagne touche à la précédente du costé du Nort, & s'estend quatre lieuës le long de la mer Mediterranée, & trois vers la riviére de Nocor. Les habitans sont aussi d'entre les Zénétes, gens riches, braves & magnifiques. Ils tiennent vn marché tous les Samedis prés d'vne petite riviére, où abordent les marchans de Fez, avec les Bérébéres des montagnes, & les Arabes du desert, pour acheter de la cire, de l'huile, des cuirs, des enharnachemens de chevaux, & le reste de leur équipage. Ces Bérébéres n'ont point de vignes, & ne boivent point de vin, comme

LIVRE QVATRIE'ME.

ceux d'Errif; ne payent point de tribut, mais font seulement tous les ans vn présent au Roy de Fez, en argent, chevaux, ou esclaves, & maintiennent par ce moyen leur liberté. Ils estoient autrefois vassaux des Seigneurs de Vélez; mais vn célèbre Alfaqui qui en estoit, fit tant avec le Roy de Fez qu'il les incorpora à sa Couronne à la charge de ce présent, qui ne laisse pas de valoir plus qu'ils ne payeroient de contribution. Mais il est libre, & il dépend d'eux de le faire tel qu'il leur plaist. Ils sont sept mille hommes de combat, dont il y a plus de cinq cens chevaux, & plusieurs arquebuziers, tous bien en ordre. Il n'y a point d'autres habitations considérables en cette province. Nous avons parlé d'abord des deserts, parlons maintenant de la septiéme & derniére province du Royaume de Fez.

CHAPITRE CVI.

De la province de Cuzt.

C'EST la derniére & la plus orientale du Royaume de Fez, qui contient plus de pays que deux autres des plus grandes, d'où vient peut-estre son nom. Elle a quatre-vingts lieuës de long depuis la riviére de Gureygure jusqu'à celle d'Esaha, & comprend toutes les montagnes du grand Atlas, qui sont entre ces deux riviéres, avec vne grande partie des plaines de Numidie, & des montagnes qui bordent la Libye interieure. Les Historiens d'Afrique disent, que le prémier Prince * de la lignée des Bénimérinis partagea les provinces du Royaume de Fez en dix parties, comme avoit fait devant luy le prémier Roy de Fez *, & qu'il en fit trois de cette province, qu'il donna à trois branches des Bénimérinis qui luy estoient aliées, lesquelles bastirent depuis la ville de Dubudu, ennoblirent Tézar, & se maintinrent contre les Turcs & contre la puissance des Chérifs. Il est vray que depuis peu elles se sont aliées ou plûtost renduës vassales du Roy de Fez, qui en fait grand estat, acause que c'est vne brave Noblesse qui a deffendu toûjours la province contre les Seigneurs de Tréméçen. Tout ce quartier est

Cuzt signifie beaucoup en langage du pays.

*Abdulac.

* Idris.

situé entre des montagnes, & ne s'eſtend point juſqu'à la mer, quoi-que quelques-vns ayent dit que l'Océan couvroit autrefois toute la province d'Aſgar, & que les vaiſſeaux abordoient juſqu'à la ville de Tézar. Toutes les montagnes de cette province ſont peuplées de Zénétes, qui ont toujours guerre avec les Turcs de Tréméçen. Il y a pluſieurs villes & bourgades.

CHAPITRE CVII.

De Teurert.

Villes.

C'EST vne ancienne ville, baſtie au haut d'vne montagne par les anciens Africains, ſur les bords du Za, & environnée de pluſieurs terres fertiles en bleds & en troupeaux qui aboutiſſent de tous coſtez à des deſerts aſpres & ſteriles. Car elle a celuy de Garet au Septentrion, au Midi celuy d'Aduhare, celuy d'Angued au Levant, & au Couchant qui va au Royaume de Tréméçen; celuy de Teſrata qui aboutit auſſi à la ville de Tézar. C'eſtoit autrefois l'vne des principales villes de la Mauritanie, & celuy qui en eſtoit Seigneur tiroit tribut de tous les Arabes & les Bérébéres de ces deſerts. Il y avoit pluſieurs temples & pluſieurs palais tout baſtis de pierre de taille, & elle eſt ceinte de bons murs, mais depuis le regne des Bénimérinis elle a eſté fort incommodée des guerres de Tréméçen, a cauſe des diverſes prétentions de ces Princes qui la vouloient aſſujettir, pour eſtre maiſtres des Arabes, au milieu deſquels elle eſt. Le Chérif d'aujourd'huy y tient garniſon, tant de cavalerie que d'infanterie, de-peur que les Turcs ne s'en emparent; & met de l'artillerie au chaſteau: mais elle n'eſt pas ſi peuplée qu'autrefois, parce-que les habitans ont eſté demeurer à Tézar & ailleurs pour s'eſloigner de la frontiére.

CHAPITRE CVIII.

D'Hadagie.

Mululo & Mulucan.

C'EST vne grande ville baſtie par les anciens Africains dans vne iſle que font deux riviéres * qui enſuite ſe joignent. Elle

LIVRE QVATRIE'ME. 297

Elle est ceinte de bons murs garnis de tours, & estoit autrefois fort peuplée de Bérébéres de la tribu des Zénétes; mais quand les Arabes Mahométans occupérent les provinces du Couchant, & se répandirent par les deserts, ils firent tant d'insultes aux habitans, qui estoient aussi incommodez des armées de Fez & de Trémécen, qu'ils abandonnérent la ville pour se retirer ailleurs: De-sorte que toutes les maisons en sont fondües. Il ne reste que les murailles, & la campagne est aux Arabes.

CHAPITRE CIX.

De Garçis, ou Galafa.

C'EST vne petite ville prés de la riviére de Mulucan, à cinq lieuës de Teurert. Elle a esté bastie par les anciens Africains de la lignée des Bénimérinis, pour resserrer leurs bleds & leur servir de forteresse, lors qu'ils demeuroient dans les deserts, c'est pourquoy elle est assise sur vn roc. Depuis qu'ils furent parvenus à l'Empire, ils la laissérent à leurs parens, & sous le regne du cinquième Roy* de cette famille, les habitans s'estant révoltez, ce Prince la prit d'assaut & faisant main-basse sur tout, la ruina & fit abatre des pans de muraille en divers endroits. Elle s'est repeuplée depuis de pauvres gens, parce qu'il y a au pied de bonnes terres labourables, & quelques jardins pleins de treilles, de vignes & de fruits, dont l'on fait grand estat parmi ces deserts. Aussi les habitans ne font-ils point d'autre trafic, & gardent le bled des Arabes dont ils sont vassaux, dans des creux sous terre; parce-qu'il n'y a aucune maison dans la ville où il y ait vn plancher. Ce ne sont que de meschantes estables couvertes de paille & de rameaux avec de la terre par-dessus. Elle est dans les cartes de la Libye de Ptolomée à onze degrez de longitude & à trente-deux degrez quarante minutes de latitude, sous le nom de Galafe.

*Abuhanua.

Partie II. P p

DV ROYAVME DE FEZ,

CHAPITRE CX.

De Dubudu.

C'EST vne grande ville sur la pente d'vne haute montagne, à vingt lieuës de Melile du costé du Midi, qui a esté bastie par vn Seigneur des Bénimérinis depuis qu'ils regnent dans la Mauritanie Tingitane. Il y a sur le haut plusieurs fontaines qui descendent dans la ville, & elle paroist de loin estre au pied de la montagne, quoi-qu'il y ait plus d'vne lieuë & demie de coste jusques-là, & l'on y monte en tournoyant par vn chemin rude & difficile. Toute la campagne est sterile & infructueuse, si ce n'est sur le bord d'vne riviére où il y a quelques jardins & quelques vergers. Les habitans ont leurs héritages sur le haut ; mais ils ne recueillent pas du bled pour quatre mois de l'année, & se fournissent de froment & d'orge à Tézar. Cette ville dans son origine estoit vne forteresse des Bénimérinis : car quand Abdulac distribua les provinces du Royaume de Fez comme nous avons dit, il donna ce quartier à quelques-vns de ses parens *, qui bastirent cette place pour resserrer leur bled ; mais elle s'est tant accruë depuis que c'est aujourd'huy vne des bonnes villes d'Afrique. Quand les Bénimérinis furent dépossédez par les Oatazes, les Arabes de la contrée la voulurent ruiner & en chasser les habitans ; Mais ils se défendirent courageusement par la valeur de leur Chef*, qui traita depuis avec eux & demeura Seigneur de Dubudu où il vécut plusieurs années. Il laissa pour successeur son fils Hamet, qui fut fort vaillant, & conserva cét Estat jusqu'à la mort, ayant pour heritier son fils Mahamet qui fut aussi des plus braves de son tems, & prit plusieurs villes dés le vivant de son pere sur la coste du mont Atlas qui regarde la Numidie, dont plusieurs particuliers s'estoient emparez dans la cheute de cét Empire. Celuy-cy l'embellit de plusieurs édifices, & y establit vn grand commerce, se monstrant fort doux & favorable aux estrangers ; de sorte que sa réputation se répandit par-tout, & on le nomma Roy de Dubudu. Il voulut se rendre maistre de Tézar, à la solicita-

* P. Éniguerté-nax.

* Muçaben Camu.

LIVRE QVATRIE'ME.

tion de quelques-vns de ses sujets ; mais le prémier Roy des Béni Oatazes *en ayant eu avis fut assiéger Dubudu, & comme il y vouloit monter, les habitans qui estoient plus de six mille feignirent de s'enfuïr, & le laissant grimper vne partie du chemin revinrent fondre sur ses gens à coups de pierres & de dards de telle furie, que ne pouvant essuyer cette tempeste, ils prirent la fuite & se culbutant l'vn l'autre dans les détroits, ceux de Dubudu en tuérent plus de trois mille sans ceux qui se précipitérent, ou qui roulérent par ces rochers. Il ne laissa pas de poursuivre son entreprise, & fit venir trois cens arquebuziers & cinq cens arbalestriers de renfort qui s'avancérent pied à pied, avec résolution de ne point abandonner la place qu'elle ne fust prise. Mahamet voyant qu'il n'estoit pas capable de resister à vne si grande puissance fit ce stratagéme. Il feignit d'estre vn messager qui venoit de sa part, & entrant dans la tente du Roy luy donna sa lettre. Aprés l'avoir fait lire à son Secretaire & avoir appris ce qu'elle contenoit, Di à ton Seigneur, respondit-il, que ce seroit le plus seur de se rendre sans tenter vne vaine défense. Il repartit que c'estoit son sentiment, & luy demanda s'il luy pardonneroit au cas qu'il se vinst jetter à ses pieds ; le Roy ayant respondu que ouy, & qu'il luy feroit du bien, aprés avoir reconnu sa valeur, il l'obligea à le confirmer par serment devant les principaux de son camp. Alors se jettant à ses pieds, il luy dit les larmes aux yeux qu'il voyoit devant luy celuy qui l'avoit offensé ; & le Roy le relevant le baisa, & le caressant fut avec luy dans la ville, où il maria ses deux filles avec les deux fils de Mahamet, & luy confirma l'Estat pour luy & ses descendans, aprés quoy il se retira à Fez qui en est à vingt-cinq lieuës. Dés-lors les Seigneurs de Dubudu prirent le titre de Rois*; quoi-que depuis l'establissement des Chérifs ils devinssent comme leurs vassaux, & fussent obligez de les servir dans leurs guerres, tant que Muley Hamar Seigneur de Dubudu estant mort dans Fez*, le Chérif qui regne aujourd'huy s'empara de son Estat, & y mit vn Gouverneur avec des troupes, pour le deffendre contre les Turcs. Il envoye mesme de trois mois en trois mois cinquante arquebuziers de sa garde dans la forteresse.

* Said, ou Muleychec.

* 1490. L'an 904 de l'Egyre.

* 1563.

P p ij

CHAPITRE CXI.

De Tézar ou Téza en Africain.

*Elle a esté bastie par les anciens Africains.

C'EST vne grande ville* où il y a beaucoup de Noblesse, parce que c'est la capitale de la province. Aussi est-elle fermée de bonnes murailles garnies de tours, & située dans vne plaine fertile, qui abonde en bled & en bestail. Elle est à seize lieuës de Fez, à douze de Dubudu, à vingt-cinq de Mélile, à travers le desert de Garet, & à deux de la montagne de Matagara où demeure vn peuple belliqueux d'entre les Zénétes, qui a fait souvent la guerre au Roy de Fez. Il y a plus de cinq mille maisons habitées; Mais ce ne sont que de meschans logis faits de terre, hormis les Coléges & les Mosquées qui sont de pierre de taille. Il court à travers vne riviére qui décend de la montagne de Metagara ; De-sorte que les Barbares lors-qu'ils sont mal avec les habitans en détournent le cours; ce qui oblige les autres à les avoir toûjours pour amis, & à favoriser leur parti. Il y a grand commerce en cette ville des marchans de Fez, de Trémécen, & d'ailleurs: & elle fournit de bled tous les habitans des plaines & des montagnes d'alentour, l'espace de plus de trente lieuës. Ses ruës & ses places sont rangées comme dans Fez, & il y a au milieu vne Mosquée plus grande que l'autre, avec trois Coléges. La pluspart des habitans sont riches, & se piquent de valeur. Il y a force jardinages dans les valons d'alentour, que l'on arrose de l'eau des fontaines qui décendent des montagnes, & qui portent de meilleurs fruits que ceux de Fez. Il y a aussi de grans vignobles sur les costes, & les Iuifs font le meilleur vin de toute la Mauritanie. Car il y a vne Iuiverie composée de plus de cinq cens maisons, & prés d'elle vne belle for-

*Abdulac.

teresse où est le Palais du Prince*. Depuis que le prémier Roy des Bénimérinis partagea cette province entre ses parens, le second fils du Roy de Fez a toûjours eu cette place pour son appennage, comme vn sejour tres-agréable, tant l'hyver que l'esté, qui pourroit estre la demeure du Roy tant l'air y est sain & le païs fertile. Aussi les Rois des Bénimérinis y

LIVRE QVATRIE'ME.

passoient-ils la plus-grande partie de l'esté, acause de la fraicheur & du couvert, outre qu'elle est sur le grand-chemin de Fez & de Trémécen, & sur la frontiére d'vn Estat qui leur donnoit de la jalousie. Le Chérif y entretient garnison acause des Arabes, qui y viennent tous les ans des deserts de la Numidie acheter du bled, ou le troquer contre des dates, & qui incommodent fort les habitans ; outre qu'il seroit dangereux que les Turcs s'en emparassent estant sur la route de Fez. C'est là que le Chérif Mahamet attendit Muley Buaçon, & Salarraes, quand il sceut qu'ils le venoient attaquer ; & c'est de là qu'il se retira, comme nous avons dit dans l'Histoire des Chérifs. Ptolomée met cette place à neuf degrez de longitude & à trente-trois degrez dix minutes de latitude sous le nom de Teysor.

CHAPITRE CXII.

De Sofroy.

C'EST vne petite ville de plus de cinq cens habitans, environnée de hauts murs fort anciens, & bastie sur vne coline, à cinq lieuës de Fez, au pied d'vne montagne du grand Atlas, qui se nomme aussi Sofroy. Deux riviéres la bordent de part-&-d'autre, & elle est sur le passage des montagnes par où l'on va en Numidie. Aussi a-t-elle esté fondée par les anciens Africains pour la seureté de ce pas, & a le long de ces riviéres plus de deux lieuës d'arbres fruitiers, d'oliviers & de vignes. Tout le reste du pays d'alentour est terre legére & sablonneuse, où l'on recueille du bled, du chanvre & de l'orge ; mais peu de bled. La ville est riche, acause des huiles qu'elle debite à Fez, & à quelques villages de la montagne qui en dépendent. Sous le regne de Muley Mahamet, Roy de Fez, elle appartenoit à vn frére de ce Prince ; mais elle se depeupla acause de leur tyrannie, & a esté repeuplée depuis par les Maures d'Espagne, & les Béréberes, & appartient au Chérif. Au milieu il y a vne belle Mosquée, à travers laquelle passe vn courant d'eau, & à la porte vne grande fontaine d'ancienne structure. Les bois d'alentour sont pleins de lions; mais qui ne font mal à personne, & qui s'enfuyent si-tost qu'ils voyent paroistre quelqu'vn.

CHAPITRE CXIII.
De Mezdaga.

C'EST vne grande ville, qui a de beaux murs, & fort anciens, mais il n'y a que de meschantes maisons; quoy que toutes les cours ayent des bassins & des fontaines, aussi est-elle d'antique fondation. Elle est au pied du mont Atlas, à trois lieuës de la précédente vers le Couchant. Les habitans sont pauvres, & la pluspart potiers de terre, qui vont debiter leur vaisselle à Fez, à quatre lieuës delà du costé du Nort. Ils sont toûjours sales & pleins d'huile, acause du commerce qu'ils en font; du reste si chargez de tailles, qu'ils vivent misérablement. La contrée porte beaucoup d'orge, de chanvre & de lin; mais peu de bled. Il y a de grans clos d'oliviers, & d'arbres fruitiers de toute sorte; & à l'endroit qui n'est pas cultivé, de grandes & hautes forests remplies de lions. Ptolomée met cette ville à dix degrez dix minutes de longitude, & à trente-trois de latitude, & la nomme Molocat, comme Pline Muléléca.

CHAPITRE CXIV.
De Béni-Buhalul.

CETTE ville est à quatre lieuës de Fez, sur la pente d'vne montagne du grand Atlas, & a esté bastie par les anciens Africains pour la seureté des passages de la Numidie. Ptolomée la nomme Centa, & la met à neuf degrez trente minutes de longitude, & à trente-deux degrez cinquante minutes de latitude. Elle est ceinte de vieux murs; mais les habitans sont si pauvres, qu'ils gagnent leur vie à mener du bois dans Fez des forests d'alentour, qui sont du costé du Midi; car aux autres endroits il y a de grans clos de vergers & d'oliviers, & de bonnes terres pour l'orge, le chanvre & le lin; mais il n'y a point de froment, parce-que le pays n'y est pas propre.

CHAPITRE CXV.

D'Ainelginun, ou la Fontaine des Idoles.

C'EST vne grande ville fort ancienne, qui a esté bastie par ceux du pays dans vne plaine, entre les montagnes du grand Atlas, sur le chemin de Sofroy en Numidie. Les Auteurs Africains disent, qu'il y avoit vn grand temple, où ces Idolâtres s'assembloient à certain tems, tant hommes que femmes à l'entrée de la nuit, & aprés les sacrifices accoustumez, esteignoient les chandelles, & se mesloient confusément, jusqu'au matin que chacun s'en retournoit chez soy. Au sortir de là les femmes ne pouvoient coucher avec leurs maris, qu'on ne sceust si elles estoient grosses, & ces enfans là estoient destinez au service du temple. Mais les successeurs de Mahomet *, à leur entrée dans la Mauritanie, ruinerent cette ville de fond-en-comble, & firent main-basse sur les habitans. Il n'est resté qu'vne grande fontaine qui estoit à la porte du temple, à ce qu'on dit, & qui fait maintenant vn grand lac tout rond, d'où sortent des ruisseaux, qui en font encore d'autres dans les valées, & on la nomme aujourd'huy la Fontaine des Idoles.

* les Arabes Mahométans.

CHAPITRE CXVI.

De Mehédie.

CETTE ville est entre les montagnes du grand Atlas, à la cime de celle d'Arden, au milieu d'vne forest d'arbres fruitiers, arrosée de plusieurs fontaines. Elle doit sa fondation à vn Africain de cette montagne nommé Mehédi, qui a esté fort célébre en Mauritanie, comme grand predicateur de la secte de Mahomet. Il se rendit maistre de cette province & de plusieurs autres, sur le declin de l'Empire des

DV ROYAVME DE FEZ,

Magaroas de la tribu des Zénétes, & ses descendans ont regné aprés luy jusqu'au tems des Almoravides. Mais Ali Ben Iosef, Roy des Lumptunes, ayant emporté d'assaut cette place, fit main-basse sur les habitans, & la ruina de fond en comble, sans laisser sur pied que la Mosquée, acause de sa beauté & de sa grandeur. Vn * des Rois des Almohades la rebastit long-tems aprés ; mais non pas comme auparavant: car il ne redressa pas les murailles, & il n'y demeure que des laboureurs, & gens des champs, qui cultivent quelques héritages alentour, d'où ils recueillent de l'orge, du lin & du chanvre, & ont des clos d'oliviers & d'arbres fruitiers qu'ils arrosent de l'eau de ces fontaines ; mais ils sont pauvres & fort chargez par les Rois de Fez, à qui ils sont.

1113. l'an 515. de l'Egyre.

* Abu Mahamet, Abdulmumen, Ibni Ali, Amir el Mumen.

CHAPITRE CXVII.

D'Umégiunaybe.

C'Est vne ville bastie par les anciens Africains, à quatre lieuës de Tizaga vers le Midi, pour la seureté du chemin de Fez en Numidie. Elle estoit autrefois fort riche acause du commerce des Numides ; mais les Arabes l'ont ruinée, pour joüir en paix de son revenu, & ce qui reste d'habitans ne sont que leurs esclaves. On tient communément au pays, que si en montant vne coste qui n'est pas loin de la ville, on ne va toûjours dansant, on est sujet à avoir la fiévre; de-sorte que l'on y voit danser & sauter tous les passans, comme dans la Poüille ceux qui sont piquez de la Tarantole.

CHAPITRE CXVIII.

De Garciluin.

AV pied des montagnes que nous venons de dire, il y a vne ville du costé du Midi, bastie par les anciens Africains sur le bord de la riviére de Zis. Elle fut ruinée par les Almohades, lors-qu'ils déposséderent les Almoravides, puis

rebastie

rebaſtie par les Bénimérinis, qui la repeuplérent & l'embellirent de ſuperbes edifices ; mais elle eſt depuis diminuée peu à peu, & il ne reſte que les murailles, qui ſont fortes & paroiſſent de loin, acauſe qu'elles ne ſont pas anciennes, & quelques meſchants logis où il y a peu d'habitans ; car le pays ayant eſté quelque tems ſans Roy, aprés la mort du dernier des Bénimérinis *, les Arabes, à qui elle ſervoit de bride, la ruinérent. Elle n'eſt donc plus habitée que de pauvres gens, qui ont peu de beſtail, & cultivent quelques terres du coſté du Nort, le reſte n'eſtant que rocher & terre infertile. La riviére a ſur ſes bords quantité de moulins & de jardinages, où il y a ſi grande abondance de peſches, qu'on les ſéche & garde toute l'année. Les anciens Magaroas de la tribu des Zénétes, aſſiégérent cette ville, & l'ayant priſe la fortifiérent, pour défendre le paſſage aux Lumptunes ; mais cela ne leur ſervit de rien, car ils entrérent d'vn autre coſté *, & les depoſſédérent. L'an mille cinq cens trente-quatre, le Chérif * prit cette ville ſur le Roy de Fez, qui la recouvra depuis, puis le Chérif la reprit, & y mit garniſon, comme il y en a encore ſous le Prince * qui regne aujourd'huy.

* Abdulac.

* par Agmet.
* Muley Hamet.

* Abdala, ſon neveu.

CHAPITRE CXIX.

De Ziz.

Montagnes, & leurs habitations.

C'EST vne chaiſne de quinze froides & aſpres montagnes, qui prennent leur nom de la riviére de Ziz *, qui en ſort, & bordent la province de Fez du coſté du mont Atlas. Elles commencent vers le Couchant à la province de Tedla, du Royaume de Maroc, où la montagne de Dédés le ſépare de celuy de Fez, & s'eſtendent juſqu'aux conſins de Mézétalça. La province de Sugulmeſſe * les borne au Midi ; & au Nort, les plaines d'Ecdeſcen & de Gureygure ; de ſorte qu'elles ont trente-cinq lieuës du Levant au Couchant, ſur quatorze de large. Elles ſont peuplées de Zénégues, vaillans & barbares, ſi endurcis au froid, que parmi tant de neiges & de glaces, ils ne s'habillent pas plus

* Il eſt plus vray-ſemblable que c'eſt la riviére qui prend leur nom, puiſqu'elle en ſort.

* province de Numidie.

Partie II.

chaudement que les autres Bérébéres, hormis qu'ils portent des botines de cuir, & s'entortillent les jambes de haillons, lacez avec des cordes; mais ils vont teste nuë toute l'année. Ils sont grans voleurs, qui ont toûjours guerre avec les Arabes, dont ils vont enlever la nuit les troupeaux dans la plaine, aussi celuy qu'ils y rencontrent paye pour tous, & aussi-tost est mis en pieces. Leurs montagnes sont toutes couvertes d'herbe; mais il y a peu de bois, & si grand nombre de couleuvres, qu'elles vont par les maisons, comme les chiens & les chats, & s'approchent lors-qu'on mange, afin qu'on leur jette quelque chose, sans faire mal si l'on ne les attaque. Il y a plusieurs villages, dont les logis sont faits de bois, ou de cloison enduite de terre & de plastre, & couverts de paille; mais les plus riches ont des cabanes de nate de jonc. Ils nourrissent quantité de menu bestail, & trafiquent à Fez & à Sugulmesse, de laine & de beurre, aussi-bien que d'asnes & de mules; mais ils ne vont point à celle-cy, que les Arabes ne se soient retirez dans les deserts, parce-qu'ils leur feroient vn mauvais parti, & quelquefois ils envoyent devant leurs tentes & leurs troupeaux, & les attendent au passage pour se venger de leurs larcins. Ils sont fort robustes & si brutaux, qu'ils ne demandent ni ne donnent la vie dans le combat; ils lancent des dards, dont ils sont aussi assurez que d'arbalestes, & font autant d'effet, & ont outre cela quelques arquebuses. Ils sont plus de trente mille combatans, tous gens de pied, & batent toûjours les Arabes dans les montagnes, comme ils en sont batus dans la plaine, acause de leur cavalerie; mais le commerce les oblige quelquefois à faire tréve. Toutes les caravanes qui passent par ces montagnes leur payent tribut pour chaque charge de chameau, & tout ce qui passe sans passe-port est détroussé, quoy-que depuis quelque tems ils soient vassaux du Chérif. Il y a deux de ces montagnes *qui ont des mines d'argent, dont ils font peu de profit, & l'on y voit encore les ruines d'vne ville*, dont les murs sont de bois lié avec du plastre, & il y demeure quelques pauvres gens.

*Aden & Arucanez.

*Calaat Aben Tavyla.

CHAPITRE CXX.

De Marizan.

C'EST vne montagne fort haute & fort froide, dont les habitans sont Bérébéres, qui vivent dans des hutes faites de branches d'arbres, ou sous des nates de jonc plantées sur des pieux. Aussi n'ont-ils point de retraite permanente, & ne demeurent en vn lieu qu'autant qu'il y a de l'herbe pour leurs troupeaux. Ils ont de grans haras d'asnes & de chameaux, & font couvrir leurs asnesses par les chevaux, pour avoir des mules, qu'ils vendent à Fez, aussi en ont-ils grande quantité. Ce sont gens riches, qui ne payent tribut à personne; Et comme les avenuës de leur montagne sont difficiles, ils y vivent en seureté; mais ils ne laissent pas de faire tous les ans vn présent au Roy de Fez, acause du trafic qu'ils font avec ses vassaux, & comme ils sont fort braves, ils le vont quelquefois servir dans ses guerres. Ils sont plus de quatre mille combatans en bon ordre, parmi lesquels il y a quelques arquebuziers & arbalestriers, & vont tous ensemble, tant Arabes que Bérébéres. Ils ne se servent point de chevaux, acause de l'âpreté de la montagne, quoyque les plus considérables en ayent. Ils n'ont ni Iuges, ni Docteurs, & vivent comme des sauvages parmi ces rochers.

CHAPITRE CXXI.

De Mézétalça.

C'EST vne montagne de quelque dix lieuës de long sur quatre de large, qui est plus douce que la précédente, & confine vers le Couchant aux campagnes d'Ecdescen, qui de ce costé-là s'estendent jusqu'à la province de Témécen. La terre est fort froide, & peuplée de Bérébéres de la mesme race que ceux de Bénimarizan; mais plus riches, & qui ont quantité de chevaux & de mules. Ils sont outre cela plus honorables, & s'habillent comme des bourgeois de villes, parce-que la plufpart font Docteurs, qui écrivent fort bien en Arabe, & s'occupent à copier les livres, parce-que les Maures n'ont point d'imprimerie. Ils les portent vendre à Fez, & font fort eftimez du Roy, qui en tire acaufe de cela peu de revenu. Ils font huit mille hommes de combat, dont il y a cinq cens chevaux, & plufieurs arquebuziers, arbaleftriers, ou archers.

CHAPITRE CXXII.
De Cunagel-gerben, où eft la ville de Tigaza.

CETTE montagne, qui fignifie le paffage des Corbeaux, acaufe de la multitude qu'il y en a, auffi-bien que de geais, eft des dépendances du grand Atlas, prés de celle de Miatbir. Elle eft fort haute & couverte de grandes forefts remplies de lions. Le froid la rend inhabitable, particuliérement l'hyver, quoy-qu'elle foit fur le grand chemin de Fez en Numidie, & la bize y fouffle quelquefois avec tant de violence, qu'elle couvre de neige les paffans; mais les bergers y ménent en efté leurs troupeaux en quelques endroits, & particuliérement les Arabes de Benihafcen, acaufe de la fraicheur des eaux & des bocages, quoy-qu'il faille eftre toûjours en garde, acaufe des lions, & fe retirer avant le mois de Septembre de-peur des neiges. Il y a vne fontaine, d'où fort vne petite riviére, qui fe va rendre dans celle de Cébu, & a fur fes bords vne place forte *, qui a efté baftie pour la garde de ce paffage par les anciens Africains, à ce que difent ceux du pays. Elle eft fituée dans vn valon, & peuplée de Barbares, qui vivent comme des beftes, fans ordre ni difcipline. Ils recueillent de l'orge de quelques héritages d'alentour, & ont des clos de pefchers. Cette place eftoit comme la forterefle des Arabes *, que nous avons dit, & ils y refferroient leur bled quand ils aloient aux deferts; mais le Roy de Fez en eft maintenant le maiftre. Il y en a encore vne autre * baftie par les anciens Africains fur vne petite riviére qui paffe au pied de cette montagne ; mais il n'y demeure que quelques pauvres gens du pays, qui la-

* Tigaza.

* Béni Hafcen.

* Tézergil.

bourent quelques héritages, dont ils recueillent de l'orge, & dépendent des Arabes *.

* Vled Hu-sceyu.

CHAPITRE CXXIII.

De Miatbir, c'est-à-dire, cent puits.

C'EST vn membre du grand Atlas, où l'on voit encore sur la cime les ruines de grans bastimens, qui semblent avoir esté faits par les Romains, & tout auprés vn puits fort profond. Les coquins de Fez y viennent chercher des trésors, comme aux autres dont nous avons parlé, & descendent dans ce puits avec des cordes, tenant en main des lanternes bien bouchées. Il y a plusieurs estages, où l'on passe de l'vn à l'autre, & au dernier vne grande place creusée dans le roc à coups de pic, & fermée tout autour d'vn gros mur, qui a quatre entrées fort basses, lesquelles vont rendre à d'autres petites places, où il y a quelques puits d'eau vive. Mais il y a tant de tours & retours dans ce creux, que plusieurs y sont morts de froid, outre qu'il accourt autour d'eux vne si grande multitude de chauves-souris que la chandelle s'en esteint; aprés quoy ils ne savent plus où ils sont, & ne sauroient retrouver l'endroit par où ils sont entrez. Il n'y a pas long-tems qu'vn de ces chercheurs de trésors s'y estant égaré, ala tant de lieu à autre pour trouver quelque ouverture, qu'il rencontra vn de ces animaux qu'on nomme Dabu, qui avoit apparemment là ses petits, & le suivit pas à pas jusqu'à vne fente de rocher, qui estoit en vn bois fort épais, au pied de la montagne. Cette ouverture estant découverte, il y accourut tant de gens pour y creuser, qu'à force de faire des fossez, tout se remplit d'eau; ce qui a donné le nom de Cent-puits à cette montagne, où il n'y a du reste aucune habitation.

DV ROYAVME DE FEZ,
CHAPITRE CXXIV.
De Hamaran, & d'Azgar.

ENTRE les montagnes du grand Atlas, il y a de vastes plaines environnées de plusieurs bois de chesnes, de hestres & d'autres arbres, & remplies de quantité d'herbes pour les troupeaux ; mais il faut se donner bien garde des lions, & resserrer le bestail la nuit dans de grans parcs fermez d'épines. Quelques-vns nomment ces lieux les plaines d'Onzar ; les autres, de Iufet ou de Mocin ; mais le nom le plus commun, est celuy que nous avons mis en teste de ce chapitre.

CHAPITRE CXXV.
De Sahab-Marga ou Mangar.

CEs plaines sont encore entre les montagnes du grand Atlas, & s'estendent en longueur du Levant au Couchant l'espace de quatorze lieuës sur dix de large. Tous les costeaux d'alentour sont pleins de bocages épais où la ville de Fez se fournit de bois & de charbon, & ces plaines couvertes d'vne ardoise noire & vnie où il ne croist pas mesme de l'herbe. Il n'y a point d'habitation ; mais seulement quelques hutes de branchages, pour les bucherons & les charbonniers.

CHAPITRE CXXVI.
D'Azgan.

C'EST vne montagne si haute & si froide qu'on n'en habite que la coste qui regarde le païs de Fez. Elle a celle de Cililgo au Levant, & au Couchant celle de Sofroy ; Au Midi les montagnes qui donnent sur la riviére de Mulucan, & au Nort les plaines de Fez, qui sont quatorze lieuës de long du Levant au Couchant fur cinq de large. Il y a plufieurs fontaines au quartier qui eft peuplé, & des contrées d'oliviers, de vergers, & de vignes. La plaine eft fort bonne, & les habitans y demeurent la plus grande partie de l'hyver, & y recueillent quantité de bled, d'orge, de lin & de chanvre. Depuis peu ceux d'Andaloufie qui fe font retirez d'Efpagne, y ont planté plufieurs clos de meuriers, pour nourrir des vers à foye. L'eau des fontaines qui naiffent dans ces rochers eft fi fraiche, qu'il faut avertir les eftrangers de n'en point boire qu'elle ne foit raffife, parce qu'elle caufe des tranchées, qui emportent vn homme en trois ou quatre heures. Les habitans font Bérébéres, parmi lefquels il y a quelques Maures de Grenade. Ce font braves gens qui font plus de fix mille hommes de combat, dont il y a quelques cavaliers, arquebuziers, & arbaleftriers. Ils font vaffaux du Roy de Fez & des dépendances de Tézar.

CHAPITRE CXXVII.

De Béniyazga.

CETTE montagne eft plus douce que les précédentes. Elle eft peuplée de gens riches & honorables qui vivent comme dans les villes & font bons foldats. Il y a par-tout des terres fertiles en froment avec quantité de vignes & d'oliviers, & plufieurs troupeaux de gros & menu beftail. La laine en eft fi fine & fi deliée, que les femmes en font de riches fayes & des mantes auffi delicates que de foye. Ces Bérébéres* font vaffaux du Roy de Fez dont il affignoit les contributions au Gouverneur du chafteau de la vieille ville, qui luy valoient quinze mille piftoles de rente. Quand le Chérif conquit Fez pour la derniére fois, ils ne luy voulurent pas obeyr, & il envoya contre eux fix mille hommes dont il y avoit deux mille fuzeliers, mais ils fe défendirent fi bien qu'ils les rechafférent dans Fez aprés en avoir tué plus de mille, & entre autres vn oncle & vn frere du Général qui les commandoit. Le Chérif qui régne aujourd'huy * voulut aler venger cét affront avec de plus grandes forces : mais les Al-

* Zénétes. Cinhagis.

*Muley Abdala.
1560.

faquis s'en meflérent & firent leur accord à la charge de payer par an pour chaque feu fix onces de fin argent. Prés de cette montagne paffe le fleuve de Cébu entre deux rochers fi étroits & fi hauts, que pour le paffer on fe fert de cét artifice. Il y a dans le roc deux groffes poutres plantées de part & d'autre, où font deux grans anneaux par où paffe vn gros cable de jonc qui fait deux tours: En l'vn des coftez eft attaché vn grand panier auffi de jonc qui tient plus de dix perfonnes, & quand on veut paffer on fe met dedans & l'on vous tire à bord par l'autre corde. Que fi quelquefois le fond du panier vient à fe rompre on tombe dans la riviére de la hauteur de plus de quinze cens braffes. En cette extrémité ceux qui fe peuvent prendre aux cables fe fauvent à toute peine, & les autres font morts avant que de tomber dans l'eau. Cette montagne a trente-huit villages bien peuplez, qui font fix mille combatans, dont il y a quelques gens de cheval.

CHAPITRE CXXVIII.

De Cililgo.

C'EST vne montagne haute & froide, où il y a des bois d'arbres efpineux qui font fort gros & fort hauts. On y trouve de grandes fontaines qui donnent l'origine à quelques riviéres, & l'eau d'vne de ces fontaines paffe fi rapidement entre deux rochers, qu'on l'a veu rouler dés fa fource vne pierre de cent livres qu'elle entrainoit comme vne paille. C'eft de cette fontaine que prend fa fource le fleuve Cébu le plus grand de toute la Mauritanie. Cette montagne eft ftérile, & l'on n'y recueille aucune forte de grain. Les habitans font Bérébéres Sinhagiens, dont tout le bien confifte en brebis & en chévres: Auffi ne demeurent-ils point dans des maifons, mais dans des hutes de rofeaux, couvertes de branchages, & ils changent de quartier de tems en tems pour trouver de l'herbe: l'hyver ils fe retirent dans les plaines lors que les Arabes vont dans les deferts, acaufe qu'il y a plus de chaleur pour leurs chameaux. Cette montagne eft pleine de

lions

lyons, de singes & de sangliers, & les habitans sont tributaires du Roy de Fez. Ce sont gens simples qui souffrent patiemment les impôts. J'ay veû quelques Auteurs Arabes qui apellent la montagne d'où sort la riviére de Cébu Gayata; & disent que c'est-là que sont les sources principales de ce fleuve, & dans la montagne de Zarahanun.

CHAPITRE CXXIX.
De Bénijechféten.

LEs habitans de cette montagne sont vassaux des Seigneurs de Dubudu, & ne recueillent que du millet dont ils se nourrissent. Tout le haut de la montagne est sec & sterile, mais il y a des mines de fer sur la pente qu'ils font valoir; aussi la pluspart sont-ils forgerons, mais si pauvres du reste qu'ils n'ont que de la monnoye de fer, & les anneaux, les pendants d'oreilles & les bracelets des femmes sont du mesme metal. Au pied de cette montagne sont de grans vergers remplis de figuiers, de palmiers & de ceps de vignes, & il y a si grande quantité de pesches qu'ils en gardent de seches toute l'année: cela n'empesche pas qu'ils ne soient les plus misérables de la province. Ils vont tout nuds & sans souliers. Leurs maisons sont des hutes couvertes de petite nate de jonc, dont ils font mesme des souliers, en les liant ensemble avec de l'ozier. Les femmes sont encore plus mal vestuës que les hommes, & broßent sans chaussure à travers les haliers, & portent du bois sur leur dos. Il n'y a dans toute la montagne ni marchand ni homme qui sache lire. Ils vivent comme des bestes, & payent contribution aux Seigneurs de Dubudu, quoi-qu'ils soient du ressort de Tézar.

CHAPITRE CXXX.
De Giubeleyn.

C'EST vne partie des montagnes de Tézar, qui est fort haute & fort froide, & contient vingt lieuës de long

Partie II.

sur cinq de large. Elle est à dix-huit lieuës de la ville du costé du Midi, & a au Levant les montagnes de Dububu, & au Couchant celles de Iazga. La cime de ces montagnes est couverte de neige toute l'année. Elle estoit autrefois habitée d'vn peuple riche & belliqueux qui se maintenoit en liberté; mais ses brigandages & ses tyrannies attirèrent sur luy la haine de ses voisins, qui s'estant joints ensemble, entrèrent par force dans ces montagnes & mirent tout à feu & à sang sans qu'elles se soient jamais repeuplées. Il n'est demeuré qu'vne petite habitation au sommet parmi les neiges, qui n'avoit point eu de part à leurs voleries. On leur pardonna donc parce-qu'ils vivoient comme des Religieux*, & ceux qui y restent vivent encore fort bien sans faire tort à personne, de-sorte que chacun les respecte, & mesme le Roy de Fez les favorise, parce-qu'il en sort des docteurs tres-habiles.

* Alfaquis.

CHAPITRE CXXXI.

De Béniguerténax.

C'EST vne haute montagne couverte de bois fort épais pleine de fondrières & de rochers escarpez. Il ne laisse pas d'y avoir beaucoup de terres labourables & de pasturages avec quantité de vignes & d'oliviers, & de beaux jardins remplis de citrons, d'oranges, de coins & de toutes sortes d'excellens fruits. Il y a aussi grand nombre de menu bestail, le gros ne s'y plaist pas tant, acause de l'aspreté de la montagne. Les habitans sont Bérébéres de la tribu des Zénétes, gens civils & honorables qui vont vestus comme des bourgeois, & ont trente-cinq grands villages. Ils sont cinq mille combatans bien équipez, parmi lesquels il y a peu de gens de cheval, acause que la montagne est pierreuse. Les Bénimérinis sont sortis de cette montagne, aussi les habitans sont-ils les plus illustres d'entre les Zénétes, & ils ont toûjours esté fort respectez & francs de tout tribut: Ils obéïssent maintenant au * Chérif.

* Abdala.

CHAPITRE CXXXII.

De Baraniz.

C'Est vne montagne pierreuse, mais non pas si escarpée que les precedentes : elle est à cinq lieuës de Tézar du costé du Septentrion. On y recueille quantité de bled; il y a plusieurs oliviers & des vignes dont l'on fait des raisins secs. Les jardins y sont en grand nombre & s'arrosent de l'eau des fontaines, qui décendent de la montagne. Les Zénétes & Haoares qui l'habitent ont quantité de cavalerie & plusieurs fuzeliers, & sont exemts de tout tribut. Ils sont blancs, & mieux vestus que ceux des autres montagnes. Leurs femmes sont belles & fort fraiches, & portent plusieurs ornemens d'or & d'argent comme celles des villes. Mais les hommes sont hardis & superbes, retirent les criminels qui se sauvent là des autres pays, sont prests à tout entreprendre & s'entretient par jalousie. Le Chérif * qui régne aprésent les a attirez à son parti, pour s'en servir au besoin contre les Turcs; parce-qu'ils sont bons soldats. Ils sont six mille combatans bien équipez. Ils ont plus de trente-cinq habitations fort peuplées, & sont du ressort de Tézar.

* Abdala,

CHAPITRE CXXXIII.

De Menchéça.

C'Est vne montagne du mesme ressort, aussi haute & aussi rude que les précédentes, & qui a de grandes & d'épaisses forests dont les arbres sont fort hauts. Les habitans de cette montagne sont aussi d'entre les Zénétes, & par leur valeur se maintiennent en liberté, & ont toûjours la guerre contre les Rois de Fez à qui ils ne payent aucun tribut. Il y a peu de terres labourables sur la montagne ; mais quantité d'oliviers & de vignes, avec quelques héritages qu'on arrose avec des rigoles, & qui rapportent force lin, desorte, que la pluspart sont tisserans. Cette montagne est plus froide que les autres du mesme pays, & le peuple y est plus blanc. Ils ont ce privilége des Rois de Fez, qu'on n'y peut aller prendre vn criminel. Il y a quarante gros villages fort peuplez, mais sans closture ; ils font sept mille hommes de combat, dont il y a quelques fuzeliers, & quelques gens de cheval. Ils sont en paix avec le Chérif d'aujourd'huy sans payer tribut ni recevoir aucune garnison.

CHAPITRE CXXXIV.
De Béni-gébara.

C'EST vne montagne fort haute & escarpée comme la précédente, peuplée de braves Zénétes qui maintiennent leur liberté contre tous les Rois de l'Afrique, quoique leur montagne n'ait que cinq lieuës de long sur trois de large, mais elle est fort peuplée & les avenuës en sont tres-difficiles. Ils n'ont point de commerce dans la plaine, & par l'ordre du Roy de Fez & du Seigneur de Tézaron, on les fait pendre quand on les y trouve. De sorte qu'ils demeurent toûjours dans leur montagne, où ils ont quantité de bled & de troupeaux, avec beaucoup de vignes, de jardins & d'oliviers, & quantité de fontaines. Ils vivent donc libres, & pourroient estre assiégez dix ans, sans crainte de mourir de faim. Ils ont deux fontaines qui font deux riviéres, lesquelles se déchargent dans le fleuve de Cébu. Le Chérif * ne les a jamais pû reduire : Et celuy qui régne aujourd'huy a fait alliance avec eux, mais ils ne luy payent aucun tribut, quoi-qu'ils ne soient pas exemts d'vn droit qu'il reçoit pour vn marché qui se tient dans la plaine, parce-qu'il leur laisse le commerce libre avec ceux de la contrée. Ils sont sept mille combatans à pied, bien équipez à la façon du pays, & ont des mousquets & des arbalestes. Ils n'ont ni chasteau ni aucun lieu fermé, mais ils sont tous couverts de forests & de bocages, où il y a quantité de lions & de sauvagine. Ils sont proprement de l'Estat de Tézar.

* Mahamet.

LIVRE QVATRIE'ME.

CHAPITRE DERNIER.

De Matagara.

CEs montagnes sont fort hautes & si escarpées, qu'on n'y peut monter que par les chemins que les passans y ont faits; mais ils sont si serrez, & les détroits des rochers si difficiles, qu'vn homme seul avec des pierres, peut empescher le passage à dix mille. Elles sont à deux lieuës de Tézar, & peuplées de Bérébéres d'entre les Zénétes. C'est vn pays de bois & de halliers, où l'on voit plusieurs lions, & en haut plusieurs fontaines. Il y a beaucoup de terres labourables qu'on arrose par des rigoles, & dont l'on tire quantité de bled & de lin: ajoûtez à cela grand nombre d'oliviers & de vignes, & force troupeaux de gros & menu bestail. Au dedans & au plus rude de ces montagnes, on recueille assez de bled, d'huile, de lin, de raisins & de fruits, pour la provision, & il en reste encore dequoy vendre à ceux de la contrée: Aussi le peuple est-il glorieux & jaloux de sa liberté, sans payer aucun tribut aux Rois de Fez, ni aux Gouverneurs de Tézar. Chaque maison donne seulement à celuycy, quand ils sont bien ensemble, vne certaine quantité de raisins secs par an, qu'vne femme va recevoir, parce- qu'ils ne souffrent pas qu'aucun estranger y monte, pour ne point reconnoistre les passages & les avenuës. Ils sont presque toûjours en guerre avec les Rois de Fez, & aussi-tost coupent l'eau à Tézar, en détournant la riviére, & font de grans maux dans la plaine, parce-qu'ils sont plus de quinze mille hommes portant armes, & si adroits à combatre dans des montagnes, qu'vn petit nombre en défait vn grand de ceux de Fez. Sayd eut presque toûjours guerre avec eux, & les fut attaquer *avec cinquante mille hommes; mais comme il *1490. estoit campé au pied des montagnes, pour y grimper le lendemain, ils le vinrent charger la nuit de telle furie, qu'ils en tuérent trois mille, & défirent le reste. Ensuite ils coupérent par quartiers au haut de la montagne vn Ministre d'Estat, qu'ils avoient pris, & le jettérent en bas piece à

R r iij

318 DV ROYAVME DE FEZ, LIVRE IV.

* Muley Mahamete
* 1546.

* Marian.

* Muley Abdala.

piece, sans vouloir jamais faire accord avec ce Prince, tandis qu'il vescut : ils traitérent avec son fils * & luy payérent par feu vn grand panier de raisins. Mais le Chérif Mahamet *voyant qu'ils ne le vouloient pas reconnoistre, envoya contre eux tous les Turcs & les renégats de sa garde, sous la conduite d'vn Persan *, avec plusieurs Maures de Fez, de Tézar, & des lieux voisins. Si-tost qu'il fut arrivé, il fit monter ses gens, & les Barbares les laissérent faire jusqu'à ce qu'ils fust venu à vne petite coline. Mais comme il vouloit camper sur le soir, pour laisser reposer ses troupes du travail, ils fondirent dessus de toutes parts, & roulérent de grandes pieces de rocher, tant qu'ils se firent jour à travers le bataillon des Turcs, aprés plusieurs attaques, & les mirent en fuite, le Persan ayant eu la teste cassée d'vn coup de pierre. Ils n'ont jamais voulu depuis reconnoistre le Chérif; mais celuy * d'aujourd'huy a si bien fait par la douceur, qu'ils se sont alliez avec luy, sans estre obligez pourtant de luy rien donner que ce qu'il leur plaist. Il y a cinquante grans villages dans ces montagnes; mais il n'y a ni forteresse, ni aucun lieu fermé. Voilà toutes les habitations du Royaume de Fez, & par conséquent de toute la Mauritanie Tingitane. Nous parlerons maintenant de la Césarienne, qui est le Royaume de Tremécen.

Fin du Quatriéme Livre.

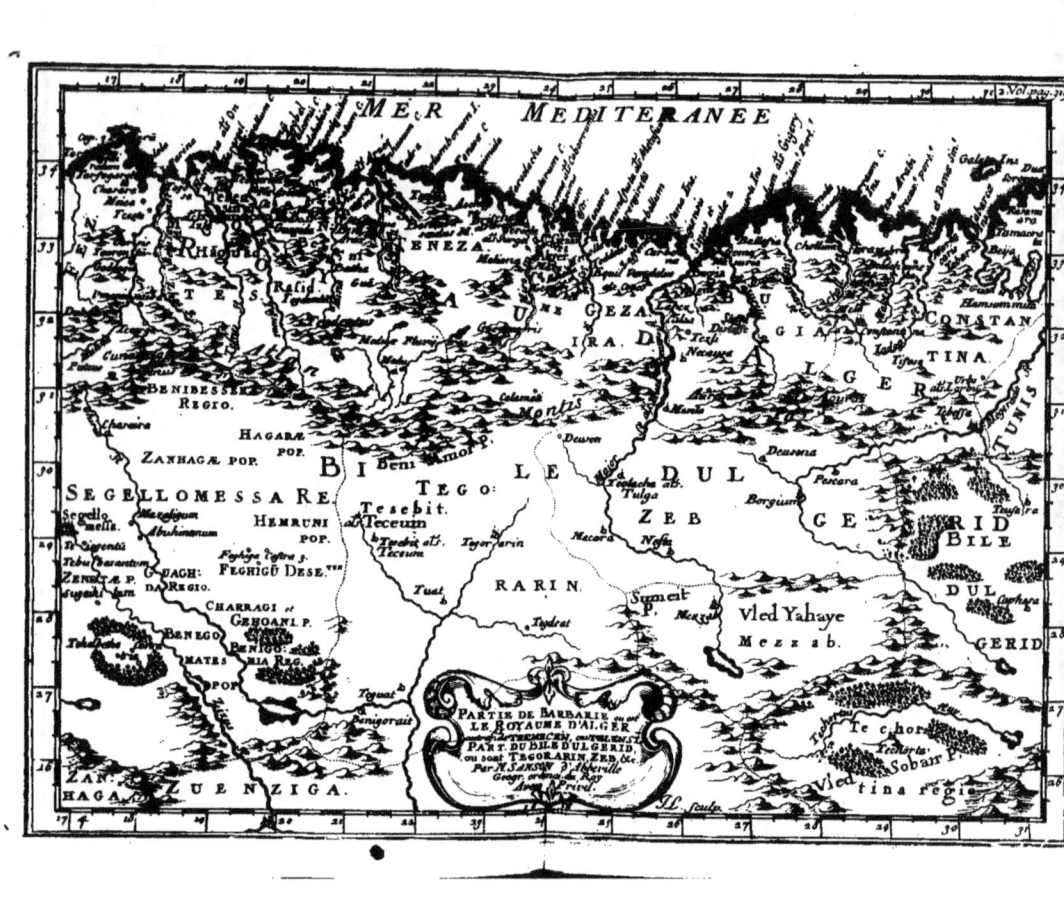

L'AFRIQVE DE MARMOL.

LIVRE CINQVIE'ME.
DV ROYAVME DE TREMECEN, Et des choses remarquables qui y sont arrivées.

CHAPITRE I.
Des bornes de cét Estat.

LE Royaume de Tremécen est le troisiéme de la Barbarie, nommé par les anciens la Mauritanie Césarienne. Il a au Couchant le Royaume de Fez, dont il est séparé par deux riviéres; l'vne que l'on appelle Ziz, & qui naist des montagnes des Zénégues, & passant prés de la ville de Garciluyn, & par les Estats de Quinena de Matagara, & de Réteb, se va rendre à Sulgulmesse, & delà dans les deserts, où elle se convertit en vn lac. L'autre riviére est nommée Muluye, & elle décend du grand Atlas, & courant vers le Septentrion, se va rendre dans la mer Mediterranée prés de la ville d'One. Ce Royaume a au Levant la province qu'on apelle particuliérement l'Afrique, & s'estend le long de la coste depuis l'embouchure de cette derniére riviére jusqu'à vne autre qui sépare cét Estat de Gigel, derniére ville maritime de la province * de Bugie & de Col, qui est la premiére de celle de Constantine. Au Midi, il a les deserts de la Numidie, au quartier des Morabitains. Ce Royaume est long & estroit, car il a plus de cent cinquante lieuës de long du Levant au Couchant, & n'a pas en quelques endroits plus de vingt lieuës de large, depuis le mont Atlas jusqu'à la mer; mais en d'autres il en a cinquante, & s'estend jusqu'en Numidie. Il est distingué en quatre provinces. La premiére & la principale, est celle qui porte le nom du Royaume; La seconde, celle de Ténez; La troisiéme, celle d'Alger, qui est proprement la Mauritanie Césarienne; Et la derniére celle de Bugie, que quelques-vns mettent au Royaume de Tunis. Ces provinces ont esté toûjours tourmentées par les Arabes des deserts, & des Rois de Tunis & de Fez, & maintenant elles sont presque toutes au pouvoir des Turcs, comme on apprendra par cette Histoire.

* Sufegemar, autrefois Amsaga.

CHAPITRE II.

De la qualité du pays.

LA pluspart de la terre y est séche, sterile & montueuse. Autour de la ville de Tremécen, ce sont de grandes campagnes desertes; mais celles qui sont vers le Septentrion, entre la ville & la mer, sont fertiles en bleds & en pasturages, & rapporte beaucoup de fruits. Il y a là vn grand nombre d'Arabes tres-belliqueux, qu'on nomme les Galans de Mélione, qui sont divisez en cinq tribus *, & qui ont sous leur domination les Bérébéres. Il y a force montagnes vers le Couchant dans toutes les quatre provinces, & ces montagnes abondent en bleds & en troupeaux, & sont peuplées de nations tres-vaillantes. Il y a peu de villes en ce Royaume, parce-qu'il y a peu de bonnes terres; mais leurs

* Vled Abdala, Vled Mussa, Vled Hacix, Vled Suleyman, Vled Amar.

leurs villes sont bien situées, & les habitans vivent honorablement. Ils se traitent fort bien à la mode du pays, & font grand commerce tant en Guynée, qu'en Numidie & ailleurs. Les Arabes des deserts sont en grand nombre, & se soucient fort peu des Rois de Tremécen, parce-qu'ils se retirent quand il leur prend fantaisie dans les deserts de la Numidie, où l'on ne les peut suivre. Aussi ne dépendent-ils de personne pour la pluspart, & reçoivent pension des Rois pour maintenir le pays en paix ; & quand il leur plaist ils se souslevent, & prennent le parti de celuy qui les paye le mieux. Ceux qui demeurent sur les montagnes sont Bérébéres, Zénétes, Haoares, Cinhagiens & Azuagues, tous braves gens. Ils s'arment, s'habillent & se traitent mieux que ceux de la Mauritanie Tingitane, se servent plus de mousquets, & ne sont pas si ennemis des Chrestiens, acause qu'ils ont plus de commerce avec eux, & ne sont pas si opiniastres, ni de si mauvaise humeur que ceux du Royaume de Maroc.

CHAPITRE III.

D'Angad.

C'EST vne grande campagne deserte, & si stérile, qu'il n'y a ni arbre ni eau, particuliérement sur la route de Tremécen à Fez. C'est la partie la plus Occidentale de cette province, qui a vingt-huit lieuës de long sur dix-huit de large : elle nourrit beaucoup de sauvagine. Il y a quantité d'Arabes errans & vagabons, dont le mestier est de voler sur les grans chemins ; & pour cela l'on est contraint de payer vn certain droit au premier Chef de communauté qu'on rencontre, qui vous donne vn petit étendart au bout d'vne lance, pour vous empescher d'estre volé par tout son détroit. La mesme chose s'observe quand on arrive à vn autre, & l'on passe ainsi sans danger. Les Rois de Tremécen, pour tenir ces chemins libres, ont coustume de donner gage à de certains Arabes, qui font qu'on y peut aller tout l'esté en asseurance. Mais l'hyver, qu'ils sont obligez de me-

Partie II.

ner leurs troupeaux en Numidie, & d'aller recueillir des dates au Zahara ; les autres qui vivent dans le desert courent par-tout à leur fantaisie ; de-sorte qu'il est dangereux de passer cette campagne l'hyver, & maintenant plus que jamais ; parce-que les Arabes ont toûjours esté souslevez depuis que les Turcs se sont establis dans le pays. La riviére de Muluye passe à travers ce desert, & a toûjours sur ses bords trois lignées * d'Arabes fort puissans, qui s'entrefont perpetuellement la guerre, acause de vieilles inimitiez. Ceux-là errent en liberté, sans reconnoistre personne, ni payer aucun tribut. Il y a sur les bords de cette riviére plusieurs lions qui devorent & les hommes & les bestes. On y recueille peu de bled ; mais les Arabes vivent la plusspart de l'année de dates, de lait & de chair, parce-qu'ils ont quantité de chameaux & de bestail, outre qu'ils moissonnent de l'orge.

* Vled Talha,
Vled Harrax,
Vled Mancor.

CHAPITRE IV.

De TenZegzet.

C'EST vne forte place au haut d'vn rocher sur le chemin de Fez à Trémécen, entre le desert d'Angad & le territoire de cette ville. Les Historiens écrivent qu'elle a esté bastie pour la défense de cette contrée par les habitans du pays. Au pied passe vne riviére *, qui descend du mont Atlas, & se va rendre dans celle d'Aresgol. Le pays d'alentour est fort bon pour le bled ; & il y a de grans pasturages où errent beaucoup d'Arabes. Les Rois de Trémécen mettoient bonne garnison dans cette ville, acause de son importance ; mais à la venuë des Turcs, les Arabes y sont entrez & l'ont tenuë long-tems deshabitée, ne s'en servant qu'à garder leurs bleds lors qu'ils alloient au desert ; mais les Turcs l'ont fortifiée depuis, & y tiennent garnison.

* Tesma.

LIVRE CINQVIE'ME.

CHAPITRE V.

De Zizil, ou Izli.

C'EST vne place fermée de murailles dans vne plaine, qui eſt comme la précédente, entre le deſert d'Angad, & le territoire de Trémécen. Les Hiſtoriens aſſurent qu'elle a eſté baſtie par les anciens Africains, pour ſervir de frontiére à ce Royaume. Elle eſtoit fort peuplée ſous le regne des Abdelvetes, qui y tenoient vne bonne garniſon contre les Arabes du deſert ; mais elle fut ruinée par Ioſeph, Prince de la race des Bénimérinis, & fut long-tems dépeuplée, juſqu'à ce que certains Morabites s'y vinrent habituer : car les Rois de Trémécen & les Arabes meſmes, traitent fort bien cette ville, & ne luy font rien payer, à la conſidération de ces nouveaux habitans ; mais on ne laiſſe pas d'y vivre miſérablement, acauſe de la ſtérilité de la contrée : & les maiſons n'y ſont baſties que de terre, couvertes de paille ou de branches d'arbres. On voit ſourdre prés de la ville vne belle fontaine, qui ſert à arroſer les terres d'alentour ; & ſans cela l'on n'y recueilleroit aucun fruit, acauſe de l'exceſſive chaleur. Quelques-vns diſent, que cette ville a eſté baſtie par les Romains, & il le paroiſt à ſes murs, qui ſont de pierre de taille, fort hauts & mieux faits que ceux des habitans du pays. On la nommoit autrefois Giva, & Ptolomée la met à quatorze degrez trente minutes de longitude, & à trente-deux degrez trente minutes de latitude.

CHAPITRE VI.

De Guagida.

C'EST vne ancienne ville baſtie par ceux du pays dans vne belle plaine, à quatorze lieuës de la mer, du coſté du Midi, & à meſme diſtance de Trémécen. Vers le Couchant de ces deux coſtez, elle touche au deſert d'Angad, & le territoire y eſt abondant en bleds & en paſturages. Tou-

Sſ ij

324 DV ROYAVME DE TREMECEN,

te la ville eſt entourée de jardinages & de vergers, que l'on arroſe par des rigoles, qui ſe tirent d'vne grande ſource au deſſous de la ville, & qui paſſant à travers, ſe va rendre dans les jardins, & delà dans la riviére de Muluye. Cette ville eſt fermée de bons murs fort hauts, faits à la façon de ces peuples. Les Moſquées & les maiſons ſont baſties de moiſlon lié avec de la chaux, & leurs Hiſtoriens racontent, que ç'a eſté autrefois vne ville de cinq mille habitans. Vn Roy * de Fez de la lignée des Bénimérinis, la ruina en vne guerre qu'il eut contre celuy de Trémécen, parcequ'elle ne ſe voulut pas rendre. Elle ſe repeupla depuis*, & quand Horux prit la ville de Trémécen, acauſe que Guagida ne le voulut pas reconnoiſtre, il y envoya Eſcander. Sur la nouvelle de ſa venuë ils rompirent vn pont qui eſtoit ſur la riviére *, croyant que cela ſuffiſoit pour les défendre. Mais il fit couper quantité d'oliviers, dont il y a abondance en ces quartiers-là, il en fit vn pont, en les rangeant de travers les vns ſur les autres, & quand il y fut paſſé avec ſes troupes, il la prit & emmena pluſieurs priſonniers à Trémécen. Elle s'eſt repeuplée depuis de quelque deux mille cinq cens Bérébéres, tout le reſte eſt en cours ou parcs, & les habitans ſont tourmentez des Turcs, & quelquefois des Arabes du deſert. On y trouve les plus belles mules de toute l'Afrique, que l'on mene vendre à Trémécen & ailleurs. Le peuple s'habille à la façon des Bérébéres, mais plus proprement que ceux des montagnes; ils parlent la langue du pays, & preſſent ſi fort leurs mots, qu'à peine ſont-ils entendus des autres. Ptolomée met cette ville à douze degrez de longitude, & à trente-trois de latitude, & la nomme Lanigare.

* Ioſef.

1515.

* Muluye.

CHAPITRE VII.

De Ned Roma.

C'Eſt vne ancienne ville, baſtie par les Romains dans vne grande plaine à deux lieuës & demie du mont Atlas, & à quatre de la mer. Sa ſituation eſt ſemblable à celle

LIVRE CINQVIEME.

de Rome, dont elle a tiré son nom. Le nouveau Ptolomée dit, que c'est l'ancienne Saléme, & la mer à douze degrez dix minutes de longitude, & à trente-trois vingt minutes de latitude. Les murs sont encore debout, & sont bastis de gros moiflons liez avec de la chaux, à la façon des Romains. Les maisons ont esté ruinées dans les guerres que les Rois de Trémécen ont euës avec ceux de Tunis & de Fez; Et celles qui y sont maintenant sont faites à la façon du pays. On voit encore hors des murailles des restes de vastes édifices des Romains, où il y a de grandes tables, & des colonnes d'albastre avec des tombes de pierre, sur lesquelles sont gravées des inscriptions Latines. Prés de la ville passe vn fleuve, dont les bords sont couverts d'arbres fruitiers de toutes sortes. Les montagnes d'alentour portent de certains arbres appelez Carrobiers, dont le fruit est si doux, que les habitans en font du miel, & en mangent toute l'année avec leurs viandes. C'est vne chose pitoyable, de voir vne si belle ville & située au plus bel endroit de l'Afrique, & en vn si bon pays, estre tellement ruinée, qu'on diroit en y entrant que c'est vne basse-court, tant les logis en sont misérables. Les habitans moissonnent quantité de froment, & d'orge, ont force troupeaux, & font les plus belles toiles de coton de toute la Barbarie. La pluspart sont marchans, qui trafiquent à Alger & à Trémécen, & acause de la liberté de ce commerce, font quelque reconnoissance au Roy, encore qu'ils s'en pûssent dispenser, parce-qu'ils ont pour amis les Zénétes de la montagne, qui sont les plus braves de toute l'Afrique, & font vingt-cinq mille hommes de combat bien équipez, dont la pluspart ont des mousquets.

CHAPITRE VIII.

De Tévécrit.

C'EST vne place bastie par les Romains, comme vne forteresse au pied de grans & d'aspres rochers, qui aboutissent à la ville d'One sur la coste de la mer. Ces habitans sont pauvres, & ne vivent que d'orge & de millet, & ont quelque lin dont ils font de groſſe toile. Ces montagnes ſont peuplées de Bérébéres qui eſtoient en appréhenſion perpétuelle quand les Eſpagnols tenoient One, mais ils ſont plus en repos depuis qu'ils l'ont abandonnée, les murailles ont de grandes bréches en divers endroits, c'eſt-pourquoi l'on ne ſe preſſe pas fort d'y venir demeurer.

CHAPITRE IX.

D'One*.

* Les Africains l'appellent DeyratVneyn.

C'Eſt vne ville ſur la coſte à la hauteur d'Almérie & au Levant de la précédente. Elle a eſté baſtie par les anciens Africains, & avoit de fortes murailles, & vn petit port fermé de part & d'autre d'vne bonne tour. Les Moſquées y eſtoient bien baſties, & les maiſons habitées de marchans & d'artiſans, parce-que chaque année les galeaces de Veniſe y venoient deſcendre en alant à Tréméçen, particuliérement depuis que le Cardinal Chiménez priſt Oran & Marſaqui-vir, où les marchans de Tréméçen aloient trafiquer avec ceux de Veniſe. Elle eſtoit donc fort peuplée alors, & l'on y faiſoit de belles toiles & d'autres étofes de coton. Outre cela il y avoit diverſes contrées d'oliviers, de vergers & de terres labourables, tant autour de la ville que le long d'vne riviére qui la borde. Du reſte, quoi-qu'elle eut commencé à ſe dépeupler quand on prit Oran, le Roy de Tréméçen y avoit envoyé garniſon pour la ſeureté du commerce, & elle eſtoit en aſſez bon eſtat, ſi la convoitiſe des habitans n'eût eſté cauſe de ſa perte. Car ne ſe contentant pas de leur trafic, ils donnérent retraite aux Corſaires & couroient avec eux les coſtes d'Eſpagne; c'eſt ce qui obligea Charles Quint à y envoyer Don Alvare Baſſan, Général de ſes Galéres, qui la prit,

* 1533.

& aprés l'avoir ſacagée * y mit garniſon: mais l'Empereur la fit razer pour épargner la dépenſe, & le Général des Galéres y fut luy-meſme faire ſauter les murs & les tours, & brûler & démolir les maiſons, ſans qu'on les ait rétablies depuis. Le pays eſt cultivé par les Bérébéres d'vne monta-

* Tarara.

gne voiſine* où il y a force mines de fer & d'acier. Ptolo-

LIVRE CINQVIE'ME.

mée appelle le Cap de cette montagne le grand Cap, & le met à onze degrez trente minutes de longitude, & à trente-cinq degrez de latitude: on l'appelle maintenant le Cap d'One.

CHAPITRE X.

D'Aresgol.

C'EST vne ancienne ville dont l'on voit aujourd'huy les ruïnes sur la coste, au Levant de la place dont nous venons de parler. Ptolomée la met à douze degrez de longitude, & à trente-quatre degrez quarante minutes de latitude. Il l'appelle Siga Colonia, & il y a vne riviére qui porte le mesme nom & qui se décharge auprés, nommée maintenant Testéne, ou la riviére d'Aresgol. Cette ville est si ancienne qu'on n'en sait plus le fondateur, mais on sait qu'elle estoit la capitale de la province & de tout le Royaume de Trémécen. On tient pour certain que c'est l'ancienne Cirta si renommée dans l'Histoire Romaine, d'autant plus qu'elle est presque à la hauteur de Cartagéne, d'où Scipion y passa presque en vne nuit, à ce que dit Tite Live. Elle estoit bastie sur vn haut rocher toute environnée de la mer, & n'avoit qu'vn petit passage du costé de terre avec vn chemin qui tournoit autour du roc. Il y avoit autrefois grand commerce, particuliérement sous le régne de Muley Idris & de ses descendans qui en ont esté plus de cent ans les maistres: mais elle fut ruinée de fond-en-comble avec plusieurs autres par le Calife schismatique de Carvan, pour la haine qu'il portoit à cette Maison; & tous les habitans taillez en pieces: ainsi elle fut plus de six-vingts ans la retraite des bestes farouches, jusques à ce que le brave Almansor passa en Afrique: lequel aprés avoir conquis cét Estat, la rétablit & y mit garnison acause qu'elle est en vn poste commode pour le passage des armées; aussi l'entretint-il toûjours jusqu'à ce qu'il fut tué à la bataille de Calatansor l'an neuf cens quatre-vingts quinze. La puissance des Abderrames diminuant toûjours depuis, les Almoravides commencérent à s'éle-

ver en Afrique & enſuite en Eſpagne, & vn de leurs Rois*
ayant emporté cette ville d'aſſaut aprés vn long ſiége fit
main-baſſe ſur tous les gens de guerre qui y eſtoient, &
l'ayant démolie, fit abatre quelque pan de muraille. Elle
fut enſuite rétablie par les Almohades & ruinée par les Bénimérinis comme elle eſt encore aujourd'huy. Les habitans
ſe retirérent à Tréméçen qui s'accrût de ſes ruines, n'eſtant
que fort peu de choſe auparavant.

* Ioſeph Lum-
tune.

CHAPITRE XI.

De Tréméçen capitale de la province.

CETTE ville que les anciens appeloient Timiſi, & que
Ptolomée met à treize degrez cinquante minutes de
longitude, & à trente-trois degrez dix minutes de latitude,
eſt fort grande, & ſe nomme Télimiçen en langage du pays.
Elle eſt à ſept lieuës de la mer Méditerranée du coſté du
Midi. Elle doit ſa fondation aux Magaroas d'entre les Zénétes, mais ce n'eſtoit alors qu'vne petite place qui ſervoit
comme d'vne foretereſſe contre les Africains des deſerts.
Elle s'accrut depuis des ruines d'Hareſgol, & devint tous les
jours plus illuſtre par la réſidence des Rois de Tréméçen
qui en firent leur capitale, acauſe qu'elle eſt fort bien ſituée
& dans vne belle plaine; le deſſein des places & des ruës y
eſt d'vn fort bel ordre, & les boutiques des artiſans & des
marchans y ſont rangées comme dans Fez, mais les maiſons n'y ſont pas ſi bien baſties ni avec tant de dépenſe. Il
y a par toute la ville quantité de ſuperbes Moſquées qui ont
de grans revenus, & ſont pourveuës de tout ce qui eſt néceſſaire; outre cela cinq principaux Coléges d'agréable
ſtructure baſtis par quelques Rois d'entre les Zénétes, &
rentez pour l'entretien d'vn certain nombre d'Eſcoliers qui
y demeurent, & qui y ont leurs maiſtres pour toutes les
ſciences naturelles & pour les choſes qui concernent leur
religion. Il y a auſſi beaucoup de bains, mais où l'on
n'eſt pas ſi bien accommodé que dans Fez, & où il n'y a pas
tant d'eau: ajoûtez à cela pluſieurs hoſtelleries à la façon

du

LIVRE CINQVIEME.

du pays : les marchans qui trafiquent avec passeport se logent dans les principales. Le quartier de la ville le plus peuplé est celuy où demeurent les Iuifs qui estoient autrefois fort riches, mais ils ont esté pillez vne fois par Barberousse, & ensuite par le Comte d'Alcaudete. Ils sont donc demeurez pauvres, quoi-que les Turcs & les Maures les traittent mieux que le Chérif ne traite ceux de Fez, & ils leur permettent de se mesler de plus de choses. La ville est embellie de plusieurs fontaines qui viennent toutes d'vne seule *, que l'on conduit de Numidie par des canaux soûterrains l'espace de plus de trente lieuës. Les Rois de Tréméçen ont toûjours donné ordre de n'en point laisser découvrir les conduits, de-peur qu'on ne la détournast si la ville venoit à estre assiégée : mais il n'y a pas long-tems qu'vn Arabe couchant en vn des moulins * qui sont derriére vne montagne prés de la ville du costé du Midi, dit au musnier en beuvant de l'eau, qu'il savoit bien d'où elle venoit & qu'il le reconnoissoit au goust. Sur cét avis le Roy y fit jetter vne cruche d'huile à la source, qu'on vit ressortir aux moulins au lieu où l'on croyoit qu'estoit la source, ce qui confirma le rapport du Maure. Les murailles de la ville sont fort belles & fort hautes, & bien garnies de tours. Il y a cinq portes principales, & en chacune des corps de gardes & des maisons pour les fermiers des entrées. Hors de la ville du costé du Midi est le Palais du Roy, basti comme vne forteresse, où sont divers corps de logis avec leurs jardins & leurs fontaines. Ce palais a deux portes, * l'vne pour sortir à la campagne, & l'autre * pour entrer dans la ville, où est continuellement le Capitaine des gardes du Roy. Autour de la ville il y a de beaux jardins & des maisons de plaisance, où durant la paix, les habitans qui sont à leur aise vont demeurer l'esté, parce-qu'outre que ce sont des lieux agréables, il y a des sources dont l'eau est tres-fraiche : ajoûtez à cela de grandes contrées de vergers & d'oliviers, où l'on recueille quantité d'huile & de noix & toutes sortes de fruits comme en Europe, de grandes treilles qui portent du raisin tres-doux & tres-agréable qu'on fait secher au Soleil, & que l'on garde toute l'année. A vne lieuë de la ville sont plusieurs moulins à bled sur le bord de la riviére *, & plus

* qu'on appelle Fovara.

* On appelle le lieu où sont ces moulins Calha.

Bébel gied * Beb Gadir.

* Ceffif.

Partie II.   T t

*Les moulins de Calha

loin* ceux dont nous venons de parler. Cette ville est gouvernée comme celle de Fez. Il y a des Iuges, des Sergens, des Notaires, des Avocats & des Procureurs pour les causes civiles & criminelles que l'on juge suivant le droit de Fez. Il y a aussi plusieurs Professeurs en diverses Facultez, qui font leçon tous les jours & sont rentez dans les Coléges. Le peuple est divisé en trois corps, l'vn des marchans, l'autre des artisans, & le troisiéme de la Noblesse qui comprend les artisans & les gens de guerre: les prémiers sont bonnes gens, fideles en leurs commerces, & qui se piquent d'ordre, de police & de bon gouvernement, & sont civils envers les estrangers. Leur principal trafic est dans la Guinée, où ils vont porter leurs marchandises tous les ans, en rapportent de l'or de Tibar, de l'ambre-gris, du musc, de la civette & des Negres & autres choses du païs, & trafiquent par change avec tant d'avantage qu'il ne faut que deux ou trois voyages pour enrichir vn marchand; ce qui les fait traverser avec mille dangers les sablons de la Libye. Les artisans sont gens simples & doux, qui se piquent de travailler poliment & de faire des ouvrages achevez. Il se fait là des casaques, de riches tapis, des sayes & des mantes si fines qu'il s'en trouve qui ne pésent pas dix onces, outre cela de riches harnois à la Genéte avec de beaux étriers, des mords, des éperons & des testieres les meilleures qui se facent en Afrique, dont les ouvriers gagnent bien dequoi vivre, & dequoi passer leur tems. Les Gentilshommes & gens de guerre se piquent fort de noblesse & de valeur, parce-que ce sont eux qui suivent le Roy: Aussi ont-ils plusieurs droits, exemptions, avec de bons appointemens qui les font vivre honorablement. Le Roy partage entre les Gouverneurs & les principaux Chefs, tous ses sujets & toutes ses places comme des commanderies, & c'est à eux qu'il donne les principales charges de sa Maison & de sa Cour. Voilà l'ordre que tenoient les Rois de Tréméçen, que les Turcs n'observent pas maintenant, parceque celuy que le Gouverneur d'Alger envoye pour y commander, n'a pas vn équipage Royal, & comme il ne se fie pas aux habitans, toute sa garde est de Turcs & de renégats; desorte qu'ils sont plus esclaves qu'ils n'estoient auparavant.

LIVRE CINQVIE'ME.

Ils s'habillent plus poliment que dans Fez, de serge, de toile, & de soye, & sont plus honorables & de meilleure conversation. Les femmes sont belles & s'habillent comme dans Maroc. Depuis peu les gens de guerre & les artisans se vestent à la Turque par bravoure, mais c'est l'aversion des Arabes. Les festes, les noces, les lits, les festins se font de la mesme sorte que dans Fez, quoi-que ceux de Trémeçen ne soient pas si voluptueux ni si delicats. Les Rois y vivoient autrefois avec grande magnificence, & estoient les plus anciens Princes & les plus considérables de l'Afrique, ils ne se monstroient guére que les vendredis pour aler à la Mosquée, ne donnoient audiance qu'aux gens de leur conseil ou aux Officiers de leur maison, & toutes les affaires passoient par les mains de ceux-là. La principale charge de l'Estat estoit celle de Mézuar, qui comme Viceroi, ou Connétable levoit les troupes, les payoit & les licencioit lors-qu'il en estoit besoin, donnoit les charges de la Maison du Roy, & estoit consideré comme la propre personne du Prince. Le second, estoit le Chancelier, ou Secretaire d'Estat, qui tenoit le seau & faisoit les expeditions avec le Roy: Le troisiéme, le Grand Trésorier, ou Sur-intendant qui avoit la charge de tous les revenus & du trésor, & avec vn mandement signé de sa Majesté, fournissoit au Trésorier, ou Payeur général qui estoit le quatriéme Officier de l'Estat, tout ce qu'il faloit pour la dépense tant ordinaire qu'extraordinaire. Le cinquiéme Officier, estoit celuy de Gouverneur du Palais Royal, qui avoit la garde du Roy, & ensuite le Grand Ecuyer & ceux qui avoient le soin des estafiers, des chameaux & des tentes, & autres semblables emplois où l'on estoit obligé de servir en personne. Tous ces gens avoient sous eux des Officiers & des compagnies de cavalerie qui en dépendoient ; Ils s'accommodoient magnifiquement, & se piquoient d'avoir de riches enharnachemens de chevaux. Quand le Roy montoit à cheval, il ne faisoit pas tant de cérémonie que les Rois de Fez, & n'avoit que douze ou treize cens chevaux pour sa garde ordinaire. Et quand c'estoit pour quelque entreprise, il mandoit les Chefs des Arabes, & les Communautez des Bérébéres, & quelque compagnie d'habitans, & n'entretenoit ses troupes que tant que duroit la guerre. Aussi ne menoit il pas tant de chariots ni de tentes quand il marchoit par la campagne ; Mais il se traitoit comme vn simple Général, parce-que ces Princes estoient fort pauvres, & trois ans de leur revenu ne suffisoient pas pour entretenir vn an la guerre ; c'est-pourquoy ils faisoient des pistoles de bas or, qui ne pesoient que cinq quarts d'escus, & encore qu'elles passassent parmi ces peuples, elles ne pesoient que neuf réales & demie d'or. Ils altéroient aussi la monnoye d'argent,& en batoient de cuivre. Ils tiroient encore de grans droits des marchans, & de grandes contributions des peuples ; ce qui est défendu dans leur religion : Car les prémiers Califes ne prenoient sur leurs vassaux que deux & demi pour cent de toutes les marchandises, ou de l'argent qui en provenoit, & dix pour cent s'ils estoient Iuifs ou Chrestiens : Mais cela ne s'observe plus : Car les Princes allèguent qu'ils sont pauvres,& qu'ils ont besoin d'aide pour maintenir la guerre contre les Chrestiens. Ce qui autorise leurs levées & les droits de Doüane, d'entrée, de sortie & autres impositions. Ils avoient vne Doüane dans Oran, où l'on les recevoit acause que les galeasses de Venise y abordoient tous les ans pour le trafic, & en ce tems-là le revenu du Prince n'estoit que de six-cens mille escus; la moitié pour l'entretien des troupes, & l'autre pour celuy de sa maison. Ce qui restoit estoit mis en réserve pour les necessitez de la guerre. Ils sont augmentez beaucoup depuis, car encore que la Doüane d'Oran soit perduë, celle d'Alger est cruë de-sorte, qu'elle vaut plus de revenu que le reste de l'Estat. Et l'Afrique ni l'Europe n'ont point de portes si riches que sont les deux d'Alger, celle de la mer & celle de la terre : car le port est ordinairement plein de vaisseaux Chrestiens, que les Corsaires amenent chargez de gens & de marchandises. Et par la porte de la terre entrent tous les jours de grandes bandes de chameaux chargez de tout ce qu'il y a de precieux dans la Barbarie, la Numidie, la Libye & le pays des Négres ; & le revenu seul de cette porte vaut plus d'vn milion d'or par an. Vn ancien Auteur Africain écrit, que sous le regne d'Abu Téchifien cette ville devint si considérable, qu'il y avoit seize mille maisons habitées, & le plus riche commerce de l'Afrique s'y faisoit. Elle fut assiégée alors par le second * Roy de la lignée des Bénimérinis, qui fit bastir dans son camp vne ville pour sa seureté, & son habitation ; car le siége dura sept ans, & il la reduisit en telle extremité, que les habitans vivoient de racines & de feuilles d'arbres. En cét estat ils priérent leur Prince * de capituler à quelque honneste condition. Mais luy aimant mieux mourir que de se mettre entre les mains de ses ennemis, il résolut de donner bataille : & la nuit qu'il se préparoit au combat pour le lendemain, le Prince * qui l'assiégeoit fut assassiné dans son lit par vn Maure *. Aprés quoy tous ses gens se débandérent, & les assiégez sortant sur eux en tuérent vn grand nombre, & pillérent leur camp. Les successeurs du Prince mort, continuant dans le dessein de s'emparer de cét Estat, firent toûjours la guerre aux Rois de Trémécen. Et le quatriéme * Roy de cette race, tint cette ville assiégée deux ans & demi, & bastit comme l'autre vne ville à demi-lieuë delà du costé du Couchant, où il demeuroit pour la seureté de sa personne. A la fin il emporta la ville d'assaut, & tuant tous les gens de guerre qui y estoient, fit couper la teste au Roy, & jetter son corps à la voirie. Les Bénimérinis s'estant donc emparez de cét Estat, ou de la plus grande partie, eurent guerre perpetuelle avec les Princes de cette famille, qui s'estoient retirez en Numidie, d'où ils revinrent sur le declin de l'Empire des Bénimérinis. Depuis leur restablissement, ils enrichirent leur capitale de nouveaux commerces ; de-sorte qu'elle estoit rentrée dans sa premiére splendeur, si elle n'eust point esté desolée par des guerres continuelles, tant civiles qu'estrangéres.

*Ioseph.

*Abutechifien.

*Ioseph.
*Alfétrian.

*Abu Hascen.

Ce Royaume a esté possédé, aprés les Romains, par divers Princes estrangers. Auparavant il estoit tenu par les Abduluates, qui estoit vne branche d'entre les Zénétes, qui venoit des Magaraos, qui ont dominé toute l'Afrique. Ceux-là furent chassez par les Romains, & reprirent l'Empire depuis, à la faveur des Gots, en leur payant vn certain tribut, jusques à ce que les successeurs de Mahomet s'empa-

Des diverses conquestes du Royaume de Trémécen, & de l'origine de ses Rois.

334 DV ROYAVME DE TREMECEN,
rérent de l'Afrique. Car aprés la conqueste d'Espagne, toutes les provinces d'Afrique furent sujetes aux Califes d'Arabie, tant que leur puissance venant à diminuer par leurs divisions; les superbes Africains, qui s'estoient sauvez dans les deserts de la Libye, commencérent à se raprocher, parceque les Abduluates, qui n'attendoient que l'occasion, rentrérent dans le Royaume de Tréméçen, où estant receûs favorablement, ils y regnérent plus de trois cens ans. Depuis ils furent assujétis par les Almoravides, & les Almohades, qui tantost les chassoient, tantost se contentoient de les rendre tributaires; jusques à ce que Gamarazan Benzeyn se sousleva sur le declin de l'Empire des Almohades, & laissa le Royaume à ses descendans, sous le titre des Bénizeynez, que tous ses successeurs prirent depuis en quitant celuy d'Abduluates. Ensuite ces Rois eurent de grandes guerres avec ceux de Fez, qui s'emparérent de cét Estat, & en prirent les vns, & chassérent ou firent prisonniers les autres. Il y en eut mesme qui furent dépossédez par les Rois de Tunis. Mais avec tout cela cette race est toûjours rentrée dans l'Empire, & a regné plus de six-vingts ans sans recevoir aucun déplaisir des Estrangers, excepté *d'vn Roy de Tunis, & de son * fils, qui les obligérent à leur payer tribut, & enfin de Barberousse, qui se rendit maistre de Trémécen, où ils regnoient de pere en fils depuis cent quatre-vingts ans, quoy-qu'ils ne fussent pas si puissans qu'autrefois. Il est vray que sur le declin de l'Empire des Bénimérinis, quelques Rois de Trémécen ont fait la guerre aux Chrestiens, & estendu à diverses fois leur domination. Lors que le Cardinal Chimenez prit Oran, vn * des Princes de cette famille se fit tributaire du Roy d'Espagne, pour en estre secouru contre son neveu *, lequel il prit, & le tint prisonnier jusqu'à ce que Barberousse le delivra. Nous parlerons maintenant de cét vsurpateur, & des choses qui sont arrivées depuis, avant que de passer à la description particuliére de cét Estat.

*Abuferez.
*Hutnen.

*Bu Hamu Abu Abdala.
*Bu Zein.

De Barberousse, & comme il se

Horux, surnommé Barberousse, acause qu'il avoit la barbe de cette couleur, estoit Sicilien, quoy-que quelques-vns le facent de l'Isle de Lesbos. Son pere estoit Chrestien d'o-

LIVRE CINQVIE'ME.

rigine, & Mahométan de religion, & fit long-tems le me- *rendit maif-*
ſtier de Corſaire ſur les mers de Levant. Sa mere eſtoit, à ce *tre d'Alger.*
qu'on dit, Eſpagnole de la ville de Marchéne en Andalouſie,
& avoit eſté enlevée ſur mer par ce Pirate. Barberouſſe a-
voit vn frére appellé Airadin, qui luy ſuccédant prit ſon
nom avec ſa Couronne, & remplit la terre depuis de ſa renommée. Enfin ils furent tous deux fort braves, & ſervirent
Bajazet dans les guerres qu'il eut contre Selim : & depuis
ſous le regne de Soliman ayant eſté envoyez par Eſcander,
renégat Corſe, pour payer la garniſon de Coron & de Mo-
don, ils armérent de cét argent vn brigantin & vne frégate,
& piratérent ſur l'Archipel, au grand dommage des Turcs,
des Maures & des Chreſtiens. Sur ces entrefaites, ils prirent
vne galére de ſeize bancs à vn Corſaire Sicilien, & laiſſant
la frégate, l'équipérent, & ſe mirent avec le brigantin à roder les coſtes d'Italie, qui eſtoit alors libre de Corſaires.
Aprés avoir pris quelques vaiſſeaux & quelques frégates, &
fait grand nombre d'eſclaves, ils rencontrérent deux galéres du Pape, dont la Capitane les ayant découverts, ſe mit
à leur queuë, ſans attendre l'autre. Mais Barberouſſe voyant
qu'il n'y en avoit qu'vne, tourna tout court l'attaquer avec
ſes deux navires qui eſtoient bien équipez, enſuite d'vn
long combat, il fut contraint de ſe rendre, & le Comman-
dant * le fit paſſer à ſa galére, pour le mettre aux fers. Mais *Paul Vitor.
comme il l'avoit fait mettre avec les autres ſur la courſie,
Barberouſſe dit en ſa langue à ſes compagnons, qu'ils fiſſent
comme luy, & tirant vn poignard qu'il avoit caché, en tua
le Comite, puis ſautant ſur la poupe, il prit vne épée de celles qui eſtoient au ratelier, qui eſt ſous le tillac, & donnant
les autres à ſes compagnons, ils commencérent à combatre
vaillamment contre les Chreſtiens. Auſſi-toſt les Turcs &
les Maures y accoururent, & avec les armes qu'ils rencontrérent, & les baſtons qui ſouſtiennent les tentes, ils ſe mirent de la partie. Ils vinrent about en peu de tems des Chreſtiens qui reſtoient dans la galére, parce que la pluſpart
eſtoient paſſez dans leurs vaiſſeaux pour les piller, & en faiſant ſauter les vns dans la mer, & tuant les autres, firent le
Commandant priſonnier. Ils n'en demeurérent pas là, car

avec la mesme diligence qu'ils s'estoient rendu maistres de la galére, ils la mirent en ordre, & déliant les forçats leur donnérent les armes des Chrestiens, & attendirent l'autre galére, qui ne se doutant de rien fut aisément attaquée & prise. Avec ces deux galéres ils cinglérent vers Tunis * faisant les esclaves libres & les libres esclaves, & y ayant vendu leur butin, ils en partagérent l'argent. Voilà le commencement de ces deux fameux Corsaires, à qui plusieurs autres se joignirent, sur le bruit de leur reputation, & faisant Barberousse leur Général, passérent aux mers du Ponant, où ils causérent de grans maux à la Chrestienté. Du tems de Ferdinand, qui regnoit en Castille depuis la mort d'Isabelle, Barberousse commandoit déja vingt-six galéres Turques ou Maures, avec lesquelles ils venoient des ports de Barbarie ravager les costes d'Espagne. A la fin encouragé par ses victoires, il resolut de se rendre maistre d'vn port où il pust estre en seureté, & jettant l'œil sur celuy de Bugie, qui estoit tenu par les Chrestiens, il fut attaquer cette place par mer & par terre * avec vne armée d'Arabes & de Bérébéres, qui estoient ses amis. Il ne put réüssir dans cette entreprise, car la garnison Espagnole se défendit vaillamment; de-sorte qu'aprés avoir combatu diverses fois, il eut le bras emporté d'vn coup de canon, & fut contraint de lever le siége & de se retirer, ayant toûjours depuis porté vn bras & vne main d'argent jusqu'à la mort. Dans cette ville commandoit alors vn Africain, nommé Selim, qui la tenoit à la faveur des Arabes, sans beaucoup reconnoistre le Roy de Trémécen, quoy-que la place ne fust pas forte. Dans ce tems ayant appris que Barberousse le vouloit assassiner, pour récompense de la retraite qu'il luy avoit donnée, il se sauva avec ceux de sa faction aux campagnes de Méticha vers quelques Arabes * de ses amis, qui estoient fort puissans. Barberousse déguisant son dessein, luy écrivit qu'il s'estonnoit de sa resolution, & le pria de revenir tandis qu'il aloit courre les mers de la Chrestienté, parce-que ne sachant ce qui luy pourroit arriver, il estoit bien-aise de le laisser paisible dans son Estat, pour récompense des obligations qu'il luy avoit. Il l'assuroit qu'il accroistroit sa puissance, & qu'il n'estoit

* Mahemet en estoit Roy alors.

* 1514.

* appellez Sahaliba.

LIVRE CINQVIÉME.

n'eſtoit pas venu des mers du Ponant pour faire la guerre aux Mahométans; mais aux Chreſtiens, à qui il avoit envie d'enlever quelque place. Il dépeſcha vn Alfaqui avec cette lettre vers Selim, pour luy proteſter de ſa part qu'il n'avoit rien à craindre. De-ſorte qu'il le ramena à Alger, où il ne fut pas pluſtoſt arrivé, que Barberouſſe le fit eſtrangler, & pendre à la porte * de la ville avec la toile de ſon turban. Auſſi-toſt prenant poſſeſſion du chaſteau, il ſe rendit maiſtre de la place au nom du Grand-Seigneur *.

* appelée Beb Azu.

* 1515. Siége d'Alger par Diégo de Vera, & ſa défaite.

Les Rois d'Afrique appréhendent fort de ſe ſervir du ſecours des Princes Chreſtiens dans les guerres contre les Mahométans, parce-qu'ils ſe rendent par-là odieux à leurs ſujets, & donnent lieu aux brouïllons d'attenter ſur leur vie, & de faire des changemens dans l'Eſtat. Barberouſſe prit cette occaſion pour s'emparer du Royaume de Trémécen ſur Buhamu, qui pour avoir eſté aſſiſté des troupes d'Eſpagne contre ſon neveu *, payoit au Roy Catholique * quelque reconnoiſſance; de-ſorte qu'il eſtoit haï pour cela de ſes ſujets, & particuliérement des Alfaquis, qui ſouhaitoient de remettre ſur le thrône ſon neveu, qu'il tenoit priſonnier. Conſidérant donc comme Barberouſſe ſe ſignaloit contre les Chreſtiens, ils ſe réjouïſſoient de le voir maiſtre d'Alger, ſans regarder plus loin, & euſſent bien deſiré qu'il euſt eſté dans Trémécen, pour remettre le jeune Prince en liberté. Cela obligea Buhamu de ſoliciter le Cardinal Chimenez *, qui gouvernoit l'Eſpagne, d'équiper vne armée navale contre Barberouſſe, luy donnant parole que tandis que l'on attaqueroit Alger, il envoyroit ſes troupes par terre pour tenir la campagne, & empeſcher le ſecours pendant le ſiége. Il luy repréſentoit qu'en oſtant cette retraite à Barberouſſe, il aſſuroit les coſtes d'Eſpagne contre les Corſaires, & qu'il aimoit mieux que les Chreſtiens, qui tenoient Oran, Marſaquivir, & le Pégnon de Vélez, fuſſent maiſtres de cette place que les Pirates, qui vouloient tout brouïller. Le Cardinal jugeant l'avantage de cette priſe pour la Chreſtienté, envoya vne armée navale avec dix mille combatans, ſous le commandement de Diégo de Vera. Mais ces préparatifs ne ſe purent faire ſi ſecretement que Barberouſſe n'en fuſt

* Buzéyen.
* Ferdinand.

* Archeveſque de Toléde.

Partie II.   Vu

338 DV ROYAVME DE TREMECEN,
averti. Il se mit donc en estat de le bien recevoir, & fit entrer dans sa place plus de trente mille Arabes ou Bérébéres, tant de cavalerie que d'infanterie. Diégo de Vera estant arrivé, & ayant débarqué quelque sept mille hommes, Barberousse sortit contre luy d'vn costé, tandis que les Arabes & les Bérébéres l'attaquoient de l'autre, & l'ayant défait, tua ou prit la plus grande partie de ses gens, & rechassa le reste dans leurs navires. Le malheur n'en demeura pas là, car ils estoient à peine embarquez, que la tempeste dissipa toute la flote, avec perte de quelques navires ; si-bien qu'en pensant traverser la fortune de Barberousse, on l'éleva à vn plus haut point, comme on verra par la suite.

De la prise de Trémecen par Barberousse.

* Buhamu.

* Buzeyn.

1516.
* Escander.

* Buhamu.

* Buzeyn.

La défaite de l'armée d'Espagne acquit vne haute reputation à Barberousse, qui aspirant à de plus grandes choses, écrivit aux habitans de Trémécen, dont il connoissoit l'intention : Qu'il s'estonnoit qu'estant Mahométans, ils obéïssent à vn Prince * qui dépendoit des Chrestiens, & se servoit d'eux à l'establissement de sa tyrannie. Il s'offroit donc à le chasser de Trémécen, comme il avoit chassé Selim d'Alger, à rendre la liberté à leur * Prince legitime, & le remettre sur le trône. Mais son dessein estoit de se rendre maistre de cét Estat sous cette couleur. On luy respond, qu'il se pouvoit asseurer de la faveur des habitans, & qu'il n'avoit qu'à marcher pour vne si juste entreprise. Sur cette réponse il se prépare à la guerre, & laissant quelques Turcs dans Alger, sous la conduite de son frére, il prend la route de Trémécen, ayant pour Lieutenant ce Corse * dont nous avons parlé, qui l'avoit toûjours suivi. Plusieurs Arabes & Bérébéres le joignirent en chemin, dans le dessein de chasser l'oncle pour remettre le neveu en possession de l'Empire. Comme il fut arrivé devant la ville, les habitans qui n'avoient point eu part à l'entreprise, fermérent les portes & prirent les armes, particuliérement ceux qui étoient de la Cour, & qui dépendoient du Roy *. Mais les autres qui l'avoient fait venir, accoururent aussi tost, & faisant souslever le peuple sous le nom du jeune * Prince dont on procuroit la délivrance, le firent entrer, aprés l'avoir fait jurer sur l'Alcoran, qu'il ne feroit ni ne souffriroit qu'on

LIVRE CINQVIE'ME.

fist aucun dommage aux bourgeois, & qu'il remettroit en liberté le jeune Prince, & luy rendroit la Couronne. Cependant, le Roy s'estoit déja sauvé par vne fausse porte de son Palais, qui regardoit la montagne, & avoit tiré du costé de Numidie, avec ses femmes & ses enfans, & ce qu'il avoit de plus précieux, accompagné de ceux qui l'avoient voulu suivre. Barberousse maistre de la ville, mist aussi-tost en liberté le jeune Prince, qui estoit prisonnier dans la forteresse. Mais quelques jours aprés feignant d'aller prendre congé de luy, pour se retirer à Alger, il se saisit de sa personne, & le fit pendre le mesme jour avec ses sept fils aux pilliers de la galerie, où ils furent estranglez avec la toile de leurs turbans. Non content de cela, il donna ordre qu'on luy amenast tous ceux que l'on pourroit rencontrer de cette famille, & les jetta luy-mesme dans vn estang, où ils se noyérent, prenant plaisir à leurs postures & à leurs grimaces. Il se défit ensuite de tous les principaux amis du jeune Prince, qui l'avoient solicité de venir, de-peur qu'ils ne conjurassent contre luy, & se fit proclamer Roy de Trémécen, sous l'autorité du Grand-Seigneur, puis s'alla emparer du reste des places : à quoy il employa quelque tems, jusqu'à ce qu'il fut chassé de Trémécen, & tué par Martin Argote.

Barberousse maistre de Trémécen, aprés les cruautez que nous avons dites, envoya le Corse son camarade * avec cinq cens Turcs, & plusieurs Arabes & Bérébéres de son parti, contre les autres, qui s'estoient souslevez au bruit de la tyrannie. Ce Corse fit tant de maux, que ceux de Trémécen se repentirent d'avoir introduit dans leur ville vne nation si cruelle & si barbare ; & tant ceux qui les avoient appelez que les autres, se liguérent ensemble pour les chasser, & pour appeler le Prince * dépossédé : Mais outre leur impuissance, la conspiration fut découverte, & plusieurs des conjurez furent massacrez. Cependant, le Prince échapé des mains de ses ennemis, se retira avec quelques-vns de son parti à Oran, dont le Gouverneur Diégo de Cordoüa en donna aussi-tost avis à Charles-Quint, qui n'estoit pas encore Empereur, & luy représenta comme ce Prince avoit esté vassal de son ayeul *, & imploroit son se-

* Escander.

La prise de la forteresse de Calaa, & la venuë d'vne armée en faveur du Prince dépossédé.

* Buhamu.

* F[...]

cours contre les Turcs, qui l'avoient dépouillé de son Estat. Charles-Quint commanda qu'on luy donnast deux mille hommes, & quelque cavalerie qui estoit dans Oran, & qu'on prist pour ostages les fils & les fréres des Chefs Arabes qui l'avoient suivi. Cela fait, le Gouverneur donna le commandement de toutes ces troupes à Martin Argote, natif de Cordoüe, avec ordre de ce qu'il devoit entreprendre. Plusieurs Arabes & Africains du parti du Prince *, se joignirent à luy, & il fut arresté qu'on iroit attaquer la forteresse de Calaa ; où s'estoient jetté cinq cens Turcs, sous le commandement du Corse * dont j'ay parlé. C'est vne place importante, entre Alger & Trémécen, dont il se faloit rendre maistre, pour empescher le secours d'Alger. D'ailleurs l'on consideroit que si Barberousse venoit au secours, il donneroit moyen à ceux de Trémécen de se souslever en son absence, & que s'il n'y venoit pas, on estoit assuré de prendre la place. L'armée estant arrivée devant, l'assiégea de tous costez, & aprés avoir distribué les quartiers, fortifia de fossez & de palissades les endroits par où les ennemis pouvoient faire des sorties. Les Turcs se défendirent vaillamment, & à coups de mousquets écartoient les Maures & les Chrestiens de leur rempart. Vne nuit mesme que le camp estoit fatigué des veilles continuelles, ils chargérent à la pointe du jour trois cens Espagnols qui estoient en garde prés d'vne fontaine, & les prenant au dépourveu, les égorgérent, sans qu'il s'en sauvast vn seul. Quelque tems aprés ils firent vne autre sortie vers le mesme quartier ; mais comme on estoit sur ses gardes, ils furent repoussez avec perte, & le Corse fut blessé d'vn coup de mousquet à la jambe. Cependant, la pluspart des Maures qui estoient au service de Barberousse se vinrent rendre au camp ; ce qui obligea la garnison à livrer la place, à la charge de se pouvoir retirer où il leur plairoit. Mais on leur manqua de parole : car comme ils sortoient, le fils d'vn Capitaine Arabe ayant reconnu le Corse à vn bouclier qu'il avoit osté à son pere, dont il avoit forcé les femmes, le luy arracha des mains, & secouru de trente de ses fréres, qui y accoururent, ils taillérent en pieces les Turcs, sans qu'on en pûst

* Buhanu.

* Escander.

LIVRE CINQVIE'ME.

fauver que feize, qui embraſſérent les eſtriers du Roy, & du Général Eſpagnol. Les Chreſtiens entrérent auſſi-toſt dans la ville, & la ſacagérent. Aprés quoy on la remit entre les mains du Prince *, qui y laiſſa garniſon, & l'on retourna à Oran, pour marcher delà à Trémécen. *Buhamu.

Lors-qu'on fut de retour à Oran, le Général Eſpagnol s'embarqua avec cette meſme armée, & vint deſcendre à Areſgol, où la pluſpart des troupes du Roy ſe rendirent par terre. Il marcha donc en bon ordre vers Trémécen, qui n'en eſt eſloigné que de ſept lieuës, ſans trouver aucun obſtacle ſur le chemin, a cauſe de l'averſion qu'on avoit pour les Turcs. Si-toſt qu'on fut arrivé à la ville, les habitans ouvrirent les portes à leur Souverain *, & Barberouſſe ſe jetta dans le chaſteau, où on l'aſſiégea. Il ſe défendit courageuſement, & fit d'heureuſes ſorties, juſqu'à ce qu'il fuſt contraint de ſonger à la retraite faute de vivres, & de ſe ſauver avec les Turcs par vn conduit qu'il avoit fait creuſer ſous terre, ou ſelon quelques-vns par vne fauſſe-porte, avec tout l'or & l'argent qu'il put emporter. Mais ayant eſté découvert, il fut ſuivi des Chreſtiens. Et pour les arreſter il laiſſoit couler de tems en tems de l'or & de l'argent par le chemin. Cét artifice fut inutile, car le Général Eſpagnol * s'eſtant mis à ſes trouſſes en perſonne l'ateignit prés d'vne coline où il fit ferme à la faveur de quelques ruines d'vne ancienne foretereſſe; Le combat fut ſanglant, & le Général Eſpagnol acheta chérement la défaite du tyran qui fut tué avec tous ſes gens. De là il retourna à Trémécen, où il fut receu avec de grandes acclamations, pour avoir délivré le pays de cette peſte, & envoya au Gouverneur d'Oran la teſte de Barberouſſe avec ſa veſte qui eſtoit de velours rouge en broderie d'or, & ce Gouverneur en fit préſent à vn Monaſtére de Cordoüe * où il eſt enterré, & l'on en fit vne chape qu'on appelle encore Barberouſſe. Cependant, le Prince Arabe partit d'Oran pour aller prendre poſſeſſion de la Couronne & fut receu dans Trémécen avec joye. Il contenta fort bien tous les Officiers & les ſoldats, & s'offrit pour perpétuel vaſſal au Roy d'Eſpagne, luy envoyant tous les ans douze mille

De la priſe de Trémécen, & de la mort de Barberouſſe.

*Buhamu.

*Martin Argote.

*nommé S. Iéroſme.

V u iij

piſtoles, douze chevaux & ſix gerfaus fémelles; ce qu'il continua juſqu'à la mort. Aprés cette victoire Martin d'Argote retourna à Oran, & s'embarqua ſur la flote d'Eſpagne qu'il trouva à Marſa-qui-vir. Sur la nouvelle de cette mort, les Turcs d'Alger mirent Airadin en la place de ſon frere Barberouſſe, dont il prit le nom. C'eſt luy qui a tant remporté de victoires par terre & par mer ſur les Chreſtiens & ſur les Maures, & qui a eſté depuis ſous Soliman Capitaine de la mer & Roy de Tunis. Il fortifia la ville d'Alger, prit le Pégnon de Vélez ſur les Chreſtiens, & fit vn grand mole dans la mer pour mettre à couvert ſes vaiſſeaux. Il s'empara depuis de pluſieurs places, & enfin de tout le Royaume de Trémécen, & aprés la perte des armées navales d'Eſpagne, il rendit la ville d'Alger, & riche des dépoüilles des Chreſtiens, & fameuſe par la multitude des captifs qu'elle fait ſur eux tous les jours.

La défaite d'Vgo de Moncade prés d'Alger.

Martin d'Argote arrivé à Oran trouva au port de Marſa-qui-vir, Dom Vgo de Moncade qui voguoit contre cette ville avec l'armée navale d'Eſpagne, parce-que Buhamu & le Gouverneur de Trémécen, s'eſtoient offerts de l'aller aſſiéger par terre, pour dénicher de là ces Corſaires qui incommodoient ſi fort le Royaume de Trémécen, & faiſoient tant de deſordre ſur la coſte d'Eſpagne. Moncade commandoit pluſieurs bonnes troupes, & avant que de ſortir du port, il réſolut avec les Chefs d'aller enlever du beſtail dans les plaines de Cefine, qui eſt vne grande habitation prés d'Oran, où ſont pluſieurs Aduares d'Arabes & de Bérébéres. Prenant donc la route du vieux Arzée pour tromper les eſpions des Maures, qui eſtoient aux portes d'Oran, ils tournérent tout court ſur le minuit vers cette habitation; Mais ils ne purent arriver avant le Soleil levé, acauſe que leur guide les jetta dans vne ravine ſi eſtroite, qu'ils eurent de la peine à s'en tirer. Alors ils donnérent ſur trente-cinq villages d'Arabes, qui eſtoient dans ces cabanes, & les prenant au dépourveu, parce-que leur cavalerie s'eſtoit avancée vers Arzée, ils enlevérent quinze mille pieces de gros & de menu beſtail qui eſtoient dans les montagnes voiſines; mais tout le reſte de ces Barbares s'eſtant ſauvé, ils ne firent que cent ſoixante priſonniers, &

LIVRE CINQVIE'ME.

retournérent victorieux à Oran avec ces dépouilles. Au mesme tems, les troupes s'estant embarquées arrivent avec bon vent sur la coste d'Alger, où elles débarquent au Couchant de la riviére de Métafus, puis marchent en bon ordre droit à la ville où Barberousse n'estoit pas trop en seureté, acause qu'il avoit peu de Turcs, & qu'il se défioit des Maures, particuliérement si le Gouverneur de Ténez venoit par terre, comme le bruit en couroit. Voyant donc que ceux d'Alger détournoient leur argent & leurs pierreries, & que quelques-vns emmenoient leurs femmes & leurs enfans; il fit defense de sortir sur peine de la vie, se faisant fort de les défendre avec sa garnison. Sur ces entrefaites arrivent les Arabes & les Bérébéres de son parti, qui escarmouchérent quelque tems contre les Chrestiens avec assez de perte, de part & d'autre. Moncade considérant qu'il ne luy arrivoit point de secours de Tréméçen ni de Ténez, & que le nombre des ennemis augmentoit tous les jours; il craignit quelque trahison, & embarqua tous ses gens la nuit: neantmoins le lendemain matin, il receut nouvelle du Gouverneur de Ténez, qui luy mandoit qu'il arrivoit à son secours de grandes troupes. Cela l'arresta encore cinq jours, au bout desquels, voyant que ces troupes n'estoient pas suffisantes pour attaquer la ville & défendre son camp; Il commanda de faire aiguade, en résolution de partir: Mais sur le soir presque à Soleil couché, il s'éleva vn vent d'Orient si impetueux, que tous les petits vaisseaux & quelques gros navires se brisérent contre la coste; le reste relascha en pleine mer & se sauva à grand'peine. Entre les autres vaisseaux qui firent naufrage, il y en avoit vn, où estoit vne partie des soldats du regiment de Naples & plusieurs Gentilshommes & Officiers; parce-qu'il estoit fort grand & chargé de beaucoup d'artillerie, de munitions & de vivres. Ils se défendirent vaillamment contre les Maures, & se fussent tous sauvez s'ils eussent attendu deux jours: car les galéres retournérent aprés la tourmente pour recueillir le débris du naufrage: mais auparavant Barberousse sortit de la ville, & leur envoya vn Maure qui portoit vn étendart de paix, leur donner parole qu'il les mettroit en liberté, & leur fourniroit des vaisseaux pour repasser en Espagne, pourveu qu'ils luy rendissent les armes & l'artillerie. A quoi ils consentirent, encore qu'ils fussent assez forts pour se défendre quelque tems dans le navire. Dés qu'ils furent descendus à terre, les Arabes se voulurent jetter sur eux ; mais Barberousse envoya deux cens Turcs pour leur servir d'escorte, & comme ils furent devant luy, il demanda aux Officiers, si la Noblesse ne devoit pas tenir sa parole à la guerre ; ayant répondu que ouy : Martin d'Argote, dit-il, donna parole aux Turcs qui estoient dans Calaa de les laisser aller, & les fit tous tuer aprés ; vous servirez de represaille, mais je ne vous feray point mourir, & me contenteray de vous retenir pour esclaves. Cette victoire acquit du bien & de la réputation à Barberousse. Cela arriva l'an mille cinq cens dix-sept, au tems que Martin Argote fut tué avec son frere au siége de Tréméçen.

Du secours qui fut envoyé au Roy de Tréméçen & qui perit.
* Buhamu.

*Amete Abuzyen.

* Abuhamu.

* Almansor.

Le Roy de Tréméçen* que les Espagnols avoient remis sur son trône, paya toute sa vie la reconnoissance qu'il avoit promise au Roy de Castille. Aprés sa mort son frere Abdala à la persuasion de quelques Alfaquis & de Barberousse, qui l'assuroit de la protection du Grand Seigneur, rompit le traitté, sans vouloir plus rien payer. Il vescut ainsi, & régna quelques années ; mais estant mort, au lieu de son fils aisné qui luy devoit succéder, Barberousse mit en sa place le cadet*, qui estoit alors dans Alger, afin de se donner entrée par là dans le pays. Abdala qui estoit l'aisné a recours à l'Empereur Charles-Quint, pour se rétablir & s'offre d'estre vassal aux mesmes conditions que son ayeul*. De-sorte que Charles-Quint manda au Comte d'Alcaudete Gouverneur d'Oran, qu'il luy donnast six cens soldats Espagnols pour le conduire dans Tréméçen. Cette troupe partit d'Oran sous la conduite d'Alfonse Martinez, avec quatre cens chevaux Maures qu'avoit Abdala, & quatre pieces d'artillerie, sur l'espérance que dans la marche, ses troupes se grossiroient de plusieurs autres du parti. Cependant, le cadet qui régnoit, envoya son Mézuar* qui estoit Gouverneur de Béni Arax, pour empescher les Arabes & les Bérébéres de secourir son frere : A quoy il travailla si bien qu'il qu'il y en eût peu qui l'alaſſent joindre. Quand les Eſpagnols furent arrivez à la riviére de Zis, qui traverſe les campagnes de Ciret, & eſt à ſix lieuës d'Oran, & qu'il vit que le ſecours attendu ne venoit point; quelques-vns conſeillérent à Martinez de ne paſſer pas outre ſur la crainte d'vne trahiſon: Mais il répondit que ceux de ſa maiſon ne tournoient point le dos, & continuant ſa route, il vint à la riviére de Cénan, où il ſe retrancha pour paſſer la nuit. Le lendemain il arriva au Tibde * & aux bains qui portent le nom de cette riviére, & qui ſont à cinq lieuës de Trémécen, ſans qu'vn ſeul Maure l'eut joint dans le chemin; parce-que le Mézuar l'empeſchoit, mais quand le Mézuar ſeut que les Eſpagnols eſtoient arrivez-là, il envoya les Arabes & ceux de la ville eſcarmoucher contre eux. Il vint donc vne ſi grande foule de Maures, que Martinez fut contraint de ſe retirer entre quelques ruines pour ſe remparer contre la cavalerie. Alors les Maures de ſon parti qui ne ſont pas bien-aiſe d'eſtre renfermez, commencérent à deſſerter peu à peu; & leur retraite euſt eſté avantageuſe aux Eſpagnols, ſi leur Chef euſt voulu ſe jetter dans Tibde, qui eſtoit à Abdala, en attendant du ſecours d'Oran. Car quand il eut tardé quelques jours, c'eſtoit vne ville fermée de murailles, où il y avoit dequoi ſubſiſter; mais il ne voulut croire aucun conſeil que le ſien, & envoya vn Iuif prier le Mézuar de luy livrer paſſage. Le Maure voyant la foibleſſe de Martinez, vint auſſi-toſt dans Tibde avec tous les Arabes & Bérébéres, ſous prétexte de traitter, & pendant qu'on parlementoit, les Maures entrérent en gros dans les retranchemens des Chreſtiens, & les prirent ou les tuérent tous, puis emmenérent l'artillerie. Le Capitaine Balboa y mourut avec tous ſes ſoldats, qui ne ſe voulurent jamais rendre & combatirent vaillamment juſqu'à la mort. Et Martinez fut mené à Trémécen avec treize priſonniers ſeulement. Enfin de tous les Eſpagnols, il ne s'en ſauva que vingt qui ſe retirérent avant la venuë du Mézuar, ſous la conduite de quelques guides, & retournérent à Oran.

* ou ſcer.

Depuis cette défaite, Abdala retourna ſupplier l'Empereur de luy donner de plus grandes forces pour rentrer dans

De la priſe de Trémécen, & du

Partie II.

rétablissement d'Abdala par le Comte d'Alcaudete.

Trémécen. Ce qu'il obtint par l'entremise du Comte d'Alcaudete, à qui l'Empereur commanda d'aller en personne à cette entreprise, & aprés s'estre rendu maistre de la place, de la remettre entre les mains d'Abdala qui s'estoit fait son vassal. Aprés avoir donc assemblé quantité de munitions, & de vivres, & toutes les choses necessaires, & fait grand nombre d'infanterie & quelque cavalerie dans l'Andaloufie:

1544.
* Dom Alonso, Dom Martin, Dom Francisco.

Il partit d'Oran avec neuf mille hommes de pied & quatre cens chevaux, accompagné de ses trois fils*, & prit la route de Trémécen. D'autre-costé Hamet Buzeyen assembla les Arabes & les Bérébéres de son parti, & les envoya avec les troupes de la ville, pour donner bataille au Comte, sous le commandement du Mézuar son beau-pere, qui se vint camper à deux lieuës de-là pour ce sujet. Le Comte estant à la veuë des ennemis, fit deux gros de son infanterie de quatre mille hommes chacun, l'vn devant, & l'autre derriére, avec le bagage au milieu. Il jetta la cavalerie sur vne des ailes avec quelques volontaires, & à costé des bataillons, deux manches de mousquetaires de cinq cens hommes, chacune à quelque distance des bataillons. En cét estat, le Comte attendit les ennemis, deffendant à tous les soldats sur peine de la vie de quitter leur rang. Le Mézuar venoit avec tous ses gens en gros, selon la coustume des Maures, & comme il fut proche, il fit attaquer le Comte de toutes parts pour mettre ses troupes en desordre, mais elles soûtinrent courageusement le choc, & par de fréquentes décharges écartérent les ennemis, & en tuérent plusieurs. On marcha toute cette aprés-disnée là en combatant, jusques à ce qu'on arriva à vn fort fait de facines & de grans gabions, où le Mézuar avoit mis de l'eau & des vivres pour rafraichir ses troupes. Le Comte punissoit si rigoureusement ceux qui se débandoient, que personne n'osoit sortir de son rang. Le fort pris, les Chrestiens y passérent la nuit, & le lendemain matin l'armée marcha en bon ordre jusqu'aux portes de Trémécen; où ayant appris que le Roy en estoit sorti, aprés avoir empoisonné les puits, & que la plus part de ses gens l'avoient abandonné pour passer du costé de son ennemi; On entra dans la ville que l'on sacagea d'vn bout à l'autre, tuant ou faisant prisonnier tout ce qui s'y rencontra. Abdala se logea dans la forteresse, & pour mieux s'establir espousa les filles des principaux Chefs & Gouverneurs, & particuliérement celle d'vn renégat *de *Hasten. Biscaye, qui estoit riche & fort vaillant, & qui estoit passé de son costé avec quantité de troupes. On demeura là quarante jours, pendant lesquels on fit plusieurs courses dans le pays dont on revint avec quantité de troupeaux & de butin ; Mais on y perdit plus de mille soldats. Vn jour deux compagnies qui estoient en garde dans des moulins * *appelz Catha. furent attaquées par les Maures qui tuérent plus de deux cens hommes & gagnérent les enseignes qu'ils promené-rent par tout, pour obliger ceux de la contrée à prendre les armes. Le Comte ayant appris que l'ennemi *avoit ras- *Hamet. semblé les Bérébéres des montagnes, & les Arabes des de-serts, & qu'il imploroit le secours d'Alger, résolut de partir aprés avoir executé l'ordre de son maistre, & remis la ville & le chasteau entre les mains d'Abdala ; En effet il prit aussi-tost la route d'Oran avec neuf piéces de campagne qu'il avoit tirées de l'arsenal du Roy, dont il y en avoit quatre qu'on avoit enlevées aux Espagnols dans la derniére dé-faite. Il ne se pût retirer si facilement qu'il estoit venu, parce-qu'il se trouva investi de plus de cent mille Maures qui l'ayant laissé passer, donnérent sur son arriére-garde, où l'on combatit jusqu'à vne heure de nuit, avec grand car-nage des ennemis. A la fin les fréquentes décharges de l'artillerie & des arquebuzes, firent retirer les Maures, & l'armée poursuivit sa route & vint à Oran, où elle fut re-ceuë avec grande allegresse.

Quelque tems aprés, le Roy * dépossédé assembla les *Hamet. Arabes des deserts, & les Bérébéres de Beni Arax, & prit *Des choses* la route de Trémécen, où Abdala le vint rencontrer, & luy *qui arrivé-* donnant bataille le défit. Mais comme il pensoit rentrer *rent depuis* dans la place, les habitans indignez du sac de la ville & des *dans Tré-* desordres que les Espagnols avoient faits dans tout le pays, *mécen jus-* luy fermérent les portes, & dirent qu'ils ne vouloient point *ques à ce* pour Roy vn homme qui livroit son peuple à leurs enne- *que les* mis. Il s'approcha des murailles essayant de les appaiser, & *Turcs s'en rendirent maistres.*

Xx ij

348 DV ROYAVME DE TREMECEN,
voyant qu'ils faifoient la fourde-oreille, & que fes gens mefmes l'abandonnoient, il prit la route des deferts avec foixante chevaux, pour émouvoir, s'il le pouvoit, les Arabes de fon parti, qui le tuérent depuis en trahifon. Il ne fe fut pas pluftoſt retiré, que les habitans envoyérent rappeller fon frére *, qui s'eſtoit fauvé dans vn chafteau voifin, d'où il revint en toute diligence, & fut receû avec grande allegreffe. Les Turcs d'Alger s'emparérent depuis de cét Eſtat, & obligérent le Roy à venir demander fecours à l'Empereur. L'an mille cinq cens quarente-fix, le Mézuar emmena fes deux fils en oſtages à Oran, où fe fit le traité avec le Comte d'Alcaudete. Enfuite ce Comte paſſa en Efpagne & leva deux mille hommes dans l'Andaloufie par l'ordre de l'Empereur, pour les conduire à Trémécen, puis s'embarqua avec la moitié, & laiſſa l'autre dans Malaga, pour les faire paſſer dans trois vaiſſeaux de haut-bord, & quelques galiotes. Le Comte eſtant arrivé à Oran, en tira huit cens hommes, tant de cavalerie que d'infanterie, & les joignant à mille qu'il avoit, il alla vers vne place forte * du parti, où il prit plus de deux cens habitans, qu'il trouva coupables: car eſtant alliez comme ils eſtoient, & ayant pris des armes dans Oran, pour fe défendre des Turcs, ils les avoient receûs dans la place, & leur ayant donné les armes qu'ils avoient voulu, ils s'eſtoient fouflevez avec eux. Le Comte de retour à Oran, fit pendre trois des principaux, & fit les autres efclaves; ce qui affura pour quelque tems le pays. Il partit depuis d'Oran, & campa feulement à demi-lieuë avec toutes les troupes, & dix pieces d'artillerie. Le lendemain il prit la route d'Agobel, qui eſt vne ville ruinée, & comme il fut proche, plufieurs Maures des alliez luy vinrent offrir leur fervice: ils venoient par familles ou lignées, comme ils ont de couftume, chacune felon fon rang. Là premiére eſtant arrivée, les principaux embraſſoient le Comte, & luy parloient; puis faifant faire quelques paſſades à leurs chevaux, donnoient lieu à d'autres de s'avancer & de venir faluër le Comte à leur tour. Il y vint plus de cinquante familles ou lignées de la forte, dont il y en avoit de cent chevaux, fans compter les gens de pied, & les moindres

*Hamet.

*Canaſtel.

LIVRE CINQVIEME.

estoient de plus de cinquante, tous avec la lance & le bouclier, & leurs chevaux richement enharnachez. Le Comte
marcha de la sorte prés de trois lieuës, & jusqu'au lieu où
estoit le Mézuar, oncle & beau-pere du Roy, en faveur duquel il venoit pour chasser les Turcs de son Estat qu'ils a-
voient vsurpé. Il avoit avec luy cinq mille chevaux, qui
pour féliciter le Comte de sa venuë, représentérent devant
luy vn combat qu'ils avoient gagné depuis peu contre les
Turcs, qui venoient pour fortifier Trémécen; ce qui se passa ainsi. Quelque trois cens arquebuziers Turcs marchoient
par la plaine, lors qu'vn Arabe * de leurs ennemis pria ses
compagnons de les venir attaquer, à la charge de donner le
premier. Comme ils n'en voulurent rien faire, il se mit vne
corde au cou, & jura de ne la jamais oster qu'il ne les eust
défaits. Voyant que tout cela ne servoit de rien, & qu'il ne
pouvoit vaincre leur appréhension, il prit six des plus belles
filles de leurs Aduares, & les mettant sur des chameaux, les
fit marcher vers les Turcs: Ie verray maintenant, dit-il, si la
jeunesse amoureuse veut laisser ce qu'elle a de plus précieux
entre les mains des Corsaires. Comme il les eut animez par
là, il fit passer devant, vne troupe de chameaux vuides, de
ceux qu'ils instruisent à choquer en gros les ennemis pour
les mettre en desordre, & ils partirent de la main avec tant
de furie, qu'on eust dit qu'ils n'eussent pas seulement rompu
vn bataillon, mais vn mur. Comme les Turcs eurent fait leur
décharge pour les écarter, les Arabes vinrent fondre dessus, & les enfoncérent; de sorte qu'ils les défirent à coups
d'épées. Les Maures représentérent ce combat devant le
Comte avec plus de quinze bandes de cinq cens chameaux,
chacune précédée de douze femmes sur douze chameaux, lesquelles accompagnées chacune des mieux faits de sa famille,
s'avançoient devant le Comte, & luy disoient, A la bonne
heure soit arrivé le restaurateur de l'Estat, le protecteur des
orfelins, le brave & l'honorable Chevalier dont on parle
tant; Souffrirez-vous, Seigneur, qu'vn autre soit maistre du
pays où vous estes? Elles luy dirent plusieurs autres galante-
ries en Arabe, qu'vn interprete expliquoit à mesure, & à
chaque fois les Maures jettoient de grans cris d'allegresse.

*ou simple-
ment avec for-
ce parures.*

Gitref.

350 DV ROYAVME DE TREMECEN,

Enfuite vint le Mézuar, qui embraſſa le Comte, & aprés quelque entretien retourna vers les ſiens, & fit efcarmoucher long-tems ſes cinq mille lanciers en corps, ſans qu'en vn ſi grand nombre vn ſeul receût aucun déplaiſir. Le Comte aſſit ſon camp dans la ville d'Agobel, & fit planter ſa tente proche d'vne fontaine qui naiſt d'vne montagne voiſine, & jette le gros d'vn homme d'eau. Le Comte fut là trois jours en attendant les vaiſſeaux d'Eſpagne, qui portoient les mille hommes qu'il avoit laiſſez dans Malaga. Et voyant qu'ils n'arrivoient point, & que le tems ſe perdoit, prit la route de Trémécen, & s'arreſta encore dix jours dans vne ville à les attendre. Pendant ce tems-là on s'exerça fort à ſauter, luter, courir tant à pied qu'à cheval, jetter la barre & autres ſemblables exercices les vns contre les autres. Vn Chreſtien lutant contre vn Maure, luy fit ſortir quantité de ſang par la bouche en le preſſant; mais le Maure luy donna le croc-en-jambe, & l'ayant fait tomber ſous luy, eut l'avantage, & luy mit le genoüil ſur l'eſtomac. Enſuite les Chreſtiens & les Maures pourſuivant enſemble leur route, vinrent en vne Moſquée* où eſt enterré vn Morabite qui eſt en grande vénération, & demeurérent là ſeize jours, juſques à ce qu'on eut nouvelle que les ſoldats qu'on attendoit, étoient à quatre lieuës delà *, ſans pouvoir aborder à cauſe du vent contraire. Auſſi-toſt le Comte prit la moitié de ſes troupes, & les ayant joints les ramena au camp, & continua ſon chemin. Comme il fut aux ruines de Cénan, il eut avis que le Gouverneur * d'Alger venoit avec douze cens Turcs pour ſe jetter dans Trémécen, ou le combatre; ce qui l'obligea à retourner ſur ſes pas, pour l'aller rencontrer: mais pour ſa ſeureté il fit jurer tous les Chefs d'entre les Maures de le ſervir fidélement, ſans l'abandonner, juſqu'au reſtabliſſement du Roy *, ce qui ſe fit en cette ſorte. On pendit vn Alcoran à vn turban, que deux cavaliers tenoient des deux coſtez, & levoient en haut avec leurs bras; & tous les Chefs & tous les gens de condition d'entre les Maures paſſant deſſous, promettoient d'accomplir ce que le Comte deſiroit en mettant la main ſur le livre, & puis l'abaiſſant; cette cérémonie dura toute vne apreſdiſnée. Les

marginalia:
* la Rabita de Ziz.
* Cap de Figel.
* Haſſen Aga.
* Muley Hamet.

habitans de Trémécen avoient envoyé dire alors au Mézuar, qu'ils chasseroient les Turcs, pourveu qu'ils n'amenassent point les Espagnols, & qu'ils mettroient leurs forces entre les mains de qui il voudroit. Mais il leur respondit, que ceux qui avoient trahi leur Prince, ne méritoient pas de vivre, & qu'il menoit les Espagnols pour les égorger. Pour retourner à nostre Histoire, le Comte marchant en intention de rencontrer le Gouverneur d'Alger, arriva à la riviére de Ziz, où l'on avoit pris le plaisir de la chasse, & des exercices militaires avec les Maures, & alla coucher delà à Arbe de Mélione, & le troisiéme jour à Agobel, puis passant la riviére de Férilet, campa à vne lieuë & demie des Turcs, pensant qu'ils fussent plus loin. Mais ils ne l'eurent pas plustost appris, qu'ils reprirent la route d'Alger, d'où le Gouverneur envoya vn Officier * & vn Morabite de ses *Iasir. amis, qui estoit en grande considération, prier le Mézuar de laisser sortir la garnison Turque de Trémécen, & de luy donner escorte, à la charge de luy remettre entre les mains la ville. Le Mézuar s'y accorda, & aprés avoir dressé les articles du traité, la garnison de Trémécen vint en son camp, & quelques Espagnols demandérent permission au Comte de l'aller voir, & eurent le plaisir d'assister à la cérémonie des funérailles de cét Arabe que nous avons dit qui avoit attaqué si généreusement les Turcs, & qui estoit mort d'vn coup qu'il avoit receû au combat. La cérémonie se fit en cette sorte. Vne Maure estoit debout, ayant devant soy de grandes timbales desaccordées, qu'elle battoit de grande force. Prés d'elle il y avoit quatre autres filles, & plus loin vn grand nombre, qui alloient & venoient vers les timbales, & quelquefois tournoient autour. Ce qu'elle joüoit sur la timbale, elle le chantoit, & les quatre premiéres luy respondoient; puis toutes les autres ensemble, les cheveux épars, jettoient de grans cris, & s'égratignoient le visage de telle furie, que le sang couloit en terre, où prenant des poignées de poussiére, se la jettoient sur le visage, & cette poussiére se meslant avec le sang & la sueur, elles ressembloient plustost à des demons qu'à des femmes. Elles firent cela tout le jour, jusques à ce que n'en pouvant plus elles se jettent par terre. Cette coustume est assez ordinaire entre les Arabes, quand il meurt quelque Prince, ou quelque personne de qualité, & dure quelquefois trois mois, & tantost vn an & plus, selon la grandeur de la perte. Ils racontent en ces chants funebres tout ce qu'a fait le défunt depuis son enfance, sans oublier la moindre chose. Mais pour reprendre nostre discours, les Espagnols qui s'estoient allé réjouïr au camp des Maures, ayant remarqué que les Turcs avoient arboré leur enseigne, & croyant qu'elle devoit estre pliée devant celle de l'Empereur, ils en donnérent avis au Comte, qui envoya de grand matin des troupes sur leur chemin pour la leur faire abatre. Les Turcs s'en plaignirent comme d'vne violence, & envoyérent appeller le Mézuar, qui dit à l'oreille de Soto, qui commandoit les Espagnols, que c'estoit l'enseigne du Roy de Trémécen, qu'il envoyoit à celuy d'Alger : Mais le Commandant répondit, que le Turc qui la portoit la devoit abatre, & la plier devant celle de l'Empereur. Le Mézuar la prit pour le faire : mais le Soto ne s'en contenta pas, & dit que c'estoit au Turc à le faire luy mesme, & à l'oster du baston. Enfin le Turc fut obligé d'obéïr, quoy qu'à grand regret, & Soto retourna au camp avec quatre soldats seulement, qu'il avoit amenez avec luy. Le Comte voyant les Turcs hors de Trémécen, qui estoit le sujet de sa venuë, résolut d'aller attaquer Mostagan; mais le Mézuar ne voulut pas aller avec luy, sur ce qu'il estoit obligé de se trouver dans Trémécen en cette occasion, où sa présence estoit necessaire. Le Comte le congédia donc, en disant, qu'il se passeroit de luy, & qu'il prendroit bien tout seul, & sans son aide Mostagan, & ainsi ils se séparérent ; mais auparavant le Comte estoit allé avec quelques troupes à Oran, qui n'étoit esloigné que de sept lieuës, & en avoit amené quelques pieces de baterie ; de-sorte qu'il marcha aussi-tost contre Mostagan, faisant trainer chaque piece par quarente mules rengées deux à deux. De la riviére de Férilet où il campoit, il arriva le premier jour à celle de Ciquinaqui, & delà à Huet Abra, & au fleuve de Cusnac, puis à vn logement où il y a quelques puits, tournoyant plus de cinq lieuës,

pour

LIVRE CINQVIE'ME.

pour camper au lieu mesme où estoient les Turcs lors qu'ils prirent cette ville. Il passa donc le vingt-vniéme d'Aoust à Mazagran, où les troupes se rafraichirent dans des vergers pleins de toutes sortes de fruits. Le mesme jour l'armée arriva à Mostagan, où elle campa sur vn tertre, d'où l'on tira sur l'heure plus de cent coups de canon contre la ville. Les Turcs n'avoient que deux fauconneaux, qui furent aussi-tost démontez. Et cependant, le Comte fit tourner ceux d'Oran autour de la ville pour la mieux reconnoistre, & il y en eut deux de tuez d'vne sortie, & cinq de blessez. On apprit le lendemain de quelques Maures qu'on fit prisonniers, que c'estoit la place la plus riche de la Barbarie, parce-qu'on y avoit retiré tout le bien des pays d'alentour, & que les Turcs y avoient renfermé tout le butin du Royaume; qu'ils n'estoient que quarente-deux, qui contraignoient ceux de la ville de se défendre, quoy-qu'ils fussent plus de douze mille, & les empeschoient de se rendre aux Espagnols. Sur ce rapport, le Comte fit batre la ville trois jours durant, & voyant qu'ils ne parlementoient point, porta sa baterie, & se campa d'vn autre costé qui luy sembloit plus foible, & où il estoit plus aisé de donner l'assaut. Sur ces entrefaites, la poudre commença à manquer, de sorte qu'on ne pouvoit en donner aux soldats, & continuer la baterie, il dépescha vn brigantin à Oran, qui fut deux jours à revenir, ce qui donna lieu à plusieurs Turcs de se jetter dans la place. C'estoit la garnison qui venoit de sortir de Trémécen, & qui ayant seû que les Espagnols marchoient contre Mostagan, avoit pris cette route, & entrainé avec elle plus de vingt-cinq mille Maures, tant à pied qu'à cheval. Là-dessus le canon ayant fait breche raisonnable, le Comte y fit monter quinze drapeaux, n'en laissant que trois pour la garde du camp. Les soldats montérent courageusement à la breche, où les Turcs se mirent en défense avec tant de résolution, qu'vn seul sembloit suffisant pour la défendre, & il n'en estoit pas plustost tombé vn qu'vn autre prenoit sa place. Quarente Espagnols estant montez sur la breche, arborérent cinq drapeaux sur le mur ; mais ils n'y furent pas plustost, qu'on les arracha. Le combat dura plus d'vne heure, avec grand meurtre de part & d'autre ; mais plus du costé des Chrestiens, qui combatoient à découvert. Ils se retirérent donc en desordre, suivis des Turcs & des Maures, qui les menérent batant jusques dans leur camp. Il mourut deux cens Chrestiens en cette rencontre ; mais il y en eut vn plus grand nombre de blessez *. Surquoy le Comte ralliant le plus de gens qu'il pût, attaqua les Turcs, & les rechassa du camp. Quelques-vns luy conseillérent d'encloüer l'artillerie, & de couper le jaret aux chevaux, puis se retirer la nuit dans quelques navires qui estoient là ; mais il respondit qu'il mourroit plustost que de suivre vn conseil si lasche, & fit tant qu'au point du jour ils estoient prés de la mer avec toutes les troupes & le bagage. On encloüa seulement vn canon qui se trouva démonté. Tous les blessez, & ce qui n'estoit pas en estat de combatre, s'embarqua sur vn galion dés la nuit. Cependant, deux traistres donnérent avis à Mostagan de la retraite, dés que l'on commença à la faire ; de-sorte que les Turcs sortirent le matin en bon ordre, suivis de plus de quinze mille Maures à pied, & de trois mille chevaux, en résolution de donner bataille. La peur avoit tellement gagné les soldats, qu'ils songeoient plustost à se sauver qu'à combatre. Mais le * fils du Comte, qui fut depuis Marquis de Cortez, prit vne pertuisane à la main, & par sa résolution, qui fut plus puissante que la honte, fit tourner teste à quelques soldats qui entroient déja dans l'eau, & commença à les renger en bataille. D'autre-costé, Loüis de Ruéda, brave Capitaine de cavalerie, voyant que les ennemis venoient à la course, pour se jetter parmi les Chrestiens, rallia quelque soixante chevaux, & criant Saint Iacques, qui est le Patron d'Espagne, donna dans le plus fort de la bataille où estoient les Turcs, & les mit en fuite. L'infanterie voyant cela, vn bataillon de cinq cens soldats le suivit, & donnant de furie sur les ennemis, les rompit & les fit retourner plus viste qu'ils n'estoient venus. Les Maures s'estant retirez, le Comte rallia ses troupes du mieux qu'il pût, & sur le soir prit la route d'Oran, sans estre attaqué le reste du jour ; de-sorte que la nuit les troupes firent six lieuës, & le lendemain au passage d'vne riviére, il ren-

*250.

*Dom Martin de Coréoüé.

LIVRE CINQVIE'ME.

contra quelques Turcs & quelques Maures; mais ils ne furent pas capables de l'empefcher de paſſer, & il arriva ce jour-là au port d'Arzée, où il vit les ruines de cette fameuſe ville. Le lendemain il vint à Oran, d'où il y avoit cinquante-ſept jours qu'il eſtoit parti. Muley Hamet demeura donc Roy de Trémécen, & regna paiſiblement juſqu'à la mort, entretenant toûjours amitié avec Haſcen Aga, Gouverneur d'Alger, & depuis avec Salharraes, qui luy ſuccéda. Aprés ſa mort, Muley Haſcen ſon frére, & grand ami de Salharraës, fut mis en la place du défunt par Salharraës, à la charge qu'il luy remettroit entre les mains les fortereſſes de l'Eſtat. Mais Muley Haſcen s'en reſſentit au bout de quatre ans, acauſe de l'inſolence des Turcs, & traita avec le Comte d'Alcaudete pour les chaſſer. Mais les Turcs en ayant eu le vent ſoûlevérent contre luy les Arabes & les habitans, & le contraignirent de ſe ſauver avec ſon train & ſa famille à Oran, où il mourut de la peſte au bout de trois ans, comme il eſſayoit de recouvrer ſon Royaume. Il laiſſa vn fils de l'âge de ſix ans, qui ſe fit Chreſtien, & fut nommé Dom Carlos; à qui Philippe ſecond donna depuis quelque eſtabliſſement en Caſtille. Depuis ce tems le Chérif Mahamet s'étant rendu maiſtre du Royaume de Fez envoya ſes deux fils* s'emparer de Trémécen; mais les Turcs les en chaſſérent, & tuérent en vn combat vn autre fils du Chérif*; celuy là meſme qui regne aujourd'huy, Muley Abdala, fut bleſſé : & à la fin cét Eſtat demeura au pouvoir des Turcs, qui le poſſédent encore apréſent, ou du moins la plus grande partie.

* Muley el Harran, Muley Abdala.

* Muley Abdel Cader.

CHAPITRE XII.

De Hubet.

CETTE ville eſt comme vn fauxbourg de Trémécen, dont elle n'eſt eſloignée que de demi-lieuë du coſté du Midi, & eſt aſſiſe ſur vne montagne. Les Hiſtoriens diſent, qu'elle a eſté baſtie par les Romains, & nommée Emméniaria, que Ptolomée met à douze degrez cinquante minu-

356   DV ROYAVME DE TREMECEN,
tes de longitude, & à trente-deux degrez dix minutes de latitude. Il y a vn fameux fepulcre, où l'on dit qu'eſt enterré vn Morabite * fort reveré parmi les Maures: il eſt dans la grande Moſquée, & l'on y deſcend par pluſieurs degrez. Prés de cette Moſquée eſt vn collége & vn hoſpital, pour les pauvres eſtrangers, & l'vn & l'autre a eſté baſti par le quatriéme Roy de Fez*, comme on voit par l'inſcription en lettres Arabeſques, qui eſt ſur le portail en vne table d'albaſtre. Les habitans ſont comme ceux de Trémécen, & vivent de meſme. Ils trafiquent dans la montagne, & il y a force teinturiers, ſans autres choſes de remarque.

* Cidi bu Médian.

* Abul Haſcen.

CHAPITRE XIII.

De Téfezara.

C'EST vne grande ville, baſtie par ceux du pays, à ce que diſent les Ecrivains. Elle eſt dans vne plaine, à cinq lieuës de Trémécen, du coſté du Levant, & s'appelloit autrefois Eſtazile, que Ptolomée met à treize degrez vingt minutes de longitude, & à trente-trois degrez dix minuets de latitude. Tous les habitans preſque ſont forgerons, & ont pluſieurs mines de fer auſquelles ils travaillent. Les terres d'alentour abondent en bleds & en paſturages; mais le principal trafic eſt de fer, qu'on porte vendre à Trémécen & ailleurs. La ville eſt fermée de bonnes murailles, qui ſont fort hautes, & n'a rien de remarquable que ce que j'ay dit.

CHAPITRE XIV.

De Béni Arax.

C'EST vne province ou vn Eſtat particulier, qui a dix-ſept lieuës de long ſur neuf de large ; tout le coſté du Midi eſt vne plaine, & celuy du Nort n'eſt que colines, qui abondent en bleds & en paſturages. Les habitans ſont Bérébéres de la tribu de Magaroas, & de la lignée des Béni Arachides. Ils ſont diſtinguez en deux ; ceux des montagnes

LIVRE CINQVIE'ME.

demeurent dans des villages *, & travaillent aux champs & aux vignes: Les autres errent par les campagnes comme les Arabes; & comme plus riches, sont plus illustres, & ont quantité de chevaux & de chameaux. Il y a trois villes principales; Beniarax, qui porte le nom de l'Estat, est la capitale, & a plus de deux mille habitans, aussi est-elle la plus ancienne, & il y demeure quantité de Noblesse, & de gens de condition, quoy-qu'elle ne soit pas fermée de murs. C'est elle que Ptolomée appelle Villebourg, & qu'il met à douze degrez quarente minutes de longitude, & à trente-deux degrez de latitude. La seconde ville se nomme Calaa, elle est plus forte que la prémiére, & bastie sur la pente d'vne coline entre deux hautes montagnes. Elle est fermée de murailles garnies de tours; à la façon d'vne forteresse, & habitée de marchans & d'artisans qui sont à leur aise. C'est la place que prit Martin d'Argote, quand il fut contre Bubamu, & c'est-là que les Arabes tuérent ce Capitaine Corse* qui s'estoit rendu. Elle s'appeloit autrefois Altao, que Ptolomée met à douze degrez trente minutes de longitude, & à trente & vn degrez dix minutes de latitude. La troisiéme se nomme Mohascar, & n'est que comme vn bourg, où il y a vne forteresse que les Turcs ont achevée, qu'Imansor commença à bastir, parce qu'ordinairement vn Gouverneur y resiodit avec de la cavalerie. Les Turcs ont trois pieces d'artillerie & quantité de gens de guerre sous vn commandant que le Gouverneur d'Alger y envoye pour tenir en bride les Arabes qui errent par ces campagnes & qui ne sont jamais d'accord avec eux. On y tient vn grand marché tous les Ieudis, où les Arabes & les Bérébéres viennent vendre leur bestail, leur bled, leur orge, des raisins secs, du miel, de la cire, de l'huile, & autres choses semblables. Et les marchans y amenent de Trémécen & d'ailleurs des draps, des toiles, des baracans ou manteaux de pluye, des mantes, des tapis, des selles à piquer, des brides & des enharnachemens de chevaux, & plusieurs autres marchandises, & toute la contrée s'y vient pourvoir. Quelques-vns croyent que c'est la ville dont nous avons parlé au Chapi-

* & lieux fermez.

* Escander

tre précédent, que Ptolomée nomme Villebourg. Quoi-qu'il en soit, le peuple y est à son aise, & les Rois de Trémécen en tiroient quarente mille pistoles par an, & vingt-cinq mille hommes de combat dans l'occasion, tant cavalerie qu'infanterie tous braves gens & bien équipez. Les Turcs, comme j'ay dit, la possédent aujourdhuy.

CHAPITRE XV.

De Tézéla.

C'EST vne ville fort ancienne bastie par ceux du pays dans vne grande plaine qui a plus de sept lieuës de long & est à six lieuës d'Oran. Elle fut ruinée par le quatriéme Roy des Bénimérinis *, lors-qu'il faisoit la guerre à Trémécen, & n'a jamais esté repeuplée depuis. Les Bérébéres qui possédent cette contrée, errent sous des tentes comme les Arabes. Le pays est si bon qu'il fourniroit de froment & d'orge la ville de Trémécen, s'il estoit tout labouré. Ils ont outre cela quantité de chameaux & de chevaux, mais ils sont en perpétuelle crainte de ceux d'Oran qui font toûjours des courses dans ces quartiers, & en emmenent les troupeaux, & quelque-fois les villages tout entiers, comme n'estant composez que de tentes. Il n'est resté de la ville qu'vn petit chasteau fort d'assiete, où il y a vne belle cisterne pour recueillir les eaux de la pluye; mais les Maures n'y osent demeurer de-peur des Chrestiens. Le fils du Chérif vint jusques-là quand il eut pris Trémécen, & faisoit de cét endroit tous les jours des courses sur les terres d'Oran. Tézéla se nommoit autrefois Ariane, que Ptolomée met à treize degrez vingt minutes de longitude, & à trente degrez cinquante minutes de latitude.

* Abuhascen.

* Mahamet el Harran.

CHAPITRE XVI.

D'Agobel.

C'EST vne ancienne ville dont on voit les ruines entre Tézéla & Oran. Elle avoit de bonnes murailles qui semblent avoir esté faites par les Romains, & estoit autrefois fort peuplée. A quatre lieuës de là est la riviére de Cirat, qui prend son nom des campagnes qu'elle arrose. Elle se forme de deux riviéres*, dont l'vne sort de la montagne de Béni Arax prés de la ville de Mohascar, & l'autre du grand Atlas, & elles se joignent dans cette plaine, où les Arabes luy donnent vn autre nom*, mais plus bas ils l'appellent Cirat, acause de la plaine où errent plusieurs Arabes* fort puissans : Ils sont tous des galans de Mélione & tirent tribut des Bérébéres de ces contrées. Cette ville fut ruinée par vn Roy* de Fez, & ne s'est jamais repeuplée depuis. Les murs sont encore debout, & la campagne possédée par les Arabes, que j'ay dit qui sont riches en bleds & en troupeaux, & vont toûjours armez, acause de la garnison d'Oran, qui n'en est qu'à quatre lieuës. On nommoit cette ville anciennement Victoire, que Ptolomée met à quatorze degrez trente minutes de longitude, & à trente-deux degrez vingt minutes de latitude.

* Huet Ziz. Huet Habra.
* Chumorra.
* Vled Suleyman, Vled Mussa, Vled Hagez, Vled Abdala.
* Abulhascen.

CHAPITRE XVII.

De Batha.

C'EST vne ancienne ville bastie par ceux du pays dans vne belle plaine, à trois lieuës d'Oran, au dedans des terres. Elle a esté ruinée par les Zénétes de la tribu de Magaroas, qui sont parens des Rois de Trémécen, & vivent dans les montagnes de Guanécéris. Ils eurent guerre autrefois avec Abu Téchifien, & à la faveur du Roy Ioseph d'entre les Bénimérinis, occupérent vne grande partie du Royaume de Trémécen, & ruinérent toutes les villes qu'ils ne pouvoient garder, dont celle-cy est du nombre & n'a point esté repeuplée depuis. Mais vn Morabite* vint s'habituer ensuite dans cette contrée & la fit cultiver, parcequ'elle est bonne pour le labourage & pour les troupeaux. Comme il estoit fort respecté des Rois de Fez & des Arabes, plusieurs y vinrent s'establir sous sa protection, mais

* Sidicena.

ils ne repeuplérent pas la ville. On en voit encore les ruines qui témoignent sa grandeur. Elle est sur le bord d'vne riviére* où l'on voit de grans vergers, qui pour n'estre pas cultivez sont devenus comme vne forest. Depuis que ce Morabite s'establit dans ces plaines, on les appelle, les campagnes de Céna, & la riviére a le mesme nom jusques à ce qu'elle entre dans le Cirat. On appeloit autrefois cette ville Bunobure, que Ptolomée met à quatorze degrez & trente minutes de longitude, & à trente-deux degrez & trente minutes de latitude.

* Huet mina.

CHAPITRE XVIII.

De *Marsa-qui-vir*.

CETTE place qui signifie le grand port a esté bastie à la façon d'vne forteresse par les Romains, sur la coste de la mer Mediterranée à vne lieuë d'Oran, du costé du Couchant. Son port est le plus beau & le plus grand de toute l'Afrique; Il peut contenir beaucoup de galéres & de vaisseaux, & de tous costez il est à l'abri du vent & de la tempeste: Les galeasses de Venise & plusieurs autres navires de l'Europe, y abordoient tous les ans avec leurs marchandises qu'on menoit de là dans des barques à Oran, où il y avoit grand trafic. Il semble donc que cette place n'a esté bastie que pour la garde du port, qui se nommoit autrefois le port grand, comme le mot Arabe le signifie, & que Ptolomée met à douze degrez quarante huit minutes de longitude, & à trente quatre-degrez trente minutes de latitude. La ville est sur vn roc qu'on ne peut miner, & est ceinte d'vne haute montagne, si aspre & si escarpée qu'on ne peut aborder dans la ville, qu'avec grande difficulté, si ce n'est par le chemin d'Oran, où il y a vn passage estroit & inégal qu'on nomme la Chaize. Du costé du Septentrion, où elle est batuë des flots de la mer, il y a deux tours quarrées qui flanquent le port, & suivant le mur qui est fort épais & fait de terre grasse, on trouve vne tour ronde qu'on appelle la Campane. De là tournant autour de la ville, on rencontre

vne

LIVRE CINQVIE'ME.

vne plate forme ; où avant que d'arriver, il y a dans l'encognure des deux pans de la muraille vne autre bonne tour quarrée qui flanque tout cét endroit, puis vne seconde à l'autre encognure qui est plus avant, au dessous de la porte de la ville à l'endroit qu'on nomme la Fole mer. L'entrée de la place est défenduë par deux grandes tours quarrées, où sont les appartemens du Gouverneur, & l'on passe trois portes pour entrer dans la ville. Du costé de la mer elle est fortifiée d'vn boulevart, d'où descend vn vieux pan de mur, où il y a quatre tours quarrées qui sont batuës de la mer. Depuis peu sous le gouvernement de Martin de Cordouë Comte d'Alcaudete, on commença à bastir vn fort de ce costé-là sur vne haute montagne qui est à six cens pas de la ville, du costé du Couchant; mais il n'estoit pas encore achevé quand les Turcs la vinrent attaquer comme nous verrons ensuite. L'an mille cinq cens vn, cette place estant aux Maures, Dom Manuel Roy de Portugal commanda aux Généraux d'vne flote qu'il envoyoit au Levant, en faveur des Venitiens, de prendre cette ville en passant, & d'y mettre garnison. La flote estant arrivée vers la place, elle eut le vent tellement contraire qu'elle fut trois jours à tournoyer pour prendre terre; & ayant esté découverte dans cét intervale, les habitans firent entrer trois cens chevaux d'Oran & quantité de gens de pied pour défendre la place. Ils demeurerent sans branler jusqu'à la descente des Portugais, & comme ils virent qu'ils s'écartoient, & que quelques-vns estoient montez sur la montagne pour la reconnoistre. Ils sortirent en gros & les envelopant, les défirent. Il y en eut plusieurs de tuez & de pris, & ceux qui purent échaper se sauvérent dans les navires qui mirent aussi-tost la voile au vent : laissant les Maures joyeux de leur victoire.

L'an mille cinq cens six, cinq ans aprés la défaite des Portugais, Dom Diégo de Cordouë Gouverneur des Donzelles fut attaquer Marsa-qui-vir avec vne flote de Castille, où il y avoit quantité de Noblesse. Il l'assiégea donc & la batit vigoureusement, & les Maures se défendirent de mesme, ils incommodoient fort les assiégeans d'vn canon de fer qu'ils avoient; mais on en pointa si juste vn au-

Comme Dom Diégo de Cordouë prit cette place sur les Maures.

Partie II. Zz

tre, que donnant dans la gueule du leur, il le mit en piéces & tua le canonier : Cela obligea les affiégez de parlementer, & ils fortirent avec leurs femmes, leurs enfans & leur équipage, laiſſant la ville libre aux Chreſtiens. Le vainqueur ayant eſté eſtabli Gouverneur de la place découvrit depuis par ſes eſpions qu'il y avoit quantité d'Arabes campez dans vne plaine* qui n'eſt qu'à deux lieuës de là, & qu'on pouvoit faire vn grand butin. Il partit donc la nuit avec toutes ſes troupes aprés avoir laiſſé bonne garde dans la place, & fondant à l'improviſte ſur ces Arabes & ſacageant leurs tentes, fit quantité de priſonniers & de butin : mais la Fortune luy fit acheter ce ſuccés par vne grande défaite ; car ſes genſdarmes ayant voulu au retour donner l'alarme à Oran, huit cens lances qui eſtoient dedans, en ſortirent, & voyant les Chreſtiens embaraſſez de leur butin, les attaquérent de toutes parts, & les contraignirent de ſe retirer ſur vne coline‡, où il y eut vn ſanglant combat. Dom Diégo combatant en perſonne & ſon cheval ayant eſté tué ſous luy, eſtoit perdu ſans vn page qui luy donna le ſien, & qui ſe fit tuer en ſa place. La défaite fut grande, quantité de Nobleſſe y mourut, & les Maures recouvrérent tout le butin & retournérent victorieux à Oran. Le Gouverneur arriva à Marſa-qui-vir en aſſez mauvais eſtat, & laiſſant Martin d'Argote pour commander en ſon abſence, paſſa en Eſpagne, d'où il revint réſider en perſonne dans ſon Gouvernement.

* Marſagerbin.

‡ Tinacha.

CHAPITRE XIX.

D'Oran.

CETTE place que les Africains nomment Guaharan eſt fort ancienne, & a eſté baſtie par ceux du pays ſur la coſte à vne lieuë de Marſa-qui-vir du coſté du Levant. On l'appeloit du tems des Romains *Vnica Colonia*, quoy que quelques-vns luy donnent vn autre nom. Elle eſt à douze degrez trente minutes de longitude, & trente-quatre degrez de latitude, & à vingt lieuës de Trémécen. C'eſtoit vne des plus riches villes de la Mauritanie Ceſarienne, où

LIVRE CINQVIE'ME.

il y avoit grand trafic, & quantité de Mosquées, de Collèges, d'Hospitaux, d'Hostelleries & d'autres maisons considérables, le tout basti magnifiquement, & les ruës & les places en tres-bel ordre. Elle est à vn jet de pierre de la mer, moitié dans la plaine & moitié sur la pente d'vne montagne rude & escarpée. Il y a vne forteresse sur la montagne & à la cime, il y en a vne autre plus ancienne, qui a vn boulevart qui regarde vne muraille que les Chrestiens ont fortifiée avec des tours & des fossez à fond de cuve. Au de-là d'vne riviére qui est à quelque mille pas de la ville, il y a vn autre chasteau * sur vne montagne qui commande encore à la place, & qui découvre toute la vallée jusqu'à la source de la riviére. Ce chasteau a deux fossez à fond de cuve, & vn rempart entre-deux bien revestu, & si large que les charrettes de l'artillerie peuvent tourner tout autour. Du costé de la mer, il y a vne fausse porte & du costé de la terre, il y en a vne autre défenduë d'vn fossé de dix verges de profondeur & de plus de six de large. Ce chasteau fut basti par Dom Pedre de Navarre depuis la conqueste de la place. Cette ville n'a que deux portes; celle de Trémécen qui est du costé du Midi, & celle de Canastel à l'Orient. Les murailles ne sont pas fossoyées par tout, acause qu'elle est sur vne pente. Les habitans estoient autrefois laboureurs, pasteurs, & marchans, & il y avoit force faiseurs de toile, & quoi-que le pays ne fust pas bon pour le bled, il ne laissoit pas d'en venir beaucoup des lieux voisins *, où il y en a abondance. Cette ville a toûjours esté du Royaume de Trémécen, & s'est maintenuë long-tems en liberté durant les guerres de Fez. Quoi-que le Roy de Trémécen y eust des fermiers de la Doüane pour recevoir ses droits, les habitans ne souffroient pas qu'il y mist vn Gouverneur, & nommoient tous les ans vn des principaux pour Iuge souverain tant au civil qu'au criminel, auquel ils joignent quelques assesseurs pour le gouvernement de la ville: Et elle estoit en cét estat au tems qu'elle fut conquise. Dans cette prospérité, quelques habitans furent tentez d'armer des fustes, acause de la commodité du port voisin & envoyérent ravager les costes de la Chrestienté, & particuliére-

* Atazel Caffar.

* Meliana, Safina, Agobel.

ment celle d'Espagne, & les villes voisines, ce qui obligea de faire l'entreprise de Marsaquivir, & ensuite celle d'Oran, que nous allons décrire.

Comme le Cardinal Chimenez fit l'entreprise d'Oran.

Trois ans après la prise de Marsaquivir, le Cardinal Chimenez, Archevesque de Tolède, fut en personne contre Oran avec vne grande armée navale, sous la conduite de Dom Pedre de Navarre, où il y avoit quantité de Noblesse de Castille. L'armée aborda à Marsaquivir l'an mille cinq cens neuf, la neufviéme année du regne de Ieanne, sous la régence du Roy Ferdinand son pere, depuis la mort de son gendre * qui estoit fils de l'Empereur Maximilien. L'entreprise fut beaucoup plus facile à executer qu'on ne pensoit. Car le Gouverneur de Marsaquivir avoit traité avec vn Iuif * & deux Maures *, qui estoient fermiers des entrées pour le Roy de Trémécen, & maistres des portes, qu'ils luy remettroient la place entre les mains à certain jour. Pendant que cela se tramoit, l'armée arriva. Et comme elle estoit en grand nombre, elle débarqua sans ordre. Elle marcha de ce pas contre Oran, par le chemin de la montagne. Comme les Maures virent descendre tant de troupes, ils sortirent en foule pour les combatre, & laissérent peu de gens dans la ville. Alors les conjurez prenant leur tems, fermérent les portes, & arborérent sur vne tour vne croix rouge, que le Gouverneur de Marsaquivir leur avoit envoyée secretement, pour faire avancer les Chrestiens, depeschant incontinant vne barque à Marsaquivir, pour porter les clefs de la ville, & donner avis du succés. Aussi tost le Cardinal commanda vn grand nombre de soldats avec des échelles, pour escalader la place d'vn autre costé, tandis que les Maures estoient dehors. Ils y entrérent sans beaucoup de résistance, & prenant en queuë les Maures qui combatoient contre les Chrestiens, en firent grand carnage. Ceux qui se sauvérent voyant leur ville prise & leurs troupes défaites, se mirent à courir par les champs, laissant femmes, enfans & biens au pouvoir de leurs ennemis. Voilà comme la ville fut prise, quoy-que quelques Maures tinssent bon cinq jours dans la maison de l'Alfaqui, qui joignoit la grande Mosquée; mais à la fin ils furent tous tuez ou pris. On n'y perdit que

Philippe.

* Cétorra.
* Issa el Oraybi, Aben Canex.

LIVRE CINQVIE'ME.

trente hommes, avec le Comte d'Altamire, qui fut tué malheureusement par vn de ses gens, qui portoit devant luy sur ses espaules vne arbaleste toute bandée. Quatre mille Maures y furent tuez ou pris prisonniers. Aprés cette victoire, le Cardinal retourna en Espagne, laissant pour Gouverneur d'Oran Dom Diégo de Cordoüe, avec bonne garnison. Le Roy Ferdinand avoit envie de pousser plus loin ses conquestes de ce costé-là, s'il n'en eust esté empesché par la guerre du Pape * avec le Roy de France & les Venitiens: car le Roy * de Trémécen luy payoit tribut, & vn brave Africain * promettoit de luy payer vn pareil tribut, & de luy livrer les places maritimes du Royaume de Fez, pourveu qu'il l'aidast à le conquerir. Mais comme tout estoit prest pour cette entreprise, il receut lettres du Pape, qui le prioit de le secourir, comme faisoient l'Empereur * & autres Princes Chrestiens. Cela rompit ce dessein, qu'il ne pût reprendre depuis, acause des troubles qui arrivérent dans la Chrestienté, aprés la bataille de Ravennes, & il mourut dans vn si glorieux dessein sans le pouvoir executer.

* Iules II.
* Buhamu.
* Ali Barrax.

1511.

* Maximilien.

Salharraës aprés avoir recouvré la ville de Trémécen, & défait trois fils * du Chérif, conquis ensuite la ville de Fez, & mis pour Roy qui il luy plût: enorgueilli de tant de succés, & se voyant Gouverneur d'Alger, il voulut faire l'entreprise d'Oran. Pour cela il dépescha son fils * avec présens vers le Grand-Seigneur *, luy demander quelques galéres; & cependant il alla prendre Bugie, comme nous le dirons en son lieu. Le Grand-Seigneur aprés avoir bien receû son fils, luy envoya quarente galéres, qui estoient alors dans l'Archipel. Cette nouvelle luy ayant esté apportée comme il retournoit victorieux de Bugie, il partit aussi-tost pour les aller attendre à Bone, & comme il fut arrivé au Cap de Métafus, la peste le prit avec vne fiévre chaude, qui le fit retourner à Alger, où il mourut trois jours aprés. Avant sa mort il nomma pour Gouverneur vn renégat *, qui avoit esté autrefois son prisonnier. Mais Hascen Corse, qui commandoit au chasteau, se saisit du Gouvernement, jusqu'à ce que le Grand-Seigneur y eust pourveu. Les galéres estant donc arrivées, Hascen rassembla tous ses vaisseaux,

De l'entreprise des Turcs sur la ville d'Oran.
* AbdelCader, Abdala, Adarra Haman.
* Mahamet Bay.
* Solyman.

* Yahaya.

& cingla contre Oran *, qu'il assiegea par mer & par terre avec trois mille Turcs, quatorze mille Maures d'Alger, & de son Gouvernement, & plus de trente mille Arabes & Bérébéres, qui le vinrent joindre. Sur ces nouvelles, le Gouverneur d'Oran *donna avis à la Reine Ieanne, qui avoit l'autorité en l'absence de son mari *, qu'elle luy envoyast des troupes, des munitions & des vivres : ensuite dequoy il mit ordre à la défense, & assigna à chacun son quartier, en attendant les ennemis. Hascen ayant investi la place, & débarqué le canon, fit deux bateries, l'vne contre la porte de Trémécen, & l'autre sur la pente de la montagne, contre le pan de muraille qui joignoit la forteresse à la ville. Comme il avoit gagné la tour des Saints, qui est hors de la ville, pour la défense de la fontaine d'où viennent les eaux à Oran, & qu'il tenoit la ville fort pressée, le Grand-Seigneur luy envoya redemander les galeres, n'en ayant point d'autre pour opposer à André Dorie, qui ravageoit tout l'Archipel. Cela avec la dissension des Chefs sur le sujet de l'attaque, fut cause de faire lever le siége & de rembarquer l'armée ; ce qui ne se put faire sans la perte de beaucoup de gens, & de quelques pieces d'artillerie, ayant sur les bras toutes les troupes d'Oran.

Comme le Gouverneur d'Oran fut attaquer Mostagan, où il perit.

Les Turcs retirez, le Gouverneur d'Oran passa en Espagne, & vint à Valladolid, où il fut bien receu de toute la Cour, & aprés avoir baisé les mains de la Reine Ieanne, qui gouvernoit alors la Castille, il demanda au Conseil de guerre six mille hommes pour attaquer Mostagan, qui facilitoit la prise d'Alger, pour laquelle le Chérif & les Arabes de Melione avoient promis du secours & des gens pour la seureté du camp & des vivres. Encore que ce dessein ne fust pas sans fondement, a cause de la haine que les Maures portoient aux Turcs, & qu'il fust approuvé par le Chef * du Conseil, le Marquis de Mondechar, & autres du Conseil de guerre s'y opposoient, soustenant avec plus de vray-semblance, que le Chérif & les Arabes n'ayant point donné de gage de leur parole, ne la tiendroient point, d'autant plus que les Turcs essayeroient de déconcerter cette résolution par l'entremise des Alfaquis, ou en tout cas feroient le dégast, & sou-

* 1555.

* Martin de Cordoüe.
* D. Philipe.

* Iuan de Véga.

LIVRE CINQVIE'ME.

leveroient le pays, pour empefcher les Arabes de tenir leur parole. Ajoûtez à cela, que fur la nouvelle du débarquement de l'armée ils jetteroient des troupes dans Moftagan, & y accourroient enfuite avec toutes les forces d'Alger & de Trémécen, qu'ils ne feroient pas capables de fouttenir. On ne laiffa pas de luy accorder à la fin ce qu'il defiroit ; de-forte qu'il fit des levées, & s'embarqua à Malaga avec quantité de Nobleffe d'Andaloufie & du Royaume de Grenade. Il partit donc d'Oran le vingt-fixiéme d'Aouft avec fix mille cinq cens hommes d'élite, & quelques pieces d'artillerie, qui eftoient traifnées par les foldats. Il prit fa route par les falines, & par le ruiffeau de Tarahal, feignant d'aller dans les plaines de Ciret, & le quatriéme jour tourna vers la campagne de Quiquinac, & fut paffer à Mazagran, où il y eut grande efcarmouche contre les Maures de la contrée ; mais à la fin ils furent batus, & les foldats pourfuivant leur route, arrivérent devant les murs de Moftagan, où ils tuérent plus de trois cens Turcs ou Maures. Aprés cette victoire, le Comte fit tirer droit à Mazagran, pour faire rafraichir le foldat qui n'avoit point porté de vivres, acaufe que l'on en devoit mener par mer ; mais les habitans avoient déja fauvé dans la ville tout ce qui eftoit à la campagne, en réfolution de fe défendre. Car fi-toft qu'on feût le retour du Comte avec des troupes, on fe douta de fon deffein, & tous les Maures de la contrée fe renfermérent dans Moftagan avec leurs biens & leurs armes, aprés en avoir donné avis au Gouverneur * d'Alger, afin qu'il leur envoyaft du fecours. Comme l'armée donc eftoit dépourveuë de vivres, & qu'elle attendoit les vaiffeaux qui les devoient apporter, on vit paffer quatre galéres Royales, & cinq galiotes d'Alger, qui les avoient prifes, & qu'ils les remorquoient. Cela arriva par vn grand malheur : car comme ces vaiffeaux Turcs venoient de facager vne petite place * d'Andaloufie, ils rencontrérent ces quatre galéres fur la route de Moftagan, & les prirent, avec tous les vivres & toutes les munitions D'autre-cofté, le Gouverneur de Trémécen * avoit donné fi bon ordre, qu'il n'y avoit pas vn Arabe qui ofaft porter des provifions au camp. Ce coup fut bien rude aux Efpagnols, & le Général fit affembler

1508.

* Hafcen Bacha, fils de Barberouffe.

* S. Michel.

* Aluch Ali Fattaci.

aussi-tost le conseil, où quelques-vns furent d'avis de retourner à Oran, & de se camper sous les murs, pour épier la contenance des ennemis, tandis qu'on se pourvoiroit des choses qui manquoient, pendant quoy l'on pourroit faire quelque course pour amuser le soldat. D'autres disoient, qu'il faloit attaquer Mostagan sur l'heure, où il y avoit quantité de vivres, qui suffiroient à l'armée, en attendant ceux d'Oran. Et le Général, qui estoit courageux, embrassa aussi-tost ce parti, & comme il n'y avoit point de boulets de canon, il fit abatre le portail de la ville de Mazagran par quelques soldats, qui entendoient la maçonnerie, dont ils firent treize boulets pour vn perrier qu'on menoit. Il commanda le lendemain aux cavaliers d'Oran de les porter devant eux sur l'arson de leurs chevaux avec ce qu'on avoit de poudre, & prit la route de Mostagan avec toute l'armée. Les Turcs & les Maures qui estoient dans la place, sortirent au combat contre l'avantgarde ; mais ils furent aussi-tost repoussez, & les soldats poursuivant leur pointe, quelques-vns grimpérent sur le mur, & entre-autres vn Enseigne avec son drapeau. L'on tient pour certain que la ville se fust renduë ce jour-là, si le Général n'eust commandé de se retirer, jusqu'à faire chastier l'Enseigne, qui avoit donné sans son ordre. Toutes les troupes estant arrivées devant la place, le Général fit faire des facines des figuiers & des vignes qui estoient proches, pour servir de rempart contre la cavalerie des ennemis : & la nuit mesme les soldats creusérent vn fossé tout autour des logemens, & dressérent vne petite baterie, où ils mirent deux pieces de canon pour batre le château du costé du Midi. Le lendemain on tira sept ou huit coups à deux pans de murailles du chasteau ; mais ils ne firent pas grand effet, parce-que la baterie estoit trop haute, & que les bales passoient par dessus, & alloient donner dans la mer. Le mesme jour le Général * commanda à quelques Capitaines d'infanterie d'emporter vn faubourg qui tenoit aux murailles de la ville, parce-que les Turcs tuoient de là beaucoup de gens avec leurs arquebuses. Ils le prirent aprés grande résistance des ennemis, qui avoient percé les maisons, pour aller de l'vne à l'autre, & fait plusieurs trous pour

* Le Comte d'Alcaudete.

* D. Diégo de Cabra, Francisco de Neyra, Iuan de Alier, & Fer-

pour tirer. Aprés estre maistre du fauxbourg, le Général y laissa six compagnies, & le lendemain matin comme il faisoit changer d'attaque, il receut nouvelle que les Turcs d'Alger venoient à grandes journées secourir la place, & qu'ils étoient proche : car on avoit découvert plusieurs drapeaux & estendarts rouges, ce qui faisoit connoistre que le Gouverneur d'Alger * y estoit en personne. Mais quoy-que cela fut véritable, le Comte ne le voulut jamais croire, & dit, qu'il n'y avoit point d'apparence que les Turcs s'avançassent de la sorte, & que c'estoient quelques gens du pays qui avoient arboré exprés ces estendarts pour faire lever le siége. Il commanda donc à son fils * de prendre quelques compagnies pour les aller reconnoistre, & il s'approcha si prés qu'il découvrit leur camp, & reconnut la verité, & retournant sur ses pas, il supplia son pere de luy donner quatre mille hommes, pour les attaquer la nuit, sur l'esperance de les défaire las & fatiguez, & d'emporter leurs vivres & leurs munitions pour les troupes, puisqu'on n'en pouvoit avoir d'ailleurs, & en suite on continueroit le siége. Le Général répondit que ce n'estoit pas là le moyen de batre les ennemis. Et son fils luy repliquant avec quelques autres Officiers, que si l'on ne les chargeoit, ils donneroient bataille le lendemain. Il leur dit, qu'ils ne l'oseroient faire ; & sans faire part à personne de son dessein, fit donner la mesme nuit à chaque arquebuzier deux brasses de méches, & vne livre de poudre, & aprés minuit décampa à la sourdine, & prit la route de Mazagran, avec tant de précipitation, qu'on laissa plusieurs soldats blessez & malades dans les hutes, dont on entendit bien tost les cris, parce que les Turcs & les Maures sortirent là-dessus & les égorgérent. Il ne put mesme faire ce chemin en si peu de tems qu'il pensoit, parce que la roüe d'vn canon se rompit, & contraignit de faire halte jusques vers le jour, sans qu'il la voulust jamais abandonner, quoy-que quelques Officiers luy conseillassent de l'enterrer dans le sable, & de faire passer les troupes par dessus pour en oster la connoissance aux ennemis. De-sorte que si l'on eust suivi ce conseil, l'armée fut arrivée à tems à Mazagran, & peut-estre que la chose se fust passée autrement qu'elle

nando de Cuença Catrillo.

* Hascen Bacha.

* D. Martin de Cordoüé.

Partie II.   Aaa

ne se passa, pour avoir trop tardé. Si-tost que les Espagnols furent décampez, ceux de la ville en envoyérent donner avis à Hascen Bacha, qui sans s'arrester vn moment se mit à leur queuë, & atteignit au point du jour leur arriéregarde assez prés de Mazagran. Le Général craignant que les Turcs ne se saisissent d'vne fontaine qui estoit prés de la ville, parce-qu'il n'y avoit point d'autre eau pour se rafraichir, commanda à ceux d'Oran de s'en emparer, & qu'on mist quelques compagnies dans la place. Les soldats estant arrivez prés de la fontaine, y coururent en foule, sans que les Officiers les pûssent retenir, parce-qu'ils mouroient de soif; & comme l'on commençoit à se débander, les Turcs vinrent donner d'vn costé, & les Arabes de l'autre ; ce qui causa tant de confusion, que le Général qui marchoit devant, ne pouvant arrester les soldats, ni son fils qui estoit à l'arriéregarde, les rallier pour tourner teste contre l'ennemi ; ils marchérent de la sorte jusques prés de Mazagran, les Turcs & les Arabes continuant toûjours de tuer & de fraper. Sur ces entrefaites, les Turcs qui venoient dans des brigantins * avoient pris terre, & ceux de Trémécen estoient arrivez, & attaquoient de tous costez les soldats en desordre, & qui pressez de faim, de soif & de lassitude, avoient de la peine à se soustenir. On marcha de la sorte jusques sur le soir, que le feu se prit malheureusement à quelques barils de poudre qui estoient restez, & brûla plus de cinq cens soldats qui estoient en garde prés des murailles. Comme le Général vit cela, & que les soldats couroient à toutes jambes dans la ville, sans qu'on les pust ranger en bataille, il voulut aller charger en gros les ennemis, pour les écarter & avoir le loisir de ranger ses troupes. Donnant des deux à son cheval, il piqua droit à eux, criant Saint Iacques, la victoire est à nous. Mais quoy-qu'il fist cela deux ou trois fois, personne ne le suivit, & tout le monde se jettoit à corps-perdu dans la ville. Alors il entra par vne fausse-porte de la forteresse, pour les faire sortir & les mener au combat; mais il ne pût percer la foule, qui se pressoit de se sauver dans la ville, & son cheval se cabrant, le jetta par-dessus la croupe; de-sorte qu'il fut foulé aux pieds par la troupe, qui

* Sous la conduite d'Aluch Ali Fartaci.

LIVRE CINQVIEME.

ayant plus soin de son salut que de son devoir, fuyoit les Turcs qui estoient à ses trousses. Comme il estoit déja vieux, il perdit l'haleine, & mourut foulé au pieds de ses soldats, rendant cette place fameuse par son desastre, & par la perte de tant de gens. Tous ceux qui se purent sauver dans la ville estant entrez, ses gens prirent le corps, & l'enterrérent dans la Mosquée: & les Turcs se saisissant presque aussi-tost de la place, prirent son fils, qui s'estoit mis en défense, & tous les soldats qui s'y estoient retirez. La nuit mesme Hascen Bacha fit mettre gardes aux portes, pour empescher les Arabes d'entrer & de tuër les Chrestiens qui s'estoient rendus. Mais le lendemain les Chefs le vinrent prier de leur donner leur part des prisonniers, puisqu'ils avoient eu part au danger, & qu'ils l'estoient venu servir à leurs dépens. Il leur fit donner huit cens Chrestiens, qu'ils percérent tous à coups de lance, lors qu'ils les eurent en leur pouvoir. Aussi-tost le Bacha fit rechercher diligemment le Général, & ayant appris qu'il estoit mort, & qu'on l'avoit enterré en la Mosquée, le fit déterrer, pour voir vn si brave homme, & rendit aprés le corps pour deux mille ducats à son fils, qui luy fit rendre les honneurs de la sépulture dans Oran. Le Bacha retourna victorieux à Alger, où il fut receû avec grande allegresse.

Aprés la prise de Mazagran, le Gouverneur d'Alger croyant l'occasion favorable d'attaquer Oran, comme il en avoit dés long-tems envie, fit préparer tout ce qui estoit necessaire pour vn siége, & radouber les vaisseaux, avec ordre aux Gouverneurs des places qui dépendoient de luy de se tenir prests pour marcher. Dés que tout fut en estat, il écrivit aux Seigneurs de Cuco * & de Labez, qu'ils vinssent avec leurs troupes ; ce qu'ils promirent, pourveu que l'on n'allast point contre le Chérif *, comme on le publioit dans Alger. Il manda aussi au Gouverneur de Trémécen, qu'il gardast le passage du Ciret avec ses gens, pour empescher les Arabes de jetter des vivres dans Oran, & à l'Amiral * qu'aussi-tost que l'artillerie seroit embarquée avec les munitions & les vivres, il se rendist avec la flote au port d'Arzée, où il trouveroit vn ordre de ce qu'il auroit à faire.

De l'entreprise d'Oran faite par le Gouverneur d'Alger, avec l'ataque de Marsaquivir.
* Benelcadi.
* Abdala.

* Cochupare.

Aprés avoir donc mis vn * Gouverneur en sa place dans Alger, il partit le quinziéme de May l'an mille cinq cens soixante-trois, & prit la route de Mostagan, où joignant six mille Azuagues, que le Seigneur de Labez luy envoyoit, & autant d'autres du Seigneur de Cuco, avec son fils, & plusieurs Arabes & Bérébéres, il vint à Mazagran, & ensuite au passage de Ciret, que gardoit le Seigneur de Trémécen. Ayant rallié là toutes ses troupes, il fut aux puits de Diégo Perez, & delà envoya sa cavalerie courir jusqu'aux portes d'Oran, pour voir si la garnison auroit la hardiesse de venir escarmoucher. Il y avoit alors pour Gouverneur Dom Alfonse de Cordouë, Comte d'Alcaudete, qui avoit succédé à son pere *, & qui défendit de sortir: de-sorte que les ennemis se retirérent, & se campérent à vne lieuë d'Oran, à vn endroit où il n'y avoit point de puits. C'estoit delà que Hascen Bacha envoyoit ses gens faire tous les jours des courses, sans que le Gouverneur d'Oran souffrist qu'on les chargeast, tant il estoit occupé à se fortifier. Neantmoins il avoit depesché en Espagne Gonçalo Hernandez, pour donner avis de la venuë des Turcs, & supplier le Roy Philippe d'envoyer en haste des vivres & des munitions, dont il avoit grand besoin. Cependant, le Bacha communiqua son dessein à tous les principaux Chefs, qui furent d'avis d'attaquer premiérement Marsaquivir, afin d'avoir vne retraite pour la flote; outre que l'entreprise leur parut plus facile que celle d'Oran, où le Comte estoit avec son armée navale. Le mesme jour le Bacha fut reconnoistre Oran du costé de la montagne avec vn Ingenieur & plusieurs Officiers, où il y eut vne escarmouche qui dura plus de trois heures; ce qui ne pût empescher les ennemis de considerer la place de ce costélà, aprés quoy ils se retirérent, & furent reconnoistre Marsaquivir, & le fort de Saint Michel, que le Comte avoit fait bastir pour la défense. Le Bacha pour n'estre pas sans rien entreprendre jusqu'à la venuë de sa flote, s'alla camper sur la fontaine d'enhaut, qui est plus prés d'Oran, & assez proche de la tour des Saints, où il estoit en bute à l'artillerie de la ville. Et comme les soldats que le Comte y avoit mis tiroient sur ceux qui s'écartoient, le Bacha en colére, com-

marginalia: * Ali Chirivi.   * D. Martin

LIVRE CINQVIE'ME.

manda de l'attaquer, & ils se défendoient vaillamment à la faveur du canon de la tour de l'Ache, si vn traistre ne fust aller trouver le Bacha, qui le renvoya, avec ordre de leur dire, qu'en livrant la place on les laisseroit aller libres à Oran avec leurs armes. Ils se rendirent donc à composition. Le Comte fut fort touché de la perte de cette place, & dépescha aussi-tost en Espagne pour faire haster le secours ; Mais on ne le pût envoyer si-tost à faute de galéres ; parce-que celles d'Espagne s'estoient perduës depuis peu, & le Général * s'estoit noyé avec vne partie des troupes, comme il alloit pour y donner ordre. N'y ayant donc pas moyen de secourir les assiégez sans danger, a cause des vaisseaux ennemis qui rasoient la coste d'Oran, on fut contraint d'attendre les galéres d'Italie & d'autres que l'on équipoit à Barcelone. Tandis que cela se passoit, on donna ordre à Dom Alvare Bassan de renforcer quatre galéres de sa brigade qu'entretenoient le Prieur & les Consuls Sevile, & d'y mettre le plus grand nombre de provisions qu'il pourroit, pour essayer de les jetter dans Oran. On commanda aussi à l'Abé Lupien qu'il prist dans sa galére quatre cens soldats à Cartagéne, pour essayer de les faire entrer dans la place, & aux pourvoyeurs de Malaga & de Cartagéne d'envoyer dans des barques & des brigantins, le plus de vivres & de munitions qu'ils pourroient. Ce qui s'exécuta avec grande diligence. D'autre costé le Bacha estant maistre de la tour des Saints, résolut d'attaquer le fort Saint Michel qui commande à Marsa-qui-vir. Laissant donc vne partie des troupes au siége de la ville, il s'alla camper avec le reste derriére vne * coline où il estoit à couvert de la place, & dans les tours de Ruydiaz. Aprés cela il envoya quelques Turcs reconnoistre le fossé, & vn renégat dire à la garnison que si elle se vouloit rendre, il la laisseroit aller libre avec armes & bagage, & luy donneroit des vaisseaux pour passer si elle vouloit en Espagne ; Mais les Officiers firent tirer sur le renégat qui faisoit la proposition. Ce qui mit le Bacha en telle colére, que sans attendre l'artillerie, il fit prendre des facines pour combler le fossé, & fit donner l'assaut pensant prendre le fort d'emblée ; mais les Turcs

* Dom Iuan de Mendoça.

* Gordo.

A a a iij

furent fort bien receus, & l'on en tua & bleſſa grand nombre à coups de canon & de mouſquet, & l'on brûla les facines avec des feux d'artifice; ce qui cauſa vne telle fumée qu'on ne ſe voyoit pas l'vn l'autre: mais le combat ne ceſſa point pour cela, juſques à ce que le Bacha eut fait retirer ſes ſoldats pour en faire mettre d'autres en leur place. Ceux-cy donnérent avec tant de furie, que la garniſon qui combatoit hors du mur à découvert fut contrainte d'y rentrer, & les Turcs plantérent des échelles croyant prendre la place d'emblée. Mais après vn combat opiniaſtré de part & d'autre, ils furent repouſſez courageuſement. Cependant, Dom Martin de Cordouë qui eſtoit dans Marſa-qui-vir, envoya quatre cens ſoldats au ſecours de ceux du fort, de ſorte que l'attaque recommença avec plus de violence, ſans ceſſer qu'il ne fuſt deux heures de nuit. L'ennemi voyant que tous ſes efforts eſtoient vains, fit retirer ſes gens, laiſſant ſur la place le Gouverneur de Conſtantine & plus de cinq cens Ianniſſaires ou Turcs des plus braves, ſans que la garniſon eut perdu que vingt hommes avec preſque autant de bleſſez. Le Bacha réſolut donc d'attendre l'artillerie, & manda à ſon Amiral* qu'il fiſt tout ce qu'il pourroit pour arriver à Marſa-qui-vir, quand il devroit perdre quelques vaiſſeaux, parce que ſa venuë eſtoit neceſſaire. Cependant, il envoya vn autre renégat* pour éprouver la réſolution de ceux du fort qu'il croyoit que l'aſſaut avoit étonnez. Comme il fut arrivé avec vn drapeau blanc pour ſa ſeureté, il demanda à parler à Dom Martin de Cordouë avec qui il avoit fait grande amitié lorſqu'il eſtoit captif dans Alger. De ſorte qu'il ſe tranſporta de la ville au fort pour luy parler; & après quelque entretien Dom Martin le renvoya avec ordre de dire à Haſcen Bacha pour derniére réſolution, que comme il taſchoit de prendre cette place pour le ſervice de ſon maiſtre, il eſtoit de meſme obligé à la défendre, & que hors de-là s'il luy pouvoit rendre quelque ſervice, il le feroit tres-volontiers. Sur ces entrefaites l'armée navale d'Alger qui eſtoit de vingt-ſix fuſtes, deux galéres, & quatre vaiſſeaux François qui portoient les munitions & les machines, s'avançoit, & arriva le prémier jour à l'endroit qu'on nomme les Eaux, où elle

* Cochupar.

* Muſtafa.

LIVRE CINQVIE'ME.

débarqua l'artillerie & les munitions avec grande allegresse de tout le camp. Auſſi-toſt Marſa-qui-vir fut aſſiégé par mer & par terre, & le Bacha fit mettre les galéres à la garde du port & de la rade, pour empeſcher qu'aucun vaiſſeau Chreſtien n'y entraſt. Aprés cela il fit dreſſer vne baterie ſur vne coline du coſté de la terre, & commença le quatriéme May à batre le fort avec deux gros canons & quelques petites piéces. Mais voyant que cela ne faiſoit pas aſſez d'effet, il renforça la baterie de cinq gros canons qui abatirent le lendemain toute la courtine. De-ſorte qu'il fit donner l'aſſaut le ſoir meſme, mais ils furent ſoûtenus vaillamment, quoi-que les aſſiégez combatant à découvert fuſſent plus offenſez de l'artillerie qui tiroit toûjours aux défenſes. D'autre-coſté Dom Martin faiſoit joüer le canon de Marſa-qui-vir à l'endroit où les ennemis eſtoient découverts, de-ſorte que le combat dura juſqu'à la nuit que les Turcs ſe retirérent avec quelque perte. Dom Martin envoya la meſme nuit dans le fort vingt-cinq hommes avec quelques grenades & quelques feux d'artifice, & l'on commença à réparer les bréches pour ſe pouvoir mieux défendre le lendemain. Le Bacha fit recommencer l'aſſaut dés le point du jour, & en peu de tems briſa toutes les nouvelles défenſes que les ſoldats avoient faites. Aprés quoy l'attaque recommença au meſme endroit avec tant de furie, que ceux de dedans eurent beſoin d'employer toutes leurs forces, & Dieu voulut qu'ils ſe défendiſſent ſi bien, que les ennemis ſe retirérent avec grande perte. Auſſi-toſt le Bacha renouvela la baterie pour élargir la bréche, & vne heure & demie aprés il fit reprendre l'aſſaut, qui fut ſoûtenu avec la meſme vigueur qu'auparavant. Les Turcs s'eſtant retirez en auſſi mauvais eſtat que la derniére fois ; le Bacha irrité fit joüer l'artillerie juſques ſur les trois heures, & renvoya des gens frais à l'aſſaut ; mais on ſe défendit encore avec tant de vigueur, qu'avec le fer & le feu on les contraignit de ſe retirer & plus viſte que le pas, laiſſant le foſſé comblé de Turcs & de Maures. Le Bacha ne perdant point pour cela courage, & croyant que les aſſiégez eſtoient ſi las qu'ils ne pourroient plus reſiſter, commanda qu'on fiſt joüer le canon le soir mesme, & qu'on donnast le cinquiéme assaut, & cela presque au coucher du Soleil. Mais il ne fut pas plus heureux que les autres fois: car les soldats & les Officiers se défendirent si courageusement, que le fossé demeura jonché de morts; mais les assiégez y perdirent plus de trente soldats & en eurent quelque cinquante blessez. De-sorte que le Gouverneur d'Oran à la priére de Dom Martin envoya dans vne fuste & quelques barques, vn Capitaine *avec cent trente soldats qui arrivérent heureusement à Marsa-qui-vir, parce-que la tempeste avoit fait retirer les vaisseaux des ennemis. Incontinent Dom Martin dépescha des gens pour rafraichir de nouveau le fort, & avec ce secours l'on commença de réparer les bréches. Le Lundi qui fut le septiéme de May, le Bacha se voulut trouver en personne à l'assaut, & ayant fait tirer toute l'artillerie pour abatre les défenses, tout le camp commença de donner avec de grans cris. On reconnut que le secours estoit venu bien à propos; parce-que le combat fut rude & opiniastre, & les bréches estoient si grandes qu'on y pouvoit entrer à cheval. Plusieurs des ennemis y montérent, mais les Espagnols combatirent comme des lions; & se montrant à découvert sur la bréche, ils tuoient tous ceux qui s'y presentoient, renversoient les échelles que les ennemis plantoient à l'endroit où elle estoit vn peu haute, & jettoient bombes, grenades & feux d'artifice avec des barils poissez, dont ils brûloient tout vifs les assaillans. Dans cette conjoncture vn Turc poussa si avant, qu'il arbora l'étendart du Bacha sur le mur; mais il ne le porta pas loin: car il fut aussi-tost tué, & les ennemis furent contraints de se retirer, laissant morts plusieurs braves Iannissaires Levantins qui s'estoient voulu signaler à la veuë de leur Général. Mais l'artillerie recommença incontinent à joüer par l'ordre du Bacha, qui crut que les assiégez estoient las & hors d'estat de pouvoir soûtenir vn assaut, qu'il recommença sur le midy avec tant de furie, que quelques Turcs & Iannissaires montérent sur le rempart suivis d'vne foule de soldats avec de grans cris, & y plantérent deux drapeaux; mais ils furent chargez avec tant de vigueur par les assiégez, qui redoubloient leurs forces

* Pedro de Mendoça.

ou forces dans l'occasion, qu'à coups d'épée, de pierre, de piques & de hallebardes ils tuérent plus de mille Turcs, ou Maures, & en blessérent vn grand nombre. Cependant, l'artillerie qui tiroit de Marsa-qui-vir tua deux des principaux Chefs, à costé du Bacha qui animoit les siens par sa présence, & il fut blessé d'vne pierre qui aprés avoir donné contre terre, luy sauta au visage: Mais ce coup au lieu de l'intimider l'anima encore plus, & il s'avança vers la bréche pour faire donner ses gens avec plus de furie; mais la valeur des assiégez fut si grande, qu'ils furent chassez du rempart & du fossé, & contraints de se retirer à leurs logemens. La nuit il vint tout à propos cinquante soldats de renfort d'Oran, acause qu'on estoit fort fatigué. Les assiégez voyant à la fin que la place ne pouvoit plus tenir & que l'on commençoit à miner, d'ailleurs qu'ils avoient quantité de blessez, ils résolurent de se retirer; & les Chefs envoyérent huit soldats à Dom Martin, le prier de faire sortir quelques troupes pour favoriser leur retraite; mais pour l'empescher, le Bacha qui s'en défioit, avoit mis des gardes sur les passages. Il y eut donc quatre de ces soldats de tuez & trois de pris, mais le dernier se coula entre des rochers vers la mer, & passa à nage à Marsa-qui-vir, où il s'aquitta de sa commission. Aussi-tost Dom Martin fit partir Fernand Carcame avec cent mousquetaires, pour favoriser la retraite de la garnison du fort qui commençoit à défiler, & laissant les blessez descendoit la montagne; de-sorte que ce Capitaine la trouva aux mains avec les ennemis qu'il chargea, & les ayant fait retirer, il passa au fort, en tira les blessez, les fit marcher devant luy, & vint toûjours combatant jusques prés de la ville, où il entra à la faveur du canon, sans avoir perdu que deux Officiers avec dix ou douze soldats. Les Chrestiens ayant abandonné le fort, les Turcs s'en emparérent, croyant leurs affaires en bon estat, & plantérent deux canons & vne couleuvrine sur la pente de la montagne, d'où ils commencérent à batre la ville depuis le ravelin jusqu'à la tour de la trahison comme l'endroit le plus foible. D'autre-costé Dom Martin ayant partagé les quartiers aux Officiers & aux soldats, & donné ordre à chacun de ce

Partie II.   Bbb

qu'il devoit faire, & où il devoit courir, fit la reveuë de ses troupes, & trouva quatre cens cinquante hommes de combat : Il fit faire outre cela quelques remparts & bastions dans les traverses & aux lieux necessaires, & planter l'artillerie aux endroits où il pouvoit plus incommoder l'ennemi, se gouvernant en sage & vaillant Capitaine. Les Turcs continuoient leur baterie, & comme elle ne faisoit pas grand effet de loin, ils en dressérent vne autre de six canons, à quelque trois cens pas de la ville sur vne petite coline d'où ils commencérent à batre le mur qui est entre la tour de la trahison & le ravelin. Cependant, l'artillerie de la ville joüoit & tuoit quantité de gens dans les bateries aux tranchées & dans le camp, & démonta deux canons des ennemis. D'autre costé les Turcs s'aprochoient de la ville par tranchées, & dressérent vne troisiéme baterie de trois piéces de canon pour faire bréche au mur de ce costé-là, & ruiner les défenses. Ils en ajoûtérent vne quatriéme du costé de la mer sole, où avec quatre canons ils batoient la courtine, & vne cinquiéme vn peu plus haut qui batoit l'entredeux des tours qui sont du costé de la terre. Par le moyen de ces bateries, ils renversérent en deux jours tout le pan de mur qui est entre le ravelin & la tour de la trahison. De sorte qu'on y pouvoit entrer à cheval, & ruinérent l'entredeux des tours. Alors le Bacha envoya reconnoître les bréches, & sommer la garnison de rendre la place à la charge de luy faire bonne composition ; Mais ils répondirent qu'ils s'estonnoient comme la bréche estant plus que raisonnable le Bacha ne venoit pas donner l'assaut. Le Bacha voyant qu'il n'y avoit point d'espérance d'accord, fit assembler tous les Chefs, & aprés avoir donné l'ordre du combat pour le lendemain renvoya chacun pour se tenir prest. Le matin on fit joüer toute l'artillerie pour pouvoir aller sans tant de danger à couvert de la fumée jusqu'à la bréche. Prémiérement marchoient douze mille Maures Arabes ou Bérébéres pour essuyer la décharge de l'artillerie & des mousquets ; aprés suivoit la bataille des Iannissaires, des Turcs & des renégats ; puis le Bacha avec le gros des troupes d'Alger & de ses gardes, tout cela vers la bré-

LIVRE CINQVIE'ME.

che qui est entre le ravelin & la tour de la trahison. Du costé de la mer sole, venoient les Turcs & les Maures de Constantine, de Bone, de Ténez, & de Mostagan entremeslez de plusieurs Arabes qui portoient des échelles, acause que la bréche estoit vn peu haute de ce costé-là. Tout le reste de l'armée demeuroit en bataille faisant alte pour courir où il en seroit besoin. Les ennemis s'estant approchez du mur, il y eut grand combat & fort opiniastré de part-&-d'autre, ceux qui venoient du costé de la mer, plantérent aussi-tost les échelles, & commencérent à monter courageusement jusqu'à poser vn drapeau sur le mur : Mais les assiégez y accourant les renverserent en bas & en tuérent & blessérent plusieurs, arachant le drapeau & tuant le Turc qui le portoit. Le Bacha rafraichissoit perpétuellement ses gens, & faisoit grand mal aux défenses avec l'artillerie. Les assiégez avec bombes, grenades, & autres feux d'artifice, tuoient les Turcs & les Maures qui montoient, & les bréches estoient par tout pleines de corps morts. L'assaut dura plus de quatre heures, & les ennemis entrérent jusqu'au bastion des Genois; mais il vint vn si furieux orage, qu'ils ne purent passer outre, & se retirérent dans leurs retranchemens où ils n'estoient pas en seureté, parce que l'eau y descendoit des montagnes en si grande abondance que chacun cherchoit à se remparer. Ce jour-là mourut Mahamet Chibali Gouverneur de Calaa, & Mami Arraes Napolitain avec d'autres Chefs des principaux, cinq cens Turcs dont il y avoit plusieurs Iannissaires & quantité de Levantins, de Bérébéres & de Maures. Du costé des Chrestiens mourut Louis Alvarez de Soto Mayor & quelques braves soldats, & il y en eut plusieurs de blessez. Les ennemis s'estant retirez, le rameur d'vne fuste s'alla retirer parmi eux, & disant qu'il s'alloit faire Turc, donna avis au Bacha que les assiégez se fortifioient du costé de la baterie, & qu'il seroit difficile de se rendre maistre de la place s'il ne plantoit son canon ailleurs, & n'attaquoit le ravelin qu'il luy désigna qui estoit l'endroit le plus foible, & où l'on craignoit le plus d'estre attaqué : qu'il faloit faire aussi bonne garde du costé d'Oran, parce-qu'on en

Bbb ij

amenoit toutes les nuits des hommes & des munitions, & quand les barques ne pouvoient passer, il venoit vn homme à nage, qui portoit des lettres dans vne petite canne creuse couverte de cire ; De-sorte qu'il y avoit commerce perpétuel entre le Comte & Dom Martin. Pour ce sujet le Bacha commanda aux fustes de s'emparer d'vne roche qui est entre Marsa-qui-vir & Oran, & y mit en garde trois cens Turcs pour prendre ou tuer tous ceux qui y passeroient par mer ou par terre, puis il dressa vne baterie contre le ravelin à l'endroit qu'on luy avoit designé. Le Comte fut toûjours averty de tout ; parce-que comme il y avoit quantité de renégats dans l'armée ennemie, il y en avoit toûjours quelqu'vn qui n'estoit pas bien-aise du mal que souffroient les Chrestiens, & qui donnoit avis à Oran de tout ce qui se passoit, & l'vn ayant esté pris par les Turcs qui estoient en garde sur le roc, fut mené au Bacha & tué par luy d'vn coup de fléche. La nouvelle baterie ayant esté dressée le vingt neufiéme de May, les Turcs batirent le ravelin avec huit piéces d'artillerie. Ce jour-là & le lendemain jusqu'à trois heures aprés midi, Dom Martin fit faire vn rempart en dedans qui comprenoit les deux bateries, & se fortifiant avec quelques fossez & quelques redoutes où il mit deux perriers & quelques piéces d'artillerie, il attendit l'épée à la main qu'on donnast l'assaut ; mais il arriva qu'vn canonnier Turc ayant oublié vn bouchon d'étoupe seche dans la gueule d'vn canon, il prit feu en l'air comme on eut tiré, & tombant sur la plate-forme de la baterie, il la brûla avec les affutz, & le feu gagnant les retranchemens qui estoient tout de facines & d'autres choses seches, les Turcs ne le purent éteindre tout ce jour-là, ni vne partie de l'autre, ce qui empescha l'assaut. Le Bacha voyant que les Chrestiens s'estoient remparez pendant ce tems-là, il fit recommencer la baterie, & ce jour-là arrivérent à Oran par vn grand brouillars, deux frégates dans l'vne desquelles estoit le Secretaire * du Gouverneur, & l'autre estoit chargée de munitions qui venoient de Malaga. Elles apportoient pour nouvelles, que les galéres s'assembloient en diligence, & qu'elles viendroient bien-tost au secours de la place. Aussi-tost le

*Nuflo Garcia.

LIVRE CINQVIE'ME.

Gouverneur en donna avis à son frére * avec grande joye, *Dom Martin. par vn homme qui y passa la nuit à nage. D'autre-costé le Bacha ayant receu le mesme avis d'vne fuste qui venoit de courre les costes d'Espagne, se prépara à faire vn dernier effort, & pour cela il rassembla toutes les troupes qui estoient devant Oran. Si-tost que le siége fut levé, le Gouverneur suivit l'ennemi avec quelque cavalerie & infanterie, pour voir de quel costé ils tiroient, & voyant qu'ils alloient se joindre aux autres devant Marsaquivir, il fit alte quelque tems à la veuë de la place avec ses enseignes desployées pour donner courage aux assiégez, & delà il alla esteindre le feu que les Turcs avoient mis à la tour des Saints, puis il s'en retourna à Oran. Toute l'armée des Turcs rejointe, il y eut divers avis entre les Chefs, les vns opinant à s'en retourner avant la venuë de l'armée navale d'Espagne, & à remettre la prise de cette place en vn tems plus commode. Mais ils ne pûrent ébranler la résolution du Bacha, qui fit aussitost préparer les troupes pour donner l'assaut, rangeant à la teste celles qui venoient d'Oran. On donna en mesme tems à la vieille bréche, derriére la tour de la trahison, & du costé de la mer. On équipa aussi dix-huit vaisseaux longs, chargez de deux mille mousquetaires du Levant, pour donner l'assaut de ce costé-là. Les soldats qui y estoient, le soûtinrent vaillamment, & avec l'artillerie & les mousquets ils incommodérent fort ceux qui estoient dans les navires : mais les deux mille Levantins ayant pris terre avec bien de la peine, vinrent pour planter leurs échelles. D'autre-costé, aux bateries de terre les Maures ayant donné avec grande furie, suivis des Turcs & des Iannissaires, ils n'eurent pas le succés qu'ils prétendoient : car aprés vn combat de cinq heures ils furent contraints de se retirer, avec perte des principaux soldats d'Alger, & de plusieurs autres. Les Chrestiens firent des merveilles ce jour-là, Dom Fernand de Carcame fut blessé d'vn coup de mousquet au bras, & d'vne pierre à la bouche. Plusieurs braves officiers & soldats furent aussi blessez & tuez à coups de canon & de mousquet. Les Turcs laissérent vingt-quatre échelles contre le mur, & perdirent plus de quinze cens hommes, dont il y avoit six cens Turcs, renégats ou Iannissaires. L'ennemi retiré, trouva à dire le Gouverneur de Trémécen, & le Bacha ayant appris qu'il estoit blessé, & qu'il estoit demeuré dans le fossé, envoya prier instamment Dom Martin, qu'il luy permist d'enlever vn Turc qui estoit demeuré blessé à la bréche, sans dire qui il estoit. Comme il en eut eu la permission, il donna ordre de l'enlever avec deux de ses gens qui estoient blessez auprés de luy. Le Gouverneur voyant la civilité de Dom Martin, luy souhaita tout haut la victoire, & ayant esté mené devant le Bacha, il fut receû avec grandes caresses, & le traita avec beaucoup de soin, parce-que c'estoit vn brave soldat. Mais l'ardeur du Bacha ne s'esteignant point par cette courtoisie, au contraire il fit redoubler l'assaut dans le mesme ordre qu'auparavant, mais avec plus de violence. Toutefois comme on estoit bien preparé à le recevoir, il n'eut pas d'autre succés que le précédent, & l'on se retira aprés la perte de trois cens Turcs ou Iannissaires, & la blessure du Gouverneur de Mostagan & de Iaferaga. Ce jour-là le Bacha ne pouvant souffrir cét affront, s'avança vers la bréche, & jettant de rage son turban, qui roula jusqu'au fossé : Quelle honte, dit-il, Musulmans, que quatre coquins tiennent bon contre vous dans vne biquoque ; & voyant que cela ne servoit de rien, il embrassa son escu, & tirant son épée monta à la bréche, disant, qu'il vouloit mourir l'épée à la main pour leur eternel deshonneur. Mais les Chefs qui estoient là l'arrestérent, & les Turcs retournérent au combat avec si peu de résolution, qu'ils se retirérent aussi-tost, laissant les Chrestiens glorieux de leurs succés. Le lendemain on recommença la baterie, & le Gouverneur d'Oran se vint poster avec sa cavalerie, pour encourager les assiégez à se bien défendre. Le mesme jour arrivérent deux vaisseaux Turcs, qui avoient pris vne frégate de Malaga, & huit autres, qui portoient des vivres & des munitions d'Alger ; ce qui fut fort avantageux aux ennemis, qui commençoient à en manquer. La baterie continuant toûjours, on donna vn nouvel assaut le cinquiéme de Iuin, au mesme ordre que le précédent, & le Gouverneur d'Oran sortit avec le plus de troupes qu'il pût, & vint jusqu'au roc dont j'ay parlé,

LIVRE CINQVIE'ME.

pour faire diverſion ; ce qui fit relaſcher les aſſaillans : mais les galiotes s'avançant de ce coſté-là, leur artillerie l'obligea à ſe retirer, & les Turcs continuérent l'aſſaut juſqu'au coucher du Soleil, que le Bacha fit ſonner la retraite, voyant que tous ſes efforts ne ſervoient de rien. Tandis que cela ſe paſſoit en Afrique, André Dorie vint d'Italie à grand'haſte, avec les galéres qu'il commandoit, & joignit à Barcelone vingt-huit galéres du Roy, où il y avoit beaucoup de vieux ſoldats de Flandre, où eſtoit auſſi le régiment de Naples, commandé par Dom Pedro de Padilla. Alors Dom Franciſco de Mendoſa, que le Roy d'Eſpagne avoit fait Général de ſes galéres aprés la mort d'vn autre Seigneur de meſme nom, & qui avoit ordre de ſecourir la place, vint avec toutes ces galéres à Cartagéne, où il trouva les quatre de Dom Alvare, & celle de l'Abbé Lupien. Ces trente-trois galéres jointes avec les douze d'André Dorie, on prit la route d'Oran en la compagnie de quantité de Nobleſſe de Caſtille, d'Aragon, de Valence & de Catalogne, & force bonnes troupes de Naples, de Flandres & de Caſtille. En ce voyage il y eut des avis differens ſur le moyen d'empeſcher l'armée navale des Turcs de ſe pouvoir retirer ; mais tout cela fut ſans effet, acauſe des vents contraires. Mais voulant ſauver la place, à quelque prix que ce fuſt, ils firent tant à force de rames qu'ils arrivérent à la Baye de Pian, qu'il eſtoit déja grand jour. La galiote des Turcs, qui eſtoit en garde, les ayant découverts, tira vn coup de canon, pour avertir les autres, & les alla rejoindre à Cabo-falcon, d'où elles tirérent vers Alger. Le Général des galéres voyant qu'elles s'éloignoient, & qu'on perdroit tems à les ſuivre, fit ſigne à celles qui avoient pris le devant de ſe rejoindre, & tournant vers Oran, prit en chemin cinq galiotes que les Turcs avoient abandonnées, & quatre vaiſſeaux François, qui avoient porté les munitions à Alger. Delà paſſant à Marſaquivir, il débarqua les troupes à l'aide des chaloupes, n'ayant en main que leurs armes. Les aſſiégez & les aſſiégeans avoient alors changé de condition : car le Bacha avoit décampé en haſte à la venuë des galéres, & prit la route de Moſtagan en bon ordre, ayant les Turcs & les Ianniſſaires à l'arriéregarde. Dom Pedro de Padilla les voulut fuivre avec quelque Nobleſſe ; mais voyant qu'ils eſtoient déja eſloignez, il revint tout court, & ſe rembarqua, aprés qu'on eut laiſſé quelques troupes dans Marſaquivir. Delà on vint à Oran, où l'on fut receû avec grande allegreſſe, & aprés avoir débarqué les munitions & les vivres qu'on y menoit, on reprit la route d'Eſpagne, tandis que les Turcs fort confus rentroient dans Alger.

CHAPITRE XX.

De Canaſtel.

C'EST vne ancienne peuplade parmi des jardins, & des vergers, à trois lieuës d'Oran du coſté du Levant. Mais ſur le haut d'vn roc eſt la fortereſſe de Calaa, baſtie à ce que l'on croit par ceux du pays. C'eſtoit autrefois vne grande ville fort riche, où naſquiſt Saint Auguſtin, à ce que diſent quelques-vns. Ces peuples ont toûjours payé tribut aux Eſpagnols depuis la priſe d'Oran, particuliérement ſous le gouvernement du Comte d'Alcaudete * ; mais quand Mahamet Bay, & Mami Arraez vinrent attaquer Oran, ils favoriférent les Turcs ; c'eſt-pourquoy le Comte les alla ſacager aprés la levée du ſiége, & les fit tous eſclaves ; mais ils ſoûtinrent qu'ils n'eſtoient point coupables, & que ce qu'ils avoient fait ils l'avoient fait par force. Toutefois cette excuſe ne leur ſervit de rien, & on ne les mit pas pour cela en liberté. Il y a en ce quartier pluſieurs jardins, & pluſieurs vergers, & l'on y recueille beaucoup d'Alégna *, qui eſt le principal trafic des habitans, qui ne ſe peuvent maintenir ſans eſtre bien avec Oran.

* Martin de Cordouë.

* bois rouge.

CHAPITRE XXI.

D'Arẓée.

* autrefois Arſenaria Colona.

AV Levant de Canaſtel, lors qu'on a paſſé ce qu'on nomme l'Aiguille d'Oran, on voit les ruines du vieux Arzée,

LIVRE CINQVIEME.

Arzée, qui estoit vn ouvrage des Romains, & que Ptolomée met à treize degrez cinquante minutes de longitude, & trente-trois degrez cinquante minutes de latitude. C'étoit vne fort grande ville fort peuplée, où il y avoit quantité de beaux bastimens ; mais elle fut ruinée par les Arabes lors qu'ils entrérent en Afrique, & ne s'est point repeuplée depuis. Les Rois de Trémécen y avoient seulement vn magazin sur le bord de la mer, où ils resserroient le sel des salines, qui sont à sept lieuës de là, où on le venoit charger d'Espagne ou d'ailleurs, parce-qu'il y a vn port à couvert des vents du Couchant & du Septentrion, & des puits d'eau vive, où les vaisseaux Corsaires viennent faire aiguade. Prés de ces ruines est l'embouchure du fleuve Cirat *, & vis-à-vis de ce port, il y en a vn autre qu'on nomme le nouvel Arzée, où abordoient plusieurs vaisseaux Chrestiens chargez de marchandises de l'Europe, sous le regne des Béni zeyénes *. Ces Princes y voulurent bastir vne ville, mais comme ils avoient déja ouvert les carriéres, ils furent arrestez par des affaires plus importantes.

* ou Citet.

* Rois de Trémécen.

CHAPITRE XXII.
De Mazagran, dans la province de Trémécen.

C'EST vne petite ville fort ancienne, à vne demi-lieuë de la mer, & à treize d'Oran du costé du Levant, & bastie, à ce qu'on dit, par ceux du pays. Les anciens appelloient son port, le Port des Dieux, que Ptolomée met à treize degrez trente minutes de longitude, & à trente-trois degrez quarente-cinq minutes de latitude. La ville a de hautes murailles, & vn grand chasteau, mais qui n'est pas fort. Elle estoit autrefois fort peuplée de marchans & d'artisans, qui estoient à leur aise ; mais meschans & vicieux. Elle commença à decliner depuis la prise d'Oran par les courses des Arabes de la contrée. C'est-pourquoy ils estoient bien-aise d'estre en paix avec les Chrestiens, & faisoient quelque reconnoissance au Gouverneur par forme de tribut, venant d'ordinaire au marché à Oran. Mais quand la paix

Partie II.   Ccc

estoit rompuë ils n'estoient pas en seureté, parce-que la garnison couroit jusqu'à leurs portes ; de-sorte qu'ils estoient contraints de se retirer à Mostagan, qui n'en est qu'à vne grande lieuë. Le pays d'alentour est bon pour l'orge ; mais il ne vaut rien pour le froment. Quand le Comte d'Alcaudete attaqua la derniere fois Mostagan, ils s'y retirérent avec leurs femmes & leurs enfans, & tous leurs biens, jusqu'à la levée du siége, dont nous avons parlé en la description d'Oran.

CHAPITRE XXIII.

De Mostagan.

C'EST vne ville fort ancienne, bastie par ceux du pays sur la coste dans la pente d'vne montagne. Au plus haut de la place, qui est commandée par vne eminence ; il y a vn chasteau vers le Midi. Elle est à quatorze lieuës d'Oran du costé du Levant, & a vn port * raisonnable, mais vn peu éloigné, que Ptolomée met à quatorze degrez trente minutes de longitude, & à trente-trois degrez quarante minutes de latitude. Les maisons de cette place sont bien bâties, & ont presque toutes des fontaines. Au Midi est vne belle Mosquée, & au Levant elle a la riviére de Chilef, qui a sur ses bords plusieurs moulins, & quelques clos de figuiers & de vignes. C'est vn peuple orgueilleux, quoy-que ce ne soient que des tisserans pour la pluspart. Quand on prit Oran, cette ville estoit aux Arabes, qui tourmentoient si fort les habitans, que plusieurs abandonnérent, jusques à ce que les Turcs s'emparérent d'Alger, & ensuite de cette place, qui est la clef du pays. C'est ce que savoit bien le Comte d'Alcaudete, & ce qui l'obligea d'essayer trois fois de la prendre; mais il perdit la vie à la derniere. Il n'y a point dans cette province d'autres places considérables, que celles dont nous avons déja parlé. Car celle de Ténez commence dés la riviére de Chilef. Parlons maintenant des habitations qui sont dans les montagnes.

* autrefois Cartena.

LIVRE CINQVIE'ME.

CHAPITRE XXIV.

De Béni Zénete.

C'Est vne grande montagne, qui prend le nom des peuples qui y demeurent, qui sont des Bérébéres d'entre les Zénétes. Elle est à dix-huit lieuës de Trémécen du costé du Couchant, & touche d'vn costé au desert de Garet, & d'autre à celuy d'Angued. Elle a dix lieuës de long sur cinq de large, & est toute remplie de forests de Carrobiers. La montagne est haute, rude, escarpée, & les terres ne portent point de bled; si-bien que la principale nourriture des habitans est de carrouge, avec la chair de leurs troupeaux, qui sont en grand nombre. Ils vivent dans des villages tout ouverts, & sont braves & honorables. Au plus haut il y a vn lieu fort par art & par nature, où demeure le Commandant, qui a plusieurs cavaliers & arquebuziers, & peut faire plus de vingt mille bons hommes fort experimentez dans les armes, acause des guerres continuelles qu'ils ont contre les Rois & les Arabes. Ils sont aujourd'huy si puissans, qu'ils ont guerre perpetuelle avec les Turcs & le Chérif, & avec les Arabes des deserts, dont ils se défendent par l'aspreté de leur montagne. Il y a d'ordinaire de grandes factions & de grandes inimitiez entre ces Barbares sur le sujet du gouvernement; ce qui a causé de rudes guerres, lors qu'ils n'ont point d'ennemis au dehors; car en ce cas ils se joignent tous pour leur résister. Ils sont mortels ennemis des Turcs, qui ne les ont jamais pû assujettir, pour bien ni pour mal qu'ils leur ayent fait. Cette montagne & toutes les autres de la province, sont des branches du grand Atlas.

CHAPITRE XXV.

De Matagara.

C'Est vne montagne froide, haute & escarpée, à deux lieuës & demie de Ned-Roma, du costé du Midi. Les

Ccc ij

habitans sont des Bérébéres d'entre les Zénétes, gens hardis & belliqueux, mais fort pauvres: car la montagne ne rapporte que de l'orge & des carrouges; mais ils ont force troupeaux, & des forests de bois taillis, dont ils font du charbon qu'ils vendent aux villes & ailleurs. Ils sont grans amis de ceux de Ned-Roma, & d'vn mesme peuple; aussi s'entr'aident-ils dans les guerres qu'ils ont contre les Rois de Trémécen & les Arabes.

CHAPITRE XXVI.

De Béni Guernid.

C'EST vne montagne qui s'estend jusqu'à vne lieuë de Trémécen, & qui est fort peuplée de villages & de hameaux. Les habitans sont gens simples. Cette montagne est fraiche, & a de grandes forests de vergers, où l'on recueille plusieurs fruits, comme ceux de l'Europe, qu'on porte vendre à la ville. Outre cela il y a de grans bois dont on fait aussi du charbon, & de bon labourage, parce-que le pays est fertile en bled, en orge, & en troupeaux. Comme elle est des dépendances de Trémécen, elle en suit la fortune, & est maintenant sujette aux Turcs.

CHAPITRE XXVII.

De Tarare *.

* ou Gualhaza.

C'EST vne montagne haute, & escarpée, prés de la ville d'One, & peuplée de Bérébéres, gens farouches & brutaux, qui ont toûjours eu de grans démeslez avec ceux de la ville, laquelle ils ont sacagée plusieurs fois avant sa ruine. Ils sont pauvres, & ont peu de bled; mais quelques troupeaux, & leur principal trafic est de charbon. Ils ont aussi quelques mines de fer, & depuis qu'One fut détruite, ils labourent les terres qui sont vers la mer, & ont toûjours vne sentinelle sur la tour du chasteau, de-peur des Chrestiens du pays, qui viennent sur des brigantins leur dresser des em-

LIVRE CINQVIE'ME.

buſcades, & en prennent quantité ; de-ſorte qu'ils les tiennent toûjours en crainte.

CHAPITRE XXVIII.
D'*Agbal* *.

* ou Giubel.

C'EST vne montagne de l'Eſtat d'Oran, peuplée de Béréberes, vils & groſſiers, qui venoient apporter du bois dans la ville, & y travailler à journées, lors qu'elle eſtoit aux Maures. Il y a quelques habitations, dont les deux principales ſont prés d'Oran : en l'vne * il y a vne ſource d'eau vive, & pluſieurs vergers, où il y a quantité de citrons, de limons & d'oranges, & les habitans d'Oran y avoient leurs jardins : il y vient auſſi force bled. Il y avoit là vn lieu* de quelque douze cens feux, que le Comte d'Alcaudete ſacagea, avec vn autre qu'on nommoit Guidza. Ces deſordres & autres ſemblables, ont eſté cauſe que cette montagne s'eſt dépeuplée ; ceux qui y ſont reſtez, ſont de pauvres gens qui vivent toûjours en crainte.

* que l'on appelle Creſtela.

* Agbal. 1556.

CHAPITRE XXIX.
De *Magarava*.

C'EST vne montagne qui s'eſtend quatorze lieuës le long de la coſte, & a deux villes baſties ſur la pente, qui ſont Mazagran & Moſtagan. Elle porte le nom des Béréberes qui l'habitent, entre leſquels il y a pluſieurs braves gens, dont la pluſpart ſont riches en bleds & en troupeaux ; mais ils ſuivent les paſturages comme les Arabes, ſans avoir de demeure arreſtée. Ils parlent vn Arabe corrompu ; ce qui fait croire à quelques-vns qui ne s'y connoiſſent pas, que ce ſont des Arabes, au-lieu que ce ſont des Béréberes de la tribu des Zénétes, de la lignée des Magaroas, & des dépendances de Moſtagan. Cette montagne s'eſtend juſqu'à la riviére de Chilef, qui ſépare cette province de celle de Ténez.

Ccc iiij

CHAPITRE XXX.

De la province de Ténez, au Royaume de Trémécen.

C'EST la seconde province de cét Estat, selon l'ordre que nous suivons. Elle a au Couchant celle de Trémécen, & au Levant celle d'Alger, le mont Atlas au Midi, & la mer Mediterranée au Septentrion, depuis l'embouchure du Chilef ou de Cartena, jusqu'à celle de l'Açafran *. Tout ce pays abonde en bled & en troupeaux, & a cinq villes, dont la capitale porte le nom * de la province, & a toûjours esté sujette aux Rois de Trémécen. Quand Mahamet Bénizeyen mourut, il laissa trois fils ; dont l'aisné Abu Abdeli succéda à la Couronne, & les deux autres conjurérent contre luy. La conjuration découverte, le second qui s'appeloit Abu Zeyen, fut long-tems prisonnier, jusques à ce que Barberousse le délivra, & puis le fit pendre, comme nous avons dit plus haut. Le troisiéme, nommé Abu Yahaya, s'enfuit à Fez, & à la faveur de Hamet Oataci, il se rendit maître de la ville dont nous parlons, où il regna plusieurs années, & prit le titre de Roy de Ténez. Aprés sa mort son fils Bu Abdila luy succéda, qui fut si persécuté de Barberousse, qu'il le contraignit de passer en Castille avec sa famille, & vn de ses fréres, pour demander secours à Charles-Quint: & comme on tardoit à l'expedier, il retourna à Oran, croyant que le Marquis de Comares travailloit pour luy. Sur ces entrefaites, Dieu l'inspira de se faire Chrestien, & son frére aussi; de-sorte qu'ils retournérent en Castille, où ils furent baptisez, & leur Estat demeura aux Turcs, qui le possédent encore aujourd'huy. Et c'est vne des dépendances d'Alger, qui rapporte plus de revenu.

* autrefois Quinalaf, maintenant Vetxilef.
* Ténez.

CHAPITRE XXXI.

De Ténez.

C'EST vne ancienne ville bastie par ceux du pays sur la pente d'vne montagne, à demi-lieuë de la mer. Ptolomée luy donne onze degrez trente minutes de longitude, & trente-trois degrez trente minutes de latitude, & la nomme Lagonte. Elle est à mi-chemin d'Oran & d'Alger, & à trente lieux de l'vne & de l'autre, & a toûjours esté la capitale de cette province. Elle est bien fermée de murs & a vne forteresse où estoit le palais du Prince, qui est maintenant la demeure du Commandant qu'on envoye d'Alger, avec bonne garnison : Car les Arabes de cette contrée sont belliqueux & se piquent d'honneur & de vaillance ; aussi ont-ils aidé souvent les habitans à se défaire des Gouverneurs Turcs qu'on leur envoye, qui sont de grans tyrans. Ceux de la ville sont grossiers & rustiques, quoi-qu'ils ayent grand commerce avec les estrangers, parce-qu'on charge-là du bled, de l'orge & autres danrées pour mener à Alger & ailleurs ; parce que toute la contrée est fertile en bleds & en pasturages, & a beaucoup de miel & de cire. Vis-à-vis de la ville il y a vne islette, où les vaisseaux se mettent à l'abri pendant la tempeste quand ils ne peuvent demeurer au port. Le cadet Barberousse prit cette ville aprés la mort de son aisné ; & depuis elle a toûjours esté aux Turcs.

CHAPITRE XXXII.

De Brescar.

CETTE ville est à huit lieuës de la précédente du costé du Levant sur la coste de la mer Mediterranée, & doit sa fondation aux Romains. Ptolomée la met à quinze degrez cinquante minutes de longitude, & à trente-trois degrez trente-six minutes de latitude sous le nom de *Campi Germani*, & quelques Auteurs Arabes la nomment Bersac. Elle est fermée de murs, & a plusieurs anciens bastimens & autres antiquitez Romaines. Le peuple est grossier & la pluspart tisserans ; mais il est robuste & fort leger. Il est des Azuagues dont nous avons parlé au prémier livre, qui avec le secours des Bérébéres de la montagne *voisine qui estoient leurs amis, se maintinrent plus de cent ans en liberté contre les Seigneurs de Ténez, jusques à ce que Bar-

* Zatima.

berousse s'en empara, & depuis elle a toûjours esté sujette aux Turcs. La contrée rapporte force bled, orge & lin, & a quantité de troupeaux. Il y vient les meilleures figues de l'Afrique, que l'on porte à Ténez, à Alger, à Constantine, & quand elles sont seches, par toutes les villes de la Barbarie, & jusqu'à Tunis.

CHAPITRE XXXIII.

De Sargel.

C'EST vne grande & ancienne ville bastie par les Romains, que Ptolomée nomme Canuchi, & met à seize degrez dix minutes de longitude, & à trente-trois degrez trente minutes de latitude, quoi-que quelques-vns croyent que c'est la Carcena Colonia des anciens dont nous avons parlé plus haut. Elle est entre Ténez & Alger à quinze lieuës par mer de l'vne & de l'autre, quoi-que par terre, il n'y en ait pas plus de dix. Elle est donc sur la coste & avoit autrefois de bons murs de pierre de taille qui avoient plus de trois lieuës de tour, & vn bon chasteau. Il reste encore vn grand temple sur le bord de la mer basti de marbre & d'albastre. Les Gots qui regnoient en Espagne, se saisirent de cette ville pendant sa prospérité, & la tinrent longtems fort sujette. Depuis elle passa sous le pouvoir des Arabes qui la restablirent dans son ancienne splendeur ; mais le Calife * schismatique de Caroüan, la desola de-sorte qu'il n'en reste plus que des ruines. Elle a esté trois cens ans de la sorte, jusques à ce que plusieurs Maures passant de Grenade en Afrique aprés la conqueste de Ferdinand, quelques-vns commencérent à redresser le chasteau & les logis qu'ils trouvérent les plus commodes ; & de jour en jour toute cette plaine se peuple de Mudéchares, de Tagartins, & de Maures d'Andalousie, qui sont braves & ingenieux & qui ont quantité de terres labourables, de vignes & d'oliviers dans l'enclos des anciens murs. Ils y ont planté aussi grand nombre de meuriers pour la nourriture des vers à soye où consiste leur plus grand revenu : car le pays est fort bon

pour

*Gairn.

1490.

LIVRE CINQVIEME.

pour cela, & il y a maintenant plus de cinq mille maisons qui fourniroient en vn besoin plus de mille arquebuziers ou arbalestriers. On voit dans la mer quand elle est calme, plusieurs anciens bastimens qu'elle a inondez. Il y en a encore quelques-vns d'entiers, dont il n'y a que les toits de fondus. Cette ville n'est pas maintenant fermée de murailles, & a toute sa force en la valeur & au nombre de ses habitans. A deux lieuës de là le long de la coste du costé du Levant est le mont Sargel *, qui est si haut qu'il découvre vn vaisseau de plus de vingt lieuës. Les habitans sont riches & en bonne intelligence avec les Turcs, parce-qu'ils receurent fort bien Barberousse quand il y aborda, & luy offrirent le port pour y faire vn Mole afin d'y mettre à couvert ses vaisseaux : Mais il ne le fit pas, acause qu'il s'empara d'Alger. Prés de la ville vers le Levant, il y a vne riviére qui fait moudre plusieurs moulins à farine, & dedans coule vne fontaine qu'on a fait venir d'ailleurs. Lors-que nous fusmes en cette ville, nous y vismes de grans piliers d'albâtre & des statuës de pierre avec des inscriptions Latines & plusieurs autres antiquitez, & les Maures disoient qu'ils les trouvoient en creusant dans leurs heritages, & qu'il n'y a pas longtems qu'on avoit trouvé de la sorte vn grand pilier d'albâtre tout environné de monstres, & soûtenu par deux lions aussi grans que des taureaux. Nous y vismes aussi deux grandes statuës de nymphes qui estoient d'albâtre, & paroissoient estre des Idoles des Gentils, l'vne avoit autour de la teste ces lettres.

* Les Turcs l'appelent Carapula, & les Maures, Girastlumar.

<pre>
        D.   D.
    D.   .S. R. I. D.   D.
</pre>

Charles-Quint ayant appris que Barberousse assembloit tous les Corsaires d'Alger, pour venir au détroit de Gibraltar *, il commanda à son Amiral André Dorie qu'avec ses galéres & celles de Naples & de Sicile, il vinst dans les mers du Couchant contre ce pirate. Il courut donc toutes les costes de Barbarie, & ayant appris qu'vne partie de l'armée navale de Barberousse estoit dans le port de Sargel, il fondit dessus à l'improviste. Les Turcs estonnez se sauvent dans la ville & au chasteau ; de-sorte qu'André Dorie brû-

1531. De la prise de Sargel par André Dorie, où il s'empara de l'armée navale des Turcs.

Partie II.   Ddd

la tous les vaisseaux, & débarquant ses troupes força la ville & mit en liberté huit cens forçats Chrestiens. Mais comme les soldats estoient répandus par les maisons pour le pillage, les Turcs qui s'estoient retirez au chasteau, vinrent en corps donner sur eux, en tuérent plus de quatre cens, & mirent le reste en fuite. André Dorie voyant ce desordre, & qu'ils venoient en foule pour se sauver dans ses galéres, il les esloigna du bord pour les obliger à retourner au combat. Quelques-vns rapportent qu'il le fit par dépit, mais il n'y a point d'apparence; car voyant ce remede inutile, il relâcha à terre pour les sauver. Ainsi l'avarice des soldats souïlla la gloire de cette entreprise : Quoi-qu'il en soit, tous les vaisseaux Turcs & Maures qui y estoient, furent perdus, & le dessein de Barberousse échoüé.

CHAPITRE XXXIV.

De Césarée.

CETTE ville que les Africains appellent Tiguident ou vieille ville, est célébre dans l'Histoire Romaine, sous le nom de Césarée. On en voit les ruines au Levant de la ville de Sargel, en vne baye que fait la mer, entre le port qu'on nomme du Mont, & celuy des Cassines. Elle a esté bâtie par les anciens Africains, & embellie par les Empereurs de Rome, & Aben Raquiq assure, que ç'a esté vne des places des plus peuplées de l'Afrique. Les vestiges de ses murs ont plus de trois lieuës de circuit, & l'on voit encore quelques marques de sa grandeur. Quand les Arabes couroient victorieux par toute l'Afrique : elle estoit considérable pour sa richesse & ses Academies, d'où sont sortis de grans Poëtes, & d'excellens Philosophes. Elle tomba depuis sous le pouvoir de la Maison d'Idris, qui l'a possédée plus de cent cinquante ans, jusques à ce que dans la guerre des Califes schismatiques de Caroüan, l'an neuf cens cinquante-neuf, qui est le trois cens soixante-cinq de l'Egyre, ses maisons, ses murailles, & ses temples, furent démolis par Abdala, fils de Mahoédin, lequel fit mourir cruellement les

LIVRE CINQVIEME.

habitans qui eſtoient de l'opinion d'Idris. Il reſte toutefois ſus pied deux anciens temples, où l'on ſacrifioit aux Idoles; en l'vn deſquels il y a vn dome fort haut, que les Maures appellent Coborrumia, ou Sepulcre de Romain, & les Chreſtiens par corruption Cabaromia, où ils diſent qu'eſt enterrée la fille du Comte Iulien. Ce dome eſt ſi éleué, qu'on découure du faiſte vn vaiſſeau en mer à vingt lieuës de là, & du coſté de terre les campagnes de Méticha de plus de ſeize lieuës de long. Il eſt fait de groſſes pierres, & eſt fermé de toutes parts. L'an mille cinq cens cinquante-cinq Salbarraés le voulut deſtruire, croyant y trouuer quelque treſor; mais comme les Chreſtiens captifs oſtoient les pierres, il en ſortit de certaines gueſpes noires ſi venimeuſes, qu'elles faiſoient mourir ſur l'heure celuy qu'elles piquoient; ce qui obligea d'abandonner l'ouurage. Au Leuant de cette ville eſt vne vaſte foreſt appelée de la Mauuaiſe-Femme; c'eſt là qu'il y a de grans arbres, comme des cedres, des peupliers, des liéges & des lauriers, & que ſe coupe tout le bois que l'on porte à Alger pour conſtruire des navires. Prés de là vne montagne auance dans la mer, que les mariniers nomment la Campagne de Ténez; perſonne ne peut abatre de bois en cette montagne ſans la permiſſion du Gouuerneur d'Alger, qui y fait bonne garde. Cette ville eſt ruinée, & ne s'eſt pû reſtablir depuis que le Calife* dont nous auons parlé, la détruiſit: outre que les Arabes ne le permettroient pas, acauſe qu'ils jouïſſent de la contrée. Elle eſt ſur vn haut tertre, qui entre dans la mer. Il n'y auoit point d'autre ville maritime en cette prouince, & nous n'auons trouué le nom de Céſarée que dans Aben Raquiq.

Caim.

CHAPITRE XXXV.

De Mézuna.

C'EST vne ancienne ville entre Moſtagan & Ténez, au dedans du pays. Ptolomée la met à ſeize degrez de longitude, & à vingt-trois degrez quarente minutes de latitude, ſous le nom de Neuf-chaſteau Colonie. Les murailles sont hautes & fortes, & il y a vn chasteau qui a vn bon palais. La contrée est fort estenduë, & l'on y voit les ruines de plusieurs villes, qui ont esté détruites depuis les Romains, où l'on remarque encore de grandes tables d'albâtre, & des statuës de pierre, avec des inscriptions Latines. Les maisons estoient fort bonnes, mai elles ont esté détruites par les guerres, & particuliérement en la revolte dont nous avons parlé, des parens du Roy de Trémécen, qui sacagérent plusieurs villes de cét Estat. Pour les bastimens d'à certe heure, ils sont à la moderne, & ne valent rien. Mais il y a dans la ville vn superbe temple, qui semble avoir esté fait par les Romains. Les habitans estoient fort riches, parceque le pays abonde en bled & en troupeaux; mais les Arabes, ennemis des villes, les ont tant tourmentez depuis la derniere ruine de la place, que la pluspart ont esté s'establir ailleurs, & ceux qui restent sont de pauvres tisserans, qui font de la toile & des sayes de laine, & des ouvriers qui ne gagnent pas tant qu'ils payent d'impost à Alger & aux Arabes, pour pouvoir labourer les terres.

CHAPITRE XXXVI.

De Miliane *.

* autrefois Magnana.

C'EST vne grande ville, bastie par les Romains sur vne montagne fort haute à quatorze lieuës de Sargel, au dedans du pays, & à quinze d'Alger vers le Couchant. Ptolomée la met à quinze degrez cinquante minutes de longitude, & à vingt-huit degrez cinquante minutes de latitude. Toute la montagne est pleine de sources, & il y a par-tout de grans noyers, qui rapportent tant de noix qu'on n'en peut recueillir qu'vne partie, le reste est perdu. La ville est fermée d'anciens murs, hauts & forts, & bien bastis, & environnée d'vn costé d'vne roche escarpée & fort eslevée, au bas de laquelle il y a vne valée profonde. De l'autre costé elle s'estend sur la pente de la montagne, & a vn bon chasteau qui la commande. Les maisons sont bonnes & ont plusieurs fontaines. Mais les habitans sont grossiers, & la plufpart faifeurs de toile & de felles à la Morefque. Il y a aufli des tourneurs, qui font des vaiffeaux de bois pour boire, & qui font eftimez dans le pays. Il y a autour de la ville d'amples vergers, où font les meilleurs & les plus beaux citrons de toute la Barbarie. Il y croift aufli d'excellentes oranges, qu'on porte vendre à Ténez, & ailleurs. Sur le déclin des Rois de Trémécen, cette ville fe maintint quelque tems en liberté, & fe défendit tant contre eux que contre les Arabes, parce-que la plufpart des habitans font Azuagues, & ont plufieurs retraites dans la montagne. Mais après la prife de Trémécen, Barberouffe s'en empara, & elle eft encore aujourd'huy aux Turcs. Il n'y a point d'autres villes confidérables dans cette province, quoy-qu'on en voye les ruines de plufieurs, dont le nom feulement n'eft pas connu. Parlons maintenant des habitations des montagnes.

CHAPITRE XXXVII.

De Zatime.

CETTE montagne, que ceux du pays nomment maintenant Abu Sayd, du nom du peuple qui y habite, eft prés de Ténez, & peuplée de Bérébéres & d'Azuagues, qui font groffiers & brutaux, quoy-que vaillans & bons foldats. Ils ont abondance d'orge, quantité de chévres, & beaucoup de miel & de cire, qu'ils portent vendre à Ténez, aux marchans de l'Europe. Cette montagne eft des dépendances de Ténez, & eft à la devotion des Turcs d'Alger.

CHAPITRE XXXVIII.

De Guénézéris.

C'EST vne montagne haute & efcarpée, dont les peuples font vaillans, & ont toûjours eu guerre contre les Rois de Trémécen, l'ayant entretenuë foixante ans de fuite, à la faveur des Rois de Fez. Tout le haut n'eft que terre,

Ddd iij

qui produit quantité de geneft, dont on fait des paniers & des nates. Sur la pente & dans les lieux vnis, il y a plusieurs fontaines, dont l'eau est tres-fraische, & de bonnes terres labourables. Les habitans sont braves, & sont bien cinq mille combatans, dont il y a deux mille cinq cens chevaux, qui favoriserent Muley Yahaya, quand il se fit Roy de Ténez ; & depuis que cét Estat changea de maistre, ils se sont maintenus en liberté, courant tout le pays, comme ils font encore aujourd'huy.

CHAPITRE XXXIX.

De la province d'Alger, au Royaume de Trémécen.

CETTE province est la troisiéme du Royaume de Trémécen, selon l'ordre que nous tenons. Elle a au Couchant la province de Ténez, & au Levant celle de Bugie, au Midi les montagnes du grand Atlas, qui sont frontiére d Numides, & au Septentrion la mer Mediterranée : de-

ou Quinalaf. puis l'embouchure d'Açafran jusqu'au territoire de Bugie. Tout ce pays abonde en bled & en troupeaux. Les plaines sont peuplées d'Arabes puissans & riches, & les montagnes de Bérébéres & d'Azuagues belliqueux, qui ont plusieurs arquebuziers, & quantité de cavalerie. Cette province a toûjours esté de l'Estat de Trémécen, & c'estoit l'appen-

* Abu Ferez. nage des seconds fils du Souverain ; mais depuis que le Roy*
de Tunis conquit le Royaume de Trémécen, il donna la

* appelé Ab- Couronne de Bugie à vn de ses fils *, & ceux d'Alger voyant
dulazis. l'ancienne puissance de leurs Rois diminuée, s'appuyérent du credit du Prince de Bugie, & plusieurs peuples de la province se firent ses vassaux, & vivoient presque en liberté en payant quelque tribut. Mais sur le declin de cét Estat, la ville d'Alger s'affranchit, & avec le tems quelques Gentils-hommes qui y demeuroient s'en rendirent maistres à la faveur des Arabes. Quand Barberousse y aborda, il tua Selim qui y regnoit, comme nous avons dit en la description de la ville de Trémécen. Il y a peu de villes en cette province dont on puisse parler ; parce-que les anciennes ont esté dé-

molies dans les guerres des Arabes, & de quelques Princes particuliers : & bien qu'on en voye encore des ruines en quelques endroits, on n'en sait plus le nom.

CHAPITRE XL.

De la ville de Col des Mudechares.

C'EST vne ville qu'Hascen Bacha a bastie depuis peu à cinq lieuës d'Alger du costé du Couchant, sur le bord de la riviére d'Açafran *, & deux lieuës au dedans du pays. *ou Quinalaï. Tout le fleuve est bordé en cét endroit de grans bois d'arbres fruitiers & de meuriers. Il y a dans la ville plus de trois cens habitans des Mudechares de Castille & d'Andalousie, & des Tagartins du Royaume de Valence, & cette petite colonie s'augmente tous les jours, parce-que le pays est bon & abondant en bleds & en troupeaux, avec toutes sortes de fruits, comme dans l'Europe, force citrons & force oranges, & outre cela les habitans s'enrichissent à nourrir des vers à soye. Entre cette ville & Alger, le long de la coste, il y a vne porte que l'on nomme des Cassines, où abordent plusieurs vaisseaux, quand la rade n'est pas seure : Et c'est là que se retira Bernard Mendoce avec les galéres d'Espagne, quand l'armée de Charles-Quint se perdit sur les costes d'Alger. Il y avoit autrefois dans ce port vne ville *, dont on * Yhot. voit encore en quelques endroits les ruines. Trois lieuës plus loin vers le Levant, il y a vn autre * port, autour du- * Marsa Duquel viennent paistre les troupeaux d'Alger, parce-qu'il ben. n'en est qu'à vne lieuë & demie, & que le pays a de tres-bons pasturages.

CHAPITRE XLI.

D'Alger, capitale de la province.

CETTE ville, que les Maures nomment Gézeir de Béni Mosgana, a esté bastie par des Bérébéres de ce nom, si-bien que les anciens Historiens l'appellent Mosgane. Quel-

ques-vns difent, que les Romains la nommoient *Iulia Cefa-*
rea, en l'honneur de Iules César, & maintenant elle s'appelle par corruption Argel de Gézéyr, qui fignifie Ifles en Arabe. Cette ville a toûjours efté fameufe, les Romains l'embellirent fort autrefois, & les Turcs l'ont depuis enrichie des dépouilles des Chreftiens. Paul Diacre affure qu'au tems des Vandales vn tyran s'en empara, & la démolit, mais elle fe reftablit bien-toft après. Elle eft fur la pente d'vne montagne fort élevée : elle a de bonnes & de hautes murailles de pierre, vn foffé bien profond, & des boulevarts tout autour. Elle a quatre portes principales, l'vne du cofté du Septentrion, où eft le port & vne ifle, en laquelle eftoit autrefois la fortereffe du Pégnon ; mais le port eft bien plus feur & plus grand qu'il n'eftoit, depuis que Salharraés a joint l'ifle à la terre ferme, par le moyen d'vn Mole, fe fervant pour cela des pierres de quelques anciens baftimens de la ville de Métafus. Les murailles s'élevent peu à peu fur des colines, & tournant vers le Midi font vne pointe qui paroift de loin vn triangle haut élevé, à la tefte duquel eft vn vieux chafteau, qu'on découvre en mer de fort loin. Delà on monte par vne coline à vne fortereffe *, que les Turcs ont faite à vn grand quart de lieuë du château, & qui a quatre bons baftions, vne place d'armes capable de tenir mille hommes, avec vne fort grande cifterne, qu'ils gardent pour la neceffité : car on fe fert d'ordinaire de l'eau d'vn puits qui eft à douze ou quinze pas de la porte du fort. Les baftions font couverts de canons de bronze. Il y a toûjours vn Gouverneur avec trois cens Turcs en garnifon. Entre la fortereffe & la ville eft vn autre fort, où il y a auffi garnifon. Les maifons commencent depuis le bas fur le bord de la mer, & s'élevent peu à peu comme par degrez fur la montagne ; ce qui fait vn tres-bel afpect, parce-qu'elles ont toutes des feneftres & des corridors ; & qu'elles ne s'oftent pas la veuë les vnes aux autres ; elles font généralement bien baftics, & il y a plufieurs palais à la moderne, fort bien travaillez, qui ont efté conftruits par les Amiraux Turcs & renégats, qui ont réfidé dans Alger. Les places & les ruës font bien difpofées, & chaque meftier

* Burche.

LIVRE CINQVIE'ME.

a ſon quartier à part. Il y a ſur le bord de la mer vne ſuperbe Moſquée, au devant de laquelle eſt vne galerie, pour découvrir ſur la mer. Elle s'eſtend ſur les propres murs de la ville, & les flots viennent batre au pied. Tout autour des murailles il y a d'amples vergers, & à deux lieuës de la ville du coſté du Levant eſt vne riviére * qui deſcend du grand Atlas, & traverſant les campagnes de Méticha, ſe va rendre dans la mer entre des colines derriére la ville d'Alger ; & c'eſt là que ſont les moulins où vont moudre les habitans. Ptolomée met l'embouchure * de cette riviére à dix-huit degrez dix minutes de longitude, & trente-trois degrez vingt minutes de latitude. L'eau qu'on boit dans Alger vient d'vne grande fontaine qu'on y a conduite par des tuyaux, d'où elle ſe répand en divers endroits ; mais outre cela il y a pluſieurs puits & pluſieurs ciſternes. La ville eſt ceinte du coſté de la terre d'aſpres rochers, au pied deſquels du coſté du Midi ſont de vaſtes plaines fertiles en bleds & en paſturages, particuliérement les campagnes de Méticha, qui ont ſeize lieuës de long ſur dix de large. La coſte depuis Alger juſqu'à Métafus, eſt vne coſte raſe & eſtroite, parce-qu'elle s'eſleve peu à peu en colines, juſqu'à des montagnes qui s'eſtendent fort loin, & qui environnent la ville & la coſte en forme d'amphitheatre, ou de demi-lune. Cette ville eſt aujourd'huy la plus riche de toute l'Afrique, & la Doüane vaut autant de revenu que tout le Royaume. Barberouſſe la prit, & ſon frére l'augmenta ; de-ſorte que de jour en jour elle devient plus fameuſe, par les naufrages des armées navales d'Eſpagne, & les dépouïlles de la Chreſtienté. Nous dirons au chapitre ſuivant la priſe du Pégnon d'Alger par Barberouſſe, & la perte de l'armée Imperiale, ayant déja parlé de deux autres dans la deſcription de la ville de Trémécen.

Le Roy Ferdinand irrité des courſes que faiſoient les Corſaires ſur les coſtes d'Eſpagne, & aux Iſles * voiſines, fit faire vn fort en vne petite Iſle, qui eſt devant le port, que l'on nomma le Pégnon, à cauſe qu'il eſtoit ſur vn roc. On batoit de là les maiſons de la ville ; de-ſorte que Célim Béni-tumi, Prince d'Alger, fut contraint de faire tréve pour dix ans avec le Roy d'Eſpagne, & de luy payer tribut ; mais

Partie II.   Eee

* Vedel Hirax, ou Guſ Saya.

* autrefois Savo.

La priſe du Pégnon d'Alger par Barberouſſe.

* Yuica, Majorque, Minorque.

Barberousse l'ayant tué, & s'estant rendu maistre d'Alger & d'autres endroits de cette province, fit vne entreprise sur ce fort, & ne le pût prendre, ni son frere aprés luy. Toutefois les vivres venant à y manquer, acause qu'on n'en fournissoit plus comme du tems de Célim, Martin de Vargas, qui en estoit Gouverneur, & qui l'avoit défendu généreusement, en donna avis au Roy. Sur ces entrefaites, comme il attendoit le secours d'Espagne, vn traistre se sauva à nage dans la ville, & donna avis à Barberousse de la necessité où l'on estoit. Barberousse envoya aussi-tost prier Martin de Vargas de luy rendre la place, puisqu'il manquoit de vivres, & que tous les passages estoient pris; de-sorte qu'il n'y pouvoit entrer aucun secours, luy promettant de luy faire vne composition tres-honorable. Le Gouverneur qui estoit brave, répondit qu'il n'y avoit point d'apparence qu'vn Roy d'Espagne rendist vne place à vn Corsaire, & qu'on luy avoit fait vn faux rapport. Alors Barberousse l'investit avec ses galéres, & aprés plusieurs combats, où moururent quantité de Turcs & de Maures, il l'emporta d'assaut, les assiégez manquant de vivres & de munitions, & mourant de faim & de lassitude. Ce jour-là le Gouverneur défendit tout seul vne bréche avec vne épée à deux mains, & elle ne fut emportée qu'aprés qu'il eut receû plusieurs blessures, & perdu l'vsage du bras droit. Alors quatre hommes se jettérent sur luy, & l'empoignérent, parce-que Barberousse avoit défendu de le tuer. Il luy dit mesme, comme on l'eut amené en sa présence, qu'il ne perdist point courage, & que bien-loin de le maltraiter, il luy feroit du bien s'il vouloit faire ce qu'il luy diroit. Le Gouverneur le remercia, & promit qu'il le feroit, pourveu qu'on punist auparavant le soldat qui l'avoit trahi. Alors Barberousse, pour luy complaire, fit amener le renégat, & l'ayant fait foüeter cruellement, luy fit couper la teste en la présence du Gouverneur. Ensuite il luy demanda pour récompense de la satisfaction qu'il luy avoit donnée, qu'il se fist Mahométan, & luy jura qu'il le feroit Capitaine de ses gardes. Le Gouverneur répondit, qu'aprés avoir demandé le supplice d'vn homme qui avoit violé sa foy, il ne vouloit pas violer la

LIVRE CINQVIE'ME.

sienne, & qu'il luy obeïroit en toute autre chose, s'il luy commandoit. Là-dessus Barberousse irrité, le fit mourir, aprés luy avoir fait souffrir de cruels tourmens. Ainsi finit ce brave Gouverneur, gardant la foy à son Dieu & à son Roy, comme sont obligez de faire tous les gens de bien.

Aprés que Charles-Quint eut pris la fameuse ville de Tunis, & qu'il en eut chassé Barberousse pour y restablir le Prince * légitime ; il résolut de nettoyer toute la coste d'Afrique de Corsaires Turcs, & particuliérement la ville d'Alger, qui faisoit tant de mal à la Chrestienté. Il estoit touché d'vn saint déplaisir de voir tant de Chrestiens captifs de ces Infidelles, & voulut aller en personne à cette entreprise, pour éviter qu'elle n'eust vn aussi mauvais succés que les précédentes. Pour cela il fit équiper vne puissante armée navale, tant de vaisseaux de haut-bord que de galéres, & la remplit d'vn nombre considérable de vieux soldats, Espagnols, Alemans & Italiens, & de quantité de munitions & d'artillerie, avec le reste qui estoit necessaire à vn dessein si important. Vne partie de l'armée navale estant jointe au port d'Ivique, & Dom Bernardin de Mendose n'estant pas encore arrivé avec celle d'Espagne ; l'Empereur partit de cette Isle, & alla mouiller à la rade d'Alger le vingt-sixiéme d'Octobre l'an mille cinq cens quarante-vn. Comme il estoit là à l'ancre, Mendose arriva au Cap des Caffines, ou d'Apollon, avec cent cinquante gros vaisseaux, & plusieurs petits. Le Duc d'Albe, qui estoit Grand-Maistre de la Maison de l'Empereur, estoit Général sous luy de toutes les troupes, suivi de quantité de Seigneurs & de Gentilshommes de marque, qui venoient pour servir en personne à leurs dépens à cette entreprise. Deux jours avant leur venuë, il y avoit eu vne telle tempeste sur la coste, que la mer estoit encore émeuë, quoy-que le vent fust appaisé ; ce qui fut cause que l'on ne débarqua pas si promptement, parce-qu'il eust falu descendre dans l'eau, outre que l'armée navale d'Espagne n'estoit pas encore arrivée. Ce retardement, quoy-qu'il ne fust que de deux jours, ruina cette entreprise, qui estoit sans cela indubitable : Car comme l'Empereur eut envoyé vn Gentilhomme au Gouverneur * d'Al-

La mauvaise issuë de l'entreprise de Charles-Quint sur Alger.
* *Muley Hascen.*

ᵃ *Hascen Aga.*

ger, avec vn eſtendart blanc, pour marque de paix, il fut bien receû de ce renégat, qui eſtoit de l'iſle de Sardagne. Il luy dit que toute la Chreſtienté venoit pour venger les injures que les Corſaires & les habitans de la ville luy avoient faites, & que cela ſe paſſeroit avec trop de cruauté, s'il ne remettoit la place volontairement entre les mains de l'Empereur : Qu'il ſavoit que Barberouſſe s'en eſtoit rendu maiſtre injuſtement, & par ſurpriſe, & que ſon frere l'avoit fortifiée depuis pour la ruine des Chreſtiens. Il a joûta que ſi prenant vn meilleur parti il la vouloit rendre, on laiſſeroit aller en liberté la garniſon & les habitans, & que l'Empereur, dont il eſtoit né vaſſal, luy en ſauroit gré. Il le fit ſouvenir qu'il eſtoit nay Chreſtien, que l'occaſion ſe preſentoit de retourner en ſon devoir, & de ſe venger de cét Infidelle Corſaire qui l'avoit pris, & faire plaiſir à vn Monarque puiſſant, & qui ſavoit bien reconnoiſtre les ſervices qu'on luy rendoit : Qu'il n'attendiſt donc pas l'aſſaut, qui ne pouvoit eſtre que tres-furieux, & ſuivi du meſme ſuccés que celuy de Tunis. Il luy fit outre cela de grandes offres en particulier, qui le mirent en ſuſpens ; & il témoigna quelque deſſein de faire ce que l'Empereur deſiroit ; mais il en fut empeſché par vn renégat * Eſpagnol de race de Iuif, qui fut depuis Roy de Tachora. Car comme il le vit balancer, il le fut trouver en la compagnie d'autres Turcs & renégats, & luy dit, Qu'ils avoient appris qu'il traitoit avec l'Empereur, & qu'il quittaſt la penſée de rendre cette place au deſavantage de ſon maiſtre & à ſon eternel deshonneur. Alors le * Gouverneur ſe tournant vers le Gentilhomme, luy dit avec vn ſouris ; C'eſt eſtre fou que de ſe meſler de conſeiller ſon ennemi ; mais c'eſt eſtre encore plus fou d'ajoûter foy au conſeil qu'vn ennemi donne. En vertu dequoy l'Empereur penſe-t-il prendre cette place ? En vertu, répondit-il, de cette armée invincible, que vous voyez qui a déja pris ſur voſtre maiſtre la ville de Tunis & la Goulette. Le Gouverneur repartit, qu'il ſe défendroit mieux que les autres, & que l'armée d'Eſpagne ayant déja peri deux fois devant cette place, elle y pourroit bien perir vne troiſiéme, & là-deſſus il le renvoya. Il couroit dans Alger vne prophétie d'vne

* Cayd Mahamet.

* Haſcen Aga.

LIVRE CINQVIE'ME.

vieille sorcière, qui avoit prédit la défaite de Vera, & le naufrage de Morcade, à quoy elle en ajoûtoit vne autre d'vn Prince Chrestien, dont la perte devoit estre bien plus grande que celle des deux premières. Cette prophétie estoit d'autant pluſtoſt cruë, que de trois articles il y en avoit deux qui s'estoient trouvez veritables. Et les Turcs & les renégats la faiſoient fort valoir, pour animer leurs gens & intimider les Chrestiens, qui se voyoient à l'entrée de l'hyver, ancrez en vne rade dangereuſe. Il y avoit dans Alger huit cens Turcs, la pluſpart cavalerie, & il s'en estoit retiré plus de trois cens, avec vn Chef * dont nous avons parlé dans l'histoire du Chérif. Le Gouverneur avoit donné ordre que l'on fiſt outre cela divers préſens aux Arabes de la contrée, pour les obliger de s'aſſembler en grand nombre, & incommoder le camp des Chrestiens. Si-toſt qu'il eut renvoyé le Gentilhomme de l'Empereur, il fit publier sur peine de la vie, que personne ne sortiſt de la ville. Il aſſigna aux troupes leurs quartiers, & pourveut au reſte qui estoit necessaire pour la défenſe. L'armée qui estoit à l'ancre du costé du Couchant de la place, passa au Levant, après qu'on eut reconnu la coſte, acauſe que la descente y estoit plus facile, & les galéres vinrent prendre les soldats & les mirent à terre dans des barques & des chaloupes, n'ayant en main que leurs armes, sans que les ennemis s'y oppoſaſſent que foiblement. L'infanterie débarquée, fut rangée en trois bataillons, qui avoient chacun trois pieces de campagne à leur teſte, pour écarter les Arabes s'ils vouloient venir à l'escarmouche. L'armée s'avança en cét estat environ vn quart de lieuë, & campa entre deux grandes ravines, faites par deux ruiſſeaux, ou pluſtoſt par deux torrens si profonds, qu'on ne les pouvoit traverſer que sur vn pont. Les Turcs & les Maures vinrent faire vne décharge à la pointe du jour sur le camp. Mais l'Empereur défendit de sortir qu'il ne fuſt grand jour. Alors on commanda deux régimens, sous la conduite de Dom Alvare de Sande, & de Louis Perez de Vargas, pour les écarter, acauſe qu'ils pourroient fort incommoder l'armée, qui devoit paſſer au pied des montagnes pour prendre la route d'Alger. Les ennemis fi-

* Caid Marichan.

E e e iij

rent ferme, jusqu'à ce qu'on vinst à eux l'épée à la main. Alors ils laschérent le pied, & l'on gagna vne coline à main gauche, d'où on les suivit jusqu'à vne petite montagne qui commande à Alger, où est le * fort dont nous avons parlé. Cependant, l'armée marcha jusqu'aux murs de la ville, & l'Empereur campa à vn hermitage qu'on nomme Cidi Iaco : & faisant trois quartiers des trois nations, il mit l'infanterie Espagnole au plus haut prés de la montagne du fort. Les Alemans sur des colines prés de luy, & les Italiens dans la plaine vers la mer, joignant les portes de la ville. Le Gouverneur * attaqua leur quartier dés le lendemain ; & trouvant peu de resistance, acause que les soldats estoient engourdis de froid, & que la pluspart avoient leur poudre mouillée, & leurs méches esteintes, les Turcs entrérent jusques dans leur quartier : mais s'estant ralliez, ils les repoussérent vaillamment, & les rechassérent jusqu'aux portes de la ville, & si on ne les eust fermées, on dit qu'ils y fussent entrez pesle-mesle ; mais ils se retirérent aprés en desordre, pour se sauver du feu de la muraille. Les Chevaliers de Malte se signalérent en cette occasion : car ils approchérent avec leurs drapeaux jusqu'aux portes de la ville, où l'vn d'eux planta son poignard : aprés quoy ils firent leur retraite en bon ordre, se tenant toûjours à la queuë, & se faisant remarquer par leur valeur & par les casaques d'écarlate qu'ils portoient sur leurs armes avec les croix blanches ; encore que la cavalerie Turque, qui s'estoit retirée vn peu à l'écart hors de la ville les suivist hardiment, & eut tué l'Enseigne, & quelques Chevaliers. Vn orage qui avoit commencé aprés minuit, & la tourmente qui augmentoit à toute heure, ralentissoit le courage des soldats. Mais l'Empereur envoya trois compagnies d'Alemans pour favoriser la retraite ; neantmoins l'incommodité de l'eau & de la bouë estoit si grande, & les soldats si estonnez, qu'il fut contraint d'y accourir en personne ; ce qui obligea les ennemis à se retirer vne seconde fois. Pendant que cela se passoit dans la plaine vers la mer & auprés des portes d'Alger, les vaisseaux agitez des vagues rompirent leurs cables & s'entrechoquant couloient à fond à la veuë de toute l'armée. Ceux d'Espagne

* Burche.

* Hascen Aga.

LIVRE CINQVIE'ME. 407

souffrirent la mesme tourmente, & mesme ceux qui avoient doublé le cap d'Apollon, & ils échoüérent tous contre la coste qui fut incontinent remplie de vaisseaux fracassez & de corps morts. Les Arabes voyant ce naufrage y accoururent aussi-tost, & tuoient impitoyablement ceux qui essayoient de se sauver. Cent quarente vaisseaux à voiles périrent ce jour-là, & les galéres ayant tenu bon sur les ancres toute la nuit & ne pouvant plus resister furent échoüer contre terre pensant sauver les hommes ; mais les Arabes survenant dans ce desordre ne donnoient aucun quartier. Iamais armée ne fut en plus pitoyable estat, que celle de l'Empereur fut alors, parce-que les vivres qu'on avoit débarquez ayant esté consumez en trois jours, on ne savoit plus comment soûtenir les soldats abatus de froid & de faim : Car ils n'avoient ni tentes ni hutes ni aucun lieu pour se mettre à couvert. L'Empereur en cette extrémité témoigna vn courage invincible. Il couroit par-tout avec les Ducs d'Albe & de Sesse, le Marquis del Vallé & Dom Fernand de Gonzague & autres Seigneurs & Gentils-hommes de marque relevant le courage des soldats & pourvoyant à tout ce qui estoit necessaire. Il fit retirer le débris de la flote au cap de Metafus, & tuer les chevaux, commençant par le sien. Et le quatriéme jour qui estoit le Vendredy, il décampa & marchant en trois bataillons prit la route du cap. On arriva ce jour-là à vne riviére *qui est à deux lieuës d'Alger du costé du Levant : mais elle estoit si enflée qu'on ne la pût passer à gué ni à pied ni à cheval : De-sorte qu'on se campa entre la mer & la riviére entre vne espece de triangle, dont la teste estoit défendüe par l'infanterie contre les Turcs, les Arabes & les Azuagues qui n'abandonnoient point l'arriére-garde. A la fin on fit vn pont du débris des vaisseaux qui estoient sur la coste, & les Alemans & les Italiens y passérent : mais les Espagnols remontant le fleuve trouvérent vn gué où ils n'en eurent que jusqu'aux genoux. L'Empereur accompagné des Ducs d'Albe & de Sesse, du Marquis del Vallé, & de Dom Fernand de Gonzague & d'autres Seigneurs & Gentilshommes de marque, passa justement à l'embouchure de la riviére entre deux

*Huë el Harrax, autrefois Sefaya.

manches de mousquetaires Espagnols qui avoient l'eau jusques aux aisselles. Les ennemis se retirérent aprés que l'armée fut passée, à la réserve des Arabes qui suivirent toûjours à cheval & tuérent quelques malades à l'arriére-garde. Le lendemain qui estoit le Samedi, l'armée traversa vne autre riviére * fort profonde & si fangeuse que les hommes & les chevaux s'y perdoient sans pouvoir estre secourus; de-sorte qu'on fit vn pont des barques & des antennes, sur lequel passa l'infanterie. En cét estat, les troupes arrivérent à Métafus où André Doric les attendoit avec le reste de la flote; & se logérent dans les ruines de cette ville pour se mettre à couvert des courses importunes des Arabes. Le Marquis del Vallé supplia l'Empereur de luy permettre de retourner contre Alger, sur l'assurance de la prendre avec l'armée & les vivres qui restoient sur les navires : Mais le conseil s'y opposa pour plusieurs raisons, & l'on s'embarqua à dessein de revenir l'année suivante. Les Italiens s'embarquérent les prémiers, ensuite les Alemans & les Espagnols, & l'on tira droit à Bugie qui tenoit alors pour l'Empereur. Mendose sauva ce jour-là toutes ses galéres au port des Cassines, parce-que la tempeste le prit avant que d'avoir doublé le cap, ce qui fut avantageux pour y placer l'armée. L'Empereur arrivé à Mayorque renvoya en Italie André Dorie & Fernand Gonzague, avec ordre de se tenir prest pour le printems de l'année suivante, & passa de-là à Cartagéne.

*Hued el Hamiz.

CHAPITRE XXXXII.

De Saça *.

*Autrefois, Tipaso.

C'EST vne ville dont on voit les ruines entre Alger & Métafus sur la coste de la mer Mediterranée. Elle avoit autrefois plus de trois mille habitans. Elle est sur le bord d'vne riviére *, & quelques-vns racontent qu'elle a esté bastie avant Algef par les anciens Africains. Elle a esté depuis détruite par le peuple de Mosgane qui est plustost bazané que blanc, & qui a ses principales habitations en Libye, d'où

* Hued el Harrax.

il

il est devenu puissant en cette province, & y a régné long-
tems avant la venuë des Romains. Ce sont des Bérébéres
qui parlent Mosgan qui est vne langue bien differente des autres. Enfin cette ville est desolée, & les Auteurs assurent
qu'elle est plus ancienne qu'Alger, & qu'Alger a esté bastie de ses ruines.

CHAPITRE XXXXIII.
De Métafus.

C'EST vne ancienne ville bastie par les Romains sur la
coste au Levant de la précédente, & qui a vn port raisonnable où vont mouiller les vaisseaux d'Alger : car tout
le reste de la coste est batu des vents & a de grandes bayes
bien dangereuses. Les Africains appellent cette ville Témen-
defus, & Ptolomée la met à dix-huit degrez trente minutes de longitude, & à trente-deux degrez quarante cinq
minutes de latitude sous le nom de Rustone. Elle estoit en
grande splendeur du tems des Romains, les Gots la dé-
truisirent depuis, & la ville d'Alger s'est accruë de ses ruines. * Huet Icer.
Il y a vne riviére * qui entre dans la mer du costé du Le-
vant, & qui a vne ville auprés appelée Béni Abdala d'vn
peuple qui l'habite, quoi-qu'autrefois elle se nommast Sisli ;
& il y a plus de cinq cens maisons ou basties de terre grasse,
ou divisées par quartiers, qui toutes ne valent rien.

CHAPITRE XXXXIV.
De Tedelez *.

*Autresfois
Addime.

C'EST la derniére ville de la province d'Alger du costé
de l'Orient. Elle a esté bastie par ceux du pays sur la
coste de la mer Mediterranée à dix lieuës d'Alger. Ptolomée la met à vingt-deux degrez de longitude, & à trente-
deux de latitude & cinquante minutes. Elle est fermée
de bonnes murailles ; mais les maisons y sont méchantes :
les habitans sont teinturiers ou pescheurs, mais bonnes gens

Partie II   F ff

qui aiment à joüer du lut & de la guitarre. Il y a force terres fertiles en bled & en pasturage. On prend tant de poisson sur cette coste qu'ils le rejettent souvent en mer, parce-qu'il ne se presente personne pour l'acheter. Il y a plus de mille feux, & vn chasteau où demeure le Commandant establi par le Gouverneur d'Alger d'où cette ville dépend.

CHAPITRE XXXXV.

De *Méhédie*.

C'EST vne ancienne ville bastie par les Romains en vne grande plaine au dessus d'vne haute montagne, qui est à quinze lieuës d'Alger du costé du Midi au dedans du païs. Elle a esté autrefois fort peuplée, & fut détruite par vn Calife Schismatique, qui y bastit depuis vn chasteau nommé de son nom Moahedin dont la ville depuis s'est appelée Méhédie : Car elle se nommoit autrefois Alfara. Elle est maintenant peuplée & a plus de deux mille habitans. C'est vne des principales forteresses que les Turcs ayent en cét Estat, & le Seigneur d'Alger y met ordinairement vn Gouverneur avec huit cens Turcs pour défendre le pays contre les Arabes. Cette ville est fermée de vieux murs qui sont fort bons, & a autour de grandes forests de chesnes qui s'étendent fort loin. Il y a plusieurs villages de Béréberes & d'Azuagues qui sont braves & robustes ; mais brutaux. Ils recueillent force bled & force orge, & beaucoup de gland, de figues & de raisins qu'ils font secher & portent vendre ailleurs. C'estoit autrefois vne colonie Romaine, comme il paroist aux antiquitez & aux inscriptions qui se trouvent dans ces ruines. Il y a vne vieille fontaine de marbre où sont écrites ces lettres : D.
D.   D. L. S. V.

LIVRE CINQVIEME.

CHAPITRE XXXXVI.
De *Médua*.

C'Est vne grande ville & fort ancienne bastie par ceux du pays dans vne belle plaine sur la frontiére de la Gétulie, à cinquante lieuës d'Alger, & à soixante de Trémécen du costé du Levant. Les Rois de Trémécen, quoi-qu'elle ne fust pas de leur Estat, l'ont toûjours possédée acause de la commodité du passage de Numidie. Il y a beaucoup de bocages & de vergers avec plusieurs fontaines, & la contrée est riche & abondante en bled, & en troupeaux. Les habitans se traitent bien pour le pays, & ont de bonnes maisons avec vne superbe Mosquée. Sur le déclin des Rois de Trémécen, ils furent fort incommodez des courses des Gétules & des Arabes de Numidie ; parce-qu'on ne les pouvoit secourir qu'avec de grandes armées, acause de leur éloignement & du voisinage des ennemis. Quand ces Princes estoient puissants, ils y tenoient garnison pour faire des courses & défendre la ville, & par ce moyen les voisins demeuroient obeïssans & paisibles : Mais les habitans voyant le peu de secours qu'ils tiroient des Rois de Trémécen se rendirent à celuy de Ténez qui les pouvoit défendre à toute heure, parce qu'il estoit proche. C'est alors que Barberousse la conquit, & depuis ce tems-là elle a esté aux Turcs d'Alger qui y mettent garnison. Ils occupent encore beaucoup d'autres villes en ces lieux & dans la Numidie & la Gétulie dont nous parlerons dans la description de ces provinces.

CHAPITRE XLVII.
De la ville, & de la montagne de *Cuco*.

SVr la frontiére des plaines d'Alger qu'on nomme de Meticha du costé du Midi & du Levant, sont plusieurs montagnes peuplées de Bérébéres & d'Azuagues gens belli-

Fff ij

queux, qui vivent la plufpart du tems fans reconnoiftre aucun Seigneur, ni payer tribut à perfonne, & font riches en bleds & en troupeaux & en chevaux de combat. Ils ont guerre perpétuelle entre eux; mais ils ont de certaines foires libres pour le commerce, où ils s'entre-communiquent fans crainte. Entre ces montagnes qui fortent toutes du grand Atlas, il y en a vne qu'on appelle Cuco, du nom d'vne ville qui y eft fituée: car fon nom propre c'eft Eguiliandalus. Cette montagne eft fort haute & efcarpée, à dix-huit lieuës d'Alger, entre le Levant & le Midi; à quinze de Bugie du cofté du Couchant, & à quatre de la montagne du Seigneur de Labes, dont elle n'eft féparée que par la riviére de Bugie. La ville a plus de feize cens habitans, & eft forte d'affiete, parce-qu'elle eft ceinte d'vne haute montagne efcarpée, & d'vn bon mur à l'endroit où elle manque. Il y a plufieurs fontaines, & plufieurs vergers, qui portent toutes fortes de fruits, & d'où l'on tire quantité d'huile. Dans les plaines qui font au pied de la montagne, on recueille beaucoup de bled, & fur le fommet on recueille beaucoup d'orge. Il y a grand nombre de gros & menu beftail, & beaucoup de mouches à miel. Ils font donc riches, & abondans en ce que nous avons dit, & font les meilleures toiles de Barbarie, & de meilleur vfé. Il y a de grandes habitations par toute la montagne, qui eft de foy-mefme de difficile accés, parce-qu'on n'y fauroit aller que par vn chemin, où l'on fe peut défendre avec des pierres contre toute vne armée. Sur la pente de la montagne qui regarde le Midi, eft vn * village de cinq cens feux, partagé en divers quartiers, dans lequel fe fait vn grand marché tous les Vendredis. Toutes ces demeures font autant de branches d'vne mefme lignée, dont chaque famille a la fienne, & elles ont toutes vn Chef, à qui elles obéïffent. Vn * d'entre-eux s'eft fait appeler depuis peu Roy de Cuco. Il eft de bonne maifon, & de la race du Seigneur * d'Alger, que Barberouffe tua. C'eft-pourquoy il eft grand ennemi des Turcs, auffi-bien que les autres peuples de cette montagne, qui eûrent toujours guerre contre-eux, jufques à ce que Barberouffe époufa l'vne des filles de ce

* Gemaa Xehariz.

* Ben el Cadi.

* Célim Bénitumi.

LIVRE CINQVIE'ME.

Roy, comme il se verra en suite en la description de la montagne de la Abez. Cependant, ce Seigneur de Cuco a cinq mille arquebuziers, & quinze cens chevaux, sans plusieurs autres gens de pied armez à la façon du pays, qui sont tous braves & experts dans les armes ; mais ils sont mal vestus, si ce n'est quand ils vont à la guerre. Alors ils mettent du drap & du linge, & s'équipent le mieux qu'ils peuvent. Entre ces Barbares sont plusieurs faiseurs de poudre, parce qu'ils ont des mines de salpêtre, & les marchans leur portent du souphre de France. Ils ont aussi des mines de fer, & de bons ouvriers, qui font des épées, des poignards, & des fers de lances ; mais ils n'ont point d'acier non plus que le reste de la Barbarie, & celuy qu'ils employent est fait de fer, qu'ils étendent en de longues verges, & qu'ils mettent dans des tinettes de terre, où ils luy donnent la trempe avec de l'eau, du sable, & des herbes, puis le font recuire, afin qu'il soit dur comme de l'acier ; mais il n'est pas si bon que celuy qu'on leur porte de l'Europe. Il y a peu de Iuifs dans cette montagne, & ils y sont fort maltraitez, acause que l'on a de l'aversion pour eux. Depuis que le Seigneur de Cuco a fait paix avec les Turcs, il est devenu fort puissant, aussi les a-t-il aidez contre le Seigneur de la montagne de la Abez, dautant que la sienne est plus vaste, plus forte, plus peuplée, & plus fertile que celle-là. Il a donc rendu fort illustre la ville de Cuco, où il demeure, & où il a ses principaux palais. Il y a plusieurs guenons dans cette montagne, & elles se nourrissent dans les bois. Il n'y a point d'autre habitation considérable dans cette province.

CHAPITRE XLVIII.

De la province de Bugie, dans le Royaume de Trémécen.

CETTE province est la dernière de la Mauritanie Césarienne du costé de l'Orient, & a au Couchant la province d'Alger, à l'endroit de la ville de Ténez : au Levant, celle d'Afrique à la contrée de Col, la mer Mediterranée au Septentrion, & au Midi la Numidie, ou la Gétulie. Quelques-vns ont mis cette province au Royaume de Tunis; mais les meilleurs Auteurs la mettent suivant Ptolomée, en celuy de Trémécen, qui est la Mauritanie Césarienne. Il est vray qu'elle a dépendu quelque tems du Royaume de Tunis, depuis qu'vn de * ses Princes rendit l'Estat de Trémécen tributaire : car au retour il laissa dans Bugie vn de ses * fils avec le titre de Roy. Ce Roy laissant trois * fils, donna la Couronne de Tunis à l'aisné, qui regna quarente ans : Au second, la province de Zeb, dans la Numidie ou Gétulie. Mais après la mort de son pere, il se souleva contre son aisné, & luy prit plusieurs villes, à la faveur des Numides & des Arabes : enfin pourtant il fut défait & pris par son frere, qui luy donna le choix de perdre la vie ou la veuë; & ayant choisi le dernier, il le fit aveugler avec vn bassin de cuivre ardent ; neantmoins il vécut long-tems depuis en cét estat. Ensuite Hutmen donna à Abdulazis, son troisiéme frere, le Royaume de Bugie, où luy & ses descendans regnérent, jusques à ce que D. Pedre Navarre s'en saisist. C'est de-là que cette province a pris le nom de Royaume, & a esté annexée à celuy de Tunis. Ce ne sont de tous costez que montagnes escarpées où naissent plusieurs fontaines, & où il y a plusieurs habitations d'Azuagues & de Bérébéres, qui sont fort vaillants, & se piquent de noblesse & de magnificence : aussi sont-ils riches en gros & menu bestail, ont quantité d'arquebuziers & gens de cheval. Ces montagnes sont si sauvages, & d'vne avenuë si difficile, que la pluspart des peuples se maintiennent en liberté, sans se soucier de la puissance des Rois. Les plaines sont remplies de grandes communautez d'Arabes & d'Azuagues, qui vivent tous de la mesme sorte, & errent par les campagnes sous des tentes. Ils sont braves, & ont force armes à feu, quoy-que la pluspart ne soient que faiseurs de toile & de sayes, ou tapis à la Moresque. Ils vivent de farine d'orge, de chair, de figues, & de noix, qu'ils font sécher pour toute l'année, & ont plusieurs mines de fer, qu'ils mettent en quelques endroits par petites pieces, qui leur servent de monnoye ; mais ils ont aussi

marginalia:
* Abuserez.
* Abdulazis.
* Hutmen, Amar, Abdulazis.

de la monnoye d'or & d'argent, & quantité de lin & de chanvre, dont ils font leurs toiles. Leurs femmes font belles, & ils en font fort jaloux. Pour eux, ils font robustes & fort libres; mais mal en ordre, & s'entrefont toûjours la guerre. Ils moissonnent force bled dans les plaines. Nous dirons les autres qualitez du pays dans la description particuliére des montagnes: parlons maintenant des villes.

CHAPITRE XLIX.

De la ville de Bugie, capitale de la province.

C'EST vne grande ville, qui dans sa splendeur avoit plus de vingt mille maisons habitées. Les Romains l'ont bastie sur la pente d'vne grande montagne qui regarde la mer, à trente lieuës d'Alger en tirant vers le Levant, & à douze de Gigery, de l'autre costé à la hauteur de Denee ou Dunie. Ptolomée luy donne vingt-deux degrez de longitude, & trente-deux degrez & trente minutes de latitude. Elle estoit ceinte de bonnes murailles fort hautes, quand le Calife schismatique de Carvan * l'assujetit, & la ruina en partie. Elle s'est repeuplée depuis, quoy-qu'elle n'ait jamais esté si puissante. Elle est sur des costeaux, d'où elle s'estend jusqu'au haut de la montagne, où elle a vne forteresse bien fermée, & des palais à la Morisque, qui ne sont pas si forts qu'ils sont beaux. Du costé de la mer il y a vn autre chasteau, avec trois tours. Les maisons sont bien bâties. Il y a plusieurs Mosquées, & plusieurs anciens Collèges, où l'on enseigne les sciences. Elle est environnée de vergers, particuliérement du costé du Levant, & plus loin, de forests épaisses, où il y a quantité de lions & de singes. Le pays ne rapporte pas beaucoup de bled; mais les habitans ne laissent pas de vivre à leur aise, acause du commerce de l'Europe. Comme le Roy Abdulazis estoit vn Prince doux, qui entretenoit amitié avec tout le monde, ils ont vécu long-tems en paix; mais à la fin le desir de s'enrichir leur ayant fait armer des fustes pour courir les costes de la

* Caim.

Chreſtienté, le Roy Ferdinand voyant les maux qu'ils cauſoient, envoya contre-eux Dom Pedre Navarre, qui les prit de la façon que nous allons dire.

De la priſe de Bugie par D. Pedre Navarre.

L'an mille cinq cens dix, le Comte Pedre Navarre, cingla vers Bugie avec quatorze grans vaiſſeaux chargez de troupes, & l'on ne l'eut pas pluſtoſt apperceu, que ſans l'attendre on s'enfuit dans les montagnes, quoy-qu'il y eut plus de huit mille habitans pour la défendre. Il eſt vray qu'ils s'imaginoient qu'aprés que Dom Pedre l'auroit pillée, il ſe retireroit auſſi-toſt ; mais il y baſtit vn chaſteau ſur la coſte à l'endroit où il y a vne bonne rade, & mit garniſon dans l'ancien, qui eſtoit ſur le bord de la mer. Comme il eſtoit là avec quinze mille combatans, qui fortifioient la place, & qu'il ſongeoit à faire quelque nouvelle conqueſte, vn Roy Maure, neveu de celuy qui l'avoit abandonnée, aprés s'en eſtre autrefois rendu maiſtre par trahiſon, s'y vint rendre paiſiblement le jour de Paſques. Or ce Prince avoit eſté trahi par ſon oncle de la ſorte que je vais dire. Comme il eſtoit allé pour recevoir les contributions de quelques villages revoltez, & qu'il avoit laiſſé ſon oncle pour gouverner en ſon abſence, l'oncle ſe ſouleva avec les habitans, & ayant fait prendre ſon neveu au retour, il luy creva les yeux de la façon que nous avons déja dit. Il demeura priſonnier juſqu'à la venuë du Comte. Alors comme chacun ſe ſauvoit, on le délia, & il s'enfuit ; mais il revint quelques jours aprés avec huit ou dix chevaux, & autant d'hommes à pied en la compagnie d'vn Chéque de dix-huit ans, qui eſtoit de ſes amis. Il portoit vn étendart blanc pour ſa ſeureté, & fut fort bien receu par le Comte, qui ayant eſté informé de ſon avanture, & ſachant qu'on ne luy avoit pas crevé les yeux, le mit entre les mains des Chirurgiens de la flote, qui luy coupérent la chair des paupiéres, que l'ardeur du feu luy avoit colées ſur les yeux ; de-ſorte qu'il recouvra auſſi-toſt la veuë. Pour n'eſtre pas ingrat d'vn ſi grand bien-fait, il donna avis que ſon oncle, & les habitans, eſtoient cachez entre des montagnes, & s'offrit de ſervir de guide pour les ſurprendre. Auſſi-toſt le Comte tout joyeux, envoya deux de ſes gens avec deux Maures, pour recon-

LIVRE CINQVIE'ME.

reconnoistre le lieu. Ce qu'ayant fait, ils rapportérent qu'ils n'estoient qu'à sept lieuës de là, & que c'estoient de spacieuses prairies entre des montagnes, où l'on pouvoit aborder par le chemin qu'ils avoient veu. Le Comte partit donc la nuit avec quinze cens soldats, en la compagnie de ce Prince & de sa suite, & au point du jour il arriva dans ces prairies, sans avoir rencontré personne. Ceux qui estoient à l'avantgarde* ayant pris des arbres pour des tentes d'Arabes, donnérent l'alarme au camp; de-sorte que le Comte voyant leur erreur, fit aussi-tost crier, Saint Iacques, & courir à toute bride droit aux tentes qui estoient à prés de demi-lieuë de là. Les Maures qui avoient eu l'alarme, commençoient déja à prendre la fuite; mais on les suivit jusqu'au haut de la montagne, où l'on en prit & tua plusieurs dans la poursuite. Incontinant on mit le feu au camp, aprés avoir rassemblé tous les troupeaux & le butin. On prit neuf cens chameaux, autant de vaches, quantité de chevaux, de mulets, de moutons & de brebis, beaucoup d'or, d'argent, & d'étoffes de soye, & tout l'équipage du Roy, & ses pierreries. Le Comte se retira avec ce butin en si bon ordre, qu'il ne receut aucun échec des Maures, qui le harceloient de toutes parts, & en tua plusieurs, sans perdre qu'vn soldat, qui avoit quité son rang. Comme il fut prés de la ville, le nouvel Evesque le fut recevoir avec tout son Clergé, en chantant le *Te Deum*, & l'on fit de grandes réjoüissances, quoy-que les troupes fussent fatiguées: car outre qu'elles avoient passé deux riviéres fort profondes, dont l'vne* estoit enflée extraordinairement des neiges qui fondoient alors; la plaine où ils avoient trouvé les Maures estoit environnée de ronces & de chardons, en façon de piéges, qui incommodérent fort les soldats. Les Maures qu'on fit prisonniers disoient, qu'ils croyoient cét obstacle suffisant pour arrester les Chrestiens. Les Maures vinrent depuis escarmoucher jusqu'à Bugie, & dresser des embuscades, où il y en eut de tuez & de blessez de part & d'autre, mais il ne s'y passa rien de mémorable. Dans ce mesme tems la peste se mit dans la ville, & s'accrut de telle sorte, qu'il y eut tel jour qu'elle emporta cent hommes, tellement qu'il se hasta de

Partie II.   Ggg

* le Colonel Diego de Vera, & Samaniégo.

* Huet elquibir.

418 DV ROYAVME DE TREMECEN,

1514.
quitter ce lieu, pour aller attaquer Tripoli, où eſtoit ſon principal deſſein, & que Barberouſſe, aprés la priſe de Bugie, alla aſſiéger avec mille mouſquetaires Turcs, & vingt mille Montagnarts; mais ayant forcé l'vn des chaſteaux, il attaqua l'autre, & aprés avoir eu le bras emporté d'vn coup de canon au premier aſſaut, il ſe retira avec perte de cent Turcs des principaux, & plus de cinq cens Maures. De là il ſe rendit au chaſteau de Gigel, & marcha contre Alger, dont il s'empara, & tua Célim.

La priſe de Bugie par les Turcs.

La ville de Bugie fut trente-cinq ans au pouvoir des Rois de Caſtille, qui y tenoient cinq cens ſoldats en garniſon dans trois foreterreſſes, d'où ils faiſoient quelquefois des courſes dans le pays, & emmenoient des eſclaves & des troupeaux; mais rarement, acauſe que les peuples de ces montagnes ſont belliqueux, & couroient la contrée d'alentour avec pluſieurs arquebuziers. Enfin l'an mille cinq cens cinquante-cinq Salharraés, Gouverneur d'Alger, vint aſſiéger Bugie par terre avec plus de quarente mille hommes de combat, dont il y avoit dix mille mouſquetaires & arbaleſtriers, & par mer avec vingt deux fuſtes ou galéres. Aprés s'eſtre ſaiſi du chậteau Impérial, que les Eſpagnols abandonnérent, parcequ'ils ne ſe pouvoient pas bien défendre: Il aſſiégea le chậteau de la mer, où il n'y avoit que quarente ſoldats, & aprés l'avoir batu cinq jours durant l'emporta d'aſſaut. Enſuite il mit le ſiége devant le grand chaſteau, où le Commandant Dom Alfonſe de Peralte s'eſtoit renfermé avec le reſte des troupes, & l'ayant batu vingt-deux jours, comme il ne pouvoit preſque plus reſiſter, le Gouverneur pour ſauver les femmes & les enfans, le rendit par compoſition, à la charge qu'on le laiſſeroit aller libre, avec tous ceux qui eſtoient avec luy, & qu'on luy fourniroit des vaiſſeaux pour paſſer en Eſpagne. Le Turc, contre ſa parole, fit eſclave tout ce qui y eſtoit, à la reſerve de Dom Alfonſe, & de vingt hommes à ſon choix: mais eſtant de retour, Charles Quint le fit arreſter, avec ceux qui l'avoient conſeillé de ſe rendre:

1556.
& aprés qu'on luy eut fait ſon procés, luy fit couper la teſte publiquement à la place de Vailladolid. Bugie a toûjours eſté depuis aux Turcs, qui l'ont fortifiée, & y tiennent

LIVRE CINQVIEME.

vn Gouverneur, avec bonne garnison. Au Levant de la ville est l'embouchure d'vne riviére *assez petite, & qui s'enfle extraordinairement quand les neiges fondent. Elle est à vingt-deux degrez dix minutes de longitude, & à trente-deux degrez trente minutes de latitude, & se nomme Nazaava selon Ptolomée, & Navar selon Pline. On y pesche force poissons, mais il y en a tant sur la coste, qu'on ne se soucie pas de celuy-là. Quand cette ville estoit aux Chrestiens, il n'entroit point de vaisseaux dans cette riviére, a-cause du sable qui estoit à son embouchure. Mais l'an que Salharraés la prit, il plut tant que les eaux l'emportérent, & il y entra depuis des galéres & des galiotes avec des gros vaisseaux, qui y sont à couvert pendant la tempeste, & ne sont incommodez que du vent du Nort. C'est cette riviére qui passe entre les montagnes de Cuco, & de là à Abez, l'vne au Septentrion, & l'autre au Midi.

* Huet el quibir, ou Zinganor.

CHAPITRE L.

De la ville de Gigery

C'EST vne place à douze lieuës de Bugie, bastie par les anciens Africains le long de la coste de la mer Mediterranée, sur vn tertre fort élevé, à l'entrée du Golfe de Numidie. Elle se nommoit autrefois Gilgil, quelques-vns l'appellent Gégel, d'autres Gigery, & la mettent à vingt-quatre degrez de longitude, & à trente & vn, & quarente-cinq minutes de latitude. Elle est en vn poste assez avantageux, mais elle n'est fermée que de vieilles murailles. Ceux du pays sont bonnes gens, & pour la pluspart manouvriers, qui demeurent dans de méchans logis. Alentour de Gigery le pays est fort sec, si ce n'est aux endroits où on le peut arroser, & où on recueille de l'orge, du lin & du chanvre, tout le reste est sterile. Sur le bord des ruisseaux, & des fontaines, il y a de grans bocages de figuiers & de noyers, qui donnent tant de fruit, que lors qu'il est sec on le porte vendre le long de la coste jusqu'à Ténez. Il y a plus de six cens habitans, qui ont conservé leur liberté contre les Rois

1515.

de Tunis & de Bugie, & qui rendirent depuis de grans services à Barberouſſe ; c'eſt-pourquoy ils ſont bien traitez par les Turcs d'Alger. Il y a dans ce golfe vne riviére appelée Sufe Gemarque, qui ſe décharge dans la mer au Levant de Gigery, & prend ſa ſource dans les montagnes qui bornent le grand Atlas, d'où deſcendant par des plaines ſeches & ſteriles, elle paſſe aux campagnes de Conſtantine, & prenant en ſon chemin la petite riviére de Bu Marzoc prés de cette ville, elle court vers le Septentrion à travers quelques montagnes, d'où elle ſe rend dans la mer entre cette place & Col, & ſépare la Mauritanie Céſarienne de la petite Afrique. Ptolomée nomme cette riviére Emſague, & luy donne vingt-ſix degrez quinze minutes de longitude, & trente-vn degrez quarente-cinq minutes de latitude.

CHAPITRE LI.

De Micila.

C'EST vne ancienne ville ſur la frontiére de Numidie, fermée de murailles bonnes & antiques ; c'eſt vn ouvrage des Romains, & autrefois elle eſtoit riche & ſplendide ; mais les Arabes la ruinérent à leur avenement. Elle s'eſt repeuplée depuis de gens pauvres, & perpétuellement tourmentez des Arabes de la campagne, qui leur mangent leurs bleds & leurs troupeaux ; de-ſorte qu'ils vivent miſérablement. Les Turcs y ſont maintenant les maiſtres, & Salharraés y conſtruiſit vne fortereſſe, où il y a quelque cavalerie en garniſon pour la défenſe du pays. Cette ville eſt bordée de la montagne de la Abez, à dix lieuës de Migana, & Haſcen Bacha la donna au Seigneur de la Abez, avec trois pieces d'artillerie, que Salharraés y avoit laiſſées quand il vint de la journée de Ticour. Depuis, Haſcen fit mener ce canon à la fortereſſe de Calaa, où il eſt encore. Il y a quinze lieuës de l'vne à l'autre de ces places. Calaa eſt entre le Midi & le Couchant, & s'appeloit autrefois Mirée, que Ptolomée met à vingt-ſix degrez cinquante minutes de longitude, & à trente-vn degrez vingt minutes de latitude.

LIVRE CINQVIE'ME.

CHAPITRE LII.

De Migana.

C'Est vne ancienne ville, à quatre lieuës de la montagne de la Abez vers le Midi. Elle paroist bastie par les Romains : elle est ceinte de vieux murs, & a plusieurs fontaines. La contrée d'alentour n'est qu'vne plaine, qui rapporte beaucoup de bled; mais qui est exposée aux courses de puissans Arabes, qu'on appelle Vled Suleyman, & que ces sortes d'ennemis incommodent fort. Quand les successeurs de Mahomet entrérent en Afrique, ils ruinérent cette ville, parce-qu'elle se défendit contre-eux avec vne garnison Romaine, & demeurant maistre de la campagne, ceux qui la repeuplérent ensuite, furent comme leurs vassaux, & payérent plusieurs fois tribut aux Seigneurs de ces montagnes. Depuis que les Turcs se sont emparez du Royaume de Trémecen, elle a esté tourmentée tant de leurs courses que de celles des Arabes & des habitans de la Abez. A la fin Hascen Bacha *, aprés la défaite des Espagnols à Mazagran, fit construire vn fort par les prisonniers, où il laissa quelques soldats pour la garde de la place & des habitans, contre les courses du Seigneur de la Abez, alors fort puissant. Mais ce Prince le vint attaquer, & l'ayant démoli, en enleva six pieces de campagne, que les Turcs y avoient laissées de la défaite des Espagnols. Ptolomée met cette ville à dix-sept degrez trente minutes de longitude, & à trente degrez quarante minutes de latitude, sous le nom de Lare.

* 1559.

CHAPITRE LIII.

De Teztéza.

C'Est vne ancienne ville bastie par les Romains, dans vne belle plaine, entre la montagne de la Abez & de Bugie, dont elle est éloignée de vingt lieuës du costé du

Ggg iiij

Midi. Elle est ceinte de hauts murs de pierre de taille, & estoit autrefois riche & considérable, acause du trafic ; mais elle diminua beaucoup depuis les successeurs de Mahomet, qui l'ayant sacagée la démolirent, demeurant maistres de la campagne, comme ils le sont encore aujourd'huy. Les habitans ne sont que de pauvres misérables, que les Turcs tyrannisent. Elle est sur le chemin de Fez à Tunis, & les ruines des murs témoignent encore sa grandeur.

CHAPITRE LIV.

De Zamora.

C'EST vne ville illustre pour son antiquité, que les Romains bastirent prés de Migane. Elle a deux mille habitans, distribuez en divers quartiers, & tout proche vne grande fontaine, qui vient du costé du Levant. Au Midi est vne forteresse construite depuis peu par le Gouverneur * d'Alger. C'est la ville de toute la Barbarie la plus riche en bleds & en troupeaux, & l'on y tient vn marché tous les Lundis, où accourent les Arabes & les Bérébéres de la contrée, pour y debiter leurs marchandises. Prolomée luy donne dix-sept degrez de longitude, & vingt-sept de latitude, avec cinquante minutes, & la nomme Azama.

* Hascen Bacha.

CHAPITRE LV.

De Necaus.

C'EST vne ville fort antique, fermée de hauts murs de pierre, & bastie par les Romains à vingt lieuës de Teztéza, du costé du Midi. Prés d'elle passe vne riviére, dont les bords sont couverts de bocages d'arbres fruitiers, parmi lesquels il y a des noyers & des figuiers considérables pour leur grandeur, & pour leur beauté. Les figues de ces quartiers sont les meilleures de l'Afrique, & aprés les avoir sechées on les porte vendre à Constantine, qui en est à plus de cinquante lieuës, entre le Levant & le Nort. Le pays autour de la ville est vn pays plat qui rapporte de bon froment; de-sorte que les gens de la contrée sont riches & se traitent fort bien à leur mode. Au dedans de la ville il y a vne superbe Mosquée dont l'ouvrage est tresdelicat, & où l'on trouve vn grand nombre d'Alfaquis. Tout auprés il y a vn Collége où l'on instruit la jeunesse aux sciences & en la religion de Mahomet, & où il y a plusieurs boursiers qui vivent du revenu. Les femmes de cette ville sont fort blanches & ont les cheveux noirs, & les hommes sont tres-sociables & amis des estrangers. Il y a plusieurs bains par toute la ville, les maisons y sont agréables, quoi que plusieurs n'ayent point de plancher. La pluspart sont embellies de jardins, de fontaines, jasmins, rosiers, giroflées, mirtes, lauriers, & d'autres fleurs avec de grandes treilles & force orangers, limonniers, citroniers, & autres arbres de cette nature; de-sorte que ce seroit vne des plus agréables villes de la Barbarie, si les Turcs qui en sont moins les Seigneurs que les tyrans ne chargeoient les habitans d'imposts, & ne les maltraitoient outrageusement. Il n'y a point d'autres villes en cette province dont nous puissions faire mention: car celle-cy est la derniére du costé de l'Orient. On la nommoit autrefois Vaga, & Ptolomée luy donne dixhuit degrez de longitude, & trente-vn de latitude avec quarente minutes.

CHAPITRE LVI.

De Béni-Iubar.

LEs montagnes de la province de Bugie s'estendent le long de la coste l'espace de cinquante lieuës, & n'en ont que dix de large & quelquefois douze. Elles sont toutes des dépendances du petit Atlas, & peuplées d'vne nation belliqueuse. La principale s'appelle Beni-Iubar & est à huit lieuës de Bugie, & en a plus de dix de long sur dix de large. C'est vne montagne haute & escarpée d'où naissent plusieurs fontaines & où il y a de grans bocages de noyers & de figuiers.

On recueille en haut beaucoup d'orge, & l'on y nourrit force troupeaux. La riviére de Bugie paſſe ſur la pente de la montagne dont les habitans ſont Azuagues de ceux qui ſe font des croix au viſage & aux mains, nation vaillante; mais ſi brutale qu'ils s'entretuent pour peu de choſe. La montagne eſt ſi rude qu'on ne les y va point tourmenter; de-ſorte qu'ils n'obeyſſent qu'à vn Chef qu'ils éliſent eux-meſmes. Il y a parmi ces Barbares pluſieurs tres-excellens arquebuziers, & quoi-qu'ils ne nourriſſent pas beaucoup de chevaux, parce-que la terre eſt pierreuſe, ceux qu'il y a ſont fort bons. Ces peuples ont ſouvent broüillez avec ceux de la Abez & autres Azuagues qui errent comme les Arabes par les chams. Ils ont auſſi guerre avec les Turcs & fourniſſent à tout, parce-qu'ils ont force troupes bien armées, & que les avenuës de la montagne ſont ſi difficiles qu'on n'y peut monter. Lors-que Bugie eſtoit aux Chreſtiens, la garniſon couroit quelquefois cette montagne; mais elle n'arrivoit que ſur la coſte, ou dans la plaine où il y avoit quelques villages qu'elle pouvoit piller. Ce qui ſe faiſoit avec tant de vîteſſe qu'elle eſtoit de retour avant que ceux de la montagne en fuſſent avertis, parce-qu'en quatre heures ils mettoient ſus pied cinq mille hommes de combat, & quelque fois ils ont vn peu précipité la retraite des Chreſtiens. Il y a par toute la montagne pluſieurs villages peuplez d'vne nation dont la montagne a pris ſon nom.

CHAPITRE LVII.

De La Abes.

C'EST vne montagne du grand Atlas, rude haute & eſcarpée, à quinze lieuës de Bugie du coſté du Couchant & du Midi, & à quatre de la montagne de Cuco. On y recueille peu de bled & point d'huile, & il n'y a pas beaucoup de fruits, ſi ce n'eſt ſur la pente qui regarde la riviére de Bugie. Il s'y trouve force joncs dont elle a pris le nom, & à l'endroit le plus fort eſt Calaa où reſide le Chef de tout ce peuple. Ce ſont des Azuagues belliqueux & des Bérébéres

béres qui ont toûjours maintenu leur liberté, sans payer long-tems aucun tribut ni à Roy ni à Prince. L'an mil cinq cens cinquante, ils avoient pour Chef Abdelasis, ou autrement La Abez qui fut l'vn des plus braves guerriers de l'Afrique. Comme il avoit le Seigneur de Cuco * pour ennemi par vne ancienne haine qui est entre ces peuples, & sachant que Cuco n'estoit pas aimé des Turcs, acause de la mort de Selim, il contracta amitié avec Hascen Bacha *, alors Gouverneur d'Alger ; de-sorte que les Turcs exécutérent de grandes choses avec luy, & particuliérement en la bataille où fut tué Muley Abder Cader fils du Chérif qui s'estoit emparé de Trémécen. Car Abdelasis & ses troupes alloient alors avec le camp des Turcs que commandoit le Corse Hascen qui refusa de donner la bataille aux Chérifs ; mais Abdelasis en colére de cette lâcheté, luy dit : Seigneur Hascen, est-ce ainsi que vous payez le bon traitement que vous fait le Prince, sous ombre que vous n'estes pas à vous promener dans Alger avec du brocard d'or ? Et voyant qu'il ne le pouvoit émouvoir, il anima ses gens & enfonçant ceux du Chérif les défit, tua de sa main son fils, & luy coupant la teste, l'emporta dans Alger où elle est enterrée sous vne voute à l'vne des portes * : ce qui rendit les Turcs maistres de Trémécen, comme ils le sont encore aujourd'huy. La jalousie de cette victoire fit pourtant naistre de grandes inimitiez entre Hascen Bacha & Abdelasis. Sur ces entrefaites, Hascen Bacha alla en Turquie, & Salharraés vint en sa place, lequel reconnoissant la valeur d'Abdelasis, confirma l'alliance avec luy. Ils furent ensemble contre Tocort & Guerguéla, villes de Numidie qui s'estoient revoltées. Salharraés avoit en son camp trois mille mousquetaires à pied renégats ou Turcs, & mille à cheval, avec huit mille Arabes. La Abez avoit cent quatre-vingts mousquetaires à pied, & seize cens chevaux. Ils menoient outre cela trois piéces de baterie avec beaucoup de vivres & de munitions sur des chameaux : mais l'artillerie estoit trainée par des Bérébéres, parce-que c'est vn pays plein. Comme ils furent venus à la ville de Tocort, & qu'ils virent qu'elle ne se vouloit pas rendre, ils la batirent, & l'ayant emportée d'assaut

* Ben el Cadi.

* Fils d'Airadin Barberousse.

* appelée de Bibazun.

Partie II. Hhh

la facagérent & tuérent tout ce qui y eftoit. Guerguéla fe rendit, & les Turcs laiffant garnifon dans les forterefles de ces deux places qui font foibles & anciennes, retournérent à Alger chargez de dépoüilles. Salharraés emmena quinze chameaux chargez d'or, & plus de cinq mille efclaves Négres de l'vn & de l'autre fexe. Il y a cent lieuës d'Alger à Tocort, & Guerguéla eft quarente lieuës plus loin du cofté du Midi. La prémiere a quatre mille habitans fans comter les villages d'alentour, & l'autre fix mille. Ces deux places s'eftoient mifes fous la protection des Turcs pour eftre défenduës des Arabes, & leur faifoient quelque reconnoiffance tous les ans : mais elles fe révoltérent acaufe qu'elles en eftoient traitées cruellement, & fur la créance que les Turcs ne feroient pas capables d'entrer fi loin dans le fond du pays pour faire cette conquefte, & ils ne l'auroient point faite auffi fans le fecours de La Abez qui en remporta depuis la récompenfe qu'on reçoit au fervice des tyrans. Car à fon retour à Alger le Corfe Hafcen qui demeuroit parmi quelques Arabes vaffaux d'Alger, écrivit à Salharraés que La Abez fe vouloit révolter & faire foûlever le pays, comme il en eftoit averty, par fes vaffaux. La Abez eftant donc vn jour au logis de Salharraés, il eut avis qu'on le vouloit arrefter, & fe fauvant vers les montagnes fur vn cheval fort vifte, il commença de fe fortifier & de declarer la guerre aux Turcs. Sur ces nouvelles Salharraés mit en campagne, de-peur que la réputation de cét Africain ne foûlevaft le pays, & à l'entrée de l'hyver il vint à vn lieu fur la pente de la montagne de Boni, & il y eut quelques combats où mourut Cidi Fadal frére de La Abez ; mais la neige qui tomba en quantité empefcha les Turcs de pouffer plus avant leur victoire. Aprés leur retraite, La Abez penfa à fortifier les avenuës & à rebâtir la fortereffe de Calaa d'où il faifoit fouvent des courfes fur les vaffaux d'Alger. Cela accrut fa reputation, & luy aquit l'alliance de quelques peuples voifins, confidérant qu'il eftoit capable de refifter aux Turcs. Salharraés envoya depuis contre luy fon fils Mahamet bay avec mille moufquetaires Turcs, & cinq cens hommes de cavalerie, fans compter fix mille chevaux Arabes. Comme fon deffein eftoit d'attaquer Calas, il se vint camper à Boni qui en est à vn peu plus d'vne lieuë, La Abez le laissant avancer afin de le pouvoir enveloper: dequoy l'autre ayant eu avis, il se retira la nuit dans la plaine: Et La Abez sortant contre luy, luy donna bataille où quantité de gens moururent de part & d'autre: Et les Turcs eussent esté entièrement défaits sans le secours des Arabes; de-sorte qu'ils se retirérent avec perte de leurs gens & de leur reputation. Sur ces entrefaites arriva à Alger Muley Bu Açon Seigneur de Vélez, qui promit à Salharraés de payer ses troupes pourveu qu'il le mist dans Fez; de-sorte qu'il partit d'Alger avec quatre mille Turcs à pied, & en laissa quatre cens autres avec cent cinquante chevaux & deux mille cinq cens Arabes pour marcher contre La Abez, sous le commandement de Cénan Arraés renégat Corse, & de Rabadan Capitaine Grec. Ceux-cy ayant appris que quelques lieux de la contrée payoient tribut à La Abez prirent la route de Micila pour mettre à couvert cét Estat. D'autre-costé l'Africain assembla ses troupes & les fut rencontrer sur le bord d'vne riviére* où il les défit, & sans donner quartier à personne, il tua tout à la réserve de deux Chefs qui se sauvérent à toute bride à Micila; mais il ne voulut point faire mourir les Arabes & se contenta de les dévaliser. Cependant Salharraés revint à Alger, lorsqu'il eut remis Bu Açon dans le thrône, & fit aussi-tost l'entreprise de Bugie. La Abez voyant la victoire que le Turc avoit remportée & redoutant sa puissance, il rallia le plus de gens qu'il pût & se fortifia dans la montagne: Mais Salharraés mourut sur ces entrefaites, & la crainte cessa. Aprés sa mort, Hasçen Bacha luy ayant succedé, La Abez qui avoit esté son ami luy envoya de grans presens pour renouveler leur amitié: mais il n'eut pas la hardiesse de venir à Alger. Leur intelligence dura vn an, pendant lequel le Bacha luy rendit de bons offices & luy donna la ville de Micila pour en recevoir les contributions, avec les trois pieces d'artillerie que Salharraés y avoit laissées: mais La Abez n'en fut pas plûtost en possession qu'il assembla plus de six mille Arabes des campagnes voisines pour recueillir les contributions des lieux qui appartenoient aux Turcs. Le Bacha indigné mat-

* Haman.

Vled Medi, Vled Suleyman, Vled Sady.

Hhh ij

che contre iuy avec trois mille Turcs dont il n'y avoit que cinq cens chevaux, & fuivi de plufieurs Arabes fe campe dans la ville de *Migana pour y conftruire vne fortereffe, parce-que les habitans refufoient de luy payer tribut s'il ne leur laiffoit garnifon pour les défendre contre La Abez. Aprés l'avoir baftie à la hafte de pierre & de carreaux de terre, & y avoir laiffé deux cens Turcs en garnifon, il en alla faire vne autre à Zamore, & de là il retourna à Alger avec perte de plus de trois cens Turcs que Là Abez luy tua, en diverfes efcarmouches. Il laiffa avec les Arabes le Corfe Hafcen, frére de celuy que le Chérif Mahamet tua en trahifon, & luy donna quatre cens Turcs pour affurer la campagne aux Arabes : mais il ne fut pas plûtoft parti que La Abez defcendant de la montagne tailla en piéces en vne rencontre les quatre cens Turcs & celuy qui les commandoit, de-forte que le Bacha arriva à Alger avec la nouvelle de la perte de fes gens. Cependant, ceux qu'il avoit laiffez dans la fortereffe de Migana, l'abandonnérent fur cette nouvelle & fe retirérent ailleurs, & La Abez arivant, la mit par terre & en emmena quelques pieces de campagne que Hafçen Bacha y avoit laiffées de la défaite du Comte d'Alcaudete. Il eut guerre de la forte avec les Turcs l'efpace d'vn an, pendant lequel le Bacha fit tréve avec luy & luy demanda fa fille en mariage qui eftoit fort belle, & fur fon refus il époufa celle du Seigneur de Cuco *ennemi mortel de La Abez. Leurs forces jointes ils contremontérent la riviére de Bugie, & commencérent à faire le dégaft fur les terres de La Abez. Incontinent l'Africain La Abez fe vint camper au pied de la montagne avec quatre mille moufquetaires à pied & cinq mille à cheval, prés d'vn lieu* qui eftoit à luy, où il avoit donné ordre de faire vn fort avec vn retranchement qui coupoit tout le chemin. Le Bacha avoit trois mille arquebuziers Turcs à pied & cinq cens à cheval avec trois mille chevaux Arabes, & le Seigneur de Cuco quinze cens moufquetaires à pied & trois cens chevaux. Ils arrivérent ainfi au fort qu'ils batirent avec deux pieces d'artillerie, & la bréche faite, le Seigneur de Cuco s'eftendit à main gauche avec fes enfeignes déployées,

* Méa.a.

* Ben el Cadi.

* Teali.

LIVRE CINQVIE'ME.

si hardiment, que ceux du fort sur l'appréhension d'estre coupez, se retirérent dans la place voisine, avec la pensée de s'y fortifier. Mais les Turcs ne leur en donnérent pas le loisir, & les menérent batant jusques hors du lieu. La Abez voyant le desordre de ses gens, il leur commanda de courre de toute leur force sur la montagne, pour s'y rallier, & se posta avec quelque cavalerie sur vne petite coline pour les arrester, où il combatit vaillamment de sa personne. Cependant le Seigneur de Cuco estoit demeuré au fort, & le Bacha faisant reflexion que les Turcs avoient passé outre, & qu'ils s'alloient engager à la montagne, il leur envoya dire qu'ils se retirassent, parce-que les troupes estoient campées, & qu'elles ne les pourroient plus secourir. Mais comme ils tournoient teste pour faire leur retraite, La Abez les chargea en queuë, & les serra de si prés, que la pluspart jettérent leurs armes, pour mieux fuir, & en ayant tué soixante, il regagna le lieu & le fort. La nuit survenuë, chacun se retira de son costé. Le Bacha fit ensuite monter ses gens sur vne montagne *, où ces Chéques ont leur sepulcre, & y combatit contre La Abez depuis le matin jusqu'à midi, que La Abez fit prendre à ses troupes le haut de la montagne. Pour luy, il fit teste en personne avec deux drapeaux seulement, & quelque cavalerie : Il opiniastra le combat long-tems contre les Turcs, & les repoussa souvent; mais à la fin comme il s'avançoit pour darder sa lance dans leur bataillon, ils luy tirérent tant de coups, qu'ils le tuérent luy & son cheval, puis chargérent ses gens, pour empescher qu'ils ne se saisissent de son corps ; de-sorte qu'ils le remportérent, & luy coupérent la teste. Ce brave Africain portoit deux cotes de maille l'vne sur l'autre, avec vne lance, vn bouclier & vn coutelas. Il estoit dispos, & paroissoit fort & robuste. Aprés sa mort, les Turcs poursuivant leur victoire, grimpérent plus haut jusqu'à vn lieu où les Azuagues, pour les entretenir, leur envoyérent dire qu'ils leur donneroient les clefs de leur forteresse à de certaines conditions. Cependant, ils eleûrent pour Chef * le frére du défunt, & retournérent au combat. Mais les Turcs songeans qu'ils avoient esté là huit jours sans rien faire, & que

* Coco del Téléta.

* Mocoran.

leurs forces ne leur feruoient de rien dans ces montagnes, où tous les jours ils perdoient quelques foldats, ils prirent la route d'Alger, fur la nouuelle que le Chérif marchoit contre Trémécen, & remportérent pour trophée la tefte de leur ennemi. Le fuccefleur de La Abcz court maintenant tout le pays, & affujétiffant les Arabes, recueille les contributions de cette partie du Zahara en dépit des Turcs, & du Seigneur de Cuco, auec qui il a guerre perpetuelle.

CHAPITRE DERNIER.

D'*Auraz* *.

* ou Riega.

C'Est vne montagne haute & efcarpée, à trente lieuës de Bugie, & à vingt-cinq de Conftantine au dedans du païs. Elle a trente lieuës de long, & eft feparée des autres montagnes, quoy-qu'elle faffe partie du grand Atlas. Elle a au Midi les deferts de Numidie, & diuers petits Eftats au Nort*.

* Mizila, Tecteza, Necaus, & Conftantine.

Les habitans font des Barbares, dont toute la félicité confifte à voler fur les chemins, & à tuer les paffans. Au haut de la montagne il y a de certaines fources d'eau qui defcendant en bas forment de grandes mares, que le Soleil feche l'efté & conuertit en fel. Ces peuples aiment tant la liberté, qu'ils ne fouffrent pas qu'aucun eftranger pratique en leur pays, pour n'en point apprendre les paffages & les auenuës, & n'obeïffant à perfonne, ils ont toûjours guerre auec les Arabes de la contrée. Ils ont fait maintenant alliance auec des Arabes, dont le Chef eft vn renégat Efpagnol, qui eftoit Enfeigne dans Bugie quand on la perdit. Il les a fi bien charmez en les défendant de leurs ennemis, qu'ils l'aiment, & le reuerent comme leur Prince, & font deux mille cheuaux, & plus de trente mille hommes de pied.

Fin du cinquiéme Livre.

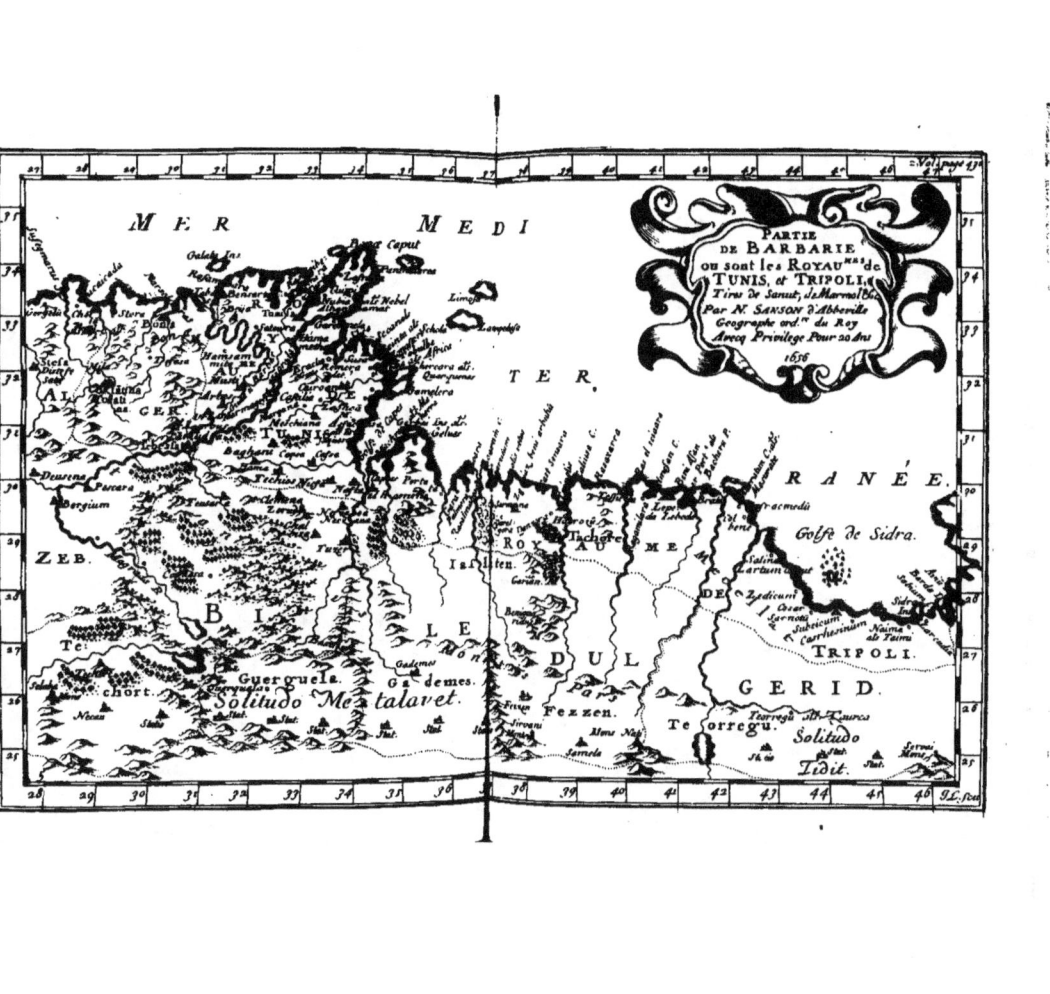

L'AFRIQVE
DE MARMOL.

LIVRE SIXIE'ME.
DV ROYAVME DE TVNIS.

CHAPITRE I.

Des bornes de cét Estat.

E Royaume de Tunis est le quatriéme & le dernier de la Barbarie du costé de l'Orient. Il a au Couchant la Mauritanie Césarienne, & la province de Bugie avec la riviére d'Amsaga *. Au Levant l'Egypte, la mer Mediterranée au Septentrion, & au Midi les montagnes du grand Atlas jus- qu'à leur pointe Orientale, que les modernes nomment Meyes. Outre qu'il passe à l'Estat de Zeb, qui comprend vne bonne partie de la Libye & de la Numidie Orientale. Il est divisé en quatre provinces, Constantine, Tunis, Tripoli de Barbarie, & Zeb, qui renferme vne partie de l'ancienne Numidie. Ce n'est presque qu'vne vaste campagne, où er- rent de grandes communautez d'Arabes & d'Africains fort

*ou Cusege- mar.

puiſſans, avec qui les Rois & les Seigneurs de ces provinces ont toûjours taſché d'entretenir l'alliance, & ont eu bien de la peine à les contenter, en donnant vne partie du revenu. Parlons maintenant de la premiére province du coſté du Couchant, qui eſt celle de Conſtantine.

CHAPITRE II.

De Conſtantine.

LA province de Conſtantine, que Ptolomée nomme la nouvelle Numidie, a au Couchant la province de Bugie vers Gigery : au Levant ce qu'on appelle proprement l'Afrique : Au Midi elle traverſe le mont Atlas, & entre dans la Numidie & la Gétulie : Au Septentrion elle a la mer Mediterranée, & le golfe de Numidie depuis Gigery juſqu'à l'embouchure du Mégérada* vers Biſerte. Venons maintenant aux habitations de la province.

* ou Bragade.

CHAPITRE III.

De Col.

C'EST vne ancienne ville baſtie, à ce que l'on dit, par les Romains. Ptolomée luy donne vingt-ſept degrez de longitude, & trente-vn de latitude avec quarante-cinq minutes, & la nomme le grand Coloſſe. Elle eſt au pied d'vne montagne, qui s'eſtend ſur la coſte de la mer dans le golfe de Numidie. Elle eſtoit autrefois fort peuplée, & avoit de hautes murailles, que les Gots raſérent aprés l'avoir conquiſe ſur les Romains. Cependant, on ne les a jamais reſtablies depuis, quoy-qu'il y ait grand commerce & force marchans & artiſans. Le peuple eſt courtois & civil, acauſe du commerce de l'Europe, car on y va acheter de la cire, des cuirs, & d'autres marchandiſes. La contrée du coſté de la montagne abonde en bled, en troupeaux, & en toutes ſortes de fruits. Les habitans ſe maintenoient autrefois en liberté, & eſtoient aſſez puiſſans pour ſe défendre

des

LIVRE SIXIE'ME.

des Rois de Tunis & des Seigneurs de Constantine, dont ils sont séparez par de tres-hautes montagnes, qui s'estendent plus de quarente lieuës loin. Outre que la pluspart du pays est montagneux & peuplé de Béréberes & d'Azuagues fort vaillans; de-sorte qu'il n'y avoit point de ville plus riche, ni plus asseurée que celle-cy, car elle faisoit dix mille hommes de combat. Elle s'est depuis donnée aux Turcs, qui y tiennent garnison, & celuy qui commande dans Alger y envoye vn Gouverneur, qui dépend de celuy de Constantine, lequel reçoit le revenu de toute la province, & a soin que les habitans ne soient point foulez.

CHAPITRE IV.

D'Estore.

C'EST vne ville ancienne à quatorze lieuës de Col, du costé du Levant, dans le golfe d'Estore ou de Numidie, & c'est là qu'est le port de Constantine. Ptolomée luy donne vingt-sept degrez quarante minutes de longitude, & trente-deux degrez trente minutes de latitude, sous le nom de Ruficade. Elle n'est pas forte, parce-que les murs sont démolis, & il n'y a guere que deux cens maisons qu'on habite. Entre ce port & le précédent, il y en a vn autre qu'on nomme des Génois, où les vaisseaux ont coustume de relascher pendant la tempeste, acause qu'il est à couvert du vent du Nort & du Grec Levantin. Mais il n'y a aucune habitation, si ce n'est au dedans du pays, où sont plusieurs Béréberes, qui ont quantité de bled, de chevaux, & de bestail.

CHAPITRE V.

De Suçaycada.

C'EST vne ancienne ville, bastie par les Romains sur vne haute montagne, qui s'estend jusqu'à la mer à l'endroit du golfe de Numidie, à douze lieuës de Constantine, du

Partie II.   I i i

costé du Nort. Ptolomée luy donne vingt-neuf degrez de longitude, & trente-deux degrez trente minutes de latitude, sous le nom de Tacacie. Aprés avoir esté ruinée par les Gots, le Gouverneur de Constantine, acause qu'il y a vn port raisonnable, bastit sur le bord de la mer quelques magazins, & quelque retraite pour les marchans de l'Europe, qui y trafiquent. Il fit aussi construire sur la cime d'vne montagne voisine vne forteresse, où il y a toûjours garde, & où ceux qui demeurent échangent du bled, des draps & des toiles contre d'autres marchandises. Depuis cette ville jusqu'à Constantine, il y a vn chemin tout droit, pavé de grandes pierres noires, comme ceux que les Romains ont faits en Italie & en Espagne, quoy-qu'en quelques endroits il soit gasté par les eaux.

CHAPITRE VI.

De Bone.

CETTE ville avoit esté bastie par les Romains à vne lieuë vers l'Orient, de l'endroit où elle est située aujourd'huy, sur la riviére de Iadoc. On la nommoit autrefois Hippone, qui est sur la coste de la mer Mediterranée au golfe de Numidie, à quarente lieuës de Tunis. C'est d'elle que Saint Augustin estoit Evesque, sous le regne de l'Empereur Gratien *, & elle a esté fort illustre du tems des Gots; mais le troisiéme * Calife la démolit, & elle ne s'est point restablie depuis. On voit encore sur le bord de la riviére les ruines d'vn temple & d'vn grand palais, à demi-lieuë au dedans du pays, à l'endroit qu'on nomme la Vieille Bone. Quelque tems aprés sa ruine, les Mahométans en bastirent vne autre à vne lieuë de-là vers le Couchant, qu'on nomma la neuve Hippone; mais les Arabes l'appellent * lieu des Iujubes, acause de l'abondance qu'il y a de ces fruits en ces quartiers. Les Chrestiens la nomment Bone avec plus de raison, parce-que c'est le meilleur & le plus fertile pays de toute la Barbarie, & où l'air est le plus sain. Elle est fermée de murailles, & a deux portes principales,

*1532. de la fondation de Rome.
² Odman.

* ou Beled el Vgneb.

dont l'vne répond à la mer, & l'autre au chasteau, qui n'en est éloigné que de la moitié d'vn trait d'arbaleste, & est assis sur vne coline qui y commande. Ce sont les Rois de Tunis qui l'ont fait construire depuis peu, pour la demeure du Gouverneur, & de la garnison: car avant que Charles-Quint prist cette ville, & que Barberousse y entrast, les habitans estoient fort riches & si superbes, qu'ils tuoient souvent leurs Gouverneurs, & menaçoient de livrer Bone aux Chrestiens, si l'on ne leur envoyoit des gens d'honneur. Les maisons de cette place sont bien basties, & il y a vne superbe Mosquée avec vn Collége auprés, où l'on enseigne la loy de Mahomet. On ne trouve ni puits ni fontaine dans la ville, ni au chasteau; mais de grandes cisternes, où se rendent toutes les eaux des pluyes du haut des maisons, qui sont en terrasse & couvertes d'vn lit de chaux, de sable & de ciment. En bas du chasteau vers le Midi, on voit de beaux jardins & des maisons de plaisance, avec quantité de vergers qui portent de tres-bons fruits. Bone a vn petit port, qui n'est pas à couvert de la bize, où les vaisseaux marchans trafiquent de cuir, de laine, de beurre, de dates, & de plusieurs autres choses dont le pays est tres-abondant. Car il y a des plaines * de quatorze lieuës de long sur huit de large, où errent de grandes communautez de Bérébéres * qui vivent par Aduares, comme les Arabes, & sont riches en bled, en chevaux & en bestail. Ils accourent tous les Vendredis à vn marché, qui se tient aux portes de la ville, où se rendent les marchans de Tunis, de Gelves, de Tripoli, & mesme de Gene, acause qu'il y a beaucoup à gagner. A l'Orient de la ville est vne longue plage qui se recourbe, où l'on pesche le coral, & les Rois de Tunis avoient accoustumé d'affermer cette pesche aux Genois, qui se voyant tourmentez des Corsaires, obtinrent permission du Roy de bastir vne forteresse sur vn roc; mais les habitans s'y opposérent, & representérent au Prince, que les Chrestiens s'estoient autrefois emparé de Bone par vn semblable artifice. Ainsi les Genois ne vinrent pas pour lors about de leur dessein, quoy-qu'il leur ait reüssi depuis. Du costé du Midi & du Couchant, il y a des montagnes fort agréables & delicieuses, qui se joignent

* el Bahayra.

* Xavis,
Béni Merdez,
Béni Gerid,
Béni Aduan,
Béni Mançor.

à celles de Conſtantine, & ſont remplies de fontaines, de fruits, & de toutes ſortes de chaſſe. Du coſté du Levant s'elevent de longues colines fort fertiles en bleds, où il y avoit autrefois de grandes villes & de grandes bourgades, baſties par les Romains; mais les Arabes les ont ruinées, de ſorte qu'à peine en reſte-t-il des veſtiges, & le nom meſ-me en eſt inconnu. Ces colines s'eſtendent du Levant au Couchant l'eſpace de vingt-huit lieuës ſur dix de largeur, ſans qu'il y ait ni ville ni village; mais il y erre des Arabes & des Bérébéres *, & l'on y rencontre pluſieurs fontaines, d'où naiſſent quelques petites riviéres qui traverſent le pays & ſe vont rendre dans la mer. Quand Barberouſſe * ſe rendit maiſtre de Tunis, il s'empara auſſi de cette ville, & mit garniſon dans le chaſteau, avec vn Turc, pour y commander; & lors que Charles-Quint prit Tunis *, il envoya auſſi André Dorie avec trente galéres, & deux mille hommes de guerre pour ſe ſaiſir de cette ville; mais il la trouva abandonnée par les habitans, qui s'eſtoient retirez avec Barberouſſe, les vns par mer, les autres par terre, & il s'en retourna à la Goulette, aprés avoir pris quelques vaiſſeaux qui eſtoient à l'ancre, ſans laiſſer garniſon ni dans la ville, ni dans le chaſteau. Mais l'Empereur retournant en Italie, commanda à l'armée navale, qui prenoit la route d'Eſpagne, d'y laiſſer garniſon en paſſant, ce qui fut fait. Le premier Gouverneur fut Alvar Gomez Zagal, avec mille hommes de pied, & vingt-cinq chevaux, qui ravagérent le pays, & en emmenérent quantité de troupeaux, d'eſclaves & de butin, qu'ils enlevérent aux Arabes & aux Bérébéres, & remportérent pluſieurs victoires contre eux, & contre les Turcs de Conſtantine, qui firent auſſi des courſes de leur coſté, & vinrent dreſſer des embuſcades avec les Arabes juſques aux portes de Bone; mais toûjours fort inutilement: car les Chreſtiens ne furent jamais défaits, & ce Gouverneur avoit executé des choſes mémorables & dignes d'vn grand Capitaine, s'il ne les eut point ſouïllées par ſes déreglemens, & par ſa malheureuſe fin. Aprés ſa mort, l'Empereur fit abandonner cette frontiére, percer les murs & ruiner les tours, tant de la ville que du chaſteau; mais ils n'ont

* Xavis.

* Airadin.

* 1535.

LIVRE SIXIE'ME. 437

pas laissé de les restablir, acause de la bonté du pays, & les Rois de Tunis ne pouvant garder cette place, les Turcs s'en sont emparez & l'ont repeuplée & fortifiée.

CHAPITRE VII.

De Biserte dans la province de Constantine.

CETTE ville que les Africains nomment Bensart, a esté bastie sur la coste par ceux du pays, à dix-sept lieuës de la ville de Tunis. Ptolomée la nomme Vtique, & luy donne trente-quatre degrez quarente minutes de longitude, & trente-trois degrez quarente-cinq minutes de latitude. La mer entre auprés par vn canal étroit qui s'élargit peu à peu, en tirant vers le Midi, & forme vn grand lac* qui se separe en deux, dont les bords sont peuplez de pauvres pescheurs & de gens des chams; mais qui pour estre dans la misére, aussi bien que les habitans de la ville, ne laissent pas d'estre orgueilleux autant que meschans. Vers le couchant de ce lac, il y a vne grande * plaine abondante en bleds & en pasturages: mais ceux qui l'habitent sont si chargez d'impôsts & si incommodez des courses des Arabes, qu'ils vivent toûjours dans la pauvreté. On pesche force aloses dans le lac, acause que l'eau se rend douce, par les pluyes, & la pesche dure depuis le commencement de Novembre, jusqu'à la fin d'Avril. On y prend aussi de grandes dorades qui pesent cinq ou six livres, & plusieurs autres bons poissons qu'on debite par la contrée. Quelques-vns mettent cette place dans la province de Tunis, mais les bons Auteurs tiennent qu'elle est dans la nouvelle Numidie. Quoi-que la ville & son ressort ne comprennent que quatre mille habitans, ils n'ont pas laissé de se soûlever souvent contre les Rois de Tunis & les Seigneurs de Constantine, ce qui a esté cause plusieurs fois de leur ruine. Muley Hascen disoit qu'il n'y avoit point de peuple contre qui il eut plus de sujet d'estre en colére, parce-qu'ils ne luy avoient jamais gardé la foy, ni par amour ni par crainte. Quand Barberousse * s'empara de Tunis, ils furent les prémiers à le reconnoistre, &

* autrefois Ipodiatitos, aujourd'huy, Alboheyra.

* Matar.

* Airadia.

DV ROYAVME DE TVNIS,

lorſqu'il en fut chaſſé, ils tuérent le Gouverneur que Muley Haſcen y avoit mis avec vne garniſon, & s'attachant au party de Barberouſſe, ils receurent garniſon Turque dans le chaſteau. Mais leur Roy en colére eut recours à Charles-Quint qui commanda à André Dorie de les aller attaquer par mer, tandis que ce Prince les aſſiégeroit par-terre; de ſorte que la place fut emportée d'aſſaut, & comme on vouloit batre le chaſteau, les Turcs & les Maures qui y eſtoient ſe rendirent, & le Roy chaſtia rigoureuſement les habitans qui s'eſtoient revoltez trois fois. Cette province n'a point d'autres villes ſur la coſte. Parlons maintenant de celles qui ſont au dedans du pays.

CHAPITRE VIII.

De Conſtantine.

CEtte ville que les Maures nomment Cuçutin, eſt fort grande & fort ancienne, & les Maures luy donnent vingt-huit degrez trente minutes de longitude, & trente-vn degrez quinze minutes de latitude. C'eſt la capitale de la province de la nouvelle Numidie, parce-que les Arabes entrant dans la Mauritanie, en firent long-tems leur place-d'armes, où ſe tenoit la force de leurs troupes. Elle a eſté baſtie par les Romains, comme on voit à ſes murs de pierre de taille qui ſont hauts & forts. Elle eſt ſituée avantageuſement ſur vne haute montagne & environnée du coſté du Midi, d'vne roche eſcarpée par où coule vne riviére * qui fait vn profond & large foſſé de ce coſté-là. Les murailles ſont fort bonnes vers l'Orient & le Nort, & la montée eſt ſi difficile qu'on ne peut aller que par deux ſentiers à la ville; qui eſt embellie d'vn portail de pierre de taille fort enrichy. Il y a dans cette place huit mille maiſons habitées, vn temple grand & beau, & deux Colléges où l'on enſeigne diverſes ſciences. Les baſtimens ſont réguliers, & ſéparez les vns des autres ſans ſe toucher; pour les ruës & les places, elles ſont bien ordonnées. La ville eſt riche & il y a beaucoup de marchans & d'artiſans; mais ſon princi-

*Saſegemat ou Bumarzoe.

pal revenu & son meilleur trafic est d'envoyer des caravennes en Numidie & en Libye chargées de draps, de toiles, d'étofes de soye, & d'huiles. Elles en ramenent de l'or de Tibar, des dates, des esclaves Negres, & c'est le lieu de la Barbarie où l'on trafique le plus de ces choses. Quand les Espagnols tenoient Bone on leur portoit de là plusieurs danrées, & particulierement des dates à quatre maravedis la livre, qui sont six livres pour vne reale, & nous les avons veu vendre souvent à ce prix. Au Septentrion de la ville est vn grand & fort chasteau qui semble avoir esté basti par les Romains; mais qui a esté racommodé & fortifié par vn renégat du Roy de Tunis * qui brida par là les habitans & les Arabes qui sont maistres des campagnes de Constantine, & sont les plus illustres, & les plus braves de l'Afrique *: car il contraignit leur Chef de donner trois de ses fils en ostage au Roy de Tunis à qui il faisoit la guerre. Ce renégat s'enorgueillit si fort de ses victoires, qu'il prit le titre de Roy de Constantine, battit monnoye, & fit plusieurs autres choses au mépris du Prince. Cela le rendit odieux aux habitans qui se révoltérent, comme il estoit allé en Numidie contre la ville de Pescare, & luy fermérent les portes à son retour. Il eut donc recours au Roy qui le retint quelques jours prisonnier, aprés quoy s'estant justifié, & ayant fourni cent mille escus d'or, il luy accorda les troupes qu'il demandoit. Il retourna donc à Constantine & l'ayant prise, il égorgea vne grande partie de ceux qui avoient esté cause de la révolte; mais elle se soûleva quelque tems aprés & l'assiégea dans le chasteau, où il mourut de regret & de dépit. Ensuite elle obtint pardon au Roy & fut long-tems sans vouloir recevoir de Gouverneur, jusques à ce que l'vn * de ses Princes y envoya son fils * qui fut tué en la premiére entreprise qu'il fit contre les Azuagues. Il en dépescha vn autre * aprés, qui fut assassiné par vn de ses gens, & enfin vn troisiéme * que le peuple voulut tuer, acause de ses débauches; de-sorte que son pere fut contraint de le faire arrester prisonnier, & emmener à Tunis pour le sauver de leurs mains. Il leur donna pour Gouverneur en sa place, vn renégat * fort experimenté, dont le peuple parut fort

* Ayeul de Muley Hasceu
*On les appelle Vled Hanexa.
* Muley Mahamet pere de Muley Hasceu.
* Muley Nacer.
* Abdarrahaman.
* Muley Abdul Mumen.
*Aliben Farax

content. Aprés sa mort, sous le régne de Muley Hascen, la ville se rendit aux Turcs, qui y mirent garnison comme dans vne des plus importantes places de ce Royaume: mais ils y regnent si insolemment, qu'elle s'est voulu révolter plusieurs fois, & le mit en exécution l'an mille cinq cens soixante-huit, qu'elle tua le Gouverneur & la garnison, & se mit en liberté. Mais le Gouverneur * d'Alger la vint assiéger, & l'ayant prise par force, la sacagea & obligea les bourgeois à fortifier le chasteau à leurs dépens, & à luy payer cinquante ou soixante mille escus ; aprés-quoy il les desarma, & ils sont demeurez plus esclaves qu'auparavant. Pour retourner à la description de cette place, le pays en est excellent & si fertile qu'il rend trente boisseaux pour vn, & il y a par-tout de beaux pasturages. Sur le bord de la riviére, lorsqu'elle coule dans la plaine, il y a plusieurs vergers qui ne rapportent pas beaucoup, & dont le fruit n'est pas fort bon; parce-qu'ils ne les savent pas cultiver: On voit de belles antiquitez hors de la ville, & des ruines de grans bastimens avec vn arc triomphal à demi-lieuë, semblable à ceux qui sont à Rome prés du Capitole. Le peuple ignorant dit, que c'est le reste d'vn palais où habitoient les démons du tems des Gentils, & qu'ils en ont esté chassez par les Mahométans, lorsqu'ils prirent Constantine; mais on voit manifestement que c'est le monument d'vn triomphe des Romains. Il y a vn autre ouvrage remarquable dans la ville, qui est vn chemin sous terre par où les femmes vont à la riviére, lequel a esté taillé par degrez dans le roc, & au bas on trouve vne grande voute dont les murs, les piliers, le bas & le haut, ont esté creusez dans le roc, à force de pics d'acier. A trois jets de pierre de la ville est vn grand bain d'eau chaude, que fait vne fontaine en tombant sur vn gros rocher, & il y croist des tortuës grandes comme des rondaches, à qui l'on porte à manger quand on se va baigner, parce-qu'on dit que ce sont de malins esprits qui y sont demeurez du tems des Romains. Plus loin du costé de l'Orient, il y a vne fontaine d'eau froide prés de laquelle est vn ancien bastiment de marbre, avec de grans piliers & de grandes pierres où sont taillez

plusieurs

* Aluch Ali Fartaci.

LIVRE SIXIE'ME.

plusieurs visages d'hommes, de femmes & d'enfans, & le peuple dit que c'estoit vn Collége, dont les maistres & les écoliers ont esté transformez en pierres pour leurs vices. On voit plusieurs autres antiquitez dans la contrée qui font voir que c'estoit vne colonie des Romains.

on l'appeloit Culca Colonia.

CHAPITRE IX.

De Mila.

C'EST vne ancienne ville à quatre lieuës de Constantine, elle est environnée de hautes murailles à l'antique. Il y avoit autrefois plus de trois mille maisons, & les habitans estoient fort riches ; parce-que le pays est beau, & abonde en bled, en troupeaux & en fruits, & particulierement en pommes, d'où il semble qu'elle a pris son nom. Elle fut ruinée par le Calife * de Carvan, & encore qu'elle se soit restablie depuis, elle a esté si tourmentée par les Seigneurs de Constantine, que dans la contrée il n'est pas demeuré mille habitans, dont la pluspart sont faiseurs de sayes à la Moresque & de tapis de Turquie. Il y a aussi des laboureurs gens brutaux, quoy-qu'ils se piquent d'estre vaillans, & qui ont tué quelquefois les Gouverneurs qu'on leur envoyoit de Constantine, parce-qu'ils ne pouvoient souffrir leur tyrannie. La ville est maintenant aux Turcs qui se sont rendus maistres du pays.

* Halifa.

CHAPITRE X.

De Tifex.

C'EST vne ancienne ville bastie par les Romains sur la frontiére de la Numidie, à trente-cinq lieuës de Constantine du costé du Midi. Elle est sur la pente d'vne montagne, & fermée de murailles & de tours fort hautes. Elle estoit autrefois grande & peuplée, & avoit de beaux bastimens, des palais, des temples ou des Colléges. Quand les successeurs * de Mahomet entrérent en Afrique, elle tint

* Prémiers Arabes.

Partie II.   Kkk

long-tems pour les Romains, mais les Arabes la prirent à la fin par force, & après l'avoir sacagée, la ruinérent. Elle se rétablit depuis jusqu'à la seconde venuë des Arabes qui la sacagérent vne seconde fois sous la conduite de Muça Enacer. Ensuite elle fut repeuplée par les Africains*qui errent par la campagne comme des Arabes. Ils ne s'en servoient qu'à resserrer leurs bleds & à tirer quelques contributions des voisins ; de-sorte qu'ils l'ont possedée long-tems avec toute sa contrée malgré les Arabes, à la faveur d'vn Chef des Azuagues qui couroit par le pays, & qui tua dans vne bataille *le fils d'vn Roy de Tunis, alors Seigneur de Constantine. Ce Prince irrité de la mort de son fils, marcha contre-eux avec son armée, & les ayant vaincus il acheva* de détruire cette place sans que les Arabes ayent souffert qu'elle se soit rétablie depuis. Il y a seulement vn fauxbourg où demeurent quelques Bérébéres, acause d'vn grand marché qui s'y tient toutes les semaines, où les Arabes & les Bérébéres viennent debiter leur marchandise.

* Vl:d Haroa.

* Muley Nacer.

* 1057.

CHAPITRE XI.

De Tébessa.

C'EST vne ancienne ville bastie par les Romains sur la frontiére de la Numidie, au dedans du pays, à cinquante-cinq lieuës de la mer, & fermée de hauts murs qui sont faits de grandes pierres semblables à celles du Colisée de Rome ; ce qui fait voir que c'est vne grande Colonie des Romains. Prés de la ville passe vne riviére qui descend de la montagne, & aprés plusieurs tours, entre par vn costé dans la place. Outre cela, il y a dans Tébessa deux belles grandes sources d'eau vive, de belles antiquitez & des statuës de marbre avec des inscriptions Latines, comme celles que l'on voit à Rome & en plusieurs lieux de l'Europe. Autour de la ville sont des bois d'arbres fruitiers & de grans noyers qui rapportent abondamment : mais le reste de la contrée est sterile, & l'air n'est pas sain. A vn peu plus de demi-lieuë de la ville, il y a vne montagne pleine de grandes cavernes, que le peuple prend pour vne demeure de geans ; mais on voit manifestement que ce sont des carriéres où l'on a pris la pierre pour bastir la place. Elle a esté plusieurs fois sacagée par les successeurs de Mahomet, elle s'est depuis repeuplée de Bérébéres, gens avares & brutaux, ennemis des estrangers, & qui se sont révoltez souvent contre les Rois de Tunis & les Seigneurs de Constantine, & qui ont tué plusieurs fois les Gouverneurs qu'ils leur envoyoient. Enfin l'an mille cinquante-sept Muley Mahamet passant auprés en vne entreprise contre les Haoares, & voyant qu'ils ne le venoient pas recevoir, leur envoya demander à qui ils estoient ; ils répondirent orgueilleusement, qu'ils n'avoient point d'autre maistre que leurs murailles. De-quoi justement irrité, il les fit attaquer sur l'heure, & les ayant emportez d'assaut, il fit pendre tous ceux qui n'estoient pas morts dans le combat, & ruina la ville : mais elle se repeupla depuis de pauvres gens. Trois choses rendent Tébessa considérable par-dessus les autres piaces de la Barbarie : les murs, les noix, & les fontaines, tout le reste n'en vaut rien. Il n'y a point d'autre ville en cette province, pour le moins dont on ait connoissance. Parlons maintenant de ses montagnes.

CHAPITRE XII.

Des montagnes de la province de Constantine.

TOUT le costé de l'Occident & du Nort de cette province, jusqu'auprés de la ville de Constantine, ce sont des montagnes qui commencent dés la frontiére de Bugie, & s'étendent le long de la coste jusqu'à Bone par l'espace de plus de quarente-cinq lieuës. Il y en a donc grand nombre ; mais toutes portent le nom des peuples qui y demeurent, tant de Bérébéres qu'Azuagues. Elles sont fort douces & agréables, abondantes en bleds & en troupeaux, les plaines d'entre-deux sont tres-fertiles & produisent quantité d'huile, de figues & d'autres fruits qui fournissent toutes

*Col, Gigery, Bone.

les villes voifines *, & les Arabes de la campagne. Ces Bérébéres font plus intelligens que ceux des montagnes de Bugie, & il y a parmi eux plufieurs Azuagues, qui font de fort bonnes toiles ; mais ils font en perpetuelle guerre, acaufe des femmes qui fe démarient en vne montagne, & fe vont remarier en l'autre, comme leur religion leur permet. Ce font gens riches, qui maintiennent leur liberté, & qui ne payent tribut que quand les troupes du Roy le vont demander, & le payent en toile & en chevaux, parce-qu'ils ont fort peu d'argent. Ils ont toûjours different avec les Arabes; de-forte qu'ils ont peu de commerce dans les plaines, & encore moins dans les villes. Ils tiennent marché toutes les femaines en divers lieux, où accourent les marchans de Bone, de Col & de Conftantine; mais il faut qu'ils ayent vn ami en chaque montagne, qui aille avec eux pour les proteger, parce-qu'autrement fi on leur fait outrage, ils ne peuvent avoir juftice ; parce-qu'il n'y a ni Preftre, ni Iuge, ni gens de lettres. Ces montagnes font toutes enfemble quarente mille hommes de combat, dont il y a quatre mille chevaux, & depuis peu force moufquetaires & arbaleftriers ; mais ils font fi braves, que s'ils eftoient bien d'accord, ils feroient capables de conquerir vne grande partie de l'Afrique.

CHAPITRE XIII.

De la province de Tunis.

Afrique Mineure ou Carthaginoife.

LA province de Tunis, qu'on nommoit Afrique, où eftoit la ville de Carthage, eft la feconde de ce Royaume, felon l'ordre que nous tenons. Elle a au Couchant la province de Conftantine, au Levant celle de Tripoli, au Midi les montagnes d'Atlas, avec la province de Zeb, & vne partie de la Numidie & de la Libye Orientale ; & au Septentrion la mer Mediterranée, depuis l'embouchure de la riviére

* ou Bragada.

Megérade * vers Biferte, jufqu'à celle de Capes, qu'on appeloit autrefois Triton. Cette province eft donc fort grande, & contient plufieurs villes & plufieurs bourgades, dont la plufpart ont efté ruinées par les Arabes, lors-qu'ils vinrent en Afrique, fans qu'ils ayent voulu fouffrir qu'on les repeuplaft depuis, pour errer librement avec leurs troupeaux, & joüir en paix des richeffes de la campagne; de-forte que la mémoire s'en eft perduë. Nous parlerons aux chapitres fuivans de celles qui font demeurées, & de quelques-vnes qui font détruites, dont on n'a pas perdu la mémoire, & commencerons par les plus proches de la mer.

CHAPITRE XIV.

De Porto Farina, ou Vtique.

ENTRE la ville de Biferte, & le Promontoire de Carthage, il y a vn port defert, qu'on nomme ordinairement Port * Farine, où l'on voit d'vn cofté les ruines d'vne ancienne ville, qu'on dit eftre Vtique, fi fameufe par la mort de Caton. Elle fut détruite par les fucceffeurs de Mahomet, & ne s'eft jamais repeuplée depuis, quoy-qu'il y ait autour quantité de villages de Béréberes, qui parlent vn Arabe corrompu, & font vaffaux du Roy de Tunis. Les vaiffeaux qui navigent le long de la cofte, viennent faire aiguade en ce port, & c'eft-là qu'aborda l'armée navale de Charles-Quint, quand il vint attaquer Tunis.

* ou Gar el Melha.

1535.

CHAPITRE XV.

De Carthage.

CARTHAGE, dont parlent tant les Auteurs Grecs, Latins & Arabes, eftoit fur la cofte de la mer dans vne plaine, quoy-qu'elle comprift dans la grandeur de fon enceinte vne montagne où eftoit la principale fortereffe, & où eft maintenant vne tour, que les Chreftiens nomment la Roque de Maftinace, & les Africains Almenare. Quelques-vns attribuent fa fondation à vn Phénicien de Tyr *, qui s'appeloit Carquedon, qui fignifie Carthage en Grec, & difent qu'elle fut rebaftie deux cens trente-quatre ans aprés

* mille deux cens foixantehuit ans avant Iefus-Chrift.

par Didon. D'autres assurent, que ce fut cette Reine, qui depuis la prise de Troye partit de Tyr environ trois mille quatre-vingts ans de la creation du Monde, & qui bastit Carthage, & l'appela Byrsa d'vn nom Grec, qui signifie Couroye, acause qu'elle ne demanda à ceux de la contrée, pour la fondation de sa ville, qu'autant de terre qu'vn cuir de vache pourroit tenir ; mais que l'ayant coupé en couroyes fort minces, elle en fit vne grande enceinte. Servius rapporte qu'elle fut nommée Carthage, du nom d'vne autre ville de Libye, qui se nommoit Carta. D'autres croyent qu'elle fut fondée par les Phéniciens, que Iosué fils de Nun avoit débusquez ; de-sorte qu'il n'y a rien d'asseuré pour ce sujet entre les Auteurs Grecs & Latins. Ceux du pays ne sont pas mieux d'accord ; car les vns pensent qu'elle a esté bastie par vn Romain nommé Idris*, Seigneur de l'Afrique ; d'autres, par vne Reine de Syrie ou de Libye. Mais le * plus illustre Historien du pays raconte qu'elle fut fondée par vn peuple de Barca, qui se sauvoit de la fureur des Rois d'Egypte. Mais pas vn d'eux n'en fait mention que sur le declin de l'Empire, que les Gouverneurs des places s'en rendirent maistres à la venuë des Gots, & qu'ils furent chassez par eux. Elle fut détruite par Scipion l'Africain, Général des Romains, environ l'an sept cens de sa fondation, lorsqu'Amilcar en estoit Seigneur. Ensuite elle fut détruite par Genseric, Roy des Vandales, & enfin par les successeurs de Mahomet ; ce qui arriva en cette sorte. Comme ils eurent conquis les villes de Tripoli & de Capes, tous les habitans se retirérent à Carthage, où s'estoit rassemblée la Noblesse Gotique & Romaine, pour se défendre contre leur commun ennemi. Aprés plusieurs batailles, les Romains estant demeurez les maistres, vn * Calife de Damas envoya vne puissante armée en Afrique, qui conquit plusieurs places, & enfin Carthage, dont elle remporta les richesses en Damas, aprés l'avoir sacagée. Elle demeura en cét estat jusqu'à vn Pontife * hérétique de Carvan, qui en repeupla environ la vingtiéme partie, laquelle fut desolée ensuite par les Arabes dans les guerres qu'ils eurent contre les Rois de Tunis. Elle fut depuis rétablie en quelque sorte par vn * de ces

*C'est que Carta signifie ville en langue Phénicienne.

*Voyez livre 1. ch. 22.
* Ibni Alraquic.

*Abdul Malic, Aben Maruan.

* Méhédy.

*Mançamur.

Princes, avec grandes dépenses, & ruinée de nouveau par les Arabes, sans qu'il en soit resté qu'vn pauvre village appelé Marsa, de quelque cinq cens maisons, & vn beau temple avec vn collège que construisit vn Roy * de Tunis. Ce reste d'habitans ne laissent pas d'estre orgueilleux, quoyque ce ne soient que des jardiniers qui ont de vastes jardins tout autour, & particuliérement vers le Couchant, & vers le Midi, où il y a toutes sortes de bons fruits, & d'vne extrême grosseur. Quand Charles-Quint fit l'entreprise de Tunis, il aborda à cette rade, d'où l'on voyoit encore quelques ruines de superbes bastimens, & de palais de marbre blanc démolis, avec vne grande cisterne large & profonde, & les arcs qui soustenoient les Aqueducs, qui amenoient l'eau de dix lieuës loin. La contrée d'alentour est fertile, mais fort petite, car elle est bordée du costé du Septentrion, de la montagne, de la mer & du lac: & du costé du Levant & du Midi, elle a les plaines de Biserte, qui ne leur appartiennent pas. Prés du village de Marsa, dont nous venons de parler, il y a des palais & des jardins, où les Rois de Tunis se viennent divertir l'Esté. Tout cela fut abandonné par les Maures à la venuë de l'Empereur. Mais les habitans revinrent depuis, quoy-qu'ils soient assez incommodez, quand il y a guerre entre Tunis & la Goulette, parceque les Espagnols courent jusques-là, & ont revestu leurs bastions des ruines de Carthage. Outre cela, ils ont coupé tous les oliviers, & les autres arbres fruitiers qui estoient de ce costé-là, jusqu'à la ville de Tunis; ce qui a esté cause de dépeupler quelques pauvres villages de ces quartiers, dont les habitans se sont retirez à Tunis & à Biserte.

* Muley Mahamet.

CHAPITRE XVI.

De Tunis*, capitale de la province; & de la forteresse de la Goulette.

*ou Tunuç.

C'EST vne grande & ancienne ville, bastie par les premiers Arabes qui vinrent en Afrique de l'Arabie-heureufe, fous leur Roy Mélec-Ifiriqui. C'eſtoit peu de choſe autrefois, mais elle s'accrut des ruines de Carthage; car les Arabes Mahométans de l'armée d'Occuba, ne ſe tenant pas aſſurez dans cette place, & craignant vn nouveau ſecours de l'Europe, abandonnérent Carthage pour s'aller eſtablir à Tunis, où ils demeurérent pluſieurs jours. Pendant ce tems-là, ils l'embellirent de pluſieurs édifices; mais encore n'y demeurérent-ils pas long-tems, & s'allérent habituer trente lieux plus loin vers le Levant, où ils baſtirent Carvan, qui eſt plus au dedans du pays. Elle eſt ſur le lac de la Goulette, à quatre lieuës de la mer. Sa ſituation eſt dans vne plaine; & à l'endroit le plus relevé, qui eſt du coſté du Couchant, il y a vn beau chaſteau, mais qui n'eſt pas fort, & vne ſuperbe Moſquée, avec vne tour, qui eſt haute, & d'vne belle architecture. Il y a deux grans fauxbourgs * l'vn de plus de deux mille maiſons, à la porte du Septentrion, auſſi eſt-il plus grand que la ville; & l'autre * de quelque mille feux du coſté du Midi, où lors que Charles-Quint la prit, demeuroient les Chreſtiens Rabatins dés le tems de Iacob Almanſor, Roy & Pontife de Maroc, de la lignée des Almohades. Ils eſtoient de ces Muſarabes, dont nous avons parlé dans la deſcription de Maroc, & parce-qu'ils demeuroient dans le fauxbourg, que les Maures appellent en leur langue Rabat, on les nommoit Rabatins. Leur origine vient de ce qu'Almanſor paſſant à Tunis, en mena pluſieurs avec luy, & en laiſſa quelques-vns au Gouverneur pour ſa garde. Mais il faut ſavoir que quand Charles-Quint ſe rendit maiſtre de la ville, il y en avoit de deux ſortes, les vns qui eſtoient deſcendus de ces anciens Muſarabes, eſtoient Gentilshommes, & avoient des Gouvernemens & des lieux qui leur appartenoient, auſſi eſtoient-ils fort riches & fort vaillans, & les Rois en faiſoient grand eſtat, pour s'eſtre oppoſez ſouvent à la furie des Arabes. Les autres s'eſtoient établis là de tous les endroits de la Chreſtienté, & n'eſtoient que taverniers ou merciers, avec quelques marchans, au lieu que les autres ne s'exerçoient qu'aux armes; auſſi repaſſérent-ils en Europe avec l'Empereur, & ſe répandirent en divers endroits, où il leur donna quelques appointemens.

* Bebçuey.

* Bebel-Menara.

Outre

LIVRE SIXIE'ME.

Outre ces deux fauxbourgs il y en a vn troisiéme hors de la porte de la mer, environ à la portée du mousquet du lac. C'est là que sont les magazins & les maisons des marchans Chrestiens, qui viennent trafiquer à Tunis, & ce fauxbourg n'est que de trois cens maisons, encore bien petites; mais il y a plus de vingt mille maisons habitées, tant dans Tunis que dans les faux-bourgs. Les ruës & les places sont fort bien ordonnées, & la ville estoit fort nombreuse à la venuë de Barberousse. Mais comme elle est commandée en divers endroits, sa force ne consiste qu'au nombre de ses habitans : Ce sont des artisans pour la pluspart, & il y a plusieurs tisserans, qui font la meilleure toile d'Afrique, parce-que le fil est plus fin, & mieux tors qu'ailleurs, & c'est de là qu'on fait ces riches turbans, qu'on nomme Tunecis, qui sont fort estimez entre les Maures. Au milieu de la ville est vne grande place environnée de boutiques, si-bien que la foule y est toûjours grande, & les boutiques des parfumeurs sont ouvertes jusques aprés minuit, acause que c'est la nuit que les femmes vont au bain. Le peuple de Tunis est doux & civil, & les principaux s'accommodent superbement à leur mode; mais il y en a peu qui soient riches, parce-que le bled y est cher & vient de loin *, & qu'on n'y en recueille pas beaucoup acause que le peuple est paresseux. D'ailleurs ils n'oseroient entreprendre de semer les terres vn peu éloignées, de-peur des Arabes; de-sorte qu'on ne laboure autour de la ville, que quelque clos qu'on arrose par le moyen des roües dont j'ay parlé. Mais les maistres de ces héritages ne recueillent pas seulement dequoy se nourrir quatre mois de l'année. Le pain qu'on y mange est blanc & beau, parce-qu'il est fait de fleur de farine, & qu'aprés qu'elle a esté mouluë dans des moulins à bras, on la repasse; de-sorte qu'elle fait de tres-bon & de fort beau pain, qui est le manger le plus ordinaire des gens de condition. Car le peuple se fait vn manger de farine d'orge pestrie & cuite dans de l'eau & du sel, dont on vse aprés en la trempant dans de l'huile ou du beurre. Les pauvres gens se nourrissent de farine d'orge cruë, trempée dans de l'eau & de l'huile, que l'on brouille tout ensemble, & dont on se sert ensuite, avec quelque jus d'o-

* des villes de Lorbus, de Beggie & de Bone.

espece de Vermiscelli.

Partie II.

range ou de citron, qui eſt vn manger qu'on tient tres-rafraichiſſant & tres-ſain. Il y a vne place dans Tunis où l'on ne vend autre choſe que de la farine d'orge pour ce ſujet. Au-reſte ni dans la ville, ni aux environs, il n'y a aucun moulin à vent ni à eau *, aucunes fontaines, ni puits, ni ruiſſeaux ; mais ſeulement de grandes ciſternes où ſe rendent les eaux des pluyes, dont on ſe ſert, tant pour boire que pour le ſervice de la maiſon. Il eſt vray qu'il y a dehors vn * puits d'eau vive, que l'on vend par les ruës, à cauſe qu'on la tient plus ſaine que celle des ciſternes. Il y en a encore quelques autres aux environs ; mais ils ſont gardez pour le ſervice de la maiſon du Roy & de ſes Officiers. La principale Moſquée de Tunis eſt grande, & de tres-grand revenu ; elle a vne tour fort haute, où ſont trois pommes de cuivre doré, comme celles de Maroc. Vn jour que je demandois à quelques Alfaquis, pourquoy on les avoit miſes là, ils me rendirent pour raiſon vne fable, dont ils ſe payent comme ſi c'eſtoit vne hiſtoire : Que Iacob Almanſor, Roy de Maroc, allant inconnu par le monde, vne femme qui l'aimoit, partit pour l'aller chercher avec vn enfant entre ſes bras, & qu'aprés avoir couru toute l'Afrique, elle le trouva à Aléxandrie, où elle demeura avec luy juſques à ce qu'il mouruſt, ſans qu'il ſe découvriſt jamais à perſonne. Aprés ſa mort elle reprit la route de Maroc, & ſe repoſant en paſſant à Tunis, le fils du Roy devint amoureux de ſa fille, & la preſſa tant, que la mere fut contrainte de s'en aller plaindre à ſon pere, qui luy dit : A qui penſes-tu mieux marier ta fille qu'à mon fils ? Pourveu qu'il l'épouſe, dit-elle, & qu'il luy donne vn doüaire auſſi grand comme ſon pere me donna j'y conſens ; du reſte, je te montreray qu'elle eſt de meilleure maiſon que ton fils. Ce Maure eſtonné, luy ayant promis tout ce qu'elle voulut, elle luy monſtra auſſi-toſt ſon contract de mariage, & luy declara qui elle eſtoit ; ajoûtant que tout ce qu'Almanſor luy avoit donné, elle l'avoit employé à faire les pommes d'or qui eſtoient ſur la tour de la Moſquée de Maroc. Alors le Maure conſentit au mariage, & n'ayant pas aſſez d'or pour faire les pommes de la Moſquée de ce metal, il les fit de cuivre doré. Les

* Il n'y a que des moulins à bras.

* Dabian.

Africains se payent de cette fable, & ceux d'Aléxandrie ont en grande vénération le jour que mourut Iacob Almansor. Mais j'ay veû son sépulcre dans la ville de Mençala au Royaume de Fez, si ce n'est peut-estre d'vn autre Prince de mesme nom de la race des Bénimérinis, qui fut aussi fort brave, ou qu'on eust rapporté là son corps de la ville d'Aléxandrie. Pour retourner à nostre description, il y a dans Tunis plusieurs autres Mosquées beaucoup moindres, & des anciens Colléges, la pluspart ruinez; mais il y en a encore quelques-vns où l'on enseigne la Theologie Mahométane, & ceux-là sont entretenus d'aumosnes. La pluspart des maisons de la ville sont basties de pierre, ou de brique avec de la chaux, & sont fort bien accommodées pour le pays, estant toutes en terrasse, afin de faire mieux couler l'eau de la pluye dans les cisternes. Les plafonds sont de plastre, embellis d'or & de diverses couleurs, parce-que l'on trouve peu de bois dans la ville pour faire des aix. Le plancher des chambres est par petits carreaux de ciment, ou de marqueterie, & les maisons n'ont ordinairement qu'vn étage; les vestibules sont frais & propres, parce que les hommes y demeurent la pluspart du tems à s'entretenir & à faire leur negoce, pour empescher leurs amis ou leurs gens d'entrer en l'appartement où sont leurs femmes. Il y a dans la ville plusieurs bains, où l'on est mieux accommodé que dans Fez, quoy-qu'il n'y ait point d'eau courante, & qu'ils ne soient ni si grans, ni si beaux. On rencontre hors de la ville d'amples vergers, qui rapportent de fort bons fruits, & plusieurs citrons & oranges, sur tout dans les jardins du Prince, qui sont soigneusement cultivez. Autour de la ville, à vne ou deux lieuës à la ronde, il y a de grandes contrées d'oliviers, où l'on recueille assez d'huile pour la provision des habitans, & l'on en porte vendre jusques prés de l'Egypte, & du bois l'on en fait du charbon, parce-qu'on manque fort de bois dans Tunis. Les femmes y sont fort belles & fort mignonnes, & comme la pluspart n'ont pas grand bien, elles ne sont pas difficiles à avoir. Elles sont fort parées, & se couvrent le visage comme dans Fez, quand elles sortent, mettant tout leur soin à se parer. Les maris sont peu jaloux, & vsent

Lll ij

d'vne certaine confection d'herbes* qui eſt fort chere, qui réjouït toute la perſonne, & provoque au plaiſir des femmes; de-ſorte qu'en ayant mangé vne ſeule once, on eſt gay le reſte du jour, & l'on ne redoute aucun peril. Ce ſont les Turcs, à ce qu'ils diſent, dont ils ont appris ce ſecret. Ces peuples ſont ſi crédules, qu'ils tiennent pour ſaints les foux qui vont par les ruës, & leur font non ſeulement du bien, mais à leurs parens. La ville n'eſt pas forte, & n'eſt ceinte que d'vne muraille fort baſſe, particuliérement du coſté du Couchant & du Midi. Prés du lac eſt vn arſenal, où il y a dequoy conſtruire quatorze galéres. De l'autre coſté du lac ſur le bord de la mer, eſt la forrereſſe de la Goulette, & le canal par où l'eau entre dans le lac.

*Haxix.

De l'origine des Rois de Tunis.
* Abelchit.

Nous avons dit au ſecond Livre de cette Hiſtoire, comme au tems du Calife Caim, vn Africain* fit ſoûlever la ville de Carvan, & comme le Calife envoya contre luy des armées d'Arabie, qui le défirent & le tuérent. Ses deux fils aprés ſa mort, ſe dérobant à la cruauté des Arabes, ſe ſauvérent, l'vn à Tunis, & l'autre à Bugie. Ioſef Abu Téchifien, Roy des Almoravides, marcha contre eux, & aprés s'eſtre emparé des provinces du Couchant, voyant que bien loin de luy réſiſter, ils s'humilioient devant luy, il leur laiſſa leurs Eſtats, à la charge de quelque reconnoiſſance; de-ſorte qu'ils regnérent paiſiblement, & leurs ſucceſſeurs aprés eux pendant tout le regne des Almoravides. Mais les Almohades enſuite eſtant les maiſtres, Iacob Almanſor marcha contre eux, & oſta les Royaumes de Tunis & de Bugie à leurs deſcendans: Son ayeul* avoit autrefois enlevé aux Chreſtiens la ville d'Afrique, qu'ils poſſédoient depuis longtems. Mais ſur le declin de l'Empire des Almohades, les Arabes du Royaume de Tunis ſe ſoûlevant aſſiégérent pluſieurs fois le Gouverneur qu'y tenoit le Roy de Maroc, & le preſſérent tant qu'il fut contraint de demander du ſecours. Le Roy de Maroc y envoya donc vingt gros navires chargez de gens de guerre, ſous la conduite d'Abduledi, qui eſtoit vn grand Capitaine de Seville, & deſcendu de la tribu de Muçamuda. Il partit de Cartagene avec cette armée, & fut aborder à Tunis, où trouvant la ville à demi

* Abdul Mumen Ibni Ali.

LIVRE SIXIE'ME.

ruinée des courses des Arabes, il fut si sage qu'il appaisa tous leurs differens, & avec vne partie du revenu de l'Estat, il fit qu'ils laissérent les villes en liberté; accord qui a toûjours duré depuis. Ce Général laissa pour successeur vn * fils, qui ne fut pas moins sage & moins vaillant que son pere, & qui joüit de cét Estat pendant les troubles des Bénimérinis & des Almohades, bastissant vn chasteau au lieu le plus relevé de la ville. Il estendit mesme ses conquestes jusqu'à Tripoli, puis tournant la Numidie & la Libye, il mit sous contribution tout ce pays jusqu'aux Négres; de-sorte qu'en mourant il laissa à son * fils vn grand trésor. Ce Prince se voyant riche & puissant, aspira à l'Empire de toute l'Afrique, d'autant plus qu'elle estoit déchirée de guerres civiles; car les Bénimérinis s'estoient emparez du Royaume de Fez, & les Bénizéyens de celuy de Trémécen, sans qu'il restast aux Almohades que le Royaume de Maroc, dont les vns & les autres avoient envie. Cela donna lieu à ce Prince de faire de grandes choses, & dés qu'il se vit maistre du Royaume de Tunis, il marcha contre celuy de Trémécen, & fit ce Roy tributaire; en sorte que celuy de Fez, qui assiégeoit alors Maroc, luy envoya de grans présens, & pour le desarmer le reconnut pour Souverain. Il retourna donc à Tunis avec le titre glorieux de Roy d'Afrique, qu'il prit avec raison, parce-qu'il n'y en avoit point de plus grand que luy. Aprés son retour il ordonna toute sa maison, & establit dans sa Cour les mesmes charges & les mesmes cérémonies que pratiquoient les Rois & Pontifes de Maroc. Ce fut luy qui prit le premier le titre de Roy de Tunis, laissant vn * fils qui ne fut pas moins brave que luy, & qui agrandit fort son Estat. Mais aprés sa mort les Rois de Fez devinrent si puissans, qu'ils se firent reconnoistre pour Souverains par tous les Mahométans d'Afrique, & estendirent leur Empire jusqu'au Cap de Mésurate, où estoit le sepulcre si renommé des deux Filénes, en la partie Orientale de la Barbarie, & jusqu'au pays des Négres, & eurent de grandes guerres avec les successeurs de Hutmen. Depuis cela vn * Roy de Fez assiégea la ville de Tunis, & le Prince s'estant sauvé aux deserts vers les Arabes, il s'en ren-

*Buzachatias.

* Abu Féraz.

* Hutmen.

*AbuHascen

LII iij

dit maistre. Mais le Roy de Tunis retourna incontinent aprés, luy donna bataille, & l'ayant vaincu, recouvra son Estat. Sur ces entrefaites, la ville de Tripoli se ré- voita contre luy, & persista cinq ans dans la revolte tant qu'vn autre * Roy de Fez vint donner bataille à vn * de ses successeurs, & l'ayant vaincu, il l'assiégea dans Con- stantine où il s'estoit sauvé, & l'ayant contraint de se ren- dre, il l'envoya prisonnier au chasteau de Ceute qui estoit alors aux Maures. Dans cette conjoncture les Genois vin- rent attaquer Tripoli avec vingt vaisseaux & douze galéres, & l'ayant pris par force, ils firent tous les habitans esclaves, de quoi le Roy de Fez ayant eu avis, leur donna cinquan- te mille escus pour abandonner la ville & les mettre en li- berté : mais il leur en paya moitié en fausse monnoye qu'ils receurent pour bonne. Aprés la mort du Roy * de Fez, son successeur * mit en liberté celuy de Tunis * moyen- nant quelques alliances qui se firent entre eux. Ce Prin- ce estant de retour en son Estat recouvra Tripoli & ses autres provinces, & demeura paisible, & ses successeurs aussi jusques à vn nommé Abu Barc qui fut assassiné en la forte- resse de Tripoli avec vn de ses fils par ordre d'Yahaya son neveu, qui fit révolter son Estat. Mais vn de ses cousins germains nommé Abdulmumen se souleva contre Yahaya, & l'ayant tué en vn combat demeura paisible possesseur du Royaume. Il laissa pour successeur vn fils * d'Yahaya qui mourut quelque tems aprés de la peste, & les principaux habitans élurent pour Roy * vn neveu de son predecesseur, qui contraignit par ses tyrannies plusieurs villes à secoüer le joug & à se faire des Souverains. Celuy-cy laissa pour successeur Muley Mahamet pere de Muley Hascen, que l'Empereur rétablit dans son Estat, dont Barberousse l'a- voit chassé. Ce Muley Hascen assuroit qu'il estoit le tren- te-cinquiéme Roy de sa famille, qui avoient régné l'vn aprés l'autre dans Tunis, par l'espace de quatre cens cin- quante ans, & qu'ils estoient venus en droite ligne de Mel- chior l'vn des trois Mages. Il portoit pour armes en son Ecu, vne lance entre deux épées qui avoient la pointe en haut avec trois croissans au dessus, & sur les croissans vne

marginalia:
* Abu Hé- nun.
* Muley Bu- la Abez.

* Abu Hé- nun.
* Abu Celem.
* Abu la Abez.

* Zacharie.

* Abu Ca- Mem.

LIVRE SIXIE'ME.

couronne, & fur la couronne vne eftoille; ce que fon fils * montra dans Palerme fur vne épée; mais les Auteurs Africains que j'ay veus, difent que ces Rois de Tunis viennent des Henteres, qui eft vne branche de la tige de Muçamuda l'vne des cinq principales de l'Afrique, que l'on appelle Abuhafças. D'autres rapportent qu'ils font defcendus d'Omar fecond Calife, c'eft-pourquoy ils prennent titre d'Amir & prétendent d'eftre légitimes fucceffeurs de Mahomet. Ces Rois de Tunis ont régné long-tems en Sicile, & depuis ont efté tributaires des Normans, fur le déclin de l'Empire des Arabes, du tems que Roger troifiéme la gouvernoit environ l'an mille cinq cens quarente-cinq. Enfuite ils l'ont efté des Rois de France en l'an mille deux cens foixante & feize, car S. Louis, ainfi que nous avons raconté, fut affiéger Tunis, & eftant mort au fiége, fon frére Charles Roy de Sicile accourut au fecours des Chreftiens, & contraignit le Roy de Tunis Muley Moztança ou Omar, car l'vn des deux eftoit fur le thrône, à luy payer tribut; aprésquoy il retourna en fon pays, & les François au leur. Voilà ce que nous avons pû dire de ces Princes & de leur origine.

* Muley Mahamet.

Le Royaume de Tunis eft hereditaire & le Roy nomme pour fucceffeur lequel il luy plaift de fes fils, fans avoir égard au droit d'aineffe; mais il le déclare Prince auparavant, & les principaux de l'Eftat luy jurent obeyffance, & après la mort de fon pere, l'eftabliffent dans le thrône. Ils font la mefme chofe quand c'eft le frére & le coufin, l'oncle ou le neveu. C'eft affez qu'il foit de la famille. Il y a onze principales charges dans la Cour. La prémiére eft celle de Munafit qui donne ordre à tout comme vn Viceroy: car il rend compte de tout ce qu'il a fait, & pourvoit par l'ordre du Prince aux charges de la Guerre & du Gouvernement. Le fecond eft le Mézuar qui commande à tous les gens de guerre, a la garde du Roy, & c'eft par fon ordre que toutes les charges fe payent. Le troifiéme eft le Gouverneur ou Grand-maiftre fur lequel on fe repofe de la garde du palais, & de la ftructure de tous les ouvrages que le Roy entreprend, & il a juridiction civile & criminelle

De la Cour des Rois de Tunis, des Offices qui y font, & des cérémonies qui s'y obfervent.

comme la propre personne du Souverain. Le quatriéme qu'on appelle Sahab Tunes, est celuy qui a charge de la police & de la justice, & quand les Arabes font quelque dommage dans la contrée il sort en grande compagnie pour les aller trouver ; il fait la ronde de nuit par les ruës avec plus de deux cens archers, & prend les malfaiteurs & les chastie. Le cinquiéme est le Secretaire d'Estat qui écrit & répond pour le Roy, & a autorité d'ouvrir toutes les dépesches, pourveu que ce ne soit pas du Mézuar ou du Munafit. Le sixiéme est le grand Escuyer qui est en la presence du Roy quand il tient conseil, il assigne à chacun sa place & envoye les Huissiers où il est besoin. C'est le favory du Roy qui fait cette charge : car il a droit de luy parler à toute heure. Le septiéme est le Sur-intendant qu'ils appellent Zahab el Hareta, c'est luy qui a le soin de tout le revenu, & qui le distribuë par ordre du Roy signé du Munafit & du Mézuar. Le huitiéme est comme le tresorier de l'Epargne qui reçoit tous les revenus des entrées tant par mer que par terre, qui est de deux & demi pour cent des marchandises des Maures, & dix pour cent des Chrestiens, plus ou moins selon la volonté du Roy. Il a vne infinité d'Officiers pour prendre garde à ceux qui veulent frauder les droits, car il a aussi deux & demi pour cent des deniers que les estrangers portent dans la ville, & si l'on ne les fait enregistrer aussi-tost, le tout est perdu. Le neufviéme est le grand Doüanier qui reçoit tous les deniers de la doüane des marchandises qui sortent hors du Royaume par mer. Le dixiéme est le grand Pourvoyeur ou Commissaire général des vivres, qui a soin de fournir la maison Royale de tout ce qui est necessaire, & est comme le Maistre-d'Hostel. L'onziéme est le grand Trésorier à qui l'on rend compte de tout le domaine, c'est vne charge importante, parce-qu'il assiste au compte avec le Munafit & le Mézuar. Ces Princes n'ont point de Chambelans, parce-qu'ils sont servis dans leurs palais, par des filles & des eunuques. Il y a encore d'autres charges moins considérables, qui n'ont pas les droits & les preéminences que celles dont nous venons de parler, comme ceux qui ont soin des chevaux, des bestes de charge,

de

LIVRE SIXIE'ME.

de la garderobe, des enfans du Roy, de la chapelle & des domestiques. Ces Rois entretenoient autrefois quinze cens chevaux pour la garde de leurs personnes, dont la pluspart estoient Musarabes ou renégats, à qui ils se fioient beaucoup, & donnoient de grans appointemens. Ils estoient commandez par vn Chef Musarabe qui avoit grande autorité dans l'Estat, & qui se trouvoit à l'élection du Roy avec les autres Officiers, parce-que c'estoit les principales forces du Royaume. Il y avoit aussi cent cinquante vieux Gentilshommes expérimentez dans les choses de la Guerre, & du Gouvernement, de qui le Roy prenoit conseil dans les choses importantes, & qui servoient dans les armées comme des Mareschaux de camp. Ils avoient aussi cent arquebuziers renégats qui servoient de gardes-du-corps, & estoient autour de la personne du Roy tant aux villes qu'aux armées, quoy que les cavaliers Musarabes approchassent le plus prés du Roy. Il y avoit d'autres gardes à pied qui marchoient devant luy, & c'estoient des arquebuziers ou archers Turcs. Au costé droit du Prince, estoit le grand estafier qui portoit vne lance droite & ne quitoit point son étrier, & vn autre de l'autre costé qui portoit sa rondache, & vn troisiéme derriére avec vn cheval & vne arbaleste. Tous ceux-là estoient à cheval environnez d'autres Officiers & Maistres des cérémonies. Voilà en quel ordre marchoient ces Princes, semblables du reste aux Rois de Fez, pour ce qui concerne le manger & la façon de traiter avec leurs sujets & tous les estrangers. La monnoye que batoient ces Princes, estoit des piéces d'or qui valent cinq de nos quarts d'escus, & des petites piéces d'argent de la valeur de six maravedis, dont il en faut trente-deux pour vn escu. Tout ce triomphe des Rois de Tunis se perdit à la prise de l'Estat par Barberousse, & encore que Muley Hascen & son * fils rentrassent depuis dans l'Empire, ils n'estoient plus en leur premiére splendeur, & avoient assez de peine à contenter les Arabes, & à recouvrer les places que les Turcs leur avoient prises, & ceux-cy se sont tellement agrandis, qu'ils ont repris la ville de Tunis, & contraint le Roy * de se sauver à la Goulette, où il fait de grandes instances à Philippe

* Hamida.

* Hamida.

Partie II.   M m m

second, pour estre rétabli dans son Empire, comme son pere * le fut par Charles-Quint.

Muley Hascen.

Muley Mahamet pere de Muley Hascen, régna trente-trois ans dans Tunis, & eut plusieurs enfans de diverses femmes. Les principaux furent Nacer, Abderrame, Mamon, Arrachid, Belhedi, & Hosceyn. Les deux premiers moururent à Constantine. Mamon estoit arresté au chasteau de-peur de révolte, les autres estoient si débauchez, que le pere n'avoit point envie de nommer de successeur, & l'Estat fut long-tems sans que l'on eut fait choix d'aucun Prince; mais à la fin, il se résolut de nommer secretement Hascen le plus jeune de tous ses fils, qu'il avoit eu d'une Dame Arabe * qui estoit fille du Cheque Ismael, & sœur du Cheque Dorar, acause qu'il le croyoit plus vaillant que les autres, & qu'il seroit plus favorisé des Arabes *, dont les Chefs estoient les plus puissans du Royaume. Aprés la mort de Muley Mahamet, Mamon qui estoit l'ainé voulut prendre possession de la Couronne avec la permission de celuy qui le tenoit prisonnier; mais Hascen qui avoit dé-ja fait sa brigue, le fit tuer d'vn coup de mousquet, & assemblant ceux de sa faction qui luy avoient presté serment du vivant de son pere, prit aussi-tost le titre de Roy avec les acclamations du peuple; ce qui obligea Arrachid qui demeuroit hors du chasteau de se sauver, de-peur qu'on ne le fist mourir comme son ainé. Incontinent Hascen faisant prendre tous ses freres & toutes ses sœurs, tous ses neveux & ses belles-sœurs, fit tuer ou aveugler les masles, & resserrer les femmes dans vn bain. Arrachid fit si grande diligence, qu'on ne le pût jamais atraper, quoy-qu'on envoyast aprés luy, & se sauva en vne ville * de Numidie où il fut fort bien receu; car le Cheque Abdala qui y commandoit, luy donna aussi-tost vne de ses filles en mariage, & assemblant vne puissante armée d'Arabes, marcha contre Hascen qui luy donna bataille prés de la ville avec les Turcs & les Musarabes de sa garde, & quoy-qu'Hascen fut vaincu, ses gens firent si bien qu'ils défendirent l'entrée de la ville aux Arabes. Comme Arrachid vit qu'il n'avançoit rien à demeurer là, parce-qu'il n'avoit point d'artillerie pour la ba-

La prise de Tunis par L'arberousse.

Gisia.

apelez Vled Yahaya.

Bichara.

tre, & que rien ne branloit dans la place, il mit le feu aux faux-bourgs & aux arbres d'alentour, & donnant congé aux Arabes prit la route d'Alger pour demander du secours à Barberousse. Ce Capitaine le receut fort bien & luy fit de grandes offres, quoy-que ce fust à autre intention qu'il ne pensoit, & parce qu'vne si importante entreprise avoit besoin d'estre communiquée au Grand Seigneur, il le mena avec luy à Constantinople. Comme ils furent arrivez, Arrachid fut admis à l'audience de Soliman, & sans doute qu'il eust réussi dans ses affaires, s'il n'eust esté traversé par Barberousse qui avoit dessein d'annexer cét Estat à l'Empire des Ottomans, & qui prit la route de Tunis, sous prétexte d'aller joindre la flote, laissant Arrachid comme prisonnier à Constantinople. L'armée navale ne parut pas plûtost sur la coste de Barbarie, que Muley Hascen croyant que son frére y estoit, parce-qu'il estoit passé à Constantinople, & craignant quelque révolte dans Tunis, résolut de l'abandonner & de se sauver vers quelques Arabes de ses amis, jusques à ce qu'il eust veu le dessein des Turcs. Barberousse arrivé à la ville de Biserte qui se rendit, parce-qu'elle estoit mal avec Hascen, alla de-là à Port-Farine & au Cap de Carthage, & se postant devant la tour de la Goulette, fit vne salve de volée de canon sans bale en signe d'alliance. Ceux de la tour y répondirent de-mesme, & comme leur demanda pour qui ils tenoient, ils repartirent pour celuy qui seroit Roy de Tunis, où l'on avoit dé-ja découvert l'armée navale, & la ville estoit émeuë dans l'attente d'Arrachid, acause de l'aversion que les cruautez & les tyrannies d'Hascen luy avoient données. Hascen descendit donc du chasteau pour parler aux habitans; mais ils le receurent fort mal; ce qui l'estonna de telle sorte, qu'il partit de la ville sans rien prendre, & sans mesme retourner à son palais où estoit son argent & ses pierreries, & tout le reste de son appareil. Comme l'armée de Charles-Quint fut en Afrique, ce Prince nous contoit qu'en descendant du chasteau, il avoit mis dans vne bourse de velours rouge deux cens bagues d'vne inestimable valeur, & que son trouble fut si grand, qu'il l'oublia en se levant de son estrade; ce qui ne

Mmm ij

fut pas vne petite fortune pour celuy qui la trouva. Si-toſt que Haſcen ſortit de la ville, le Munafit & le Gouverneur du chaſteau mirent en liberté la femme & les fils d'Arrachid, & leur donnant vn habillement Royal, les traitérent de Princes, délivrant quelques Corſaires Turcs pour gagner les bonnes graces du nouveau Roy qu'ils croyent eſtre dans l'armée navale. Ils envoyérent à la Goulette, outre cela, de beaux chevaux richement enharnachez pour monter Arrachid & Barberouſſe, & les autres Chefs de l'armée, avec ordre de les aſſurer que la ville eſtoit à leur devotion. Barberouſſe auſſi-toſt ſans perdre tems, prit la route de Tunis avec neuf mille Turcs qu'il avoit amenez ſur ſoixante galéres royales : il entra par la porte de Bébaléva & traverſant tout le faux-bourg, vint à la porte * de la ville, & de là alla à la Moſquée & au chaſteau. Ceux de la ville le receurent avec grande réjouïſſance, le complimentant ſur ſa venuë : mais comme ils virent qu'on ne parloit que de Soliman & de Barberouſſe ſans faire mention d'Arrachid, ils commencérent à ſe ſcandaliſer, & bien davantage, quand ils ſeurent qu'il eſtoit demeuré priſonnier à Conſtantinople. La fourbe découverte, les habitans s'aſſemblérent dans la place ſous la conduite du Mézuar, pour aſſiéger le chaſteau, & envoyant querir à grand'haſte Muley Haſcen, & prenant les armes, commencérent à combatre & à traiter les Turcs d'ennemis. Barberouſſe ſe voyant preſſé, fit faire vne ſi grande décharge ſur eux par les mouſquetaires, qu'ils furent contraints de ſe rendre, & de recevoir pour Prince le Grand Seigneur. Incontinent Barberouſſe commença d'appaiſer le peuple, & de faire alliance avec les Arabes de la contrée, par le moyen deſquels il s'empara de quelques villes, & mit garniſon Turque dans Carvan & ailleurs ; puis voulant élargir le port de Tunis, fit ouvrir par les eſclaves Chreſtiens le canal de la Goulette qui entre de la mer dans le lac. Muley Haſcen ſe ſauva chez quelques Arabes de ſes amis, où il demeura juſques à ce que Charles-Quint le rétablit dans ſon Eſtat.

Muley Haſcen avoit vn renégat Génois *, en qui il ſe confioit beaucoup. Cét homme voyant ſon Prince triſte

marginalia:
* Beizua.
L'entrepriſe de Charles-Quint ſur Tunis.
* appelé Xi-maa.

d'estre dépossédé de son Estat, sans aucun pouvoir d'y rentrer, luy conseilla d'avoir recours à Charles-Quint qui embrasseroit cette occasion avec chaleur, pour se venger d'vn pirate qui troubloit toute la Chrestienté. Prenant donc ce conseil comme le meilleur, quoy-que ses Alfaquis luy représentassent qu'il n'auroit jamais de paix avec ses sujets, s'il emmenoit vne armée de Chrestiens en son pays; il dépescha ce renégat vers l'Empereur pour l'engager à cette entreprise sous promesse d'estre son vassal, de le joindre avec quantité de ses parens & de ses amis, lorsqu'il seroit passé en Barbarie, de fournir son armée de vivres & de donner quelque paye à ses troupes. Ce renégat s'aquita si bien de son ambassade, & representa si fortement à l'Empereur & à son Conseil l'importance qu'il y avoit de dénicher ce Corsaire d'vn lieu où il brasseroit la ruine des Chrestiens, que l'Empereur considérant le succés de Barberousse, crut pour certain que Dieu l'avoit engagé avec ses compagnons en vn lieu d'où ils auroient de la peine à se dégager. Enflammé donc du zele de la Religion Chrestienne, & ayant pitié d'vn Prince dépossédé qui se venoit jetter entre ses bras, comme il estoit enclin de son naturel à la clémence, il résolut d'aller en personne à vne si sainte entreprise, & donna ordre secretement que dans tous les ports d'Espagne, de Génes, de Naples & de Sicile on tinst prestes ses galéres avec plusieurs hourques & gros navires, & qu'on fist provision de vivres, de munitions & de toutes sortes d'équipage de guerre. Il écrivit à Dom Iean Roy de Portugal qu'il luy envoyast son galion & quelques galéres de sa flote, & donna ordre au reste qui estoit nécessaire pour vn si grand dessein; mais il ne le pût faire si secretement que Barberousse n'en eust avis, quoy-qu'il n'en fust point certain jusques à ce qu'vn Prestre Florentin que le Roy de France envoyoit au Grand Seigneur pour ses affaires, aborda avec deux galéres à la Goulette, & donna vne particuliére relation de tout à Barberousse, l'assurant que l'Empereur se trouveroit en personne à l'armée. Aussi-tost Barberousse envoya deux galiotes à Constantinople l'vne aprés l'autre, pour avertir le Grand Seigneur & les Bachas de l'estat où estoient les affaires d'Afrique, & leur dire que s'il n'estoit secouru promptement, l'armée navale estoit perduë, & avec elle tout ce qu'on tenoit en Barbarie. Soliman faisoit alors la guerre en Asie avec la plus grande partie de ses forces, & les Bachas de Constantinople n'avoient pas moyen de secourir Barberousse, quoy-qu'ils en eussent envie, parce-qu'ils n'avoient ni vaisseaux ni hommes. Cependant, comme il estoit brave & généreux Chef, il résolut dans le peu de tems qui luy restoit, de fortifier la Goulette & de s'y défendre avec ce qu'il avoit de troupes. Il se pourveut donc d'armes, de munitions & de vivres, manda tous les Corsaires du Levant & tous les gens de guerre d'Alger & des autres places de la Barbarie, dépescha vers tous les Rois d'Afrique pour implorer leur secours contre leur commun ennemi, & leur representer que la perte de Tunis entraineroit aprés-soy celle de toute la Barbarie. Sur l'avis de la ligue que Muley Hascen avoit faite avec l'Empereur, il avoit essayé de l'avoir entre ses mains, vif ou mort. Il élargit la Goulette pour la rendre capable de quelques troupes qu'on y vouloit loger, il fit mettre dans le canal qui passe au lac, toute l'armée navale à la réserve de douze galéres bien équipées qu'il laissa dehors, & douze autres qu'il avoit en la riviére de Bone: Et aprés avoir préparé tout ce qui estoit necessaire pour sa défense, il attendit en patience son ennemi. Cependant, l'Empereur se

1535. transporta à Barcelone où il fut tout le mois de May, & ayant appris que la vieille infanterie Espagnole, Alemande & Italienne seroient en l'isle de Sardaigne au commencement du mois de Iuin, il s'embarqua le trentiéme de May sur vne galére à quatre rames par banc, qu'André Dorie luy avoit fait faire exprés dans Génes. Avec l'Empereur s'embarquérent l'Infant Dom Louïs frére de l'Impératrice, qui estoit venu par terre pour se trouver à cette entreprise, & plusieurs Seigneurs & Gentilshommes de condition tant d'Espagne que des autres nations; de-sorte qu'au bout de deux jours l'armée se mit à la voile. Charles-Quint avoit cinquante-quatre galéres qui estoient à luy, & soixante & dix gros navires, entre lesquels estoient plusieurs hour-

LIVRE SIXIE'ME.

ques venuës de Flandres où l'on menoit les chevaux, l'infanterie, les munitions & les vivres, & outre cela vingt-quatre caravelles de l'armée navale, & vn fort & puissant galion que luy avoit envoyé le Roy de Portugal son beau-frère. On n'eut pas vogué long-tems qu'vn vent contraire fit écarter les navires, lesquels abordant en divers endroits, les galéres vinrent surgir à Maïorque où elles demeurérent jusques à ce que toute l'armée navale se rassembla au port de Maon en l'isle de Minorque. Le beau-tems venu, elle prit la route de Sardaigne & aborda à Caillari & aux autres ports de l'isle. Comme l'Empereur estoit là, le Marquis du Guast arriva avec vingt-huit vaisseaux & trente-six galéres Royales, sans compter plusieurs autres petits navires ; ce qui donna beaucoup de joye à Charles-Quint. Comme on se préparoit au départ & qu'on embarquoit quantité de biscuit & de chair salée qu'on avoit préparée dans l'isle, quelques esclaves Chrestiens qui s'estoient sauvez de Tunis, arrivérent avec vne barque, & apprirent que Barberousse fortifioit la Goulette & faisoit travailler tous les Chrestiens pour la mettre en estat de défense. Cette nouvelle fut cause qu'on se prépara en diligence au départ, qui fut dés le lendemain, & cinglant avec bon vent aprés les trois fanaux de la Capitane d'André Dorie, l'avantgarde vint surgir au point du jour au Port-Farine, à soixante lieuës de Caillari d'où l'on estoit parti. C'estoit vn sujet de rendre graces à Dieu, de voir ensemble tant de beaux navires, & l'on eust dit que c'estoit vne forest qui voguoit sur l'eau : Car il y avoit quatre cens voiles, entre lesquelles on comptoit quatre-vingts & dix galéres Royales, & quelques galiotes & fustes de volontaires, d'Espagne, d'Italie, & d'ailleurs, & outre les gens de mer, il y avoit vingt-quatre mille fantassins, quatre mille Espagnols, quatre mille Italiens, & sept mille Alemans tous vieux soldats, & huit mille Espagnols dans la flote d'Espagne nouvellement levez dont quelques-vns avoient déja servi. Il y avoit encore mille Portugais soudoyez pour mettre pied à terre en vn besoin, & mille autres pour la garde des navires : ajoûtez à cela quinze cens chevaux, mille apartenant à des Seigneurs

& Gentilshommes de toutes nations, & cinq cens Genets d'Espagne. L'Infanterie Espagnole qui venoit d'Italie estoit sous la conduite du Marquis du Guast, & les Italiens sous la conduite du Prince de Salerne. Le Duc d'Albe commandoit l'infanterie qui venoit d'Espagne, Maximilien Piédra Buéna les A'emans, & le Marquis de Mondéchar les Genets. L'armée navale arrivée à Port Farine, qui est vn grand port qui n'est pas trop seur, la galére Impériale donna contre vn banc de sable ; mais on fit tant de diligence qu'on l'en retira en voguant de costé & ramant de celuy de la terre. L'Empereur partant de là, rasa le cap de Carthage & toute la coste de Marsa, où se voyent les ruines de cette fameuse ville avec les jardins du Roy de Tunis, & ordonna au Marquis du Guast d'aller reconnoistre la Goulette avec quelques galéres, & la coste de la tour de l'eau qui est entre Carthage & la Goulette à vn peu plus d'vn quart de lieuë de celle-cy, & à vne lieuë de l'autre. Il alla si avant qu'il put rapporter de certaines nouvelles de la tour, & des fortifications de la Goulette. Le lendemain matin l'Empereur fit doubler le Cap, & l'on commença à descendre en bon ordre. Les prémiers qui sautérent à terre, furent les vieux soldats du régiment de Francisco Sarmiento avec quelques piéces de campagne & quelques chevaux-légers. Charles-Quint ensuite, accompagné de l'Infant Dom Louïs & de toute la Noblesse, sans que les Turcs ni les Maures s'opposassent à la descente. On vit seulement quelques Arabes qui couroient le long de la coste avec grans cris comme ils avoient coustume ; & qui aprés quelques escarmouches, se retirérent entre les ruines de Carthage & vers la Tour de l'eau. Incontinent toute l'infanterie Italienne débarqua ; & les Officiers tenant les soldats serrez autour du drapeau, furent toute la nuit sous les armes, en de petits endroits le long de la coste. Le lendemain débarquérent les troupes qui venoient d'Espagne, & les chevaux d'artillerie, & les munitions, & André Dorie emporta la tour de l'eau où il y avoit sept ou huit puits dont l'eau n'estoit pas trop bonne. Les soldats prirent quelque petit village autour de Carthage que les habitans avoient abandon-

nez

LIVRE SIXIE'ME.

nez, où l'on trouva du bled & de l'huile. En l'vn de ces villages fur le haut de la montagne, eſtoit la tour d'Alménare où l'Empereur fit entrer trois cens Eſpagnols, acauſe qu'elle commande à tout le pays. Auſſi-toſt on dreſſa les tentes de l'Empereur & de l'Infant Dom Loüis ſur vne petite coline entre Carthage & la Tour de l'eau, & toute la cavalerie & l'infanterie ſa campérent à l'entour. S. Loüis ſe campa là quand il fut aſſiéger Tunis, & il y avoit vne prédiction dans la ville, qu'vn puiſſant Roy devoit dreſſer là ſes tentes & prendre Tunis, & leurs ſorciers entendant cela, égorgérent cinq enfans, & firent pluſieurs ſortiléges de leur ſang pour détourner ce malheur ; mais tout cela inutilement contre vn Empereur tres-Chreſtien.

Barberouſſe voyant que toute l'armée avoit pris terre, fit bonne mine, quoy-qu'il redoutaſt vne ſi grande puiſſance, & aprés avoir pris le ſerment des Chefs des Arabes, il les envoya eſcarmoucher contre les Chreſtiens : car auparavant il n'avoit pas ſouffert qu'ils vinſſent à Tunis, & les tenoit occupez contre Muley Haſcen, & contre les autres Arabes de ſon ayeul Iſmaël. Pluſieurs s'eſtoient mis à ſon ſervice, parce-qu'il les payoit fort bien, pour les obliger de quiter Muley Haſcen. Il en avoit alors quinze mille à ſa ſolde, tous gens de cheval, à qui il donnoit quelque choſe outre leurs appointemens pour les contenter. Il oppoſa ces gens-là à l'armée de l'Empereur, à quoy ſe joignoit tous les jours quelque cavalerie & quelque infanterie de Tunis. Le prémier jour qu'ils vinrent eſcarmoucher, ils avoient quantité de trompettes & de timbales, & jettoient de ſi grans cris, qu'ils eſtourdiſſoient tout le camp. Lors-que l'on fut aux mains, l'Empereur ne permit pas aux troupes d'abandonner leurs rangs, acauſe que les ennemis combatoient avec avantage entre les arbres & les vergers, & ſans s'éloigner des ruines de Carthage. C'eſt-pourquoy il n'y eut pas grand meurtre, & il n'y mourut que quelques ſoldats, & quelques matelots, qui ſe débandoient pour chercher des fruits. Avant que Barberouſſe fortifiaſt la Goulette, ce n'eſtoit qu'vne tour quarrée, comme ſi c'euſt eſté le logis de la Doüane, à l'embouchure du canal, par où l'eau de la mer entre dans

De la fortification de la Goulette, & ce que fit Barberouſſe aprés ce deſembarquement.

Partie II.

l'étang qui est devant Tunis. Ce canal est long d'vn trait d'arbaleste ; mais si estroit, qu'vne galére n'y peut passer en ramant. Mais l'étang a trois lieuës de long sur deux de large. Ce ne sont par tout que des bancs de sable, où l'on ne peut passer qu'avec des barques le long des canaux, qu'on a faits où est le courant de l'eau. A main-droite de l'étang, en allant vers Tunis, tout le rivage est plat & sablonneux, & entre l'eau & les jardins il n'y a qu'environ vn jet de pierre de large, ce qui continuë de la sorte jusques auprés de la ville. A main-gauche de l'étang, tout le chemin est rude & montueux, hormis auprés de la Goulette, où s'éleve vne petite plaine. Barberousse considerant qu'on ne pouvoit fortifier Tunis, qui est commandé de divers endroits du costé du Couchant, & que pour cela il faudroit ruiner les fauxbourgs, qui font toute la beauté de la ville ; ce qui alieneroit la volonté des habitans, il renferma tout son dessein à fortifier la Goulette, particuliérement du costé de Carthage, où les Chrestiens devoient camper, parce-que de l'autre costé il n'y a pas si bonne commodité d'eau, de facines, ni de bois, & que le lieu n'est pas si asuré pour les navires ; outre que par ce moyen il ne faloit point partager l'armée. Si-tost qu'il eut donc nouvelle de la venuë des troupes de l'Empereur par le Prestre Florentin, il fit tirer vne muraille fort épaisse depuis la mer jusqu'à la Tour de l'eau, qui retournoit aprés à l'étang, & construisit vn boulevard en forme de bastion à la pointe de cette muraille, avec ses traverses, & des creneaux qui regardoient de tous costez, & n'ayant pas eu le loisir d'achever ce mur jusqu'à l'étang, il fit vn rempart à l'endroit qui estoit vuide avec des rames de galéres enfoncées en terre, liées avec des facines, & terrassées ; ce qui estoit beaucoup plus fort contre l'artillerie que le mur. Ensuite avec des sacs de filasse de trois vaisseaux d'Aléxandrie qui estoient là, & d'autres de laine, qu'il fit venir de Tunis, il éleva vn rempart, où il y avoit des embrasures fort basses, pour faire jouër l'artillerie, & couvrit le pan de muraille par dehors d'vn fossé, qu'on remplissoit avec l'eau de la mer. Il donna ordre de fortifier l'autre costé de la Goulette qui regarde le Levant avec du bois & de la terre, & d'autres choses, le mieux que

LIVRE SIXIE'ME.

l'on put: Outre cela il dreſſa vn pont fort large ſur le canal au dedans de cette enceinte; & dans vn eſpace de terre, entre la mer & la tour de la Goulette, il fit faire vn rempart qui découvroit toute la coſte, & défendoit les douze galéres qu'il avoit hors du canal. Vers le Couchant on avoit retiré à terre pluſieurs petits vaiſſeaux, entre leſquels il y avoit beaucoup de canons qui donnoient ſur la flote; pour les galéres qui eſtoient ſur l'étang elles faiſoient joüer leur artillerie à travers les remparts aux endroits où il y avoit jour. Au dedans de cette enceinte il mit ſept mille combatans, quatre mille Turcs ou renégats, mille Ianniſſaires, & deux mille Maures de ceux de Tunis, avec pluſieurs Officiers, & pluſieurs gens de condition, à qui il fournit des vivres, de l'artillerie, & des munitions abondamment, outre que les barques alloient & venoient de Tunis le long de l'étang; mais ils avoient ordre dans vne extrémité de ſe retirer en gros dans l'étang, & de couler juſqu'à Tunis à travers les bancs de ſable, parce-qu'il avoit encore plus d'intereſt à conſerver ſes troupes que la Goulette.

Il y eut divers avis dans le Conſeil de Charles-Quint, pour ſavoir ſi l'on iroit à Tunis avant que d'attaquer la Goulette. Mais on réſolut à la fin de ne pas laiſſer vne ſi forte place derriére. Et quoy-que l'entrepriſe parut difficile, parce-que l'endroit où il ſe faloit mettre pour l'attaquer eſtoit étroit & ſablonneux, & qu'on ne la pouvoit emporter d'aſſaut ſans perdre beaucoup de gens, on prit deſſein de la batre par les formes, & de s'arreſter là quelques jours. On décampa dans cette réſolution, & l'on ſe vint poſter ſur la coſte, ſous la Tour de l'eau, diſtribuant les quartiers en cette ſorte. Les vieux ſoldats Eſpagnols eurent l'avantgarde, ayant derriére eux les Alemans vers l'étang: les Eſpagnols nouvellement levez, demeurérent ſur la coline où eſtoient les tentes de l'Empereur, avec quelques pieces de campagne. L'infanterie Italienne fut partagée en trois, vne partie demeura dans les logemens: vne autre, ſous le commandement du Marquis de Fural, ſe mit à la droite des vieux ſoldats Eſpagnols, ſur vn grand canal que Barberouſſe avoit commencé, pour faire entrer l'eau de la mer dans l'é-

Comme l'Empereur fit ſes approches devant la place, & de quelque rencontre qu'il eut avec les enemis.

Nnn ij

tang, & pour donner paſſage aux barques qui venoient de Tunis, afin qu'elles pûſſent entrer dans la mer ſans avoir beſoin de paſſer par la Goulette. Outre qu'il faloit entretenir l'eau de l'étang qui ſe vuidoit; mais il n'avoit pas eu le loiſir de l'achever. Le Marquis traverſa le canal, & fit vn rempart de tonneaux pleins de ſable, qu'il mit devant ſoy, ſa droite eſtant couverte de l'étang, ſa gauche de vieux ſoldats Eſpagnols, & par derriére il eſtoit défendu par le canal. La nuit ſuivante le Comte de Sarne paſſa avec l'infanterie Italienne qu'il commandoit, & ſe mit à cinq cens pas des ennemis, entre la mer & l'étang, où il ſe fortifia. Le reſte des Italiens ſe rangea ſur le canal dont nous avons déja parlé. Cependant, le Marquis du Guaſt, qui commandoit les vieux ſoldats Eſpagnols, s'avançoit peu à peu par trenchées toutes les nuits, & s'approchoit de plus en plus de l'ennemi. Comme les vns & les autres ſe fortifioient la nuit, parce qu'il eſtoit tres-dangereux de jour: Vn matin qu'on venoit de relever les ſentinelles du quartier du Comte de Sarne, & que les ſoldats ſe repoſoient du travail de la nuit paſſée, vn gros de Turcs ſortit à l'improviſte de la Goulette, & les attaqua promptement avec tant de vigueur, qu'avant qu'ils ſe pûſſent retirer à leurs drapeaux, ils gagnérent vn baſtion, & tuant quarente ſoldats qui y eſtoient, mirent le reſte en fuite. A ce deſordre le brave Comte ralliant le plus de gens qu'il pût, & attaquant courageuſement les Turcs, regagna le baſtion, & les chaſſa de la trenchée. Il avoit aſſez fait s'il ſe fuſt arreſté-là; mais voyant fuir les ennemis, il ſe mit à leur queuë, & les ſuivit vn long eſpace avec peu de gens, juſqu'à ce que tournant teſte au cri que l'on fit du fort, ils le tuérent, & firent retirer les autres juſqu'aux trenchées; mais appercevant toute l'armée en bataille, ils regagnérent la place avec peu de perte. Trois jours aprés orgueilleux de ce petit ſuccés, ils ſortirent vne heure avant le jour au nombre de trois mille, & donnérent des deux coſtez ſur le quartier des Eſpagnols, avec tant de furie, qu'ils en tuérent quelques-vns qui repoſoient, & enlevérent deux drapeaux; mais les autres prenant les armes, ſe défendirent bravement, juſques à ce qu'ils furent ſecou-

LIVRE SIXIE'ME.

rus de leurs compagnons. Aprés quoy rechaſſant les Turcs, il les ſuivirent avec tant de courage, qu'il y en eut quelques-vns qui entrérent aprés eux du coſté de l'étang, & vinrent juſqu'à la place qui eſtoit au milieu de leurs retranchemens, criant Eſpagne & échelles ; de-ſorte que s'il y en euſt eu, & qu'ils euſſent eſté ſuivis de plus de monde, ils euſſent emporté la Goulette ce jour-là. Mais n'eſtant pas accompagnez du reſte de l'infanterie, tous ceux qui eſtoient entrez furent taillez en pieces, en ſe défendant vaillamment, & les autres ſe retirérent, laiſſant cent cinquante morts ſur la place, ſans compter plus de trois cens bleſſez. Il y mourut ſur les ſablons quatre-vingts Turcs, que leurs compagnons ne pûrent retirer. La nuit ſuivante, l'ennemi fortifia le paſſage par où les Eſpagnols eſtoient entrez, avec vne paliſſade de rames fichées en terre, couverte d'vn petit foſſé, & accompagnée de ſes traverſes & de ſes défenſes. Tandis que cela ſe paſſoit dans la Goulette, & qu'on s'approchoit de jour par des trenchées, Barberouſſe qui avoit l'œil à tout pour incommoder les Chreſtiens, réſolut de les prendre en meſme tems de toutes parts. Pour cela il donna ordre à toute la cavalerie des Arabes, & de Tunis, d'aller fondre ſur eux avec quantité d'infanterie, & ſix pieces de canon du coſté des clos d'oliviers, & commanda en meſme tems à ceux qui eſtoient dans la Goulette, de ſortir avec ſix mille hommes lors-qu'on ſeroit aux mains, & d'attaquer les trenchées. Mais l'Empereur en ayant eſté averti par quelques eſpions qu'il avoit dans Tunis, fit rapprocher les logemens plus prés de la place, & demeura en bataille toute la nuit, ayant pointé l'artillerie du coſté qu'on attendoit l'attaque. Mais comme il fut grand jour, voyant que rien ne branloit, il commanda aux compagnies de ſe retirer en leurs quartiers, pour y prendre du repos. A peine commençoient-elles à marcher, que les Arabes qui eſtoient demeurez toute la nuit en embuſcade ſous les oliviers, ſortent en gros, & avec ſix pieces d'artillerie tirent contre les troupes qui regagnoient leurs logemens. En meſme tems, & au coſté de l'étang, vinrent des barques chargées de canon, qui donnérent ſur les Chreſtiens, & ces Barbares avec de

Nnn iij

grans cris, s'approchérent de si prés, que l'Empereur ennuyé de leur insolence, fit sonner la charge à la sourdine, & remettant l'armée en bataille, renforça la garde des trenchées, & commanda à Dom Louis Hurtado, Marquis de Mondéchar, de marcher contre-eux avec deux cens cinquante cavaliers Espagnols, armez à la Génette, qui portoient chacun vn mousquetaire en trousse, suivis de six mille soldats, deux mille de chaque nation, tous meslez ensemble, & partagez en deux bataillons. Il leur ordonna de s'approcher de la sorte, pour épier la contenance des ennemis, & leur façon de combatre. La pluspart avoient de grandes casaques avec des piques de quarente ou quarente-cinq empans ferrées par les deux bouts, & jettant de grans cris, ils venoient fondre avec tant de furie, qu'ils estoient capables d'estonner ceux qui ne les avoient jamais veu combatre. Cependant, Charles-Quint suivoit ses bataillons avec le reste de l'armée pour les soustenir. Alors le Marquis de Mondéchar laissant les mousquetaires qu'il portoit en trousse vn peu plus loin qu'il ne devoit, attaqua l'ennemi avec la cavalerie seule, & escarmoucha vaillamment contre celle des Turcs & des Maures. Il y mourut quelques Chrestiens, & il tua de sa main Caid-cési, brave renégat, & Général de la cavalerie ennemie ; mais aprés avoir esté blessé de deux coups de lance, il y fust demeuré sans doute s'il n'eust esté secouru à propos par ses gens, dont quelques-vns perdirent la vie pour défendre la sienne. Le Commandeur * de Bedmare qui l'accompagnoit, servit fort à le tirer de peril, & l'Empereur voyant le danger, y accourut en personne avec quatre cens chevaux. Mais comme les Maures le virent approcher avec les mousquetaires, ils se mirent à fuir, & laissérent trois pieces d'artillerie. Aussi-tost le Prince fit retirer ses troupes dans leurs quartiers : & la garnison de la place considérant le bon ordre des trenchées, n'osa sortir, & se contenta de faire jouër l'artillerie du costé où elle pouvoit faire plus d'effet. Les Turcs avoient accoustumé de faire deux salves chaque jour de toute leur mousqueterie, l'vne à l'entrée de la nuit, quand ils alloient poser la garde, & l'autre au point du jour, quand ils l'alloient relever. Ils tiroient

*Alfonse de la Cuéva.

LIVRE SIXIE'ME.

aussi alors l'arrillerie avec grand bruit ; mais ils ne faisoient pas beaucoup de mal, parce qu'on s'en défioit, & qu'on se tenoit à couvert, ensuite on leur répondoit. Certes c'estoit vne belle chose à voir, & il y avoit du plaisir d'entendre ces salves, qui duroient quelquefois deux heures. Cependant, Charles-Quint attendoit de jour à autre le Roy de Tunis, qui mandoit toûjours qu'il venoit, sans pouvoir avancer, a cause que Barberousse avoit saisi les passages. Mais il arriva à la fin avec seulement cent cinquante chevaux, & il ne laissa pas d'estre fort bien receû de l'Empereur, qui luy fit dresser vne riche tente prés de la sienne. Le lendemain il luy montra toute l'armée qui estoit fort belle à voir: car toute la plage depuis la Tour de l'eau jusqu'auprés de la Goulette estoit pleine de boutiques d'artisans & de marchans, où l'on trouvoit à vendre toutes sortes de vivres en aussi grande abondance que dans la ville la plus peuplée du monde. Car il estoit venu de Naples avec le Marquis de la Vallé plusieurs vaisseaux marchans remplis de vivres & de munitions. Il en estoit de mesme arrivé d'Espagne : Et tous les jours abordoient de Maïorque, de Sardaigne, de Sicile, & du Royaume de Naples, des frégates & des brigantins chargez de pain tendre, de vin, de chairs salées, & de toutes sortes de fruits & de marchandises. Ajoûtez à cela que tout le long de la coste, jusqu'au lieu qui estoit batu des vagues, on tiroit de l'eau douce en creusant seulement trois ou quatre pieds, & que tous les logemens & les quartiers estoient si bien placez & si bien fortifiez de toutes parts, que le Roy Maure en demeura estonné, & ne douta plus de recouvrer son Estat. Il confessa neantmoins depuis, qu'il avoit craint que l'Empereur ne tinst pas sa parole, parce qu'il ne luy avoit pas tenu la sienne ; & bien loin de luy donner de l'argent pour payer ses troupes, il en avoit receû de luy pour lever des gens qui ne l'avoient pas voulu suivre, s'excusant sur ce qu'ils ne pouvoient avec honneur prendre les armes pour les Chrestiens contre ceux de leur religion. Mais l'Empereur voyoit bien qu'il n'avoit pas tenu à luy. Ce Roy contoit plusieurs dangers qu'il avoit courus, & les embusches qu'on luy avoit dressées : Comme il s'estoit sauvé des mains de ses ennemis sur vne cavale barbe fort viste : Comme Barberousse par promesses & par présens luy avoit voulu enlever tous ses amis ; & enfin la peine qu'il avoit euë à joindre l'armée. Et veritablement il faisoit pitié ; mais il estoit de grand cœur & fort vigoureux, & l'vn des meilleurs hommes-de-cheval qui fust de son tems en Afrique. Outre cela il estoit courtois & liberal, & si vous en exceptez quelques vices qu'emporte avec soy la licence des Couronnes, c'estoit vn des plus grans Princes de son tems. Pour retourner à nostre discours, depuis le grand choc où le Marquis de Mondéchar fut blessé, les Arabes venoient escarmoucher plus souvent, parce-que l'Empereur avoit mis l'armée en asseurance du costé des oliviers, & qu'ayant fait tirer vn rempart ou épaulement au travers du camp, depuis le canal de Barberousse jusqu'aux ruines de Carthage ; il en avoit donné la garde aux Espagnols & aux Alemans : ainsi c'estoit en vain que ces Barbares attaquoient & provoquoient nos gens. Plusieurs soldats moururent de part-&-d'autre en ces escarmouches, acause qu'il y avoit beaucoup de mousquetaires Turcs entremeslez parmi les Maures & les Arabes. Le Marquis de Fural fut blessé en l'vne d'vn coup de mousquet, & mourut en Sicile où il s'estoit allé faire traiter. D'ailleurs, les Turcs de la Goulette faisoient quelques attaques de jour & de nuit, pour tenir en haleine les Chrestiens, & donnérent, vne nuit, plus de quatre mille ensemble dans les trenchées des Espagnols, qui s'estoient approchez du mur de Barberousse, & la tempeste estoit si grande quand ils l'attaquérent, que le vent souffloit des tourbillons de poussiére & de sable aux yeux des Chrestiens, en telle sorte qu'ils ne voyoient goute ; outre que la nuit estoit si noire, qu'on ne se connoissoit pas l'vn l'autre. D'ailleurs, comme le vent estoit favorable aux Turcs, ils faisoient marcher devant eux des gens avec des peles pour remuër le sable & la poussiére, ce qui incommodoit fort les soldats ; mais comme ils estoient experimentez, ils se ralliioient à leur drapeau, & se rendoient aux trenchées, où les armes à la main ils faisoient teste aux ennemis, qui n'en ósoient approcher à plus d'vn trait d'arc, & à la fin ils se retirérent à la Goulette avec perte de beaucoup de gens. Tandis

LIVRE SIXIE'ME.

Tandis que ces choses se passoient, l'Empereur alloit d'vn bout à l'autre pour faire avancer les trenchées; Et parce que c'estoient tous sablons, il envoyoit les galéres querir des facines au Cap d'Apollon & à la coste de Nebel qui est à sept lieuës du costé du Levant, & les mariniers & les soldats les portoient au rempart sur leurs épaules. Comme il vit que l'on estoit si proche qu'on pouvoit batre aisément le pan de mur qu'avoit construit Barberousse, & que tout estoit prest pour ce sujet; Il fit dresser trois bateries contre la Goulette. La plus grande & la principale estoit de vingt-quatre canons ou coulevrines, avec quoy les vieux soldats Espagnols tiroient sur le bastion de la marine, entre la mer & la tour de la Goulette: & sur la tour mesme & le nouveau pan de mur. Cent pas plus loin, il fit mettre six canons avec quelques compagnies du mesme régiment pour batre le nouveau mur, & à main droite aux trenchées des Italiens, il en fit mettre seize autres pour batre le rempart que les ennemis avoient fait depuis le mur jusqu'à l'étang. Ensuite, l'Empereur alla visiter les trenchées & les bateries, & la mer estant calme, il donna ordre aux vaisseaux & aux galéres de l'armée navale de ce qu'ils avoient à faire. Et aprés avoir encouragé les soldats & les Officiers, le canon commença à joüer avec tant de furie & si peu d'intervale, qu'il n'y a point de tremblement de terre ni autre chose semblable qui puisse l'égaler. Car outre les bateries de terre, les galéres d'André Dorie batoient de la mer depuis les environs de la tour de la Goulette, le pan de mur & le bastion de la marine; & celles du Comte d'Anguilare, du Pape, de Malte, & les autres avec les galions & quelques vaisseaux & caravelles, batoient de front les six galéres que les Turcs avoient hors du canal, & toutes les défenses du costé de la mer. Antoine Dorie avec vne autre escadre de galéres, de vaisseaux & de caravelles, batoit en flanc les six galéres du Levant, & toutes les défenses de ce costé-là jusqu'à l'étang. La caraque de Rodes batoit pardessus en dedans vne partie du nouveau mur. Le galion de Portugal tiroit du lieu où il estoit à l'ancre par dessus toute l'armée navale. Les caravelles Portugaises, quelques

Partie II.   Ooo

Comme l'Empereur fit attaquer la forteresse de la Goulette & la prit d'assaut.

gros vaiſſeaux & quelques caraques qui s'eſtoient pû approcher, batoient par tout où elles pouvoient donner. Les Turcs abandonnérent d'abord leurs ſix galéres, & ſe voyant attaquez en tant d'endroits, ils ne ſavoient où courir. Dom Alvare Baſſan avec les vingt-quatre galéres d'Eſpagne eſtoit ſur le Cap de Carthage, pour donner en flanc ſur les Arabes & les Maures de Tunis s'ils vouloient prendre le camp par derriére. Outre cela toute la cavalerie eſtoit en ordre, entre le rempart & les oliviers, & vne partie au Cap de Carthage. Ce qui épouventa de-ſorte les Arabes qu'ils n'oſérent branler de tout le jour: ainſi l'on attaqua la Goulette avec plus d'aſſurance. Aprés que la baterie eut duré ſans diſcontinuation depuis le matin juſqu'à midi, alors, les défenſes du pan du nouveau mur abatuës, il tomba vne piéce du boulevart rond & de la tour de la Goulette, qui couvrit de ſes ruines quelques piéces d'artillerie qui eſtoient dans les flancs en bas, & tua les canonniers. L'Empereur voyant que les bréches eſtoient de ſorte qu'on y pouvoit monter ſans beaucoup de peine, fit donner ſix échelles à chaque compagnie de vieux ſoldats Eſpagnols, & leur repreſenta que cette entrepriſe eſtoit particuliérement en faveur de leur nation, & qu'il n'y en avoit point qui fuſt obligée de mieux montrer ſa valeur. Enſuite les recommandant à Dieu & à S. Iacques, dont on célébroit ce jour-là la feſte, vn quart-d'heure aprés il fit donner le ſigne du combat. On tira prémiérement vn coup de coulevrine pour s'appreſter, & auſſi-toſt vne trompete ſonna la charge. Les vieux ſoldats Eſpagnols, & avec eux quelques Gentilshommes qui s'eſtoient jettez dans les trenchées pour donner des prémiers, montérent vigoureuſement à l'aſſaut. Les Italiens attaquérent vers le coſté de l'étang, & n'y trouvant pas la bréche raiſonnable, ils coulérent le long du nouveau mur pour entrer par où les Eſpagnols avoient donné; mais ils receurent quelque échec en paſſant. Les Eſpagnols arrivez à la bréche tuérent quelques Turcs qui la défendoient. Sur-quoy les autres qui eſtoient en bataille au milieu de la place, voyant leur défenſe inutile, firent leur décharge de loin & ſe jettérent dans l'étang. Ils eſtoient environ quatre mille qui marchérent le long des basses par vne route qu'on avoit marquée avec des pieux, puis tournérent sur la droite & se jettérent dans Tunis: deux mille autres passérent le canal, & rompant le pont, prirent la route d'Arradez. Il n'en demeura aux défenses qu'environ cent cinquante pour mettre le feu à des mines qu'ils avoient faites sous le mur, & faire sauter les Chrestiens comme ils entreroient; il y en avoit encore quelque quarante dans la tour de la Goulette qui furent tous tuez. Car les Espagnols se saisirent en haste de la place avant que la mine pust joüer; puis commencérent à faire leur décharge contre les Turcs qui se sauvoient à travers l'étang, & en tuérent & blessérent plusieurs; mais aprés s'estre défaits de ceux qui estoient demeurez dans le fort, ils suivirent ceux qui fuyoient vers Arradez, & en ayant tué plus de trois cens, contraignirent les autres de se jetter dans l'étang. Sur ces entrefaites plusieurs estoient venus dans des barques, & l'on poursuivoit par tout les ennemis. Quelques Gentilshommes Espagnols estant arrivez à la tour de la Goulette, vn Turc mit le feu au mesme tems à deux barils de poudre qui y estoient, dont la force enleva l'étage d'enhaut & fendit la tour en divers endroits; mais Dom Diégo de Mendoça frére du Marquis, & Martin Alonso de los Rios depuis Mareschal de camp dans la Goulette entrérent à travers la fumée, & quelques autres entrérent par la porte qui estoit ouverte; mais à peine estoient-ils entrez dix-huit ou vingt, qu'on mit le feu à vn autre baril de poudre qui brûla à Dom Diégo la main & le costé, & en blessa encore quelques autres. Avec tout cela, ils passérent outre, & tuant les Turcs qui y estoient achevérent de gagner la tour, sur le haut de laquelle vn brave soldat arbora aussi-tost vne enseigne. Il mourut ce jour-là quinze cens Turcs ou Maures dans la Goulette & sur le chemin d'Arradez, sans compter plusieurs autres qui furent tuez ou blessez dans l'étang. On n'y perdit que cinquante Chrestiens dont la pluspart estoient Italiens. On prit aux Turcs trois cens piéces d'artillerie de bronze, sans compter plusieurs autres de fer, & quatrevingts-sept vaisseaux à rames dont il y avoit quarante-deux galéres royales, parmi lesquelles estoit la Capitane de Portunde, & douze autres de Chrestiens que les Infidelles leur avoient prises à divers tems. Aussi-tost l'Empereur entra dans la Goulette avec l'Infant Dom Louïs, le Roy de Tunis & d'autres Seigneurs, & se tournant vers le Roy Maure, luy dit en entrant, Voilà la porte par où vous rentrerez dans vostre Estat. Sur quoy ce Prince baissa la teste & luy rendit graces d'vne si grande faveur.

Comme l'Empereur marcha contre Tunis & défit les troupes de Barberousse.

L'Empereur ayant pris la Goulette avec tout ce qui y estoit, on proposa divers avis. Quelques-vns disoient qu'on avoit fait ce qu'on vouloit faire, puis qu'on avoit pris les vaisseaux Corsaires qui incommodoient la Chrestienté, & qu'il ne faloit point aller plus avant, mais se rembarquer aprés avoir fortifié la Goulette ; parce que Barberousse n'ayant plus de vaisseaux estoit perdu, & qu'il seroit contraint d'abandonner Tunis & de se retirer à Alger. Ils ajoûtoient que les Maures & les Arabes ne manqueroient point de s'allier avec Hascen, & que Barberousse estant obligé de passer par leur pays, ils le déferoient. Outre ces raisons, ils en apportoient encore beaucoup d'autres pour empescher l'Empereur de poursuivre son entreprise. Le Marquis du Guast estoit de cét avis & quelques autres ; mais l'Infant Dom Louïs & le Duc d'Albe & plusieurs autres Seigneurs soustenoient que l'Empereur ne devoit point partir sans avoir mis fin à sa conqueste, tant pour sa gloire que pour celle des nations qui le suivoient. Et le Duc fut toute la nuit à soliciter les vns & les autres qu'ils ne persuadassent pas cette lâcheté à Charles-Quint. Ces contestations causérent tant de tristesse à Muley Hascen, qu'il fut toute la nuit sans boire ni manger ni dormir : & le lendemain matin le Marquis du Guast l'estant venu visiter & l'ayant trouvé fort triste, il luy dit que c'estoit que son truchement * luy avoit rapporté que l'Empereur vouloit partir sans prendre Tunis : mais le Marquis l'ayant asseuré du contraire, & gourmandé mesme le truchement, ce Prince fut en quelque façon consolé de cette nouvelle, & prié de n'en point parler à l'Empereur. Charles-Quint ayant seu tous ces differens, fit venir tous ces Seigneurs & ces Chefs dans sa tente, & reprit doucement ceux qui

* Alvar Gomez Zagal.

LIVRE SIXIE'ME.

estoient d'avis du départ. Il leur représenta qu'il n'estoit point venu seulement pour prendre la Goulette & les vaisseaux Corsaires ; mais pour restablir dans son thrône, comme il avoit promis, vn Prince dépossédé, & pour délivrer dix-huit ou vingt mille captifs qui attendoient de luy leur liberté. Aprés-quoy il conclud qu'il mourroit à cette entreprise, ou qu'il en sortiroit à son honneur. Chacun se conforma à sa volonté, & luy fit offre de service; ensuite on mit ordre à tout ce qui estoit necessaire pour l'entreprise de Tunis. Aprés avoir donc renfermé la forteresse de la Goulette dans vn plus petit espace, & y avoir laissé vne garnison de mille soldats, l'Empereur donna le soin à André Dorie de tout ce qui concernoit la flote, & fit publier qu'on s'apprestast pour marcher, & que chaque soldat portast sur soy pour trois jours de vivres. Le lendemain donc, qui estoit le quatriéme jour depuis la prise du fort, toute l'armée décampa, & commença à marcher en bataille. C'estoit vne chose fort agréable de voir tant de troupes en vn si bel ordre : car il y avoit vingt-deux mille hommes de pied, sans la cavalerie. Mais aprés avoir avancé environ demi-lieuë, l'Empereur fit faire vne conversion à toute l'armée pour retourner à ses logemens. On demeura là encore trois jours, aprés quoy l'on fit prendre de nouveau des munitions & des vivres, & l'on en chargea quantité sur de grandes barques, qu'on avoit fait passer de la mer à l'étang par terre sur des rouleaux, parce-qu'on ne pouvoit traverser par le canal, & que les Turcs y avoient enfoncé des galéres, pour empescher les Chrestiens de s'en servir. Ensuite on fit vn nouveau commandement de partir, & ayant fait reconnoistre le chemin qui est entre les oliviers & l'étang, on commença à marcher en bataille dés le matin du vingtiéme de Iuillet. Deux bataillons d'infanterie de chacun quatre mille hommes, alloient à la teste, l'vn à costé de l'autre, ou peu s'en faloit. A la main droite du costé des oliviers estoient les vieux soldats Espagnols, avec le Marquis du Guast leur Général, & à la gauche le Prince de Salerne avec les Italiens. Mais comme le lieu estoit estroit, les files estoient fort serrées, & toute la mousqueterie filoit

Ooo iij

de part & d'autre, comme les manches d'vn bataillon. Au milieu de ces troupes estoient les enseignes & les tambours, & tout autour ceux qui estoient armez de pertuisanes & de rondaches. Entre les deux bataillons, sur le mesme front, estoient trainées douze piéces d'artillerie par quelques compagnies d'Alemans & de mariniers. A la teste du bataillon des Italiens, marchoient cent chevaux-legers du costé de l'étang, pour empescher les Arabes de venir le long des bancs de sable harceler l'infanterie ; Et vn peu plus en dedans des deux bataillons vn escadron de quelque quatre cens Seigneurs & Gentilshommes de marque, fort bien armez, avec l'étendart Imperial, & l'Empereur à la teste. A cent ou six-vingts pas de tout cela, venoit vn autre bataillon de six mille Alemans, commandez par leur Général *. Ce bataillon, au contraire des deux autres, avoit beaucoup de front & peu de hauteur, & ainsi tenoit presque autant d'espace qu'eux-deux ensemble. Tout le bagage venoit aprés, le long de l'étang, flanqué à main-droite du costé des oliviers du Marquis de Mondéchar, qui estoit déja guéri de ses blessures, & marchoit à la teste de trois cens gendarmes; entre lesquels & le bagage il y avoit quelque piéce d'artillerie, qu'on trainoit à force de bras. Le Duc d'Albe faisoit l'arriéregarde avec le reste de l'infanterie Espagnole qu'il commandoit, & deux compagnies de gendarmes, l'vne du costé des oliviers, & l'autre vers la mer. L'armée marcha de la sorte par ces importuns & ennuyeux sablons, d'où elle ne fut pas plustost sortie, que trouvant vn puits, les soldats matez de chaud & de lassitude, se débandérent pour aller boire, en mesme tems que les ennemis paroissoient entre les oliviers. Mais l'Empereur leur fit prendre leurs rangs à toute peine, & avec grand travail de sa personne. Et ayant eu avis que Barberousse sortiroit de la ville pour luy donner bataille, il marchoit pas à pas avec vn ordre admirable, sans permettre à personne de quiter son rang pour escarmoucher contre les Arabes qu'on avoit découverts. Cependant, Barberousse qui se voyoit perdu dans la perte de la Goulette, & de son armée navale, acause qu'il n'avoit point d'autre ressource, ne laissoit pas, comme vn homme de grand

* Maximiano de Piedra Buéna.

LIVRE SIXIE'ME.

cœur, de vouloir sauver ce qui luy restoit, & défendre la ville de Tunis, sur l'espérance de quelque favorable changement. Comme il eut donc appris par ses espions l'estat des forces de son ennemi, il fit assembler tous les Chefs, tant Turcs qu'Arabes, avec les principaux de la ville, & leur représentant le peu de troupes de l'Empereur à comparaison des siennes, les encouragea par de beaux discours à témoigner leur valeur pour la défense de leur bien, de leur Prince & de leur patrie, & leur dit beaucoup de choses à leur avantage, & au desavantage des Chrestiens, & pour conclusion leur fit jurer de nouveau de luy estre fidelles. Il n'eut pas plustost achevé de leur parler, qu'il se fit vne grande rumeur dans l'assemblée, avec des pronostics de la victoire; aprés-quoy l'on renouvella le serment. Mais comme Barberousse estoit extremément défiant, pour prevenir tous les accidents soit en bien, soit en mal, il manda la nuit tous les Chefs des Turcs dans le chasteau, & leur découvrit en secret le danger où ils estoient entre deux ennemis. Il les avertit de ne se fier ni à ceux de Tunis, ni aux Arabes, & leur dit, comme ils feroient pour se sauver tous ensemble. Il estoit d'avis de tuer tous les esclaves Chrestiens, qu'on renfermoit dans les cachots du chasteau ; mais deux * braves Corsaires y contredirent, s'emportant contre vne si noire action, qui les rendroit odieux à tout le monde; outre qu'ils s'apauvriroient par là, puisque c'estoit leur principal butin. Ajoûtant à cela qu'il leur restoit encore du tems pour en deliberer, & qu'il faloit laisser cela pour vn coup de desespoir. Barberousse y donna les mains, avec ordre de pourvoir à leur seureté, & employa tout le reste de la nuit à ordonner ce que l'on feroit le lendemain. Aprés avoir rallié toutes ses forces, il sortit au point du jour avec quatre-vingts dix mille combatans, Turcs, Maures, Arabes & Bérébéres, & plusieurs piéces d'artillerie, & se vint camper à vne lieuë de Tunis, dans vne plaine * où il y a des vergers, & des puits d'eau vive. Il rangea là ses troupes en bataille, & mit à l'avantgarde neuf mille Turcs en deux bataillons (qui n'estoient séparez que par de petites cabanes vuides) avec douze piéces d'artillerie, & opposa cela au

* Chésut Cenan, & Cenanbey.

* appelée Caçat Méxévi.

au bataillon des vieux soldats Espagnols. Contre les Italiens qui estoient vers l'étang, il mit mille chevaux Arabes, ou Maures, pour entrer dans l'eau & les prendre en flanc. A la droite des bataillons, il mit douze mille chevaux Arabes, entremeslez d'autant de gens de pied, tous mousquetaires, arbalestriers, ou archers, pour enveloper les Chrestiens : Et à l'arriéregarde le reste des Turcs & des Maures, & tout ce qu'il y avoit encore d'infanterie. En cét estat il attendit l'armée Chrestienne avec plus de résolution que d'espérance. Car Muley Hascen avoit envoyé secretement dans Tunis quelques Maures, pour semer des billets, qui portoient, *Chassez les Turcs, qui sont vos tyrans, & recevez vostre Roy, qui vous aime, & qui vous fait du bien.* Ces billets ainsi semez avoient émeû les habitans, qui s'estoient emportez à des paroles qui ne plaisoient pas à Barberousse; de-sorte qu'il avoit voulu sortir avec ses troupes sous les armes à tout évenement. Dans cette conjoncture Charles-Quint apprit sa sortie & sa résolution, & ensuite l'endroit où il estoit campé. Alors laissant l'Infant Dom Louïs pour commander son escadron, il partit avec quelques-vns des siens, & son guidon rouge, qui servoit à le faire remarquer, & en cét estat il fut reconnoistre les ennemis. Comme il eut veû leur poste, il retourna à l'armée, & courut partout encourager les soldats : Que c'estoit là le jour que Dieu avoit destiné pour prendre vengeance des Infidelles, qui avoient causé tant de maux & tant d'outrages à la Chrestienté. Et aprés leur avoir bien recommandé de garder leurs rangs, il fit continuer la marche dans le mesme ordre. Barberousse voyant que l'armée ennemie s'approchoit, commanda aux Arabes de l'attaquer de toutes parts ; ce qu'ils firent avec tant de furie & de bruit, que cela eust esté capable d'estonner vne autre armée ; mais la mousqueterie des ailes fit sa décharge si à propos, qu'elle les obligea de se retirer aussi viste qu'ils estoient venus, sans qu'ils osassent plus se rapprocher. Comme l'Empereur se vit delivré de l'importunité de leurs attaques, & que les Turcs n'abandonnoient point le poste où estoit l'eau, tandis que ses gens mouroient de soif : car plusieurs soldats entroient dans l'étang

tang & se lavoient la bouche d'eau salée, qui les embrazoit davantage. Il fit avancer l'artillerie, & donnant pour mot, Iesvs Christ, les deux bataillons, & l'avantgarde marchérent contre les ennemis. Aussi-tost l'artillerie joüa de part-&-d'autre ; mais avec peu d'effet. La mousqueterie Turque fit sa décharge de loin, & celle des Chrestiens de plus prés. Aprés-quoy les deux manches de mousquetaires mirent l'épée à la main, suivis du bataillon des piquiers ; mais les Turcs laschérent le pied, & abandonnant leur poste avec sept piéces d'artillerie, prirent la route de Tunis. Barberousse, & les autres Chefs courant par-tout, taschérent en vain de leur faire tourner teste, ils furent à la fin contraints de les suivre. Comme on fut maistre de l'eau & de leur canon, l'Empereur fit faire alte, parce-qu'on estoit maté de soif, & de lassitude ; mais aussi-tost les soldats commencérent à se débander, pour chercher les puits. Cependant, Charles-Quint, qui avoit l'œil à tout, voyant que les Arabes couroient entre les oliviers, pour essayer de faire quelque effort, fit marcher contre-eux le bataillon des Alemans, de-peur de quelque disgrace ; ce qui les écarta & acheva de dissiper toute l'armée de Barberousse. Mais les Chefs des Arabes disoient depuis au Roy de Tunis, pour faire leur cour, qu'ils n'avoient pas voulu donner à dessein, & qu'ils avoient empesché les Maures de combatre. Mais le Roy qui avoit esté présent à tout, & qui savoit qu'ils avoient fait leurs efforts pour gagner la victoire, se moquoit d'eux. Barberousse pour couvrir son deshonneur, fit sonner la retraite, & marcher au pas vers la ville, sans souffrir que les troupes se débandassent. Il fit alte prés des murailles, pour épier la contenance des victorieux. Mais la soif, & l'ardeur du jour avoient fait débander les Chrestiens autant que les Turcs, & l'on couroit autour des puits buvant le sang & l'eau tout ensemble : car les ennemis avoient jetté dedans, du sang & des corps-morts. Et de-peur qu'ils ne fussent empoisonnez, l'Empereur alloit par tout jettant dans l'eau vne piéce de corne de licorne, qu'il portoit attachée avec vn cordon de soye verte. Il y mourut ce jour-là trois cens Turcs ou Maures, & seulement dix-huit Chrestiens.

Partie II.   Ppp

482   DV ROYAVME DE TVNIS,

La nuit venuë, ce Prince craignant quelque nouvelle entreprise d'vn rusé ennemi, qui ne s'estoit pas encore retiré, fit rallier toutes les troupes sous leurs drapeaux, & les mettant en bataille, s'éloigna vn peu de l'étang, & fit faire bonne garde toute la nuit.

La prise de Tunis.   Barberousse estant demeuré toute la nuit en bataille sous les murs de la ville, & voyant que les habitans s'échapoient peu à peu pour aller mettre ordre à leurs biens & à leurs familles ; dit aux Turcs & aux Arabes qu'ils se préparassent à la bataille pour le lendemain, & qu'ils rentrassent dans la ville. Comme il fut au chasteau on luy donna avis que la plus grande partie du peuple s'estoit retiré vers les montagnes, & les places voisines, & que chacun plioit bagage aussi-bien les Arabes que les Maures. Pour empescher ce desordre, il remonta promptement à cheval, & arrivant au lieu où il avoit laissé les Turcs & les Arabes il fit assembler tous leurs Chefs. Comme il délibéroit avec eux s'il estoit plus avantageux de donner bataille que de défendre la ville & qu'on se résolvoit au dernier, les Turcs qu'il avoit laissez au chasteau arrivérent. Car faisant réfléxion qu'il avoit donné ordre à ses gens de charger le trésor & les autres choses de prix, de se tenir prests & de mettre quelques barils de poudre sous les grandes voutes où estoient enfermez les esclaves Chrestiens afin de les faire périr; ils crurent qu'il se disposoit à partir, & le suivirent. Aussi-tost qu'il les vit arriver, il s'écria qu'il estoit perdu, que son chasteau & son trésor estoient pris, & que les esclaves Chrestiens estoient en liberté. Incontinent il piqua de ce costé-là avec quelques-vns des siens, sans dire mot à personne, & arrivant à la porte du chasteau qu'il estoit déja grand jour, il la trouva fermée. Alors il commence à se desesperer, à s'arracher la barbe, & d'vn œil allumé de colére, il appelle par leur nom quelques renégats de ses amis, pour les obliger à ouvrir; mais la fortune estoit changée. Car les Turcs ne furent pas plustost partis, que les renégats qu'il avoit laissez pour mettre le feu aux poudres, & brûler les captifs, touchez de pitié, peut-estre d'interest, & particu-

Iafaraga, Mami.   liérement deux *, qui estoient à luy, dont l'vn estoit Espa-

LIVRE SIXIE'ME.

gnol, rompirent les chaines des pauvres Chrestiens, & les mirent en liberté. Sur ces entrefaites, vn autre renégat * Espagnol, Gouverneur du chasteau, entendant le bruit des captifs, qui cherchoient des armes pour se défendre, y accourut avec le peu de gens qui luy restoit, & en tua quelques-vns; mais considérant qu'il n'estoit pas assez fort pour les renchainer, parce-qu'ils estoient prés de sept mille, il prit quelques chevaux, & le trésor qu'il trouva chargé, & sortit du chasteau avec sa femme & vne fille qu'il avoit; ce qui fut depuis cause de sa mort. Car Barberousse songeant qu'il avoit laissé ses femmes pour sauver la sienne, luy fit couper la teste comme il fut prés de Bone. Aprés la retraite du Gouverneur, les captifs fermérent les portes du chasteau, & comme Barberousse cria qu'on luy ouvrist, ils commencérent à luy jetter des pierres, & montant aux creneaux, firent signe aux Chrestiens avec de la fumée de poudre à canon, & avec vne enseigne que les Turcs avoient gagnée sur les Espagnols avant la prise de la Goulette, pour faire avancer l'armée, & tirérent mesme quelques coups de canon. Cependant, l'Empereur marchoit en bataille droit à la ville avec l'artillerie à la teste, & n'appercevant personne, estoit en suspens: car on voyoit paroistre quelques chevaux sur les montagnes qui sont au delà la place, & en divers endroits s'élever vne grande poussiére, sans qu'on pust savoir si c'estoit des gens qui venoient ou qui s'en alloient. D'ailleurs, on voyoit faire de la fumée sur le haut du chasteau, & des gens qui faisoient signe avec des manteaux & vne enseigne, outre le bruit de l'artillerie & des mousquets sans qu'on pust s'imaginer ce que ce pouvoit estre; Et la cavalerie qu'on avoit envoyé à la découverte, asseuroit qu'il ne paroissoit rien. L'Empereur s'avança donc avec quelque Noblesse jusques à vne * des portes de la ville, sans pouvoir rien apprendre. Alors mandant les Officiers d'infanterie, il leur fit défenses que nul n'eust à se débander, & promit de donner la ville au pillage. Là-dessus arrivérent quelques Maures vers le Roy de Tunis, qui dirent comme les Chrestiens avoient rompu les prisons, & s'estoient rendu maistres du chasteau; & que les Turcs estoient au pied de cette pla-

* Ramadan.

* Beb Darb el Hadara.

ce qui les menaçoient. Ils ajoûtérent que la moitié de la ville s'en eſtoit fuie, & que Barberouſſe voyant cela, en eſtoit ſorti avec les Turcs & les Arabes, & s'eſtoit campé de l'autre coſté, en attendant que les Chreſtiens fuſſent entrez, afin qu'enſuite il ſe puſt retirer en aſſurance. Auſſi-toſt l'Empereur commanda au Marquis du Guaſt de marcher droit au chaſteau avec les mouſquetaires Eſpagnols de ſon bataillon, & s'approcha des murailles avec le reſte de l'armée. D'autre-coſté, Barberouſſe aprés avoir balancé quelque tems, voyant que les Chreſtiens s'approchoient, & qu'il n'eſtoit pas trop en ſeureté au lieu où il eſtoit, commença à ſe retirer tout eſtonné, & fut ſuivi du reſte de l'armée. Le Marquis du Guaſt eſtant arrivé au chaſteau, & y ayant eſté receû avec grande allegreſſe, en envoya donner avis à l'Empereur, & de la retraite précipitée de Barberouſſe. Alors quelques-vns des principaux habitans luy eſtoient venus apporter les clefs de la ville, & le prier, par l'entremiſe du Roy, de faire tout ce qu'il luy plairoit d'eux, & de leurs biens; mais de n'y point faire entrer ſes troupes. L'Empereur pour complaire à ce Prince, fit aſſembler tous les Chefs pour trouver quelque expedient de le contenter ſans offenſer les ſoldats, à qui l'on avoit promis le ſac. Et comme on n'en trouvoit point, & qu'ils murmuroient; il envoya dire au Prince, qu'il viſt s'il y avoit quelques maiſons ou quelques quartiers qu'il vouluſt ſauver, & qu'on donneroit le reſte au pillage; Mais il répondit qu'il n'avoit aucun ſujet de ſe contenter de pas vn des habitans. Sur ces entrefaites, les ſoldats voyant le chaſteau pris, & l'ennemi retiré, commencérent à grimper en divers endroits le long de leurs piques, ſans attendre l'ordre, & ouvrirent la porte à leurs compagnons. La ville fut ſacagée avec toute la licence & la cruauté dont on a couſtume d'vſer en cette rencontre. Le Roy de Tunis conſidérant ce deſordre, ſupplia l'Empereur de commander qu'on ne fiſt captif pas vn habitant; ce qui ayant eſté divulgué, chacun tuoit ceux qu'il rencontroit, particuliérement les Alemans, qui ne pardonnoient à perſonne. Il fut donc contraint de faire vne demande toute contraire, & de prier qu'on ſe contentaſt du butin, & qu'on

LIVRE SIXIE'ME.

fiſt les hommes priſonniers; ce qui fut ordonné. Il mourut peu de Chreſtiens par la main des ennemis; mais pluſieurs s'entretuérent pour s'arracher le butin, & pluſieurs des pauvres captifs qui ſtoient ſoûlevez dans le chaſteau furent maſſacrez pour avoir les richeſſes qu'ils emportoient. Durant que tout cela ſe paſſoit, l'Empereur accompagné de l'Infant D. Loüis, du Roy, & des autres Seigneurs & Gentilshommes de ſa Cour, fut droit au chaſteau où il trouva grand nombre d'artillerie, de munitions & de vivres, & fit tout mettre au pillage. Cependant la gendarmerie d'Eſpagne courut avec quelques fantaſſins de l'autre coſté de la ville l'eſpace de plus de deux lieuës, tuant & prenant tous ceux qu'ils rencontroient, & l'on voyoit par tout de grans monceaux de femmes & d'enfans ſuffoquez & morts de ſoif; de-ſorte que le Roy de Tunis nous aſſura qu'il eſtoit mort ce jour-là en fuyant par les chams plus de ſoixante & dix mille perſonnes, ſans ceux qu'on avoit tuez, & qu'on avoit fait plus de quarente mille priſonniers, hommes, femmes ou enfans. Aprés que le ſac eut duré trois jours; comme on vit que les ſoldats faiſoient fondre les maiſons en foüillant dans terre pour trouver des treſors, on fit commandement à toutes les compagnies de ſortir à la priére du Roy, & les ſoldats chargez de dépoüilles & des eſclaves, vinrent aux faux-bourgs & aux chams.

Sur ces entrefaites l'Empereur ayant eu avis que Barberouſſe prenoit la route de Bone où il avoit enfoncé quelques galéres dans la riviére, écrivit auſſi-toſt à André Dorie qu'il envoyaſt aprés-luy les galéres qu'il jugeroit à propos, avec ordre au Commandant d'eſſayer par tout moyen de le prendre. Enſuite il remit la ville de Tunis au pouvoir du Roy, à ces conditions: Prémiérement, que tous les captifs Chreſtiens de quelques nations qu'ils puſſent eſtre, en arrivant là ſeroient mis en liberté ſans payer aucune rançon. Que le commerce ſeroit libre aux Chreſtiens par tout le Royaume, & qu'ils pourroient s'y établir & y baſtir des Egliſes & des Monaſtéres pour y vivre ſelon leur religion. Qu'on ne recevroit dans Tunis aucun Corſaire ni Turc ni Maure, qu'on ne leur fourniroit point de vivres, & qu'on ne leur feroit aucune faveur. Que la Goulette demeureroit

Comme l'Empereur laiſſa la ville au Roy de Tunis, & qu'André Dorie alla prendre Bone avec le reſte de ce qui ſe paſſa juſqu'à la fin de l'entrepriſe.

Ppp iij

à l'Empereur & à ses successeurs pour jamais, & que le Roy & les siens payeroient douze mille escus d'or par an pour l'entretien de la garnison, puisque c'estoit la seureté de l'Estat. Que toute la pesche du coral seroit pour jamais à l'Empereur. Que les Rois de Tunis en reconnoissance de la faveur qu'on leur avoit faite, & pour marque de dépendance, envoyeroient tous les ans au Roy d'Espagne six chevaux & douze faucons, moyennant quoy ils seroient obligez de les prendre en leur protection & de les défendre contre leurs ennemis. Aprés que ces articles eurent esté jurez & signez de part-&-d'autre, l'Empereur fit remettre la ville entre les mains de Muley Hascen, & pour la seureté de ce Prince jusques à ce que le pays fust paisible, il laissa deux cens soldats pour la garde du chasteau & de sa personne, & avec le reste de l'armée il prit son chemin de l'autre costé de l'étang, & fut coucher le soir à Arradez qui n'est pas loin de la Goulette. Il demeura là jusques à ce que toute la cavalerie, l'artillerie, & les munitions fussent embarquées, puis se vint rendre dans son vieux camp au milieu des ruines de Carthage. Là-dessus vint *celuy qu'André Dorie avoit envoyé à la suitte de Barberousse, qui dit qu'en l'espace de deux jours ce Corsaire avoit tiré les dix galéres qui estoient renversées dans le fleuve, & les avoit équipées & chargées avec trois autres & deux fustes, des Turcs & des Maures qui l'avoient suivi, sans qu'il eust osé luy donner bataille, acause que la victoire estoit incertaine. L'Empereur receut grand déplaisir de cette nouvelle, & envoya aussi-tost André Dorie avec trente galéres & deux mille Espagnols à Bone, où il arriva justement au tems que Barberousse avoit envoyé les treize galéres & les deux galiotes chargées de son infanterie, & pris par terre la route d'Alger avec sa cavalerie: Il rencontra la ville deserte, les habitans s'estant retirez dans les montagnes, & s'en saisit aussi-bien que du chasteau & de quelques vaisseaux de haut bord qui estoient-là. Mais considérant ce qu'il laissoit derriére luy, & qu'on le trouveroit à dire pour l'accomplissement de cette entreprise; il n'alla pas plus loin, & retournant à Tunis, rencontra l'Empereur qui avoit embarqué toutes les

* Adam.

LIVRE SIXIEME.

troupes & donné ordre à la fortification de la Goulette, faisant venir de la Sicile, des pierres, des briques & de la chaux pour la structure des boulevars, & y laissant pour Gouverneur Dom Bernardin de Mendosse avec mille Espagnols, & Antoine Dorie avec douze galéres. Ensuite il renvoya l'armée navale d'Espagne avec l'Infant Dom Louïs son beau-frére, & avec les autres vaisseaux, il prit la route de Méhédie que les Chrestiens nomment Afrique: mais il s'éleva la nuit vne tempeste qui écarta les vaisseaux & les galéres, & les dissipant par toutes ces mers, l'Empereur aborda avec les galéres à Drépano dans la Sicile où le reste le revint joindre. Et parce-que l'esté estoit passé, au lieu de s'embarquer & de poursuivre cette entreprise comme il avoit résolu, il en donna la charge à André Dorie & à Fernand de Gonzague. Ils partirent aussi-tost avec trente galéres & quinze navires chargez de cinq mille Espagnols & Italiens. Mais le vent leur fut si contraire qu'ils ne purent passer l'isle de la Fabienne, & retournérent en Sicile aprés avoir consumé leurs vivres; ce qui fit avorter le reste de l'entreprise. D'autre-costé l'armée navale d'Espagne prit en chemin la ville de Biserte & celle de Bone où quelques Maures estoient rentrez depuis le départ d'André Dorie. On y laissa vn * Gouverneur avec mille Espagnols, six cens dans la place & quatre cens au chasteau: & la flote arriva en Espagne sans aucune mauvaise rencontre.

Alvaro Gomez Zagal.

Il y eut plusieurs révolutions dans Tunis depuis que l'Empereur en fut parti; car Barberousse estant arrivé dans Alger fit équiper en diligence pour rétablir sa réputation, tous les vaisseaux qu'il avoit sauvez dans Bone avec ceux qu'il avoit pû rassembler, & tirant vers Minorque, prit & sacagea la ville de Maon qu'il avoit surprise à l'improviste & sans défense. Car quoy-que l'Empereur eut commandé au Gouverneur de Bone * qu'il envoyast quatre cens de ses soldats dans cette isle, il s'estoit excusé sur la nouvelle qu'il avoit receuë que le Gouverneur de Constantine *le venoit attaquer, & que sa place estoit de trop grande défense pour se dégarnir de troupes. Aprés la perte de Maon, Barberousse fit de grans degasts par toutes les costes de la Chrestienté emmenant quantité de biens & d'escla-

Ce qui arriva dans Tunis depuis le départ de l'Empereur.

Alvaro Gomez Zagal.

Hascen Aga.

ves sans aucun obstacle. Au bruit de ces victoires plusieurs places du Royaume de Tunis qui s'estoient renduës à Muley Hascen se soûlevérent, dont les vnes s'afranchirent, & les autres receurent garnison Turque. Vn Alfaqui* tenu pour Saint parmi les Maures, se soûleva dans Carvan, & non content de cette place, il aspira à l'Empire de Tunis. Ce Roy donc fut toûjours en troubles & ne put pacifier son Estat, quoy-qu'André Dorie passat à son secours avec les galéres de l'Empereur, & luy fist recouvrer quelques villes que les Turcs avoient occupées, comme nous dirons en leur description. Enfin l'an mille cinq cens quarente-quatre aprés avoir envoyé son fils* contre quelques places révoltées au quartier de Bone, considérant de quelle importance il estoit de chasser les Turcs d'Alger, & de toute la coste de Barbarie & qu'il estoit besoin de faire vne armée navale comme pour l'entreprise de la Goulette, il résolut de venir trouver l'Empereur pour cela, & pour luy rendre aussi graces des obligations qu'il luy avoit. Ayant donc mis vn Gouverneur* dans Tunis, & vn autre* dans le chasteau, & laissé dans la Goulette ses pierreries & vne partie de son argent, il passa en Sicile & de là à Naples avec vne garde de cinq cens Maures, & fut par tout fort bien receu. Cependant, cette entreprise luy fut fatale: car il estoit à peine parti que son fils* par le conseil de quelques-vns de ses ennemis*, & par l'ambition de régner vint se jetter à grand'haste dans Tunis: mais le Gouverneur luy ayant representé son devoir, & allégué plusieurs raisons pour le divertir de son dessein, l'en chassa avec menaces. Il se retira dans les palais & dans les maisons de plaisance qui estoient dehors, resvant aux moyens de faire réüssir ce qu'il avoit entrepris. Il fit publier que son pere venant en Europe pour embrasser la religion des Chrestiens avoit esté pris par les Turcs, & que le Gouverneur de Tunis estoit allé parler à celuy* de la Goulette pour choisir vn Roy à leur fantaisie, & l'exclure de la succession. Ces choses & autres semblables s'estant répanduës dans Tunis, & le peuple ignorant y ajoûtant foy, il commença à se faire de secretes assemblées, & quelques-vns mandérent sous-main le fils du Roy qui vint aussi-tost, & se

voyant

*Cidi Arsa.

*Muley Hamida.

*Temtan.
*Caid Ferah.

*Muley Hamida.
*Bu Amary, Mahamet.

*Dom Francisco de Toüar

LIVRE SIXIE'ME.

se voyant favorisé du peuple, poussa droit à la maison du Gouverneur pour s'en défaire; mais ne le trouvant point, il tua quelques-vns de ses gens, & courut de là en faire autant par toutes les maisons des partisans de son pere; ensuite il va au chasteau, tuë à la porte le Commandant qui ne se doutoit de rien, & se saisissant de la place, fit arrester le Gouverneur de la ville & les autres du parti contraire, & prenant le titre de Roy de Tunis, entra effrontément dans le palais, & s'empara des femmes & des concubines de son pere. Le pere ayant receu cette nouvelle dans Naples, outré de déplaisir, prie le Viceroy * de luy donner quelques troupes pour aller venger cette perfidie. Il s'embarque donc avec les Maures de sa garde & deux mille Italiens, sous la conduite de Iean-Baptista de Lofrédo, & estant arrivé à la Goulette, sans le communiquer ni au Gouverneur ni aux vieux soldats, prend la route de Tunis, dans la croyance que son fils ne l'attendoit pas, & que les habitans ne se deffendroient point contre luy; & de fait, comme ils le virent venir avec ses troupes, les principaux montérent au Chasteau craignant vn second malheur, & priérent son fils de se retirer sans prendre les armes contre son pere, ni permettre que la ville fust sacagée encore vn coup. Ils luy remontrérent qu'ils ne pouvoient justement l'assister contre leur Roy, & qu'il ne faloit point qu'il vsurpast le Sceptre qui ne luy pouvoit manquer vn jour. Le jeune & superbe Tyran leur répondit qu'ils s'estoient trompez de croire que son pere vinst à bon dessein, que comme Prince Chrestien, il avoit juré leur ruine, & qu'il venoit pour l'exclure de la Couronne. Ils luy repartirent, Si vostre pere vient avec des Chrestiens, nous mourrons tous pour nostre défense; mais s'il vient seulement avec les Maures de sa garde, nous ne prendrons point les armes contre luy, & se retirérent là-dessus, laissant ce jeune Prince assez surpris. Tandis que cela se passoit Muley Hascen tiroit vers Tunis, ayant à l'avantgarde les cinq cens Maures qu'il avoit menez à Naples avec luy & derriére eux le bataillon des Italiens qui venoient le long de l'étang par le mesme chemin que l'Empereur avoit pris. Cependant, son fils avoit envoyé quelques soldats détachez pour entre-

* Dom Pédro de Toléde.

tenir l'escarmouche, & les habitans attendoient les armes à la main quel seroit le succés de l'entreprise. Les Maures ayant escarmouché les vns contre les autres, les gens du jeune Prince reculérent vers la ville sans que ceux qui y estoient s'avançassent pour les secourir, quoy-qu'ils vinssent à les joindre. Ils alloient entrer ensemble dans la place lors-qu'vn * des Chefs du parti du Roy appercevant qu'ils estoient tous meslez & que ceux de Tunis ne se batoient point, crut que les troupes du Roy s'estoient jointes aux ennemis, & le courut dire à ce Prince qui luy commanda de les aller rallier & de les faire revenir; ce qui fut cause de sa perte : car les habitans voyant approcher le bataillon des Chrestiens, & les Maures du parti du Roy se retirer, crurent que ce qu'avoit dit le jeune Prince estoit vray, & donnant tous ensemble aidez des Arabes qui estoient aux écoutes & qui vinrent fondre avec de grans cris, mirent en desordre le bataillon des Italiens, & l'enfonçant en divers endroits, en tuérent ou prirent la pluspart. Le reste se sauva à la Goulette en fort mauvais estat, le Mestre * de camp & les Capitaines se firent tuer en combatant. Le Roy fut pris dans l'étang, & ayant esté mené dans Tunis & mis en prison, son fils luy donna le choix deux jours aprés de la mort ou de l'aveuglement, & comme il eut accepté le dernier, il luy fit perdre la veuë avec vn bassin ardent qu'on luy mit devant les yeux. Les troubles de la ville appaisez, il marcha contre Biserte qui avoit receu vne garnison Turque dans le chasteau. Cependant, arrivérent à la Goulette quinze cens Espagnols commandez par Alonso Bivas Mestre de camp, que le Viceroy * de Naples envoyoit sur la nouvelle de la défaite ; il y avoit avec ces troupes quelques alliez & quelques Musarabes. Le Gouverneur * de la Goulette fit entrer dans Tunis Abdulmalic frére de Muley Hascen; car vn jour de feste que ceux de Tunis ne pensoient à rien, il vint dans la ville déguisé pour n'estre pas reconnu, & avec plusieurs de sa faction répandus en divers lieux, il entra à l'improviste dans le chasteau, & tuant les gardes qui estoient à la porte, s'en rendit le maistre. Alors se saisissant du fils aisné de Hamida *, il luy fit perdre la veuë, & prit

* Hami.

*Iean Baptista de Lorédo.

* Dom Pédro de Toléde

* Francisco de Toüar.

* De Sayd.

le titre de Roy de Tunis. Cét Abdulmalic ne régna que trente-
six jours; car estant tombé malade le vingt-deuxiéme il mourut quinze jours aprés; & dans ce peu de tems il paya le tribut
à l'Empereur & six mille ducats à la garnison de la Goulette : il mit aussi son frére Muley Hascen en liberté, & luy
rendit tout son appareil & ses femmes; mais il les renvoya
à leurs peres, & ne les voulut pas toucher, parce-que son
fils en avoit fait tout ce qu'il avoit voulu. Muley Hascen
disoit en contant l'histoire de ses avantures, que pendant les
quinze jours que son frére avoit esté malade, ses propres
valets avoient pillé la maison, & l'avoient tenu comme
prisonnier, & que toutes les fois qu'on ouvroit la porte, il
croyoit qu'on l'alloit égorger. Aprés la mort d'Abdulmalic, ceux de Tunis demandérent pour Roy vn fils * de Mu- *Muley Ma-
ley Hascen qui estoit alors dans la Goulette; mais le Gou- hamet.
verneur ne leur accorda pas leur demande, & mit sur le
thrône vn fils d'Abdulmalic appelé Mahamet, qui fut receu
avec l'applaudissement du peuple, & ne régna que quatre mois. Sur ces entrefaites Muley Hascen vint à la Goulette, & fut mené de là en vne petite isle nommée Tabarca
qui est entre Bone & Carthage, où les Genois ont basti vn
fort, acause de la pesche du coral. De-là il fut à Sardaigne,
puis à Naples & à Rome, & enfin à Ausbourg où l'Empereur eut grande compassion de le voir privé de la veuë, de
son Royaume & de ses trésors : car entre ses autres malheurs, il se plaignoit que le Gouverneur de la Goulette luy
avoit dérobé l'argent & les pierreries qu'il luy avoit données
en garde en allant à Naples. L'Empereur luy fit fournir tout
ce dont il avoit besoin, & le consolant, luy fit esperer vn
meilleur destin. Cependant, son fils * exclus de la capitale *Hamida.
& presque de tout l'Estat alloit de lieu à autre demander
secours aux Arabes & aux autres peuples; mais comme il
estoit dans Gelues, quelques habitans de Tunis mécontens
du Gouvernement le rappelérent; de-sorte qu'il s'embarqua sur vne fuste de Corsaire & vint descendre en la ville
de Monester. De-là il fut trouver quelques Arabes de ses
amis, & avec le plus de gens qu'il put, il entra dans Tunis
si à l'improviste, que le jeune Roy eut bien de la peine à se

Qqq ij

492 DV ROYAVME DE TVNIS,

sauver à la Goulette. Alors s'emparant de la ville & du chasteau, il fit mourir cruellement tous ceux du parti contraire, en jettant quelques-vns des principaux aux chiens, pour estre mangez tout vifs. Il demeura ensuite paisible possesseurs de Tunis, & le fut jusqu'en l'an mille cinq cens soixante & dix, que le Gouverneur * d'Alger se saisit de la place en trahison, par l'entremise de quelques habitans, & les Turcs la possédent encore aujourd'huy.

Aluch Ali.

CHAPITRE XVII.

De Cammart.

C'EST vne ancienne ville, à trois lieuës de celle de Tunis, du costé du Septentrion, & assez prés des ruines de Carthage. Les Historiens du pays rapportent qu'elle a esté bastie par les Romains. Elle est fermée de hautes murailles, & fort peuplée; mais les habitans sont la pluspart jardiniers, qui portent vendre à Tunis des fruits & des herbes potageres. Il y a dans cette contrée de grans champs de cannes de sucre, que l'on vend en détail à ceux de Tunis, sans en faire du sucre comme ailleurs. Quand la ville de Tunis fut prise par l'Empereur, les Espagnols sacagérent cette place, parce-que les habitans s'enfuirent à la descente de l'armée. Elle se nommoit autrefois Valachie, à ce que dit Aben Rachid, Auteur Africain.

1535.

CHAPITRE XVIII.

De Marça.

C'EST vne petite ville, dont le nom signifie Port en Arabe. Aussi est-elle assise au mesme endroit où estoit le port de Carthage. Elle a esté bastie par vn Calife * de Carvan depuis la ruine de Carthage par les Mahométans; mais elle fut détruite depuis par d'autres Arabes dans les guerres qu'ils eurent contre les Rois de Tunis. Et à la venuë de Charles-Quint elle estoit peuplée de pauvres gens labou-

Méhédy.

LIVRE SIXIE'ME. 493

seurs, pescheurs, ou blanchisseurs. Prés de la ville il y avoit quelques jardins & quelques maisons de plaisance, où les Rois alloient prendre le frais l'esté. Les soldats de l'Empereur la trouvant vuide, la sacagérent, & depuis elle s'est repeuplée, encore que les habitans n'y soient pas trop en seureté, quand il y a guerre avec ceux de la Goulette. Il y a encore d'autres habitations dans les ruines de Carthage, ou auprés, dont nous ne faisons pas de mention, parce-qu'elles ne sont pas de conséquence.

CHAPITRE XIX.

D'*Arriane**.

* autrefois Abdirana.

C'EST vne petite ville, bastie par les Romains, à vne lieuë de Tunis du costé du Septentrion. Les murs sont encore debout, & l'on voit en divers endroits des statuës de pierre, & d'autres antiquitez. Il y a hors de la ville plusieurs carrobiers, & autres arbres qui portent de fort bon fruit. Les habitans sont pauvres laboureurs & jardiniers, qui s'enfuirent encore à la venuë de l'Empereur, & leur ville fut sacagée; mais ils y sont revenus depuis.

CHAPITRE XX.

D'*Arradez*.

C'EST vne autre petite ville sur le chemin qui va de la Goulette à Tunis, à l'Orient de l'étang. Elle a esté bastie par les Romains, & quoy-que petite, elle est fameuse par des bains d'eau vive: Lors-que les successeurs de Mahomet entrérent en Afrique, c'estoit vne Colonie * Romaine, qu'ils prirent & sacagérent, démantelant vne partie des murailles avant que de l'abandonner. Les Rois de Tunis restablirent depuis celles du chasteau, & elle se repeupla, non pas pourtant comme la prémiére fois. Aprés la prise de Tunis l'Empereur s'y vint camper; mais les habitans se retirérent, & depuis ils y retournérent; mais ils ne sont pas

*autrefois Cuyna.

Qq q iiij

trop en seureté des soldats de la Goulette, & quand il y a guerre ils ne les osent attendre, non pas mesme dans le châ-teau, quoy-qu'ils ne soient qu'à deux lieuës de Tunis.

CHAPITRE XXI.

De Nébel *.

* ou Nabis.

C'EST vne petite ville bastie par les Romains sur la coste, à quatre lieuës de Tunis du costé du Levant, & qu'on nommoit autrefois Néapolis, ou Ville-neuve, à ce que disent ceux du pays. Elle fut ruinée par les successeurs de Mahomet, lors-qu'ils détruisirent Carthage, & les autres villes de la province, & fut long-tems deserte, jusques à ce qu'elle fut repeuplée par de pauvres gens, qui la quiterent aussi à la venuë de l'Empereur. Ils y sont retournez maintenant, a cause que le pays d'alentour rapporte beaucoup de lin, par le moyen des rigoles dont il est arrosé, & ils se nourrissent de ce revenu, aussi-bien que de la pesche, mais ils sont assez misérables. Ptolomée met cette ville à trente-cinq degrez quarente-cinq minutes de longitude, & à trente-trois degrez de latitude.

CHAPITRE XXII.

D'Hamamet.

C'EST vne ville que les Rois de Tunis ont bastie depuis peu sur la coste, en vn golfe qui porte son nom, quoy qu'on die par corruption Mahamet pour Hamamet. Elle est à dix-sept lieuës de Tunis par terre, du costé du Levant; mais par mer il y en a plus de soixante, à compter de la Goulette: car depuis là jusqu'au Cap d'Apollon *, la mer fait vn cercle en forme de croissant, & s'étend ensuite fort au long vers le Levant, sur le golfe de Carthage jusqu'au Cap de Mercure *. Il y a là vne forteresse, d'où la mer fait vn grand golfe, sur lequel cette ville est assize. Ce qui fait qu'elle est si éloignée de Tunis par mer, & si proche

* ou Açafran.

* ou de Pucro.

par terre. Ses habitans sont de pauvres gens, pescheurs, blanchisseurs, ou charbonniers, qui ont bien de la peine à vivre, acause des imposts dont on les charge.

CHAPITRE XXIII.

De Calibie.

C'EST vne forteresse bastie sur la coste, entre Tunis & Hamamet, au haut d'vn roc qu'on nomme le Cap de Mercure. Il y a vn assez bon port pour les vaisseaux Arabes. Les habitans sont braves, & grans ennemis de ceux de Tunis, acause des maux qu'ils en ont receûs. Dans les guerres de Muley Hasçen, elle fut sacagée trois fois par les Espagnols, parce-qu'elle s'estoit donnée aux Turcs; mais elle ne laisse pas de se soûlever toutes les fois que l'occasion s'en présente, & de leur donner entrée. Cette place est forte par la situation, outre que toutes les murailles sont terrassées. La première fois que les Espagnols la sacagérent, les Maures se défendirent vaillamment, & en tuérent ou blessérent des plus braves; mais elle fut emportée à la fin. Il y mourut quatre cens Turcs, outre plusieurs prisonniers qu'on fit. Elle ne se défendit pas si bien les autres fois, parce-que les Turcs & les Maures instruits à leurs dépens, abandonnérent le chasteau. Ptolomée met cette place à trente-trois degrez trente minutes de longitude, & trente-trois degrez dix minutes de latitude, sous le nom du Curobi. D'autres croyent que c'est Clupée: Elle est maintenant aux Turcs.

CHAPITRE XXIV.

D'Héraclie.

C'EST vne petite ville ruinée, à vingt-huit lieuës de Tunis sur la coste au haut d'vne coline. Les Historiens du pays racontent qu'elle a esté bastie par les Romains, & ruinée par les successeurs de Mahomet, acause que c'estoit vne de leurs colonies. Elle se défendit vaillamment l'espace de quelques jours; mais à la fin l'ayant emportée, ils la détruisirent, aprés avoir tué tous les habitans, sans qu'elle se soit repeuplée depuis. On voit encore ses ruines entre Hamamet & Suse. Quelques-vns disent, qu'elle se nommoit autrefois Aspi, à qui Ptolomée donne trente-cinq degrez vingt minutes de longitude, & trente-trois degrez vingt minutes de latitude.

CHAPITRE XXV.

De Suse.

C'EST vne ville de plus de quinze cens maisons, sur la coste, en vn beau lieu vn peu relevé du costé de la terre; de-sorte que de la mer toutes les maisons se voyent. Elle est fermée de bonnes murailles, & au plus haut de la ville, où elle regarde la terre, il y a vn fort chasteau, avec vn fossé & vne esplanade tout autour. Ceux du pays en attribuent la fondation aux Romains, & disent qu'elle a esté autrefois tres-illustre & tres-peuplée, & qu'elle se nommoit Siagul, à qui Ptolomée donne trente-six degrez de longitude, & trente-deux degrez vingt minutes de latitude. Quand les successeurs de Mahomet entrérent en Afrique, aprés qu'Occuba eut basti la ville de Carvan, il fit long-tems sa demeure dans Suse, qui est à douze lieuës de là le long de la coste, & son palais est encore debout, avec plusieurs maisons considérables, & vne grande & belle Mosquée qu'il fit construire. Le pays est fertile en huiles, dates, figues, & autres sortes de fruits; mais comme la terre est fort légére, elle ne rapporte que de l'orge. Encore les Arabes par ces campagnes, tourmentent-ils si fort les habitans, qu'ils ont bien de la peine à la cultiver; ce qui est cause que la pluspart s'adonnent à la marine, & vont trafiquer en Aléxandrie & ailleurs. Depuis que les Corsaires Turcs passérent en Afrique, & se meslérent avec eux, ils commencérent à faire le mestier de Pirate, & à courre les costes d'Italie avec des fustes & des galiotes. Quand Barberousse prit Carvan & Tunis, qui n'en est qu'à

trente-

LIVRE SIXIE'ME.

trente-cinq lieuës par terre, ils se rendirent à luy, tant pour la haine qu'ils portoient à cette ville, que parce-que c'est vn peuple leger, & qui aime le changement. Mais après que l'Empereur eut chassé Barberousse de Tunis, il envoya de Sicile vne armée navale contre cette place, parce-qu'elle ne s'estoit pas voulu soûmettre à Muley Hascen.

1537.

Depuis que l'Empereur fut de retour de la conqueste de Tunis, les Turcs se saisirent d'vne grande partie de la coste, & le Roy de Tunis n'estant pas capable de les en chasser, eut recours à l'Empereur, qui manda au Viceroy de Sicile qu'il le secourust, avec les troupes & les vaisseaux qu'il jugeroit necessaires à cette entreprise. On en donna donc la commission au Marquis de Terre-neuve, Gentilhomme Sicilien, & l'on assembla quatorze galéres, dix de Sicile, & quatre de Malte, avec quatre grans navires, sur lesquels on embarqua deux mille Espagnols, & quelques Siciliens, & l'on prit la route de Suse. Outre ces troupes, le Roy de Tunis envoya par terre sept mille chevaux Maures ou Arabes, sous le commandement de son fils. L'armée navale arrivée devant Suse, les galéres débarquérent l'infanterie vn peu loin de la ville, en vne petite rade du costé du Couchant, où elles ne pouvoient estre offensées de l'artillerie des ennemis ; mais les gros vaisseaux demeurérent fort éloignez, acause des bancs de sable, qui sont le long de cette coste. L'armée s'estant mise en bataille tout à son aise, sans estre troublée de la ville, se vint camper en vne plaine du costé du chasteau, les forces des alliez tenant la campagne. Aprés avoir fait vne baterie avec des gabions, on planta dessus quatre piéces d'artillerie, dont on commença à batre le pan de mur attaché à la tour du donjon ; ce qui fut sans effet. On pouvoit attaquer la ville plus facilement, & la prendre d'emblée, puis batre de là le chasteau, où s'estoient retirez quelques Turcs & renégats ; mais il ne le voulut pas faire, parce-que les soldats se seroient amusez au pillage, & que les Turcs & les Maures sortant là-dessus du chasteau, les auroient égorgez par les maisons, comme ils firent dans Sargel. Neantmoins, avant que la bréche fust raisonnable, il fit donner l'assaut, tous les alliez estant répandus autour de

Comme le Marquis de Terre-neuve fut contre la ville de Suse.

Partie II.   R r r

la place, & ayant fur leurs teftes des rameaux d'olives pour eftre reconnus des Chreftiens. L'affaut dura fort long-tems : les Turcs & les renégats défendirent vivement la bréche, avec des cailloux & des quartiers de pierre, qu'ils jettoient du haut du donjon, & ayant tué Dom Diégo de Caftilia, Meftre-de-Camp, & Lope de Melo, Capitaine d'vne des galéres de Malte, avec plufieurs Gentilshommes, & plufieurs foldats, on fut contraint de fe retirer & d'abandonner la victoire aux ennemis. Car les munitions qu'on portoit eftant confumées, & n'ayant pas affez de vivres pour en attendre de nouvelles, on fe rembarqua, & l'on retourna en Sicile. Sur ces nouvelles, l'Empereur donne l'éxécution de cette entreprife à André Dorie, qui joignant à fes galéres celles de Naples, de Malte, & de Sicile, qui faifoient en tout le nombre de quarente-trois, embarqua deffus l'infanterie Efpagnole, & abordant fur la cofte de Tunis, prit fur les Turcs le chafteau de Calibie, & les villes de Sufe, de Monefter, & d'Esfaque. La ville d'Afrique fe rendit au Roy de Tunis, qui y mit garnifon; mais Calibie, Sufe, & Monefter, fe revoltérent quelque tems après, & receurent les Turcs; pour Esfaque, & Afrique elles fe mirent en liberté, & chaffant les gens du Roy receurent les Turcs. Cela demeura de la forte jufqu'en l'an mille cinq cens quarente-neuf, que le Roy de Tunis courant la cofte avec quarente-trois galéres, & l'infanterie Efpagnole du Royaume de Naples, elles retournérent à l'obéïffance de ce Prince. Mais André Dorie ne fut pas pluftoft parti, que Sufe & Monefter fe revoltérent, & chaffant le fils de leur Roy, fe rendirent à Dragut; mais André Dorie retournant l'année fuivante, & ayant forcé Monefter, comme il fe dira enfuite, Sufe chaffa les Turcs du chafteau, & fe rendit; mais après elle leur donna entrée, & eft encore à eux à préfent.

LIVRE SIXIE'ME.

CHAPITRE XXVI.

De Monester.

C'Est vne ancienne ville, baſtie ſur la coſte par les Romains, à quatre lieuës de Suſe du coſté du Levant. Elle eſt fermée de bonnes murailles fort hautes, les maiſons y ſont bien baſties, & la ſituation en eſt agréable. Elle eſt batuë des flots de la mer, & a tout autour pluſieurs jardins, & quantité d'oliviers; de ſorte qu'on y recueille beaucoup d'huile & de fruit. La terre eſt légére, & n'eſt pas bonne pour le froment, ce qui fait que les habitans ne mangent que du pain d'orge. Ils ſont maintenant fort pauvres, pour avoir eſté tourmentez ſouvent des Maures, des Turcs & des Chreſtiens, depuis la priſe de Tunis par Barberouſſe. Car ils ſe ſont revoltez pluſieurs fois contre leur Roy, & ont eſté ſacagez par les armées navales de Charles Quint. André Dorie la prit la prémiére fois, l'an mille cinq cens trente-neuf, & y laiſſa vn régiment Eſpagnol, par ordre de l'Empereur, pour appuyer le parti du Roy de Tunis. Sur ces entrefaites, ce Roy aſſembla le plus de gens qu'il pût, pour marcher contre Carvan, & prit avec luy ce régiment Eſpagnol, & quelques piéces d'artillerie. Mais quand il fut à trois lieuës de Moneſter, tous les Maures de ſon parti paſſérent du coſté des ennemis; de ſorte qu'il fut contraint de ſe réjoindre au bataillon d'infanterie Eſpagnole, qui fit bravement ſa retraite à travers vne plaine ſablonneuſe, quoiqu'il eut ſur les bras plus de cent mille hommes, & qu'il ne fuſt que de deux mille. Il s'embarqua depuis pour l'Italie, & les Turcs reprirent la ville.

L'an mille cinq cens quarente-neuf André Dorie fut tout l'eſté à chercher Dragut, qui faiſoit de grans maux aux Chreſtiens avec vingt quatre vaiſſeaux Corſaires. Mais ce fameux Pirate fit ſi bien, qu'on ne le pût attraper. Et cependant, André Dorie avec trente-trois galéres, courut toute la coſte de Tunis, & reduiſit à l'obeïſſance du Roy les villes de Suze, de Moneſter, d'Afrique & d'Eſfaque,

1549.
Comme Dragut s'empara des villes de Suſe, & de Moneſter, & en-

Rrr ij

fut chaſſé par André Dorie.
* Muley Bubcar.

avec le chaſteau de Calibie, & les remettant entre les mains de ſon fils *, retourna paſſer l'hyver en la Chreſtienté. Mais dés le commencement du printems, avec les galéres du Pape & du Duc de Florence, & quelques compagnies Eſpagnoles des régimens de Naples, de Lombardie, & de Sicile, il alla donner la chaſſe à Dragut, qui avoit repris l'hiver les villes de Suſe, de Moneſter & d'Esfaque, aprés en avoir fait chaſſer le fils du Roy de Tunis par les habitans, ſurpris la ville d'Afrique, & laiſſé dedans ſon neveu, avec quatre cens Turcs, pour aller courre la mer avec trente-ſix voiles. André Dorie eſtant donc parti de Sicile, avec toutes ſes galéres débarqua au Cap de Mercure, & ſacagea le chaſteau de Calibie. Delà il prit la route de la ville d'Afrique, & paſſa ſi prés avec ſa capitane, pour la reconnoiſtre, que les Turcs luy tuérent cinq hommes d'vn coup de canon ſur la poupe de ſa galére. Auſſi-toſt il s'éloigna hors de la portée du canon, & tint conſeil avec les Généraux des galéres, où il fut réſolu qu'on prendroit cette place avant que Dragut s'y fortifiaſt davantage, ſans rompre pour cela avec le Grand-Seigneur, puiſque c'eſtoit contre vn Corſaire, qui ne gardoit ni paix, ni tréve, & faiſoit beaucoup de deſordre. Mais parce qu'il faloit plus de troupes pour cette entrepriſe, & qu'il en faloit donner avis aux Vicerois de Naples & de Sicile; il fut réſolu qu'on iroit cependant à la Goulette, & qu'on prendroit en paſſant la ville de Moneſter, où Dragut avoit laiſſé quelques Turcs en garniſon. Comme on y fut arrivé, les ſoldats débarquérent avec aſſez de peine, parce-que les Turcs & les Maures, aidez de quelques Arabes, s'oppoſérent à la deſcente, & il y eut vne rude eſcarmouche. Mais les ſoldats qui avoient ſauté d'abord en terre, eſtant rafraichis perpetuellement par les autres à la faveur des eſquifs, on gagna peu à peu du terrain, & toutes les troupes eſtant débarquées, l'ennemi fut contraint de ſe retirer. Aprés que l'infanterie fut miſe en bataille en deux gros, on commença à débarquer l'artillerie, & à ſe mettre en eſtat de batre la ville. Auſſi-toſt les habitans firent paroiſtre vn drapeau blanc, & demandérent à parlementer, mais il ne fut rien conclu,

LIVRE SIXIEME.

acauſe qu'on ne leur voulut accorder que la vie, & l'on fit au meſme tems jouër le canon. L'vn des bataillons fit alte pour s'oppoſer aux Arabes, & la bréche eſtant faite, les autres entrérent dans la ville ſans beaucoup de réſiſtance, parceque les femmes & les enfans s'eſtoient retirez à la veuë de l'armée navale, & le reſte ſe jetta dans le chaſteau. Tandis qu'on ſacageoit la ville, les Chefs * pour empeſcher quelque diſgrace, allérent ſe ſaiſir des avenuës du chaſteau, & ſommérent ceux de dedans de ſe rendre, s'ils vouloient ſauver leur vie. Sur leur refus, on commença à le batre du coſté de la terre avec deux piéces de canon, tandis que les galéres donnoient du coſté de la mer ; Si-toſt qu'il y eut bréche, quoy-qu'aſſez incommode, on y monta avec des échelles, & par le pan de mur qui joint de la ville au château, l'ennemi ſe défendit aſſez bien ; mais le Gouverneur ayant eſté tué, avec les Turcs, & plus de quarente Maures, le reſte ſe retira au donjon, où il ſe rendit, & fut fait eſclave. Cependant, ceux de Suſe dépeſchérent vers André Dorie, & chaſſant la garniſon Turque, furent receus à compoſition, & prirent le parti du Roy de Tunis. Nous raconterons la ſuite en la deſcription de la ville d'Afrique ; mais enfin cette place & toutes les autres de la coſte, ſont retournées au pouvoir des Turcs, qui y ont maintenant garniſon.

* D. Garçia de Toléde; & D. Alvaro de Véga.

CHAPITRE XXVII.

De Tobulba.

C'EST vne ville de ſept cens feux, baſtie par les Romains ſur la coſte à quatre lieuës de Moneſter du coſté du Levant. Elle eſtoit autrefois riche & fort peuplée, parce-qu'elle a vn grand territoire & qu'il y a quantité d'oliviers qui rapportent beaucoup d'huile. Elle ſuit la fortune de Suſe, de Moneſter, & de la ville d'Afrique, & a eſté extrémément incommodée des guerres juſques à ſe dépeupler tout-à-fait, acauſe des courſes des Arabes : maintenant ceux qui y demeurent vivent comme des Religieux, ils reçoivent tous les eſtrangers qui y arrivent, & leur donnent dans vn grand logis tout ce qui leur eſt néceſſaire. Cela les met à couvert des Arabes des Rois de Tunis & des Turcs; parce-qu'ils les reçoivent bien & les traitent tous également. Ptolomée met cette ville à trente-ſix degrez vingt-cinq minutes de longitude, & à trente-deux degrez quarente minutes de latitude ſous le nom d'Afrodiſie.

CHAPITRE XXVIII.
De la ville d'Afrique.

C'EST vne grande ville ruinée de noſtre tems par Charles-Quint, comme nous dirons enſuite. C'eſtoit l'ancienne Adrumette des Romains que Ptolomée met à trente degrez quarente minutes de longitude, & à trente-deux degrez quarente minutes de latitude. Depuis ce tems-là le Calife * Schiſmatique de Carvan la fortifia & la nomma de ſon nom Méhédie. Elle eſt baſtie comme vne iſle ſur vne pointe de terre qui avance dans la mer à quatre lieuës de Tobulba vers le Levant. Elle eſtoit bien murée, & garnie de tours & batuë des flots de la mer de tous coſtez hormis en vn eſpace de trois cens cinquante pas par où elle tenoit à la terre. Mais cét endroit eſtoit occupé par vn chaſteau conſtruit dans le mur qui eſtoit maſſif juſqu'au cordon, & avoit quarente pieds d'épaiſſeur, avec ſix tours éloignées l'vne de l'autre & maſſives auſſi qui avançoient de quarente pieds en dehors juſqu'à la barbacane du ravelin. Au haut de ce chaſteau il y avoit deux murailles qui répondoient l'vne à la ville & l'autre à la campagne, & entre ces murailles & le vuide des tours eſtoient les apartemens du Gouverneur & des ſoldats. Les quatre tours du milieu eſtoient quarrées; mais les deux autres qui eſtoient batuës des flots de la mer, eſtoient rondes & hautes. Elles avoient toutes de petites portes couvertes de lames de fer, & ſi baſſes qu'on n'y pouvoit entrer qu'en ſe baiſſant; deſorte que chaque tour eſtoit vne fortereſſe ſéparée. En la ſeconde tour quarrée vers le Levant, eſtoit la porte principale, & il n'y en avoit point d'autre du coſté de la terre.

* Méhédy.

Cette porte avoit vne grande voute obscure sous la tour, & six portes à la file couvertes de lames de fer, & les secondes portes en entrant par dehors estoient faites de grosses barres de fer & enclavées ensemble sans aucun bois, & en chacune il y avoit vn lion de bronze relevé en bosse qui se regardoient l'vn l'autre. Ces portes n'estoient pas plates, mais courbées en dehors, & elles avoient toutes leurs herses de fer & leurs retraites qui tomboient du haut de la tour à huit pas ou environ du haut de ce mur. Il y en avoit vn autre plus bas qui servoit de fausse braye & avoit douze pieds d'épaisseur, & neuf tours si bien compassées, que les trois répondoient à deux du fort. Et en celle du milieu il y avoit vne porte de costé tournée au Levant. La ville avoit cinq mille trois cens pas de circuit, & des tours de trente en trente pas. L'Arsenal regardoit l'Orient prés d'vne grande Mosquée bien bastie qui tenoit au mur. Au bout de la ville vers le Septentrion il y a vne hauteur sur laquelle s'élevoit vne tour qui découvroit toute la mer. Au dedans de la ville, estoit vn port fermé où l'on entroit par vne voute faite dans le mur où l'on renfermoit les galéres & les autres petits vaisseaux ; mais pour les grans il y avoit vn havre raisonnable. Devant la ville du costé du Midi estoient des colines chargées de vignes & de maisons de plaisance, & vers le Levant des jardins & des vergers qui s'arrosoient par le moyen de quelques puits. Les terres labourables aboutissoient à vne montagne qui traverse de l'Orient au Couchant, derriére laquelle il y a de grandes campagnes où errent les Arabes l'hyver ; parce qu'il y a de bons pasturages pour les troupeaux autour de quelques lacs qui s'y forment. Cette ville fut fort splendide lors-qu'elle estoit au pouvoir des Romains, & fut prise avec Carthage par les successeurs de Mahomet qui la ruinérent de fond en comble jusques à ce que le Méhédy la rétablit, & bastit le mur dont nous parlons, & y établissant son thrône, la repeupla & la rendit considérable. Aprés sa mort il y eut de grandes révolutions en Afrique, & sur le déclin de l'Empire des Califes de Carvan, quelques Corsaires de Sicile se saisirent de cette place, & luy donnérent le nom d'Afrique. Les Chrestiens l'ont possédée ensuite jusques à ce qu'vn Roy de Maroc de la lignée des Almohades la conquit. Elle a toûjours esté depuis au pouvoir des Mahométans, sinon lors-qu'on la reprit sur Dragut. Le Comte Pédro Navarre l'avoit attaquée auparavant ; mais les Maures la défendirent si courageusement qu'ils le firent retirer avec perte. Les habitans de cette ville estoient légers & inconstans, & s'estoient révoltez plusieurs fois contre les Rois de Tunis, & furent quelque tems en liberté, si ce n'est lors que Dragut s'en saisit, comme nous allons dire.

Qui estoit Dragut, & comment il prit la ville d'Afrique.
Sarabalaz.

Dragut estoit d'vn petit chasteau * en Asie vis-à-vis de l'isle de Rhodes en la province que les Turcs nomment aujourd'huy Mentécha. Ses peres estoient Turcs & Mahométans, & comme c'estoient de pauvres gens de campagne, il servit Airadin Barberousse dés son enfance. Ainsi il fréquenta les mers plusieurs années, & devint vn des meilleurs pilotes du Levant, & si expert dans la connoissance des isles, des ports & des rades de la mer Mediterranée, que Barberousse depuis la perte de Tunis estant devenu Amiral du Grand Seigneur, le fit Chef de tous les Corsaires ; De-sorte qu'avec douze galéres qu'il rassembla, il fit de grans dommages à la Chrestienté, & courant les costes d'Italie, sacagea plusieurs places, tant que l'Empereur commanda à André Dorie de le suivre avec toutes ses galéres. Il envoya donc après luy Iannetin Dorie son neveu, qui fit telle diligence qu'il l'attrapa en l'isle de Corse lors-qu'il pensoit estre en seureté, & voguant contre le vent, le rencontra, & luy prenant treize fustes ou galiotes qu'il avoit, le retint quatre ans à la cadéne dans la galére d'André Dorie. Ce Corsaire ressentit cruellement cét afront, & enragé d'avoir esté pris par vn jeune homme sans barbe, il s'emporta à quelques paroles deshonnestes qui estant venuës aux oreilles de Iannetin, il luy donna tant de coups de poin & de gourmades, que sans son oncle il l'eust tué. Ensuite Barberousse arrivant à Toulon avec l'armée navale du Grand Seigneur, envoya dire à André Dorie qu'il mist Dragut à rançon & qu'il le racheteroit pour trois mille ducats. Si-tost que Barberousse l'eut délivré, il luy donna vne galiote de vingt-deux bancs, & le fit Amiral de

tous

LIVRE SIXIE'ME.

tous les Corsaires. L'armée navale s'estant retirée à Constantinople, Dragut assembla quatorze vaisseaux Corsaires des Gelves & des Esfaques, & courant les costes de la Chrestienté, entra dans le golfe de Naples, prit & sacagea Castelamare & se saisit d'vne galére de Rodes à quatre lieuës de Naples dans le canal de Milene; mais la pluspart de ceux qui estoient dedans se sauvérent à terre. Il courut toute l'année cette coste sans trouver aucun obstacle, tant que l'Empereur pria André Dorie qu'il essayast par tous moyens de l'avoir en sa puissance. André Dorie assembla donc l'année suivante, quarente-trois galéres royales, & l'alla chercher par tous les ports de la Barbarie, comme nous avons dit en la description de Monester. Dragut passa l'hyver aux Gelves, où ne se tenant pas assuré, il choisit pour retraite la ville d'Afrique, & ne songea qu'à s'en rendre maistre. Elle estoit alors libre, & les habitans détachez de l'obeyssance du Roy de Tunis, ne vouloient point reconnoistre le Seigneur de Carvan, & avoient chassé vn Corsaire qui s'y estoit venu établir au nom du Grand Seigneur, & qui commençoit à bastir vn chasteau afin de s'en emparer. Dans cette résolution, Dragut partit des Gelves au mois de Février avec trente-six vaisseaux à rames, & abordant à quelques villes de cette coste, il fit révolter les habitans contre le fils du Roy de Tunis qui y estoit, & le fit chasser. Aprés s'estre saisi des forteresses de ces places, il traita avec vn habitant de la ville d'Afrique qui estoit son ami, pour faire qu'il y fust receu avec ses vaisseaux, sur l'espérance de s'enrichir des dépouïlles des Chrestiens. Ce Maure agit de telle sorte auprés des habitans, qu'il moyenna vne entreveuë entre eux, & Dragut qui y vint luy douziéme, & quoy-qu'il leur pust dire, il n'obtint que d'estre receu pour ami, & assisté de tout ce qu'il auroit besoin, sans avoir la permission d'entrer, ni luy ni aucun Turc. Il se retira donc aux Esfaques, & voyant le peu d'apparence qu'il y avoit par là, de se rendre maistre de la ville, il sollicita tellement cét ami, qu'il promit de luy donner entrée par quelques canonniéres de la muraille du costé de la mer, entre le Midi & le Levant. Trois jours aprés, ce

Partie II. Sss

Maure, ayant mis dans les tours voisines, quelques-vns de son parti, Dragut arriva des Esfaques dés le point-du-jour, pour reconnoiſtre l'endroit, & débarqua six cens Turcs qui montérent par là dans la ville. Il les suivit avec le reſte de ses troupes, & ſurprenant les habitans qui ne ſongeoient à rien, s'empara des tours voisines, faiſant ſonner les trompettes, & tirer l'artillerie des vaiſſeaux, s'avança avec ſes gens juſques à l'Arſenal. A ce bruit, le peuple prit les armes, & combatit vaillamment pour ſa liberté, de-ſorte qu'il en mourut quantité de part-&-d'autre ; mais à la fin, conſidérant qu'ils eſtoient trahis, & que le nombre des Turcs croiſſoit à toute heure, ils receurent Dragut, non plus pour Citoyen, mais pour Prince. Auſſi-toſt il ſe ſaiſit de la forteresse, & aprés avoir eſté là quelques jours à donner ordre à ſa nouvelle conqueſte ; il y laiſſa ſon neveu avec quatre cens Turcs, & luy ordonna de tuer celuy qui l'avoit introduit, de peur que ce perfide ne tramaſt quelque nouvelle entrepriſe ; & pour luy, il alla avec ſes vaiſſeaux courre les coſtes de la Chreſtienté, emmenant quelques-vns des principaux habitans pour luy ſervir d'oſtages.

Comme les Généraux de l'Empereur prirent la ville d'Afrique.

Sur cette nouvelle, André Dorie ſortit pour aller chercher Dragut avec les meſmes galéres de l'année précédente chargées de vieux ſoldats Eſpagnols, & raſant les coſtes de la Barbarie, il reconnut ces places & eut quelque entretien avec les Arabes, qui promirent de luy ayder à dénicher ces Corſaires, & de tenir la campagne libre. Il alla enſuite à la Goulette, pour en communiquer avec le Gouverneur*, & en chemin, il prit la ville de Moneſter, & obligea Suſe à ſe rendre, comme nous avons dit. André Dorie arrivé à la Goulette, dépeſcha vers le Seigneur de Carvan pour le ſonder là-deſſus : On y envoya vn vieil Officier du Roy de Tunis, qui rapporta des aſſurances que ce Prince fourniroit le camp de vivres, & qu'il aſſeuroit la campagne, ſi l'on vouloit chaſſer ce Corſaire de ſon poſte. André Dorie eſtant retourné à Drépano avec cét accord, en donna avis aux Vicerois* de Naples, & de Sicile, dont le prémier offrit toutes les troupes, l'artillerie & les munitions qui ſeroient néceſſaires pour cette entrepriſe, le der-

* Perez de Vargas.

* Dom Pédro de Tolede, & Iuan de Véga.

LIVRE SIXIE'ME.

nier voulut estre de la partie, acause de l'interest qu'y prenoit toute la Sicile ; & vint à Drépano, où estoit le rendez-vous de l'armée navale. Comme tout fut prest, on partit la veille de la Saint Iean, & l'on fut mouïller à l'isle de la Fabiane. De-là, le Viceroy * qui avoit laissé son fils pour commander en sa place, envoya vne galére au Gouverneur de la Goulette, pour l'obliger à le venir trouver où l'on alloit. L'armée navale partit de la Fabiane le jour de la Saint Iean, & le Vendredy suivant, vint mouiller sur la coste de Barbarie, au Levant de la ville d'Afrique. Le lendemain matin, l'infanterie commença à débarquer sur les esquifs & les fregates, & se mit en bataille sur le bord de l'eau, pour favoriser le débarquement des vivres & des munitions que l'on enferma dans vn réduit fait à la façon d'vn fort. Lors que tout fut exécuté sans aucun obstacle de la part des ennemis, on fit deux bataillons, l'vn des compagnies du régiment de Naples, & l'autre de celles de Malespine & de Sicile, & des troupes de Malte, avec deux manches de mousquetaires du costé de la terre, & l'on commença à prendre la route de la coline, où nous avons dit qu'estoient les vignes à six cens pas de la ville ; aprés avoir laissé Bernal Soler avec vne des compagnies de Sicile dans le réduit, tant pour le garder que pour favoriser le reste du débarquement. Comme les deux bataillons furent prests de la coline, les deux manches de mousquetaires commencérent à escarmoucher contre quelques Turcs & quelques Maures qui tiroient de derrière les clostures des vignes ; mais les soldats les attaquérent si vigoureusement, qu'ils les menérent batant jusqu'à la ville. Aussi-tost le gros arriva & se campa sur la coline à couvert de l'artillerie des ennemis, & les Généraux commencérent à donner ordre aux trenchées, aux bateries, & à tout ce qui est nécessaire. Là-dessus arriva le Gouverneur de la Goulette, & l'on dressa vne baterie à la fausse-braye & au pan de muraille, qui fermoit le détroit dont nous avons parlé ; de-sorte qu'on abatit la défense des tours. Comme on eut fait bréche raisonnable, on envoya cinq soldats pour la reconnoistre entre

* Dom Iuan de Vega.

midy & vne heure, qui eſtoit le tems qu'on crut que l'ennemi ſe repoſeroit, acauſe de la grande ardeur du Soleil. Comme ils furent arrivez aux murs de la fauſſe-braye & qu'ils voulurent monter deſſus, ils furent découverts par les ſentinelles, & ſe retirant, il y en eut vn qui grimpa ſi haut, qu'il ſe pancha en dedans. Il reconnut que la muraille eſtoit fort large, & que les ſoldats pourroient couler par là, de défenſe en défenſe, juſqu'à la porte, où il y avoit vne grande voute dans laquelle on ſe pourroit mettre à couvert, & miner de là plus facilement l'autre mur. Cependant, deux renégats ſortirent de la place, qui dirent au Viceroy * qu'il ne faloit point ſuivre ce conſeil ; parce-que les Turcs s'eſtoient fortifiez de ce coſté-là avec de grans foſſez & de bons remparts, & qu'on perdoit toutes les troupes qu'on y envoyoit ; Mais les Généraux croyant qu'on pourroit gagner quelques tours de la fauſſe braye qui eſtoit du coſté du Couchant, pour attaquer de là le mur du chaſteau, réſolurent de donner vn aſſaut la nuit à la fauſſe-braye, tant à la bréche qu'aux autres lieux, avec des échelles. On déſigna pour cela, des compagnies d'infanterie, avec quelques enſeignes, & quelques Gentilshommes pour marcher les prémiers, & vn Vendredy, deux heures avant le jour, on commença l'attaque. Ceux qui alloient à teſte, eurent vn grand combat ſur le mur, & à la bréche de la fauſſe-braye, & il y eut beaucoup de bleſſez de part-&-d'autre ; mais comme ils eſſayoient d'entrer de tous coſtez, ils trouvérent vn ſi grand embarras de traverſes & de retranchemens ſur le pan de la muraille, qu'il leur fut impoſſible de paſſer outre, & quelques-vns s'eſtant jettez dans le foſſé qui eſtoit entre la fauſſe-braye & le fort, y furent tuez, & l'vn d'eux fut pris. Pendant que ces prémiers qu'on avoit détachez combatoient avec la difficulté que nous avons dite, les compagnies qui les devoient ſoûtenir arrivérent, & poſant leurs échelles, les ſoldats commencérent à monter juſtement au tems que tous les Turcs & les Maures eſtoient arrivez aux défenſes ; ſi-bien qu'ils furent fort mal-traitez de la décharge du canon & des arquebuzes, & meſmes à coups de pierre. Ce malheur fut re-

* Iuan de Vega.

doublé par les échelles qui estoient trop courtes, de-sorte que les soldats estoient exposez dessus aux coups des ennemis sans pouvoir rien faire. Les Officiers voyant cela, commandèrent qu'on retirast les échelles, & les soldats croyant qu'on leur commandoit aussi de se retirer, gagnérent les trenchées, & furent suivis de tous les autres qui estoient sur la bréche. Et certes, si ils ne se fussent retirez, le mal eust esté plus grand, quoy-qu'on ne laissa pas de perdre quatorze soldats & vn Enseigne, sans compter quatrevingts blessez, & le soldat que nous avons dit qui fut pris, parce que les Turcs ne le voulurent pas tuer pour prendre langue de luy. Aprés ce mauvais succés, les Chefs trouvérent à propos d'attaquer la ville d'vn autre costé, & parce-qu'on avoit consumé vne partie des munitions, on dépescha à Naples, en Sicile, & à la Goulette, pour en faire venir avec de l'artillerie & quelque renfort. On renvoya par mesme moyen, les malades & les blessez, & sur la nouvelle que Dragut ralloit des troupes aux Gelves, aux Esfaques & ailleurs, & qu'il taschoit d'ébranler les Arabes, on renferma le camp dans vn plus petit espace, & on le fortifia du costé de la campagne avec vn grand retranchement, & des bastions de terre & de facines, où l'on mit quelques coulevrines, & les plus petites pièces de canon. Cependant, on amena de la Goulette deux coulevrines & vn serpentin avec deux gros canons, & quantité de poudre & de bales qu'on avoit envoyé querir par le Capitaine Cigale avec ses deux galéres. D'autre-costé Antoine Dorie ramena aussi de Sicile, de l'artillerie & des munitions, & les Espagnols qui estoient en garnison dans les forts de l'isle. Aussi-tost on dressa vne baterie deux cens pas plus loin que la premiére, & avançant de cent pas la trenchée qui traversoit d'vne mer à l'autre, on en fit plusieurs petites de travers pour y aborder à couvert, & le principal Ingenieur * fit vne trenchée couverte comme vne espece de mine, pour aller à la fausse-braye sous des aix doubles, croyant par là saper ou miner le mur; mais la chose fut sans effet. Car les Turcs tiroient à l'endroit où ils entendoient du bruit, & perçoient ces planches à coups d'arquebuzes & de peti-

* Ferramolin.

tes pièces d'artillerie ; de-sorte qu'ils tuérent quelques soldats, & l'Ingénieur luy-mesme, avant qu'il eut achevé son dessein. On fit aussi de grans mantelets de bois couverts de cuir, & posez si adroitement sur des roües, que les soldats qui estoient dedans, les rouloient eux-mesmes sans se découvrir; mais comme ils furent prés du mur, les Turcs jettérent dessus tant de feux d'artifice, qu'ils les brûlerent, aprés avoir tué quelques-vns de ceux qui estoient dedans. Sur ces entrefaites, mourut dans le camp Muley Hascen, Roy de Tunis, qui tout aveugle qu'il estoit, avoit voulu venir avec le Viceroy de Sicile, & avoit amené avec luy ses deux fils *. Il mourut de la fiévre à l'âge de soixante-six ans, dans vne méchante cabane qui estoit sur la coline. Ce Prince estoit fort noir ; mais de belle presence, fort sage, & fort vaillant, & si vindicatif, que tout aveugle qu'il estoit, il vouloit oster la Couronne à son fils Hamida, & se venger de ceux qui avoient embrassé son parti. Son corps fut emporté à Carvan, où estoient enterrez les autres Rois de sa race. Cependant, arrivoient de tous costez au camp, troupes, artillerie & munitions, par les soins de la République de Génes, du Duc de Florence, & du Viceroy de Naples, sans compter les rafraichissemens qu'envoyoit à toute heure Fernand de Vega, fils du Viceroy de Sicile; de-sorte que le camp fut toûjours bien pourveu. D'autrecosté, tandis qu'on travailloit aux retranchemens & aux bateries, l'ennemi prenant son tems, incommodoit quelquefois les travailleurs par des sorties à propos ; mais on le faisoit toûjours retirer : cela faisoit perdre le courage aux habitans, qui se repentoient de n'avoir pas abandonné la ville, comme avoient fait quelques-vns à la venuë de l'armée ; mais le Gouverneur * les entretenoit de l'espérance du secours, acause de l'importance de la place, que Dragut ne laisseroit jamais perdre, & les faisoit travailler jour & nuit, avec leurs femmes & leurs enfans; & l'espérance qu'il leur donnoit n'estoit pas vaine. Car ce Corsaire n'eut pas plûtost seu la prise de Suse & de Monester avec le siége de cette place, qu'il rallia des troupes de tous costez, & les envoyant par terre, s'approcha de la ville avec ses vaisseaux, & dé-

*Muley Mahamet, & Muley Bubcar.

*Hez Arraez.

LIVRE SIXIE'ME.

barqua la nuit huit cens Turcs, puis renvoyant ſes navires, fut rejoindre ſes gens qui venoient, aprés avoir dépeſché la nuit deux bons nageurs au Gouverneur, pour l'avertir qu'il attaqueroit le camp le jour de la Saint Iacques, afin qu'il ſe tinſt preſt pour donner en meſme tems de ſon coſté; ce qui raſſura les habitans. La veille donc de ce jour, Dragut s'approcha la nuit avec toutes ſes troupes, & ſe mit en embuſcade derriére vne montagne, où l'on alloit la pluſpart du tems couper des facines pour les trenchées: & fut toute la nuit prés d'vne tour, où eſtoit autrefois vne maiſon de plaiſance du Méhédy. Il avoit huit cens mouſquetaires Turcs, & trois mille Maures; & ſur le point du jour il commanda à ceux de Gelves de ſe mettre en embuſcade de l'autre coſté de la montagne, qui regardoit la ville, parmi quelques oliviers qui eſtoient au pied dans vn valon: Qu'ils ſe cachaſſent ſur le ventre, pour n'eſtre point découverts, & que les autres Maures de la contrée, parmi leſquels il y avoit quelques mouſquetaires, allaſſent eſcarmoucher à l'ordinaire juſques aux portes du camp, & eſſayaſſent d'attirer les Chreſtiens dans vne embuſcade. Comme il fut grand jour, les ſoldats qui devoient aller aux facines, ſortirent eſcortez d'vne compagnie d'infanterie à l'ordinaire; & les Maures de la contrée, qui eſtoient entre les oliviers, commencérent à tirer. Alors vn Maure de la ſuite du Roy de Tunis, qui venoit ſouvent leur parler, ſans qu'ils luy fiſſent aucun tort, s'avança pour voir s'il n'y avoit rien de nouveau, & comme il les vit hardis, & pleins de confiance, il ſe douta de quelque choſe, & faiſant faire alte aux Eſpagnols, fut trouver le Viceroy, & luy declara ſon ſoupçon, & qu'il ne croyoit pas qu'on deuſt aller ce jour-là aux facines, avant qu'on ſeuſt ſi le ſecours n'eſtoit point venu; ce qui ne pourroit eſtre caché long tems. Mais les Généraux crurent qu'il y auroit de la foibleſſe à faire rentrer les troupes ſur vn ſimple ſoupçon, & laiſſant la charge du camp & des trenchées au fils du Viceroy de Naples, le Viceroy de Sicile ſortit en perſonne avec trois autres compagnies d'infanterie, & vn plus grand nombre de pionniers, & de ſoldats ſans armes, pour rapporter des facines, & prit la route

des oliviers. Il avoit avec luy son fils, & le Gouverneur de la Goulette avec deux fils du Roy de Tunis, & le Maure dont nous avons parlé, outre quelques cavaliers. Ayant donc fait vn bataillon quarré de toute l'infanterie, avec deux manches de mousquetaires sur les ailes, il entra dans les oliviers, & ceux qui avoient charge de couper les facines, commencérent à travailler. Dragut avoit ses sentinelles en vn logis sur le haut de la montagne, d'où il découvroit tout ce que faisoient les Chrestiens, & les voyant avancer fut fort réjoüi, & fit mettre toutes ses troupes sous les armes, avec défenses de se découvrir sans son ordre. Il n'y avoit, comme j'ay dit, que les Maures de la contrée qui escarmouchoient, & venoient tirer entre les oliviers, puis reculoient vers l'embuscade. Là-dessus le Viceroy considérant qu'ils estoient plus hardis qu'à l'ordinaire, quoy-qu'on fust en plus grand nombre, voulut reconnoistre luy-mesme toute la contrée des oliviers, & prenant la manche de mousquetaires de l'aile gauche, suivit les fuyars jusqu'à l'embuscade. Alors les Gelvins sortirent en gros sur luy; mais les arquebuziers se ralliant les tinrent vn peu écartez à coups d'arquebuzes, & commencérent à se retirer vers leur bataillon. Mais l'autre manche des mousquetaires qui s'estoient mis à la poursuite de l'autre costé, s'avança si loin qu'elle ne se put retirer. Car vne autre troupe de Maures vint fondre dessus; de-sorte qu'on se mesla les vns & les autres l'épée à la main, les Chrestiens reculant toûjours vers le bataillon. Cependant, ceux qui coupoient les facines mettent l'épée à la main, & donnérent courageusement sur les Maures, pour favoriser la retraite de leurs gens, qui avoient déja perdu quatorze soldats, & vne enseigne. D'ailleurs, Dragut n'eut pas plustost veû ses gens sortir de l'embuscade, qu'il s'avança en diligence le long de la pente de la montagne avec les Turcs, serrez en vn gros escadron; tandis que ses soixante chevaux descendoient à toute bride pour charger les Chrestiens. Alors le Viceroy détacha quelques arquebuziers pour escarmoucher contre les Turcs. En quoy ils eurent quelque avantage d'abord, parce-que tirant de bas en haut, ils voyoient à découvert tous
les

LIVRE SIXIE'ME.

les ennemis, & ne pouvoient manquer leur coup, au lieu que l'ennemi tirant de haut en bas, n'avoit pas le mefme avantage. Le * Gouverneur de la Goulette fut tué en cette occafion d'vn coup d'arquebufe fous la mammelle, comme il paffoit devant le bataillon, pour aller fecourir la manche de l'aile droite. Les Turcs ayant donné là-deffus, les Chreftiens firent vne grande décharge, à la faveur de laquelle ils retirérent le corps, & le mettant de travers fur vn cheval, le couvrirent d'vne cafaque grife, pour l'empefcher d'eftre reconnu, de peur d'eftonner les foldats. Cependant, les manches de moufquetaires firent des merveilles, & tinrent toûjours les ennemis éloignez. Alors le Viceroy faifant charger les facines à ceux qui eftoient deftinez pour les porter, commença de fe retirer en rafe campagne, hors des oliviers, enfermant au milieu de fa bataille ceux qui portoient les facines, & laiffant les moufquetaires par pelotons à l'arriéregarde. En cét eftat il reprit la route du camp en bel ordre. Tandis que cela fe paffoit à la campagne, le Gouverneur de la ville fortit, felon l'ordre qu'il en avoit, dés qu'il vit paroiftre les enfeignes des Turcs; & quoy-que l'artillerie qu'on avoit plantée de ce cofté-là fift vn grand carnage des ennemis, il y en eut deux cens qui vinrent hardiment planter leurs enfeignes jufques fur la trenchée; mais trouvant qu'on avoit redoublé la garde, & appercevant quelques Officiers & quelques foldats par terre, ils fe retirérent plus vifte que le pas vers la ville. Auffitoft le fils du Viceroy de Naples, qui commandoit aux trenchées, courut favorifer la retraite du Roy de Sicile, & aprés avoir efcarmouché quelque tems contre les ennemis, ils rentrérent tous enfemble dans le camp. Les Turcs les fuivirent jufques-là, & mettant vne enfeigne au haut d'vne petite tour qui eftoit dans vne vigne tout proche, ils tirérent de là fur ceux qui paroiffoient dans les trenchées, & bleffèrent quelques foldats qui eftoient en vn baftion, où il y avoit deux piéces d'artillerie; dequoy les autres irritez, fortirent de leurs trenchées, & courant droit à la coline en dénichérent les Turcs, aprés en avoir tué plus de cinquante, fans les bleffez. Dragut voyant que fon entreprife ne luy

* Mort de Louïs Perez de Vargas.

Partie II.   Ttt

avoit pas réüssi, rallia ses troupes, & se fut poster à la veuë du camp sur la pente de la montagne des oliviers; mais incommodé des coulevrines qui tiroient contre luy des bastions, & desespérant de pouvoir secourir la place, il reprit la route des Esfaques. Il mourut ce jour-là cent quatre-vingts Turcs ou Maures, sans compter plus de trois cens blessez; & des Chrestiens soixante & seize, du nombre desquels estoit le Gouverneur de la Goulette, le Capitaine des pionniers, & vn Enseigne, outre quatre-vingts quatre blessez de coups de fusils, dont la plusparr moururent. Dragut retiré, les Généraux tinrent conseil, & voyant que la bréche qu'on avoit faite au pan du mur du chasteau du costé du Couchant, estoit fort difficile, parce-que les Turcs avoient eu le tems de la réparer, & de se fortifier de ce costé-là, ils firent dresser vne nouvelle baterie deux cens pas plus loin que la prémière, & pointérent dessus vingt-deux gros canons, avec lesquels ils commencérent à batre la fausse-braye, les deux tours, & le pan de muraille qui estoit entre-deux du costé du Levant. Comme on eut fait quelque bréche, vn Maure d'Andalousie sortit de la ville, qui donna avis que la grande tour du coin qu'on batoit de front, estoit massive hormis en haut, où elle tenoit à la courtine, parce-qu'il y avoit là vn escalier pour monter aux défenses, & qu'en la rüinant de costé en cét endroit, on la mettroit bien-tost par terre, ou pour le moins on détruiroit l'escalier. Sur cét avis on fit vne nouvelle baterie la mesme nuit, mettant dessus deux piéces de canon, on commença à donner le lendemain sur la tour du costé que le Maure avoit enseigné; de-sorte qu'en peu de tems elle fut percée, vne grande partie tomba, & l'on découvrit le dedans, avec l'escalier par où l'on montoit. Il donna avis aussi que du pied de la muraille du château en dedans, il y avoit vn creux de plus de deux piques de haut, & que les Turcs croyant que les Chrestiens entreroient par là, ils avoient mis plusieurs aix hérissez de fer, & fiché en terre de longs pieux, dont les pointes estoient fort aiguës, & brûlées par le bout. Qu'il y avoit plus loin vn fossé large & profond, avec ses traverses & ses remparts, pour empescher de sortir ceux qui y seroient entrez : qu'outre cela

LIVRE SIXIEME.

l'on avoit ruiné plusieurs bastimens autour de ce fossé, pour faire vne grande place, où venoient rendre toutes les avenuës des tours & des autres lieux, & qu'on avoit percé toutes les maisons d'alentour, afin de pouvoir aller de l'vne à l'autre à couvert. Tous ces avis estoient véritables, & les Généraux, aprés plusieurs considérations & plusieurs demandes, résolurent de planter vne autre baterie contre vn pan de murailles, où donnoient les vagues prés de la tour du coin vers l'Orient, parce-que le Maure asseuroit que de ce costé-là la muraille estoit si basse & si foible, qu'il seroit aisé d'y faire bréche, & d'y monter, parce-qu'elle estoit bordée de bancs de sable, où l'on pourroit entrer sans danger. Aprés avoir communiqué cette résolution à André Dorie, qui y consentit aisément, on fit aussi-tost oster l'équipage de deux vieilles galéres, & dresser dessus vne baterie, avec ses remparts & ses embrazures. Cela fait, on y mit vne compagnie de mousquetaires en garde, & la remorquant la nuit avec deux frégates jusqu'au lieu où l'on vouloit faire ouverture, on l'assura avec quatre ancres, deux du costé du mur, & deux autres vers la mer. Ensuite on commença de batre le pan de la muraille, dont le Maure avoit parlé, tant de la plate-forme, qu'avec le canon de coursie des galéres; mais les soldats & les matelots qui estoient sur la baterie, ou plate-forme, furent fort incommodez de la décharge de l'artillerie & de la mousqueterie des ennemis : Et il y en eut plusieurs de tuez & de blessez ; mais on ne laissa pas de continuer avec tant de furie, qu'vne grande partie de la muraille & des tours qui y estoient attachées, tomba en peu de tems. Les Turcs se trouvant bien empeschez, parce-qu'ils n'avoient tiré aucun retranchement de ce costé là ; le plus prompt remede qu'ils trouvérent, fut de faire vn parapet de gros aix, qui prenoient depuis la bréche de la baterie de terre, jusqu'à celle de la baterie de mer, pour pouvoir passer d'vn bout à l'autre, en intention de l'oster quand ils voudroient; mais ils ne le pûrent exécuter, ce qui fut cause de leur perte. Car comme il y eut vne ouverture raisonnable, au jugement des Officiers & des soldats, sans que l'arrillerie discontinuast, pour empescher les ennemis de se remparer :

Ttt ij

le dixiéme de Septembre au point du jour, les compagnies qui devoient donner l'aſſaut, entrérent pas à pas dans les trenchées, baiſſant leurs drapeaux, afin que les ennemis ne ſe doutaſſent de rien, & laiſſant d'autres compagnies en garde aux baſtions & aux trenchées du coſté de la terre. Aprés midi André Dorie commença à environner la ville du coſté de la mer, avec toutes ſes galéres, & les ſoldats s'eſtant confeſſez & communiez, pour gagner le grand Iubilé que ſa Sainteté leur avoit envoyé ce jour-là, & s'eſtant recommandez à Noſtre Seigneur, & à ſa Bienheureuſe Mere, ils prirent pour mot l'Apoſtre, qui eſt le grand Patron d'Eſpagne, & au bruit de la trompette, & d'vn coup de coulevrine, qu'on fit tirer pour ſignal, ils montérent de trois coſtez à l'aſſaut, pour faire diverſion: Les Chevaliers de Malte avec quelques compagnies, du coſté de la vieille baterie vers le Couchant; d'autres à la nouvelle de l'autre coſté, & les autres de celuy de la mer, en coulant le long de la tour, & entrant dans l'eau. Ceux qui ne pûrent paſſer par le chemin fait des ruines de la tour, entrérent par la bréche du coſté de la mer. Les ennemis accoururent à la défenſe de leurs murailles, & la furie de l'artillerie eſtoit ſi grande de part-&-d'autre, que les tempeſtes & les tonnerres n'ont point plus d'épouvante, ni plus de bruit. Les Chreſtiens eſtoient accablez d'vn orage de dards, & les coups qui donnoient dans le ſable, faiſoient voler tant de pouſſiére, qu'on ne voyoit goute; de-ſorte qu'avant qu'on fuſt arrivé à la bréche, il y eut plus de trois cens ſoldats de tuez, & vn des principaux Officiers receût deux coups d'arquebuſe dans la cuiſſe. Mais la valeur des Eſpagnols ſurmonta les feux & les traits des ennemis, ſi-bien que paſſant ſur les corps de leurs compagnons, ils montérent à la bréche, & aprés vne réſiſtance opiniâtre, ils gagnérent la tour du coin vers le Levant, & arrachant l'enſeigne Turque, y plantérent la leur. On ne pût entrer de l'autre coſté, acauſe du précipice qui eſtoit auprés du mur, comme le Maure avoit dit. Quelques ſoldats arrivérent au parapet, & tuant vn Turc qui leur en vouloit défendre l'entrée, paſſérent deſſus, & allérent rejoindre les autres, entrez par la porte de la mer. Car quelques-vns y eſtoient déja paſſez, aprés-quoy vn Enſeigne arbora ſon drapeau ſur vne tour, & quelques ſoldats & quelques mariniers abordant avec des eſquifs, entrérent par les canonniéres ou embrazures des tours. Les ennemis défendoient en deſeſperez, non ſeulement la ville & les murailles; mais les ruës & les maiſons: & les Turcs voyant la ville priſe, ſe retirérent au chaſteau, & au logis de la Doüane, vis-à-vis de la porte, d'où à coups de mouſquets & de fléches, ils incommodérent fort les Chreſtiens qui combatoient dans la ruë, & tuérent vn Capitaine Eſpagnol d'vne mouſquetade à la teſte. Comme le Viceroy vit le combat échauffé dans la ville, il fit entrer les arquebuziers des compagnies qui eſtoient dehors, parce-que rien ne branloit à la campagne; ce qui acheva la défaite des ennemis. Il mourut ce jour-là ſept cens Turcs ou Maures; mais ceux-cy ſe ſignalérent plus que les autres. Il y eut dix mille captifs, de tous âges, & de tout ſexe, & le butin fut tres-grand, tant en meubles qu'en argent, & en pierreries. Il y perit quatre cens Chreſtiens; mais il y en eut plus de cinq cens bleſſez. Les principaux furent Dom Fernand de Toléde, Meſtre-de-Camp du régiment de Naples, qui fut bleſſé d'vn coup d'arquebuſe à la cuiſſe droite, aprés avoir paſſé le parapet, & en mourut. Fernand Lobo, Meſtre-de-Camp du régiment de Lombardie, qui perdit la vie de deux coups de mouſquets dans les cuiſſes. Les Capitaines More Ruela, & Sumarraga, furent tuez chacun d'vne mouſquetade. Deux braves Chevaliers de Malte, Vlloa & Monroy, furent trouvez morts, l'vn bleſſé de dix-ſept coups, & l'autre ſans aucune bleſſure. Sedegno, Sergent de Dom Iean de Mendoſſe, & deux fréres du Capitaine More Ruéla, dont l'vn eſtoit ſon Enſeigne, & l'autre ſon Sergent, avec celuy d'Alonſo Pimantel, & les Enſeignes des compagnies d'Amador, de Dogna Maria, de Briſégno, & des Chevaliers de Malte, avec pluſieurs autres Sergens & Officiers, y moururent. Les principaux Turcs & Africains y perirent auſſi, avec Cayd Ali; mais le Gouverneur & Cayd Mahamet, furent pris. Cette victoire gagnée, le fils du Viceroy de Naples fit enterrer dans vn foſſé tous les Chreſtiens morts, pour en oster la veuë & la satisfaction aux ennemis, & fit porter les blessez aux maisons qui estoient au camp; ensuite dequoy l'on consacra la Mosquée par de grandes salves, & l'on rendit les actions de graces à Dieu de cette victoire.

De ce qui arriva dans cette place depuis sa conqueste; & comme l'Empereur la fit démolir.

Aprés la conqueste de cette place, le Viceroy de Sicile prit grand soin de nétoyer le fossé, & de réparer les bréches, & y laissa Dom Alvare son fils, pour Gouverneur, avec six compagnies d'infanterie Espagnole, & quantité d'artillerie & de munitions. Il s'embarqua ensuite avec le reste, & prit la route de Sicile, où il arriva heureusement, ayant esté avec vingt galéres chercher l'armée navale de Dragut, & recevoir le tribut des Gelves, des Esfaques & des Querquénes. Car comme le Seigneur des Gelves eut appris la défaite de Dragut, il implora la protection des Espagnols pour chasser ce Corsaire du pays, sous promesse de rendre plusieurs Chrestiens captifs qu'il y avoit dans l'Isle, & de payer tribut à l'Empereur. Il ajoûtoit qu'il fourniroit tous les materiaux necessaires pour bastir vne ou deux forteresses à l'endroit qu'il seroit besoin, où l'on mettroit garnison Espagnole, & pour assurance il donnoit vn de ses fils en ostage, avec quelques-vns des principaux habitans. Mais tout cela fut sans effet. Cependant, l'Empereur envoya pour Gouverneur de sa nouvelle conqueste Dom Sanche de Léve, qui y entra sur la fin du mois de Iuillet. Mais comme le bruit couroit que le Grand-Seigneur rompoit la tréve avec l'Empereur, & qu'il envoyoit son armée navale au recouvrement de cette place: Fernand de Vega, fils du Viceroy de Sicile, y demeura quelque tems avec Dom Sanche, ne croyant pas qu'il luy fust honneste de se retirer sur cette nouvelle. Mais l'armée navale du Grand-Seigneur avoit ordre de prendre l'Isle de Malte, & de faire le dégast dans la Poüille & dans la Sicile. Elle se vint présenter d'abord à Cotron, & débarqua quelques troupes, qui escarmouchérent contre celles du Gouverneur, & delà passa en Sicile, où elle prit par force le chasteau d'Agusta, & y ayant mis le feu, alla descendre dans l'Isle de Malte. Mais comme elle ne pût rien faire, acause de la brave résistance des Chevaliers, elle fut'attaquer l'Isle de Goze, dont elle batit la forteresse avec vingt canons, & aprés avoir tué le Gouverneur, elle l'emporta d'assaut, & tua ou fit prisonnier tout ce qui y estoit. De là elle vogua contre Tripoli de Barbarie, dont elle s'empara, comme nous dirons dans sa description. Cependant, le fils du Viceroy de Sicile demeura toûjours dans sa nouvelle conqueste, & ayant appris que l'armée navale du Grand-Seigneur avoit regagné le Levant, il retourna en Sicile, laissant Dom Sanche pour Gouverneur. Ce Seigneur fit plusieurs entreprises sur les Maures qui n'obéïssoient pas au Roy de Carvan, & revint souvent chargé de dépoüilles, qu'il partageoit aux soldats, ce qui leur tenoit lieu de paye; car on fut long-tems sans leur en envoyer. Mais ils s'allérent mettre à la teste que le Gouverneur la retenoit, & quelques séditieux prenant les armes, obligérent les autres à se soûlever, & chassant leurs Officiers, ils eussent tué le Gouverneur s'il ne se fust embarqué en haste, & éloigné du port. Alors ils élurent vn Commandant * à la place du Gouverneur, & d'autres en celles des Capitaines, & vn Sergent Major pour éxécuter tout ce qu'ils ordonneroient. Cependant, Dom Sanche envoya quelques-vns sur sa chaloupe pour se justifier, & leur dire qu'il estoit prest à vendre tout ce qu'il avoit pour les payer, en attendant l'ordre de l'Empereur: mais considérant que tout cela ne servoit de rien, il prit la route de Sicile, & de là fut trouver l'Empereur à Bruxelles. Sur ces entrefaites, le Viceroy de Sicile tascha d'appaiser les soldats, & écrivit à l'Empereur, que s'il ne les pouvoit reduire par la raison, il les reduiroit par la necessité, en empeschant qu'on ne leur portast des vivres. Mais cela ne luy fut pas si facile qu'il pensoit ; car le Commandant en chef aimant mieux mourir que de se rendre à luy, dépescha vn soldat vers l'Empereur, pour l'informer du tort qu'on leur faisoit, & le prier de leur envoyer vn Gouverneur, autre que le Viceroy de Sicile, & Dom Sanche, avec qui ils ne se pouvoient accommoder. L'Empereur ayant receû ses dépesches, fut quelque tems sans y répondre, acause qu'il estoit occupé en de plus grandes affaires, & qu'il croyoit que le Viceroy de Sicile en viendroit about.

* Antonio de Aponte.

Mais le Viceroy de Sicile manda luy-mesme, qu'il y faloit pourvoir de bonne heure, de-peur d'vn plus grand mal. Tandis que cela se passoit, la garnison faisoit toute diligence pour avoir des vivres, voyant qu'il n'en venoit point de Sicile, & tant en cela qu'en l'administration de la Iustice, & en la forme du Gouvernement, elle estoit fort bien régie par celuy qui commandoit. Car ayant fait équiper vne fuste qui estoit au port, il l'envoya en Sicile avec cinquante soldats, qui prirent sur la coste quelques vaisseaux chargez de bled, & les emmenérent dans la place, sans faire tort à ceux à qui ils estoient. Le Commandant écrivit aussi au Grand Maistre * de Malte qu'il luy envoyast des vivres pour son argent ; ce qu'il fit, & le Roy de Carvan aussi. Outre cela, il couroit le pays avec quelque cinq cens fuzeliers, & pilloit les villages des Maures, & les aduares des Arabes d'où il emmenoit quantité d'esclaves & de troupeaux; ce qui mit telle épouvente par-tout, que pour estre en seureté, on luy payoit tribut, & on luy portoit toutes les semaines des vivres au marché qui se tenoit hors de la place; de-sorte qu'il n'y avoit point d'apparence de les penser réduire par la famine. Leon Strossi Prieur de Capouë, & Général des Galéres du Roy de France le fit sonder en secret de rendre la place sous de grandes promesses; mais il répondit qu'il estoit à l'Empereur, & que les Espagnols qui la gardoient, ne feroient rien contre le service de leur Prince. Ce Général estoit frére de Pierre Strossi qui faisoit la guerre pour le Roy de France, en faveur de ceux de Siennes contre le Duc de Florence, & le parti de l'Empereur ; & il eut bien voulu pour faire des courses, estre maistre de cette ville. Les choses estoient en cét Estat, quand le Viceroy de Sicile avertit l'Empereur, qu'il estoit necessaire d'envoyer quelqu'vn en diligence, pour appaiser ces soldats, de-peur de quelque danger L'Empereur jugeant que Dom Sanche n'y seroit pas propre, quand il leur porteroit de l'argent, acause qu'ils l'avoient déja méprisé, il le fit Général des Galéres de Naples, & luy substitua D. Fernand d'Acugna, qui estoit alors à Anvers. Il partit aussi-tost, avec ordre d'entrer comme il pourroit dans la ville,

* Iean Omédes.

LIVRE SIXIE'ME.

ville, & de faire vn chaſtiment exemplaire de cette inſolence, en prenant garde aux circonſtances du tems & aux autres choſes, de-peur d'aliéner les ſoldats pour jamais en les penſant mettre dans leur devoir. On luy donna commiſſion, aprés avoir tout appaiſé, de ruiner cette forteresſe & de retourner avec toutes les troupes, l'artillerie, & les munitions en Sicile. Car comme cette place eſtoit de grande dépenſe, & qu'on avoit beaucoup d'autres affaires ailleurs, on trouva à propos de la démolir, afin que l'ennemi ne s'en puſt remettre en posſeſſion. On donna à Dom Fernand vn pouvoir particulier de pardonner aux ſoldats, ſelon qu'il jugeroit à propos, & vn autre ſigné de l'Empereur, pour ſe ſervir de l'vn & de l'autre dans l'occaſion. L'Empereur écrivis auſſi aux Gouverneurs de Naples & de Sicile*, & André Dorie qu'ils conſultaſſent cette affaire enſemble, & aſſiſtaſſent Dom Fernand de tout ce qu'il auroit beſoin. Cependant, le Viceroy de Sicile qui eſtoit attentif à ce deſſein, traita avec quelques ſoldats de la place, pour prendre ou pour tuer les auteurs de la faction, ſous promeſſe de grandes récompenſes, de la part de l'Empereur. Ceux-là trouvant l'occaſion propre, parce-que pluſieurs s'ennuyoient d'eſtre ſi long-tems mal avec leur Prince, exécutérent l'épée à la main, ce qu'on n'avoit pû exécuter ni par priéres, ni par menaces. Cela euſt cauſé vn grand ſcandale ſans vne grace particuliére du Ciel, car comme le Commandant * averti de leur entrepriſe, eut envoyé ſon Sergent Major pour s'en ſaiſir, & qu'ils eurent mis l'épée à la main, & crié, Vive l'Empereur, & meurent les traitres : Il vint vne bouffée de vent ſi chaude & ſi brûlante, que les ſoldats furent contraints de quitter leur rang, & de ſe couvrir la teſte, pour s'aller mettre à couvert dans les logis, & dans les ciſternes; mais la nuit meſme, les deux principaux que le Viceroy de Sicile avoit gagnez, tuérent le Sergent Major qui entretenoit la révolte, & les principaux mutins, ce qui appaiſa tout. Ils en donnérent avis au Viceroy de Sicile*, qui fit partir incontinent ſon Capitaine des Gardes*, pour ſe jetter dans la place, ſous couleur de compter avec les ſoldats de ce qui leur eſtoit deu, afin de les entretenir d'eſpérance

* Le Cardinal Pachéco, & Iuan de Vega.

* Antonio de Aponte.

* Iuan Oſorio & Véga.
* Iuan Oſorio de Quiñones.

Partie II.   V u u

jusqu'à la venuë du Gouverneur Dom Fernand d'Acugna. Mais afin que la chose ne demeurast pas sans chastiment, il commanda qu'on luy envoyast Antonio Aponte & tous les autres qu'on avoit pris, & pour plus grande seureté, il ordonna au Capitaine de la galére qui les devoit amener, de les mettre entre les mains du Gouverneur de la premiére place qu'il rencontreroit en abordant en Sicile. Par bonheur pour eux, estant arrivez au chasteau d'Alicate & mis entre les mains du Commandant ; l'armée navale du Turc attaqua le chasteau la mesme nuit ; les prisonniers priérent le Gouverneur qu'il leur donnast des armes, pour l'ayder à défendre la place ; mais il n'en voulut rien faire, & le chasteau estant pris, ils furent tous faits esclaves, & Antonio Aponte mourut depuis de maladie à Constantinople. Le Viceroy de Sicile ne se rendit pas pour cela ; mais il manda à ceux de son parti qu'on luy amenast les plus coupables d'entre les autres qui estoient restez, & les fit pendre dans Palerme, & en d'autres villes de la Sicile.

Pour retourner à Fernand d'Acugna, lors qu'il fut arrivé à Naples, & qu'il eut conféré avec le Cardinal Pachéco, & avec André Dorie qui y estoit alors avec ses galéres, il arriva en Sicile où il trouva ce que nous avons dit déja fait. Mais comme il estoit prest de s'embarquer pour passer en Afrique ; il receut lettre du Capitaine des Gardes du Viceroy de Sicile qui commandoit dans la place, que s'il avoit de l'argent pour payer les troupes, il se hastast de venir, parce-que tout iroit bien ; mais que s'il n'en apportoit pas assez suffisamment, il pourroit arriver de grans inconvéniens ; d'autant plus que la place n'estoit pas bien pourveuë de munitions, ni de vivres pour la pouvoir défendre. Il luy envoyoit par mesme moyen, vne liste de ce qui manquoit, l'avertissant que les soldats n'estoient pas si paisibles, qu'en ne leur donnant pas ce qu'ils prétendoient, il n'y pust arriver quelque desordre. Le Gouverneur ayant communiqué cette lettre au Viceroy de Sicile *, ils trouvérent à propos, puisqu'il n'y avoit pas assez d'argent pour payer les troupes, ni dequoy acheter les choses nécessaires, de donner avis à l'Empereur de vendre cette place aux Cheva-

* Iuan de Véga.

LIVRE SIXIEME.

liers de Malte, au lieu de Tripoli que les Turcs leur avoient pris, puisqu'il n'y avoit point d'apparence de la démolir. Aussi-tost ils dépeschérent vn courier à l'Empereur, dont le Gouverneur attendit le retour en Sicile. L'Empereur leur manda que puisqu'il n'y avoit rien de préparé, pour soûtenir cette place, & qu'il estoit dangereux de commencer la démolition, acause que les armées navales de France & d'Alger, estoient dans l'Isle de Corse, d'où elles s'y pouvoient rendre en vn jour & demi, & qu'elles attendoient tous les jours les troupes du Levant, sans que les forces de l'Empereur fussent capables de leur résister, le Gouverneur se transportast à Malte pour traiter avec les Chevaliers, & leur offrir cette place, avec vingt-quatre mille ducats par an, pour entretenir la garnison, avec vne partie de l'artillerie & des munitions qui y estoient. Le Grand Maistre *, Espagnol de nation, estoit mort alors, & l'on avoit élcu en sa place vn François, nommé Claude de la Sengle, Ambassadeur à Rome; de-sorte que les galéres de Malte l'estoient allé prendre à Ostie, & estoient de retour à Messine. Le Gouverneur * s'alla donc aboucher avec luy, & luy donnant la lettre de l'Empereur, luy parla de cette affaire devant quelques Chevaliers : mais il le pria de s'embarquer avec luy, pour proposer cela à Malte dans le Conseil. Il s'embarqua & fut à Malte, où la chose se proposa à diverses fois, & ce qui en résulta, fut que le Chevalier Strossi qui avoit quitté le Généralat des galéres de France, pour quelque différent qu'il avoit eu avec le Connestable, & qui commandoit maintenant celles de l'Ordre, iroit avec des Chevaliers de chaque langue, voir la place, & reconnoistre sur les lieux, ce qu'il cousteroit tous les ans à l'entretenir. Le Gouverneur écrivit donc au Commandant *, qu'il luy monstrast tout, en sorte pourtant qu'il ne connust pas pour de certaines raisons, le defaut de vivres & de munitions qui y estoient. Strossi de retour à Malte, après avoir reconnu la place, ceux qui estoient du parti de l'Empereur, soûtenoient que la Religion la devoit prendre: mais ceux du parti contraire, ne voulant point décharger l'Empereur de ce fardeau, pour ne se mettre pas mal avec la France, ou croyant peut-estre

* Iuan Omédes.

* Dom Fernand.

* A' Iuan Osorio de Quiñones.

Vuu ij

que ce n'eſtoit pas l'avantage de la Religion, s'y oppoſérent, de-ſorte que leur parti eſtant le plus fort, on répondit que l'Ordre ne pouvoit conſerver vne place de ſi grande importance. Le Gouverneur * repreſenta là-deſſus l'obligation que l'Ordre avoit à l'Empereur qui l'avoit eſtabli au lieu où il eſtoit, & que ſans luy ils ne ſe pouvoient maintenir; de-ſorte qu'on ne devoit pas mécontenter vn ſi grand Prince. Aprés pluſieurs conteſtations, à la fin il fut réſolu qu'on envoyeroit vers l'Empereur, pour luy rendre raiſon du refus, à quoy le Gouverneur fut contraint de conſentir. On dépeſcha auſſi-toſt deux Chevaliers, l'vn Eſpagnol *, l'autre François *, avec ordre de faire tout ce qu'ils pourroient pour s'excuſer envers l'Empereur, & en tout cas, luy demander plus d'argent, qu'il n'en avoit offert pour l'entretien de la place. L'Empereur fut ſi bon, qu'encore qu'il ſeuſt qu'ils avoient ordre en toute extrémité d'accepter ſes offres, pour ne luy point déplaire, il ne les y voulut pas contraindre, & donna ordre de la démolir. Le Chevalier Stroſſi traitoit alors avec l'Empereur, par l'entremiſe du Viceroy de Sicile, & quoy-qu'il euſt paru fort affectionné à ce Prince dans la négociation de cette place, voyant que l'affaire tiroit en longueur, il refit ſa paix avec le Roy de France, à la priére de la Reine & du Conneſtable. Pour ce ſujet, il mit ſous-main en mer, vne galére qu'il avoit fait faire à Malte, & l'équipant d'vne partie de la chiourme des deux autres qu'il avoit, cingla avec toutes les trois vers le port de Marſa, ſous prétexte d'aller chercher dequoy s'entretenir, comme n'eſtant plus à la ſolde de pas-vn Prince. Ce fut dans ce port, que Fernand d'Acugna le vint trouver avec vne lettre du Viceroy de Sicile, qui le prioit ſelon qu'ils avoient contracté enſemble de faire l'entrepriſe de Gelves avec ſes galéres, & celles de la Religion jointes à celles de Sicile avec les troupes que Dom Fernand y pourroit joindre, parce-que le Cheque de l'Iſle offroit de la remettre entre les mains de l'Empereur; mais le Chevalier Stroſſi qui avoit changé de parti, répondit que puiſqu'il n'avoit pû entrer au ſervice de l'Empereur, il vouloit aller chercher ſa ſubſiſtence. Dom Fernand conſidérant

* Dom Fernand.

* Alonſo de Solis, de la ville de Salamanque.
* Téſiére.

qu'il n'en pouvoit rien tirer davantage retourna à Malte, où il apprit son dessein ; ce qui fut aussi-tost reconnu : car Strossi arriva la mesme nuit au couchant de l'isle de Malte, du costé du chasteau de Saint Elme, & envoya deux lettres au Gouverneur *, l'vne pour le Viceroy de Sicile, & l'autre pour Dom Fernand, à qui il faisoit plusieurs offres de civilité en particulier ; mais persistoit toûjours en sa réponse, d'aller chercher fortune, puisqu'il n'avoit pû entrer au service de l'Empereur. Dom Fernand ayant receu ces dépesches, avertit le Viceroy de Sicile, du départ de Strossi qui alloit rejoindre son parent au port d'Hercule, & prenoit la route des Isles, avec trois galéres en mauvais ordre ; de-sorte qu'il seroit facile de l'attraper, & juste, parce-qu'il estoit ennemi déclaré : mais on ne le pût rencontrer ; & il se joignit avec son frere, & fut tué quelques jours après, en allant reconnoistre vne place, appelée Escarlin ; ce qui mit fin à tous ses desseins. Pour retourner en Afrique, Dom Fernand voyant le péril où estoit la ville, parce-que les soldats n'estoient pas contens, & que Strossi l'ayant reconnuë en pouvoit avoir remarqué les defauts, & cherchoit tous les moyens de s'en rendre maistre : il dit au Viceroy de Sicile à son retour, que puisque l'Empereur luy avoit donné charge de luy fournir l'argent & les autres choses nécessaires pour sa place, il le prioit d'exécuter cét ordre, parce-qu'il avoit envie d'y aller pour exécuter de son costé, le dessein de l'Empereur. Il estoit deu aux soldats trente-vne payes, qui montoient à plus de six-vingts mille ducats, dont on n'en pût donner que vingt-sept, tant en argent qu'en étofes. Il ne laissa pas de partir avec cela, sur cinq galéres de Sicile bien équipées, parce-qu'on craignoit la rencontre des ennemis, & prit la route d'Afrique, emmenant de Drépano quatre gros navires pour charger l'artillerie, les munitions, & les troupes, si l'affaire s'accommodoit. Il menoit avec luy tous les Officiers que les soldats avoient chassez, pour les remettre dans leurs charges, & se servir d'eux au besoin. Il fut mieux receu des soldats qu'il n'espéroit, sur l'espérance de l'argent & du pardon ; mais comme il n'avoit pas tout l'argent qu'il luy faloit, il falut

* Christoffe d'Acugna.

Vuu iij

vser de beaucoup d'adresse pour les empescher de le découvrir. Il essaya donc d'abord de gagner ceux qui avoient plus de pouvoir, & donna ordre aux Officiers d'en faire autant, chacun dans sa compagnie. Il commanda ensuite que chacun eust à se retirer en son quartier, & commençant par la compagnie de Dom Sanche, qui devoit estre la sienne, il representa aux soldats le besoin que l'Empereur avoit d'argent, pour soûtenir les grandes guerres qu'il avoit sur les bras, & le plaisir qu'ils luy feroient, de se contenter de la moitié de ce qui leur estoit deu, qu'il leur payeroit comtant, aprés leur avoir rabatu, comme il estoit juste, ce qu'ils avoient receû pour leur subsistence. Cela les surprit vn peu d'abord ; mais comme ils desiroient rentrer aux bonnes graces de l'Empereur, & se voir hors de danger, ils y acquiescérent à la fin, & le reste ensuite, en leur parlant l'vn aprés l'autre. Depuis il leur dit, qu'ayant à démolir la place par ordre de l'Empereur, il seroit dangereux de s'amuser à faire vn long calcul de ce qui estoit deu, acause du voisinage des armées navales du Roy de France, & du Grand-Seigneur, qui pourroient surprendre la ville, comme on auroit commencé à en démolir les fortifications. Ainsi puisqu'ils s'estoient relaschez en faveur de l'Empereur de la moitié de ce qui leur estoit deu, qu'ils ne feignissent point de luy accorder encore cela, sur l'assurance d'estre payez au premier port de Sicile. Encore que ce point fust plus difficile à obtenir, voyant qu'aprés avoir tant quité, on mettoit encore le reste en compromis ; ils ne laissérent pas à la fin d'y consentir, & ayant receû chacun vn ducat d'avance, on continua les mines qu'on avoit commencées avant sa venuë, & l'on y fit travailler jour & nuit les gens de marine, & les soldats. Lorsque le travail fut achevé, on fit embarquer toutes les troupes, avec l'artillerie, les munitions & les vivres, & laissant vn Officier, en qui l'on s'assuroit, avec deux escoüades, pour mettre le feu aux mines, & donner ordre qu'il n'en restast pas vne à joüer, on commença à quiter le bord. Il y avoit vingt-quatre mines sous les murailles, & les principales tours, & chacune avoit plusieurs branches, qui alloient jusques sous les fondemens. Or pour les faire joüer toutes enſemble, on fit ce que je vais dire. On mit vn ſoldat à l'entrée de chacune, avec vne braſſe & demie de méche, toutes de la meſme groſſeur, & on leur commanda de les allumer au prémier coup de canon, & qu'au ſecond ils ſe baiſſaſſent tous en meſme tems, & les mettant dans le gros tuyau qui eſtoit fait pour ce ſujet, ils les poſaſſent à l'entrée des mines, en ſorte que deux empans de la méche entraſſent dans la poudre, & les deux autres demeuraſſent dehors avec le bout qui brûloit, afin qu'elles priſſent toutes en meſme tems. On ordonna à chaque ſoldat, aprés avoir poſé ſa méche, d'aller viſiter celle de ſon compagnon, & au Commandant de faire exécuter le tout avec grande diligence, parce-que ſi par hazard vne mine venoit à joüer avant les autres, elles couroient fortune de ſe combler, & de demeurer ſans effet, & ainſi le deſſein qu'on avoit de ruiner les fortifications, en telle ſorte qu'on ne les pûſt reſtablir, avorteroit. Aprés cela, les ſoldats ſe retirérent dans les barques & les chaloupes, & les vaiſſeaux s'éloignérent de la coſte, pour eſquiver le danger. Les prémiéres mines qui joüérent, furent celles du coſté du Couchant, auſſi-toſt on vit enlever en l'air toutes les tours du coſté de la terre l'vne aprés l'autre en tirant vers le Levant. Ces tours que Méhédi avoit faites avec tant d'induſtrie & de dépenſe, qu'on dit qu'il les euſt fait de métal, s'il les euſt crû plus aſſurer de la ſorte. Enfin la ruine fut ſi grande de toutes parts en vn inſtant, qu'on euſt crû que tous les élémens s'entrechoquoient. Et la ville changea tellement de forme, qu'elle n'eſtoit pas reconnoiſſable à ſes propres habitans; & ce port fut fatal à pluſieurs navires qui y arrivérent depuis. Il n'y eut qu'vne mine qui demeura ſans effet en la tour qui eſtoit vers la porte de la terre, & le Gouverneur deſcendant à terre, la fit joüer auſſi toſt; & les deux tours qui eſtoient à l'entrée du port, volant en l'air, découvrirent de grandes colonnes de marbre qui les ſouſtenoient, de-peur qu'en faiſant les fondemens de diverſes piéces, le ciment ne fuſt peu à peu miné des vagues, & le fond eſtoit pavé de grandes tables de marbre. Cette ville eſtant ainſi démolie, le Gouverneur n'y voulut pas laiſſer les os de tant de Gentilshommes & d'Officiers, qui eſtoient morts à la priſe, & qu'on avoit enterrez en la grande Moſquée, & les fit mettre dans de grans cofres de bois, ceux des Chevaliers de Malte en l'vn, & les autres en vn autre. Enſuite il prit la route de la Sicile, n'ayant eſté que treize jours dans la place, & paya les ſoldats au prémier port où il aborda. L'Empereur fut par ce moyen délivré de la peine où il eſtoit, qu'elle ne tombaſt entre les mains des Infidelles, & de la dépenſe qu'il euſt eſté obligé de faire en la gardant. Elle ſe trouva donc ruinée quand l'armée Françoiſe l'envoya reconnoiſtre; de-ſorte que Dragut ni les Turcs ne s'en pouront ſervir, comme ils penſoient, à incommoder les coſtes de Naples & de Sicile. On enterra depuis les os des Gentilshommes & des Officiers en l'Egliſe de Mont-réal, qui eſt proche de Palerme, & le Viceroy y fit mettre cét epitaphe, que Dom Fernand luy-meſme avoit fait, & qu'il luy envoya.

La mort a pû mettre fin à la vie de ceux que cette tombe enferre; mais non pas à leur immortelle valeur. La foy de ces Heros leur a donné place dans le Ciel, & leur courage a rempli la terre de leur gloire; de-ſorte que le ſang qui eſt ſorti de leurs bleſſures, pour vne mort, leur donne deux vies immortelles.

Voilà la fin qu'eut vne place ſi renommée, & nous nous y ſommes vn peu plus étendus qu'à l'ordinaire, parce-que c'eſt vne choſe arrivée de noſtre tems, & où nous avons eu quelque part: outre qu'ayant rapporté ſa fondation, nous avons eſté bien-aiſe d'écrire auſſi ſa fin.

CHAPITRE XXIX.

D'Eſfaque.

C'EST vne petite place de quelque ſix cens feux, ſur le bord de la mer, à vingt-ſix lieuës de la ville d'Afrique, du coſté du Levant. Quelques-vns attribuent ſa fondation aux Romains; mais plus communément à ceux du pays. Elle eſtoit autrefois fort peuplée, & il y avoit grand commerce; mais elle fut ruinée à la venuë des ſucceſſeurs de Mahomet,

LIVRE SIXIE'ME.

Mahomet, & se repeupla depuis. On la nommoit autrefois Ruspine *, à qui Ptolomée donne trente-huit degrez de longitude, & trente-deux de latitude, avec vingt minutes. Les habitans s'adonnent la pluspart à la marine, ou à la pesche, qui est fort bonne sur cette coste. Il y a quelques tisserans, mais il n'y en a point de riches, quoy-qu'ils soient fort orgueilleux. Leur nourriture ordinaire est de pain d'orge, & d'vn manger fait de cette farine, dont viuent ceux de la coste de Tunis. Plusieurs vont courre les costes de la Chrestienté en la compagnie des Corsaires Turcs. D'autres sont marchans, & trafiquent en Turquie & en Egypte. Ils ont esté fort tourmentez de nostre tems des Rois de Tunis, & des Arabes de la contrée, parce-qu'ils se sont revoltez plusieurs fois, & qu'ils donnent retraite aux Corsaires. Quand l'armée navale de l'Empereur gagna la ville d'Afrique, ils n'obéïssoient à personne; mais à l'arrivée des vingt galéres, que le Viceroy de Sicile envoyoit pour recevoir le tribut du Seigneur des Gelves, ils se mirent sous l'obéissance de Muley Mahamet, fils du Roy de Tunis. Ce qui dura peu, parce qu'il fut aussi tost chassé, & les Turcs mis en sa place, qui en sont toûjours depuis demeurez les maistres.

* ou Tasso.

1550.

CHAPITRE XXX.

De Lorbus *.

* C'est vn mot corrompu d'*Vrbs*.

C'EST vne ancienne ville, bastie par les Romains, à ce que racontent ceux du pays. Elle est dans vne belle plaine, à soixante lieuës de Tunis, du costé au Midi, en tirant vers la Numidie & la Libye. Les campagnes d'alentour sont si fertiles en bled & en pasturages, que la contrée est tenuë pour la meilleure de l'Afrique, & fournit la ville de Tunis, & vne partie de la Numidie. Quand les Gots entrérent dans le pays, ils assiégérent cette place, où s'estoit retirée la Noblesse Romaine, & l'ayant prise de force, ils la sacagérent; de-sorte qu'elle demeura long-tems deserte, jusqu'à ce qu'elle se repeupla à la façon d'vn grand village, & l'on y voit encore aujourd'huy les ruines des anciens edi-

Partie II. Xxx

fices, de grandes statuës de pierre, & des tables d'albastre, avec des inscriptions Latines, & des niches * faites dans les murailles, qui estoient toutes de grosse pierre de taille. Il y reste encore vn chasteau, où sont quelques canons de bronze. Et le Roy de Tunis y tient garnison, avec vn Gouverneur, tant pour la seureté de la place, que pour défendre la campagne des courses des Arabes, qui viennent l'esté de Numidie, pour y faire paistre leurs troupeaux, & s'en retournent l'hyver chargez de bled. Entre ce chasteau & les deux quartiers qui sont peuplez dans la ville, passe vn courant d'eau par vn canal d'albastre, & cette eau, qui fait moudre plusieurs moulins, vient d'vne fontaine environ à vn jet de pierre de la place. Les habitans sont tous laboureurs ou tisserans, qui payent de grans droits au Roy de Tunis. L'air du pays est fort bon, & la ville est avantagée en tout pardessus celle de Tunis ; mais les habitans sont amoureux du changement, & ennemis du travail.

* ou creux.

CHAPITRE XXXI.

De Beggie.

C'EST vne ancienne ville, construite par les Romains sur la pente d'vne montagne, au grand chemin de Constantine, à huit lieuës de la coste, & à trente-quatre de Tunis, du costé du Couchant. L'Historien * Arabe dit, que les Romains bastirent cette ville en vn lieu, où il y en avoit vne autre autrefois, & que pour cela on la nomma Vieille-ville, & le nom s'estant corrompu ensuite, on l'a appelée Beggie. Elle est fermée de murs élevez & fort anciens, & a sur le haut vn vieux chasteau qui la commande. Mais depuis peu le Roy de Tunis * en a fait faire vn autre vis-à-vis de celuy-là, où il mettoit quatorze canons de bronze, & vn Gouverneur avec garnison, parce que les habitans sont orgueilleux & amoureux du changement ; de sorte qu'ils se revoltent à la prémiére occasion. Cette place est vne des plus riches de l'Afrique en bleds, parce-qu'elle a vne grande contrée, qui en foisonne, & qui en pourvoit Tunis, & tout

* Abenel-raquic.

* Hamida.

le voisinage ; ce qui fait dire ordinairement à ceux de Tunis, que s'il y avoit encore vne ville comme celle-là, le bled seroit aussi commun que le sable. Les habitans neantmoins sont pauvres, acause des grans droits qu'ils payent aux Rois de Tunis, & acause de cela le labourage diminuë, outre qu'ils ont beaucoup à souffrir des courses des Arabes, qui sont fort puissans en ces quartiers.

CHAPITRE XXXII.

D'Ain Zamit.

C'Est vne ville bastie depuis peu par les Rois de Tunis, à douze lieuës de Tunis, & à vingt lieuës de Beggie. Elle fut située en cét endroit, parce que la contrée estoit fort bonne, & n'estoit pas cultivée, faute d'habitans ; mais les Arabes, que cela incommodoit, s'y opposérent ; ce qui obligea Muley Mahamet, de crainte de quelque rebellion, de leur permettre de la détruire. Les murailles & les tours sont encore debout, & il ne manque aux maisons que la couverture, qui est fonduë. Les Arabes d'Vled Bileyl, possédent toute cette contrée, qui est si grande, que la meilleure partie demeure sans culture.

CHAPITRE XXXIII.

De Cazbat.

C'Est vne ancienne ville, que les Romains ont bastie dans vne rase campagne, à huit lieuës de Tunis du costé du Midi. Les successeurs de Mahomet l'ont ruinée plusieurs fois, & les Arabes qui errent par les champs ont achevé de la détruire, sans qu'elle se soit repeuplée depuis. Les murailles restent encore, acause qu'elles sont faites de grosses pierres de taille. La contrée est fort fertile en bled, & en troupeaux ; mais la pluspart est sans culture, parce que le Roy de Tunis n'est pas assez puissant pour en chasser les Arabes qui la possédent. Mais quand ils permettroient qu'on la cultivaft, le peuple de Tunis eft fi faineant, qu'il aimeroit mieux mourir de faim que de travailler ; ainfi il n'en demande point la permiffion, & quoy-que ce pays foit proche de Tunis, il eft en friche, & ne fert que de pafture aux troupeaux des Arabes.

CHAPITRE XXXIV.

De Carvan.

C'EST vne grande ville, nommée proprement en Arabe Cayraven. Elle doit fa naiffance à Occuba, Général de l'armée d'Odman, fucceffeur de Mahomet, & troifiéme Calife, environ l'an fix cens cinquante-deux. Elle eft dans vne plaine, & les Hiftoriens Arabes affurent que c'eft la plus belle ville & la meilleure qui fe foit baftie en toute l'Afrique. Elle eft fermée de murailles de briques, bien garnies de tours, à douze lieuës de Sus du cofté du Midi, & à trente-quatre de Tunis, vers le Levant. Il y a au dedans vne grande Mofquée fort ancienne, conftruite par Occuba, dont elle porte le nom, & remplie de plufieurs Docteurs, qui font en grande eftime, & dont le principal eft comme l'Evefque. Les Rois de Tunis y font enterrez, parce-que c'eft la prémiére ville que les Mahométans baftirent en Afrique. Elle ne fut fondée que pour fervir de retraite à leur armée, & renfermer les richeffes & les tréfors qu'ils remportoient de toute la Barbarie, & de toute la Numidie, aprés le fac de Carthage. Tout le pays d'alentour n'eft qu'vn defert fi fablonneux, qu'il n'y croift ni bled ni fruit, & on les y apporte par charoy des villes de la cofte, dont la plus éloignée n'eft qu'à quatorze lieuës. Il y a vne montagne à quatre lieuës de la place, qui eftoit fort habitée du tems des Romains, & l'on y voit encore en divers endroits des ruines de fuperbes baftimens, maintenant ce font des forefts de carrobiers, & des fontaines par-tout, au-lieu que dans la place que nous décrivons, on n'y rencontre ni fource, ni puits, ni riviére, mais feulement de grandes cifternes, où l'on recueille l'eau de la pluye. Au-refte il y en a de si grandes hors de la ville, qu'elles servent pour abruver le gros & le menu bestail, & l'on y aborde de tous costez en si grande foule, que souvent il n'y a pas d'eau jusqu'au mois de Iuillet: car les Arabes de Numidie viennent en esté paistre leurs troupeaux aux campagnes d'alentour; ce qui redouble la disette de bled & d'eau; mais ils apportent tant de chair & de dates de soixante ou soixante & dix lieuës loin, que cela supplée à tout. On accouroit autrefois en cette Vniversité de tous les costez de l'Afrique, comme les François font à Paris, & les Espagnols à Salamanque; & leurs anciens Ecrivains, & leurs vieux Docteurs, se vantent d'avoir estudié là. Mais elle a esté tourmentée & ruinée par les Arabes, ce qui joint au defaut de vivres, qui s'y rencontre dans les mauvaises années, l'a empeschée long-tems de se restablir. Ceux qui y demeurent à present, sont de pauvres gens, qui apprestent fort delicatement les peaux d'agneaux, dont les Seigneurs & les principaux d'entre les Arabes portent des camisoles. Sous le regne du pere de Muley Hascen, elle estoit si chargée d'imposts, que quand Barberousse se rendit maistre de Tunis, elle receut volontairement vne garnison de Turcs. Depuis, quand l'Empereur chassa Barberousse de Tunis, elle élût pour Roy le principal Alfaqui de la grande Mosquée, pour ne point retomber sous la puissance de ces Princes. Celuy-cy, à la faveur du peuple, & de quelques Arabes, se saisit de plusieurs lieux de la contrée, & prit le titre de Roy de Carvan. Il regnoit encore lors que l'armée de l'Empereur s'empara de la ville d'Afrique, & entretenoit alliance avec le Roy de Tunis, ayant marié l'vne de ses filles à l'vn de ses fils. Pour cela donc, & pour chasser Dragut de la ville d'Afrique, il fournit quelques vivres aux Chrestiens, & quelques troupes, pour asseurer la campagne, sans vouloir secourir Dragut, quand il vint pour faire lever le siege. Ce qui fut cause que Dragut conjura contre luy, avec quelques Alfaquis, & quelques habitans de la ville, & y estant entré de nuit à l'improviste, il le tua, & se rendit maistre de la place, qui est encore aujourd'huy au pouvoir des Turcs. Elle a vne autre ville qui y est attachée, ou plustost vn grand fauxbourg bâti par Abdala dernier Roy de la Maison d'Agleb, a cause du grand concours du peuple qui y arrivoit de toutes parts, depuis ses conquestes d'Italie; de-sorte que l'ancienne ville n'estoit pas suffisante pour les loger. Ce qui fait que les Arabes nomment cette place les deux villes. Voilà toutes les places de la province qui sont au dedans du pays.

CHAPITRE XXXV.

De Zagoan.

C'EST vne grande montagne deserte à vne lieuë de Tunis, entre le Midi & le Levant. Quoy-qu'elle soit fort haute & fort froide, il y avoit autrefois quantité de villes & de chasteaux, dont on voit maintenant les ruines avec des inscriptions en langue Latine, sur de grandes tables de pierre. Il y a par-tout de grans lieux où l'on met à couvert les ruches de mouches à miel, & quelques terres où l'on seme de l'orge. C'estoit de-là que les Carthaginois faisoient venir de l'eau dans leur ville, par des Aqueducs soûtenus par de grandes voutes. Il n'y a que cette montagne & quelques autres qui avancent dans la mer prés de cette ville, avec quelques colines qui sont aux environs de Tunis : Tout le reste de cette province n'est qu'vne grande campagne, parce que le mont Atlas a de grandes ouvertures en cét endroit pour passer en la province de Zeb & de Numidie.

CHAPITRE XXXVI.

De Zeb.

CETTE province est au Midi de celle de Tunis, & s'étend dans la Numidie, où elle a plusieurs villes & plusieurs bourgades, dont la capitale est Mezeb. Mais parce-que nous en parlerons au livre où nous traitons de la Numidie, nous n'en ferons point icy la description ; car encore que la plus grande partie de cette province soit sujette aux Rois de Tunis, neantmoins elle n'est pas proprement de la Barbarie,

LIVRE SIXIE'ME.

qui est le quartier de l'Afrique, que nous décrivons maintenant.

CHAPITRE XXXVII.
De la province de Tripoli.

LA province de Tripoli a au Couchant, la province de Tunis, & au Septentrion la mer Méditerranée depuis l'embouchure du fleuve Triton, que l'on nomme maintenant Capes, jusqu'à la frontiére de Messellate; de-sorte que toute la petite Syrte y est comprise. Elle a au Midi la Numidie ou la Libye qui est le Sahara, & au Levant la province de Pentapolis ou Ceyret, comme ceux du pays l'appellent aujourd'huy. La plus grande partie de cette province n'est que sablons & deserts; mais il y a quelques montagnes peuplées de Bérébéres, dont nous parlerons aux chapitres suivans, aussi-bien que des villes & des bourgades, à commencer par celles qui sont le long de la mer.

CHAPITRE XXXVIII.
De Capez.

CETTE ville que les Africains nomment Cabez, est grande & ancienne, & l'vne des prémieres que les Romains bastirent en Afrique. Elle est dans le golfe que fait la mer Méditerranée, entre les Esfaques & les Gelves. Elle est fermée de vieilles murailles fort hautes, & a vne belle forteresse prés de l'embouchure d'vne riviére d'eau chaude, que Ptolomée met à trente-huit degrez quarante minutes de longitude, & trente-deux degrez quarante-cinq minutes de latitude. Cette ville estoit tres-illustre du tems des Romains, & les Gots l'ayant prise, y tinrent long-tems garnison; mais les successeurs de Mahomet entrant en Afrique, la ruinérent, & depuis elle fut encore ruinée sous vn Calife de Carvan: & quoy-qu'elle se soit rétablie, elle est si incommodée des courses des Arabes, qu'elle a esté long-tems deserte. Ceux qui y demeurent aujourd'huy, sont de pauvres gens fort noirs, dont la pluspart s'adonnent à la pesche ou au labourage. Il y a en cette contrée de grans lieux plantez de palmes; mais les dates se seichent aussi-tost & ne durent pas toute l'année comme celles de Numidie. Les terres sont légéres & sablonneuses, où l'on ne recueille que de l'orge, encore bien peu. La principale nourriture des habitans est de racines douces comme des amandes, que l'on mange cuites & détrempées, comme les Indiens mangent les batates. Cette ville est aujourd'huy aux Turcs, aussi-bien que toutes les autres de la province, & toutes celles de la coste de Tunis, c'est le Gouverneur de Tripoli qui y met garnison.

CHAPITRE XXXIX.

De Maharaz

C'EST vne place forte bastie depuis peu par les Rois de Tunis à l'embouchure du golfe de Capez, pour le garder des pirates Chrestiens qui avoient accoustumé de venir ravager toute cette coste. Les habitans n'ont ni terres labourables ni troupeaux, & sont de pauvres pescheurs ou mariniers qui vont en course avec les vaisseaux Turcs; mais il y a quelques tisserans qui font de la toile & des sayes à la Moresque. Ils parlent la langue Africaine des Bérébéres, comme ceux des isles de Gelves où est leur principal trafic & dont ils ne sont éloignez que de dix-huit lieuës.

CHAPITRE XL.

Des habitations de l'isle de Querquenés, qui est attachée à la terre ferme sur cette coste.

C'EST vne isle devant les Esfaques, où il y a plusieurs hameaux de Bérébéres gens pauvres & méchans. Tous les environs

environs sont des terres seches, & le courant de l'eau y est si fort, que les vaisseaux à rames ont peine à y aborder. Elle est des dépendances des Gelves & court la mesme fortune. Quelques-vns de ces Barbares sont gens de mer, & grans amis des Turcs, car ils vont en course avec eux. Cette isle & la forteresse qui y est a esté longtems au pouvoir des Chrestiens, & l'an mille cinq cens dix, le Comte Pédro de Navarre estant retourné à Tripoli, depuis la défaite des Gelves en partit avec le reste de la flote qui estoit de soixante voiles, chargée de huit mille hommes de guerre, en résolution de faire tout le mal qu'il pourroit aux Maures; mais il fut attaqué d'vne tempeste, où beaucoup de vaisseaux périrent, & le sien mesme fut sur le point de se perdre. A la fin estant de retour à Tripoli, il y rallia quelque trente vaisseaux, & avec cinq mille hommes il se remit en mer dans le mesme dessein; mais il fut surpris d'vne autre tempeste qui luy enleva dix navires & quantité de gens, & il souffrit grande disete. Enfin arrivé en l'isle de Querquénes qui estoit deserte, & où il n'y avoit que quelques cabanes de bergers, parce-qu'on y envoye paistre tous les troupeaux de la contrée, il y voulut ravitailler ses navires. Le lendemain il mit pied à terre, pour faire aiguade, & aprés avoir trouvé trois puits de fort bonne eau, il se rembarqua; mais le vingt-quatriéme Février, vn de ses Colonels* luy demanda permission d'aller nettoyer ces puits, & de faire aiguade, ce qu'il luy accorda, acause de la grande nécessité qu'il en avoit. Ce Colonel prit donc quatre cens cinquante hommes d'élite, & allant droit aux puits, fit si bien que sur le midi ils estoient nets & en bon estat; de-sorte qu'il tira vn grand retranchement tout autour pour s'empescher d'estre attaqué des ennemis. Sur le soir, le Comte les fut visiter, & à son instance les laissa-là avec ses troupes pour les garder; mais il arriva que comme on nettoyoit les puits, vn de ses Alfiers ayant manqué à quelque ordre qu'il luy avoit donné, il ne se contenta pas de luy dire des injures; mais il le batit à outrance, & luy arracha la barbe. Cét homme irrité, fut la nuit trouver quelques Maures qui s'estoient retirez en vn coin de l'isle, & leur dit qu'il se vouloit faire Mahométan, & leur mettre

* Vionélo.

en main tous les Chrestiens qui gardoient les puits. Ils vinrent donc sans bruit sous sa conduite, & trouvant les sentinelles endormies, les tuérent, ensuite ils entrérent dans le retranchement, où la plufpart dormoient en toute asseurance, & tuérent tout à la réserve de trois, dont l'vn fut envoyé au Roy de Tunis, l'autre au Seigneur des Gelves, & le troisiéme demeura parmi les morts blessé de six coups. Sur ces entrefaites, arrivérent vingt hommes qui estoient allé la nuit querir des vivres à la flote, & entendant le bruit, se cachérent dans des buissons. Aprés ce carnage, les Maures tirérent quelques coups d'arquebuzes en signe de réjouïssance, ce qui fit mettre pied à terre aux troupes au point du jour, & ensuite de quelque escarmouche, les Maures se retirérent, & ce pauvre blessé se traina du mieux qu'il pust vers les siens, & leur dit ce qui s'estoit passé. Le Comte dissimulant le mieux qu'il put cette infortune, envoya vn * Colonel reconnoistre les puits où l'on avoit tué ses gens, incontinent l'on se rembarqua, & le Comte aprés quelques autres malheurs & quelques naufrages, ramena le débris de son armée en l'isle de Capri, à trente milles de Naples, où il fut quelques jours, tant que son armée acheva de se dissiper.

*Dom Diégo Pachéco.

CHAPITRE XLI.

De l'Isle des Gelves.

CETTE isle que les anciens nommoient Menisse d'vne ville du mesme nom, est mise par Ptolomée à trente-neuf degrez trente minutes de longitude, & à trente-vn degré vingt minutes de latitude, sous le nom de Lotofagine. Elle est attachée à la terre ferme, & est basse & sablonneuse, & a plusieurs contrées de palmiers, d'oliviers, de vignobles, & d'autres arbres portant fruit. Elle n'a que six lieuës de tour, & est habitée aujourd'huy par hameaux; desorte qu'il y a peu de villages. Les terres y sont légéres, & l'on n'y recueille que de l'orge, encore est-ce fort peu, & en les labourant & arrosant, ce qui ne se fait pas sans beaucoup de peine, acause que les puits sont fort profonds, si-bien que le pain y est rare, & il y a peu de troupeaux. Sur le bord de la mer est vne forte tour bastie par les Cate-lans lorsqu'ils estoient maistres des Gelves, & c'est-là que demeure le Seigneur de l'isle. Il y a auprés vne habitation où abordent les marchans Turcs, Maures, ou Chrestiens, acause d'vn grand marché qui s'y tient toutes les semaines, qui est comme vne foire où se trouvent les naturels du pays, & les Arabes de la coste avec leurs troupeaux & les autres choses dont la contrée abonde. De-là on porte à Tunis & à Alexandrie plusieurs raisins sechez au Soleil, avec des cuirs de vache, des laines & autres marchandises. Cette isle fut ruinée par les successeurs de Mahomet avec les villes de Tripoli & de Capez qui estoient aux Romains. Il y avoit deux villes *, dont les ruines paroissent encore, outre les for- * Guérra & teresses que les Romains y avoient faites, dont les murail- Menisse. les & les tours sont encore debout. Elle s'est peuplée de-puis par hameaux, & l'an mille deux cens quatre-vingts quatre, Roger de Lorie Amiral du Roy d'Aragon la con-quit, & ses descendans en ont esté maistres plusieurs an-nées.

Roger de Lorie Calabrois, Amiral du Roy d'Aragon, fit *Comme Ro-* l'entreprise de l'isle de Gelves, & y arriva l'an mille deux cens *ger de Lorie* quatre-vingts quatre, le douzième du mois de Septembre. *conquit l'isle* Aprés avoir donc mis tous ses vaisseaux au canal qui la sépa- *des Gelves;* re de la terre ferme, pour empescher la retraite aux Maures *& des cho-* de l'isle, aussi-bien que le secours, il débarqua ses troupes la *ses mémora-* nuit, & prenant les Maures au dépourveu, pilla plusieurs *bles qui ar-* hameaux: mais comme il fut jour, les ennemis estonnez, & *rivèrent en* ne se pouvant rassembler pour se défendre, se mirent à fuir *cette con-* pensant se sauver par les champs; de-sorte que les Chrestiens *queste.* s'emparèrent de l'isle sans aucune résistance, & la plus part des habitans furent tuez ou pris prisonniers, le reste se fit vassal de Roger, qui bastit vn chasteau sur le canal qui sépa-re l'isle de la terre ferme, & retourna en Sicile aprés y avoir laissé garnison. Pendant qu'il faisoit construire ce chasteau, il fut averty qu'vn Capitaine Africain Chef des Bérébéres des montagnes de Tripoli, avoit assemblé des troupes, & marchoit contre luy ; de-sorte qu'il luy dressa vne embuscade en terre ferme, où il le défit, & il fut long-tems prisonnier en la ville de Messine au chasteau de Matagrifon. Ce Roger fut long-tems Seigneur de l'isle de Gelves, & laissa pour successeur vn fils du mesme nom. Sous son régne, le Roy de Tunis * envoya vn Morabite * avec plusieurs Maures & plusieurs Chrestiens Musarabes de Tunis, attaquer cette isle ; ce Morabite fit si bien qu'il persuada aux habitans de se révolter contre leur Seigneur qui estoit ennemi de leur loy & tint le chasteau assiégé huit mois. Roger eut recours au Roy de Sicile qui luy donna six galéres & quelques autres vaisseaux pour secourir la place ; mais le Morabite délogea à sa venuë, & Roger ayant recouvert l'isle, chastia rigoureusement les auteurs de la révolte. Il mourut quelque tems aprés, & les habitans des Gelves & des Querquénes se soûlevérent * contre son frére Dom Carles qui estoit vn jeune homme de quatorze ans. Il y avoit en cette isle deux factions qui durent encore aujourd'huy, l'vne d'Vled Moavia, l'autre d'Vled Mistona, toutes deux de Bérébéres, quoy-qu'ils parlent vn Arabe corrompu. Les principaux de Moavia * estoient fort honnestes gens, amis des Chrestiens ; mais les autres de la mesme race appelez Vled Dorqués ne leur ressembloient pas, & se joignant avec ceux de Mistone, faisoient la guerre aux Chrestiens, toutes les fois que l'occasion s'en présentoit. Voyant donc leur Seigneur encore jeune, ils se soûlevérent contre luy & assiégérent le chasteau à la faveur de quelques troupes que le Roy de Tunis leur envoya ; mais Carles de Lorie implora aussitost le secours du Roy de Sicile * & du Roy de Naples *, & passant dans l'isle avec cinq galéres & quelques vaisseaux, fit lever le siége. Cette révolte appaisée, il retourna en Italie, laissant Simon de Montelin pour Gouverneur. Dom Carles mourant, laissa son fils Roger qui luy succéda ; mais il s'émeut de grandes guerres dans l'Isle entre les deux factions, dont le Gouverneur favorisa ceux d'Vled Mumin. Le Roy de Sicile * envoya mesme à leur secours Iaym Castellar, en faveur de Roger qui n'estoit encore qu'vn enfant. Castellar jetta des soldats & des munitions dans la pla-

marginalia:
* Hutmen.
* Layemi.

1313.

* nommez Vled Mumin.

* Frédéric.
* Robert.

* Frédéric.

ce & chaſſa les rebelles de l'Iſle, & non content de cela, mit pied à terre avec ſes troupes, & s'eſtant joint à ceux du chaſteau & à Vled Mumin, il donna bataille aux ennemis, où il fut tué, & défait avec perte de cinq cens hommes. Cela enfla de ſorte le courage du Chef* des Miſtoniens, qu'il fit vne cruelle guerre aux Chreſtiens & à ceux d'Vled Mumin. Roger eut recours au Pape & au Roy de Naples, & ne les voyant pas trop portez à le ſecourir s'adreſſa au Roy de Sicile qui entreprit cette affaire, à la charge que la dépenſe qu'il feroit pour cét armement, ſeroit payée du reveuu des Iſles, pour l'aſſurance dequoy on luy mit entre les mains celle des Querquénes avec le chaſteau. En vertu de cét accord, il équipa dix-huit galéres qu'il envoya au ſecours de Gelves ſous le commandement d'vn Gentilhomme de Meſſine *. L'armée navale prit terre en l'Iſle qu'on nomme de l'Amiral, & voulant aller de-là rafraichir les troupes & prendre quelque repos, parce-que les chevaux qu'on menoit qui eſtoient plus de cent, eſtoient incommodez de la mer, les Maures des deux partis les voyant en deſordre, ſe réünirent & à la reſerve de quelques principaux de ceux de Mumin qui ſe jettérent dans le château, tout le reſte attaqua les Chreſtiens & les prit ou tua tous, ſans qu'il ſe ſauvaſt que dix cavaliers qui entrérent dans la place. Le Gentilhomme de Meſſine fut meſme fait priſonnier. Il mourut ce jour-là, du coſté des Chreſtiens plus de deux mille cinq cens fantaſſins, & plus de ſoixante cavaliers. Et le Chef des Maures s'eſtant rendu maître de l'Iſle, demanda incontinent du ſecours au Roy de Tunis, pour aſſiéger le chaſteau. Le Gentilhomme de Meſſine s'eſtant racheté, ſe jetta auſſi-toſt dans cette place, & renvoya les galéres preſque vuides en Sicile. Sur ces nouvelles, le Roy dépeſcha ſon Amiral *, pour prendre poſſeſſion du chaſteau des Gelves, que tenoit Simon de Montelin, & cét Amiral ſe gouverna ſi ſagement, qu'il remit les rebelles dans l'obéïſſance, & jettant dans l'Iſle deux cens chevaux de ceux de Mumin, qui en eſtoient ſortis; il commença à faire la guerre au Chéque, qui avoit quatre cens chevaux, & huit mille hommes de pied, & le batit tant vne

* Nahalef.

* Péligro Députi.

* Ramon Montaner.

fois, qu'il le chaſſa de l'Iſle. Mais il retourna bien-toſt avec huit mille chevaux Arabes, que le Roy de Tunis luy donna. Toutefois il ne pût paſſer dans l'Iſle, car l'Amiral luy en défendit vaillamment l'entrée, & avec vne galiote luy prit ſept grandes barques de vingt qu'il avoit. Alors ceux du parti contraire, qui eſtoient dans l'Iſle, demandérent tréve pour paſſer en terre-ferme, & on la leur accorda. Mais le Chéque voulant rentrer dans l'obéïſſance, ne pût rien obtenir, acauſe des grans maux qu'il avoit faits. Depuis, le Roy de Sicile ayant envoyé vingt galéres au chaſteau de Gelves, avec deux cens chevaux, & deux mille hommes de pied, ſous le commandement de Corrado Lanſa, il ne fut pas pluſtoſt arrivé, que le Chéque ſe mit entre ſes mains. Corrado marcha auſſi-toſt contre les Miſtoniens, qui étoient quelque dix mille hommes de pied, avec quelque cavalerie, & qui avoient renfermé les femmes & les enfans dans vne forterreſſe, à l'endroit où eſtoit autrefois la ville de Gerre. Les troupes de Corrado conſiſtoient en deux cens vingt gendarmes, trente chevaux-legers, & deux mille fantaſſins, qui vainquirent les Maures, aprés vn grand combat, & les prirent ou tuérent preſque tous. Aprés quoy entrant dans leur forterreſſe, ils firent douze mille femmes ou enfans eſclaves; puis Corrado retourna en Sicile, laiſſant Montaner pour Gouverneur de l'Iſle, au nom du Roy. Car depuis cela, les Gelves paſſérent pour vne conqueſte de la Sicile. Alors vint à la Couronne de Tunis vn * Prince, qui ſe diſoit deſcendu d'Omar, ſucceſſeur de Mahomet. Celuy-cy conſidérant la plus grande partie de l'Eſtat ſoûlevé contre luy, fit tréve avec Montaner pour quatorze ans, à la charge de payer au Roy d'Aragon, au nom duquel Montaner traitoit, & en celuy du Roy de Sicile, cinq mille doublons par an, pour en eſtre ſecouru contre les Maures. Ce Prince avoit donc des Chreſtiens à ſon ſervice, tant cavalerie qu'infanterie, ſous le commandement de Bernardin de Fons, & pour Rémond de Montcade, ils avoient deux étendarts, l'vn d'Aragon, & l'autre de Sicile. Depuis cela, les Maures des Gelves, des Eſfaques, & des Querquénes, qui eſtoient tous vaſſaux de Fréderic, Roy de Sicile, ne

1315.
*Ben Yahaya.

LIVRE SIXIE'ME.

pouvant souffrir la tyrannie de ces Officiers, se soûleverent & se donnerent au Roy de Tunis, comme la tréve fut expirée; de-sorte qu'il leur envoya des troupes, avec lesquelles ils furent assiéger Montaner dans le chasteau. Sur ces nouvelles, le Roy de Sicile, quoy-qu'il y eust de la division dans son Estat, y envoya Dom Rémond de Peralte, son Amiral, avec cinq galéres, & quelques petits vaisseaux, pour pouvoir passer sur les basses, avec ordre de mettre des troupes, des vivres, & des munitions dans le chasteau. Peralte, aprés avoir débarqué ses troupes, jetta soixante & dix hommes dans la place, chargez de munitions, tandis que le reste combatoit contre les assiégeans. Cela les obligea à se retirer, & Peralte entrant dans le chasteau, le rafraichit. Sur ces entrefaites, arrivérent douze galéres de Génes, & trois du Royaume de Naples, au secours des Maures, & trouvant les vaisseaux qui portoient des vivres & des armes pour le chasteau, vn peu éloignez acause des basses, elles voguérent contre-eux avec des barques, que les Maures leur donnérent, & les ayant pris, firent courre fortune aux cinq galéres. Aprés cét exploit, les Génois vendirent les armes & les munitions aux Maures, & se retirérent à Naples; & Peralte voyant qu'il n'avoit pas dequoy défendre le chasteau, retourna en Sicile, laissant Pedro de Sarragosse pour Gouverneur. Aussi-tost les Maures retournérent au siége, & attaquérent la place si vertement, qu'aprés plusieurs combats ils l'emportérent d'assaut. Ils tuérent presque tous ceux qui y estoient, lapidérent le Gouverneur, avec vn de ses fils. Aprés-quoy les Maures demeurérent toûjours les maistres des villes de Gelves & de Querquénes. Elles demeurérent quelque tems sous la domination des Rois de Tunis, & enfin elles se mirent en liberté, & rompirent le pont qui joignoit l'Isle à la terre-ferme. Mais leur faction se renouvellant avec leur liberté, ceux de l'vne égorgérent tous les principaux de l'autre; de-sorte que le Chef de ce parti demeura Seigneur de l'Isle, & ses descendans regnérent encore long-tems aprés luy. Mais comme ils s'entretuoient pour regner, il se trouva des tems où en dix ans il y eut dix Princes; de-sorte qu'il n'y avoit jamais paix ni seureté. Le Roy * d'A. *Alphonse.

ragon ayant esté depuis appelé à la Couronne de Naples par la Reine Ieanne, & s'estant mis ensuite mal avec elle, il passa à la conqueste de l'isle de Gelves, & ayant basti vn fort dans le détroit, pour empescher le secours, il commença à la conquerir. Le Roy de Tunis * accourut au secours avec vne puissante armée ; mais il fut défait avec grand meurtre, & l'Isle renduë tributaire ; ce qui dura assez long-tems, aprés-quoy elle se révolta. Cependant, Alphonse estant de retour en Sicile, & ayant rafraichi son armée navale, cingla contre la ville d'Afrique, & l'ayant reconnuë, & pris quelques vaisseaux qui estoient à l'ancre, repassa en Sicile, en résolution de faire ses préparatifs pour la venir attaquer. Mais les affaires du Royaume de Naples estoient si brouïllées, qu'il falut quiter pour l'heure cette entreprise. Nous dirons aux chapitres suivans ce qui se passa depuis en la conqueste de l'Isle des Gelves.

1423.
* Muley Abudofar.

Entreprise de Pedre de Navarre sur les Gelves, & la mort de D. Garçia de Tolede.

Le Comte Pedre de Navarre ayant pris la ville de Tripoli, comme nous dirons ailleurs, cingla contre Gelves, qui n'en est qu'à trente-cinq lieuës, sur la créance qu'elle se rendroit aussi-tost. Il alla donc avec huit galéres, & quatre grosses fustes droit au canal d'Alcantara, d'où il envoya trois hommes qui parloient Arabe, avec vn étendart blanc, en signe de paix, pour parler de sa part aux Maures ; Mais comme ils avoient déja appris le succés de Tripoli, ils s'étoient mis en armes dés qu'ils avoient veû les vaisseaux en haute-mer ; & comme ils virent descendre ces trois hommes, quelques-vns qui estoient à cheval le long du rivage, coururent droit à eux, sans attendre aucun ordre, & ayant tué celuy qui marchoit devant, aussi-tost les deux autres se jettérent dans l'eau, & se sauvérent à la faveur d'vne chaloupe. Les Maures s'avançant alors vers la mer, s'écriérent qu'on ne pensast pas en venir about si aisément que de ceux de Tripoli, qu'ils mourroient plustost l'épée à la main que de se rendre, & qu'ils avoient résolu de défendre leurs biens, leur patrie, leurs femmes, leurs enfans, & leur religion contre les Chrestiens, qui les vouloient asservir. Sur cette réponse, le Comte fit lever les voiles, & continuant sa route, fut reconnoistre le pont qui joignoit l'Isle à la

terre

terre-ferme; mais le Commandant des Maures l'avoit déja fait rompre, pour les obliger à se mieux défendre, en leur oſtant l'eſpérance de ſe ſauver que par la victoire. Le canal qui ſépare cette Iſle du continent, a environ demi-lieuë de large, & l'on avoit baſti vn pont à l'endroit qui eſt le plus étroit, par où l'on paſſoit, tant à pied qu'à cheval. Le Comte ayant reconnu la plus grande partie de l'Iſle, & veû le lieu où l'on pourroit faire la deſcente, laiſſa pour lors cette entrepriſe en intention d'y revenir. Dans ce deſſein il paſſa à Tripoli, où il arriva le neufviéme d'Aouſt, en réſolution de chaſtier les Barbares. Il fit auſſi-toſt la reveuë de ſes troupes, & trouva quinze mille hommes de combat; aprés quoy laiſſant trois mille ſoldats pour la garde de la ville, ſous la conduite de Samaniégo, & de Palomino, il cingla vers cette Iſle avec le reſte. Mais comme le tems eſtoit contraire, il fut vingt-trois jours embarqué avec toute l'infanterie, ſans pouvoir ſortir du port. Cependant, on découvrit en mer quinze gros vaiſſeaux, à deux ou trois hunes, où eſtoit Dom Garçia de Tolede, & vn de ſes fréres, tous deux fils du Duc d'Albe, qui venoient avec pluſieurs Gentilshommes de marque, pour ſe trouver à cette entrepriſe. Diégo de Vera, qui eſtoit Lieutenant de l'artillerie, y eſtoit auſſi avec trois mille ſoldats de ceux qui eſtoient demeurez en garniſon dans la ville de Bugie; & comme ces Seigneurs eſtoient fort fatiguez pour avoir eſté batus d'vne tempeſte, ils mirent pied à terre, à deſſein de ſe rafraichir, & de voir la ville de Tripoli, où ils demeurérent juſqu'au vingt-ſeptiéme du mois, que toute l'armée ſe mit à la voile, où elle demeura tout ce jour-là à la veuë de Tripoli, acauſe du calme. Le lendemain il s'éleva vne tempeſte la nuit, mais qui dura peu, & au point du jour toute l'armée ſe vit à la veuë de l'iſle des Gelves. La capitane, & deux autres navires qui eſtoient devant, acauſe de leur legereté, arrivérent les premiéres, & mouillérent à la pointe de terre, qui eſt à l'entrée du canal, où toute l'armée ſe rendit. Auſſi-toſt la capitane ſe mit à la voile, & ſuivie des autres, cingla vers l'endroit où eſtoit le pont, & vint ſurgir à deux milles de là, vers la Tramontane, prés d'vne tour qui ſervoit de guet. Il demeura là tout le jour, & aprés la seconde veille de la nuit, il fit rembarquer les troupes dans les galéres, les fustes, & les brigantins, & autres vaisseaux à rames, pour débarquer plus aisément ; de-sorte qu'au point du jour les soldats sautérent dans l'eau, n'ayant en main que leurs armes : car acause des basses on fut contraint de débarquer à vn quart de lieuë de la terre, & de faire tout ce chemin là dans l'eau. Aprés-quoy, ainsi mouïllé & fatigué, on se rangea sous les drapeaux en arrivant. Tandis qu'on se débarquoit, on prépara vn autel prés de la tour, où l'on dit la Messe. Ensuite Dom Garçia de Tolede, s'arma d'vn corcelet doré, avec les brassarts & la salade, & monté sur vn cheval gris pommelé, s'avança suivi de deux pages, dont l'vn luy portoit la pique, & l'autre la lance, & vne rondache. Son oncle *, quoy-que débile & malade, le voyant en cét estat, demanda ses armes pour l'accompagner, acause de sa foiblesse le neveu ne le voulut pas souffrir ; & comme il persistoit malgré les remonstrances du Comte, & des autres Seigneurs, Dom Garçia luy dit, Qu'il estoit question de combatre, & que s'il venoit avec eux, ils auroient plus d'égard à sa personne qu'au combat, pour empescher qu'il ne luy arrivast quelque malheur. Et comme l'oncle ne se vouloit pas rendre, le neveu mit pied à terre, & s'assit prés de luy. Enfin, il se rembarqua comme par force, & Dom Garçia remonta à cheval, & commença à renger les bataillons. Cela dura assez long-tems, car comme on avoit débarqué fort loin, on n'eut pas si-tost passé vn si long trajet. Il estoit donc plus de dix heures avant que l'armée fust en bataille, & la chaleur estoit si grande, qu'il y en eut qui offrirent de grandes sommes pour vn verre d'eau. Il y avoit onze bataillons de gens bien lestes, qui faisoient quinze mille hommes, sans les gens de mer. Ils commencérent à marcher ayant à leur teste deux gros canons, deux sacres, & deux fauconneaux, que trainoient des soldats & des matelots. Aprés avoir marché ainsi en bon ordre par des sablons ardens environ vne lieuë & demie, la soif fut si grande, particuliérement de ceux qui trainoient l'artillerie, & qui portoient les bales & les barils de poudre sur leurs épaules,

* Hernan d'Alvares.

LIVRE SIXIE'ME.

que plusieurs tomboient morts, & d'autres quitoient leurs rangs, sans qu'on fust capable de les arrester. Le Colonel Vionélo, qui menoit l'avantgarde, n'en pouvant plus, fut le premier à laisser débander ses gens, & les autres ensuite, à son exemple, à la reserve de Dom Diégo Pachéco, qui faisoit l'arriéregarde, & estoit vn peu plus derriére du costé de la mer. Alors on commença à ressentir la violence de la soif, qui fut si grande, que les hommes tomboient de leur hauteur, & la plaine estoit couverte de morts. Le brave Dom Garçia de Tolede couroit par tout pour les encourager, sur l'assurance de trouver de l'eau sous des palmiers, qui n'estoient pas loin. Dans cette espérance, on fut avec grand'peine jusqu'à des palmiers fort toufus, sans qu'en tout ce chemin on découvrist vn seul Maure, ou ami, ou ennemi; ce qui donna du soupçon aux Capitaines experimentez. Aprés avoir marché environ vn demi-quart de lieuë à travers ces palmiers, l'avantgarde entra sous de grans oliviers, où du costé du Midi il y avoit quelques puits entre les ruines d'vn vieux bastiment. Les Maures avoient laissé autour à dessein, plusieurs cruches, & plusieurs autres vaisseaux à boire, avec des cordes pour tirer de l'eau. Et trois mille chevaux, avec quantité d'infanterie, s'estoient mis en embuscade à vn trait d'arbaleste de là, pour donner sur les Chrestiens lorsqu'ils accourroient en foule, & qu'ils seroient le plus en desordre. Cela réüssit comme ils l'avoient imaginé: car comme on se pressoit & s'entrebatoit pour boire, les Maures vinrent fondre dessus avec de grans cris, selon leur coustume. Mais la soif estoit si grande, qu'encore que l'alarme sonnast, & que les Officiers y accourussent, on ne pût jamais rallier sous les drapeaux ceux qui buvoient, & ils se laissoient percer de coups par les ennemis avant que de quiter la cruche de la main. Dans cette surprise le reste fit alte, & commença à se retirer. Dom Garçia, qui estoit à cheval, ayant combatu long-tems, & fait retirer par deux fois les ennemis, mit pied à terre, & prenant vne pique à la main, de celles qu'on avoit jettées, se mit à la teste des soldats, pour les encourager, & de paroles & d'effet; & plusieurs s'estant ralliez autour de luy, plustost de honte

Zzz ij

qu'autrement, il chargea les Maures de sorte, qu'il les fit retirer la longueur d'vne carriére. Mais comme ils virent ce gros détaché du reste, ils revinrent à la charge, & le gros se dissipant, Dom Garçia demeura seul, & fut long-tems à se défendre, & mourut tout percé de coups, environné d'ennemis morts ou blessez de sa main. Le Comte, qui estoit plus éloigné, arrestant les fuyars, comme tout estoit en desordre, courut au devant pour leur remonstrer leur devoir, & fit tant par ses paroles, accompagnées de reproches & de larmes, qu'il leur fit tourner teste ; mais ce fut avec si peu de vigueur, qu'ils laschérent le pied aussi-tost, & il fut contraint de les suivre. L'arriéregarde considérant ce desordre, au-lieu de s'avancer pour favoriser leur retraite, prit la fuite avant qu'elle se vist pressée de l'ennemi, & jetta les armes pour courir plus viste. Les Maures ne poussérent pas leur victoire avec toute la chaleur qu'ils pouvoient, de-peur que les Chrestiens ne se ralliassent lors-qu'ils seroient hors des palmiers ; ce qui empescha que le mal ne fust plus grand. Quelques-vns disent, qu'vn Maure monté sur vn cheval gris, avec vne casaque d'écarlate, courut vers les fuyarts, & leur demanda en Espagnol, pourquoy ils fuyoient, & leur criant, sans les fraper, qu'ils tournassent teste, & que les Maures n'estoient pas tant à craindre ; & l'on croit que c'estoit vn des trois renégats qui estoient dans l'Isle. Comme on fut arrivé à la mer, la soif estoit si grande, que plusieurs en perdirent le jugement, & firent d'effroyables extravagances. On perdit ce jour-là quinze cens hommes, dont les deux tiers moururent de soif, parce-que ceux qui se rachetérent, dirent qu'il n'y en avoit pas eu plus de cinq cens de tuez, ou faits prisonniers, & que la plufpart estoient de ceux qui estoient accourus les prémiers à l'eau. Aprés avoir passé la plufpart des soldats dans les grans vaisseaux par le moyen des barques & des chaloupes, le Comte & les autres Seigneurs retournérent chercher Dom Garçia, dont ils ne savoient pas la mort. Il resta à terre trois mille hommes, qui se rembarquérent le lendemain. Mais ils ne trouvérent guere plus d'eau dans les vaisseaux qu'ils en avoient trouvé à terre, parce-que les femmes & les valets l'avoient em-

LIVRE SIXIE'ME.

ployée à laver le linge, croyant qu'on estoit déja maistre de l'Isle. Enfin l'on partit le dernier jour d'Aoust, après avoir chargé tous les soldats, & l'on aborda à Tripoli avec assez de peine, après-quoy l'on se sépara, & chacun alla où il voulut.

Après la prise de la ville d'Afrique, Dragut se retira à Gelves d'où il faisoit tout le mal qu'il pouvoit aux Chrestiens, & empeschoit qu'on ne menast des vivres dans cette nouvelle conqueste, parce qu'il attendoit l'armée navale du Levant, pour l'aller attaquer. L'Empereur averti de tout ce qui se passoit, manda à André Dorie qu'il prist la route de Sicile sur ses galéres, & qu'il essayast de jetter dans la place des troupes, des munitions, & des vivres; mais sur-tout qu'il fist toute la diligence imaginable, pour prendre le Corsaire qui alarmoit cette coste. En vertu de cét ordre, André Dorie alla de Génes à Naples avec onze galéres, où d'autres de cét Estat l'ayant joint, il embarqua autant d'infanterie Espagnole qu'il en faloit pour les bien équiper, & partant de Naples le seiziéme de Mars, tira vers la Sicile, & arriva à Palerme le trentiéme. Le lendemain il prit la route de Drépano, & embarqua quantité de bled & de munitions dans ses vingt-deux galéres, pour jetter dans cette place, & y ayant abordé, la ravitailla en peu de tems, & ayant eu nouvelle que Dragut couroit les costes de Barbarie, il cingla le mesme jour vers les Esfaques pour l'aller chercher, & passant aux Gelves où on l'assuroit qu'il seroit, il prit deux Maures qui l'avertirent qu'il estoit avec ses vaisseaux à la Roquette. Cela luy donna beaucoup de joye, & en résolution de l'enfermer en vn endroit où ses vaisseaux fussent perdus, s'il venoit à se sauver, il hasta son voyage, & en chemin prit deux vaisseaux Turcs qui estoient chargez de marchandises. Comme il fut arrivé à l'embouchure du canal d'Alcantara, il trouva que les Maures luy avoient dit vray, parce que Dragut y estoit avec ses vaisseaux, vne partie équipez & l'autre non; mais se voyant enfermé à l'improviste, en sorte qu'il ne pouvoit sortir en aucune façon avec ses navires, il eut recours au dernier remede, qui estoit d'assembler les Turcs & les Mau-

Comme André Dorie alla chercher Dragut.

res de l'isle, & sans témoigner aucune appréhension, sort't avec eux pour défendre l'embouchure du canal, & fit faire vne décharge du canon, & quelques salves sur André Dorie, qui pour se mettre à couvert, jetta l'ancre en vn endroit où l'artillerie ne le pouvoit atteindre. Dragut faisant ce qu'il faloit en cette extrémité, fit construire en diligence vn bastion à l'embouchure du canal, & le mit en defense en vne nuit avec quelques piéces d'artillerie & plusieurs mousquetaires Turcs qui commencérent à tirer contre les galéres. André Dorie voyant qu'il estoit besoin de débarquer quelques troupes à terre pour gagner ce fort, & pour chasser les ennemis de l'embouchure du canal, si l'on y vouloit entrer, voulut prémiérement savoir s'il ne se pouvoit point sauver par quelque autre endroit, & ayant appris que non, il crut qu'il estoit à propos de dépescher à Naples & en Sicile querir des troupes, des munitions, & des vivres. Il écrivit à D. Pedre de Tolede, qu'il luy en envoyast sur les galéres demeurées à Naples, & qu'il estoit besoin de débarquer force troupes pour chasser Dragut de-là, ou pour luy faire perdre ses vaisseaux. Il écrivit la mesme chose au Viceroy de Sicile*, & manda à Centurion qui estoit demeuré à Génes qu'il le vinst joindre avec ses galéres. Le Capitaine Vasqués Coronado porteur de ces dépesches fut d'abord à Drépano sur la patrone de Sicile, & aprés avoir donné les lettres d'André Dorie au Viceroy qui y estoit, il passa à Naples sur vne fregate où il fit la mesme diligence auprés de Dom Pedre de Tolede, & dépescha de là à Centurion vn courier pour le mesme sujet. Dom Pedre de Tolede fit équiper aussi-tost sept galéres qui estoient à Naples, & mettant dessus quelques compagnies d'infanterie Espagnole avec quantité de vivres & de munitions, les envoya par le porteur de la dépesche avec Pierre François Dorie, & Centurion se mit aussi-tost en mer. Le Viceroy de Sicile fit conduire dans la patrone que Vasqués avoit laissée, quantité de vivres, de munitions & de soldats. Et le fils du Roy de Tunis* qui estoit venu avec luy d'Afrique s'y estant embarqué, luy recommanda que lorsqu'il seroit arrivé en l'isle de Gelves, il vist le Chéque qui avoit envie

*Iuan de Véga.

*Muley Bubquer.

LIVRE SIXIE'ME.

de se mettre au service de l'Empereur, de se signaler en cette occasion, & de donner ordre que Dragut ni ses vaisseaux ne pussent échaper : car outre qu'il asseureroit par là son pays, il rendroit vn tres-grand service à l'Empereur, & l'obligeroit en son particulier, de le servir en toutes les occasions. Cependant, André Dorie ne reposoit ni nuit ni jour, & alloit de tous costez pour empescher l'ennemi de se sauver; de-sorte qu'en chemin faisant, il prit quelques vaisseaux Maures qui venoient en cette Isle chargez de marchandises. Sur ces entrefaites, André Dorie voyant que de necessité il avoit à entrer dans le canal, pour attaquer le fort, lorsque le secours seroit arrivé, envoya vne fregate dans le canal pour sonder le fond, & mettre vn signal d'espace en espace, par où les galéres pourroient passer. Ce qui s'exécuta fort bien & seurement; mais Dragut qui estoit adroit & défiant, aprés avoir découvert le dessein d'André Dorie, mit cent arquebuziers Turcs dans vne galiote avec vn esquif couvert à la poupe, & leur commanda d'aller oster vn signal qu'on avoit mis à vn costé de l'embouchure, qui estoit vne pique fichée dans le sable avec vn étendart. Ils exécutérent la commission avec tant de diligence, que la galiote passant outre, l'esquif vint à la pique & l'osta à la veuë d'André Dorie, qui fit tirer dessus; mais la chose ne laissa pas d'estre faite. Dans ce péril, Dragut inventa vn stratagéme qu'on n'eut jamais pensé, qui fut d'assembler quantité de Maures de l'Isle, & la chiourme des galéres, & avec des pics & des hoyaux, il leur fit creuser le canal derriére luy, pour sauver par là ses vaisseaux; & pour empescher André Dorie de découvrir son dessein, il fit joüer continuellement l'artillerie, & commanda aux Turcs qui estoient dans le bastion de se découvrir à toute heure. Plus de deux mille Maures travaillérent à cét ouvrage, animez de ses presens & de ses promesses, & firent si bien qu'en peu de tems toute la terre estant basse de ce costé-là & sablonneuse, il se fit vn canal par où l'on pût trainer les vaisseaux & les passer en pleine mer. Enfin en l'espace de huit jours qu'il fut assiégé, l'ouvrage fut fait, & mettant ses galiotes sur des rouleaux bien gressez à l'aide des Maures & de la chiourme, qui les trainoient avec des cables, tandis que d'autres les poussoient par derriére en grand silence, on les tira à la file l'vne aprés l'autre hors du canal, & les ayant équipées de troupes & d'artillerie, Dragut sortit ainsi par l'autre costé de l'Isle, laissant André Dorie bien estonné qui attendoit du secours pour entrer dans le canal. Ensuite Dragut prenant la route de Querquénes rencontra la patrone de Sicile, & l'ayant prise, envoya le fils du Roy de Tunis au Grand Seigneur, qui le fit mettre dans la tour de la Mer Noire, où il demeura jusqu'à la mort. Cependant, André Dorie voyant le lendemain qu'il ne paroissoit ni hommes ni vaisseaux, envoya reconnoistre le poste, & ayant appris ce qui en estoit, il demeura bien estonné, & en envoya donner avis aux Vicerois, afin qu'ils prissent garde à leurs galéres, parce-qu'il n'en avoit plus de besoin. Ensuite il tourna autour de l'Isle, & gagna quelques vaisseaux Turcs ou Maures chargez de marchandises, aprés-quoy il retourna en Sicile, laissant Dragut en plus grande estime qu'il n'estoit auparavant, & maistre d'vne galére & d'autres vaisseaux Chrestiens qu'il avoit pris ce jour-là.

Entreprise du Duc de Médina-Céli sur l'isle de Gelves.

Le Duc de Médina-Céli Viceroy de Sicile, ayant eu ordre de Philippe Roy d'Espagne d'aller attaquer Tripoli avec l'armée navale d'Italie, acause des maux que les Turcs faisoient de là à la Chrestienté: partit luy-mesme pour cette entreprise, au mois de Ianvier mille cinq cens soixante, & fut de là en l'Isle de Malte pour prendre la route de Barbarie. Aprés avoir esté long-tems dans cette Isle en attendant le tems favorable, il en sortit le dixiéme de Février avec tous les vaisseaux qui le purent suivre, & laissa l'ordre aux autres de le rejoindre aux Seches, qu'on nomme d'Elpalo. Cependant, ayant le vent favorable, il arriva la nuit suivante aux Seches des Querquénes, & parce-que le vent changea incontinent, & vint d'entre le Couchant & le Midi, il eut quelque soupçon que les vaisseaux n'auroient pû prendre cette route, & qu'ils seroient retournez à Malte; mais en voguant sur cette coste vers les Gelves, on les vit ancrez en vn lieu où ils ne pouvoient débarquer, le Duc leur envoya dire qu'ils suivissent leur ordre; mais comme

les

LIVRE SIXIE'ME.

comme les galéres manquoient d'eau, parce qu'au sortir elles en avoient donné de la leur aux grans navires, il eust esté bien-aise d'aller faire aiguade à la Roquette, qui est en l'isle des Gelves; toutefois le tems fut si rude qu'on fut contraint de passer le soir à la tour du canal d'Alcantara en costoyant l'isle, où parurent quelque quarente Maures à cheval. A l'embouchure de ce canal qui est entre l'isle & la terre ferme du costé du Levant, on trouva deux vaisseaux d'Alexandrie chargez de bled, d'huile & d'autres choses bonnes à manger qui furent distribuées également entre les navires. Le Duc eust esté bien-aise de prendre ou brûler deux galiotes qui y estoient ; mais on ne le fit pas ; parce-qu'il n'y avoit point de pilote dans l'armée navale qui eut fréquenté ce canal. On retourna donc dés le lendemain matin à la Roquette, où toutes les troupes débarquérent pour puiser de l'eau ; parce-que quelques-vns disoient que cinq cens hommes ni mille ne suffiroient pas pour cela. Il forma donc vn bataillon sur vne hauteur à cent pas de la mer, & l'on mit des manches de mousquetaires aux endroits qui parurent necessaires. Ceux qui descendirent estoient environ trois mille, parce-qu'il manquoit neuf galéres & deux galiotes chargées de plus grandes troupes, avec vn galion où il y avoit deux ou trois compagnies d'infanterie. Sur ces entrefaites, les Maures qui estoient cachez entre des palmiers s'avancérent avec de grans cris selon leur coustume. Le Duc avoit défendu d'escarmoucher avant qu'on eut fait aiguade, mais les Maures s'approchérent de si prés, qu'on fut contraint de faire vne décharge sur eux : Ils en firent autant de leur costé, & l'on s'échaufa de-sorte, qu'vn des principaux Chefs * fut obligé d'aller faire retirer les soldats, & le Duc s'avança plus de quatre cens pas avec le bataillon pour les soûtenir, sans quoy il y eust eu peut-estre quelque desordre : car encore que du commencement il n'eust pas paru beaucoup d'ennemis, on vit venir sur le soir vn gros de mousquetaires, & l'on sceut depuis que Dragut estoit dans l'isle avec deux cens chevaux Turcs & plus de huit cens fantassins, sans parler de plus de dix mille Maures, & on le reconnut bien à leur façon de combatre, parce-que la cavalerie vint

* Dom Alvare de Sande.

Partie II. Aaaa

sonder tous les coſtez du bataillon ; mais il eſtoit en ſi bon ordre qu'on luy faiſoit teſte par-tout. Aprés que l'eſcarmouche eut duré plus de ſept heures, comme il eſtoit déja tard, on acheva de faire aiguade, & le bataillon tournant teſte, fit de l'avantgarde l'arriéregarde, les mouſquetaires demeurant à la queuë avec Dom Alvare. On ſe retira de la ſorte juſqu'à la mer, l'ennemi tirant toûjours au gros, où ils tuérent quelques ſoldats. Il en mourut ce jour-là ſept, ſans compter trente de bleſſez; mais les ennemis en eurent ce jour-là plus de cent cinquante bleſſez ou morts. Dom Alvare receut vn coup de mouſquet au deſſus de l'aine: mais la bale ne fit qu'effleurer la peau, toutes les troupes s'embarquérent en cét ordre, & la meſme nuit le Duc prit la route des Seches, dont nous avons parlé. Le lendemain arrivérent à la Roquete huit galéres, quatre du Duc de Florence, deux du Prince de Monaco, avec la Patrone de Sicile, & celle d'André Dorie, qui n'avoient pû toutes partir de Malte avec les autres. Quelques Capitaines eſtant deſcendus à terre avec leurs compagnies, la diſpute fut ſi grande, à qui marcheroit le premier, & l'on ſe gouverna ſi mal, que comme toute l'Iſle eſtoit en alarme, & que les Maures deſiroient de venger leur perte ; lorſqu'ils virent la pluſpart des troupes embarquées, ils vinrent fondre ſur ceux qui reſtoient, & tuérent ou prirent quatre-vingts hommes, dont il y avoit cinq Capitaines Eſpagnols*. Comme ces galéres eurent joint l'armée navale, le Duc fut fort touché de la perte que l'on avoit faite, & particuliérement des Officiers Eſpagnols, & ayant envoyé prendre langue des Gelves, il aprit que Dragut s'eſtoit trouvé à la défaite, & qu'aprés avoir laiſſé quelques Turcs dans le chaſteau, il eſtoit allé à Tripoli pour couper les vivres qui venoient de Sicile, & avoit pris des frégates de la Chreſtienté. Cependant, le Duc voyant le tems porté à la tempeſte, & qu'on ne pouvoit demeurer à la rade de Tripoli, outre qu'André Dorie ſe portoit fort mal, que les maladies ſe renforçoient tous les jours dans l'armée, qu'il manquoit ſix gros navires chargez de troupes, de vivres & de munitions, & que le Roy de Carvan en qui l'on avoit grande confiance, ne paroiſſoit

*Alonſo de Guzman, Antonio de Mercado, Andriano Garcia, Pedro Vanégas, Pédro Bermudez.

LIVRE SIXIEME.

point, il résolut de remettre à vn autre tems l'entreprise de Tripoli, & de poursuivre celle des Gelves où il estoit. J'oubliois à dire que le Roy de Carvan avoit attendu long-tems sur cette coste, & s'estoit retiré considérant que l'armée ne paroissoit point. L'entreprise des Gelves résoluë, quelques Arabes du nombre des alliez, promirent de servir contre Dragut, & de garder le passage des Gelves ou quelque autre avec quatre ou cinq cens chevaux en les payant, ce qui fut arresté. Ensuite l'armée navale se mit à la voile le deuxiéme jour de Mars de grand matin, & vint moüiller la nuit mesme à la hauteur du mesme chasteau dans les Seches, où elle demeura quatre jours sans pouvoir débarquer, acause du mauvais tems. La tempeste passée, on commença à faire la décente en terre, aprés avoir fait reconnoistre les lieux, & l'on débarqua à deux lieuës du chasteau du costé d'Occident, prés d'vne tour que l'on appelle Valguarnéra, & en Arabe Gigri, où il y avoit quelques puits & des eaux de pluye. De-peur qu'on ne se moüillast à la descente, on dressa quelques ponts de bois où abordoient les barques & les chaloupes, acause des Seches; de-sorte que le septiéme de Mars à midi, chaque nation avoit déja formé ses bataillons, les Chevaliers de Malte s'estant postez avec les Alemans. Il ne parut ce jour-là aucun Maure que deux, qu'envoya le Chéque * de l'Isle, pour representer qu'il estoit venu *Musaud. là de la Goulette : Que les Maures l'avoient receû pour Souverain, & que les Turcs luy avoient livré le chasteau : qu'il estoit serviteur du Roy d'Espagne : qu'il prioit l'armée de se rembarquer & d'aller à la Roquette pour continuer l'entreprise de Tripoli, où il promettoit de servir avec les troupes de l'Isle, & de leur fournir des vivres. Le Duc luy répondit qu'il estoit bien fâché de n'avoir pas sceu cela plûtost, parce-qu'il eust esté bien-aise de luy accorder sa demande; mais puisqu'on estoit à terre, qu'il continuëroit sa route jusqu'à vn lieu où il y avoit de l'eau, où l'on pourroit s'entrevoir & parler d'affaire. Le Duc amusa avec cela les deux Maures, & le lendemain prit la route d'Esdrum, à cinq quarts de lieuë de l'endroit où il estoit*, * de Gigry. & à deux lieuës du chasteau. Il y avoit là douze ou treize

A aaa ij

puits, & comme on en fut à vn quart de lieuë, les deux Maures revinrent trouver le Duc pour le prier de la part du Chéque qu'il le puft voir, & il dit que l'entreveuë fe feroit mieux au lieu où il alloit camper. Lorfqu'on y fut arrivé, le Duc alla reconnoiftre les puits, & les ayant trouvé comblez, les fit nettoyer. Alors les deux Maures revinrent à grand' hafte dire que le Chéque le vouloit voir; mais il fit réponfe qu'il attendift que les logemens fuffent faits, afin qu'on le puft recevoir felon fa condition. Le Chéque le renvoya prier qu'il s'avançaft, ou que l'on partageaft le chemin en deux, & qu'ils fe trouvaffent chacun au rendez-vous, avec deux ou trois chevaux. Le Duc repartit que puifqu'il étoit ferviteur du Roy d'Efpagne, il fift comme il voudroit, & que s'il ne venoit, il l'iroit voir le lendemain au château; mais les Maures ne furent pas plûtoft retournez à vn lieu planté de palmes qui n'eftoit qu'à demi-quart de lieuë, qu'ils commencérent à jetter des cris à leur mode, & que l'on vit paroiftre quantité de troupes qui eftoient là en embufcade, & qui fe rangérent en bataille en croiffant. Alors la fourbe découverte, & voyant qu'on defiroit furprendre les Chreftiens matez de foif & de laffitude, le Duc rangea fes troupes en bataille. L'armée marchoit ce jour-là le long de la cofte en tirant vers le Levant à travers vne rafe campagne, ayant la mer fur la gauche, & fur la droite les palmiers qui s'avançoient en forme de cercle jufqu'à vn quart de lieuë du camp où ils fe joignoient à la mer. Les Chevaliers de Malte marchoient les prémiers fous le commandement de leur Général avec quelques piéces de campagne, & les Alemans fuivis de deux compagnies Françoifes qui eftoient au fervice du Roy d'Efpagne; c'eftoit-là l'avantgarde. Les Italiens fuivoient avec deux autres piéces d'artillerie, & les Efpagnols faifoient l'arriéregarde avec trois autres le long de la mer. Environ demi-quart de lieuë devant l'armée, marchoit fur la gauche Dom Louïs Ozorio Meftre de camp, avec foixante arquebuziers en trois efcoüades; il y en avoit autant fur la droite, fous la conduite de Baraona Meftre de camp: deforte que les trois batailles fe trouvoient flanquées de part & d'autre. Si-toft que l'alarme

LIVRE SIXIE'ME.

eut sonné, les Chevaliers de Malte firent alte près des puits, les Italiens en firent autant à leur gauche, & les Espagnols à leur droite; mais les deux manches des Chevaliers de Malte, & des Italiens, se rejoignirent vn peu devant celles des Espagnols. Sur la main gauche vers la mer, il y avoit vne file de rochers qui n'estoient pas fort hauts, & d'espace en espace quelques colines, qui s'estendoient jusqu'à mi-chemin du chasteau. Sur l'vne se posta Dom Louïs Ozorio, avec le corps qu'il commandoit, & devant luy quelque cent pas plus loin, sur vne autre coline, environ quarante mousquetaires vn peu éloignez les vns des autres. Alors les Maures s'avancérent avec grans cris, & en tirant. Mais parce-que le Duc avoit défendu d'escarmoucher, ni de donner sans ordre, acause que son dessein n'estoit que de chasser les Turcs de l'Isle, sans faire de mal aux habitans; les mousquetaires de l'avant-garde l'envoyérent avertir que les Maures s'avançoient en tirant, & ce qu'il vouloit qu'on fist. Il répondit, que s'ils tiroient on en fist autant, de-sorte que l'escarmouche commença à s'échauffer. Les Maures, qui estoient ce jour-là environ dix ou douze mille, attaquérent si vertement la manche des mousquetaires qui estoient du costé de la mer, qu'elle fut contrainte de se retirer peu à peu, aprés avoir perdu quelques soldats, quoy-qu'il en mourut plus grand nombre du costé des ennemis. Alors les Maures se ralliant, poussérent avec plus de vigueur qu'ils n'ont de coustume les mousquetaires des deux manches; de sorte que ceux de l'aile droite se retirérent jusqu'au bataillon, & les quarante mousquetaires avancez de l'autre aile revinrent joindre Dom Louis Ozorio, qui tint ferme, & rechassa les ennemis, si-bien qu'il falut rappeler quelques soldats, qui s'emportoient trop loin dans la poursuite. Cela ne se fit pas sans qu'il y eust quelques blessez de part & d'autre, & qu'il n'y en demeurast beaucoup sur la place; mais davantage du costé des ennemis. Les Maures s'estant retirez, les bataillons qui s'avançoient toûjours pour soustenir leurs mousquetaires, arrivérent en bon ordre jusqu'au lieu où l'on vouloit camper. On se retrencha le lendemain, parce-que comme il y avoit quelques jours que les galéres n'avoient fait aiguade, il fa-

Aaaa iij

loit leur donner de l'escorte pour cela, & attendre qu'elle fust de retour avant que de passer plus loin. On fit aiguade à la Roquete, sans aucun obstacle : les troupes qui estoient destinées pour cét effet, estant sorties en bon ordre des galéres, sous le commandement de Dom Sanche de Leve; ce qui fut cause qu'on ne passa pas plus loin jusqu'au dixiéme jour du mois, & qu'on se retrancha. Cependant, ce jour-là vn Maure vint dire au Duc, que s'il ne vouloit point passer outre, ni s'avancer jusqu'au chasteau, on ne le traiteroit point d'ennemi. Mais il répondit que son dessein estoit d'y aller, & il décampa le lendemain de grand matin. L'on commençoit à marcher en bataille vers les ennemis, lorsqu'il vint deux Maures de la part du Chéque, & des Gelves, assurer qu'on rendroit le chasteau, & l'obéïssance au Roy d'Espagne, & qu'on payeroit la mesme contribution qu'on payoit au Turc, pourveu qu'on laissast sortir les femmes, les enfans & les meubles qui y estoient, & qu'on y pourroit entrer dés le lendemain ; ce que le Duc accorda. Les mesmes revinrent donc le lendemain dire, que le château estoit vuide, & l'on y envoya trois compagnies d'Espagnols, sous le commandement d'vn Mestre-de-Camp *. Ensuite le Duc y fut en personne, laissant l'armée derriére, qui ne put avancer, acause des grandes pluyes, & aprés avoir reconnu la place, il donna ordre à la fortification, pour tenir en bride cette Isle, & oster aux Turcs vne retraite, d'où ils faisoient de grans maux à la Chrestienté. Le Chéque promit de donner toutes les facines, avec la chaux, & les materiaux qui seroient necessaires pour cela, témoignant d'estre bien-aise qu'on ostast ce port aux Corsaires. On commença donc à travailler, aprés avoir partagé l'ouvrage entre toutes les nations ; & pour avoir plustost fait, André Dorie entreprit de faire vn bastion avec les gens des galéres ; le Duc vn autre, avec les Espagnols ; Gonzague vn troisiéme, avec les Italiens ; le quatriéme écheût aux Alemans, & aux Chevaliers de Malte. Tandis que ces choses se passoient, Dragut dépescha à Constantinople, pour faire venir l'armée navale au secours de Tripoli ; de-sorte qu'en huit jours on équipa soixante & quatorze galéres Royales, avec

* Michel Bataona.

LIVRE SIXIE'ME.

cent Ianniſſaires ſur chacune, ſous le commandement de Piali Bacha, qui partant du Canal fut à Navarrin, & de là prit la route de Malte & de Goſe, où il ſe fournit d'eau & de chair. De là il fut à Lampaduſe, où il demeura deux jours, acauſe du mauvais tems, & enſuite alla aux Querquénes, aprés avoir eſſuyé quelques tempeſtes. Des Querquénes, il envoya deux galiotes aux Eſfaques, pour ſavoir des nouvelles de l'armée navale des Chreſtiens, & apprit qu'elle fortifioit le chaſteau de Gelves, aprés avoir débarqué douze mille hommes des trois nations, & qu'elle eſtoit compoſée de cinquante trois galéres, de trois galiotes, & de trente-quatre vaiſſeaux. Alors toute l'armée Turque partit de cette Iſle en grande appréhenſion, envoyant devant à la découverte deux galéres, qui rapportérent que toute l'armée des Chreſtiers paroiſſoit. C'eſt que les deux galéres des Turcs eſtant arrivées à l'Iſle, avoient découvert de la hune les galéres des Chreſtiens, qui venoient de faire aiguade à la Roquete, & retournoient au chaſteau. Auſſi-toſt les Turcs prirent la route de la mer pour les laiſſer paſſer, & ſans eſtre découverts vinrent moüiller à la Roquete, où ils furent toute la nuit. Le lendemain matin ils virent toute l'armée navale des Chreſtiens qui eſtoit à la voile en haute mer, ſur la nouvelle que l'armée navale des ennemis eſtoit arrivée à Goſe. Car les Généraux ne la voulant pas attendre en cét endroit, s'eſtoient haſtez de ſe retirer, & laiſſant à terre Dom Alvare de Sande avec l'infanterie Eſpagnole, ils avoient pris la route de la mer en deſordre: l'effroy redoubla à la veuë des galéres Turques, qui s'eſtant miſes à leur queuë, en prirent vingt & vne des noſtres, avec dix-ſept vaiſſeaux, & tous ceux qui eſtoient deſſus. Neuf autres galéres retournérent ſe remettre à l'abri du chaſteau, & furent brûlées enſuite; car l'armée ennemie y retourna aprés ſa victoire, & débarqua les troupes & l'artillerie du coſté de la Roquete. Ils furent de là attaquer le fort, qu'ils battirent avec dix-huit canons, & où ils donnérent pluſieurs aſſauts en trois mois que dura le ſiege. Cependant, il y eut pluſieurs combats, & l'vn entre-autres où les Turcs aſſemblérent toutes leurs barques pour attaquer les neuf galéres, qui eſtoient ſous le fort.

Mais comme ils furent proche, ils trouvérent que les galéres Chreſtiennes avoient fait vne ceinture en mer de pluſieurs poutres enchaînées les vnes avec les autres, où les barques des ennemis s'eſtant venu mettre, & ne pouvant avancer ni reculer, acauſe de la décharge de l'artillerie, & des mouſquets, tant des galéres que du fort, perdirent plus de mille hommes, dont il y avoit pluſieurs Officiers & gens de marque; & avant que de ſe pouvoir retirer, ils eurent quantité de barques coulées à fond. Vne autre fois les aſſiégez firent vne ſortie ſur le camp des Turcs, & forçant les retranchemens, ſacagérent leurs tentes, & en tuérent pluſieurs, juſqu'à la venuë d'vn gros bataillon Turc, qui les fit retirer. Cependant, l'eau & les vivres venant à manquer tous les jours, juſques-là qu'on faiſoit paſſer de l'eau de la mer dans des alambics pour en boire; ce qui ne ſuffiſant pas on mouroit de ſoif, & pluſieurs s'alloient rendre à l'ennemi : Dom Alvare voyant cela, & que la pluſpart de ſon canon eſtoit démonté, réſolut de mourir ou de vaincre par vne généreuſe ſortie. Mais les Turcs en ayant eſté avertis par des traîtres, ſe tinrent ſi-bien ſur leur garde, qu'il y fut pris & défait. Le lendemain les aſſiégez voulurent capituler, quoy-que quelques vns y réſiſtaſſent. Mais le Bacha ne leur voulut accorder que la vie, & ils furent contraints de ſe rendre avec le fort. Aprés les avoir fait eſclaves, le Bacha fit razer toutes les nouvelles fortifications, ſans laiſſer que la vieille tour, & mettant Dragut dans l'Iſle avec ſes troupes, il reprit la route de Conſtantinople, aprés avoir eſté à Tripoli, où il entra triomphant, menant à ſa ſuite Dom Alvare de Sande, Dom Sanche de Léve, & Dom Beringuel de Réquéſens (dont les deux derniers avoient eſté pris ſur mer) avec pluſieurs autres Gentilshommes, ou ſoldats.

CHA-

LIVRE SIXIEME.

CHAPITRE XLII.

De Zaorat, dans la province de Tripoli.

C'EST vne petite ville fur la cofte, baftie à dix-fept lieuës de l'ifle des Gelves du cofté du Levant. Elle eft fermée de méchantes murailles, & habitée de pauvres gens, qui font de la chaux & du plaftre, qu'ils portent vendre à Tripoli, ou qui s'adonnent à la pefche, & vont en courfe avec les vaiffeaux Turcs. Cette ville a efté fondée par les Africains, & eftoit autrefois fort peuplée, acaufe d'vn port où l'on abordoit de tous coftez pour le commerce. Ptolomée luy donne quarente & vn degrez quinze minutes de longitude, & trente & vn degrez trente minutes de latitude, & la nomme Pofidone. Elle fut ruinée la prémiére fois par Occuba, avec Tripoli, & l'a efté encore plufieurs fois depuis. Les Turcs la poffédent aujourd'huy, & les Gouverneurs de Tripoli la chargent de tant d'impofts, que les habitans font miférables, & ce n'eft plus que comme vn mefchant village.

CHAPITRE XLIII.

De Lepide*.

*Eoa, ou Ylle.

C'EST vne ancienne ville, fermée de bonnes murailles, fort hautes, & bafties de grandes pierres de taille. On luy donne divers noms, & Ptolomée la met à quarente degrez trente minutes de longitude, & trente & vn degrez quarente minutes de latitude. Elle doit fa fondation aux Romains, & les Hiftoriens du pays rapportent qu'elle fut autrefois fort peuplée, & que l'Europe y faifoit grand trafic. Elle fut détruite par l'armée d'Occuba, la prémiere fois que les fucceffeurs de Mahomet pafférent en Afrique, & fe repeupla depuis. Elle fut au Calife de Carvan jufques à ce qu'vne autre armée d'Arabes paffant en Afrique, contre le rebelle qui avoit fait foûlever cette place, la ruina

Partie II.   Bbbb

entiérement, & de ses ruines on baſtit la ville de Tripoli, quoy-qu'on voye encore quelques reſtes de ſes anciens bâtimens.

CHAPITRE XLIV.

De Tripoli*, capitale de la province.

* Trébeliz, ou Tarabilis.

Q<small>VELQVES-VNS</small> racontent que l'ancienne Tripoli a eſté baſtie par les Romains: D'autres, par quelques peuples de la Phénicie, en mémoire d'vne autre ville de Syrie de meſme nom. Elle fut depuis ſous la domination des Gots, & quand les Arabes vinrent en Afrique, ſous le regne du ſecond Calife *, ils l'aſſiégérent ſix mois, & la preſſérent tant, que les Maures furent contraints de l'abandonner, & de ſe ſauver à Carthage: & les Arabes y entrant de furie, la ſacagérent. Ibni al Raquiq, Hiſtorien Africain, aſſure que la pluſpart des habitans furent tuez, & que le reſte fut mené captif en Egypte, & en Arabie. Long-tems aprés, les Africains baſtirent vne ville, qu'ils appelérent Tarabilis, & les Latins Tripoli. Elle eſt dans vne plaine ſablonneuſe, & l'enfermérent de hautes murailles fort belles, mais peu fortes. Il y a aux environs pluſieurs palmiers; mais on n'y recueille point de bled, parce-que ce ſont tous ſablons; de-ſorte que le pain y eſt fort cher, & l'on en manque ſouvent. Quelques Hiſtoriens diſent, qu'on y cultivoit autrefois pluſieurs bonnes terres à froment du coſté du Midi, que la mer a maintenant inondées, & que la meſme choſe eſt arrivée par toute la coſte de Tunis, acauſe que la mer y eſt plus haute que la terre; ce qui ſe prouve par l'endroit où ſont les villes, car on y entre quelquefois plus d'vne lieuë ſans en avoir juſques ſous les bras. Ils ſouſtiennent que tous ces bancs de ſable que l'on trouve maintenant, eſtoient des plaines qui ſe labouroient, & que l'ancienne Tripoli eſtoit plus Septentrionale; mais comme l'eau a mangé peu à peu la coſte, on l'a baſtie toûjours vers le Midi, & il ſe voit encore des maiſons en mer, qui ſont couvertes d'eau. Il y a de tout tems eu grand commerce en cette ville, acauſe du voi-

* Omar.

sinage de Numidie, & de Tunis, outre qu'elle n'a point sa semblable le long de la coste jusqu'à Aléxandrie ; & les marchans de Malte, de Venize, & de Sicile, avoient coustume d'y aborder. Les galeasses mesme s'y venoient rendre ; desorte qu'il y avoit de bons marchans, & la ville estoit embellie de Mosquées, de Colléges, & d'Hospitaux, & les places & les ruës estoient mieux ordonnées que dans Tunis. Il n'y avoit ni puits ni fontaines; mais seulement de grandes cisternes, pour recevoir les eaux de pluye. Elle a esté toûjours sujete aux Rois de Tunis, & quelque tems à ceux de Fez, lorsqu'ils avoient vni cette Couronne à la leur. Iusques à ce * qu'vn d'entre-eux devint si grand tyran, qu'on mit vn des principaux de la ville en sa place, & on luy donna tous ses trésors & ses revenus. Il gouverna assez doucement d'abord, & le Roy dépossédé ayant envoyé contre luy vne armée, sous le commandement d'vn Général en qui il se fioit beaucoup, ce Général fut empoisonné par l'entremise des principaux habitans; de-sorte que l'armée s'en retourna sans rien faire. Ce succés fit degénérer la Royauté en tyrannie, & ceux de la ville conjurérent contre le nouveau Prince, qui fut tué par vn de ses beaux-fréres. Le peuple mit en sa place Abubarc, qui avoit esté autrefois vn de ses Officiers, & qui s'estoit retiré en vn hermitage. Il gouverna la ville jusques à la venuë de Dom Pedre Navarre, qui s'en rendit maistre.

* Bucamen.

Nous avons dit en la description de la ville de Bugie, que Dom Pedre Navarre y voyant son armée incommodée de la peste, se hasta de partir pour aller assiéger Tripoli, & que se voulant fournir de vivres & de munitions, il envoya à Naples vn * Colonel, avec huit cens hommes, tandis qu'avec le reste de la flote, qui estoit bien de quinze mille combatans, il vint aborder en l'isle de Fabiane, sur la coste de Sicile, où il y a beaucoup d'eau, de forests, & de venaison ; & ce fut là que ce Colonel le vint retrouver avec des munitions & des vivres. Le Comte partit donc avec cinquante voiles, & passant à la veuë des isles de Malte, & de Pantanalée, où il vit vne grande Comete, qui alloit du Couchant au Midi, il vint surgir à quatre lieuës de la coste de Barba-

Comme le Comte Pierre Navarre gagna la ville de Tripoli.
* Diégo de Valencia.
1510.

Bbbb ij

rie ; & comme cette coste est fort basse, & qu'on ne s'appercevoit pas bien si c'estoit terre ou non, il envoya vn Colonel *Venitien, qui savoit le pays, pour reconnoistre le port, & toute la coste. Il approcha si prés, qu'il fut remarqué de ceux de la ville, qui estoient déja avertis du dessein du Comte ; de-sorte qu'ils firent venir des troupes de tous costez, & commencérent à se fortifier & à se fournir de tout ce qui estoit necessaire pour leur défense ; ils le firent d'autant plus aisément, qu'il y avoit plus d'vn mois que des marchans de Génes leur avoient donné avis de cette entreprise, & leur avoient conseillé de mettre leur bien à couvert. Aprés le retour du Colonel, toutes les troupes embarquées dans les fustes & dans les galéres, pour aborder plus aisément, le Comte se mit à la voile, le lendemain matin il se trouva à vne lieuë de Tripoli, quoy-que les Pilotes n'estant pas fort experimentez sur cette coste, & la nuit estant fort obscure, on eust passé outre ; mais l'on se reconnut à la clarté du jour, & l'on rebroussa chemin. Les vaisseaux arrivez au port, on commença de sauter en terre, & les Maures tirérent quelques piéces de fer, qu'ils avoient pointées sur la coste. Mais les galéres s'estant approchées, on batit la ville si rudement, que les Maures abandonnérent leur canon, & leurs défenses. Cependant, le Comte débarqua ses troupes, & les rangea en bataille avec tant d'avantage, qu'encore que tous les habitans du pays y accourussent à pied, & à cheval, ils ne furent pas capables d'empescher le débarquement, & il les tint toûjours éloignez, par le moyen des arbalestes & des mousquets. Ensuite il partagea ses troupes en quatre ; il donna vn des corps à Dom Diégo Pachéco, & à Iuan de Arriaga, avec deux mille hommes de leurs régimens, ausquels il joignit Iuan Salgado, & Martin de Aguila, avec pareil nombre de soldats, & avec ordre de s'opposer à ceux du pays, tandis qu'on donneroit l'assaut. On leur promit de leur donner pour leur part les esclaves, & les marchandises, tandis que le reste du pillage seroit pour les autres. On attaqua la ville sur les neuf heures du matin, avec environ onze mille hommes, & les Maures résistant vaillamment, il y en eut beaucoup de tuez & de blessez de part-&-d'autre.

*Vionélo.

LIVRE SIXIE'ME.

Mais on les ferra de si prés, qu'avant les onze heures plusieurs estoient déja sur les murailles. Là se renouvella le combat, les Turcs & les Maures se défendant en desesperez, & jettant en bas tous ceux qui se présentoient. Cependant, les portes de la ville estoient fermées ; de sorte que ceux qui estoient montez, ne pouvant estre secourus, furent mal traitez. Il mourut plus de cent Chrestiens dans les ruës, avec plusieurs personnes * de marque. Enfin le combat dura si long-tems dans la ville, & les vns & les autres estoient si las, qu'ils se reposoient tour à tour ; & les nostres eussent esté plus mal traitez, acause de la grande chaleur, s'ils n'eussent tiré de l'eau des puits qui estoient prés des murailles, pour se rafraichir. Sur ces entrefaites, quelques soldats coururent aux portes, & les ayant ouvertes, firent entrer le reste des troupes. Alors les Maures ne pouvant plus résister, abandonnérent leur défense, & le Chéque se retira au chasteau avec sa famille & ses alliez, & tout le reste en la grande Mosquée, à la reserve de quelques-vns, qui se renfermérent dans les tours, & s'y défendirent vaillamment. La nuit venuë, on força la Mosquée, où l'on tua plus de deux mille hommes. Aprés quoy ceux qui s'estoient retirez dans les tours, au nombre de quelque trois mille, se rendirent, à condition qu'on leur sauveroit la vie. On fit là vn riche butin, d'or, d'argent, de meubles, & de pierreries, sans compter les esclaves. Le Comte courut aussi-tost au chasteau, de crainte qu'on ne fist de là quelque sortie sur ses gens, qui estoient débandez: Et aprés quelque résistance, le Chéque se rendit à condition qu'on luy sauveroit la vie, & à ceux qui estoient avec luy. Le Comte estant entré dedans, le Chéque fut pris, avec sa femme & ses deux fils, vn de ses oncles, & d'autres personnes de marque, & l'on fit vn riche butin. Il mourut dans tous ces combats six mille Maures, dont les corps furent jettez dans les puits de la Mosquée, ou dans la mer, & quelques-vns furent brûlez. Plus de quinze mille personnes furent prises, & l'on donna liberté à cent quatre-vingts Italiens prisonniers. On trouva de grandes richesses dans cette ville, quoy-que les Maures en eussent enlevé la charge de plus de cinq mille chameaux,

* Le Colonel Ruy Diaz de Rojas, le Capitaine François de Simancas, & le Cavalier de los Cabreras.

sur le bruit de la venuë de l'armée. La ville fut ruinée sans laisser que le chasteau que l'on fortifia avec vn autre petit qui estoit prés du port, & l'on y laissa en garnison des soldats avec quelque artillerie. Depuis, le Chéque qui avoit esté Seigneur de la place la repeupla d'alliez au nom de l'Empereur, & sur ces entrefaites l'isle de Rodes * s'étant perduë, & les Chevaliers s'estant retirez en la ville de Sarragosse en Sicile, l'Empereur leur donna l'isle de Malte*, & ensuite cette place qui estoit frontiére de leur isle. Ils s'en emparérent donc, & y mirent vn Chevalier pour Gouverneur, avec vne garnison qu'ils payoient. Tripoli dans sa splendeur, le disputoit à la ville de Tunis en richesses, & plusieurs assurent que celle-cy comme plus grande, estoit plus riche en meubles & en équipage; mais que Tripoli l'emportoit en or, en argent, en perles, & en autres marchandises, acause du commerce. Il y avoit d'ordinaire dans la ville, cent cinquante mestiers à faire des étofes de soye, sans plusieurs autres pour des camelots, & d'autres riches étofes, sans compter plusieurs marchans & épiciers fort accommodez. Il se trouva aux portes vne caravelle de cent tonneaux, vne galiote de vingt-deux bancs qui estoit à sec, & qu'on n'avoit pas achevée de calfeutrer. Deux grandes fustes de dix-huit bancs, cinq grifons & autres barques qui se partagérent entre les principaux. Deux jours aprés, on prit vn navire Turc qui venoit du Levant chargé d'épicerie, & ensuite plusieurs vaisseaux qui estoient partis de Grece, d'Alexandrie & d'ailleurs remplis de marchandises, en quoy l'on gagna beaucoup. Ce fut à Tripoli que le Comte fit la malheureuse entreprise des Gelves. Le Seigneur de la ville fut emmené à Messine avec ses femmes & son gendre, où ils furent long-tems prisonniers, jusques à ce que l'Empereur Charles-Quint les fit relâcher, & de-là ils allérent demeurer à Tripoli, qu'ils repeuplérent comme j'ay dit.

La prise de Tripoli par Cinan Bacha.
* 1551.

Aprés que les troupes de l'Empereur eurent pris la ville d'Afrique, Soliman envoya son armée navale * composée de cent dix galéres royales, deux galeasses, trente voiles & de plusieurs autres navires, avec douze mille hommes de combat ravager les costes d'Italie, sous le commandement

* 1523.
* 1528.

de Cénan Bacha, accompagné de Salharraes & de Dragut, sous prétexte que cette conqueste avoit esté faite durant la treve. Ce Bacha aprés avoir brûlé vn chasteau en Sicile & sacagé l'isle de Gose, prit sa route vers Tripoli, & le quatriéme d'Aoust débarqua ses troupes, son artillerie & ses munitions, à la pointe d'Angil. Comme cette place apartenoit aux Chevaliers de Malte, il y avoit alors pour Gouverneur, vn Chevalier François des plus anciens, nommé de Cambari, & le Grand-Maistre l'avoit rafraichie tout nouvellement de troupes, de vivres & de munitions, tandis que les Turcs attaquoient Gose. A la faveur donc de ces troupes & des Maures alliez, il avoit fortifié & terrassé les murailles, fait des défenses sur les boulevarts pour la garde de l'artillerie, & pourveû à tout ce qui estoit nécessaire, parce-qu'il en avoit eu le tems. Dans le chasteau qui estoit à vn quart de lieuë à la pointe du port, il avoit mis vn Chevalier Italien avec trente Espagnols. Le Bacha arrivé, voulut attaquer d'abord ce chasteau : mais estant mieux conseillé, il envoya dire au Gouverneur qu'en luy rendant la place, il le laisseroit en liberté avec ceux qui y estoient, sinon qu'il ne donneroit quartier à personne aprés l'avoir prise. Cambari répondit courageusement, qu'il y avoit esté mis par le Grand-Maistre de l'Ordre, & qu'il ne la rendroit point que par son commandement. Sur cette réponse, le Bacha fit attaquer la principale forteresse où estoit le Gouverneur, & commença à la batre avec quarente canons. Elle estoit si-bien remparée de ce costé-là, qu'il estoit comme impossible de la prendre ; mais vn traître descendant le long du mur, fut trouver le Bacha & luy montra l'endroit le plus foible, & par où il la faloit attaquer. Le Bacha changeant aussi-tost de baterie, fit tirer contre les tours qu'on luy avoit désignées, au grand dommage des Chrestiens, parce-qu'en deux jours, il abatit toutes les défenses & tua quatre canonniers, & plusieurs soldats, quoy-que ce ne fut pas aussi sans perte de son costé. Cela estonna tellement le Gouverneur, qu'il vouloit capituler ; mais il en fut empesché par les autres, qui ne pouvoient approuver son dessein, puisque les murs estoient encore debout, la place fournie

de vivres & de munitions, & les soldats en bon estat. Cambari n'estant pas guéri pour cela de son appréhension, & voyant que la baterie continuoit, s'ouvrit à quelques-vns de ses amis, & sachant que dans l'armée ennemie il y avoit vn Gentilhomme François nommé d'Aramon que l'on avoit envoyé en ambassade prés du Grand-Seigneur, il le fut trouver, & promit de rendre la place aux conditions qu'on avoit proposées d'abord. Quelques-vns assurent que le Bacha n'y voulut pas consentir, & que comme Cambari vouloit retourner, il fut arresté, c'est l'opinion la plus commune. Mais d'autres soûtiennent qu'il y avoit vn traité secret, de le laisser aller avec tous les François, & ceux de sa faction. A quoy il y a plus d'apparence, parce-que la place estant renduë, on retint & on dévaliza tous ceux qui s'y trouvérent, à la réserve des Francois, qu'on conduisit sur deux galéres à Malte, avec le Gouverneur & tous ceux de son parti. Ensuite le Bacha envoya sommer ceux de l'autre chasteau de se rendre; mais ils répondirent qu'ils estoient Espagnols, & qu'ils mourroient plûtost que de vivre esclaves, qu'ils ne livreroient donc point la place, que le Bacha ne promist en presence de tous les Chefs, de les faire conduire à Malte avec leurs armes & leur équipage, & leur en donnast assurance. Alors le Bacha en la présence des Sanjacs leur envoya son anneau, & la place luy estant renduë, on les conduisit à Malte sans leur faire aucun déplaisir. Le Bacha ayant remis ces deux places entre les mains du Seigneur de Tachora qui l'estoit venu servir avec deux cens chevaux & six cens mousquetaires, à condition de tenir cette ville au nom du Grand-Seigneur, & de la rendre à celuy qui luy seroit ordonné; s'embarqua, & continua sa route. La place fut remise entre les mains des Maures, la veille de Nostre Dame d'Aoust, aprés vne possession de quarente ans & quelques jours, depuis que Dom Pedre Navarre la conquit. Dragut fit ensuite deux forts du costé de la mer, l'vn à la pointe de terre dont nous avons parlé, & l'autre plus en dedans, & fortifia les murs de tours & de boulevarts. Depuis cela, les Turcs tiennent garnison au chasteau, & la ville est peuplée de Maures. Ptolomée
luy

LIVRE SIXIE'ME.

luy donne quarente & vn degrez vingt-cinq minutes de longitude, & trente & vn degrez quarente minutes de latitude, & la nomme la grande Leptis.

CHAPITRE XLV.

De Caçar Hamet.

C'EST vne place forte sur la coste, à vne lieuë de Tripoli, vers l'Orient. Elle fut bastie par vn Arabe de ce nom, depuis la ruine de l'ancienne Tripoli, & estoit autrefois tres-peuplée; mais les Arabes l'ont détruite, & depuis, elle est demeurée deserte. On voit encore les vestiges des murailles & des bastimens, & l'on nomme maintenant ce lieu, la Cisterne.

CHAPITRE XLVI.

De Sudeyca.

C'EST vne ville rebastie par les Mahométans, lorsqu'ils entrérent en Afrique. Elle estoit autrefois fort peuplée; mais d'autres Arabes l'on détruite depuis, & démantelée, & il n'y demeure aujourd'huy que quelques pauvres pescheurs vassaux de Tripoli. Elle est au Levant de la précédente, & Ptolomée luy donne avec son cap quarente-trois degrez vingt-cinq minutes de longitude, & trente & vn degrez vingt minutes de latitude, sous le nom de Triéri.

CHAPITRE XLVII.

De Caçar Hascen.

C'EST vne ville ruinée au Levant de Tripoli & sur la mesme coste, Ptolomée luy donne quarente degrez quarente minutes de longitude, & trente & vn degrez trente minutes de latitude sous le nom de Baraçie. Elle fut

Partie II.

bastie par l'armée d'Occuba, aprés la ruine de l'ancienne Tripoli. Car les successeurs de Mahomet ayant pris ce pays, firent plusieurs forteresses le long de la coste, pour l'assurer contre les Gots & les Romains qui leur disputérent toûjours cette conqueste. Elle fut sacagée à la venuë des seconds Arabes, & l'on voit encore quelque reste des murailles, & quelques maisons peuplées de pauvres gens qui labourent les terres aux environs.

CHAPITRE XLVIII.

De Gar.

C'EST vne ville qui n'est pas loin de Tripoli le long de la coste, & qui est toute ouverte comme vn village. On y voit encore quelques ruines de murailles & de tours, & quelques-vns la nomment la Cisterne, à qui Ptolomée donne quarente-trois degrez vingt-cinq minutes de longitude, & trente & vn degrez vingt minutes de latitude. Elle est habitée de Bérébéres qui estoient sujets du Seigneur de Tachore, lorsque Tripoli estoit aux Chrestiens. Il y a aux environs quantité de palmiers de grand rapport, & quelques terres où l'on seme de l'orge. Les habitans vivent de ces fruits & de la pesche.

CHAPITRE XLIX.

De Sarman.

C'EST vne ville toute ouverte; mais grande & fort peuplée prés de l'ancienne Tripoli. Ses habitans sont Bérébéres d'entre les Haoares, & il y a quantité de bons palmiers; mais il n'y vient ni bled ni orge; parce-que ce ne sont que sablons tout autour. Elle reconnoist le Gouverneur de Tripoli.

LIVRE SIXIE'ME.

CHAPITRE L.

De Zaoit *ben Giarbu.

*ou Zauit.

C'EST vne ville assez prés de Tripoli, à quelque distance de la mer, qui n'est pas fermée de murailles. Il y demeure quelques Morabites qui vivent comme des Religieux. Autour ce sont de grandes contrées de palmiers ; mais il n'y vient point de bled, & l'on n'y recueille qu'vn peu d'orge, parce-que ce sont tous sablons. Les Seigneurs Mahométans l'ont en estime, acause des Morabites qui y font leur retraite.

CHAPITRE LI.

De GienZor.

C'EST vne grande ville qui n'est pas close, elle est à quatre lieuës de Tripoli du costé du Levant, & le long de la coste. Il y a plusieurs marchans & artisans. Le pays abonde en dates, grenades, coins, & autres fruits ; mais il y a peu de froment & d'orge ; & quand Tripoli estoit aux Chrestiens, les habitans y portoient vendre force fruits & quelque bestail aux jours de marché.

CHAPITRE LII.

D'Hamron.

C'EST vne bourgade ouverte de tous costez, à deux lieuës de Tripoli & au dedans du pays. Il y a quantité de palmiers & de jardins, dont on recueille toute sorte de fruits, que les habitans portoient vendre à Tripoli avec quelque bestail, lorsqu'elle estoit aux Chrestiens ; mais il y a peu d'orge & de froment.

Cccc ij

CHAPITRE LIII.
De Tachore.

C'EST vne grande campagne à quatre lieuës de Tripoli, vers le Levant, remplie de plusieurs villages & de quantité de palmiers & d'autres arbres portant fruit. Au milieu est vne grande Mosquée bastie depuis peu par les Turcs, comme vne forteresse avec beaucoup de couvert tout à l'entour, & force arbres fruitiers qu'on arrose par le moyen de certaines roües, acause que le pays est fort sec & sablonneux. Lorsque les Chrestiens eurent pris Tripoli, cette campagne servit de retraite aux habitans, & vn Turc* s'en estant rendu maistre, se fit déclarer Roy, & fit toûjours la guerre aux Chrestiens : aussi Cénan Bacha luy donna-t-il la ville de Tripoli quand il l'eut conquise, pour en joüir pendant qu'il vivroit. Les gens du pays sont Barbares, & leur principal exercice est de voler. Ils vivent dans des cabanes sous les palmiers, & se nourrissent de farine d'orge, & de vazin. Ils dépendent du Gouverneur de Tripoli depuis la mort de Morataga. Il y a dans ces villages grand nombre de cavaliers & d'arquebuziers fort braves, qui faisoient des courses à Tripoli, quand elle estoit aux Chrestiens; mais ils estoient si chargez d'impôsts, qu'ils se révoltérent*, & ayant esté remis en leur devoir, ils furent condamnez à sept mille pistoles d'amande, sans autre peine.

* nommé Morataga.

* 1567.

CHAPITRE LIV.
De Mécellat.

C'EST vne province sur la coste, à douze lieuës de Tripoli vers l'Orient. Les anciens luy donnoient le nom de la grande Syrte, & les Arabes l'appellent Ceyrat el quivir. Ptolomée en nomme la principale habitation *Calum Macula*, & la met à quarente-trois degrez de longitude, & trente degrez quarente-cinq minutes de latitude. Cette

LIVRE SIXIE'ME.

ville se nomme maintenant Mécella : elle est des dépendances de Tripoli, & reléve du Royaume de Tunis, quoyque plusieurs fois sous le déclin des Rois de Tunis, elle ait vescu en liberté. Ce sont gens riches qui abondent en dates & en huile, & qui ont trois villes bien peuplées *, où il y a plus de six mille combatans, y compris les habitations des montagnes. Elles sont sous l'autorité d'vn Chéque arbitre de la paix & de la guerre ; mais aujourd'huy elles sont sujettes au Turc. Quand on a passé la derniére de ces places *, on trouve sur la coste Sibaque que les anciens nommoient d'vn autre nom, & ensuite Filéne, qu'on appelle aujourd'huy Naïn, où les Carthaginois faisoient des solennitez au sepulcre des deux freres Filénes. Elle est à quarante-six degrez quarante-cinq minutes de longitude, & à vingt-neuf degrez de latitude. Toute cette coste est fort peuplée d'Arabes & de Bérébéres, & au dedans du pays il y a plusieurs habitations sur la frontiére de la Numidie & de la Gétulie.

* Lard, Cédie & Eufrata, autrefois Aspi, Sacazama, & Pirgo.
* Eufrata.

CHAPITRE LV.

De Mesrate.

CETTE province quoy-que des dépendances de Tripoli & par conséquent du Royaume de Tunis, a esté peu sujette à ces Princes, & quand ils en vouloient recevoir les contributions, ils mettoient des troupes sus pied, parce-qu'elle est à trente-trois lieuës de Tripoli du costé du Levant, & peuplée d'vne nation belliqueuse. C'est celle que les anciens nommoient la Cyrénaïque, ou autrement Pentapolis, acause de ses cinq villes *, & elle s'estend le long de la coste de la mer Méditerranée qu'on appelle Libyque. Les habitations principales qui sont sur la coste, à commencer par le Couchant, sont Alcudie que Ptolomée met à quarente-sept degrez dix minutes de latitude, sous le nom d'Antomalase. Ensuite viennent Pont Sabie ou le promontoire de Drépano, les Salines, Estance marine, Zanare ou le port de Diartée, Tour de Camére ou d'Hercule, la for-

* Ciréne, Apolonie, Eptolomayde, Arcione, Bérénis.

Cccc iij

tereſſe de Carcore ou Diarquéſe, Cap de Téchons ou le promontoire de Brée, Ard Brii, que les anciens nommoient Lidobrii, à qui Ptolomée donne quarente-ſept degrez trente minutes de longitude, & trente & vn degrez quinze minutes de latitude. Paſſant plus loin le long de la coſte, qu'on nommoit proprement Pentapolis, il y a Beric ou Bérénice, appellée autrefois Eſperide, à quarente-ſept degrez quarente-cinq minutes de longitude, & trente & vn degrez & vingt minutes de latitude. Enſuite eſt l'embouchure du Laton, qui porte aujourd'huy le nom de Milel, Arſione, autrement Teucrie, aujourd'huy Trocare, Ptolomayde, ou Ptolomée, Auſigade, aujourd'huy Zadra, Fano d'Aptuque, aujourd'huy Lungifarie, le Cap ou Chaſteau de Fique, aujourd'huy d'Aras-auſen, Apollonie, ou Bone André: le Port de Nauſtadme, ou de Bonnandre, Eritrone, aujourd'huy Forcéli, Querci, aujourd'huy Favare, Cap de Zéfire, Darni ou Dardanie, qui eſt à l'Orient ſur la frontiére de la Libye Marmarique, que les Arabes appellent Seirat Barca. Tous les habitans de cette province ſont riches, & trafiquent avec les Chreſtiens de marchandiſes de l'Europe, qu'ils portent aux pays des Négres, & qu'ils troquent contre des eſclaves, de la civette & du muſc, qu'ils vont vendre en Turquie, ſur-quoy il y a beaucoup à gagner. Ces peuples ſont plus de dix mille hommes de combat, en comptant les Bérébéres des montagnes, & ont guerre avec les Arabes leurs voiſins. Auſſi eſtoient-ils la pluſpart du tems armez, tant pour cela que pour s'affranchir des Rois de Tunis, & des Seigneurs de Tripoli, & s'empeſcher de leur payer tribut lorſqu'ils n'eſtoient pas fort puiſſans. A cette heure ils ſont ſujets des Turcs, qui occupent toute la coſte. Au dedans de la contrée ſont Cirénes, Arquide, Quéréda, Napoli, & pluſieurs villes & bourgades. Retournons à Tripoli.

LIVRE SIXIEME.

CHAPITRE LVI.
De Taurca.

C'Est vne peuplade de Bérébéres, qui a plus de vingt lieuës de tour, & qui est au dedans du pays vers la Numidie. Cette contrée est abondante en froment, & en dates, quoy-que les terres soient vn peu legéres & sablonneuses. Ces Bérébéres sont gens grossiers, qui vivent sous des cabanes de palmiers, ou des hutes faites de branchages, & sont de la mesme tribu que ceux de Mécellat. Ils relevent maintenant du Turc, dont ils secoüerent le joug l'an mille cinq cens soixante-sept, quand Tachore se révolta. Le Gouverneur * d'Aléxandrie, & celuy * de Tripoli, marchérent contre-eux avec leurs troupes, & aprés quarente jours d'attaque, sans qu'ils eussent pû entrer dans leur pays; & aprés avoir perdu plusieurs Turcs, qui ne connoissoient pas les lieux; ces Barbares se rendirent à la charge de payer trois mille ducats seulement, & de mettre bas les armes; ce qui ne fut pas vn petit chastiment pour eux, acause qu'ils sont fort pauvres.

* Mahamet Bay.
* Chaloque.

CHAPITRE LVII.
De Bénitéfren, & de Néfusa.

CE sont deux grandes montagnes, sur la frontiére des Esfaques, & des Gelves, dix lieuës au dedans du pays, du costé du Midi. Elles sont séparées du desert de Numidie, & sont hautes, raboteuses, & fort froides; du-reste si steriles, qu'on n'y recueille qu'vn peu d'orge. Elles sont habitées d'Africains belliqueux & vaillans, prests à entreprendre toutes choses. Ils sont de la secte * que les Gelves suivent, & qui est celle du Sophi de Perse, que les Docteurs Mahométans tiennent pour hérétique, parce-que c'est la secte d'Ali, qui condamne celle d'Abubéquer & d'Omar. Car anciennement tous les peuples d'Afrique suivoient cet-

* appelée Hambelia.

te doctrine d'Ali, jufques à ce que les plus doctes d'entre les Mahométans eftablirent la secte d'Abubéquer & d'Omar: mais les habitans des Esfaques, des Gelves, & de ces montagnes, ne la voulurent pas embraffer, & il n'y a qu'eux qui ne la tiennent pas en Afrique. Quand ils vont à Tunis, ou ailleurs pour chercher à travailler, acaufe de la pauvreté de leur contrée, ils n'oferoient dire de quelle religion ils font, parce-que les Alfaquis les feroient chaftier rudement. Ces gens ont accouftumé de vivre en liberté, & fe défendent par l'afpreté de leurs montagnes, quand les Rois ne font pas fort puiffans, ou qu'il y a quelque divifion au pays. Ils font la mefme chofe aujourd'huy, quoy-qu'ils payent quelquefois tribut aux Turcs, parce-qu'ils trafiquent en l'Ifle des Gelves, & en d'autres lieux de la cofte, où les Turcs font les maiftres.

CHAPITRE LVIII.

De la province de Garian.

C'EST vne haute montagne fort froide, qui a quatorze lieuës de long du Levant au Couchant, & cinq de large. Elle eft au Septentrion du grand Atlas, & feparée de Tripoli par de grandes plaines de fablons de feize lieuës de longueur. Elle eft fort abondante en orge, & les habitans recueillent quantité de bonnes dates ; mais qui ne fe gardent pas plus d'vn an. Il y a par toute la montagne de grandes contrées d'oliviers, qui donnent beaucoup d'huile; qu'on porte vendre en Alexandrie, & ailleurs. On recueille outre cela force fafran, qu'on tient le meilleur du monde, tant pour la couleur que pour le gouft, & qu'on vend vn tiers plus que l'autre, tant en Grece, qu'en Turquie, & en Egypte. Cette montagne eft des dépendances de Tripoli, à qui elle paye plus de quatre-vingts mille ducats par an, acaufe que le fafran s'y recueille en fi grande quantité, que la difme feule monte à quinze ou feize charges. Il y a cent trente villages peuplez de Bérébéres, qui logent dans de méchantes maifons, & n'ont ni villes, ni fortereffes. C'eft-pourquoy

pourquoy ils sont incommodez des Arabes & des Rois de Tunis. Ils sont maintenant sujets du Turc, & reconnoissent le Gouverneur de Tripoli.

CHAPITRE LIX.
De Beni Guarid.

C'EST vne des montagnes du grand Atlas, peuplée de Beréberes Africains qui maintiennent leur liberté par leur valeur sans reconnoistre aucun Seigneur de la Barbarie ni de la Numidie. Pour se mieux défendre ils ont fait ligue avec les peuples des montagnes voisines. Leurs terres rapportent beaucoup d'orge, & ils ont dans la plaine de vastes contrées de palmiers qui donnent beaucoup de fruit. Il se tient vn grand marché toutes les semaines au pied de la montagne où acourent tous les peuples du païs, & les Arabes du desert pour vendre leur bestail avec leur beurre & leur laine. Ils ont encore force huile, & plus de cent cinquante villages où ils demeurent sans crainte, acause de la difficulté des avenuës, outre qu'ils sont plus de vingt mille hommes portant armes, dont il y a plusieurs arquebusiers. Ils se sont batus plusieurs fois contre les Turcs, & quelquefois avec avantage. Ils rendoient tous les ans quelque reconnoissance aux Seigneurs de Tripoli acause du commerce; mais ils ne souffrent pas que personne leur vienne commander dans leurs retraites. Voilà toutes les montagnes de cette province, il ne reste plus que le desert de Barca qui est la partie la plus Orientale de toute la Barbarie.

CHAPITRE DERNIER.
Du desert de Barca.

A l'extremité de la province de Mesrate commence vn grand desert, que les Arabes nomment Sahart Barca, ou desert de la tempeste, quoy que quelques-vns, mal à propos, prétendent qu'il signifie bénédiction. Mais ils se trompent : car Barca écrit par vn c, est la mesme chose en cette langue qu'orage, tonnerre & éclairs, au lieu qu'il s'écrit avec vn q, quand il est pris pour bénédiction. D'autres l'interprétent passage, comme qui diroit le passage des Syrtes, mais c'est encore par corruption ; car les Arabes d'Afrique ne l'appellent point autrement que Ceirat Barca ou chemin de la tempeste, qui est le passage de Barbarie en Egypte. Il s'étend depuis le Cap de Rachaltin jusqu'à celuy de Glauque sur la frontiére de l'ancienne Alexandrie par l'espace de quatre cens lieuës, & en a plus de soixante de traverse depuis la mer Libyque jusqu'en Numidie. C'est vn pays rude, sec & infertil, sans eau, sans culture, & sujet à de grandes tempestes dont sans doute il tire son nom. Il estoit entiérement inhabité avant la premiére venuë des Arabes : mais après que les plus puissans se furent emparez des terres fertiles, ce desert demeura pour les misérables qui vont nuds, & sans souliers matez de faim, de soif, & de chaud, parce qu'il n'y a aucune habitation dans tout le voisinage, & qu'il n'y croist rien dont on puisse faire son profit. La Sicile leur fournit du bled, & quelquefois n'ayant pas le moyen d'en acheter, ils engagent leurs enfans, & vont faire des courses dans la Numidie, afin d'avoir dequoy les racheter : car ce sont tous traitres, & tous voleurs qui despouïllent les passans, puis les pendent par les pieds dans le dessein de leur faire vuider tout ce qu'ils ont dans le corps, pour voir s'il n'y a point quelque argent caché. Quelquefois en voulant racheter leurs enfans ils trouvent qu'ils se sont faits Chrétiens, dont nous en avons veû des exemples en Sicile: Icy finissent toutes les provinces, & les choses memorables de la Barbarie. Nous parlerons aux livres suivants de la Numidie, de la Libye, du païs des Negres, de la haute & basse Ethiopie, & de l'Egypte.

Fin du sixiéme Livre.

TABLE ALPHABETIQVE
des matieres & choses plus remarquables, contenuës en la seconde Partie de l'Afrique de Marmol.

A

Bc A, voyez *Anfa*.

Muley Abdala Chérif Roy de Maroc. page 38

Beni Abdala, ville de la province d'Alger; nommée autrefois *Sifli*. 409

Abdala, Roy de Trémécen est rétabli dans son Estat par le secours des Espagnols. 344. & suivantes.

Sa fin malheureuse. 347. 348

Muley Abdala, Roy de Maroc. 33

Cidi Abdala, Alfaqui ou Predicateur Morabite, se souleve contre le Chérif. 69. 70. 71

Abdelasis, autrement la Abez brave guerrier; ses exploits valeureux. 425. & suivant.

Sa mort. 429

Hascen Bacha Gouverneur d'Alger; jalousie grande entre luy & Abdelasis. 425

Abu Abdeli, Roy de Tenez; Conjuration contre luy, découverte. 390

Abderame, Gouverneur de Safie, sa fin malheureuse. 79

Abderame, fils d'Ali, Roy de Cordouë, rétablit la ville d'Arzile. 216

Abderrame Roy de Cordouë 286

Bu Abdila, successeur d'Abu Yahaya au Royaume de Tenez; sa conversion à la Religion Chrestienne. 390

Abditana voyez *Arriane*.

Abdulac, Roy de Fez, Prince vicieux & Tyran; sa fin malheureuse. 240

Abdulazis, Roy de Bugie. 414

Abdulazis le jeune, Roy de Bugie. 41

Abdulazis, fils du Roy de Tunis. 398

Abduledi, grand Capitaine de Seville. 452

Abdulmalic, frere de Muley Hascen, se rend maistre de Tunis & de l'Estat, enchasse son neveu, qu'il rendit aveugle, & mit son frere en liberté. 490. 491

Abdulmemen disciple de Mehedi. 49. 52. 53

Abdulmumen, Roy de Maroc, fondateur de la ville de Madaravan. 145

Prend & rase la ville de Ceuta 237

Abdulnates, peuple & nation. 333. 334

Abdulguerim, ancien & premier nom de la ville d'Alcaçar-quivir, voyez *Alcaçar-quivir*.

Abelchir, Africain, fait soulever la

Dddd ij

ville de Carvan. 452
Abez, montagne voisine de celle de Cuco. 412. 413
La Abés, montagne de la province de Bugie au Royaume de Trémécen; sa situation, ses peuples & ses habitations. 424. 425
La Abez, autrement Abdelasis, voyez Abdelasis.
Abila, autrement Alcudia, montagne, & vne des Colonnes d'Hercule. 137
Abila, montagne du Royaume de Fez, en la province de Habat; sa situation, aujourd'huy le Mouchimere, ou Alcudie selon les Arabes. 237
Abuba, Visir, tuë son Prince. 240
Abuferez Prince, & premier Roy de Bugie. 414
Abu Ferez, Roy de Tunis. 398
Abu Ca Mem, Roy de Tunis. 454
Abu Sayd, Roy de Fez, haï de ses sujets pour sa lâcheté; sa fin malheureuse. 240
Ioseph Abu Techifien, Roy des Almoravides. 452
Abu Zeyen prisonnier; sa deliurance, & sa mort. 390
Açafran, autrefois Quindaf, aujourd'huy Vexxilef, riviere du Royaume de Trémécen. 390. 398. 399
Acier de Cuco. 413
D. Fernand d'Acugna, Gouverneur de la ville d'Afrique. 520 521. 523. 525
Des Accusateurs. 183
Aden, vne des montagnes de Zis. 306
Adendum, ville du Royaume de Fez, en la province de Témécen: elle ne subsiste plus. 144

Afrique Mineure, ou Carthaginoise. 444
Afrique, ville, chasteau, port de mer, & bon havre sur la coste de Tunis; sa situation, & sa description fort particuliere. 499. 500. 502. 503
Remarquée par Ptolemée, sous le nom d'Adrumette. 502
Fortifiée par le Calife Mehedi, qui de son nom la nomma Mehedie, là mesme.
Nommée depuis Afrique, par des Corsaires de Sicile. 503
Conquise sur les Chrestiens par vn Roy de Maroc. 504
Conquise par Dragut. 505 505
Reprise par les Espagnols. 506. 507. & suivantes.
Ce qui arriva dans cette place depuis sa conqueste, & comme l'Empereur la fit demolir. 518. & suivantes.
Agbal, ou Ginbel, montagne de l'Estat d'Oran, au Royaume de Trémécen. 389
Agmet, ville & chasteau du Royaume & province de Maroc; sa situation & sa fondation. 66. 67
Remarquée par Ptolemée sous le nom d'Emeré. 67
Agobel, petite ville de la province de Hea, au Royaume de Maroc; sa fondation & sa situation. 10
Attaquée & prise d'assaut par les Portugais là mesme.
Agobel, ville du Royaume de Trémécen, en la province de Beni Arax; sa situation. 358
Remarquée par Ptolemée sous le nom de Victoire. 359

DES MATIERES.

l'*Agreable*, ruë formée par la riviere de Lille, au Royaume de Fez. 214

Cap d'*Aguer*, autrefois *Cap d'Usagu*, petite ville de la province de Sus, au Royaume de Maroc, avec vn port de mer; sa fondation & sa situation. 34

Assiegée & prise par le Chérif Muley Hamer, qui la pille & sacage, aprés en avoir chassé les Portugais. 35. *& suivantes*.

Aguila, ville de la province de Habat au Royaume de Fez. 113

Aguer, ville & chasteau de la province de Hea, au Royaume de Maroc. 14

Ruinez. 110

Agusta, chasteau de Sicile, pris de force & brûslé par les Turcs. 518

Ain Agobel, fontaine non loin de la ville de Fez. 173

Ainelginun, ou *Fontaine des Idoles*, ville du Royaume de Fez, en la province de Cuzt; sa situation. 300

Elle ne subsiste plus, *là mesme*.

Ain Zamit, ville du Royaume de Tunis; sa situation; destruite. 531

Aisiar, petite ville de Maroc, en la province de Tedla; sa situation. 132

Alarzé, espece de cedre. 159

Alin Alu, voyez *la vieille Fez*.

Le Duc d'Albe Général d'armée sous Charles le Quint, à l'entreprise d'Alger. 403. 407. 476

Alboheyra, voyez *Ipodiarites*.

Alcaçar Céguer, petite ville & port de mer du Royaume de Fez en la province de Habat; sa situation & sa fondation. 233

Nommée autrement *Caçar Mazmoda*, *là mesme*.

Assiegée & prise par les Portugais. 234-235

Assiegée depuis par le Roy de Fez, mais bien défenduë par les Chrestiens. 235. 236

Abandonnée enfin par les Portugais. 236

Alcaçar-quivir, ville de la province d'Asgar, au Royaume de Fez; sa situation & sa fondation. 208

De sa denomination. 209

Course des Portugais jusques aux portes de cette ville, *là mesme*.

Le Comte d'Alcaudete Général d'armée, rétablit heureusement Abdala dans son Royaume de Trémécen. 346. 347

Chasse les Turcs de Trémécen, dont ils s'estoient emparez. 348. *& suivantes*.

Entreprise malheureuse sur la ville de Mostagan. 352. 353. 365. *& suivantes*.

Sa fin malheureuse. 370. 371

Alcai, montagne du Royaume de Fez, en la province d'Errif, fertilité de son terroir, ses peuples & habitans. 278

Altaicarie, place publique, autrement Halles, & Doüane, dans le vieux Fez, merveilleusement bien ordonnée. 162. 163

l'Alcayde del Acequife, Gouverneur de ville, est Iuge absolu tant au civil qu'au criminel. 176. 177

Alcudie, place du Royaume de Tunis, en la province de Mesrate, remarquée par Ptolemée

Dddd iij

TABLE

sous le nom d'*Antomalafie*. 573. voyez *Abida*.
Alcuzcuçu. 5
Alfaquis. 31
L'Alfaqui de la grande Mosquée, est comme l'Evesque dans Fez, 177
Alfonse, Roy de Portugal, entreprend de fortifier Egezire. 214
Assiege & prend la ville d'Arzile, au Royaume de Fez. 217. & *suivantes*.
Fait l'Infant son fils Chevalier. 220. 221
Prend la ville de Tanger. 229. 230
Attaque & prend Alcaçar Ceguer. 233. 234
Alfonse, Roy d'Arragon & de Naples, rend tributaire l'isle de Gelves. 544
D. Alfonse de Peralte Gouverneur de Bugie, lorsque les Turcs s'en rendirent les maistres. 418
Sa mort, *là mesme*.
l'*Algarbe*, contrée de la province de Fez. 250
Alger, province faisant partie du Royaume de Trémécen; sa situation; de la fertilité de son païs, & ses habitans. 398
Alger, ville capitale de la province de mesme nom, sa situation & sa description. 399. 400
Nommée autrement *Gezeir de Beni Mosgana* par les Maures, & par les anciens Historiens *Megane*, *là mesme*.
Estimée par quelques-uns le *Iulia Cæsarea* des Romains; aujourd'huy par corruption *Alger de Gezeyr*. 400

De la fertilité de son terroir. 401
Prise du Pegnon d'Alger par les Turcs, voyez *le Pegnon d'Alger*.
Entreprise malheureuse de l'Empereur Charles le Quint sur Alger. 403. 404. & *suivantes*.
Elle tombe entre les mains de Barberousse. 336. 337
Entreprise malheureuse des Espagnols sur cette place. 337. 338
Alguasils, espece de Commissaires. 178
Alguel, ville de la province Hea au Royaume de Maroc; sa fondation & sa situation. 11
Ali, fils d'Atia, Général d'armée; son epitaphe. 5
Alibarrax, ou Alibentes, Gentilhomme du Royaume de Fez. 247
Iacob Almansor. 51. 52
Fondateur de la ville d'Alcaçarquivir. 208
De sa mort & de son sepulcre. 450. 451. 453
Muley Almansor, Seigneur de Velez. 253
Almedine, ville de la province de Duquela, au Royaume de Maroc; sa situation. 111. 112
Ruinée, *là mesme*.
Almedine, ville de la province d'Escure; sa situation & ses habitans. 118
Des Almohades peuple & nation de l'Afrique. 8. 452. 453
Almoravides, peuple & nation de la Numidie, qui delà passerent dans la Barbarie, où ils bâtirent la ville de Maroc. 66. voyez *Lumptunes*.
Martin Alonso de los Rios Maref-

DES MATIERES.

chal de Camp dans la Goulette. 475
Alozes en quantité. 166. 437
Altoa, voyez Calaa.
Louïs Alvares de Soto, sa mort. 379
D. Alvare Bassan Général des Galeres d'Espagne. 375. 476
Alvaro de Atayde. 91
Alvaro de Faro. 91
Amar, frere de Hutmen Roy de Bugie, puni de sa rebellion. 414
Amagor, ville de la province de Hea au Royaume de Maroc; sa situation & sa fondation. 22. 23
Pillée & sacagée par les Portugais, là mesme.
Ambracan. 30
De l'Ambre, excrement de la balene. 30
Amegara, montagne du Royaume de Fez, en la province de Habat; sa situation & ses peuples. 248
Amergue, ville ruinée de la province de Habat, au Royaume de Fez. 212
L'Amouranime le courage. 289. 290
Il cause de grands malheurs. 79.
Amsaga, ou Cusegemar, riviere. 431
Anafe, voyez Anfa.
Muley Aner Cader. 425
Anfa, autrement Anafe, ou Abça, ville & port de mer en la province de Temécen, au Royaume de Fez; sa fondation & sa situation. 139. 140
Détruite entierement. là mesme.
Angad, grande campagne deserte de la province de Trémécen au Royaume de mesme nom.
Animmey, ou Anime, petite ville de la province de Maroc, sa situation. 67
Devenuë tributaire au Roy de Fez, & depuis sous la domination du Roy de Maroc. là mesme.
Animmey, haute montagne, des dépendances du grand Atlas; sa situation, ses habitans. 75
Le Comte Annibal, Général d'armée. 259. 262
Antomalasie, voyez Alcudie.
Cap d'Apollon, ou Açafran. 494
Cap d'Apollon non loin de la Goulette vers l'Orient. 406
Cap d'Apollon, auprés d'Alger. 407
Apollonie, ville du Royaume de Tunis, en la province de Mesrate. 573
Apollonie, ou Bone André, place de Tunis, en la province de Mesrate. 574
Apoticaires non en usage parmi les Maures. 164
Arabes transportez dans la province de Temécen. 41
Tous taillez en pieces par ceux de Fez. 42
Des Arabes en guerre. 182
El Arais de Beni Aros, voyez l'Arrache.
Arahon, voyez Arbon.
Aras-ansen, voyez le Cap ou chasteau de Figue.
Beni Arax province & partie du Royaume de Trémécen. 356
Beni Arax, la principale ville de la province de mesme nom. 357
Arazel Cassal, chasteau & forte place auprés de la ville d'Oran au Royaume de Trémécen. 363
Arboristes, qui font des onguents

TABLE

& des remedes pour les malades. 164
Arciona, ville du Royaume de Tunis, en la province de Mesrate. 573.
Ard de Bria, place du Royaume de Tunis, en la province de Mesrate. 574
Remarquée par Ptolemée sous le nom de *Ludobrii*. là mesme.
Aresgol, ville du Royaume & province de Trémécen, sa situation. 327
Remarquée par Ptolemée sous le nom de *Siga Colonia*. là mesme. Estimée estre l'ancienne *Cirta*. là mesme. Ruinée & rétablie plusieurs fois. 327. 328
Aresgol, riviere du Royaume de Treméçen. 322
Cidi Arfa Alfaqui se souleve dans Carvan. 488
Martin Argote, Général d'armée, attaque & prend la forteresse de Calaa, & Tremécen sur les Turcs, & retablit le Roy de Tremécen, dans son Estat. 340. 341
Martin d'Argote, commande dans la ville de Marsa-qui-vir. 362
Arhon, ou *Arahon*, montagne du Royaume de Fez, en la province de Habat. 244. 245
Sa situation, ses peuples, & leur façon de vivre. là mesme.
Ariane, voyez *Tezela*.
Beni Aroz, montagne du Royaume de Fez en la province de Habat. 246
Nommée autrefois *Epta-delfe*. là mesme.
Arrachid, fils de Muley Mahamet Roy de Tunis, dispute la Couronne contre Muley Hascen son frere. 458. 459
Demande secours & assistance à Barberousse, qui pour cela l'emene à Constantinople, où il est arresté prisonnier. 459
Arradez place non loin de la Goulette, au Royaume de Tunis. 486
Arradez, petite ville & chasteau, entre la Goulette & Tunis. 493
Autrefois Colonie Romaine dite *Cuyna*. là mesme.
Destruite & ruinée par les successeurs de Mahomet; & depuis restablie. là mesme.
Arriane, dite autrefois *Abditana*, petite ville proche de la ville de Tunis. 493
De l'Arriere-ban. 285
Arsione, autrement *Teucris*, aujourd'huy *Trocare*; place du Royaume de Tunis, en la province de Mesrate. 574
De l'Artillerie & poudre à canon à Fez. 184
l'Arrache, ville & port de mer de la province d'Asgar, au Royaume de Fez: sa situation. 106
Nommée autrement *El Arais de Beni Aros*, en langage du païs. là mesme.
Hex Arraez Gouverneur de la ville d'Afrique. 510
Arudanez, vne des montagnes de Zis. 306
Arzée, ancienne ville & port de mer du Royaume de Treméçen en la province de Beni Arax, cette ville ne subsiste plus. 374. 375
Remarquée par Ptolemée sous le nom de *Arsenaria Colonia*. là mesme.

Arzée

DES MATIERES.

Arzée, dit le *nouvel Arzée*, port de mer au Royaume de Tremécen, en la province de Beni Arax. 385

Arzile, les Arabes disent *Arzeyla*, & Ptolemée la nomme *Zilie*, ville, château & port de mer du Royaume de Fez en la province de Habat; sa situation. 106. 107. 216

Bastie par les Romains; possedée par les Goths, & par les Arabes. *là mesme.*

Prise d'assaut, & mise toute à feu & à sang par les Anglois. *là mesme.*

Rétablie par vn Roy de Cordouë. *là mesme.*

Assiegée, & prise d'assaut par les Portugais. 217. *& suivantes.*

Assiegée par le Roy de Fez, mais bien defenduë, par trois fois. 224. *& suivantes.* 231. 232

Diego Asambuc, Capitaine Portugais. 80. 81

Se rend maistre de Safie, pour le Roy de Portugal. 81. *& suivant.*

Asgar, province faisant partie du Royaume de Fez. 104. 105

Asgar, plaine entre les montagnes du grand Atlas, environnée de bois. 310

Aspi, voyez *Heraclie*, & *Lard*.

Assemblées profanes & sales. 303

Atfartal, ville de la province de Sus, au Royaume de Maroc, ruinée. 33

L'Avarice des soldats souille la gloire des plus belles entreprises. 394

Auraz, autrement *Riega*, montagne de la province de Tenez au Royaume de Tremécen; sa situation, ses peuples & habitans. 430

Ausigade, aujourd'huy *Zadra*, place du Royaume de Tunis, en la province de Mesrate. 574

Ayduacal, montagne de la province de Hea, au Royaume de Maroc, de ses peuples & habitans. 24.

Azamor, autrefois *Cusa*, ville de la province de Duquéla, au Royaume de Maroc; sa fondation, sa situation, & la fertilité de son terroir. 97

Estimée pour la grande pesche qui s'y fait. *là mesme.*

Entreprise malheureuse des Portugais sur cette place. 97. 98

Tombe sous le pouvoir de Muley Sidan, puis sous la domination du Roy de Portugal. 98. *& suivantes.*

Abandonnée par les Portugais, qui la sacagent peu aprés, & la rendent inhabitable. 108. 109

Azamor, ville maritime du Royaume de Maroc. 2

Azamor, riviere composée de celle d'Ommirabi, & de la riviere des Negres: de sa denomination. 117

Azarfe, ville du Royaume de Fez en la province de Tremécen: elle ne subsiste plus. 146

Azgan, montagne de la province de Cuzt, au Royaume de Fez. 310. 311

Azgangan, montagne du Royaume de Fez, en la province de Garet. 293

Azuagnes, peuples montagnars. 198. 199

TABLE

B

BABA, montagne voisine de Velez, dite communément le *Mont-Baba*. 261
Alvare Baçan, Capitaine des Galeres du Consulat de Seville 244
Bain naturel. 196
Balboa, brave Capitaine Espagnol. 345
Balene de grandeur prodigieuse. 30
De la Balene qui jetta Ionas. 30
Baracie, voyez *Caçar Hascen*.
Baraniz, montagne de la province de Cuzt, au Royaume de Fez, ses peuples & habitans, fertilité de son terroir. 315
Barbasote, port de mer, non loin de Ceute. 239
Horux Barberousse, sa naissance & origine. 33.335
Commencement & établissement de sa fortune. Victoires qu'il remporta sur mer. 335.336
Assiege Bugie sans succés. 336
Comme il se rendit maistre d'Alger. 336.337
Défait glorieusement les Espagnols qui assiegeoient Alger. 337.338
Comme il se rendit maistre de Tremecen. 338.339
Sa mort. 341
Barberousse attaque & prend d'assaut le Pegnon d'Argel. 401. 402
Francisque Barrette Général d'armée. 261
Lope Barriga, brave Capitaine. 10
Entreprise malheureuse sur la ville de Miatbir. *là mesme*. 112
Action genereuse, *là mesme* & 13.91
Autre entreprise aussi peu heureuse sur la ville d'Alguel. *là mesme*.
Il défait le Chérif. 87.88
Pedro Barriga. 88
Dom Alvare Bassan. 257.261
Batha, ville du Royaume de Tremecen, en la province de Beni Arax. 359.360
Remarquée par Ptolemée sous le nom de *Bunobure*. 360
Bataill. de *Calantansor*. 327
Mumen Belelche. 38
Beggie, autrefois dite la *Vieille-ville*, ville & chasteau du Royaume de Tunis, sa situation, & la fertilité de son terroir. 530.532
Behima, herbe qui engraisse le bestail en douze ou quinze jours, mais qui les estrangle & les tuë, si on n'y prend garde. 139
S. Belard & ses compagnons souffrent le martyre à Maroc. 54.55
Beleyde, ville faisant partie de celle de Fez, sa fondation & sa description. 157. voyez *Fez*.
Ben el Cadi, Seigneur de Cuco. 425.428
Bénacafiz, ville de la province de Duquéla, au Royaume de Maroc. 103. 114. 115
Sacagée & brûlée par les Portugais. *là mesme*.
Beni-Becil, ville du Royaume de Fez, sa situation. 156
Avoisinée d'une montagne de mesme nom. *là mesme*.
Beni-Buhalul, ville du Royaume de Fez, en la province de Cuzt, 302
Remarquée par Ptolemée sous le

DES MATIERES.

nom de *Ceuta*. *là mesme.*
Beni Buzeybet, montagne du Royaume de Fez, en la province d'Errif. 275
Benteginefen, voyez *Benizanten*.
Beni Gebara, montagne du Royaume de Fez en la province d'Errif, ses habitans. 274
Beni-Gebara, montagne de la province de Cuzt, au Royaume de Fez ses peuples & habitans.316
Beniguamud, montagne du Royaume de Fez, en la province d'Errif. 282
Ses peuples & habitans, & de son terroir. 282
Beniguariten, habitation des montagnes de la province de Fez.202.
Beniguarir, voyez *Beni-Oriegan*.
Beniguazeval, ou *Benizarval*, montagne, c'est à dire trois montagnes qui n'en font qu'vne, au Royaume de Fez, en la province d'Errif. 279
Fertilité de son terroir, ses peuples & habitans. 279
Benigueriagel, voyez *Beniurieguil*.
Beni Guernid, montagne du Royaume de Tremecen. 388
Beniguertonaz, montagne de la province de Cuzt au Royaume de Fez. 314
Benihamet, ou *Benjamet*, montagne du Royaume de Fez, en la province d'Errif, ses peuples & habitans, fertilité de son terroir. 280. 281
Benijecgfeten, montagne de la province de Cuzt au Royaume de Fez, ses peuples & habitans. 313
Beni-Iubar, montagne de la province de Bugie au Royaume de Tremécen: sa situation, ses peuples & habitations, fertilité de son terroir. 423. 424
Benimager, montagne de la province de Duquéla, sa situation, ses peuples & habitans. 115
Dite autrement montagne du Soleil. *là mesme.*
Beni Mecil, sorte d'Arabes. 202
Beninatazes, tyrans. 128
Beni-Sayd, montagne du Royaume de Fez en la province de Garet, ses peuples & habitans.292 293
Benitefren, montagne du Royaume de Tunis. 575
Beni-Teudi, ville de la province de Habat, au Royaume de Fez nommée premierement *Baba*, ou *Iulia-caripestre*, sa situation. 211
Destruite & ruinée. *là mesme.*
Beniurieguil, ou *Benigueriagel*, montagne du Royaume de Fez, en la province d'Errif, ses peuples & habitans, fertilité de son terroir. 280
Beni Vsa, ou *Beruira*, montagne du Royaume de Fez, en la province d'Errif, ses peuples & habitans, & la fertilité de son terroir. 277
Beniyedi, montagne du Royaume de Fez, en la province d'Errif. 273
Beniyazga, montagne de la province de Cuzt, au Royaume de Fez, sa situation, fertilité de son terroir, ses peuples & habitans. 311. 312
Benizanten, ou *Beniegeinefen*, montagne du Royaume de Fez, en la province d'Errif, ses peuples &

Eeee ij

TABLE

habitans. 281

Beni Zéguor, ou *Beni Fenfecure*, montagne du Royaume de Fez, en la province de Habat. 245

BeniZeguers, peuples montagnars du Royaume de Fez. 246

Beni Zexete, montagne du Royaume de Tremécen en la province de Beni Arax, sa situation, & sa denomination. 387

Benfart, voyez *Benfart*.

Bereberes Mucamudins. 32.33

Des Bereberes. 24. *& suivantes*.

Des Bereberes des montagnes. 183

Berenis, ville du Royaume de Tunis, en la province de Mesrate.573

Berenice, voyez *Beric*.

Beric, ou *Berenice*, appellée autrefois *Esperide*, place du Royaume de Tunis, en la province de Mesrate. 574

Remarquée par Ptolemée, *là mesme*.

D. Bernardin de Mendose, Général d'armée à l'entreprise d'Alger. 403.404

Berra Foras, place de l'Algarbe en Portugal. 238

Besara, voyez *Bezat*.

Bezat Basia, ou *Besara*, ville de la province de Fez, sa situation & sa fondation ; détruite & ruinée.215

Bichara, ville de Numidie. 458

Biserte, autrement *Benfart*, par les Africains, ville du Royaume de Tunis, en la province de Constantine, sa situation, & ses habitans. 437

Remarquée par Ptolemée sous le nom d'Vtique, *là mesme*.

Ruinée plusieurs fois. 437.438

Ataquée & prise d'assaut par André Dorie. 438

Alonso Divas Mestre de Camp. 490

Bizu, ville de Maroc, en la province d'Escure, sa situation, & la fertilité de son terroir. 123

Bled gardé & conservé dans des puits & dans des creux souterrains jusques à quatre-vingts ans. 111.169

Bobrise, ville du Royaume de Fez, remarquée par Ptolemée 196.197

Bocano Emero, ancien nom de la province de Maroc, voyez *Maroc*.

Boire, les Mahometans ne boivent point dans des tasses d'or, ni d'argent ni de verre. 21

Bone, ville & port de mer, du Royaume de Tunis, en la province de Constantine, sa situation, fertilité de son terroir, ses habitans. 434. 435

Remarquée par Ptolemée sous le nom de *Hippone*. 434

Demolie & destruite *là mesme*.

Bone, dite autrement la *neuve Hippone*, ou *nouvelle Bone*, rebastie à vne lieuë prés de l'ancienne Hippone vers le Couchant. 434

Nommée par les Arabes *Beled el Vbneb*, c'est à dire *lieu des Iujubes*, & par les Chrestiens *Bone*.434

Sa situation, sa description, & la fertilité de son terroir. 434. 435

Accompagnée d'vn petit port, & défenduë d'vn chasteau. 435

Prise par Barberousse Airadin.439 & depuis par Charles le Quint. *là mesme*.

Aujourd'huy cette place est sous la puissance des Turcs. 436.437

Bone André, voyez *Apollonie*.

Bonnandre, voyez *le port de Nostadme*.

Boreycha, vne tour de l'ancien port d'Almedine. 95

DES MATIERES.

Botoyé, montagne de la province d'Errif au Royaume de Fez ; sa situation & ses peuples. 270
Boucherie, bon ordre pour la vente de la viande. 165. 166
Bragada, voyez *Megerade*.
Brée, promontoire du Royaume de Tunis en la province de Mesrate. 574
Brescar, ville du Royaume de Tremécen, en la province de Tenez, sa situation ; naturel de ses habitans. 391
Remarquée par Ptolomée, sous le nom de *Campi Germani*. 391
Elle est aujourd'huy sous la domination des Turcs. 391
Géorge de Brite. 91
Cidi Buaza, & sa sepulture. 251
Déda Buaza, Morabite, son tombeau en grande veneration. 146
Buba, ou *Iulia-campiste*, voyez *Beni-Tendi*.
Buba-lul. 248
Bucchel, riviere du Royaume de Fez. 153
Busle. 122
Bugie, province faisant partie du Royaume de Tremécen, sa situation, fertilité de son païs, & du naturel de ses peuples & habitans. 413. 414
Titre d'vn petit Royaume ; commencement de ses Rois. *là mesme*
Bugie, ville maritime, capitale de la province de mesme nom, sa situation particuliere. 415
Sa prise par les Espagnols. 416. 417
Fortifiée de plusieurs chasteaux. 416. 418
Assiegée & prise par les Turcs elle est à present sous leur domination.

Cidi Bugima, chassé de la ville d'Alguel, qui luy appartenoit par les Chérifs. 11. 12
Buhamu, Roy de Tremécen, chassé & depossedé de son Estat par les Turcs. 338. 339
Secouru & assisté par les Espagnols. 339. 340
Son rétablissement dans son Estat. 341. 342
Bulaagnen, ville de la province de Duquéla, au Royaume de Maroc. 114
Bunoburè, voyez *Batha*.
Bulibile, ancien nom de la province de Fez. 147
Bulibile, la place ou l'endroit où est bastie vne partie de la ville de Belyde qui fait vne partie de ville de Fez. 158
Bulibile, voyez *Tinlit*.
Burche, vne des forteresses d'Alger. 400. 406
Burregren riviere, qui entre dans la mer entre Salé & Rabat, au Royaume de Fez. 138. 147
Buzacharias, Prince de Tunis. 453
Buzeyn, Prince de Tremécen, sa fin malheureuse. 338. 339
Byrsa, ancien nom de la ville de Carthage. 446

C

CAALAT *Aben Tavyla*, ville qui ne subsiste plus dans les montagnes de Zis. 306
Le Cavalier de los Cabreras. 565
Caçaça, ville, port de mer, & chasteau, du Royaume de Fez, en la province de Garet, située sur vn Cap de mesme nom. 289
Tombe sous la domination des Espagnols, puis par trahison sous celle des Maures, *là mesme*.

Eeee iij

TABLE

Elle ne subsiste plus. 299
Caçar Faraon, ou *chasteau Pharon*, petite ville de la province de Fez, sa situation & sa fondation; destruite & ruinée. 199
Nommée autrement *le Palais de Zarabanus*. *la mesme*.
Caçar hamet, place forte sur la coste de Tripoli ; elle ne subsiste plus, & le lieu où elle estoit se nomme aujourd'huy *la Cisterne*. 569
Caçar Hascen, ville ruinée en la province de Tripoli. 569
Remarquée par Ptolemée, sous le nom de *Baracie*. *là mesme*.
Caçar Mexen, grande plaine auprés de la ville de Tunis. 479
Le Cadi, Iuge tant au civil qu'au criminel. 177.178
Ben el Cadi, Seigneur & Roy de Cuco. 413. 414
Calum Macula, voyez Mecellat. 572
Cagnoçadores, crieurs & vendeurs publics établis pour la vente de toutes sortes de marchandises. 163
Caid-cesi, brave Renégat, & Général de la Cavalerie des Turcs, au siege de la Goulette par l'Empereur Charles le Quint, tué dans le combat. 470
Cayd Mahamet, Renégat Espagnol. 404
Calaa, ville du Royaume de Tremécen, en la province de Bugie, située sur la montagne de la Abés. 410. 414
Calaa, place forte du Royaume de Tremécen, assiégée, prise & sacagée sur les Turcs par les Espagnols. 339. 340

Calaa, ville du Royaume de Tremécen, en la province de Beni Arax. 357. Ptolemée l'appelle *Altoa* *là mesme*.
Sa situation. 384
Calaa, chasteau en la montagne de Beni-Sayd, au Royaume de Fez. 293
Calaa, ville, remarquée par Ptolemée, sous le nom de *Mirée*. 410
Calibie, forteresse & bon port du Royaume de Tunis, sacagée plusieurs fois par les Espagnols. 495
Remarquée par Ptolemée sous le nom de *Curobi* ; d'autres la nomment *Clupée*. *là mesme*.
Des Califes. 184
Caliste III. Pape publie vne Croisade sans succés. 252
Cambari, Gouverneur de Tripoli pour les Chevaliers de Malte. 567. 568
Cammart, ville du Royaume de Tunis, non loin des ruines de Carthage ; sacagée par les Espagnols. 492
Nommée autrefois *Valachie*. *là mesme*.
Campi Germani, voyez *Tenez*.
Canastel, ancienne peuplade du Royaume de Tremécen, en la province de Beni Arar, auprés de Calaa. 384
Cantara, riviere qui se va rendre dans le fleuve de Cebu auprés de Fez. 172
Le grand Cap, voyez, *le Cap d'Oue*.
Capez, ou *Cabez*, grande & ancienne ville du Royaume de Tunis, en la province de Tripoli, sa situation. 555

DES MATIERES.

Remarquée par Ptolemée. la mesme.
Golfe de Capez, Golfe de la mer Mediterranée, auprés d'vne ville de mesme nom, en la province de Tripoli. 535
Capri, isle à trente milles de Naples, vers l'Afrique. 5,6
D. Fradrique de Caravachal. 259
Fernand Carcame. 377.381
Carcore, ou Diarquée, forteresse du Royaume de Tunis, en la province de Mesrate. 574
Tour de Carmere, ou d'Hercule, place du Royaume de Tunis, en la province de Mesrate. 573
Carrobiers, arbre portant vn bon fruit. 325
Carthage, ancienne ville de l'Afrique Mineure, sa situation. 445
   Diverses opinions touchant sa fondation & sa denomination. 445.446
   Destruite par Scipion l'Africain, depuis par Genseric Roy des Vandales, enfin par les successeurs de Mahomet. 446
   Repeuplée depuis en partie, & enfin ruinée & desolée entierement. 446.447
Alvare de Carval, Gouverneur de Mazacan. 50
Dom Iean de Carval, brave Capitaine Portugais. 28
Carvan, ville du Royaume de Tunis, sa situation. 496.532
   Destruite & ruinée, puis rétablie. 532.533
Les Cassines, port de mer auprés de la ville d'Alger. 399
Castel d'Adives, petit chasteau à Ceute. 243
Castelmara, place dans le golfe de Naples. 503
D. Alvaro de Castro, Comte de Monsante. 217. 219
Dom Francisco de Castro Gouverneur du Cap d'Aguer. 34
   Court sus & mal-traite les Cherifs. 35
D. Rodrigue de Castro. 106.230.231
Cazbat, ville du Royaume, & non loin de Tunis, sa situation, destruite & ruinée. 531
Cea, petite ville du Royaume de Maroc, autrefois place considerable, mais qui ne subsiste plus, au Royaume de Maroc. 115
Cebu, ou Subro, riviere du Royaume de Fez.
   Sa source, & son cours. 147, 312.313
   Abondante en alozes. 166.172
Cedic, autrement Sacazama, ville du Royaume de Tunis en la province de Mecellat. 573
Cedres en quantité. 269
Celé, voyez Salé.
Celin Beni-tumi, Prince d'Alger. 401
Cemmede, montagne & branche du grand Atlas. 71
Cenan, riviere du Royaume de Tremécen. 345
Cenan Bacha, attaque & prend la ville de Tripoli sur les Chevaliers de Malte. 566.567
Centa, voyez Beni-Buhalul.
Cernu, petite ville entre Saphie & Azamor, au Royaume de Maroc. 104 110
   Ruinée par les Maures. 107
Cesarée, appellée Tiguident par les Africains, ville maritime du Royaume de Tremécen, en la province de Tenez, autrefois tres-celebre, sa situation. 394

TABLE

Destruite par les Califes schismatiques de Carovan. 394. 395
Ceute, ville & chasteau du Royaume de Fez, en la province de Habat, sa situation & sa fondation. 236. 237
Estimée l'Essilissa de Ptolemée. là mesme. Autrefois la capitale de la Mauritanie Tingitane, la mesme. Possedée par les Goths, puis par les Arabes. là mesme.
Diverses revolutions, & changemens arrivez en cette ville. 237. 238
Prise sur les Maures par les Portugais. 238. 239
Entreprise des Maures contre la ville de Ceute, sans succés. 241
Ceyret voyez Pentapolis.
Ceytat, el quivir, voyez Mecellat. 572
Charles le Quint se rend maistre de la ville de Tunis. 336
Charles le Quint, & son entreprise malheureuse sur la ville d'Alger. 402. & suivantes.
Charles le Quint équipe & dresse vne armée navale pour aller assiéger Tunis en Afrique. 460. & suivantes.
Attaque & prend la Goulette sur les Turcs. 467. 468. & suivantes.
Marche contre Tunis, & défait les troupes de Barberousse. 476. & suivantes.
Prend, pille & saccage la ville de Tunis, & la remet ensuite entre les mains de Muley Hascen qu'il rétablit dans son Estat. 481. & suivantes.
Son retour en Sicile. 487
Aben Chachamot, brave Capitaine Maure. 89. 90. 91
Chanchava, riviere, qui sort d'vne montagne, de laquelle elle prend le nom. 71. 72
Chanchava, montagne, des dépendances du grand Atlas, en la province de Maroc, laquelle produit vne riviere de mesme nom. 71. 72
Chanchava, petite ville non loin de Maroc, où passe vne riviere de mesme nom. 68
Chapeaux. L'vsage n'en est point parmi les Maures & Barbares. 3
Chasse des lions. 198
Le chasteau de sainte Croix. 34
Louis de Chavée, Gouverneur de Caçaça. 289
Caria, voyez Temecen.
Chaviens, peuples & habitans de la province de Temécen. 138
Chilef, autrement Cartena, riviere du Royaume de Tremécen. 390
Le Card. Chimenez attaque & prend la ville d'Oran au Royaume de Tremécen. 337. 364
Mont-Chimere, voyez Abila.
Chirurgiens. Les Maures ne s'en servent point en leurs maux & maladies. 164
Chec, ou Gouverneur d'vne place. 170
Chenchava, voyez Siffaye.
Du Chérif, & de sa puissance. 181. 184
Chérif tuë le dernier Roy de Fez de la race des Bénimérinis, & se fait appeler Roy de Fez en sa place. 217
Chechuan, ou Sefnon, montagne du Royaume de Fez, en la province

DES MATIERES.

vince d'Errife, sa situation, la fertilité de son terroir. 273
Elle a vne petite ville du mesme nom. là mesme.
Titre d'vn petit Royaume. là mesme.
Cheuchava, riviere qui passe par Elgiemacha, en la province de Maroc. 45
Chevaliers & Gentilshommes ordinaires. 185
Chrestiens *Musarabes*, dits autrefois *Mustarabes*, & *Mustarabins*, dans Maroc ; transferez depuis en Espagne. 54
Cidi bu Agaz ; Demeslé avec les Chérifs. 34. 35
Cililgo, montagne de la province de Cuzt, au Royaume de Fez. 312
Cirat, riviere du Royaume de Tremecen, en la province de Beni Arax, ses sources. 359
Cirene, ville du Royaume de Tunis, en la province de Mesrate. 573
Cirta, voyez *Aresgol*.
La Cisterne, voyez *Cagar Hamet*.
Cititeb, ville & forte place de Maroc, en la province de Tedla, sa situation. 131. 132
Cloches. Les Maures ne s'en servent point. 52
Cloches penduës à rebours. là mesme.
Coborrumia, & par corruption *Cabarrumia*, dome fort haut. 395
Col, ville du Royaume de Tunis ; sa situation, fertilité de son terroir, & ses habitans. 437
Remarquée par Ptolemée sous le nom de *Grand Colosse*. là mesme.
Aujourd'huy sous la domination des Turcs. 455
College, vne des plus belles piéces de

toute l'Afrique. 160
Grand Colosse, voyez *Col*.
De la Confiscation des criminels. 178
Constantine, province faisant partie du Royaume de Tunis, remarquée par Ptolemée. 432
Constantine, ville capitale de la province de la Nouvelle Numidie, nommée autrement Cuçutin par les Maures 438
Sa situation & sa description. là mesme. Défenduë d'vn bon chasteau. 439
Fertilité de son terroir. 439. 440
Sujete à la revolte. 439
Tombe sous la domination des Turcs. 440
Assiegée, prise par force & sacagée par les Turcs d'Alger. là mesme.
Ancienne colonie des Romains, dite *Culca Colonia*. 440. 441
Conté, ville maritime de la province de Gesula, au Royaume de Maroc ; elle ne subsiste plus. 94
Cap de Conté, aujourd'huy *Cap d'Esparte*, Cap ou promontoire de la province de Gesula au Royaume de Maroc. 54
Alfonse de Cordouë, Comte d'Alcaudete, Gouverneur d'Oran, 371. & suivantes.
D. Martin de Cordouë, Marquis de Cortez. 354
D. Diego de Cordoüa Gouverneur d'Oran. 265. 266. 339. 340
D. Diego de Cordouë ataque & prend la ville de Marsa-qui-vir sur les Maures. 361. 362
Martin Cordouë Gouverneur de Marsaqui-vir. 366. 374. & suivantes.

Partie II.   Ffff

TABLE

Corrado Lanfarange les Gelves à la raifon. 542
D. Iean Cotigno Comte de Marialva. 217. 219
Gouverneur d'Arzile. 226. 227
Dom Rodrigo Cotigno, bat & défait glorieufement deux Capitaines Maures. 212. 213
Couleuvres en quantité familieres. 306
Couleuvrine de cuivre, de feize pieds de long. 27
Criminels comment traitez en la ville de Maroc. 60
Cuco, ville de la province d'Alger, fa fituation; titre d'vn petit Royaume. 411. 412
Cuco, montagne de la province d'Alger, fa fituation & fa denomination; de fes habitans, & de la fertilité de fon terroir. 411. & fuivantes.
Cucutin, voyez Conftantine.
Alfonfe de la Cueva Commandeur de Bedemare, Chef d'armée, au fiege de la Goulette par les Efpagnols. 470
Culca Colonia, voyez Conftantine.
Culeyhat Elmuhaydin, ville & place forte de la province de Hea, au Royaume de Maroc, fa fondation & fa fituation. 20
Cus, riviere du Royaume de Fez en la province de Habat, où elle fe jette dans la mer à Tetuan. 242
Cufa, ancien nom de la riviere d'Ommirabi, voyez Ommirabi.
Cuzr, province & partie du Royaume de Fez; fes peuples & habitans. 295

D

Dagie, ville du Royaume de Fez en la province de Temecen. 146
Dam el Caiu, ville qui ne fubfifte plus, au Royaume de Fez, en la province de Temecen. 141
Danfe fole & ridicule. 304
Dara, riviere de Maroc, qui a fa fource en la province d'Efcure. 125
Dara, province de la Numidie. 124
Daraa de Itendiguen, bourg fermé. 125
Dardanie voyez Darni.
Darni, ou Dardanie, place du Royaume de Tunis, en la province de Mefrate. 574
Dates excellentes & en quantité. 125
Dedés, montagne faifant partie du Mont-Atlas, qui produit la riviere d'Ommirabi. 2
Dedez, montagne de Maroc, en la province de Tedla, fa fituation. 135
Derne, riviere, qui du grand Atlas d'où elle fort, va joindre celle d'Ommirabi. 130
Diarquée, voyez Carcere.
Port de Diartée, voyez Zanare.
La Diete, feul remede à toutes maladies parmi les Maures. 164
Dome fort haut. 595
Doqueili, Morifque de Grenade. 148
Dorac, ancienne ville qui ne fubfifte plus, au Royaume de Maroc. 135
Dorades, poiffon. 447

DES MATIERES.

André Dorie. 264.265
   Ravage tout l'Archipel. 366
   Va au secours d'Oran & de Marsaqui-vir, assiegez par les Turcs. 383
   Se rend maistre de la ville de Sargel, & s'empare de l'armée navale des Turcs. 393.408
   Prend la ville & le chasteau de Bone. 436.486
   Prend d'assaut la ville de Biserte. 438
   Général de l'armée navale, pour l'Empereur Charles le Quint à l'entreprise de Tunis. 461. 477. 485. 486.487.
   Prend sur les Turcs plusieurs places au Royaume de Tunis. 498
   Donne la chasse à Dragut fameux Corsaire. 499. 500. 504.506
   Ses conquestes sur la coste de Tunis. 500. 501
   Assiege & prend la ville d'Afrique. 504. 506. & suivantes.
   Cherche Dragut qui se moqua de luy. 549. & suivantes.
Doüanes bien ordonnées par les Romains. 163. 164
Dragut fameux Corsaire, sa naissance, sa fortune & son élevation. 504
   Establi Chef des Corsaires, fait de grands dommages à la Chrestienté. là mesme.
   Reduit à la cadene & en captivité, & depuis remis en liberté. là mesme.
   Est fait Amiral des Corsaires, court & ravage les costes de la Chrestienté. 504.505
   Prend plusieurs places le long de la coste de Tunis. 505

   Se rend maistre de la ville d'Afrique. 505. 506
   Court les costes d'Afrique, malgré les Espagnols, qui tâchoient de le surprendre, & qui pensoient l'attraper. 549. & suivantes.
Drepano, cap ou promontoire dit autrement Pont Sabie, au Royaume de Tunis. 573
Dubudu, ville du Royaume de Fez en la province de Cuzt, sa situation & ses habitans. 298
   Possedée par les Benimérinis, puis par les Oatares. là mesme.
   Titre de Royauté. 298.299
Le Ducat reduit à la monnoye de France. 178
Duquela, province & partie du Royaume de Maroc, sa situation, & de sa fertilité. 77

E

L'Eau trop froide fait mourir ceux qui en boivent. 311
Elevation des eaux. 174
Eceis, habitation des montagnes de la province de Fez. 102
Ecifelmel, riviere qui passe par la ville de Tazarot, en la province de Maroc. 46
   Sa source. 47
   Separe la province de Hea de celle de Maroc, sa source. 2
Egezire, ville de la province d'Asgar, au Royaume de Fez, sa situation. 214
   Entreprise des Portugais de la fortifier, sans succés. là mesme.
   Elle ne subsiste plus. là mesme.

TABLE

Egue Legainguil, ville de la province de Hea, au Royaume de Maroc. 21

Eitdevet, ville de la province de Hea, au Royaume de Maroc, sa fondation & sa situation. 19

Elgemaha, ville de Maroc, en la province d'Escure, sa fondation, & sa situation. 122

Elgiemaha, ville de la province de Maroc, qui ne subsiste plus, ayant esté détruite par les Benimerinis. 45

Elémedin, ville de la province d'Escure, au Royaume de Maroc, sa situation, & ses habitans. 119

Tributaire du Roy de Fez. *là mesme*.

Emere, ancien & premier nom de la ville d'Agmet. Voyez *Agmet*.

Empeluse, les montagnes qui sont sur la coste du Royaume de Fez. 137

Droit d'Entrée ou de sortie à Fez. 179

Tout ce qui est bon à manger n'y est point sujet. *là mesme*.

Cap d'*Entrefolcos*, promontoire sur la coste de la mer Mediterranée, au Royaume de Fez. 284

Eoa, voyez *Lepide*.

Epticicenne, voyez *Dar el Hamara*.

Eptolomaide, ville du Royaume de Tunis, en la province de Mesrate. 573

Ergil, riviere du Royaume de Fez. 281

Erguile, riviere du Royaume de Fez. 210. 211

Huet Erguila, riviere de la province. 205

Eritrone, aujourd'huy *Forceli*, place du Royaume de Tunis en la province de Mesrate. 574

Eripide, voyez *Macarmeda*.

Erguen; fruit, de l'amande duquel on fait de l'huile. 2

Errif, province faisant partie du Royaume de Fez; sa situation, ses peuples & habitans, & la fertilité de son terroir. 249. 250

Esaha, riviere du Royaume de Fez. 295

Escander Renégat Corse, camarade de Barberousse. 335. 338. 339. 340. 357

Esclaves Chrestiens à Maroc. 56

Escure, province & partie du Royaume de Maroc, sa situation, ses peuples, de la fertilité de son terroir. 117. 118

Esdrum, place de l'isle de Gelves. 555

Essaque, ville maritime du Royaume de Tunis. 528

Remarquée par Ptolemée sous le nom de *Ruspine*, ou *Tasso*. 529 Elle est aujourd'huy sous la domination des Turcs. *là mesme*.

Esfaque, chasteau du Royaume de Tunis. 498

Cap d'*Esparte*, voyez *Cap de Conté*.

Esperide, voyez *Beric*.

Essilissa, voyez *Ceute*.

Estance marine, place maritime sur la coste de la mer Mediterranée ou Libyque au Royaume de Tunis. 573

Des Estendarts. 187

Estore, ville & port de mer du Royaume de Tunis, en la pro-

DES MATIERES.

vince de Constantine, sa situation. 433
Remarquée par Ptolemée sous le nom de *Ruficade*. là mesme.
Eufrata, autrement *Pirgo*, ville du Royaume de Tunis, en la province de Mecellat. 573
Ensugaguen, ville & place forte de la province de Hea, au Royaume de Maroc, sa situation. 16

F

FABIANE, isle de la mer Mediterranée, sur la coste de Sicile. 507. 563
Cidi Fada, sa mort. 416
Fano d'Aprique, aujourd'huy *Longifarie*, place du Royaume de Tunis, en la province de Mesrate. 574
Faraycha, petite ville de la province de Sus, au Royaume de Maroc. 33
Baye de Faraon, au Royaume de Fez. 160
Favare, voyez *Querci*.
Femmes qui servent à moudre la farine avec les bras. 5
Des Femmes, & de leurs vestemens parmi les Maures & Barbares. 4
Femmes qui se démarient en vne contrée, & se vont remarier en l'autre. 444
Ferdinand Roy de Castille fait bastir le Pegnon d'Alger. 401
Abu Ferez, le premier Roy de Tunis. 453
Dom Fernand, Infant de Portugal. 176
Dom Fernand assiege la ville de Tanger, & meurt captif, son tombeau, & ses ossemens. 229
Son corps est racheté. 230
Dom Fernand, Comte, prend le parti des Maures. 54
Fez, riviere, ainsi nommée de la ville de Fez par où elle passe. 172
Fez, Royaume & partie de la Mauritanie Tingitane, sa situation, & sa description. 137. & *suivantes*.
Des Rois de Fez, & de leur puissance. 179
De leur milice, & des gens de guerre qu'ils entretiennent. 180
Le Roy est heritier de tous les Gouverneurs, & de tous les gens de guerre qui sont à ses gages. 183
De la succession de ces Princes. 184. 185
De leurs Officiers. 185. 186
Ceux qui ont la principale part au gouvernement du Royaume de Fez. 185. 186
Servis dans la chambre par des femmes, & au dehors par des pages. 187
De leurs femmes. là mesme.
De leurs pompes & magnificences, & de l'ordre qu'ils tiennent dans leurs campemens, & pour faire subsister l'armée. 188. 189
De leur revenu. 190
De leur façon de vivre, & des viandes dont ils vsent. 193. 194
Fez, province faisant partie du Royaume, sa situation, fertilité de son terroir, ses peuples & habitans. 147.

Ffff iij

TABLE

Le vieux Fez, ville particuliere faisant partie de la capitale du Royaume de mesme nom. 157
Sa situation, sa fondation, & sa denomination. *la mesme.*
Dite autrement *Alin Aln*, là mesme Voyez *Fez*.
Description particuliere. 158
Le nouveau Fez, ville particuliere faisant partie de la Capitale du Royaume de Fez; sa situation, sa fondation & sa description. 157. 158. 169. 170
Nommée premierement *Elbeyda*, ou *la Blanche*, & depuis, le Nouveau Fez. 157. 169
Fez, ville capitale du Royaume de mesme nom, sa situation, sa fondation, & sa description. 157. *& suivantes.*
Composée de trois villes particulieres, *Beleyde, Huet Fez*, & *le nouveau Fez*; Description de chacune d'icelles tant en général qu'en particulier. *la mesme.*
De ses rivieres & fontaines. 172. 173
De l'ordre du Gouvernement & de la Iustice. 176. *& suivantes.*
De la milice de Fez, & des gens de guerre que le Roy entretient. 179. 180
Des habits que l'on porte dans Fez. 190. 191
Nugno Fernandes de Ataydo, Général de l'armée du Roy de Portugal, prend la ville de Tednest sur les Maures. 8
Prend d'assaut la ville de Hadequis. 15
Gouverneur de Safie, en Afrique, fait quelques progrès ir le Roy de Maroc. 63. 83

Ses exploits de guerre contre les Maures, 84. *& suivantes.*
D'vne entrée qu'il fit dans le païs des Maures, où il fut tué, & ses gens défaits. 88. 89. 105
Frixa, ville de la province d'Asgar, au Royaume de Fez, destruite & ruinée. 213
Figues excellentes. 382
Fille d'vn grand courage. 70
Le Capou chasteau de Fique, aujourd'huy *d'Aras-ansen*, place du Royaume de Tunis en la province de Mesrate. 574
Fistelle, ville & chasteau de Maroc, en la province de Tedla, sa situation. 129. 130
Foy: si on doit garder la foy à vn traitre. 70
Foire, belle, avec vn ordre admirable. 76
La Fontaine des Idoles. voyez *Ainelginun.*
Forceli. voyez *Eritrone.*
Frederic, Roy de Sicile. 540
Funerailles d'vn Arabe mort à la guerre. 350. 351
Le Marquis de Fural Général d'armée au siege de la Goulette, 467. *& suivantes.*
Sa mort. 472

G

GALAFA, voyez *Garcis.*
Gamarazan Ben Zeyen, Roy de Fez. 148
Garcia de Melo commandant les caravelles de l'armée navale du Roy de Portugal. 80
Galans de Melione, peuple, nation, habitans le Royaume de Tre-

mécen. 320
Gar, ville de la province de Tripoli. 570
Garcia de Gusman, sa mort. 255
D. Garcia de Tolede, à l'ataque & prise de Monester. 501
Garciluin, ville du Royaume de Fez, en la province de *Cuzt*, sa situation ; ruinée plusieurs fois & rétablie. 304
Garcis, ou *Galafa*, ville du Royaume de Fez, en la province de Cuzt. 297
Gared, ville de la province de Sus, au Royaume de Maroc. 31
Garet, province & partie du Royaume de Fez : sa situation, ses peuples & habitans, & la fertilité de son terroir. 283
Garian, montagne & province du Royaume de Tunis. 576
Des *Gasules*. 43
Gelfa, petite ville toute ruinée au Royaume de Fez, en la coste de la mer Mediterranée. 267
Gegel, voyez *Gigeri*.
Les *Gelves*, isle du Royaume de Tunis, anciennement nommée *Meniffe*, sa situation & sa description. 538
Remarquée par Ptolemée sous le nom de *Lotofagine*. là mesme.
Ruinée par les successeurs de Mahomet. 539
Conquise par l'Amiral d'Arragon ; ce qui se passa de memorable en cette conqueste. 539. 540
Souslevemens & revolte contre ce conquerant & contre ses successeurs. 540. 541
Cette isle devient la conqueste de la Sicile. 542
Elle tombe sous la domination des Maures. 542. 543
Recouvre sa liberté, & depuis devient tributaire du Roy de Naples. 543. 544
Gelves. Entreprise des Espagnols sur cette isle, qu'ils prennent sur le Turc, & la reperdent aussitost. 552. & suivantes.
Gemaa, petite ville sur la montagne de Zarhon, en la province de Fez. 201
Estimée la *Gontiane* de Ptolemée. là mesme.
Gemaa el Carvax, petite ville de la province d'Asgar ; sa situation ; destruite & ruinée. 205
Gemaa el Hamem, ville qui ne subsiste plus au Royaume de Fez, sa situation. 157
Dite autrement *Gontiane*. là mesme.
Gemaa Iedid, ville & forte place de la province de Maroc ; sa fondation & sa situation. 47
Gemaa Xehara, gros bourg ou village de la montagne de Cuco en la province d'Alger. 412
Les Genois attaquent & prennent par force la ville de Tripoli. 454
De Saint George. 260. 261
Gesula, province & partie du Royaume de Maroc, sa situation & sa description. 75. 76
Ses habitans, & leur façon de vivre. là mesme.
Riches en mines de fer & de cuivre. là mesme.
Gesules, peuples habitans la montagne de *Gesula*, d'où ils tirent leur denomination. 76. 77

TABLE

Gienzor, ville de la province de Tripoli. 571

Gilgil, voyez *Gigeri*.

Gigeri, autrement *Gilgil* & *Gegel*, ville de la province de Bugie; sa situation; de ses habitans & de son terroir. 419. 420

Giubeleyn, montagne de la province de Cuzt, au Royaume de Fez; ses habitans. 314

Giubelhadid, montagne de la province de Heá, au Royaume de Maroc; sa situation, & de ses habitans. 27

Giva, voyez *Zezil*.

Golfe de Numidie, auprés de la ville de Gigeri. 419

Alvar Gomez Zagal, Gouverneur de la ville de Bone, grand Capitaine. 436. 487

Gonçale Mendez de Sacote. 81

Gontiane, petite ville remarquée par Ptolemée, voyez *Gemaa*.

D. Fernand de Gonzague, au siege d'Alger, avec l'Empereur Charles le Quint. 407. 487

Gorgor, riviere de la province d'Asgar. 205

La Goulette, forteresse & port de mer en la petite Afrique, fortifiée; sa situation & sa description. 465. *& suivantes*.

Assiegée & prise par l'Empereur Charles le Quint en personne, sur Barberousse. 467. *& suivantes*.

Goze, isle & forteresse prise d'assaut, pillée & sacagée par les Turcs. 519

Guagida, ville du Royaume de Tremécen; sa situation, de ses habitans. 323

Remarquée par Ptolemée sous le nom de *Lanigare*. 324

Guaharan, voyez *Oran*.

Gualhaza, voyez *Tavare*.

Gualu, montagne du Royaume de Fez, en la province d'Errif; sa situation, ses peuples & habitans, & la fertilité de son terroir. 276

Guardan, montagne du Royaume de Fez, en la province de Garet; ses peuples & habitans. 294. 295

Le Marquis du Guast, Général des Espagnols au siege de la Goulette & de Tunis. 463. *& suivantes*. 476 4-7. 484

Guenezeris, montagne du Royaume de Tremécen, en la province de Tenez; de ses habitans. 397. 398

Ali Ben Guecimen assassine Abderame, & devient Gouverneur de Safie en sa place. 79

Se rend vassal du Roy de Portugal. 80

Conspiration contre luy: Est contraint d'abandonner le gouvernement de Safie; sa retraite. 81. *& suivantes*.

Gureygura, montagne de la province de Fez. 204

Ses habitans nommez Gureygures. *là mesme*.

Gureygure, riviere du Royaume de Fez. 299

Guerguéla, ville de Numidie prise par les Turcs. 425 4:6

Guerra, ville de l'isle des Gelves, laquelle ne subsiste plus aujourd'huy. 519

De la guerre, & des armes en usage

ge parmi les Maures & Barbares, & leur façon de combatre. 6
De la Guerre, & des gens de guerre à Fez. 179. *& suivantes.*
De la guerre contre les Chrétiens. 184
Guerre civile à Fez. 217
Guespes noires & venimeuses. 395
Guidimira, montagne de la province de Maroc; sa situation, & ses habitans. 42. 73
Guigidime, montagne de Maroc en la province d'Escure, désolée par les guerres. 116
Guilez, place du Royaume de Maroc qui ne subsiste plus. 115
Dom Gutiere de Monrroy défend genereusement jusqu'à l'extremité le Cap d'Aguer. 35. *& suivantes.*

H

Habar, ville du Royaume de Fez, qui ne subsiste plus. 195
Habat, province faisant partie du Royaume de Fez; sa situation, & son estenduë. 210
Nommée autrefois *la Tingitane*. *là mesme.*
Habits & vestemens de ceux de Fez, tant hommes que femmes, 190. *& suivantes.*
Hacida. 5
Hacua. 5
Hadagie, ville du Royaume de Fez, en la province de Cuzt, ruinée. 196
Aben Haddu. 63
Aben Haddu, d'Ermite devient Roy. 116
Hadequis, petite ville de la province de Hea, au Royaume de

Partie II.

Maroc, sa fondation & sa situation. 15
Prise d'assaut par les Portugais. *là mesme.*
Hagnysa. 3
Hagnstan, montagne du Royaume de Fez, en la province d'Errif. 277
Halabal, anneaux. 3
Halef-Ygus, fleuve, qui vient de la montagne de Beni Gebara, au Royaume de Fez. 274
Ba-Halir, bourg fermé. 123
Halna, ville du Royaume de Fez. 196
Hamamet, ou *Mahamet* par corruption, ville & forteresse du Royaume de Tunis, proche de Calibie. 494. 495
Haman, riviere. 427
Dar el Hamara, ville de la province de Fez, sur la montagne de Zarhon. 200
C'est *l'Epticienne* de Ptolemée. 200
Hamaran, plaine entre les montagnes du grand Atlas, environnée de plusieurs bois. 310
Hamet Buzeyen s'oppose en vain au restablissement de son frere aisné Abdala. 344. 346. 347
Muley Hamet, Chérif & Roy de Maroc.
Muley Hamet, Roy de Maroc, plus avare que religieux.
Muley Hamet Chérif échape vn grand danger, abandonnant la ville d'Amagor. 23. 24
Muley Hamet Chérif & Roy de Sus, se rend maistre du Cap d'Aguer, *voyez* Cap d'Aguer.
Muley Hamet, Roy de Tremécen, dépouillé de son Estat par les

Gggg

TABLE

Turcs d'Alger, y est rétabli par les Espagnols. 348. *& suivantes.*

Muley Hamet & ses petits fils, égorgez. 31

Muley Hamida se revolte contre le Roy de Tunis son pere, s'empare de son Estat, & luy fait ensuite perdre la veuë. 488. *& suivantes.*

Se rétablit dans Tunis, aprés en avoir chassé Mahamet son cousin. 491. 492

Hamis Metagara, ville & chasteau du Royaume de Fez, sa situation. 155

Hamron, bourgade en la province de Tripoli. 571

Le Marquis de Hardalés. 265. 266

Haoares, peuple & nation. 156

Hascen Aga Gouverneur d'Alger. 403. 404

Haschen Bacha, Gouverneur d'Alger. 421. 422

Hascen Bacha Gouverneur d'Alger va au secours de Mostagan. 367. 369. 370

Entreprise d'Oran, & l'attaque furieuse de Marsa-qui-vir. 37. *& suivantes.*

Hascen Corse entreprend malheureusement contre la ville d'Oran, 365 366

Beni Hascen, haute montagne du Royaume de Fez, en la province de Habat. 247

De ses peuples & habitans, & leur façon de vivre. *là mesme.*

Muley Hascen, Prince d'Alger. 403

Muley Hascen Roy de Tunis. 454

Muley Hascen, fils de Muley Mahamet Roy de Tunis; comment il luy succeda à la Couronne. 458

Chassé de son Estat par les Turcs. 459. 460

A recours à l'Emp. Charles le Quint pour son rétablissement. 460. 461

Va le joindre au siege de la Goulette. 471. 472. 476

Est rétabli dans la ville de Tunis & son Estat par le mesme Empereur. 476. *& suivantes.*

Muley Hascen, Roy de Tunis, traversé par la revolte de plusieurs de ses places, va trouver l'Empereur Charles en Italie 488

Est dépouillé de son Estat par son fils, qui luy fait ensuite perdre la veuë. 488. *& suivantes.*

Muley Hascen, sa mort. 510

Beni Hascen, tyran. 132

Abu Hascen Roy de Fez, se rend maistre de Tunis. 453

Beni Hascen, ou *Beni Rasin,* montagne du Royaume de Fez, en la province d'Errif, sa situation, & ses habitans. 272

Hea, province, & la partie la plus occidentale du Royaume de Maroc; sa situation, & son étenduë. 2

Mœurs & façon de vivre de ses peuples. *là mesme &* 3.

Henquise, montagne faisant partie du Mont Atlas, sa situation, & de ses peuples & habitans. 42

Heraclie, petite ville du Royaume de Tunis, qui ne subsiste plus aujourd'huy. 495

Remarquée par Ptolemée sous le

DES MATIERES.

nom d'*Aspi*. 496
D. Hernando Henriquez. 265
Dom Henrique de Sa. 91
D. Henry Infant de Portugal. 238. 240
Dom Henri Infant de Portugal. 234. 235
Henteta, montagne, qui produit la riviere d'Ecifelmel. 2
Hentete, la plus haute montagne du grand Atlas; sa situation, ses peuples & habitans. 74
Hentetes, peuples, fondateurs & habitans de la ville de Gemaa Iedid. 47
Airadin Barberousse, aprés la mort d'Horux son frere, luy succede au Royaume d'Alger. 342
Holotes, peuple & nation du Royaume de Fez. 147. 182. 205
Homara, petite ville de la province de Habat au Royaume de Fez; sa situation. 215
Hospital pour les Ladres. 174
Huet Idris, autrement *Vaterez* ou *Guadrés*, montagne du Royaume de Fez, en la province de Habat. 248
Hosteliers infames dans le vieux Fez. 161. 162
Hubet, ville du Royaume de Tremécen, remarquée par Ptolemée sous le nom d'*Emmeniaria*. 355
Huet Agmet, riviere qui passe par la ville d'Agmet, & de là donne ses eaux à celle de Tansift. 67
Huet el Cassara, riviere qui passe au travers la ville de Fez. 172
Huet el guibir, ou Zinganor, riviere, auprés de la ville de Bu-gie. 417
Remarquée par Ptolemée sous le nom *Nazaava*, Pline dit *Navar*. 419
Hued el Hamiz, riviere, non loin d'Alger vers Metafus. 408
Hued el Harrax, autrefois *Sefaya*, riviere non loin d'Alger. 407. 408
Huet-Fez, fleuve qui passe par la ville de Fez, qui en a pris sa denomination. 157
Nommé autrefois *Huet Giohora*, ou *la Riviere des perles*. là mesme.
Beni Hued-silen, montagne du Royaume de Fez, en la province de Habat. 249
Huet Giohora, voyez *Huet Fez*.
Hued la Abid, riviere du païs des Negres. 117
Huet Mina, riviere du Royaume de Tremécen, en la province de Beni Arax. 360
Huet, riviere de la province d'Alger. 409
Hued Sali, riviere du Royaume de Fez. 153
Huile d'Erguen. 68
Hutmet, Roy de Bugie. 414
Hutmen, Roy de Tunis. 453

I

IACOB Almansor, fondateur de la ville de *Mehedie*, autrement *Rabat*. 141 142
Restaurateur de celle de Mensala. 143
Iacob, Roy des Benimerinis, fondateur du nouveau Fez. 157
Cidi Iaco, ermitage auprés d'Alger. 405

TABLE

Iahaya ou Mahamet Elefche. 21
De la Ialoufie des hommes acaufe de leurs femmes. 154
Iannetin Doria. 263
Iannetin Dorie, neveu d'André Dorie, prend & retient Dragut à la cadene. 504
Iardinages de Zing, auprés de la ville de Fez. 173
Dom Iaymes Duc de Bragance, attaque & prend la ville d'Azamor. 99. & suivantes.
Ibni Melic Sofian. 182. 205
Idris, illustre Predicateur. 157
Muley Idris. 63. 92. 93
Muley Idris Prince, fait alliance avec le Roy de Portugal. 47. 48
Iean de Hurtado de Mendofa, sa mort. 255
Dom Iean Infant de Portugal est fait Chevalier par le Roy son pere. 210. 211
Dom Iean, Roy de Portugal, attaque & prend la ville de Ceute. 218. 219
Ieanne Reyne de Castille. 364. 366
Imifimis, ville de la province de Maroc; sa situation, fertilité de son terroir. 49
Impost sur le bled qui se moud au moulin. 162
Imposts & tributs que le Roy de Fez exige de ses sujets. 190
Indigo. 29
Innavan de Halvan, riviere du Royaume de Fez. 147
Intendans des provinces. 185
Beni-Iosef, montagne du Royaume de Fez, en la province d'Errif; sa situation, & ses habitans. 271
Ioseph, Roy de Fez, destruit la ville de Mensula. 143
La Iournée de Derne. 128
Ipodiaritos, aujourd'huy *Alboheyra*, grand lac auprés de la ville de Biserte. 437
Isadagas, Noblesse & grands Seigneurs. 312
Isadagaz, ville de la province d'Escure, au Royaume de Maroc; sa situation, de ses habitans. 110
Iuan Salgado, Chef d'armée 564
Iubel Hadra, voyez *Montagne verte*.
Iuge, & de son droit & salaire. 178
Des Iuifs, & de leur estat malheureux parmi les Maures, au Royaume de Fez. 170
Iuiverie à Tezar. 300
De la Iustice, de l'administration d'icelle à Fez, & de ses Ministres & Officiers; de la punition des criminels. 176. & suivantes.
Izli, voyez Zezil.

L

LAalim *Gesula*, montagne de Getulie; sa situation, ses peuples & habitans, & de la fertilité de son terroir. 42. 43
Riche en mines d'argent de cuivre & de laiton. là mesme.
Lagonte, voyez *Tenez*, ville.
Lampe admirable. 160
Lampta, ville de la province de Fez; sa situation. 196. 197
Estimée estre le Bobrise de Ptolemée. 197
Lanigare voyez *Guagida*.
Lard, autrement *Affi*, ville du Royaume de Tunis, en la pro-

DES MATIERES.

vince de Mecellat. 573
Larrache, riviere sur la coste de Maroc. 98
D. Sanche de Leve, Capitaine Espagnol. 560
Est fait Général des Galeres de Naples. 520
D. Sanche de Leyve Général des galeres de Naples; son entreprise sans succés sur le Pegnon de Velez. 256. 257. 259. 261
D. Sanche de Leve Gouverneur de la ville d'Afrique, aprés sa conqueste par les Espagnols. 518. 519
Chassé par les soldats de la garnison. 519
Pedro Leyton. 223
Lions en quantité. 134. 145. 146. 198. 200
Lions fort lasches. 213
Lisse, ou *Luque*, riviere du Royaume de Fez, en la province d'Asgar. 209
Fernand Lobo, Mestre de Camp, tué au siege d'Afrique. 517
Iean Baptiste de Lofredo, brave Capitaine. 490
Longifaric, voyez *Fano d'Aptuque*.
Lopé, pille & sacage la ville d'Amagor. 22. 23
Lopé Vaez de Azevedo, Amiral de Portugal. 223
D. Lopes de Figueroa. 265. 266
Diego Lopes de Seguera, Portugais, premier fondateur de la ville de Cap d'Aguer. 34
Lorbus, ville du Royaume de Tunis; sa situation, & la fertilité de son terroir. 529
Roger de Lorie, Amiral du Roy d'Arragon, fait la conqueste & se

rend maistre de l'isle des Gelves. 539. 540
Carles de Lorie, fils & successeur de l'Amiral Roger, en sa conqueste de l'isle des Gelves. 540
Roger de Lorie fils de Roger, & son successeur en l'isle des Gelves. 540. 541
Lotofagine, voyez *Gelves*.
Dom Louis, Infant, frere de l'Imperatrice. 462. 464. 465. 476. 485
Louis de Loréro, brave Capitaine. 232
Louis de Loréro Gouverneur de Mazagan, action genereuse. 95. 96
D. Louis Osorio, Mestre de camp, Espagnol brave Capitaine. 556. *& suivantes*.
Ludobrii, voyez *Ard de Brié*.
Lumptunes, ou *Almoravides*, peuples, fondateurs de la ville de Maroc. 44
Ioseph Lumptune, Roy des Almoravides. 157

M

Macarmeda, ville du Royaume de Fez, qui ne subsiste plus. 195
Estime estre l'Eripide de Ptolemée. *là mesme*.
Madaravan, ville du Royaume de Fez, en la province de Temecen; elle ne subsiste plus. 145
Magarava, montagne de la province de Beni Arax, au Royaume de Tremécen; ses habitans. 389

TABLE

Magaroas, peuples. 134. 305
Magafins les meilleurs de toute la Barbarie. 55. 56
Magnana, voyez *Miliane*.
Magran, montagne de Maroc, en la province de Tedla, sa situation. 134
Magnila, petite ville en la montagne de Zarhon, en la province de Fez. 201
Mahamet fils d'Abdulmalic Roy de Tunis, succede à la Couronne de son pere. 491
Est chassé de Tunis par Muley Hamida son cousin, qui en avoit esté chassé auparavant par le pere de ce Mahamet. 491. 492
Mahamet Benizeyen, Roy de Tenez ; sa mort, ses successeurs. 390
Mahamet, Chérif. 33
Mahamet Chibali Gouverneur de Calaa, sa mort. 379
Mahamet, Roy de Dubudu, ses grands exploits. 298. 299
Mahamet el Fistela. 132
Mahamet Oataz. 132
Mahamet Oataz Roy de Fez. 63
Mahamet Oataz, Roy de Fez, chasse les Portugais de Mamore, & les empesche d'y bastir vne forteresse. 150. 151
Mahamet el Harran, fils du Chérif Muley, assiege & prend de force, pille & sacage le Cap d'Aguer, & en chasse les Portugais. 35. & suivantes.
Maharaz, place forte & maritime de la province de Tripoli. 536
Cidi Maimon, Général Africain. 63
Grand Maistre des ceremonies. 186

Maistre Muça. 27
Mamore, ville qui ne subsiste plus au Royaume de Fez, sa situation. 149
Entreprise malheureuse des Portugais, d'y bastir vne forteresse. 150
Mamore, riviere sur la coste de Maroc. 98
Manger de la main gauche, c'est vn crime parmi les Maures & les Arabes. 5
Mansore, petite ville du Royaume de Fez, en la province de Temecen : elle ne subsiste plus. 140
Beni Mansor, montagne de la province d'Errif, au Royaume du Fez, & de ses peuples & habitans. 269. 270. 271
Cidi Mansor, Gouverneur d'Azamor. 100. 101
Dom Manuel, Roy de Portugal, second fondateur de la ville du Cap d'Aguer. 34
Dom Manuel Roy de Portugal s'empare de la ville de Safie. 78. & suivantes.
Dom Manuel, Roy de Portugal, entreprend malheureusement de bâtir vne forteresse sur la coste de Fez. 149. 150
Maon, port de l'isle de Sardaigne. 462
Maon, prise & sacagée par les Turcs d'Alger. 487
Mapalia. 15
Maramer, ville de la province de Duquéla, au Royaume de Maroc. 109
Beni Maras, petite place du Royaume de Fez. 223
Maravedi. 5
Beni Maraz, grand bourg en la

DES MATIERES.

montagne de Beni Aroz. 246

Marſa, petite ville, baſtie au meſme endroit où eſtoit le port de Carthage. 491

Deſtruite, & ſacagée, puis enfin repeuplée. 492. 493

Mariſan, montagne de la province de Cuzt, au Royaume de Fez, ſes habitans. 307

Maroc, Royaume faiſant partie de l'Afrique, ſa ſituation, & ſon étenduë. 1

Maroc, province & partie du Royaume de meſme nom, dite autrefois *Bocano Emero*; ſa ſituation, fertilité de ſon terroir, & ſes peuples & habitans. 43. 44

Maroc, ville capitale du Royaume de meſme nom, en Barbarie; ſa fondation, ſa ſituation, & ſa deſcription particuliere. 50. & *ſuivantes.*

De ſes habitans, & de leurs veſtemens. 62

Entrepriſe ſans ſuccés des Portugais, qui coururent juſqu'aux portes de Maroc. *là meſme, & ſuivans.*

Marſa, village reſté en la place où eſtoit l'ancienne ville de Carthage. 447

Bons Maroquins. 31

Marſa Duben, port de mer, en la province d'Alger. 399

Marſa-qui-vir, ville & port de mer, du Royaume de Tremécen en la province de Beni Arax; ſa ſituation. 360

Remarquée par Ptolemée ſous le nom de *Port grand. là meſme.*

Entrepriſe des Portugais ſur cette place ſans ſuccés. 361

Priſe par les Eſpagnols ſur les Maures. 361. 362

Marſa-qui-vir.

Aſſiegée & bien attaquée par les Turcs, mais vaillamment défenduë par les Chreſtiens. 374. & *ſuivantes.*

Bu Marzoc, petite riviere, qui donne ſes eaux à celle de Sufe Gemarque. 420

Nugno Maſcaregnas, Gouverneur de Safie. 47

Nugno Maſcaregnas Gouverneur de Safie; ſes exploits contre les Maures. 92. 93

Maſcarotan, détroit de montagne fort d'aſſiete. 16

Matagara, montagnes de la province de Cuzt, au Royaume de Fez, leurs peuples & habitans. 317. 318

Matagara, montagne du Royaume de Tremécen, en la province de Beni Arax. 387

Matagrifon, chaſteau de la ville de Meſſine en Sicile. 549

Matar, grande plaine auprés de Biſerte. 437

Maures d'Andalouſie, à Maroc. 61

Maures batus par les Portugais. 104. & *ſuivantes.*

Les Maures laſchent le pied trouvant de la reſiſtance. 152

Les Maures tuent Vahaya & les Chreſtiens qui eſtoient avec luy, & eux meſmes aprés ſont défaits. 92. 93

La Mauvaiſe femme, foreſt. 395

Maximiano de Piedra Buena, Général des Alemans au ſiege de la Goulette & de Tunis. 478

TABLE

Mazagan, ville maritime & place forte de la province de Gesula, au Royaume de Maroc; sa fondation, & sa situation. 95
Assiegée par les Maures, mais vaillamment défenduë par les Portugais. 96
Mazagran, ville & chasteau de la province de Temécen, sa situation. 385
Remarquée par Ptolemée sous le nom de *Port des Dieux*. là mesme.
Mecellat, province faisant partie du Royaume de Tunis; sa situation, ses peuples & habitans. 572. 573
Remarquée par Ptolemée, sous le nom de *Callum Macula*. là mesme.
Ali Maymon. 107
Mechucha, ville du Royaume de Fez : elle ne subsiste plus. 292
Medecins.
ceux de Fez ne se servent ni de Medecins, ni d'Apoticaires, ni de Chirurgiens. 164
Il n'y en a point du tout parmi les Maures Barbares : les maladies se guerissent par les dietes. 3
Le Duc de Medina se rend maistre de la ville de Melilla, & de Caçaça. 285. & 289
Le Duc de Medina-Celi se rend maistre de l'isle des Gelves, & la perd aussi-tost. 552. & suivantes.
Gonsale de Medrane, sa mort. 255
Medna, ville de la province d'Alger, sur les confins de la Getulie; sa situation particuliere. 411
Dépendant autrefois de Temécen, depuis de Ténez, aujourd'huy d'Alger sous la domination du Turc. là mesme.
Megée, petite ville du Royaume de Fez, en la province de Garet. 291
Megerade, ou *Bragada*, riviere du Royaume de Tunis. 444
egeymat,
Remarquée par Ptolemée sous le nom d'*Acrat*. 268. 269
Megeyma, ou *Mezemmé*, ville ruinée & deserte du Royaume de Fez, en la province d'Errif. 168
Megnebhuan, montagne du Royaume de Fez, en la province de Garet. 292
Nommée par les Chrestiens la *montagne des Adargues*, ou *des Boucliers*. là mesme.
Ruinée. là mesme.
Mequinés, anciennement *Silda*, ville & chasteau du Royaume de Fez; sa situation, & du naturel de ses habitans. 153. 154
Mehedi, auteur de la secte de Mohasdyn. 49
Mehédi, grand Predicateur de la secte de Mahomet, fondateur de la ville de Mehedie. 303. 304
Mehédi, pontife heretique de Carvan. 445
Mehedie, voyez *Temmelet*.
Mehedie, voyez *Rabat*.
Mehedie, nommée Afrique par les Chrestiens. 487
Mehedie, ville & château de la province d'Alger : sa situation; destruite, puis restablie. 410
Nommée autrefois *Alfara*.
Mehedie, ville du Royaume de Fez, en la province de Cuzt. 303

Cidi

Cidi Meleyc. 34
Beni Melic Sophian, Roy de Fez. 147
Melilla, autrement *Ieyrat-Milila*, ville fort ancienne du Royaume de Fez en la province de Garet; sa situation, & ses habitans. 284. 285
C'est le *Russadire* de Ptolemée. *là mesme.*
Possédée par les Goths après les Romains, & depuis par le Calife schismatique de Carvan. *là mesme.*
Brûlée par les Maures de Fez. 285
Tombe sous la puissance des Espagnols, qui la rétablissent. *là mesme.*
Avoisinée d'vn grand lac, & de salines. *là mesme.*
Ruy de Melo, Gouverneur de Tanger. 230
Melule, riviere du Royaume de Fez, qui donne ses eaux à celle de Mulucan. 283
Mencherça, montagne de la province de Cuzt au Royaume de Fez, ses peuples & habitans. 315
George Mendez de Atayde. 87. 88
Mendose. 408
D. Bernardin de Mendose Gouverneur de la Goulette. 487
Dom Diego de Mendosa frere du Marquis, au siege de la Goulette. 475
D. Francisco de Mendosa, Général des galeres d'Espagne. 383
D. Iuan de Mendoça, Général d'armée. 375
Pedro de Mendoça. 376
Partie II.

D. Fernand de Menesés. 106
D. Garcia de Menesés. 105. 106
D. Iean de Menesez surnommé le Larron, fils du Comte de Contagnede. 223
D. Iean de Menesez Gouverneur d'Arzile, brûla des vaisseaux Maures dans la riviere de l'Arache. 107
Dom Iean de Menesés attaque malheureusement la ville d'Azamor. 97. 98
Comme luy & Nugno Fernandez battirent deux Généraux du Roy de Fez. 104. *& suivantes.*
Dom Iean de Ménesez, Gouverneur d'Azamor. 9
Pille & brûle la ville de Techerit. 17
D. Iean de Menesés Gouverneur d'Azamor fait quelques exploits sur les Maures. 103
D. Iean de Menesez surnommé le Picassin, ses exploits généreux contre les Maures. 222. 223.
Va au secours d'Arzile assiegée par le Roy de Fez 224. *& suivantes*, 230. 231
Dom Pedro de Menesez Comte de Linares, & Gouverneur de Ceute. 240
Diverses entreprises sur les Maures. 240. 241
Sa mort, celle de son fils, & de son Lieutenant. 242
Menisse, ville de l'isle des Gelves, laquelle ne subsiste plus. 539
Ancien nom de la mesme isle. *voyez* Gelves.
Dogna Mencia, Portugaise épouse le Chérif Muley Hamet; sa mort. 39

Hhhh

TABLE

Mensala, ville du Royaume de Fez, en la province de Temecen. 143
Détruite, puis rétablie. *là mesme*.

Cap de Mercure, ou *de Puero*. 494

Meremer, petite ville, auprés de Maroc. 68

Mesdaga, ville du Royaume de Fez, en la province de Cuzt; sa situation. 302
Remarquée par Ptolemée sous le nom de *Muléléca*.

Beni Mesgilda, montagne du Royaume de Fez, en la province d'Errif; ses peuples & habitans. 281. 282

Mesrate, province & partie du Royaume de Tunis. 573
Nommée anciennement *la Cyrenaïque*, autrement *Pentapolis*, à cause de ses cinq villes. 573

Rabita de Messa. 30

Messa, ville de la province de Sus, au Royaume de Maroc; sa situation, & ses habitans. 29. 30

Mesuares, peuples. 124

Cap de Mesurate, en la partie Orientale de la Barbarie. 453

Cap de Metafus, auprés d'Alger. 407

Metafus, ville maritime ruinée, de la province d'Alger. 409
Appellée autrement *Temendefus* par les Africains, & *Rustona* par Ptolemée. 409

Metagonite, Cap ou promontoire remarqué au Royaume de Fez par Ptolemée, nommé aujourd'huy *Caçaça*. 289

Meyes, la pointe orientale des montagnes du grand Atlas. 431

Meufti. 160

Mezétalça, montagne de la province de Cuzt, au Royaume de Fez; ses peuples & habitans. 307

Du Mezuar. 185

Mezuar, Viceroy ou Connestable. 351

Mezuar de Dara. 34

Mezuar de Tunis. 455

Mezuna, ancienne ville & chasteau du Royaume de Tremécen, en la province de Tenez, sa situation. 395. 396
Remarquée par Ptolemée, sous le nom de *Neufchasteau Colonie*. 395

Miatbir, ville de la province de Duquéla au Royaume de Maroc, sa situation. 110. 111
Sacagée par le Chérif. *là mesme*.

Miatbir, petite ville de la province de Hea, au Royaume de Maroc. 12
Entreprise malheureuse des Portugais sur cette place. *là mesme*.

Miatbir, c'est à dire *Cent puits*, montagne de la province de Cuzt, au Royaume de Fez, pourquoy ainsi nommée. 309

Micila, ville de la province de Bugie, sur la frontiere de Numidie; sa situation. 420
Elle est à present sous la domination des Turcs. *là mesme*.

Migana, ville du Royaume de Trémécen en la province de Bugie; sa situation. 421
Remarquée par Ptolemée sous le nom de *Lare*. *là mesme*.

Migana, ville & forteresse. 427. 428

Mila, ville du Royaume de Tunis, en la province de Constanti-

DES MATIERES.

ne, sa situation & la fertilité de son terroir. 441
Ruinée & rétablie. *là mesme.*
Le Canal de Milene, à quatre lieuës de Naples. 505
Miliane, autrefois *Magnana*, ville & chasteau du Royaume de Tremécen, en la province de Tenez. 396. 397
Mines dargent. 306
Mines & forges de fer. 293
Mines de fer & de cuivre. 76. 77
Mines de cuivre & de fer. 26. 27
Diego Miranda. 81
Moahedin, chasteau de la ville de *Mehedie*, qui en a pris son nom. 410
Mocoran, frere d'Abdelasis. 429. 430
Mohascar, ville du Royaume de Tremécen en la province de Beni Arax, que Ptolemée appelle autrement *Villebourg*. 357. 358
Vgo de Moncade, Général de l'armée navale Espagnole, ses exploits, & sa défaite prés d'Alger. 342. 343
Le Comte de Mondechar, nommé Dom Louys Hurtado, grand Capitaine, au siege de la Goulette. 470
Le Marquis de Mondechar. 366 478
Le Marquis de Mondechar Gouverneur de Grenade, entreprend malheureusement sur le Pegnon de Velez. 254. 255
Mosgans, peuple de la Libye. 408. 409
Francisque de Molina. 260. 261
Molocat, voyez *Mulucan*.
Monester, ville & chasteau du Royaume de Tunis; sa situation & sa fondation. 499
Tourmentée souvent des Maures, des Turcs & des Chrestiens. *là mesme.*
Prise par André Dorie. 499
Reprise par Dragut. 499. 500
Assiegée derechef, prise & sacagée par le mesme André Dorie. 500. 501
Monroy, brave Chevalier de Malte, tué au siege de la ville d'Afrique. 517
Montagnes de la province de Bugie. 423 *& suivantes.*
Montagnes de la province de Constantine, fertilité de leur païs; de leurs peuples & habitans. 443. 444
Montagnes de la province de Cuzt, au Royaume de Fez, & leurs habitations. 305
Montagnes de la province de Fez, 197. *& suivantes.*
Montagnes de la province d'Errif, au Royaume de Fez, & leurs habitations. 269. *& suivantes.*
Montagnes de la province de Garet au Royaume de Fez, & leurs habitations. 292. *& suivantes.*
Montagnes de la province de Habat, au Royaume de Fez. 244. *& suivantes.*
Montagnes de la province de Duquéla, au Royaume de Maroc. 115. *& suivantes.*
Montagnes de Maroc, en la province d'Escure. 123. *& suivantes.*
Montagnes de la province de Hea, au Royaume de Maroc. 14. *& suivantes.*
Montagnes de la province de Maroc, & leurs habitations. 69. *&*

Hhhh ij

TABLE

fuivantes.
Montagnes de Maroc, en la province de Tedla. 133
Montagne du Soleil, voyez *Beni mager.*
Montagnes de la province de Sus, & leurs habitations. 42
Montagne Verte, dite autrement *Iubel Hadra*, montagne de la province de Duquéla au Royaume de Maroc; sa situation & ses habitations. 116
Feconde en toutes sortes d'oiseaux de gibier & de venaison. *là mesme.*
Ramon Mortaner, Amiral du Roy de Sicile, sage Capitaine. 541
Est fait Gouverneur de l'isle de Gelves. 542
Mont-Baba, montagne auprés de Velez, au Royaume de Fez. 261
Simon de Montelin, brave Capitaine. 541
Morabites, vivans comme des Anachorétes. 67
D'vn Morabite, en vénération parmi les Maures, qui se vantoit d'enchanter les Chrestiens de Melilla, & leur artillerie. 287. 288
Mosquée d'Abdulmumen, belle & admirable, à Maroc. 52
Mosquées belles & admirables dans la ville de Maroc. *voyez* Maroc.
Mosquée de Caruvin, la plus riche & la plus grande de toute l'Afrique, admirable en effet. 159
Mostagan, ville, chasteau & port de mer, au Royaume de Tremécen,

sa situation. 386
Remarquée par Ptolemée sous le nom de *Cartena*. *là mesme.*
Entreprise des Espagnols sur cette place sans succés. 366. &
fuivantes.
Moulins à moudre du bled, en grande quantité dans la ville de Fez. 172
Cent Moulins à moudre du bled dans le Vieux Fez. 162
Petits moulins de pierre qui se tournent avec les bras. 5
Moulins à sucre. 28
Mouches à miel en quantité dans le creux des arbres, & dans les fentes des rochers. 112
Muçaben Camu, brave Capitaine. 298
Mudechares, peuple & nation. 399
Col des *Mudechares*, ville de la province d'Alger au Royaume de Tremécen; sa situation, & ses habitans. 399
Mufti ou *Memfti*. 177. 178
Muley Bu Açon, Seigneur de Vélez, restabli dans Fez. 427
Muley Mahamet, Roy de Fez. 129. 130
Muley Mahamet prend le Pegnon de Vélez par trahison. 253. 254
Muley Mahamet, Roy de Tunis. ses enfans. 458
De son successeur à la Couronne, *voyez* Muley Haseen.
Muley Chec ou Muley Oataz, autrement Sayd, se rend maistre de la ville de Fez & de l'Estat. 217. 222
Va au secours d'Arzile, & fait vne tréve avec le Roy de Por-

DES MATIERES.

tugal qui l'avoit prise. 221. 222

Muley Chec assiege Arzile par trois fois. 224 *& suivantes.*

Mulucan, riviere du Royaume de Fez, qui va se perdre dan. la mer Mediterranée. 283

Muiucan, riviere du Royaume de Fez, nommée *Molocat* par Ptolemée. 289

Muluye, riviere, sa source & son cours. 319. 320. 321

Muluye, riviére du Royaume de Fez en la province de Garet. 283

Mumen Beleleche. 31. 129
Munafit de Tunis. 455
Cara Mustafa Gouverneur du Pegnon de Vélez. 259
Il abandonne la place aux Espagnols qui l'assiégeoient. 264
Office Mustarab en vsage à Tolede. 54

Mustarabes, & *Mustarabins*, voyez *Musarabes.*

N

NAcer Buchentuf Roy de Maroc. 47. 52
Muley Nacer Buchentuf. 63. 88
Muley Nacer, frere du Roy de Fez. 150
Muley Nacer tué en bataille. 442
Bu Nacer, riviere de la province de Fez. 203
De ses habitans. *la mesme.*
Nacnaqui. 29
Navar, voyez *Huet el quivir.*
Le C. Pedro de Navarre; entreprise malheureuse sur l'isle de Gelves. 544 *& suivantes.*
Le C. Pierre de Navarre attaque, prend & ruine la ville de Tripoli. 563. *& suivantes.*
D. Pedre de Navarre attaque & prend la ville de Bugie, & y bastit vn chasteau. 416. 417
D. Pedre de Navarre, Général de l'armée navale d'Espagne, lors de la prise d'Oran. 364
D. Pedro de Navarre, Amiral de Castille, va au secours d'Arzile assiegé par le Roy de Fez. 226
D. Pedro de Navarre, Amiral de Castille, fait bastir le Pegnon de Vélez. 252
Nazaava, voyez *Huet el quivir.*
Neapolis, voyez *Nebel.*
Nebel, ou *Nabis*, petite ville du Royaume, & non loin de Tunis. 494
Dite autrefois *Neapolis*, ou *ville neuve*, remarquée par Ptolemée. *la mesme.*
Necaus, ville du Royaume de Tremécen, en la province de Bugie; sa situation, ses habitans, & la fertilité de son terroir. 422. 423
Remarquée par Ptolemée sous le nom de *Vaga*. 423
Nefusa, autrement Derenderen ou d'Adren, montagne & branche du mont Atlas, au Royaume de Maroc; ses habitans & leur façon de vivre. 69
Nefusa, haute montagne auprés du desert de Numidie, qui la separe de celle de Benitefren, au Royaume de Tunis. 575
Nefusa, riviere, qui se joint au Tansift, en la province de Maroc, sa source. 71
De la Negromancie. 282

TABLE

Neuf-chasteau Colonie, voyez *Mezuna*.

Nocor, qui sepate la province d'Errif de celle de Garet au Royaume de Fez. 293. 294

Antonio de Noragna, Général de l'armée navale du Roy de Portugal; entreprise malheureuse; est batu & défait par les Maures de Fez. 150. 151

Le Port de Nostadme, ou *de Bonnandre*, place du Royaume de Tunis, en la province de Mesrate. 574

La Nourriture ordinaire des Barbares. 4. 5

Noyers en fort grande quantité. 396

Nucheyla, ville du Royaume de Fez, en la province de Temécen, elle ne subsiste plus. 144

Nugne Mascaragnas, va au secours d'Arzile. 227

Numidie, ou *Libye*, province, qui est aujourd'huy *le Sahara*. 535

O

CAP *des Oliviers*, remarqué par Ptolemée en la coste de la Mediterranée, au Royaume de Fez. 267

Omar, Maure, Imposteur; fondateur de la ville de Culeyhat. 20

Iean Omédez, Grand Maistre de Malte. 520. 523

Ommirabi, fleuve qui separe le Royaume de Maroc de celuy de Fez; sa source & son embouchure. 2

Ommirabi, riviere du Royaume de Maroc, qui se jette dans l'Ocean, à Azamor. 97

Ommirabi, riviere qui joint celle des Negres, puis vont ensemble se rendre dans la mer, sous le nom de la riviere d'Azamor. 127

Le Cap d'One, Cap ou promontoire du Royaume de Tremécen, remarqué par Ptolemée sous le nom de *Grand Cap*. 327

One, ville du Royaume de Tremécen, sa situation, qualité de son terroir; razée. 326

One, ville du Royaume de Tremécen, auprés de la montagne de Tarare; elle ne subsiste plus. 388

Or de Tibar. 29. 125

Oran, ou *Guaharan*, ville maritime du Royaume de Tremécen, en la province de Beni Arax, sa situation. 362. 363
Remarquée par Ptolemée sous le nom d'*Vnica Colonia*. 362
Description de cette place. 363
Ses habitans amoureux de la liberté. *là mesme*.
Attaquée & prise par les Espagnols. 364
Entreprise des Turcs sur cette place sans succés. 365. 366. & 371. & suivantes.

Béni-Oriégan, autrement *Benignarir* montagne prés de Targa, au Royaume de Fez en la province d'Errif. 269
De ses peuples & habitans. *là mesme*.

Iuan Osorio de Quiñones, Capitaine des Gardes du Viceroy de Sicile. 521. 522. 523

DES MATIERES.

P

PALAIS de Zarahanun, voyez Caçar Faraon.
Le Cardinal Pacheco, Gouverneur de Naples. 521
D. Diego Pacheco, Chef d'armée. 504. 538. 547
Palmiers en quantité. 125
D. Pedro de Padilla. 383
Francisco de Pedrosa, Capitaine Portugais. 101
Le Pegnon d'Alger, forteresse, par qui bastie. 400. 401
Prise de cette place par Barberousse. 401. 402
Le Pegnon de Velez, forteresse sur vn roc environné de la mer, auprés de Velez de Gomere, au Royaume de Fez, par qui & quand bastie. 252. 253
Prise par trahison par les Maures. 253. 254
Entreprise des Espagnols sur cette place, sans succés. 254. 255
Il tombe sous la puissance des Turcs. là mesme.
Autre entreprise des Espagnols sur la mesme place. 256
Reprise sur les Turcs par les Espagnols. 258. & suivantes.
Pentapolis voyez Mesrate.
Pentapolis, ou Ceyret, province voisine de celle de Tripoli. 535
Gil Perez. 287
Louis Perez de Vargas, brave Capitaine Espagnol. 405. 406
Perles, de leur pesche. 284
De la Peur. Grand desordre causé par la peur de quelques soldats d'vne armée. 151. 352

Des Poids & mesures. 179
Du Poil, & de l'vsage de porter les cheveux & la barbe parmi les Maures & Barbares. 3
Pommes d'or, d'vne grosseur admirable, attachées au haut de la tour d'vne Mosquée, à Maroc. 52. 53
Le Port des Cassines, Port de mer en la province d'Alger. 399
Port grand, voyez Marsa-qui-vir.
Porto-Farina, ou Vtique. Port de mer desert, au Royaume de Tunis, dit autrement Gar el Melha, où l'on dit avoir esté la ville d'Vtique. 444. 445
Les Portugais voisins du Cap d'Aguer ont plusieurs démeslez avec les Cherifs. 34. 35
Chassez du Cap d'Aguer. là mesme & suivantes.
Le Roy de Portugal se rend maitre de la ville d'Azamor, & de quelques autres places, au Royaume de Maroc. 97. & suivantes.
Pourvoyeur, ou Commissaire Général. 186
Le Grand Pourvoyeur, ou Commissaire Général à Tunis. 456
Vn Prestre Florentin traitre à sa patrie & à sa Religion. 461
Du Prevost des Marchands & Lieutenant Civil de Fez. 179
Prophétie d'vne vieille sorciere dans Alger. 404. 405
Ptolemaïde, ou Pto'emée, place du Royaume de Tunis, en la province de Mesrate. 574
Cap de Puero, voyez Cap de Mercure.
Puits creusez dans le roc pour resserrer & garder le bled. 311

TABLE

Punition trop rigoureuse & preju-
diciable. 537. 538

Q

QVERCI aujourd'huy *Favare*, place du Royaume de Tunis, en la province de Mesrate. 354. 574
Querquenés, isle formée par la mer Mediterranée, en la province de Tripoli; sa situation, sa description, & ses habitations. 536. 537
Accompagnée d'vne forteresse. 535
Descente malheureuse des Espagnols dans cette isle. 537
Quinalaf, voyez *Açafran*.
Quizina, voyez *Tenzin*.

R

RABADAN Capitaine Grec 427
Rabat, ville maritime, & chasteau du Royaume de Fez en la province de Temécen; sa fondation & sa situation. 141. 142
Nommée autrement *Mehedie*. là mesme.
Ruinée presqu'entierement. là mesme.
Rabatins. 448
La Rabite, petite tour auprés de Vélez. 263
Raisin en quantité, sans faire du vin. 197
Ramadan, Renégat, Gouverneur du chasteau de Tunis, sa mort. 483
Beni Rasin, voyez *Beni Hascin*.
Rapt. vn ravisseur de femme, condamné à estre lapidé. 119. 120
Le ravissement d'vne femme cause de la perte de la liberté de sa ville. là mesme.
Reale reduite à la monnoye de France. 178
Des Receveurs commis sur les revenus du Prince. 185
Remond Peralte, Amiral du Roy de Sicile, va au secours du chasteau de Gelves. 543
Represaille. 34
D. Beringuel de Requesens, Capitaine Espagnol. 560
La Roquete, place de l'isle de Gelves. 553
Ned Roma, ancienne ville du Royaume de Tremécen, sa situation, qualité de son terroir; ruinée. 324. 325
La Roque de Mastinace, autrement *Almena*, tour ou forteresse, en la place où estoit autrefois l'ancienne Cartage. 445
Rosibid, petit port de mer, de la province de Gesula, au Royaume de Maroc. 96
Dar Rumia. 34
Ruficade, voyez *Estore*.
Ruspine, voyez *Esfaque*.
Russadire, voyez *Melilla*.
Rustone, voyez *Metafus*.
Ruy Barrette. 103. 104

S

SABAB Tunes, celuy qui a la charge de la police & de la Iustice de Tunis. 456
Sacazamat, voyez *Cedic*.
Saça, autrefois *Tipaso*, ville de la province d'Alger; sa situation

DES MATIERES.

tion. 408
Ruinée & defolée. 409
Safie, autrement *Asfi*, & *Afafie*, & anciennement *Libipheniciene*, ville & chafteau de la province de Duquéla au Royaume de Maroc; fa fondation & fa fituation. 78
Erigée en Republique fous l'autorité des Benifarhons. 78. 79
Grandes revolutions & changemens; & tombe enfin fous la domination du Roy de Portugal. *là mefme, & fuivantes.*
Ce qui s'y fit de plus confiderable fous le gouvernement des Portugais. 83. 84
Sahab-Marga, ou *Mangar*, plaines, entre les montagnes du grand Atlas. 310
Le Saint Mefcreant dans la ville de Fez. 176
Salé, riviere fur la cofte de Maroc. 98
Salé, ou *Celé*, ville, chafteau & port de mer du Royaume de Fez; fa fondation & fa fituation. 148
Le Prince de Salerne Général des Italiens au fiege de la Goulette & de Tunis. 477
Salharraés, fes grandes conqueftes. 365
Medite vne entreprife fur la ville d'Oran, mais fans effet, fa mort. *là mefme.*
Salharraés, Gouverneur d'Alger, pour les Turcs, attaque & prend Bugie. 418
Salharraés, Gouverneur d'Alger, exploits valeureus. 415. 426
Sa mort. 427
Mine de falpetre, voyez *Salpeftre*.

Salpeftre, mine de Salpeftre. 413
D. Alvare de Sande, brave Capitaine Efpagnol. 405. 406. 559. 560
Le Comte de Santiftevan. 266
Le Saraba, voyez *Numidie*.
Sargel, haute montagne du Royaume de Tremécen, non loin de la ville de mefme nom en la province de Tenez. 393
Nommée par les Turcs *Carapula*, par les Maures *Giraflumar*. *là mefme.*
Sargel, ville maritime & chafteau du Royaume de Tremécen en la province de Tenez; fa fituation. 382
Remarquée par Ptolemée, fous le nom de *Canuchi*. *là mefme.*
Eftimée par quelques-vns la *Carcena Colonia* des anciens. *là mefme.*
Poffedée par les Goths. *là mefme.*
Ruinée par le Calife Caim fchifmatique de Carovan, & depuis rétablie par les Maures. *là mefme.*
Avoifinée d'vne montagne de mefme nom, dit *le Mont Sargel*. 393
Prife de cette ville par les Efpagnols, & la perte de l'armée navale de Barberouffe. 393. 394
Le Comte de Sarne Général d'armée, au fiege de la Goulette; fa mort. 468
Pedro de Sarragoffe Gouverneur de l'ifle de Gelves. 543
Savon liquide. 245
Sayd *voyez* Muley Oataz.
Sayd, fils aifné de Hamida Roy de

Tunis, puni de la mesme peine que son pere avoit fait souffrir à Muley Hascen son ayeul. 490. 491

Seches d'Elpalo, le long des costes de Tunis. 552

Seches des Querquenes, le long de la coste de Tunis. 552

Secsiva, montagne de la province de Maroc, sa situation & ses habitans. 72

Secretaire d'Estat, 185

Le Secretaire d'Estat de Tunis. 456

Sedegno, tué au siege d'Afrique. 517

Segéme, montagne de Maroc en la province de Tedla; sa situation. du naturel de ses habitans. 133

Selim, Africain, sa fin malheureuse. 336. 337

Claude de la Sengle, Grand Maistre de Malte. 523

Sergens Majors. 186

Le Duc de Sesse, au siege d'Alger, avec l'Empereur Charles le Quint. 407

Muley Sidan, se rend maistre & souverain de la ville d'Azamor. 98. *& suivantes*.

Siege & prise de la ville d'Afrique sur les Turcs par les Espagnols. 506. *& suivantes*.

Siege d'Alger par les Espagnols à leur confusion. 337. 338

Siege d'Arzile, par les Portugais, & depuis par le Roy de Fez. 217. *& suivantes*.

Siege & prise de la forteresse de Calaa. 339. 340

Siege & prise de la Goulette par l'Empereur Charles le Quint en personne. 467. *& suivantes*.

Siege de Mostagan par les Espagnols. 366. *& suivantes*.

Siege & prise du Pegnon de Vélez par les Espagnols. 258. *& suivantes*.

Siege de Tanger par le Roy de Fez. 230. 231

Siege & prise de Tremécen par les Benimérinis. 333

Siffaye, riviere, nommée autrement Chenchava. 26

Siga Colonia, voyez *Aresgol*.

Iean de Sigueira, Lieutenant des Galeres de Portugal. 262

Silda, voyez *Mequinez*.

Le Comte de Sofiasque General des Galeres de Savoye. 257

Sofroy, ville du Royaume de Fez, en la province de Cuzt, sa situation. 301

Vne Soif étrange qui ravit la vie à vn grand nombre de Soldats. 546. *& suivantes*.

Bernard Soler, Capitaine. 507

Sortileges & enchantemens. 70

Dom Pedro de Sosa, Gouverneur d'Azamor. 63. *& suivantes*.

Soto, Chef d'armée, Espagnol. 352

Barthelemi Soto, brave Cavalier Espagnol. 286

Stratageme & ruse de guerre. 189. 299

Leon Strossi, Général des Galeres de France. 520. 523. 524. 525

Subeyt, ville de la province de Duquéla, au Royaume de Maroc. 112

Subro, voyez *Cebu*.

Subu, ou *Subure*, riviere du Royaume de Fez. 149

Subure, voyez *Subu*.

DES MATIERES.

Sucaycada, ville & port de mer du Royaume de Tunis en la province de Constantine. 433
Remarquée par Ptolemée sous le nom de *Tacacie*. 434
De la Succession des Rois de Mauritanie & de toute l'Afrique. 184. 185
Sucre fin. 30
Sufe Gemarque, riviere qui separe la Mauritanie Cesarienne de la petite Afrique: Sa source, & son cours. 410
Remarquée par Ptolemée sous le nom de *Emsague*.
Suriga, ancien nom de la riviere de Sus, voyez *Sus*.
Le Sur-Intendant de Tunis. 456
Sus, fleuve du Royaume de Maroc. 28. 29
Sus, la seconde province du Royaume de Maroc, à commencer par le Couchant; sa situation, ses habitans, & sa fertilité. 28. 30. 31
Erigé en Royaume. là mesme.
Suse, ville & chasteau sur la coste de Tunis, sa situation, & sa fondation. 496
Remarquée par Ptolemée sous le nom de *Siagul*.
Possedée par les Turcs. 496. 497.
Entreprise des Espagnols sur cette place sans succés. 497
Susi. 29
Louys de Sylva Gouverneur de Tanger. 232. 233
Sa mort. 241

T

Tachore, grande plaine & campagne, non loin de Tripoli. 572
Tafuf, ville, pillée, sacagée & brûlée par les Portugais. 103
Tagaost, ville de la province de Sus, au Royaume de Maroc, sa situation, & de la fertilité de son terroir. 4
Tombe sous la domination des Chérifs. là mesme.
Tagartins, peuple & nation. 399
Tagat, montagne de la province de Fez. 203
Tagaze, riviere du Royaume de Fez en la province d'Errif: remarquée par Ptolemée sous le nom de *Talud*. 267
Tagaza, petite ville du Royaume de Fez, située sur vne riviere de mesme nom, en la province d'Errif. 267
Talud, voyez *Tagaze*.
Tamarroch, ville de la province de Duquéla, au Royaume de Maroc; sa situation. 113
Estimée estre l'ancien Maroc, remarqué dans l'Histoire Romaine. là mesme.
Tamdegost, ville de la province de Maroc. 50
Tanger (appellée par les Africains *Tanja*, & par les Romains *Tingide*) ville maritime du Royaume de Fez, en la province de Habat; sa situation & sa fondation. 228
Possedée par les Goths, aprés les Romains. là mesme.
Prise par les Portugais. 229

Iiii ij

TABLE

Assiegée sans succés par le Roy de Fez. 230.231

Tanfift, riviere, qui separe la province de Hea de celle de Duquéla. 2

Tanfift, riviere qui va joindre celle d'Ecifelmel, és confins des provinces de Maroc & de Hea. 44

Tanfift, riviere, sa source & son cours. 68

Tarare, ou *Gualhaza*, montagne du Royaume de Treméccn. 388

Tarfel-Cacis, sur la coste du Royaume de Grenade. 284

Targa, ville maritime & chasteau, sur la coste de la mer Mediterranée, en la province d'Errif. 156
Anciennement nommée *Taga*. 251

Tarudant autrement *Teurant*, ville & forte place de la province de Sus, au Royaume de Maroc; sa fondation, sa situation, & ses habitans. 31.33
Assujetie par les Bénimérinis. 31
Recouvre sa liberté. *la mesme*.
Tombe sous la puissance des Chérifs. *la mesme*.

Tasso, voyez *Esfaque*.

Taverniers infames. 178. *voyez* Hosteliers.

Tavertin, colline ou montagne, où sont cavernes qui servent à serrer & garder le bled, en la ville de Fez. 158.169

Tazarot, petite ville de la province de Maroc; sa situation. 46

Tebessa, ancienne ville du Royaume de Tunis, en la province de Constantine; sa situation, & sa description. 242.243
Ruinée, puis rétablie. 243

Tebza, ville capitale de la province de Tedla, au Royaume de Maroc; sa situation, & de ses peuples & habitans. 128.129

Tecevin, riviere de la province de Maroc. 75

Tecevin riviere composée de deux moindres rivieres, qui toutes deux separément s'appellent d'vn mesme nom *Tecent*, leur source. 116

Techevit, ville de la province de Hea, au Royaume de Maroc. 17
Pillée & bruslée par les Portugais. *la mesme*.

Techevit, riviere, ainsi appellée du nom de la ville de Techevit par où elle passe. 17

Tecules, ville port & chasteau de la province de Hea, au Royaume de Maroc; sa fondation & sa situation. 14
Destruite par Abdulmumen; & depuis pillée & sacagée par les Portugais. *la mesme*.

Tedelez, autrefois *Addime*, ville & chasteau de la province d'Alger; sa situation, ses peuples & la fertilité de son terroir. 409. 410
Remarquée par Ptolemée. 409
Addime, voyez *Tedelez*.

Tedla, province faisant partie du Royaume de Maroc; sa situation, de la fertilité de son terroir, de ses peuples & habitans, & de leur façon de vivre. 127. 128

Tednest, la principale de la province de Hea en Barbarie, sa fondation & sa situation. 7

DES MATIERES.

Charité de ses habitans envers les étrangers *là mesme.*
Sans hostellerie. *là mesme.*
Ruinée & rebastie plusieurs fois. *là mesme.* 8
Attaquée & prise sur les Chérifs par les Portugais. 8. 9
De *Tedsi*, ville. 135
Tedsi, ville de la province de Sus, au Royaume de Maroc; sa situation. 40
Possedée quelque tems par les Bénimérinis; aujourd'hui elle est sous la domination des Chérifs. *là mesme.*
Tefen Sara, ville qui ne subsiste plus au Royaume de Fez. 149
Tefezara, ville du Royaume de Tremécen, remarquée par Ptolemée sous le nom d'*Estazile*. 356
Tegegilt, ville du Royaume de Fez, en la province de Temécen; elle ne subsiste plus. 145
Tegteza, ville & place forte de la province de Hea, au Royaume de Maroc, sa situation. 18
Tévécrit, ville du Royaume de Tremécen. 325
Terga, ville de la province de Duquéla, au Royaume de Maroc; sa situation. 113
Deserte & inhabitée. *là mesme.*
Le M. de Terre-neuve attaque malheureusement la ville de Suse, au Royaume de Tunis. 497
Tefcevin, montagne de Maroc, en la province d'Escure. 127
Tefegdelt, ville de la province de Hea, au Royaume de Maroc. 17
Tefiana, petite ville & port de mer de la province de Hea, au Royaume de Maroc. 21. 22
Nommée autrefois *Port d'Hercule.* *là mesme.*
Sa situation. *là mesme.*
Tetuan, ou *Tetevain*, en Africain, ville & chasteau du Royaume de Fez en la province de Habat; sa situation. 242
Possedée par les Goths, & sacagée par les Castillans. *là mesme.*
Repeuplée par Alvandare. 242. 243
Tombe sous la puissance du Chérif.
Teucrie, voyez *Arsione.*
Teurant, voyez *Tarudant.*
Teurert, ville & chasteau du Royaume de Fez, en la province de Cuzt. 296
Teuzin, ou *Quizina*, montagne du Royaume de Fez, en la province de Garet; ses peuples & habitans. 294
Tefar, voyez *Tezar.*
Teysor, voyez *Tezar.*
Tezar, ou *Teza*, ville capitale de la province de Cuzt, au Royaume de Fez; sa situation, sa description, fertilité de son terroir. 300
Remarquée par Ptolemée sous le nom de *Teysor*. 301
Tézéla, ville du Royaume de Tremécen, en la province de Béni-Arax. 358
Remarquée par Ptolemée sous le nom d'*Ariane.*
Tezergil, ville du Royaume de Fez, en la province de Cuzt; sa situation. 308
Tezote, ville capitale de la province de Garet au Royaume de

Iiii iij

TABLE

Fez, sa situation. 290. 291

Teztéza, ville du Royaume de Tremécen en la province de Bugie, sa situation. 421. 422

tuehart, voyez *Tenzert*.

Telinicen, voyez *Tremécen*.

Telinez, petite ville du Royaume de Maroc. 11

Beni Telit autrement *Chébit*, montagne du Royaume de Fez, en la province de Habat, 146
Ainsi nommée de ses peuples & habitans. *là mesme*.

Arias Tellés, brave Capitaine. 105. 106

Telma, riviere du Royaume de Tremécen, sa source. 322

Temécen, province la plus Occidentale du Royaume de Fez, sa situation & sa description. 138
Destruite & desolée par les Almoravides. 138
Nommée *Chavia* par les Espagnols. 138

Temendesus, voyez *Metafus*.

Temmelet, montagne de la province de Maroc, au haut de laquelle est vne ville de mesme nom. 73

Temmelet, petite ville de la province de Maroc, sa situation. 48
Nommée autrement *Mehedie*. 49

Temple, dont la charpente est toute de grandes costes de balene. 30

Temtan Gouverneur de Tunis. 488

Tenendez, montagne de la Barbarie, en la province d'Escure; sa situation, de ses habitans, & de leur naturel. 123. 124

Tenez, province & partie du Royaume de Tremécen; sa situation, & la fertilité de son terroir, ses peuples & habitans. 390
Establie en Royaume; aujourd'hui sous la domination du Turc. *là mesme*.

Tenez, ville maritime, capitale d'vne province de mesme nom au Royaume de Tremécen, sa situation. 390. 391
Remarquée par Ptolemée sous le nom de *Lagonte*. *là mesme*.

Teneza, petite ville de la province de Maroc. 46

Tesent, ou *Techeit*, ville de la province de Sus, au Royaume de Maroc; sa situation, ses habitans. 30

Tensit, montagne faisant partie du grand Atlas, au Royaume de Maroc, sa situation.

Tenzegret, ville du Royaume de Tremécen, en la province de mesme nom. 322

Tenzera, montagne, sa situation; de ses peuples & habitans. 26

Tenzeyt, autrement *Tahart*, ville de la province de Habat, au Royaume de Fez; sa situation. 212
Nommée anciennement *Trizide*. *là mesme*.

Le Thresorier de l'Espargne à Tunis. 456

Le Grand Thresorier de Tunis. 456

Tifelfelt, ville qui ne subsiste plus au Royaume de Fez, sa situation. 152
Nommée anciennement *Tamiside*. 152

Tifex, ville du Royaume de Tu-

DES MATIERES.

nis, en la province de Constantine, sa situation: ruinée & rétablie plusieurs fois; elle ne subsiste plus. 441. 442

Tigaza, ville du Royaume de Fez, en la province de Cuzt, sa situation. 308

Tiguident, voyez Cesarée.

Timbales de cuivre & Timbaliers. 187

Timifi, voyez Tremécen.

La Tingitane, voyez Habat.

Tipaso, voyez Saça.

Tite, anciennement Tut, ville de la province de Gesula au Royaume de Maroc, aujourd'hui inhabitée; sa situation. 94. 95

Tiulit, ville de la province de Fez, située sur la montagne de Zarhon. 198
Nommée autrefois Bulibile. 199

Beni Tiziran, montagne du Royaume de Fez, en la province d'Errif. 275

Tobulba, ville sur la coste de Tunis, sa situation. 501. 502

Tocort, ville de Numidie, prise & sacagée par les Turcs. 425. 426

D. Fernand de Tolede tué à la prise d'Afrique. 517

D. Garcia de Tolede, Viceroy de Catalogne, assiege & prend le Pegnon de Vélez. 259. & suivantes.

D. Garcia de Tolede. 545
Mort genereuse. 546. & suivantes.

Dom Pedro de Tolede, Viceroy de Naples. 489. 490

Dom Pedro de Tolede, Viceroy de Naples, assiege, prend la ville d'Afrique, avec celuy de Sicile, & André Dorie. 506. 507. & suivantes.

Tortuës grandes comme des rondaches, estimées estre des mauvais Esprits. 440

Dom Francisco de Touar, Gouverneur de la Goulette. 488. 490

La tour d'Almenare place voisine de la Goulette. 465

Tour de Calaa. 160. 161

La Tour de l'eau, place auprés de la Goulette en Afrique. 464

De la Trahison ou revolte. 183

Trahison contre son Prince. Le seul soupçon en est criminel. 47. 48

Traitre puni, comme il le meritoit. 401

Tremécen, Royaume faisant partie de la Barbarie, nommée par les anciens la Mauritanie Cesarienne; son étenduë & ses bornes. 319. 320
De la qualité du païs, & de ses peuples & habitans. 320. 321

Des Rois de Tremécen, & de leurs Officiers. 331. 332
Leur revenu. 332
Diverses conquestes du Royaume de Tremécen, & de l'origine de leurs Rois. 333. & suivantes.
Tombe sous la domination des Turcs d'Alger, qui en sont depuis chassez par les Espagnols. 348. & suivantes.

Tremécen, province faisant partie du Royaume de mesme nom, qualité de son terroir & de ses peuples & habitans. 311. 322

TABLE

Tremecen, autrement *Telimicen*, ville capitale de la province de mesme nom; sa situation & sa fondation. 328
Remarquée par Ptolemée sous le nom de *Timisi*. *la mesme*.
Description d'icelle, & son gouvernement. 328. *& suivantes*.
De ses habitans, leurs mœurs & façons de faire. *la mesme*.
De la prise de cette place par les Turcs. 338. 339
Reprise sur eux par les Espagnols. 341
Prise depuis & sacagée par les Espagnols en faveur du Roy Abdala, qu'ils y rétablirent. 345. *& suivantes*.
Ce qui se passa dans Tremécen, jusques à ce que les Turcs s'en rendirent les maistres. 347. *& suivantes*.
Tremécen tombe sous la domination des Turcs. 425
Tresors enchantez. 309
Tripoli, province faisant partie du Royaume de Tunis; sa situation. 535
Tripoli, pris de force par les Genois. 454
Tripoli, ancienne ville du Royaume de Tunis, capitale de la province de mesme nom, remarquée par Ptolemée. 562
Sa situation & sa fondation. *la mesme*.
Possedée aprés les Romains par les Goths; & depuis sacagée & ruinée entierement par les Arabes. *la mesme*.
Tripoli la nouvelle, ville port de mer & chasteau, bastis par les Africains, aprés la destruction de l'ancienne Tripoli, sous le nom de *Tarabilis* ou *Trebelliz*; les Latins luy conservent l'ancien nom de *Tripoli*. 562
De sa situation, & des revolutions diverses touchant son gouvernement. 562. 563
Prise, ruinée par les Espagnols. 563. *& suivantes*.
Donnée peu aprés aux Chevaliers de Malte par l'Empereur Charles le Quint. 566
Assiegée & prise sur les Chevaliers de Malte par les Turcs & & depuis remise entre les mains des Maures. 566. *& suivantes*.
Triton, (aujourd'hui *Capes*) fleuve du Royaume de Tunis, qui se perd dans la mer, en la province de Tripoli. 535
Trizide, voyez *Tenzert*.
Trocare, voyez *Arsone*.
Tul, ville & place forte de la province de Sus, au Royaume de Maroc. 35
Tunis, Royaume; sa situation, & son étenduë. 451
Origine des Rois de Tunis, & abregé de l'histoire de leurs regnes. 452. *& suivantes*.
Ils ont esté tributaires des Normans en Sicile; & depuis des Rois de France. 455
De la Cour des Rois de Tunis, des Offices qui y sont, & des ceremonies qui s'y observent. 455. 456
Des Gardes du corps. 457
Tunis, province & partie du Royaume de mesme nom; sa situation. 444
Dite autrement *Afrique Mineure*

ns, ou Carthaginoise. 444
Tunis, ou Tunuç, ville capitale de la province de mesme nom, sa situation, sa fondation, & sa description. 448. & suivantes.
Musarabes, peuple & nation. 448
Tombe sous la domination des Turcs. 459. 460
Est prise, pillée & sacagée par l'Empereur Charles le Quint, puis en suite remise entre les mains de Muley Hascen, son Roy naturel. 476. & suivantes.
Barberousse s'empare de Tunis. 459. 460
Sur l'avis qu'il a de l'armement de Charles le Quint, il en fait aussi-tost avertir le Grand Seigneur, & les Bachas de Constantinople, fait fortifier la Goulete, & se prepare à la défense. 461. 462. 463. & suivantes.
Est batu, vaincu & contraint d'abandonner la Goulette & Tunis en suite. 467. & suivantes.
Surprend, pille & sacage la ville de Maon. 487
Ce qui arriva dans Tunis depuis le départ de l'Empereur Charles le Quint. 487. & suivantes.
Les Turcs. Leur entreprise malheureuse sur la ville d'Oran. 365. 366
Les Turcs d'Alger s'emparent de Tremécen, 348
En sont chassez par les Espagnols. 348. & suivantes.
Tut, voyez Tite.

Partie II.

V

VALACHIE, voyez Cemmart.
Des Valets de pied & Estafiers. 186
Valguarnera, tour ou forteresse de l'isle de Gelves, non loin du chasteau. 555
Vallée des vignes, vallée du Royaume de Fez, proche de la ville de Ceute. 237
Le Marquis de la Vallée, au siege d'Alger avec l'Empereur Charles le Quint. 407. 408
Le Marquis de la Vallée se trouve au siege de la Goulette. 471
Valona, riviere qui tombe dans la mer auprés Alcaçar Ceguer. 234
Pedro Vanegas, Gouverneur de Melilla, exploit valeureux. 287
Pedro Vanegas, Gouverneur de Melile, sa mort. 256
Martin de Vargas, Gouverneur du Pegnon d'Alger, le défend vaillamment contre les Turcs. 401. 402.
Sa mort glorieuse. 402. 403
Peréz de Vargas Gouverneur de la Goulette. 506
Sa mort. 513
Vasco Coutigno Comte de Borba Gouverneur d'Arzile. 222. 224
Vaterez, voyez Huat Idris.
Vedel Harrax, ou Cef Saya, riviere qui se rend dans la mer auprés d'Alger. 401
Remarquée par Ptolemée sous le nom de Savo. là mesme.
D. Alvaro de Vega à l'attaque & prise de Monester. 501

Kkkk

TABLE

Fernand de Vega, fils du Viceroy de Sicile. 518
Iuan de Vega. 366
Iuan de Vega Viceroy de Sicile, assiége & prend la ville d'Afrique. 506 507. *& suivantes.*
Vélez de Gomere, ville, port de mer & chasteau du Royaume de Fez, en la province d'Errif, sa situation, 251
Vélez de Gomere, place du Royaume de Fez.
Diego de Vera assiége Alger, & sa défaite. 337. 338
Diego de Vera, Lieutenant de l'Artillerie. 545
Francisco Verdugo. 255
Vers à soye. 392. 393
Vetxilef, voyez *Açafran.*
Villalobos, Gouverneur du Peñon de Vélez. 253. 254
D. Iean de Villaroel. 262
Du Vin, & de son vsage. 281
Le Vin en vsage en la montagne d'Arhon, au Royaume de Fez. 244. 245
Vin en vsage en la province d'Errif, au Royaume de Fez. 252
Vin excellent. 300
Le Vin en vsage en la ville de Zagen, au Royaume de Fez. 211
Vionelo, Colonel Espagnol. 537
Chapin Vitello Mareschal de camp. 261
Du Vizir & de sa charge. 182. 185
Vllo, voyez *Lepide.*
Vlloa, brave Chevalier de Malte, au siége d'Afrique. 517
Vmegiague, ville & place forte de la province de Maroc, sa situation. 45

Attaquée, prise & sacagée par Omar. *là mesme.*
Vmeginnaybe, ville du Royaume de Fez en la province de Cuzt. 304
Vmez, petite ville du Royaume de Maroc. 110
Vnica Colonia, voyez *Oran.*
Alfonse d'Vrrea, Gouverneur de Melilla. Beaux exploits de guerre sur les Maures. 286. 287
Vtique, voyez *Porte Farina.*
Vtique, voyez *Biserte.*

X

XIMAA, Renégat Genois. 460. 461

Y

YAHAYA Gouverneur d'Alger. 365
Yahaya Aben Tafuf grand Capitaine Africain. 8. 9
Attaque & prend les villes de Tednest & d'Agobel. *là mesme. & 10*
Entreprise malheureuse sur la ville d'Alguel. *là mesme, & 15*
Devient Gouverneur de Safi avec Ali Ben Guecimen. 79
Ialousie entre ces deux Gouverneurs. 80
Conspiration contre luy: vient en Portugal & se justifie au Roy. Est fait Général de la campagne, & fait de grands exploits. 81. 87. 88
Sa fin malheureuse. 92. 93
Cidi Yhaya Aben Tafuf. 63. *& suivantes.*
Cidi Yahaya. 105. 107

DES MATIERES.

Abu Yahaya, Roy de Tenez. 390
Beni Yerso, montagne du Royaume de Fez, en la province d'Errif. 274
Vellez, petite place & port de mer, auprés de Vélez, au Royaume de Fez. 266
Thor, ville maritime de la province d'Alger, ruinée. 399

Z

LE *Za*, fleuve du Royaume de Fez, en la province de Cuzt. 296
Zadra, voyez *Ausigade*.
Zagoan, grande montagne deserte du Royaume de Tunis, sa situation. 534
Zalag, montagne de la province de Fez, sa situation, & sa fertilité. 197
Zamora, ville du Royaume de Tremécen en la province de Bugie, sa situation, défenduë par vne forteresse. 422
La plus riche de toute la Barbarie en bled & en troupeaux. là mesme.
Remarquée par Ptolemée sous le nom d'*Azama*. là mesme.
Zanare, ou *le port de Diartee*, place du Royaume de Tunis en la province de Mesrate. 573
Zaorat, petite ville, en la province de Tripoli, remarquée par Ptoleméesous le nom de *Possidone*. 561
Ruinée, n'estant plus qu'vn village. 561
Zaranguï. 129. 130. 133
Zarhon, ou *Zarahanun*, montagne de la province de Fez, sa situation, fertilité de son terroir, & ses habitans. 198
Beni-Zarval, montagne du Royaume de Fez, en la province d'Errif. 272
Zatime, montagne du Royaume de Tremécen en la province de Tenez, & ses habitans. 397
Zavia, ville du Royaume de Fez, destruite & ruinée. 196
Zeb, province faisant partie du Royaume de Tunis, sa situation. 534
Cap de *Zefire*, aujourd'hui *Forceli*, place du Royaume de Tunis en la province de Mesrate. 574
Ben *Zemat*, bourg fermé & bien peuplé. 123
Zenegues, peuple vaillant & barbare. 305. 306
Zenetes, peuple & nation. 138
Zezil, ou *Izli*, ville du Royaume & province de Tremécen, sa situation, & ses habitans. 323
Remarquée par Ptolemée sous le nom *Giva*. là mesme.
Zingifor. 157
Zis, riviere du Royaume de Fez, qui passe par la ville de Garciluin. 394
Zis, montagnes, au nombre de quinze, de la province de Cuzt, au Royaume de Fez, en forme de chaîne, froides & aspres. 305. 306
Ainsi nommées du nom de la riviére de Rez qui en sort. là mes.
Ziz, riviere. 345
Ziz, riviere, qui separe le Royaume de Fez de celuy de Tremécen, sa source & son cours. 319

Kkkk ij

EXTRAIT DV PRIVILEGE DV ROY.

PAR Grace & Privilege du Roy en datte du 20. jour d'Octobre 1657. il est permis à NICOLAS PERROT, Escuyer Sieur D'ABLANCOVRT, de faire imprimer par tel Imprimeur & Libraire qu'il luy plaira choisir, toutes les traductions par luy faites, & ce pendant le temps de vingt années, à compter du jour que chaque piece, ou Volume sera achevé d'imprimer pour la premiere fois : avec deffenses à toutes personnes de quelque qualité qu'elles sayent, d'en imprimer, vendre ni debiter aucune chose en pas-vn lieu de son obeissance, sous pretexte d'augmentation, correction, changement de titre, fausse marque, ou autrement, en quelque maniere que ce soit, sans son consentement exprés & par escrit, encore qu'elles ayent esté imprimées cy-devant, & que le temps des Privileges accordez pour icelles soit expiré, à peine de trois mil livres d'amende, confiscation des exemplaires, & de tous despens, dommages, & interests, ainsi qu'il est plus amplement porté par lesdites lettres de Privilege.

Registré sur le Livre de la Communauté des Libraires, suivant l'Arrest de la Cour de Parlement du 8. Avril, 1653. Fait le 26. Octobre 1657.

Signé, BECHET Syndic.

Et ledit Sieur NICOLAS PERROT, Escuyer Sieur D'ABLANCOVRT, a traité avec Thomas Iolly, & Louys Billaine, Marchands Libraires à Paris, de la Traduction par luy faite de l'Afrique de Marmol, suivant l'accord fait entre eux.

www.ingramcontent.com/pod-product-compliance
Lightning Source LLC
Chambersburg PA
CBHW050324240426
43673CB00042B/1523